34

COLECCIÓN AMÉRICA NUESTRA
◆ caminos de liberación

AMÉRICA NUESTRA es una nueva colección
que Siglo XXI proyecta como una
expresión coherente del examen de la realidad
que nuestros países viven desde siglos: tierra
colonizada que no logra liberarse.
Queremos difundir, con sistema, textos que exhiban
tanto la grandeza de las culturas destruidas
por la Conquista como los testimonios de la
lucha por la liberación que llega hasta nuestros
días y que tiene expresión en la obra y las ideas
de los hombres que las orientan. Nada
mejor para definir esa intención que las
palabras que escribió José Martí: "... la
historia de América, de los incas acá,
ha de enseñarse al dedillo, aunque no se enseñe
la de los arcontes de Grecia. Nuestra Grecia
es preferible a la Grecia que no es nuestra.
nos es más necesaria... Injértese en nuestras
repúblicas el mundo; pero el tronco ha de ser
de nuestras repúblicas..."

siglo veintiuno editores, sa
CERRO DEL AGUA 248, MEXICO 20, D.F.

siglo veintiuno de españa editores, sa
C/PLAZA 5, MADRID 33, ESPAÑA

siglo veintiuno argentina editores, sa

siglo veintiuno de colombia, ltda
AV. 3a. 17-73 PRIMER PISO, BOGOTA, D.E. COLOMBIA

DIARIO DE UN COMANDANTE DE LA INDEPENDENCIA AMERICANA 1814-1825

por
JOSÉ SANTOS VARGAS

transcripción, introducción e índices de
GUNNAR MENDOZA L.

SIGLO VEINTIUNO ╳╳╲ AMERICA NUESTRA

edición al cuidado del autor y de martí soler
portada de anhelo hernández

primera edición, 1982
©siglo xxi editores, s.a.

isbn 968-23-0446-6

derechos reservados conforme a la ley
impreso y hecho en méxico
printed and made in mexico

ÍNDICE

INTRODUCCIÓN, POR GUNNAR MENDOZA L.   IX

DIARIO DE JOSÉ SANTOS VARGAS

José Santos Vargas solicita un premio por su *Diario* al presidente Manuel Isidoro Belzu. La Paz, marzo de 1853   3

Dedicatoria al presidente Belzu   5

Prefacio al prudente lector. La Paz, 28 de enero de 1853   8

Breve vida del que escribió   16

Noticias de José Santos Vargas sobre la guerra de la independencia en Bolivia en los años anteriores al *Diario*   23

Año de 1809 [23]; Año de 1810 [23]; Año de 1811 [25]; Año de 1812 [27]; Año de 1813 [31]; Año de 1814 [34]

Diario   39

Año de 1814 [39]; Año de 1815 [40]; Año de 1816 [64]; Año de 1817 [119]; Año de 1818 [207]; Año de 1819 [242]; Año de 1820 [273]; Año de 1821 [293]; Año de 1822 [317]; Año de 1823 [334]; Año de 1824 [349]; Año de 1825 [382]; Año de 1828 [383]

Lista de jefes y oficiales que combatieron por la Patria en los Valles   403

Documentos intercalados en el texto del *Diario*   423

1. Proclama de Fernando VII. Bayona, 8 de mayo de 1808 [423]; 2. Proclama de la Junta de Regencia. Cádiz, 1810 [423]; 3. Proclama del general de la Patria Antonio González Balcarce. Tihuanacu, 25 de mayo de 1811 [423]; 4. Conjuración de Martín de Alzaga contra la Patria en Buenos Aires, 1812 [424]; 5. Respuesta del general realista Pezuela al Cabildo de Cochabamba. Chuquisaca, 12 de diciembre

de 1813 [431]; 6. Bando del director interino de Estado de Buenos Aires, Ignacio Álvarez, sobre nuevos aprestos bélicos de España. Buenos Aires, 24 de setiembre de 1815 [434]; 7. Proclama e instrucción del coronel de la Patria Domingo Frech. Jujuy, 4 de enero de 1816 [438]; 8. Acta de independencia de las provincias del Río de la Plata. Tucumán, 9 de julio de 1816 [440]; 9. Manifiesto del Congreso del Río de la Plata sobre la declaración de su independencia. Buenos Aires, 25 de octubre de 1817 [442]; 10. Carta de Fernando VII al virrey de México Juan Ruiz de Apodaca. Madrid, 24 de diciembre de 1820 [453]; 11. Proclama del general Lanza a los pueblos de los Valles. Inquisivi, 25 de setiembre de 1824 [455]; 12. Orden del gobernador de Sicasica a José Santos Vargas para apresar a algunos alborotadores. Mohosa, 7 de marzo de 1828 [456]

GLOSARIO   457

ÍNDICE GENERAL: ONOMÁSTICO, TOPONÍMICO, TEMÁTICO   471

INTRODUCCIÓN

GUNNAR MENDOZA L.

Si se tratase de encarnar en un tema las tensiones y preocupaciones más intensas y extensas de la humanidad actual, ese tema podría ser el tema de la revolución: la revolución como realidad tangible ya vivida o viviente, pasada o presente, para unos; como anhelada esperanza para otros; como sombría amenaza inminente o tan sombría perspectiva mediata para los demás: hoy nadie puede ya considerarse o ser considerado inmune al tema de la revolución.

La importancia y seducción del tema se acrecienta aún más si el tema se concreta en una experiencia específica, así como un tema pasional abstracto hiere más la sensibilidad si se lo accesibiliza a través de un caso particular.

Así el tema de la revolución se hará más accesible y en consecuencia más perceptible en el tema de la guerra de liberación, y ésta a su vez más accesible y perceptible identificada en un tiempo dado y en un lugar dado: por ejemplo, la guerra de liberación americana contra España.

Todavía, la guerra de liberación americana contra España cobra una proyección más fascinante al humanizarse en un individuo: por ejemplo, Bolívar.

Lo mismo, dentro de una guerra de liberación, la tangibilidad y la perceptibilidad son más apasionantes en el caso de la guerrilla, y ésta por su parte aumentará su fascinación particularizada en un tiempo y un lugar dado y a través de un individuo concreto: por ejemplo, la guerrilla del Che Guevara en Bolivia.

Teniendo el tema de la revolución tan incuestionable actualidad y paralelamente tan incuestionable interés, resultan obvios la actualidad y el interés del estudio del tema de la revolución.

Estudio que por su parte puede hacerse en proyección macrohistórica, tomando una revolución en su conjunto, o en proyección micro-histórica, tomando el caso de una guerrilla.

De la guerrilla, como síndrome de una crisis vital en la dinámica de una sociedad, ni Europa —qué vergüenza para la vieja y dignísima familia— está hoy libre de la infección aguda o crónica, con las Brigadas Rojas de Italia y el Ejército Republicano de Irlanda. Y por lo que concierne a las áreas en desarrollo o subdesarrolladas, el drama es hoy algo así como una enorme herida abierta; y en América Latina, en particular, Nicaragua no ha hecho más que cerrar un ciclo en la serie, mientras otros siguen sangrando y no hay ninguna garantía de que la sangre no empiece a brotar más en cualquier momento, en cualquier forma y en cualquier punto del continente.

La guerrilla tiene sin duda una actualidad tan antigua como los conflictos humanos armados mismos, pues allí donde su estrategia y su táctica peculiares se hicieron necesarias, allí se suscitaron guerrillas, queriendo esto decir que este fenómeno, es connatural a los antagonismos revolucionarios dentro de las sociedades humanas por primitivas que éstas sean. Y acaso ni en esto el hombre sea tan original como él se cree.

Según lo cual las guerrillas en curso presente muestran hasta qué punto los factores originantes de una guerrilla siguen actuando; y la profusión de las guerrillas en el mundo de hoy muestra hasta qué punto la revolución se está a la vez extendiendo y ahondando.

A la actualidad antigua y presente de la guerrilla débese agregar su actualidad futura: todo hace ver que los factores originantes de la revolución —la opresión y la contra-opresión— lejos de disminuir, y menos de cesar, antes bien se intensifican cada vez más. Haciendo uso del derecho lícito del pronóstico en la historiografía, puede anunciarse que al mundo de mañana le esperan más guerrillas.

Es, pues, imperativo que la guerrilla sea constituida ya en un caso formal de estudio por sus diversas y complejas implicaciones: implicaciones de política interna en razón de los reajustes en el dispositivo político a que de inmediato obliga en el país afectado; implicaciones internacionales pues paralelamente obliga a otros reajustes en el dispositivo político multinacional de los países afectados por repercusión; implicaciones económicas y financieras por los cuantiosos recursos que se invierten en la preparación, la ejecución y la represión de las guerrillas; implicaciones militares, aunque sólo sea porque con cada nueva guerrilla el repertorio de experiencias estratégicas y tácticas de esta forma de guerra recibe nuevos acrecentamientos; implicaciones sociales, ya que hasta una guerrilla fracasada produce cambios indefectibles en las relaciones humanas por las contradicciones y reacciones que suscita, de suerte que la sociedad correspondiente ya no es la misma antes y después de la guerrilla; implicaciones en el ámbito de la juventud, porque el guerrillero debe ser joven proporcionalmente al gran esfuerzo físico que exige y porque el joven tiene el espíritu más apto para responder positivamente a las exigencias de solidaridad, generosidad y sacrificio que plantea la guerrilla; implicaciones psíquicas por los cambios a que la guerrilla obliga en el esquema de actitudes, sentimientos e ideas, en su propio seno y fuera de él; implicaciones estéticas según se puede comprobar en los niveles de mayor sensibilidad como la literatura y la música; sin olvidar el drama individual del guerrillero, drama que se comunica a los demás partiendo del guerrillero mismo, y que en proyección romántica, que no es la menos importante por su hechizo, se magnifica y sublima en superficie y tiempo, aureolando al guerrillero con un halo de santo y de mártir.

De manera que partiendo de su insignificancia cuantitativa, todo episodio guerrillero tiene un poder multiplicador de dimensiones inmensurablemente más lejanas y grandes.

En este entendido, cualquier testimonio idóneo de una experiencia guerrillera debeiá ser divulgado y conocido por todos; en particular por los estudiosos, porque ese conocimiento y ese estudio permitirán incorporar cada nuevo testimonio a los anteriores e integrarlo en el arsenal de documentos para el estudio del tema guerrillero.

No es raro que los guerrilleros sirvan consciente o inconscientemente a este desiderátum de facilitar el conocimiento de su propia experiencia, mediante registros personales que a veces adoptan la forma de diarios. El caso más espectacular es el del *Diario* que iba llevando el Che Guevara sobre su guerrilla en Bolivia.

Un siglo y medio antes, en el territorio actual de esa misma república, un guerrillero de condiciones y en circunstancias muy diferentes había comenzado a llevar su propio registro de su propia experiencia, lejana experiencia guerrillera que se consumó en el marco de la guerra continental de liberación contra España, en un apartado rincón de aquel territorio.

La guerra de liberación de América contra España tuvo su arranque inicial en el mismo territorio en 1809, y por las condiciones estratégicas excepcionales del país la lucha fue allí más larga y ardua, sucediéndose intermitentemente durante 16 años, con gran predominio de la forma guerrillera, actuada por múltiples partidas populares. Una de ellas tuvo su cronista en aquel guerrillero casi iletrado pero con fibra de escritor e historiador nato que fue apuntando los hechos de la lucha en una de las áreas más inaccesibles y abruptas del inaccesible y abrupto territorio andino americano: el comandante José Santos Vargas en su *Diario histórico de todos los sucesos ocurridos en las provincias de Sicasica y Hayopaya durante la guerra de la independencia americana desde el año de 1814 hasta el año 1825. Escrito por un comandante del partido de Mohosa, ciudadano José Santos Vargas.*

A. JOSÉ SANTOS VARGAS

José Santos Vargas tenía esta perspectiva panorámica de su existencia: "Los accidentes de vida que he experimentado en el número de mis días son tantos y de tal calidad que sería un imposible hacer descripción de todos."

1. *Nacimiento, infancia, adolescencia*

José Santos dice que nació en la ciudad de Oruro —centro urbano predominantemente minero situado en el borde oriental de la Altiplanicie boliviana— el 28 de octubre de 1796.

Su madre fue doña María Guadalupe Medrano que murió el 14 de agosto de 1802, y esto es todo lo que el hijo dice de ella.

Su padre, "un don Blas Mariano Vargas, capitán de caballería de los ejércitos reales y escribano público, de cabildo, gobierno y guerra de aquel tiempo en dicha villa de Oruro".

Como no podía ser menos en una ciudad minera por antonomasia, donde todos estaban vinculados en una u otra forma con la minería, Blas Mariano Vargas encontró una mina de cobre cerca a la ciudad, mas sin que este encuentro cuprífero tuviese alguna sustancia.

Durante la sublevación general de indios de 1780-1782, Vargas padre concurrió con sus propias cabalgaduras, armas y pertrechos a combatir "a los enemigos así en los extramuros de esta Villa como en sus campos inmediatos". En mérito a esto se le dio despacho de capitán de milicia, y como tal capitán "marchó con dos compañías a los altos de Mohosa a habilitar los caminos de los Valles que se suponían cerrados por los enemigos"; en la pacificación sirvió como escribano en las diligencias de capitulaciones y procesos y en la persuasión de los indios "en su propio idioma por ser inteligente en las dos lenguas aymara y quechua", inteligencia idiomática que introduce la presunción de que Blas Mariano era mestizo. El azar le hace actuar en el área de Mohosa, combatiendo con los españoles contra los indios en el mismo escenario donde su hijo José Santos combatiría más tarde junto con los indios contra los españoles. Blas Mariano Vargas murió el 22 de marzo de 1804.

Huérfano de madre y de padre a los seis y ocho años de su edad respectivamente, José Santos quedó al cuidado de su tía abuela doña Gregoria Díaz de Alda. Como propietaria de un tambo doña Gregoria debió de ser popular en la Villa, y popularmente se la conocía por la *Condo Goya*, apodo mestizo de quechua y español —la sintaxis es autóctona— que significa *la Goya de Condo* (Goya = popularismo de Gregoria, y Condo = pueblo indio y mestizo próximo a Oruro). Esto podría sugerir que doña Goya era por su parte mestiza. "Desgraciadamente", como enfatiza con sobrada razón José Santos, doña Gregoria murió prematuramente también para él (4 de setiembre de 1810).

De la estrecha vinculación con su tía abuela durante ocho años, de los seis a los 14 —años decisivamente permeables en la vida humana—, pudieron resultar influencias asimismo decisivas. El tambo tuvo que ser para José Santos una temprana escuela de vida poniéndole en contacto con la gente de toda edad, sexo y condición que allí va y viene, y especialmente con gente popular y dinámica: trajinantes, mercachifles, arrieros, postillones, indios, cholos; en contacto también con el activo flujo de las transacciones en que esa gente se ocupa: en suma, una familiarización vital con la sociedad mayoritaria circundante, con su compleja idiosincrasia, sus sentimientos, ideas y actitudes. Como un inapreciable subproducto de esta influencia, José Santos debió de iniciar y afirmar una familiarización con los idiomas nativos y familiares de la gente que transitaba entonces y transita hoy por los tambos en Bolivia (el aymara y el quechua).

Hablando de sus padres no avanza ningún indicio de que en esa unión marital se hubiesen procreado otros hijos además de él mismo, ni al hablar de la Condo Goya anota que ella hubiese tenido a su cuidado más sobrinos nietos que él. Fue, pues, prácticamente hijo único, abrigado no sólo en el afecto sino en el mimo de sus progenitores y de su tía abuela.

Cuando al cabo de casi medio siglo José Santos consagra un breve recuerdo a ellos, hace ver que en su corazón el cariño de la madre y la tía abuela más que el del padre ha dejado un recuerdo imborrable: "el amor *maternal* a que estaba acostumbrado".

Con la muerte de la Condo Goya quedó no ya solo, sino a cargo de su tutor, albacea y curador, que a la vez era su maestro en la escuela, ese dómine, don José Jacinto Quevedo, a quien tipifica gráficamente: "Siguió educándome no con aquel amor maternal a que estaba acostumbrado sino más bien con la aspereza de un verdadero escolero antiguo que todo el cariño lo convertía en despotismo".

Se sabe hasta qué edad pero no desde cuál concurrió José Santos a la escuela en Oruro. Pareciera dar a entender que tardó en hacerlo: "las ningunas luces que me impregnaron mis padres por sus fallecimientos en la medianía de mi infancia". José Santos contaba seis y ocho años cuando murieron su madre y su padre respectivamente.

Sobre la calidad de la instrucción que en la escuela se impartía su propio juicio es drástico: "No aprendía nada." Así y todo, agrega, "entraba siempre en la escuela".

No obstante, la escuela contribuyó a dotarle de una infraestructura mínima —la lectura y escritura— que iba a tener una repercusión decisiva en su destino. Además en la escuela, como centro social de comunicación, intercambio e incitación, recibió los primeros estímulos ideológicos libertarios: "Allí ya también oiva con más fuerza hablar [...] en que era ya tiempo de sacudirse del yugo español", "y me hacía siempre partidario en contra del monarca".

Cuando muere su tía abuela José Santos queda sumido en un vacio de afecto y comprensión de hogar en una edad la más necesitada de ese afecto y esa comprensión. Tardaría 39 años en confiar a su *Diario* esta elocuente confidencia: "Así sufrí un disimulado martirio en lo tierno de mis años, abatido y casi envuelto en la desesperación."

Si bien despótico, el maestro y tutor no había dejado de preocuparse del futuro de su pupilo, y tenía ya gestionado y casi asegurado para él un destino de meritorio en la real caja de Oruro, donde el tutor tenía algún influjo "con los mandones"; "yo que tenía regular letra por entonces era fácil conseguir tal entrada".

2. *Salida al mundo*

En Oruro ya se vivía a la sazón en un clima bélico. Desde 1809 corrían rumores, llegaban emigrados, pasaban prisioneros, entraban y salían tropas realistas y patriotas, y hasta hubo una toma del cuartel por la cholada. La guerra con todo su fragor llegó aquella mañana (16 de noviembre de 1811) en que el legendario insurgente Esteban Arze asaltó con su tropa casi toda irregular de indios y cholos a los realistas en la Villa.

Cuando José Santos se escapó de la casa en protesta porque su tutor, al ir a refugiarse con su familia y su servidumbre en una iglesia, lo había encerrado en la casa a él solo, no sospechaba que no iba a volver allí nunca más. Reunido con otros muchachos se fue ante todo a las orillas "a ver y a jugar con cuetes".

El impresionante espectáculo del enorme tropel asaltante que huía derrotado horas más tarde, estimuló en el muchacho no sólo la idea sino la decisión de su propia huida. Luego "confundido con los derrotados" y siempre "corriendo con ellos" ya estaba a varias leguas de Oruro, y días más tarde, haciendo sus jornadas en medio de "un desorden sin par", quedaba definitivamente alejado de la realidad que había dejado atrás.

En su huida recaló en el sistema de valles que continúa por el oriente a los Valles donde iba a actuar después como guerrillero.

En esta área se mantuvo por casi tres años (noviembre de 1811-setiembre de 1814), actuando a veces como "sirviente doméstico" y a veces como secretario de cartas para sustentarse. Etapa deprimente de su vida, entre la humillación de un estado ínfimo, el anhelo de establecerse bien y el impulso de retornar a Oruro siempre reprimido por el recuerdo aún más deprimente del tutor.

Estimulado por la esperanza de "encontrar una suerte regular" en centros más grandes fue para Cochabamba donde se sostuvo siempre como secretario de cartas (setiembre de 1814), y siguió luego hacia La Paz, llevado por una persona interesada en su servicio doméstico, pero la suerte dispuso otra cosa.

En su ejercicio de secretario de cartas, aun sin darse cuenta, había ido ejercitando su vocación de escritor a la vez que aguzando su comprensión humana a través de las confidencias de los anhelos, penalidades y esperanzas de los pobladores y soldados.

En el curso de este viaje ingresó por primera vez en el área de los Valles de Hayopaya, en el caserío rural de Oputaña. Sabiendo allí que un hermano suyo, el presbítero doctor Andrés Vargas, residía en el pueblo cercano de Mohosa —que iba a ser dentro de poco tiempo una de las más firmes bases de apoyo de la lucha guerrillera en los Valles— decidió no ir ya a La Paz y quedarse en Oputaña para pasar a buscar a su hermano, ocupándose, mientras tanto, en enseñar a leer y escribir al hijo del alcalde del lugar.

Repentinamente la guerra, como una ráfaga feroz, llegó también allí con la venida súbita de una partida de guerrilleros, que no mucho después iban a ser sus compañeros, quienes buscaban al alcalde realista —el anfitrión de José Santos— al parecer para matarlo; y, encontrando sólo a su mujer, uno de los guerrilleros la mató de un balazo (9 de setiembre de 1814). José Santos hace del episodio un relato tan dramático tres décadas después como si acabara de suceder y concluye: "Esta tragedia pasó a mi vista por haber estado viviendo en la misma casa del suceso, esta acción que no dejó de atormentarme el corazón al ver la operación tan lastimera por entonces para mí." Acongojado "con tal fracaso" se apresuró a ir donde su hermano, encontrándolo en Pocusco (22 de setiembre de 1814): "Me estrechó en sus brazos"; "allí estaba mucho mejor como al lado de un hermano". "Mi hermano carnal" lo llama José Santos.

En las protestas doloridas y repetidas que hace en el *Diario* por su falta de letras no se necesita excesiva imaginación para encontrar un disimulado cotejo entre su condición y la de su hermano quien, sin que el *Diario* aclare cómo, pudo completar todos sus estudios hasta el grado de doctor en teología, mientras él no había pasado de la escuela rudimentaria.

Por otra parte se encontró con esta gran novedad: su hermano era un cura patriota de convicción férvida, "ciego en esta opinión", y así la incipiente inclinación de José Santos por la libertad desde la escuela recibió de su hermano una elocuente y sólida racionalización. Luego otra novedad aún mayor: Andrés Vargas había llegado al extremo de hacerse cura guerrillero, concurriendo como "capellán" en diversas guerrillas y sufriendo por ello sañudas persecuciones en su persona y sus bienes, a los cuales los realistas aplicaron su táctica favorita del incendio y el saqueo. Y como si todo esto fuese poco, Andrés Vargas, como guerrillero, había llevado, nada menos, un diario.

Finalmente, Andrés Vargas tenía afición por la agricultura e indujo a su hermano a seguir por ese rumbo, que fue el que, después de la guerra, siguió José Santos definitivamente.

3. Guerrillero

Del encuentro con su hermano, después de dos meses resultó la incorporación de José Santos en la guerrilla en los Valles de Hayopaya, escena final de una etapa de su vida y a la vez escena inicial de otra definitiva en una sucesión de cambios sorprendentes: "Aunque mi hermano no quería que me entropase al principio, después ya aprobó todo lo que hacía."

José Santos encarece una y otra vez lo decisivo que fue el estímulo recibido de su hermano para adoptar la resolución de incorporarse en la guerrilla: "Ya con la seducción de mi hermano a la opinión de la Patria estaba yo anhelando en ella"; "abracé el partido tan deseado aprovechándome del entusiasmo y seducción de mi hermano", encarece igualmente la convicción patriótica y desinteresada de su decisión: "Deseoso de serlo [patriota] sin saber las ventajas que pudiera producir tal partido"; y da a entender que no tuvo ninguna preparación previa para hacerse guerrillero: "Abracé la opinión tan deseada sin saber los resortes cuáles serían para entrar a su servicio [de la Patria]."

José Santos —tenía 18 años— se entropó en la guerrilla en calidad de soldado distinguido en momentos en que el teniente coronel Buenaventura Zárate, comandante general de los Valles por la Patria, había decretado una insurrección general para la cual se convocaba a la indiada (7 de febrero de 1815), y cinco días después tuvo su bautizo de fuego en un asalto nocturno, junto al comandante del pueblo de Mohosa, Eusebio Lira, con quien simpatizó

desde el primer momento y bajo cuyas órdenes se hizo formalmente guerrillero. "Yo no quería separarme de la compañía de Lira."
José Santos guerrillero, antes que procurar una plaza como combatiente propiamente dicho, se las arregló para ubicarse como tambor, esforzándose "a aprender sin que hubiese quien me enseñase". Él explica esto haciendo ver que así estaba en una posición mejor para llevar su *Diario*. Es posible que mediase también una cualidad —o para el caso un defecto— de su carácter que según todas las evidencias era pacífico.

Quizá no quería precisamente tener que matar, lo que obtenía ocupando la plaza de tambor, aunque aumentasen en cambio las probabilidades de tener que morir, pues en los combates "por la caja que tocaba me tanteaban a mí" y "los oficiales del enemigo decían: 'Tírenle al tambor'"; en más de una oportunidad los disparos del enemigo dirigidos a José Santos le destrozaron la caja y el sombrero, de manera que lejos de darle seguridad su puesto de tambor lo exponía a más peligros.

No fueron éstos los únicos peligros de muerte para José Santos. Por no caer prisionero se lanzó una vez "por un bajío bien impinado", y "conforme me caía me levantaba y corría"; otra vez se lanzó por una quebrada abajo para poder escapar; otra debió ponerse "en las costillas del caballo" para hurtar el cuerpo a las balas que zumbaban en torno; otra tuvo que meterse tres días en el monte "sin comer ni casi dormir": "tiros nomás oiya en todas partes entro del monte"; otra tuvo que meterse nuevamente por seis días en el monte "porque cruzaban partidas de indios [realistas] en busca de los soldados y de todos los patriotas momentáneamente"; durante una persecución, "de día solíamos estar en las lomas más ocultas y cerros nevados, sin tener que abocar, y de noche nomás andábamos ocho leguas, y 10 y 12 y 15 también porque no había lugar que no fuesen nuestros enemigos"; en la acción de Quillacollo (12 de setiembre de 1817) una bala mató a su caballo; en un asalto realista a su casa en Pocusco en busca de armas (24 de diciembre de 1819) apenas pudo ponerse a salvo y tuvo que estar algún tiempo "como volando sin tener paradero fijo"; durante la más feroz incursión realista a los Valles (setiembre de 1821) él y su familia y otras familias patriotas debieron retirarse al cerro tutelar del Chicote donde estuvieron varios días sin tener apenas que comer porque las provisiones que llevaron apenas bastaban para el momento y los realistas habían quemado y arrasado todos los campos y ranchos.

Ni su posición de tambor fue una sinecura para eximir a José Santos de actuar también como combatiente y desempeñar las comisiones más arriesgadas. Por ejemplo, destacado como agente de inteligencia por el jefe de la guerrilla a Cochabamba (2 de abril de 1822), cayó prisionero antes de entrar en la ciudad; se fugó de la prisión y se restituyó a la unidad.

La asignación más expuesta según su propio juicio —porque entonces ya tenía familia— fue su destino como comandante del pueblo de Mohosa y su jurisdicción (14 de abril de 1823). "Así me hallaba en servicio el más peligroso y más escaso de recursos, porque en la División percibía de cuando en cuando un corto recurso siquiera y la ración de carne y lo que proporcionaba el país, y asimismo estaba más seguro un hombre entro de gente armada: pero un comandante en un pueblo vacío e inmediato al enemigo, ¿qué tal ascenso tan peligroso en recompensa de mis leales servicios?"

Su versación en las lenguas autóctonas, su versación en los caminos y sendas de los Valles y su conocimiento de los pobladores lo constituyeron naturalmente en diestro. En la escapada de enero de 1817 ante la incursión del gobernador realista de La Paz Juan Sánchez Lima actuó como diestro para sacar a salvo a cinco camaradas; cuando la escapada del jefe de la guerrilla, coronel Lanza, durante la incursión de toda la fuerza enemiga circundante en julio de 1822, José Santos le sirvió de diestro. Por eso pudo decir un día: "No hay camino por más derecho que sea que no haya andado en tantos años de soldado de la libertad."

Con motivo de una de las peores incursiones del enemigo a los Valles con 4 000 hombres, y la consiguiente dispersión de la guerrilla (noviembre-diciembre de 1819), José Santos, por su acrisolada lealtad y reserva, recibió del jefe, comandante José Manuel Chinchilla, la comisión de ocultar en su refugio de Pocusco gran parte del armamento y pertrechos que se habían ganado en una de las operaciones más audaces de la unidad guerrillera. De todas maneras la ocultación llegó a conocimiento del enemigo que cayó en el refugio por sorpresa a buscar a su persona y las armas y pertrechos. José Santos apenas pudo escapar. No encontrando lo que buscaban los realistas saquearon y destruyeron todos sus bienes "quedando yo desnudo enteramente de todos mis cortos trastes y de cuanto tenía, esto es sin una camisa que mudarme"; pero las armas se salvaron: José Santos, con su acostumbrada perspicacia y previsión había mudado oportunamente el escondite.

Nunca aceptó una sumisión disciplinaria ciega que anulase sus sentimientos de humanidad y justicia. Cuando el jefe de la guerrilla José Manuel Chinchilla hizo fusilar sin forma de juicio ni defensa a un desertor realista, José Santos manifestó su disconformidad y sufrió un arresto por ese motivo.

En los momentos de dispersión de la guerrilla ante la presión de las fuerzas realistas muy superiores José Santos solía ir a refugiarse en el recóndito arriendo de Pocusco de su hermano, desde donde seguía "observando hasta ver el fin y ver en qué paraban las cosas"; y a la muerte de su hermano en 1819, estableció allí su residencia, sin perjuicio de su condición de guerrillero, a tono con el status de muchos de los miembros de la unidad que eran a la vez pobladores y guerrilleros.

En resumen: habiendo comenzado su carrera guerrillera como soldado distinguido en 1814, por su propia afición se hizo tambor —según vimos— siendo por un tiempo el primero y único, pasando a ser tambor mayor en 1815 tan pronto como creciendo la guerrilla hubo nuevos tambores; por méritos de guerra fue ganando sus grados: subteniente de granaderos en agosto de 1816 por el jefe de la guerrilla comandante Lira; teniente de caballería (6 de agosto de 1819) por el jefe comandante Chinchilla; capitán (? de marzo de 1821) por el jefe coronel Lanza; comandante (? de mayo de 1823) por el mismo; terminó la guerra con este grado.

En 1828, con motivo de la invasión peruana a territorio boliviano, José Santos revive un episodio guerrillero, ya no en una guerra de liberación, sino, por comisión oficial, para rechazar en los Valles a las partidas complicadas con una invasión extranjera, injustificada e injusta, a su Patria.

Por sus circunstancias de emboscadas, sorpresas, persecuciones, asaltos, correrías y revoloteos, éste es un episodio guerrillero típico, y no por restringido y fugaz menos ominoso para José Santos, quien por sus propios paisanos fue una vez asaltado en su "corta sayaña" de Pocusco, y estuvo otra a punto de morir fusilado, librándose en ambos casos por su resolución, su coraje y su viveza, no menos que por su agilidad y su fortaleza físicas, en aplicación cabal de su divisa "Moriremos si somos zonzos."

4. *Esposa e hijos*

En el relato del año 1823 José Santos menciona de paso y sin precisar nombres, fecha ni otras circunstancias personales —ni siquiera da a entender que se casó en ese año—, su matrimonio. Sin explicar afirma: "el enlace que había tomado aun a destiempo", o sea en plena guerra, "con cuyo motivo me cargué con hijos y fui cargado de familia": se entiende también que "a destiempo", o sea antes que terminase la guerra.

O sea que al ser promovido a comandante del partido de Mohosa en mayo de 1823, que es el motivo con el cual habla de su matrimonio, no sólo estaba ya casado sino "cargado con hijos".

De su mujer no se ha averiguado positivamente sino que se llamaba Juana Rodrigo. Aunque no es imposible que la hubiera conocido en el curso de sus profusas correrías por el dilatado territorio de los Valles, la hipótesis más probable dentro de las circunstancias normales —si algo había de normal en esa vida— es que Juana Rodrigo era vecina de la comarca de Pocusco, "habitación" de su hermano Andrés después de cuya muerte, como se ha dicho, José Santos hizo allí también su residencia habitual en las pausas de la guerra y donde terminada la lucha estableció su habitación definitiva junto con su familia.

Aparte de la alusión directa a su enlace prematuro y las alusiones indirectas con referencia a su familia, la esposa de José Santos no comparece en las páginas del *Diario* sino una vez y fugazmente: cuando en curso de la pugna por el poder en la guerrilla entre los comandantes Párraga y Bustamante éste se ve en peligro de muerte a manos de los mismos guerrilleros en Mohosa, Juana Rodrigo acude a contenerlos: "Por Dios, y dirán que mi marido lo ha hecho asesinar y no dirán que los soldados de picados lo han hecho." Esta intervención y el móvil de ella, bien expresado en sus palabras, muestran a Juana Rodrigo como una mujer que tenía resolución y perspicacia y que sabía cuidar a José Santos contra riesgos impertinentes: o sea, parecería que José Santos guerrillero supo escoger una digna compañera.

José Santos no precisa cuántos hijos tuvo pero da a entender que fueron varios: "me cargué con hijos y fui cargado de familia", "mi numerosa familia".

Uno de sus hijos —el único que hemos identificado positivamente— se llamaba Gabino: "hijo de José Santos" y fue quien substituyó a su padre en la posesión de la sayaña que recibió del Estado en la circunscripción de Mohosa. Gabino se quedó a cultivar la sayaña, casó y procreó familia allí.

5. Agricultor

"Triunfante que fue mi opinión se acabaron mis afanes y luego me entré a vivir al monte." La vocación vital de José Santos estaba entrelazada por tres fibras consistentes: la fibra del patriota guerrillero, la fibra del escritor historiador guerrillero, y la fibra del guerrillero agricultor. La fibra del guerrillero llegó hasta donde llegó la lucha misma. La fibra del historiador y escritor continúa aún entrelazada con la fibra del agricultor, y se corta a su vez cuando José Santos cesa en su lucha desigual con un medio mucho más incipiente que su obra en su afán por publicarla. Persiste entonces la fibra que en el hecho resulta más fuerte: la del agricultor. "Me entré a vivir al monte en donde actualmente vivo, que son en los de Pocusco."

Pero no sólo se agriculturaliza o ruraliza José Santos. Legalmente se indianiza al asumir el status jurídico de indio originario, miembro de un ayllu y ocupante de un terreno del Estado por el cual paga 10 pesos de contribución al año. Así está empadronado en el registro respectivo de indios tributarios: "Cantón Mohosa, ayllo Vilacha, parcialidad Urinsaya, año 1832. Originarios con tierras: José Santos Vargas, tributario, de 36 años, casado con Juana Rodrigo."

Prácticamente, su vocación de agricultor había comenzado a realizarse antes aún que la de historiador y guerrillero, cuando su hermano el cura Andrés Vargas le pone (noviembre de 1814) "al cuidado de todo el trabajo" en una hacienda que había recibido en arrendamiento.

No hay evidencia como para responder a la pregunta que espontáneamente surge ante la decisión de José Santos de entrarse "a vivir al monte" cuando terminaron sus "afanes" de guerrillero: ¿Por qué?

Para él y su familia se abrían varias alternativas aparentemente mejores desde el punto de vista económico y del futuro de sus hijos: Como había llegado por méritos de guerra hasta el grado de comandante, si hubiera optado por la carrera militar le correspondía el grado de teniente coronel; al terminar la guerra contaba 29 años de edad: no era tan tarde para iniciar una carrera burocrática, que no le habría costado mucho trabajo poniendo en evidencia sus méritos de guerra y su experiencia de amanuense; en sus andanzas había oficiado de maestro de primeras letras, había inclusive fundado una escuela rural: pudo haber seguido también ese rumbo. Nada de esto hizo. ¿Por qué?

¿Se sintió frustrado viendo por todas partes alrededor de él cumplirse el pronóstico de su compañero guerrillero: "Otros serán los que gocen los frutos del árbol de la libertad"? ¿Fue que no se sentía vocacionalmente inclinado a la carrera de las armas, una vez que aun para hacerse guerrillero el *primum movens* de su decisión había sido la idea de escribir el *Diario*? ¿O estando a la terminación de la guerra "cargado con hijos" y "cargado de familia" iniciar una nueva lucha por la subsistencia en los centros urbanos le parecía algo demasiado arduo y problemático en comparación a una subsistencia humilde pero segura en el campo gracias a su trabajo ayudado por su familia? ¿Y él que se dolía de su falta de luces por deficiencia de educación, no pensó en "impregnar" de luces a sus hijos, o es que su hipotética frustración alcanzó hasta ese punto? ¿O habrá que tomar al pie de la letra su declaración: "Yo abracé el partido de la libertad de mi patria de todo corazón y de muy buena voluntad, no por interés ni menos por ambicionar algún otro destino"?

Que José Santos encontró en la agricultura una vocación cardinal y que trabajó la tierra está fuera de toda discusión. En realidad para empuñar las armas de combate dejó de empuñar las herramientas de cultivo y dejó la tierra para seguir sus otras vocaciones de historiador y guerrillero.

Salvando salidas ocasionales, como las que hizo para la publicación del *Diario* a La Paz y Oruro, José Santos se quedó definitivamente en Pocusco desde que estableció su residencia allí en 1819. Cuando terminó la guerra no esperó más: se entró a vivir al monte. En 1853, última vez que se le localiza, sigue en Pocusco "donde actualmente vivo", y ya no quiere salir de allí.

Por otra parte podría proponerse la hipótesis de que, si Juana Rodrigo era hija de un indio originario de quien había heredado las tierras, al casarse con ella José Santos se convirtió automáticamente en originario del ayllo Vilacha, parcialidad de Urinsaya, de acuerdo con la ley según la cual "para ser originario basta poseer[las] por matrimonio con mujeres que las hayan heredado de sus padres".

Hemos visto que José Santos no restringe su voluntad de aferrarse a la tierra sólo a sí mismo sino que la hace trascender a su hijo Gabino, quien le sucede en la ocupación del terreno en la comunidad del ayllo Vilacha, parcialidad Urinsaya, cantón Mohosa, donde también Gabino se convierte y perpetúa como contribuyente, encontrándosele todavía en esa calidad en 1877.

En 1853 José Santos está en necesidad de solicitar del presidente de la República "un justo premio", "indispensablemente en obsequio aun del mismo Estado, pues así podré acaso desahogarme un tanto y sostener menos mal o acaso bien mi numerosa familia: el Estado no perderá tan luego un padre de familia, la cual no será tan inútil y tal vez perjudicial por su miseria".

El presidente, por conducto del Ministerio de Hacienda, se limita a decretar que la solicitud "pase al Ministerio de Instrucción Pública a que corresponde". Estas artimañas burocráticas son conocidas cuando se quiere negar dilatando —que es la manera más cruel de negar, porque dilata estérilmente las esperanzas—. Todo hace suponer que José Santos no quiso someterse a la artimaña y que regresó a Pocusco llevándose su solicitud escrita con el decreto y todo. Luego la puso por cabecera de su libro, en el frontis —humorista al fin y al cabo— como testimonio mudo pero terminante de que no eran los guerrilleros de los Valles, aun habiendo escrito diarios, los llamados a gozar "de los frutos del árbol de la libertad".

6. Etopeya

Siendo el *Diario* una obra esencialmente narrativa, José Santos no se detiene a hacer descripciones sino en cuanto ellas completan de alguna manera la narración, y aun eso brevísimamente; mucho menos incurre en autodescripciones. Su "Breve vida del que escribió" es exclusivamente narrativa. Nada hay en el *Diario* que nos permita imaginárnoslo físicamente.

Que su organismo era fuerte se sigue como forzosa consecuencia lógica del propio relato que no registra ninguna alusión a problemas de salud desde su niñez hasta su madurez. Nada, en particular, durante los 10 años de la lucha guerrillera, expuesta a todas las contingencias propias de ella: hambre, sed, vigilias, tensiones, marchas forzadas, exposición a las intemperies, cambios bruscos de clima en la topografía vertical de los Valles.

A una fortaleza orgánica privilegiada hay que añadir una fortaleza física y una agilidad no desdeñables. Cuando en el curso de la invasión peruana a Bolivia en 1828 llegan repentinamente hasta su habitación de noche dos soldados de la partida peruanófila con orden de prenderlo y quizás de matarlo, con un fulminante empellón a uno de los soldados le arrebata la tercerola —"de asalto", dice José Santos en terminología típicamente guerrillera—; al otro, que amagaba con su sable, tomándolo del pecho lo derriba de un sacudón, y lo reduce poniéndole la rodilla al pecho y sofocándolo apretándole el cuello.

Tiene conciencia de su penetrante intuición espontánea de las cosas y de las situaciones: "sin luces ni estudios más que el natural", dice de sí mismo, y es discernible cierto orgullo en la cláusula, como quien se afana en hacer notar que con su "natural" se basta para todo, inclusive para escribir el *Diario*.

Tenía una sensibilidad delicada. Dedica un recuerdo parco pero sentido al trato mimoso de su madre y su tía abuela en la infancia: "el amor maternal a que estaba acostumbrado", y, en contraste, no puede olvidar "la aspereza" de su tutor "que todo [ese] cariño lo convertía en despotismo", hasta el punto de que la situación se le hizo tan insufrible que prefirió exponerse a los azares de huir a "la suerte funesta que observaban conmigo en mi casa".

Su sensibilidad le induce también a adoptar la solución de la huida otra vez, cuando la muerte de la esposa de su protector en Oputaña a manos de los guerrilleros, impresión atroz que nunca olvidó. "Esta tragedia pasó a mi vista [atormentándome] el corazón al ver la operación tan lastimera por entonces para mí." Este "por entonces" alude a las mil tragedias mil veces peores que pasaron después a su vista en el curso de la lucha.

En su sensibilidad entra también como componente característico la aguda percepción del peligro, propia del guerrillero, que la retórica elemental del *Diario* hace manifiesto a veces con exuberancia de bordado popular, como cuando se le nombra comandante general del partido de Mohosa, área de las más expuestas como puerta de entrada de los enemigos en sus incursiones a los Valles: "padecía mi alma mil conflictos", "que me hacía la memoria cavilosa y de todos mis sentidos en un equilibrio de pensamientos melancólicos que sobresaltase mi espíritu". Situación que se reproduce cuando el comandante Bustamante trataba de anarquizar la guerrilla de los Valles: "estuve en una desesperación de mil cavilaciones y vivía [...] sumamente abatido de todos mis sentidos, se me hacía una memoria melancólica".

La época de su vagabundaje, adolescente, por el área provincial de Cochabamba, desorientado en cuanto a su futuro y humillado en cuanto a su presente caracterizan bien su índole sensible: "Así confundido en este mísero vivir no dejaba de atormentarme la funesta suerte que pasaba algunas veces de amargura, y vacilante con la mendiguez y necesidades que me rodeaban", y todo esto no sólo por lo íntimo, sino por la falta de un apoyo moral externo: "y no tener absolutamente un sujeto a quien comunicar mi situación y el estado en que me hallaba".

El carácter sensible de José Santos incluye desde luego la compasión para con el prójimo. Una pregunta obvia es cómo entonces pudo actuar 10 años como guerrillero viendo a cada paso escenas luctuosas. Habría que añadir a su sensibilidad y su índole compasiva la capacidad de adaptación a las circunstancias. José Santos pudo adaptarse ciertamente a la vida guerrillera con todas sus cosas buenas y malas, con todas sus crueldades y sus heroicidades, pero ciertamente nunca perdió su compasión para con el prójimo.

En medio de las figuras sanguinarias de que está obligadamente poblada la guerra que relata el *Diario*, José Santos se destaca por su indeclinable bondad. Reiteramos nuestra inferencia: Su deseo de servir como tambor más bien que como soldado de línea se explica tanto por una conveniencia de metodología historiográfica como por su apartamiento de la necesidad de matar aun exponiéndose a mayor peligro de morir.

También en aparente contraste con su índole sensible es evidente en José Santos una innata propensión a la aventura. Ella está patente con toda su fuerza estimulante en su salida al mundo cuando sólo contaba 15 años y decide lanzarse a lo desconocido en medio de la soldadesca fugitiva que salía de Oruro. Esta propensión le indujo luego a entroparse y a mantenerse en la guerrilla sabiendo ya que era una empresa tanto para matar como para morir. Un componente característico de la propensión a la aventura sería asimismo su carácter resuelto, sin el cual no se explicaría la entrega total de su vida al azar de la vida guerrillera. Su resolución está presente desde luego en el entropamiento en la guerrilla, y, como un símbolo de otras innúmeras situaciones posteriores dentro de la lucha misma, en la desarmada a los dos soldados que van a prenderlo durante el episodio de la invasión peruana a Bolivia en 1828: aquí hasta las palabras son demostrativas: "Me resolví a desarmarlos yo solo", como lo hizo. En suma, José Santos era "capaz de hacer cualesquiera empresa a cualesquiera costa".

La inclinación por la aventura y la resolución iban acompañadas por un áureo sentido de la prudencia. José Santos siempre supo cuidarse y no incurrir en desatinos fatales para su propia persona. Entre otros, el pasaje que pinta en toda su plenitud este rasgo importante de su carácter es cuando en los peores momentos de la crisis precipitada por el asesinato del comandante Lira y la anarquía que cunde en la guerrilla los soldados llorando ante la suerte fatal que parece esperar a todos van a pedirle consejo: "¿Tambor mayor, qué haremos, cómo escaparemos?", y José Santos resume la situación en cuatro expresivas palabras: "Moriremos si somos zonzos."

Si bien José Santos sólo vivió en Oruro los primeros 14 años de su vida tenía un agudo amor propio regional que se desarrolló en él dentro del torneo de emulaciones regionales que sin duda era una nota constante en la guerrilla: a ver quién y de dónde era el más macho. Cuando al sargento Riquelme el oficial Contreras quiere quitarle la moza, "como buen orureño Riquelme lo pateó, trompeó y llenó de cardenales", y cuando desarma a los dos soldados que fueron a prenderle en 1828 dice lleno de ufanía: "Me acordé del carácter orureño y como tal me dejé conocer."

En el trato con la gente popular en el tambo de su tía la Condo Goya; en su vida errabunda por el área rural de Cochabamba y de camaradería en la guerrilla, José Santos acentuó su condición natural de llaneza y sencillez. Comentando el resentimiento del jefe peruano José Calorio y Velasco porque cuando llegó fugitivo a los Valles en 1824 el oficial guerrillero con quien encontró primero no le dio "el tratamiento de vuestra señoría" (porque había sido coronel) y "reputándose agraviado se salió de los Valles" José Santos comenta: "qué simpleza de hombre".

José Santos no olvida un momento la lealtad para con sus compañeros de armas. En la hora del triunfo expresa ante todo su "grande dolor de que los más [de sus compañeros] no han tenido el consuelo de ver libres las Américas ni el último triunfo de su opinión tan amada, tan deseada y tan esperada".

Su consagración cívica está abonada por el *Diario* mismo, y podrían engarzarse en oro sobre roca andesita todas y cada una de las palabras donde resume esa consagración: "Mi existencia toda se hallaba consagrada y se empleó nomás que en el servicio de nuestra augusta independencia nacional." Durante la invasión peruana de 1828 volvió a empuñar las armas en defensa de la soberanía ultrajada de su Patria. Después, retirado en su amada sayaña de Pocusco, buscó pertinazmente, saliendo de ella cada vez que pudo, la publicación del *Diario*, alta empresa de bien público. En una de estas salidas, en la hacienda de Cochimarca (27 de diciembre de 1851), "donde me quedé por saber más de fijo la estada del Presidente en Sucre para dirigirme allí, para no estar ocioso puse una escuela de primeras letras para los niños de aquella corta comarca".

La ironía y el sentido del humor, otro componente notable de su carácter, fluyen espontáneamente sin que él mismo se proponga y contribuyen a dar amenidad e interés permanente al relato. Durante la invasión peruana de 1828 a Bolivia, la partida adicta al Perú que había estado toda una noche temerosa de ser atacada por las partidas leales bolivianas, al sentir ruido de una tropa que a las 3 de la mañana se acercaba al pueblo "empieza a dar fuego graneado diciendo que eran enemigos", cuando había sido "una tropa de burros con cargas para el pueblo". "Muy apenas cesó." Y José Santos da este parte de bajas: "Muerto un burro y otro muy mal herido."

En el *Diario* no abundan las imprecaciones a la divina providencia, pero no hay ni la sombra de una duda sobre la condición religiosa de José Santos quien atribuye el no haber tenido "ninguna novedad" en medio de tiempo tan peligroso a "Dios que vela sobre la buena intención de sus criaturas". Su concepción religiosa es, como no podía ser de otro modo en el marco general de su personalidad, decididamente popular. Relatando el triste destino de un fraile delator que después "se volvió lelo, pasando inmensos trabajos y enfermedades, babeando que daba asco, y casi perece por necesidad", concluye: "Así castiga el cielo a un vil intrigante aunque sea su ministro, para experiencia de otros de semejante proceder y sentimientos."

7. *Enfermedad, muerte*

José Santos sale de la tremenda prueba guerrillera moral y físicamente fuerte. Hablando del año 1826 dice: "Esos años [estaba] aunque no tan joven [30 años] pero capaz de hacer cualesquiera empresa a cualesquiera costa."

Un cuarto de siglo después la situación había cambiado: "En el día me hallo [...] avanzado de edad y enfermizo"; atribuye sus males a las tardías consecuencias de la vida guerrillera: "Yo supongo que será infaliblemente las andanzas del corto tiempo que serví a mi Patria, independencia y libertad en los Valles y en tropa de montoneros. ¿Con qué males no estaré agravado?" En 1851, cuando iba tras las huellas del presidente Belzu en el afán de publicar el *Diario*, su cuerpo se rinde: "en medio camino me enfermé". Estuvo así un mes. "Al fin recuperé": "al fin" quiere decir que recuperó trabajosamente.

La índole de su enfermedad es clara. Siempre en persecución del presidente Belzu para publicar el *Diario* vuelve a rendirse, esta vez más seriamente: "Caí enfermo con tercianas y apenas pude sanar en el hospital de Cochabamba." El paludismo era sin duda el problema sanitario más serio en los Valles.

En enero de 1853 presiente el fin próximo: "Pero vivo contento con la grande alegría de que mi opinión hayga triunfado, que a nada más aspiraba, y el poco tiempo que me resta de salud viviré con esa satisfacción."

La tentativa de publicación ante el presidente Belzu es la última de que se tiene noticia. Dada la pertinacia con que José Santos se había propuesto esta empresa es seguro que no habría cejado en su empeño y que el mismo *Diario* hubiese continuado registrando las nuevas tentativas. No lo hace. Luego es lícito inferir que murió en Pocusco al poco tiempo de este último y grave quebranto en su salud, haciendo así honor a su declaración de que en los montes de Pocusco esperaría "los últimos momentos del fin de todo viviente".

B. EL DIARIO

1. *Valor historiográfico*

a. *Historiador-guerrillero*. La fecha clave para la vocación de José Santos historiador es aquella en que se encuentra con su hermano en Pocusco, el 22 de noviembre de 1814. A partir de ella se define para él su vida: Andrés le cuenta su propia experiencia guerrillera y le da a leer el Diario de guerra que estaba componiendo desde años antes: "En esto nomás me mostró un corto Diario que él había apuntado de años adelante del de esta fecha." José Santos lee "por una y otra vez" el Diario de su hermano y queda tan fascinado que de pronto decide escribir él también un diario "si caso existiese en estos lugares".

Definida su residencia en esta área, y al encomendarle su hermano la atención de una hacienda que acababa de recibir en arriendo, ya a solas allí José Santos empieza a poner en práctica su idea averiguando "los actuales sucesos y el estado en que se hallaban los Valles de uno y otro partido [Sicasica y Hayopaya]".

Además, catequizado a fondo en la ideología de la independencia por su hermano, y seducido por su antecedente de cura guerrillero, José Santos decide hacerse guerrillero él también. Pero no guerrillero para matar o hacerse matar nada más, sino para conocer mejor la realidad de la guerra y comunicarla, al igual que su hermano, que habiendo "servido a la Patria de capellán en algunas guerrillas", conoció el caso por experiencia propia, y así "lo sabría bien cómo sucedió", y, sabiéndolo bien, "todo todo lo había apuntado".

O sea, aprovechando "en el todo los consejos" que su hermano le da, José Santos se hace guerrillero para ser historiador. Y no historiador de cualquier cosa sino precisamente historiador de la guerra contra España en los Valles, porque su hermano, que era patriota y "ciego en su opinión", le había persuadido del todo sobre la razón y la justicia de la guerra contra España.

Es digno de destacar en todo su alcance para la valoración historiográfica del *Diario* que "la intención de saber y apuntar lo que sucediese" entró en sus designios tanto como el ansia "de ser patriota"; y, aún más que esto, que se incorporó en la guerrilla para ver, saber y averiguar mejor: "Ansioso estaba yo de ser patriota, mucho más con la intención de saber y apuntar lo que sucediese. Ello es que me entropé por ser más testigo ocular de los hechos."

En José Santos en cuanto historiador hay que considerar tanto su técnica como su ética historiográfica.

b. *Técnica historiográfica.* En su técnica historiográfica hay que considerar la metodología que empleó para la acumulación de la información y la trasmisión de la información.

José Santos usa su incorporación en la guerrilla como un recurso técnico historiográfico: quiere vivir en persona la experiencia bélica que se ha propuesto relatar, para relatarla con más autoridad, con la autoridad de parte activa de esa realidad. La metodología aquí es propia de una historiografía experimental, que no es una metodología frecuente en la historiografía usual. Ésta se atiene al empleo de las fuentes documentales donde se supone que reside la clave de la realidad. Incorporándose en la guerrilla, José Santos resolvía de otra manera el problema metodológico: vivir personalmente la realidad, convertirse él mismo en un ingrediente de la clave.

Yendo por esta línea José Santos afina el método experimental en términos de virtuoso. Estimulado por su "curiosidad" historiográfica, no sólo quiere averiguar hechos ya acaecidos sino que adopta previsiones para poder averiguar hechos por acaecer. Por ejemplo: habiendo llegado a la guerrilla (8 de noviembre de 1816) el capitán Eugenio Moreno, cusqueño, y solicitado su incorporación en ella, el sargento de la guerrilla Andrés Vázquez se opuso denunciando públicamente a Moreno como delator y entregador del comandante guerrillero Ildefonso Muñecas en los Yungas meses antes. Sin apreciar la denuncia, Lira dio paso a la incorporación de Moreno. Resentido, Vázquez desertó. Al día siguiente Lira destacó una partida al mando de Moreno para un asalto al pueblo de Caracollo. José Santos, sabiendo que Vázquez se había retirado a dicho pueblo, se las arregló para ir también en la partida: "Me entró curiosidad de ver el encuentro, pero no se vieron."

Para resolver el problema del conocimiento de los hechos no alcanzados por su experiencia personal, José Santos se valió de su "regular letra", y de su versación como secretario de cartas a fin de lograr que los "jefes y oficiales que habían en aquellos Valles" le ocupasen "en la pluma" y gracias a esa circunstancia lograse información más idónea y "apuntarlo todo lo que pudiera suceder": "me introducía más por solamente informarme mejor".

Todavía, además de incorporarse a la guerrilla para absorber personalmente la realidad de los sucesos, y además de valerse de su buena letra y de su experiencia de secretario de cartas para hacerse necesario y estar próximo a los jefes, buscó y obtuvo la plaza de tambor, "sin que nadie me enseñe", con el mismo designio, y "por eso aún no quería tener ascenso alguno ni quería salirme de tambor [...], más era por estar al lado de los jefes y saber todo lo que ocurriese", de manera que "cuando había alguna corta novedad siquiera yo ya me introducía".

La proximidad y confianza de los jefes de la guerrilla permitió a José Santos disponer siempre de información de primera mano: "Por eso es que no se me escapaba la más mínima novedad que ocurría: me dejaban y me confiaban." José Santos por su parte se cuidaba de no hacer mal uso de la información, para no perder la oportunidad: "Yo también guardaba algún secreto en la cosa más leve."

Otros "pasajes [que ocurrieron] en otros pueblos y lugares" escaparon por de pronto a la averiguación: "porque yo he estado sujeto en la tropa no he estado al tanto de saber los demás acontecimientos"; pero "después sí he estado sabiendo despacio y averiguando con prolijidad y apuntando lo ocurrido". O sea que otros materiales fueron incorporados terminada la guerra, cuando José Santos ya no estaba "sujeto en la tropa".

Pasan de 100 los episodios así averiguados, con una extensión que varía desde media página hasta 10 o más páginas. En consecuencia el *Diario* se constituye para José Santos en todo un seminario sobre la técnica de la utilización de fuentes orales historiográficas y para el estudioso en un valioso documento sobre lo mismo, en vista del volumen cuantitativo de este tipo de materiales incorporados en el texto, y también cualitativo por la habilidad que José Santos llegó a desarrollar en el manejo de esta técnica.

La sofisticación del método con el cual José Santos obtenía información oral —aun información reservada— queda ilustrada por este ejemplo relativo a las intenciones del comandante Lira, jefe de la guerrilla, de pasarse a los realistas: "Todo esto yo sabía: como estaba con curiosidad de hacerlo este *Diario* le preguntaba con cierto disfraz a un asistente que tenía Lira de toda su confianza, llamado Rudecindo Vargas, que [...] aun me emparentaba yo con él con el interés de que me comunicase algunos pasajes y que esté siempre observando a su patrón, [y él] me comunicaba cuanto ocurría con Lira, cuanto hacía y decía."

El episodio de la escapada del comandante Chinchilla a la feroz persecución de los españoles en Arcopongo (noviembre-diciembre de 1819) que puede considerarse un modelo en el género por el detalle, el dinamismo, la versión dramática y conmovedora, fue averiguado directamente del propio Chinchilla cuando, concluida la cruel incursión realista a los Valles, Chinchilla hizo resucitar nuevamente a la guerrilla y llamó a José Santos al pueblo de Mohosa: "Lo encontré allí, donde me comunicó por extenso todos los trabajos que había pasado en la persecución del enemigo en Arcopongo"; la información de Chinchilla fue completada con las de sus compañeros.

Un caso especial dentro de los episodios averiguados es el correspondiente a los realistas. El único método posible era la información oral recogida de prisioneros o pasados. José Santos usa cuanto puede ese método, sin perdonar detalles con los que hace más movida su crónica. Por ejemplo: en el relato de la acción de Lirimani (8 de marzo de 1817) es capaz de precisar con toda exactitud cómo los indios de la guerrilla alcanzaron y echaron en tierra al comandante realista José Casto Navajas de "un hondazo que le tocó entre el cogote y la espalda", y cuando "iba a levantarse le asegundaron otra pedrada en la pierna". ¿Cómo pudo José Santos hacer estas precisiones tan minuciosas, imperceptibles a la distancia en que se combatía? Es que algún tiempo después cayó prisionero un diestro que siempre andaba con Navajas: "aun por eso sé yo con evidencia los hondazos que tocó en la acción de Lirimani".

Dentro de la técnica de José Santos habría que considerar también lo que pudiera llamarse el detallismo localista. Como el *Diario* estaba destinado a la circulación siquiera manuscrita entre "compañeros, amigos y paisanos" en los Valles, tiene especial preocupación en dar noticia tan detallada como sea posible de los hechos y las circunstancias pertinentes a la gente de los Valles. Un ejemplo característico: el episodio "de un tal Manuel Arenas", "que vivía en Coriri", quien "el 29 de junio de 1816" por haberse adelantado mucho entró en una emboscada, "cayó del caballo y volvió a montar y escapó mal hirido", expiró en el camino, y "muerto nomás llegó" a su casa.

El detallismo localista es un caso particular de la prolijidad que José Santos encarece también mucho: "Esta corta historia te avisará lo más pormenor: sucesos verdaderos, el lugar donde sucedió alguna cosa, el sujeto que dio alguna orden y sujetos que obraron", "de forma que no recelaréis de que estos sucesos fueron así los pasajes".

c. *Ética historiográfica.* José Santos tiene plena conciencia de su falta de preparación académica: "mi educación ha sido puramente militar en las tropas de entonces", "mi existencia toda se hallaba consagrada y se empleó no más que en el servicio de nuestra augusta independencia nacional"; pero tiene una conciencia no menos plena de que esta falta de preparación formal de ninguna manera lo inhabilita para ser fiel y veraz: "No por eso mi *Diario* será menos genuino y auténtico."

Según esto, en José Santos abundan los acostumbrados encarecimientos de la verdad: "Mi trabajo nada contiene que no sea la pura verdad harto notoria para mis contemporáneos"; y también de la fidelidad: "Puedo asegurar francamente no carecer él [su *Diario*] de hecho alguno interesante ni de los que pueden denominarse accidentales."

Otro principio inamovible de ética historiográfica en José Santos es su determinación de aplicar su relato sólo a sucesos en que fue protagonista, "testigo ocular", o que averiguó "con evidencia". Esto lo traduce así: "No quiero entrar en crítica sino lo que he visto, he sabido y lo que he hecho."

Merece, pues, cumplido honor y crédito cuando afirma: "También te pueden provocar algunos pasos dados por una y otra parte a una rabia e indignación al ver el desorden cometido de alguna inhumanidad, que yo todo pongo patente nomás sin que me domine pasión alguna a mi partido ni menos procuro desajerar a la parte contraria."

Protagonista, testigo y expositor de una guerra a muerte, José Santos anota con absoluta sindéresis los atentados de lesa humanidad de ambos bandos, y, en el de los guerrilleros, los excesos no tanto contra los realistas como contra los pobladores, y con mayor razón si se trata, como se ha dicho, de excesos cometidos por los jefes.

La sindéresis esencial de José Santos se prueba en la exposición de los contrastes y las derrotas de la guerrilla, como en el caso de la sorpresa de Piñani (14 de junio de 1816) en que los realistas cayeron súbitamente sobre los guerrilleros que estaban "bañándose en el río": "todos escaparon, algunos sin ropa, sin pantalones y uno que otro sin camisa, a pie", y se perdió todo el parque "con 140 cabalgaduras" y el archivo de la guerrilla.

Con igual honestidad relata "por menor" los conflictos internos de la guerrilla, algunos de los cuales fueron más desastrosos que sus propias derrotas frente al enemigo. En cambio es ejemplarmente sobrio en el relato de los triunfos de la guerrilla, como el asalto a un convoy realista en Amachuma (27 de setiembre de 1819) y la captura de 158 fusiles nuevos, con sus bayonetas, "encajonaditos", que iban para el ejército realista del Alto Perú. No dispara con este motivo ni un cohete retórico de alborozo, siendo así que 158 fusiles nuevos con sus bayonetas representaban una ganancia invalorable para la guerrilla.

d. *Material legendario*. Junto a los materiales rigurosamente acaecidos, otro tipo de materiales usados por José Santos en la composición del *Diario* está constituido por relatos legendarios, a los cuales debe atribuirse un valor muy alto, precisamente por ser legendarios, como expresión del espíritu popular: creencias, ansiedades, esperanzas.

Entre los guerrilleros uno a quien José Santos legendariza es el capitán de indios Miguel Mamani, que era tan ducho para escapar en una y otra forma, las más ingeniosas, cada vez que caía prisionero, hasta que la última vez no sólo no pudo escapar sino que, borracho cuando cayó prisionero, siguió "vivando a la Patria y hablando incendios contra el rey y sus jefes, [...] echando mil ajos tratándolos y amenazándolos a los soldados", de manera que en el acto lo fusilaron "antes que se vuelva perro, caballo o piedra, que así había escapado varias veces".

En el ejemplo mejor consumado de esta modalidad el comandante Pedro Antonio Asúa, uno de los oficiales españoles antiguerrilleros más capaces en el área de los Valles, desafía, en presencia de otros jefes y oficiales realistas, al brigadier Francisco Javier de Aguilera, criollo, realista, otro experto antiguerrillero en el área de Santa Cruz de la Sierra, a demostrar su sapiencia y su valor combatiendo contra los guerrilleros de los Valles, y que así como a Aguilera se le llama el *León de Santa Cruz* a él, Asúa, se le llamará un día el *Águila de Hayopaya*. Picado en su amor propio Aguilera hace una incursión con 800 hombres a los Valles pensando que aquello iba a ser un paseo militar, pero bárbaramente hostilizado por la topografía del terreno y la acción combinada de los indios y la División de los Valles, tiene que retirarse corrido a Cochabamba. "Así castigó el cielo la soberbia del *León de Santa Cruz*." En realidad no hay la menor evidencia de que Aguilera hubiese estado jamás en los Valles.

Aun así, en este caso la leyenda supera en realismo a la realidad, porque es una exposición magistral, tal que no se encuentra en ningún otro episodio del *Diario* mismo, de la táctica de desgaste y de desesperación que usaban los guerrilleros de los Valles contra los realistas.

Queda sin saberse si José Santos fue el creador de estas leyendas, o, habiendo sido inventadas por otro u otros, él no hace sino dar su propia versión. Sea como fuere, es seguro que ellas se ajustan perfectamente con los deseos, las creencias y actitudes de los guerrilleros: en otras palabras son parte del folklore guerrillero.

Como José Santos incluye el material legendario en el curso del relato sin advertir que es legendario, podría argüirse que José Santos contraviene a su propio principio de la veracidad. No obstante, siendo la cuantía de los materiales legendarios tan ínfima y teniendo por otra parte en cuenta su realismo verosímil como expresión, según hemos apuntado, de los deseos, creencias y actitudes de los guerrilleros, el principio de la veracidad no queda invalidado.

e. *Popularismo*. El enfoque historiográfico de José Santos, a tono con su enfoque como escritor en general, es absolutamente popular. A José Santos le interesa hacer resaltar ante todo y en forma directa las cosas elementales: odio, compasión, risa, llanto, vida, muerte... Este enfoque se hace patente en el empleo y la reproducción de palabras profanas cuando hace falta emplearlas y reproducirlas como en el pasaje en que un guerrillero sale del campamento a hacer "la necesidad del cuerpo detrás de un pedrón grande". Una partida enemiga anda merodeando cerca, lo localiza uno de los realistas, se acerca sigilosamente, "trastuerna detrás de

la piedra, le palmea el culo" y le dice saltando con su fusil: "Ahora te haré cagar el alma."
En otro episodio los guerrilleros se ven obligados a retirarse en corrida. Entonces el oficial realista desafía al oficial guerrillero "que se parase si es hombre, que sólo teniendo valor y cojones grandes se hubiese puesto a hacerse alzado insurgente contra el rey". "El otro no hacía más que correr porque no había un trecho como aguardarlo, un camino muy estrecho en una falda." Unos momentos después la situación cambia y son los realistas quienes corren. Entonces el oficial guerrillero apostrofa al realista: "No sois soldado del rey, corredor, cobarde, pintor, que no había tenido brizna de cojones, más bien que se atiente, tal vez se le han entrado a la barriga."

f. *Curiosidad de periodista.* En la "curiosidad" que indujo a José Santos a hacerse guerrillero para componer el *Diario* se encuentra no solamente la curiosidad del historiador sino también la del periodista, no tanto porque entre ambas actividades hay el denominador común de obedecer a un irrefrenable instinto de curiosidad para acopiar información y trasmitirla a los demás, cuanto porque hay una zona en que sus dominios prácticamente se confunden cuando se trata de materias como las que contiene el *Diario*.

Desde luego que cuando José Santos comienza el *Diario* no sólo no había periódicos en el país sino que la imprenta iba a tardar años todavía en ingresar —casualmente para fines bélicos— y aun cuando ingresó había de tardar mucho tiempo todavía hasta desarrollarse como para absorber despachos de prensa.

No obstante, aparte del periodismo usual que para producirse emplea los medios conocidos de comunicación, como la imprenta, hay lo que podríamos llamar un para-periodismo que puede producirse por medio de manuscritos e inclusive trasmitirse oralmente.

La vocación periodística de José Santos se manifiesta claramente en el dispositivo que dispuso para el acopio de la información, incluyendo su entropamiento en la guerrilla para tener un conocimiento personal de los hechos, y en la índole misma de sus materiales, muchos de los cuales no desdeñaría firmar un corresponsal moderno de guerra, tal entre muchos otros, el dramático relato de cómo la guerrilla se salvó de caer íntegramente en manos del enemigo en la acción del cerro Chicote (21 de junio de 1816).

g. *Por qué y para qué.* José Santos llevó su *Diario* por autodeterminación libérrima: fue una empresa exclusivamente personal, ajena a sus obligaciones militares, por un impulso propio de "curiosidad para hacerlo". Esta curiosidad no es otra cosa que el estímulo a que obedece el historiador en el cumplimiento de su vocación, el porqué de su actividad.

Según José Santos los "varios y lastimosos" acontecimientos en la lucha por la independencia en los Valles "han afectado a la humanidad", y en consecuencia ese hecho "tiene un grande mérito para ser trasmitido a la posteridad", donde "humanidad" habrá que entender en su doble sentido del género humano y de la compasión por el prójimo, conceptos que sin duda quedaron afectados respectivamente por las repercusiones políticas y por la desalmada crueldad de la lucha.

El sentido a la vez informador y pedagógico que José Santos atribuye a la historia queda claramente expresado cuando encarece que la trasmisión "a la posteridad" de los sucesos de la lucha en los Valles debe ser "para que se sepa cuánta sangre, cuántos esfuerzos, cuánto valor y heroísmo cuesta a la Patria su libertad, para saberla apreciar mejor, conservarla y respetarla".

El *Diario* está encaminado también a disipar la ignorancia y la duda sobre estos sucesos: "porque ni los jefes mismos de aquí no saben de los casos que ocurren, ni los superiores de Buenos Aires ni los de Salta saben del principio: quiénes fueron, de cómo, ni en qué tiempo, ni qué sujeto", y porque "algunos piensan y están certísimos de que algunos sucesos acaecieron en la época que mandaba el comandante don Eusebio Lira, algunos me han porfiado que sucedieron en el tiempo que gobernaba aquellos Valles el comandante don Santiago Fajardo, y otros en que fueron los sucesos cuando mandaba don José Manuel Chinchilla, [y] porque no estén con duda como en la presente he puesto los casos con algunas circunstancias averiguando muy bien con mucha prolijidad".

Por apartado que fuese el escenario y por mínima que fuese aquella extraña guerra, José Santos cree que "los sucesos en estos lugares no son de pasarse en silencio", y que deben ser perpetuados "para que se sepan", "todos los sucesos en aquellos Valles de uno y otro partido".

Aproximando el análisis a la unidad guerrillera que protagoniza el *Diario*, éste servirá "para que se sepa todo lo que había costado a la Patria su libertad, la sangre que se había derramado en un puñado de hombres".

Aún más, José Santos quiere que el *Diario* sirva para que conste la prioridad y la persistencia de dicha unidad guerrillera en la lucha por la libertad: "que habían sido las montoneras de estos Valles los primeros hombres de la nación boliviana que buscamos nuestra libertad. Aunque habían otros luego se cansaron o fueron vencidos enteramente por el enemigo".

Finalmente, el *Diario* —y para ello, cree José Santos, será necesario apresurar su publicación— debe integrarse en el lugar que le corresponde para la mayor idoneidad de la historiografía boliviana: "Mi *Diario* será [...] útil para el enriquecimiento de nuestra historia, la cual será tanto menos exacta cuanto vaya retardándose más su anhelada publicación" [del *Diario*].

2. *Valor literario*

José Santos enfatiza una y otra vez su falta de formación académica, "a causa de las ningunas luces que [me] impregnaron mis padres por sus fallecimientos en la medianía de mi infancia", a lo cual atribuye que al *Diario* "le faltan indudablemente todos los requisitos literarios que deben ornar esta clase de trabajos", y que "habrá infinidad de errores aun en el lenguaje".

Cuando José Santos habla de su falta de literatura se refiere a la gramática y la preceptiva literaria españolas, y el resultado que el análisis del texto arroja es de un excepcional interés.

a. *Incongruencias sintácticas populares*. No hay que hacer mucha cuestión sobre la ortografía del *Diario*, por defectuosa que parezca. La ortografía media en ese tiempo y en este país no era mejor. No era mucho mejor en cualquier caso, o era proporcionalmente peor, la ortografía del doctor Casimiro Olañeta, criollo, que recibió una esmerada educación académica en la Universidad de Córdoba, abogado de la Audiencia de Charcas, panfletista, magistrado, diplomático, ministro de estado, jurisconsulto, y político ante todo, si bien muchas de estas calidades no comportan de hecho ninguna recomendación ortográfica.

Más revelador es el análisis sintáctico. Un inventario de las características, en mera dimensión selectiva, hace ver que el texto está plagado de incongruencias de toda clase: En el género: "su *opinión* en tal caso no era *nacido* de su corazón"; en el número: "Unos *hombres* de los primeros que nos *enseñó* a buscar nuestra libertad"; en el régimen verbal, entre el pronombre personal y la forma verbal correspondiente: "Pero no atenido a lo que *te* dije *hubieseis* procedido como *te imaginasteis*"; el gerundio se hace de pronto infinitivo: "*Viendo* esta resistencia y *oir* hablar tantas cosas"; los verbos regulares se transforman en irregulares: "El comandante Lira ha dicho que se *escuendan*"; el verbo concuerda con el complemento directo debiendo concordar con el sujeto: "Así que los *emigrados* los *vio* a Chajmi"; en el régimen adverbial: "Si no había perdón para ellos, que ejecutasen quitándoles la vida *prontos*"; en la estructura conjun-

cional: "No hizo más que meterse *a* debajo de un arbolito"; en el régimen preposicional: "sin que nadie quede *con* [sin] esta ración".
Es característica la tendencia a la forma verbal reflexiva en casos del todo superfluos: "entonces *se* vienen a *reunirse*"; "*nos* vamos *desertándonos*"; "*me* ha ofrecido *darme* plata a *mí*".
Asimismo es característica la tendencia al abuso del pronombre neutro *lo*, frecuentemente en absoluta discordancia con el género y número del sujeto: "*lo* quería llevarlo"; "el comandante me ordenó a que *lo* calle la caja"; "*lo* trae a *dos indios* un capitán"; "le cortaron *la cabeza* y *lo* entregaron"; "*lo dejan* en libertad a todos *los indios*".
El texto está sembrado de muchas otras incongruencias estructurales también características: "Nos *bajamos* para *abajo*"; "Yo era el *más último* que *me* bajé"; "que no tengan la *más menor* sospecha"; "porque más *quedrían* agarrarlos"; "o bien irse *ande* [donde] don José"; "*puertaycalle* [puerta de calle]"; "afusilar".
Lo mismo puede decirse de ciertos latiguillos o comodines verbales que abundan en el *Diario* profusamente como *ya, medio, nomás, pues*: "recibí una nota ya del comandante"; "medio dan sus paseos"; "la miró nomás todavía"; "cómo pues me has hecho andar toda la noche".
Se encuentran también arcaísmos, "esta calor" (femenino); "recordar" por despertar; "priesa" por prisa; "achaque" por pretexto.
Si nos reducimos a decir que éstas son incorrecciones sintácticas, nos quedamos a mitad del camino. La otra mitad del camino lleva a la conclusión de que se trata de características consolidadas en el habla popular del castellano en Bolivia y otros países latinoamericanos.

b. *Incongruencias fonéticas populares*. Si transferimos el análisis a la fonética de José Santos nos encontramos con rasgos asimismo dignos de nota como la tendencia a pronunciar con el sonido de *i* sílabas que deben sonar con *e*: arripintimiento, corrigírmelo, dicidido, disfilar, disistido, dispidieron, hiridos, humedicida, inclusivi, impiezan, ingreído, ispirar, Montimira, ricogí, rindición, siguía, Triviño, vicino.
Como ésta no es una norma general, o sea que hay casos en los cuales José Santos no incurre en las sustituciones, se puede concluir en que se trata de una inseguridad fonética en su habla; inconscientemente él escribía como hablaba, y conscientemente hacía las correcciones pertinentes: de ahí la coexistencia de ambas formas.
Ahora bien: la sustitución de la *i* en lugar de la *e* es una de las características más notables del habla popular, y más específicamente del habla mestiza hispano-aymara e hispano-quechua en el área

andina de Bolivia que es la misma área donde estaba comprendido el territorio de Sicasica y Hayopaya.

En consecuencia, se trata de otra decisiva característica popular en el habla del *Diario*.

c. *Cultismos*. En contradicción paradójica con el popularismo lingüístico incuestionable del *Diario*, encontramos palabras, locuciones y cláusulas que sobre ese fondo popular vienen a resultar cultismos a su vez incongruentes, resultantes posiblemente de un esfuerzo artificial deliberado del autor o tomados de materiales librescos llegados a manos de José Santos en la mediterraneidad de los Valles: "ahínco", "tenebrosa", "corrupto", "amedrentarán", "descarríos", "doblados cuidados", "sospecha bien meditada", "la carrera de la vida es un trabajo insuperable".

La obvia deliberación de José Santos en usar eufemismos castellanos en vez de los vocablos autóctonos respectivos asume una condición de cultismo, mas, aunque parezca paradójico, viene a confirmar la condición popular, precisamente porque trata de no parecer popular. Así dice "carneros cargadores", "cornetas", "gorros", por no decir *llamas, pututus, lluch'us*, que eran los términos autóctonos propios en esos casos, los que se usaban y aún se usan en Bolivia.

d. *Estilo popular*. Dada la finalidad específicamente narrativa del *Diario*, el texto se mantiene sólo dentro de esa técnica. Si hay alguna descripción es rauda y fugaz, obligada siempre por el imperativo del relato: "El campamento [estaba] en un campo bajo de cerco de árboles y espinos donde había un alfar"; "amanece, sale el sol ya bañando las cumbres". En otros casos José Santos echa mano de una metáfora para cortar el nudo gordiano en vez de engolfarse en párrafos descriptivos.

La exclusiva calidad narrativa del *Diario* confirma su condición popular. El pueblo cuenta: leyendas, consejos, tradiciones, fábulas; los científicos describen: se hacen contar con el pueblo esos cuentos, los numeran, ordenan, clasifican, y en seguida pasan a describir su origen, sus asociaciones, su sentido. Si José Santos hubiera sido un científico, su *Diario* podría haber sido una descripción de las plantas y animales del área de los Valles.

El estilo del *Diario* es también popular por su detallismo, y José Santos se encarga de poner en clara evidencia ese elemento básico de su estilo que es el sentido del detalle: "esta corta historia te avisará lo más pormenor".

El detallismo está patente en la cuenta minuciosa que hace de las bajas en los combates, especificando muertos, heridos, prisioneros, si eran indios o no, y a veces dando sus nombres; también de las armas ganadas y perdidas, con sus clases y su estado de conservación; en la identificación de las personas con sus nombres de pila, apellidos, procedencias y frecuentemente sus cualidades personales; en la identificación de los lugares por sus nombres y clases: doctrinas, anexos, haciendas, estancias; los días de la semana, fechas y advocaciones o santos cuando se trata de sucesos memorables; las horas sucesivas en el comienzo, progreso y término de una operación; si dos personas que cita son homónimas da todos los detalles necesarios para diferenciarlas; por qué parte del cuerpo entró y salió la bala que mató o hirió a un compañero, etcétera.

El sentido del detalle está asimismo presente en la mención de algún rasgo especial que da mayor vivacidad al relato, siempre dentro del gusto popular: "se apea del caballo García, refina más la cincha de su caballo. *Después de mear se montó*".

Casi siempre de trazo breve, directo, diríamos lineal, los atributos estilísticos más obvios y habituales del *Diario* son la sencillez y la concisión. José Santos tiene conciencia de esto y lo dice: "Me contraeré a hacerlo de la manera más sencilla, en el lenguaje más desnudo y simple que acostumbro." No de otra manera habla, ni puede dejar de hablar, el pueblo.

Pero dentro de esta caracterización general, sin contradecirla, hay que señalar en ella ingredientes especialmente valiosos:

Sancho Panza, representante del pueblo ante Don Quijote, hilvana refrán tras refrán, o sea metáfora tras metáfora, que es otra manera de pensar y decir del pueblo, para hacer más claro su pensar o sentir. José Santos, representante del pueblo por derecho propio de la literatura boliviana, maneja la metáfora no por buscar elegancias sino porque llega un momento en que la metáfora se le hace de absoluta necesidad para hacer más claro el texto. Viendo que durante la huida de su casa en Oruro entre el tropel de la soldadesca unos y otros pugnaban por interesarse en su servicio doméstico, se identifica así: "yo era el hallado de todos"; un guerrillero angustiado en la tensión de la posible pasada del comandante Lira al enemigo "empieza a soltar las riendas del silencio que lo tenían oprimido"; cuando los guerrilleros en el cerro Chicote incendian el pajonal para detener a los soldados realistas que ya lo tenían como presa segura, sus "cartucheras quemadas parecían chicharrones que estaban volando por los aires"; para denotar la falta de resolución patriótica: "todos estamos ciegos, tapado el ojo con la venda negra de la codicia española"; una lluvia de violencia excepcional: "Parecía que el cielo se hubiese caído"; el camino estrecho en una ladera perpendicular en la vertiginosa topografía de los Valles: "lo mismo que una raya en una pared".

José Santos posee un caudal inagotable de fuerza expresiva diríamos mágica, que le viene de su creatividad natural y de la creatividad del pueblo en el seno del cual se ha formado y ha desarrollado sus dotes de observación, de asimilación y de respuesta a las incitaciones de ese medio creador. El texto del *Diario* hace patente esto en todo su curso, sea en forma de instantáneas, sea en episodios completos.

Una de esas instantáneas es la decapitación de un amedallado: "Lo asaltan en el pueblo de Inquisivi mesmo [y] a la media noche lo degollaron, esto es como a un chivato, y lo botaron la cabeza."

Como relatos completos, la muerte del comandante Lira, la escapada del comandante Chinchilla y sus dos compañeros en Arcopongo, y la sumaria que en el episodio de la invasión peruana a Bolivia en 1828 le siguen a José Santos queriendo fusilarlo, son ejemplos acabados de su expresividad.

Un recurso de técnica literaria que José Santos maneja magistralmente y gracias al cual acrecienta la amenidad, la expresividad y el dinamismo del relato es el diálogo. Cada vez que puede José Santos pone el relato, diremos, en tiempo de diálogo, y se nota la fruición que él en primer lugar siente abandonándose a ese recurso, fruición que de inmediato se comunica al lector.

Podrá observarse que no hay ninguna originalidad en esto y que José Santos no hace otra cosa que trascribir lo que escucha o ha escuchado. Pues el mérito está en eso precisamente, en trascribir los diálogos en vez de relatarlos simplemente, trascripción nada fácil para quien no posee nativamente la técnica y el sentido del diálogo, como cualquiera puede probar intentando hacer otro tanto.

Podrá observarse igualmente que al poner en diálogo pasajes no presenciados sino averiguados José Santos viola el requisito de la fidelidad imaginando lo que no le consta y no conoce sino de oídas. Hacemos notar que José Santos sabe muy bien sintonizar lo que cada persona en el diálogo dice con las condiciones y proporciones del episodio mismo de suerte que el diálogo cobre entera verosimilitud, lo cual basta para el requisito de la fidelidad. De otra manera la única forma aceptable de trascribir un diálogo sería mediante la cinta magnética.

Dentro de la forma dialogal es lícito incluir los discursos y arengas, que José Santos se esmera en reproducir y en los cuales es notorio su esfuerzo por realzar el estilo, a veces hasta un grado de sofisticación en contraste con el fondo popularista del *Diario*; un ejemplo: "Tal vez ninguno de todos los que estamos aquí presentes en este momento en servicio de la Patria veremos el triunfo total de nuestra opinión tan sagrada; quizá los mismos hombres que nos persiguen actualmente con tanta tenacidad, con tanto rigor e inhumanidad serán los que gocen de los frutos del árbol de la libertad."

e. *Humorismo.* José Santos posee en gran caudal el don de descubrir y poner en evidencia el contraste inesperado entre lo serio y lo no serio en cualquier situación, don que es la piedra de toque del verdadero humorista: Un guerrillero refugiado en el monte despierta de noche en su choza al rumor de una partida enemiga, huye en camisa, los enemigos le hacen fuego tanteándolo entre la penumbra "por el blanco de la camisa". El guerrillero corriendo se quita y arroja la camisa. Los enemigos se precipitan dando tiros a la camisa y gritando "Córtenle la cabeza". "Van a tocar el cuerpo, la camisa se iba quemando." "Le robaron cuanto tenía", "dejándolo sin camisa verdaderamente".

A veces José Santos no hace más que manifestar mediante un juego de palabras la coincidencia humorística entre los elementos componentes de la situación, como en el caso del inescrupuloso cacique Ignacio Hurtado: "Entonces pues había Hurtado hurtado como muy cerca de 2 000 pesos aplicando donativos a los indios."

En una de sus correrías más audaces y penetrantes en el área enemiga la guerrilla había dispuesto una sorpresa nocturna al pueblo de Quillacollo (13 de setiembre de 1817) inmediato a la ciudad de Cochabamba. Por fallas en su servicio de inteligencia la sorpresa resultó caótica y más desastrosa para la guerrilla que para el enemigo después de un combate de 12 horas, aunque el comandante enemigo había huido a las primeras de cambio ayudado por una esclava. José Santos resume la situación: "A las 2 de la tarde llegamos [...] a descansar de habernos muerto entre nosotros por ganar 22 fusiles y hacer correr a Antezaza sin calzones montado en su negra."

El tema de la pasada de un bando a otro da motivo a José Santos para esta feliz instantánea: Atravesando "la dicha quebrada venía avanzando un soldado de caballería del rey, le dan un tiro, cae muerto del caballo, el caballo se pasó a nosotros".

El humorismo se hace lúgubre cuando se asocia a escenas sañudas de la guerra. En una de sus incursiones a sangre y fuego el enemigo echa partidas "por todas las estancias en pos de los indios. Pescan a 11, meten las partidas al pueblo y los afusilan. Después manda poner 11 palos parados clavándolos al suelo", cuelgan a los cadáveres de los palos, y José Santos con una pincelada sombría nos hace ver a la distancia "a los muertos como si estuvieran marchando con sus garrotes al hombro".

f. *Moralejas*. José Santos saca las moralejas de los casos sucedidos y las expresa en forma de reflexiones que son otros tantos dechados de pensamiento y retórica popular. Una antología de esas moralejas comprendería ejemplos como éstos: "Cabalmente es de un necio inadvertido que sin preveer [sic] los funestos resultados que le esperan trasluce los secretos escondidos"; "Porque uno que manda siempre es odiado por más buenos que sean, porque jamás ni es capaz de dar contento un jefe a todos aunque ellos mismos den motivo, porque quieren siempre que la cobardía, la alevosía y todo crimen se reconozca por mérito, y en vez de ser castigado quieren que sean premiados"; "El castigo de la providencia yo creo firmemente de que el cielo jamás pasará las acciones hechas contra nuestros semejantes".

g. *Escritor vocacional*. La condición de escritor vocacional de José Santos está acreditada por hechos tan obvios como convincentes: haber imaginado, iniciado, seguido y concluido la empresa de escribir el *Diario* en medio de condiciones personales y circunstancias al parecer tan contrarias a dicha empresa, pero que a él manifiestamente le sirvieron más bien como acicates; haber iniciado, seguido y concluido la empresa de re-escribirlo aumentándolo y mejorándolo, si cabe, considerablemente; haber atacado la empresa de escribir otro diario tan pronto como sus aventuras en un episodio bélico diferente le brindaron la oportunidad en la invasión peruana a Bolivia en 1828.

Empresas libérrimas, dependientes de su arbitrio exclusivo, sin ningún compromiso interesado con nadie, sin ninguna obligación para nadie, sin ambición material, porque sí nada más, "porque tenía curiosidad para hacerlo": esa curiosidad, precisamente, esa comezón o prurito del escritor vocacional que le hace escribir.

3. *Trámites de publicación*

En un momento dado la seguridad de que su *Diario* sería publicado "si no en éste en los siglos venideros" se le encarna con tal certeza, que su diálogo con el seguro lector es parte rutinaria de la composición, como se aprecia especialmente en el "Prefacio al prudente lector" y en su "Breve vida del que escribió".

En una sociedad desarrollada José Santos habría podido publicar su *Diario* y habría podido continuar sin duda con su vocación de historiador y de escritor ofreciendo nuevas producciones.

En la naciente República Boliviana trató infructuosamente a lo largo de un cuarto de siglo de que alguien —desde presidentes de la República hasta simples particulares y amigos pasando por magistrados de mayor y menor jerarquía— se interesasen por su *Diario* para corregirlo y publicarlo.

La publicación por la imprenta no entró en el deseo de José Santos al comienzo: "No era mi intención dar a luz ésta por medio de la prensa." Pero, sí, el libro tuvo una circulación en manuscrito, positivamente: "Para que se sepa más cierto los sucesos en estos Valles les mostraba nomás para que lean y sepan algunos compañeros, amigos y paisanos"; y aun después de iniciadas las gestiones de José Santos para la publicación impresa, todavía siguió dando el *Diario* "a muchos amigos, compañeros y paisanos".

Los "amigos, compañeros y paisanos" entre quienes hizo circular el *Diario* en manuscrito le indujeron la idea de la publicación en grande: "Éstos eran los que me animaron en que debe salir a luz precisamente por medio de la imprenta", y de entre ellos mismos salió la idea simultánea de que era necesario "hacer corregir sus puntuaciones, duplicaciones y todo todo".

Sin explicar por qué, José Santos dice que fue a partir de 1837 cuando se decidió en definitiva a la publicación impresa: "Ya enteramente desde entonces pensé sacar a luz por medio de la imprenta."

Desde 1825 se cuentan no menos de una decena de tentativas, todas frustráneas, hechas por él en persona o por algún intermediario para lograr la publicación impresa.

Restituido a su casa la penúltima vez en 1851, José Santos volvió a La Paz en 1853 y se presentó al presidente Belzu pidiendo un premio y dedicándole el *Diario*, en la creencia ingenua y tozuda de que gracias a la dedicatoria y "mediante su autoridad mandaréis corregir, sea conforme está o por cartas, y siendo aceptable al público mandaréis imprimir y ordenaréis el uso que corresponde para que se sepa la obra de nuestra independencia". Todo lo que obtuvo fue un decreto transfiriendo el trámite al Ministerio de Instrucción. Aparentemente cansado dejó el trámite en este estado. "Y para no cumplir este mi intento el presente día es por hallarme avanzado de edad. Yo pensaba hacerlo todo a mi costa y estaba esperando adelantar en fortuna algo más, pero no se pudo, por donde lo conservo hasta hoy día."

En su Dedicatoria al Presidente Belzu resume José Santos en forma sencilla y austera la pugna sembrada de ansiedades y frustraciones que hasta ese año, 1853, había librado para publicar el *Diario:* "He hecho pasar yo este tiempo largo, que cuanto ha pensé sacar a luz esta pequeña obrita, y al mismo tiempo que yo aspiraba se me presentaba muchos inconvenientes para no hacerlo ni ver cumplidos mis intentos."

Desalentado pero no vencido José Santos se refugia tenazmente en la esperanza de que algún día su libro será publicado.

Por un azar ciertamente afortunado el *Diario* no se extravió ni se destruyó en estas idas y venidas. En 1825-1826 estuvo dos años en poder del amigo y condiscípulo Pedro Allende; en 1837 quedó por otros dos en manos de otro amigo, Andrés Castillo; en 1848 por unos meses quedó en La Paz con el doctor Arteaga.

El trámite ante el presidente Belzu en enero de 1853 fue al parecer la última tentativa para publicar el *Diario* por la imprenta. José Santos debió de morir no mucho después: estando, como estaba, "ya enteramente" decidido, y tenaz como era, no habría cejado en su empeño.

Diario histórico

de todos los sucesos ocurridos en las Provincias de Sicasica y Ayopayas durante la Guerra de la Independencia Americana, desde el año 1814 hasta el año 1825.

Escrito por un Comandante del Partido de Mohosa Cño. José Santos Vargas.

Año de 1852

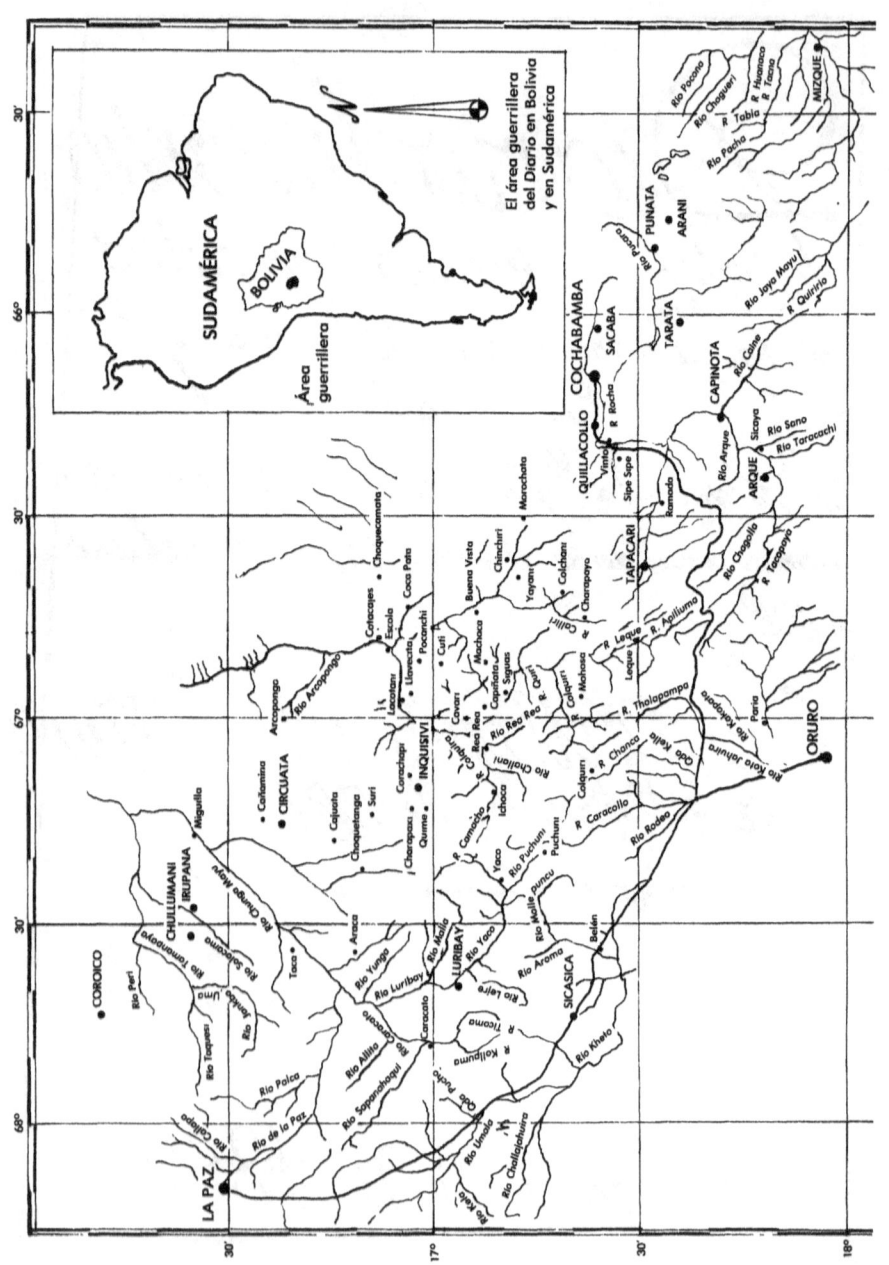

DIARIO HISTÓRICO

de todos los sucesos ocurridos en las provincias de Sicasica y Hayopaya durante la guerra de la independencia americana desde el año de 1814 hasta el año 1825. Escrito por un comandante del partido de Mohosa, ciudadano

JOSÉ SANTOS VARGAS

La guerra era nacional y estábamos muy bien informados de que rara o ninguna vez sujetaba el dominante a un pueblo armado por su amada libertad e independencia.

(José Santos Vargas, *Diario*, f.7^v.)

La causa de la libertad de América tiene su asiento en todas partes.

(*Ibid.*, f.5^v.)

Todo era andar tras de la muerte.

(*Ibid.*, f.7^v.)

—Moriremos si somos zonzos.

(*Ibid.*, f.193^v.)

[Soy] un hombre sin luces ni estudios más que el natural, únicamente sí las primeras letras.

(*Ibid.*, f.3^v.)

Quedo con el consuelo de que en los siglos venideros [mi *Diario*] saldrá a luz cuando no sea en éste, y en todo el hemisferio americano.

(*Ibid.*, f.3.)

Triunfante que fue mi opinión se acabaron mis afanes y luego me entré a vivir al monte.

(*Ibid.*, f.6^v.)

[JOSÉ SANTOS VARGAS SOLICITA UN PREMIO POR SU DIARIO AL PRESIDENTE
DE BOLIVIA GENERAL MANUEL ISIDORO BELZU]

[f. 1] Presenta un *Diario* histórico de algunos acontecimientos políticos y militares de Bolivia y pide que previo informe de una comisión que deberá nombrarse a propósito se le otorgue el premio correspondiente.

Señor capitán general Presidente.

José Santos Vargas, natural de Oruro y residente en el cantón Mohosa, ante los respetos de usted rendidamente digo: Que enrolado desde mis tiernos años en las filas del ejército independizador de nuestra Patria serví a ésta como pude con un ardiente entusiasmo sin haber dado ni la más pequeña nota de mi conducta puramente americana y militar, y que según me lo permitían las circunstancias tuve también la prolijidad laudable de llevar escrupulosamente un *Diario* histórico de todos los sucesos políticos y militares que tuvieron lugar desde el año de 1814 hasta el de 1824 inclusivi, parte del año de 1828 y algunas noticias de años adelante del de esta fecha.

Esta obra, contraída tan sólo a las antiguas provincias Sicasica y Hayopaya, puede ser en gran manera útil a la aclaración y complemento de nuestra historia nacional, la cual debiera haberse ya publicado.

Mi trabajo nada contiene que no sea la pura verdad harto notoria para con mis contemporáneos y para los pocos que acaso se dedican al importante estudio de nuestra historia. Además tal es la fidelidad de mi *Diario* que puedo asegurar francamente no carecer él de hecho alguno interesante ni de los que puedan denominarse accidentales. Es cierto que le faltan indudablemente todos los requisitos literarios que deben ornar esta clase de trabajos y que habrá infinidad de errores, aun en el lenguaje defectos, puesto que como lo he indicado mi educación ha sido puramente militar en las tropas de entonces, y que mi existencia toda se hallaba consagrada y se empleó nomás que en el servicio de nuestra augusta independencia nacional. Pero, repito, no por eso mi *Diario* será menos genuino y auténtico y en consecuencia útil para el enriquecimiento de nuestra historia, la cual será tanto menos exacta cuanto vaya retardándose su anhelada publicación.

Con el objeto de coadyuvar a tan distinguidos fines dedico mi obra a la persona de usted, rogándole que acepte esta pequeña muestra de mi adhesión al general virtuoso y sumamente demócrata que constitucionalmente preside los destinos de Bolivia, mi adorada Patria, y la presento al gobierno supremo como un producto artístico que conforme a las disposiciones legales del caso y [f. 1ʳ] a la prudente y generosa deliberación de usted, deberá ser premiado de los fondos respectivos o del de gastos discrecionales.

En otros tiempos, hallándome no tan hostigado de la suerte habría renunciado aun a ese justo premio, pero al presente estoy en estado de aceptarlo indispensablemente en obsequio aun del mismo Estado pues así podré acaso desahogarme un tanto y sostener menos mal o acaso bien mi numerosa familia: el Estado no perderá tan luego un padre de familia, la cual no será tan inútil y tal vez perjudicial por su miseria.

A fin de acordarme semejante premio puede pasar mi obra a la inspección de una comisión que se nombrare para que informe lo conveniente, puesto que el señor fiscal y el consejo universitario (que también podrían informar) deben hallarse con el tiempo apenas suficiente para el desempeño de sus tareas y puesto que tal inspección demanda conocimientos especiales y apropiados. Después esa misma comisión u otra de una o más personas podría ocuparse en la redacción y disposición de mi obra o de la historia general y completa de Bolivia.

Por todo lo que acabo de exponer, a usted pido que aceptando el homenaje de mi gratitud y veneración se sirva tener mi *Diario* por presentado y concederme el premio respectivo por ser de derecho, etc.

Señor general Presidente,

José Santos Vargas [autógrafo]

[Al margen:]
Ministerio de Hacienda.
Paz, 15 de marzo de 1853.
Pase al Ministerio de Instrucción Pública a que corresponde.
Por orden del señor Presidente,

Atanasio Hernández [autógrafo]

[f. 2] DEDICATORIA AL SEÑOR CAPITÁN GENERAL Y PRESIDENTE CONSTITUCIONAL DE LA REPÚBLICA BOLIVIANA, CIUDADANO MANUEL ISIDORO BELZU, ETC. ETC.

Un miembro del Estado de la República Boliviana, tengo el grande honor de presentarme ante usted y ponerle en sus manos esta pequeña obrita del *Diario* histórico de los hechos sucedidos en los Valles de Sicasica (hoy Inquisivi) y Hayopaya escrito por mí mismo con todas sus circunstancias sucedidas en dichos Valles de una y otra provincia, de uno y otro partido, tocante a la revolución de nuestra emancipación del gobierno de España.

Expresiones me faltan para manifestarme de alegría por ver mi opinión triunfante sin que quede enemigo alguno común que pueda alterar nuestra dicha y nuestra felicidad, nuestro sosiego y nuestra paz tan deseada de todo hombre que tiene el corazón sano, limpio y pacífico, que quiera reposar con toda tranquilidad, sin zozobra ni cuidado alguno ni el más pequeño, fuera de aquellos hombres que quieren perturbar el orden social que el ser supremo y la misma naturaleza nos hayga deparado en una república tierna, en una república que recién ha salido de la servidumbre y roto las cadenas con que se vio ligada a un gobierno extraño, a un gobierno tiránico por el mismo proceder que ha demostrado en todo el largo período que nos gobernó.

Señor capitán general Presidente: He hecho pasar yo este tiempo largo, que cuanto ha pensé sacar a luz esta pequeña obrita, y al mismo tiempo que yo aspiraba se me presentaba muchos inconvenientes para no hacerlo ni ver cumplidos mis intentos. Pero ahora que la divina omnipotencia os ha constituido *Pater Patria*, padre de la Patria, acérrimo defensor de nuestra libertad y que como a tal tengo la gloria de dedicar este [f. 2ᵛ] pequeño trabajo, estando seguro en su decidido patriotismo, en su verdadero amor a la libertad americana aceptaréis esta corta historia, este corto trabajo que un verdadero boliviano os dedica, y que mediante su autoridad mandaréis corregir, sea conforme está o por cartas, y siendo aceptable al público mandaréis imprimir y ordenaréis el uso que corresponde para que se sepa la obra de nuestra independencia.

Varios y lastimosos son en efecto los sucesos que se han empeñado por conseguirla, y como quiera que han afectado a la humanidad tiene un grande mérito para ser trasmitido a la posteridad, mucho más para que sepa ésta cuánta sangre, cuántos esfuerzos, cuánto valor y heroísmo cuesta a la Patria su libertad, para saberla apreciar mejor, conservarla y respetarla, que yo tengo la honra de haberlo cumplido siquiera en parte el deber que la divina providencia, la misma naturaleza y la Patria me impuso, y acabaré mis días con el grande consuelo de que mi Patria queda libre y mis tiernos hijos (que los tengo) queden libres de un gobierno extranjero, queden libres de un gobierno tiránico, queden con el consuelo de decir a boca llena:

—Mi padre y autor murió. En vida cumplió el deber que la naturaleza y la Patria le impuso, prestó sus cortos servicios a la libertad primordial del gobierno español y nos dejó libres y gobernados por nosotros mismos.

Por último tengan presente y en la memoria aquel dicho como se dijo en un manifiesto publicado al tiempo de dar la primera constitución el congreso general de las Provincias Unidas de Sud América (hoy Argentina), que es como se sigue:

Por lo que respecta a nosotros, no ambicionamos otra gloria que la de merecer vuestra bendición, y que al leerla la posteridad diga llena de una dulce emoción: 'Ved aquí la carta de nuestra libertad. Estos son los nombres de los que la formaron [f. 3] cuando aún no existíamos, y los que impidieron que antes de saber que éramos hombres supiésemos que éramos esclavos'. Ciudadanos: O renunciemos para siempre el derecho a la felicidad o demos al mundo el espectáculo de la unión, de la sabiduría y de las virtudes públicas. Mirad que el interés de que se trata encierra un largo porvenir. Un calendario nuevo está formado. El día que cuente en adelante ha de ser o para nuestra ignominia o nuestra gloria. Dado en la sala de las sesiones en Buenos Aires a 22 de abril de 1819. = Doctor Gregorio Funes, Presidente = Ignacio Núñez, Prosecretario.

Aunque me he valido de estas expresiones pero tengo el grande honor de decir que estas expresiones son vertidas de unos hombres grandes, adictos a la libertad, no digo adictos a la libertad solamente sino de unos hombres de los primeros que deseaban la independencia de América, de unos hombres de los primeros que nos enseñó a buscar nuestra libertad, de unos hombres de los primeros que nos dio margen a sacudir el yugo del vasallaje cuyo gobierno fue vencido, destrozado y arruinado de todo el continente americano, que yo tengo el placer de haber sacado a luz los hechos en este cortísimo continente. Quedo con el consuelo de que en los siglos venideros saldrá a luz cuando no sea en éste, y en todo el hemisferio americano.

Y así, señor capitán general Presidente, estoy cierto y confiado en su patriotismo, en su bondad y corazón filantrópico en que no me negará ni me hará desaire en recibir este pequeño trabajo que un miembro del Estado boliviano (como ya dije) os [f. 3ᵛ] dedica, un hombre sin luces ni estudios más que el natural, únicamente sí las primeras letras. Por esto es que suplico a su alta atención se digne dispensarme las faltas que advierta. Favor será éste que deseo recibir como un fervoroso boliviano, quien se constituye por uno de sus criados y besa su mano.

José Santos Vargas [autógrafo]

[f. 4] PREFACIO AL PRUDENTE LECTOR

En este corto *Diario* histórico está escrito mi vida, mi patria natural, mi procedencia y mi corta educación, con todas sus circunstancias, de cómo abracé el partido de la libertad de la Patria y casos que me pasaron en el servicio de ella hasta el triunfo total de mi opinión en la gran victoria de Ayacucho.

Estando yo en mi país la villa de Oruro y en la escuela, me hacía siempre partidario en contra del monarca español (siendo entonces el que gobernaba las Américas). Esto era en los años de 1809, 1810 y 1811; como todo esto sucedía entre los niños de la escuela y allí mismo no era de mayor novedad ni el maestro entendía nada. En principal, cuando llegaron los porteños (hoy argentinos) o las tropas de Buenos Aires a fines del año 1810 y tenían una medalla grande en la gorra en donde decía "Viva B. y P.", yo interpretaba en que decía "Viva Bona Parte" y me entró un capricho en decir que es así.

El año 1811 por los meses de marzo y abril salieron de Oruro las tropas éstas que ocupaban aquella villa en número de 5 000 hombres, en donde venía el excelentísimo señor don Juan José Castelli de plenipotenciario representante de la junta provisoria de Buenos Aires, y de general en jefe un don Máximo [sic] Balcarce.

Entonces también un año antes llegaron tropas a Oruro del lado del Perú, 500 hombres, al mando de un don N. Basagoitia que había sido comandante general, quien pasó a Salta por Potosí [f. 4ᵛ] con aquellas tropas de auxilio al señor presidente de Charcas don Vicente Ñeto [Nieto], y lo detuvieron en Potosí nomás, en donde a la entrada los porteños lo fusilaron al señor presidente del distrito de Charcas don Vicente Ñeto, al segundo de éste don José Córdova, y al señor gobernador intendente de Potosí don Francisco de Paula Sanz, que ya presos los encontraron en el mismo Potosí.

9 000 hombres también bajaron con el señor general en jefe don José Manuel Goyeneche de Lima, Arequipa y más del Cusco. Se posesionó en el Desaguadero como atajándolos a los argentinos, donde habían estipulado con el general en jefe del ejército de Buenos Aires don Máximo Balcarce el 15 de mayo en cuarenta días de suspensión de hostilidades. El 25 de este mes solemnizan la fiesta cívica en el campamento general de Tiahuanaco donde pronunció una proclama (cual estará aquí inserta e impresa),* y faltando cuatro días, que es el 20 de junio, Goyeneche rompió las hostilidades. Sorprendiendo de ese modo ganó la batalla el general Goyeneche haciendo traición muy

---

* Véase adelante, en la sección de "Documentos intercalados en el texto del *Diario*", el núm. 3.

alevosamente siendo americano, siendo natural de Arequipa en el Perú. Al fin ganó, bajó triunfante Goyeneche a Oruro con sus tropas, pasó a la ciudad de Cochabamba. En Jamiraya ganó otra acción el 13 de agosto, cuatro leguas distante a la ciudad de Cochabamba. De aquella ciudad pasó a la Villa Imperial de Potosí.

Mientras esté con sus tropas Goyeneche por esos lugares se revolucionaron en toda la provincia (hoy departamento) de Cochabamba y sobre Oruro expedicionaron al mando del señor comandante general don Esteban Arze. El 16 de noviembre del año [f. 5] corriente de 1811 atacó ese día, que también yo me salí de mi país estando por entrar a la real caja de meritorio, porque el maestro de primeras letras, mi albacea, tutor y curador don José Jacinto Quevedo tenía algún influjo con los mandones de aquella caja, mayormente con el contador don Manuel Contreras, su íntimo amigo: yo que tenía regular letra por entonces era fácil conseguir tal entrada.

Estando así andando fuera de mi país y casa por los valles de Punata, a los tres años vine a recalar ande un hermano que tenía, doctor don Andrés Vargas, eclesiástico, que a éste lo encontré en su propia habitación en el anejo de Pocusco, doctrina de Cavari, en el partido de Sicasica (hoy Inquisivi). De que me presenté allí me estrechó en sus brazos y me preguntaba en sus conversaciones que qué es lo que yo había visto en mis andanzas. Le respondía primero cosas de la escuela y luego pasábamos a conversar cosas de la guerra. Me platicaba mucho a que yo abrace siempre el partido de la Patria y de la libertad de América:

—Esa es causa justa y justísima, la que van defendiendo los porteños (que conociendo bien todos sus derechos había él abrazado este sistema), que Dios los ha de proteger siempre porque el rey de España no era nuestro legítimo soberano: Así es que se puede defender a toda costa la libertad de la Patria del gobierno español, porque estamos impuestos por Dios y la misma naturaleza a defender nuestra libertad porque a la fuerza nomás estamos gobernados por un partido que no tiene la más mínima acción para ello.

En esto nomás me mostró un corto diario que él había [f. 5^v] apuntado de años adelante del de esta fecha, y como había servido a la Patria de capellán en algunas guerrillas lo sabría bien como sucedieron: todo todo lo había apuntado.

Así pues aproveché en el todo los consejos que me dio. Ansioso estaba ya yo de ser patriota, mucho más con la intención de saber y apuntar lo que sucediese. Ello es que me entropé por ser más testigo ocular de los hechos, porque ni los jefes mismos de aquí no saben de los casos que ocurren, ni los superiores de Buenos Aires ni los de Salta saben del principio: quiénes fueron, de cómo, ni en qué tiempo, ni qué sujeto. Sabrán sí de que aquí habían tropas de la Patria por los partes que recibían, pero no a fondo cierto aunque la causa de la libertad de América tiene su asiento en todas partes. Esta corta historia te avisará lo más pormenor: sucesos verdaderos, el lugar donde sucedió alguna cosa, el sujeto que dio alguna orden y sujetos que obraron.

Como yo tenía regular letra por entonces, el comandante don Eusebio Lira, el segundo jefe don Pascual García y todos los demás jefes y oficiales que habían en aquellos Valles me ocupaban en la pluma, y yo que tenía intención aparejada de apuntarlo todo lo que pudiera suceder me introducía más por solamente informarme mejor para apuntarlo todo. Por eso aun no quería tener ascenso alguno ni quería salirme de tambor mayor, mas era por estar al lado de los jefes y saber todo lo que ocurriese, así es que cuando había alguna corta novedad siquiera yo ya me introducía, y ellos que siempre necesitaban de un plumario amanuense me admitía nomás. Por eso es que no se me escapaba la más mínima novedad que ocurría: me dejaban y me confiaban, yo también guardaba algún secreto en la cosa más leve.

[f. 6] Aquí pongo también algunas noticias ocurridas antes de que yo llegase a estos lugares, porque el corto diario hecho por mi hermano con su muerte (que fue el año de 1819) se entorpecerían con los demás muebles y se había perdido.

Como los sucesos en estos lugares no son de pasarse en silencio apunto para que se sepan, porque algunos piensan y están ciertísimos de que algunos sucesos acaecieron en la época que mandaba el comandante don Eusebio Lira, algunos me han porfiado en que sucedieron en el tiempo que gobernaba aquellos Valles el comandante don Santiago Fajardo, y otros en que fueron los sucesos cuando mandaba don José Manuel Chinchilla.

Para que no estén en duda como en la presente he puesto los casos con algunas circunstancias averiguando todo muy bien con mucha prolijidad, de forma que no recelaréis de que estos sucesos fueron así los pasajes. También te pueden provocar algunos pasos dados por una y otra parte a una rabia e indignación, al ver el desorden cometido de alguna inhumanidad, que yo todo pongo patente nomás sin que me domine pasión alguna a mi partido ni menos procuro desajerar a la parte contraria.

Yo pensaba en hacerlo todo desde un principio, mas como no he sido de estos lugares ni he visto ni he sabido con evidencia algunos pasajes, más me he desanimado cometer tal vez mil errores. Por eso es que no quiero entrar en crítica sino lo que he visto, he sabido y lo que he hecho; por esto mismo te pongo a la mano este corto *Diario*

PREFACIO AL PRUDENTE LECTOR   11

histórico para que te impongas mejor de todos los sucesos en aquellos Valles de uno y otro partido (hoy provincias). Yo en mi país Oruro he sido un niño de [f. 6ᵛ] la escuela que estando por entrar a la real caja me salí de allí nomás. Aunque ya no aprendía nada pero estaba siempre en la escuela. Yo abracé el partido de la libertad de mi Patria de todo corazón y de muy buena voluntad, no por interés ni menos por ambicionar algún otro destino. Triunfante que fue mi opinión se acabaron mis afanes y luego me entré a vivir al monte en donde actualmente vivo que son en los de Pocusco, esperando los últimos momentos del fin de todo viviente.

El mismo día de los sucesos que constan en este *Diario* histórico puede fallar sí pero no el caso sucedido; más bien deben de faltar algunos pasajes que ocurrieron en otros pueblos y lugares. Porque yo he estado sujeto en la tropa no he estado al tanto de saber los demás acontecimientos; después sí he estado sabiendo despacio y averiguando con prolijidad y apuntando lo ocurrido, por donde te podrá dar una idea verdadera de todos los casos que hubo en dichos Valles.

También tengo el grande placer de haber trabajado un poco siquiera, mas que sea en tropa de montoneros, pero a favor de la independencia y libertad de América del gobierno español tan odiado entonces. Mucho más placer tengo el saber de que habían sido las montoneras de estos Valles los primeros hombres de la nación boliviana que buscamos nuestra libertad. Aunque habían otros luego se cansaron o fueron vencidos enteramente por el enemigo, y para mejor comprobante de ello pongo la primera [f. 7] acta de la independencia que declaró el primer congreso general formado en la ciudad de Tucumán en 9 de julio de 1816, mientras que los habitantes de ambas provincias de Sicasica y Hayopaya trabajábamos mucho más antes de esta declaración, la cual con un manifiesto, el primero que dio el tal congreso general de las Provincias Unidas de Sud América (hoy Argentina), pongo inserto e impreso en esta corta obrita, como aparecerá.*

Por esto es que todos los habitantes de aquellos Valles nos congratulamos por haber sido los primeros de la nación boliviana (como arriba se dijo), aunque nos acogimos solamente de una proclama pronunciada por el señor general en jefe del ejército de la Patria don Máximo Balcarce el 25 de mayo de 1811 en el campamento general de Tiahuanaco, cual asimismo se hallará inserto e impreso en ésta.*

* Véanse adelante, en la sección de "Documentos intercalados en el texto del *Diario*", los núms. 8 y 9.
* Véase adelante, en la sección de "Documentos intercalados en el texto del *Diario*", el núm. 3.

Por todo esto me glorío por el total triunfo de mi opinión, con grande dolor sí de que los más no han tenido el consuelo de ver libre las Américas ni el último triunfo de su opinión tan amada, tan deseada y tan esperada.

No era mi intención dar a luz esta obra por medio de la prensa, sino para que se sepa más cierto los sucesos en estos Valles les mostraba nomás para que lean y sepan algunos compañeros, amigos y paisanos. Éstos eran los que me animaron en que debe salir a luz precisamente por medio de la imprenta, que el uno de ellos era un don Pedro Allende, un paisano y condiscípulo, que éste vino de Oruro a mi pueblo Mohosa por el mes de septiembre de 1825 y lo llevó a Oruro [f. 7ᵛ] a hacer corregir sus puntuaciones, duplicaciones y todo todo. A los dos años me lo recogí en Oruro de poder de un don Martín Vázquez porque Allende murió ya.

Después he dado a muchos amigos, compañeros y paisanos, siendo el último un don Andrés Castillo, que este amigo se me interesó mucho su curiosidad en una llegada que hizo a mi pueblo de mi vecindad Mohosa. Al fin de dos años me lo recogí en el pueblo de Sicasica (hoy villa de Aroma) el año de 1839. Después ya no quise dar a nadie aunque se me prestaban varios amigos, compañeros y paisanos.

Ya enteramente desde entonces pensé sacar a luz por medio de la imprenta para que se sepa todo lo que había costado a la Patria su libertad, la sangre que se había derramado en un puñado de hombres, que yo había abrazado el partido sin saber las ventajas que pudiera producir exponiendo mi juventud y la mejor edad de mi vida, que todo era andar tras de la muerte, sin sueldo alguno porque no había de dónde ni nadies, teníamos solamente un corto socorro los domingos de a dos reales, cuatro reales y raras veces a dos pesos sin excepción de clase desde el primer jefe hasta el último soldado.

Pero contentísimos solíamos estar todos en servicio de nuestra libertad y estar comprometidos en este sistema. Esa era la alegría que teníamos y esa confianza de que siempre triunfaría la causa de la libertad de la Patria, porque la guerra era nacional y estábamos muy bien informados de que rara o ninguna vez sujetaba el dominante a un pueblo armado por su amada libertad e independencia, como ha sido así [f. 8] nomás. Por esto es que doy mil gracias de reconocimiento al ser supremo que no ha permitido sea yo víctima, todavía ha querido que vea el triunfo de mi opinión. Aunque ha habido algunos intervalos, son pero caseros que no pueden llamarse guerras.

El año de 1845 llegó a mis lugares, que es a Pocusco, un señor ministro de la Corte superior del distrito de La Paz doctor don José Miguel Monroy de Portugal, que aquel año había sido ministro instructor. Como fuese el temperamento bueno, saludable y de muy buenas aguas se conservó un mes y días en aquel Valle, que fue desde mediados de setiembre casi hasta fines de octubre. Mas como yo vivía cerca en mi sayaña que está contigua a Pocusco, hacienda del marquesado de Santiago de Mohosa (porque yo soy contribuyente y pago 10 pesos de contribución al año por los terrenos del Estado que ocupo), a este señor le sometí el dicho *Diario* de los Valles. Lo leyó de un principio a fin, luego me prometió poner en conocimiento del jefe supremo (que en ese entonces residía en el excelentísimo señor capitán general y presidente José Ballivián) de la República Boliviana.

El año de 1847 por el mes de diciembre iba yo a la ciudad de La Paz. El 18 llegué al medio camino que es al pueblo de Sicasica. Allí me encontró la noticia de que el señor coronel Manuel Isidoro Belzu era ascendido a general y a jefe supremo de la nación boliviana, proclamado así por la unánime voluntad de todos los pueblos de la República constantes en sus actas celebradas. Con esta noticia nomás me regresé a mis lugares y sayaña.

En Pocusco lo alcancé ya al señor doctor don Manuel de la Cruz Méndez, que era prefecto del departamento de La Paz, enfermo, en donde estaba como tomando temperamento [f. 8ᵛ] (como arriba dije es saludable y de muy buenas aguas); tardó mucho más de un mes. Como que este señor estaba hecho al buen trato de las gentes y en un palacio las más de las veces, le manifesté el ya dicho *Diario* histórico para que medio deseche la soledad y esté distraído en alguna manera.

Este señor Méndez después de leer una y otra vez me dijo que era una obrita buena para que se imprima corrigiéndolo primero el castellano, que necesitaba quitar algunas palabras duplicadas, las puntuaciones, y todo todo siempre necesitaba corrección para dar a luz por medio de la prensa.

Con este dicho que este señor me habló quedé sumamente agradecido y contento. Más me dijo, que en la ciudad de La Paz había un sujeto quien podía aceptar la corrección que era un doctor don Andrés Quintela.

Así estaba pensativo en ir a la ciudad de La Paz. Con solo este objeto y ningún otro motivo más me encaminé rompiendo dificultades, y a todo costo el año de 1848 a fines del mes de abril llegué. Allí estuve como 20 días. Entro de éstos fui un día donde el doctor Quintela en compañía del doctor Manuel Gregorio Arteaga. Le dije al doctor Quintela que me hiciera el grande favor de corregírmelo el *Diario* como para imprimirse, que de los productos partiríamos a medias sacando el costo de la impresión y del papel. Me dijo no tener lugar absolutamente porque era enfermizo y al mismo tiempo empleado. Yo y el doctor Arteaga quedamos sin efectuarlo nada. El doctor Arteaga hasta quería hacerse cargo pero no podía hacerlo porque estaba ocupadísimo con varios asuntos que tenía de hacer. Viendo que no había quien corrigiese dicha obrita me salí de La Paz dejando en poder del doctor Arteaga, y me dijo este señor que él estaría buscando quien se animaba a corregir.

A fines del mes de junio vuelta fui haciendo un sacrificio hasta la ciudad de La Paz. Tardé allí más de [f. 9] 20 días buscando un sujeto quien podía animarse. No encontré y me salí el 1º de agosto a mis lugares, cargado sí de dicha obrita. Ya me cansé y no me animé ir a la ciudad de Sucre, porque el doctor Quintela me aconsejó fuese yo allí, que ahí estaban el doctor Serrano, doctor Calvimonte, doctor Urcullo, doctor Dalence y varios curiosos patriotas; que éstos querrían corregir con mil amores. Pero este consejo era para mí muy dilatado y estuve esperando un tiempo más análogo para ver el fin de este mi trabajo.

Y para no cumplir este mi intento hasta el presente día es por hallarme avanzado de edad. Yo pensaba hacerlo todo a mi costa y estaba esperando adelantar en fortuna algo más, pero no se pudo, por donde lo conservo hasta hoy día.

No te parezca, lector mío, que esta corta historia esté hecha después de los sucesos nomás. Aun del triunfo de Ayacucho a tiempo del suceso está apuntado.

El año de 1826 presenté un escrito donde me comprometí sacar a luz esta corta historia por medio de la imprenta al señor general Santa Cruz que estaba entonces de presidente del departamento de La Paz (ese título tenían en esa época los prefectos). Esos días había estado por relevarse el general Santa Cruz. Me presenté el escrito el 7 de mayo, recabé el proveído el 13 del mismo ya del señor general Gregorio Fernández quien lo relevó al general Santa Cruz, cual proveído estará en testimonio aquí * para justificar este dicho.

Esos años tenía yo mediana comodidad y fortuna y estaba joven, aunque no tan joven pero capaz de cualesquiera empresa a cualquiera costa. Mas en el día me hallo avanzado de edad y sin los recursos precisos y enfermizo. Yo supongo que será infaliblemente las andanzas del corto tiempo que serví a mi Patria, independencia y libertad en [f. 9ᵛ] los Valles y en tropa de montoneros. ¿Con qué

---

* El testimonio no se encuentra en el manuscrito del *Diario*.

males no estaré yo agravado? Pero vivo contento, con la grande alegría de que mi opinión hayga triunfado, que a nada más aspiraba, y el poco tiempo que me resta de salud viviré con esa satisfacción. El año de 1851 me encaminé a la ciudad de Oruro, el día 10 de noviembre, a presentarlo dedicando la obrita ésta al señor capitán general presidente de la República. No lo hallé ya sino que se había pasado a la ciudad de Cochabamba. Tardando en Oruro como 10 días pasé donde se hallaba. En medio camino me enfermé. Al fin recuperé. El día 16 de diciembre entré a Cochabamba. El 17 hice algunas diligencias precisas como es comprar papel, salvar algunas diligencias, hacer mis escritos. El 18 fui al palacio. Ya veo estar disponiéndose los ministerios, cerrado el tiempo de hacer presentaciones por la marcha próxima que anunciaban. No tuve el honor de conocerlo y besarle las manos al general presidente porque el día lunes 22 de diciembre a las 4 de la mañana se marchó de la ciudad de Cochabamba. Me quedé en la misma hasta el 25. El 26 me regresé. El 27 llegué a la hacienda de Cochimarca donde me quedé por saber más de fijo la estada del presidente en Sucre para dirigirme allí, y para no estar ocioso puse una escuela de primeras letras para los niños de aquella corta comarca. Hasta el 7 de marzo de 1852 me mantuve. Luego me trasladé al pueblo de Itapaya por invitación de algunos de sus vecinos, donde estaba con miras de ir en alcance al presidente a Sucre. Caí enfermo con tercianas y apenas pude sanar en el hospital de Cochabamba, de donde me restituí a mi casa, de donde me he dirigido. Paz, 28 de enero de 1853.

José Santos Vargas [autógrafo]

[f. 10] BREVE VIDA DEL QUE ESCRIBIÓ

Los accidentes de vida que he experimentado en el número de mis días son tantos y de tal calidad que sería un imposible querer hacer descripción de todos, pero me contraeré a hacerlo de la manera más sencilla, en el lenguaje más desnudo y simple que acostumbro a causa de las ningunas luces que impregnaron mis padres por sus fallecimientos en la medianía de mi infancia.

Había yo nacido en la ciudad de Oruro (antes la Villa de San Felipe de Austria el Real de Oruro) a 28 de octubre de 1796, siendo hijo de un don Blas Mariano Vargas, capitán de caballería de los ejércitos reales y escribano público de cabildo, gobierno y guerra en aquel tiempo, y de doña María Guadalupe Medrano, por cuyo fallecimiento que fue a 14 de agosto de 1802 quedé al abrigo de mi señor padre cuyos días duraron hasta el 22 de marzo de 1804.

Mas quedando en la orfandad fui cobijado por una tía abuela mía, doña Gregoria Díaz de Alda, comúnmente llamada la Condo Goya, quien asimismo desgraciadamente falleció el 4 de octubre de 1810.

Quedé de la edad de 14 años en poder de un don José Jacinto Quevedo, mi maestro de primeras letras, siendo éste mi albacea, tutor y curador por testamento otorgado. Fui llamado heredero de dicha mi tía abuela de todos sus bienes y una casa situada en Oruro que servía de tambo al público.

Hecho cargo de mí dicho albacea siguió educándome, no con aquel amor maternal a que yo estaba acostumbrado sino más bien con la aspereza de un verdadero escolero antiguo que todo el cariño lo convertía en despotismo. Así sufrí un disimulado martirio en lo tierno de mis años, abatido y casi envuelto en la desesperación.

En esta situación, ya cuando tremolaban las banderas de la Patria y los héroes de ella por conseguir la independencia y libertad de América, aconteció una invasión que hicieron a Oruro los cochabambinos al mando del comandante general don Esteban Arze [f. 10ᵛ] con más de 4,000 hombres entre cívicos e indiada y 200 de infantería armados. Habiendo estado en las inmediaciones de Oruro, donde habían 400 hombres de línia, el 16 de noviembre día sábado, el año de 1811, como a horas de 7 a 8 de la mañana levantaron su campo, que hicieron entre San Juan y Paria, hacia la villa, de donde hizo una resistencia tenaz don Indalecio González de Socasa (que era gobernador de esta plaza, con sólo 300 hombres que guarnecían la villa) bajo de trincheras en sus bocacalles.

Asomados que fueron los de la Patria circularon toda la población tomando la indiada todos los cerros, la caballería toda la pampa y su infantería armada las bocacalles. Rato antes salieron de Oruro 80 hombres de a caballo entre oficiales de aquella tropa y algunos vecinos, luego se volvieron a entrar. Se cerraron las ridículas trincheras que habían en las bocacalles. Entonces avanzaron de todas partes los de la Patria con fuego ya, y avanzaron por las calles queriendo tomar la plaza, tal que no faltaba más de media cuadra para tomar por la calle de Santo Domingo, y por la real caja estuvieron casi lo mismo.

Yo me quedé en la cancha donde vivíamos. Mi maestro don José Jacinto Quevedo se fue con toda su familia a la iglesia de San Francisco con todas sus criadas y criados, y a mí me dejó solito echándome llave a la puertaycalle. Yo, resentido porque a mí solo me dejó como a un criado, me salí por la pared del corral y juntándome con los demás muchachos de la escuela fuimos a ver y jugar con cuetes a la orilla de la población.

Los de la Patria, como éramos muchachos, no nos hizo aprecio. Nos quedamos atrás de ellos porque pasándonos nos dejaron a su retaguardia sin acción para entrarnos a nuestras casas. Así despavoridos y errantes, temerosos del fuego activo de ambas partes nos reunimos con los de la Patria y tomamos un cerrito en la orilla de la villa llamado comúnmente Conchopata.

En la torre de la iglesia mayor estaba un religioso franciscano natural de la ciudad del Cusco, fray Antonio Gutiérrez. Este religioso empezó a repicar las campanas al tiempo de que los de la Patria iban a tomar uno de los cañones de la esquina que sale de la plaza mayor [f. 11] y se va para Santo Domingo. Oyendo los repiques a las 10 u 11 del día salen de toda la población derrotados completamente los de la Patria por todas las bocacalles, saltando paredes del centro y una confusión por todas partes. Después de una defensa tan heroica que hicieron los de la plaza salieron avanzando al campo y tomaron muchos prisioneros, que pasaban de 30 los fusilados días después, donde asimismo lo fusilaron a un don Antonio Albán, vecino de aquella villa, natural de la ciudad de Quito en el Perú, que entró de emisario parlamentario entre dos, con un eclesiástico doctor don Carlos Muriel, natural y vecino del pueblo de Punata, que a éste lo tuvieron como dos años en los calabozos de la cárcel pública, y a don Antonio Albán el 22 de noviembre a las 11 del día lo fusilaron.

Yo, confundido entre los derrotados, seguí corriendo con ellos por el cerro de San Pedro, de donde habiéndome bajado por el campo de San Juan me acordé la suerte funesta que observaban conmigo en mi casa, y aunque indeciso determiné encaminarme a Cochabamba. Estando por entrar a la real caja de meritorio, ello es que me animé a irme, y me fui.

Ya aproximándome al pueblo de Paria fui sorprendido por un oficial quien me entregó a dos hombres armados con prevención de que me conduzcan, que había sido ese oficial don Diego de la Riva capitán de infantería. Así es que entramos a Paria. Los demás muchachos se entrarían como pudieron a sus casas y otros se fueron de la pampa por todas direcciones. Sólo iba yo como prisionero, tan seguro que no quería desprenderme de mis custodios porque la gente que me veían se irritaban y me amenazaban bárbaramente queriendo quitarme la vida a palos y por momentos deseaban con decirme *Tabla chico, Tabla tierno, Goyeneche chico*. Al fin a las 5 de la tarde entramos al pueblo de Paria.

El 17 de noviembre mansionamos con la tropa en el mismo pueblo de Paria. Anunciaban sí de que volverían a ir a Oruro, [f. 11ᵛ] vociferando en que 200 indios fuesen cargados de paja para incendiar toda la villa conforme entrasen avanzando ellos, y no hubo tal cosa.

El 18 de noviembre levantaron campo con dirección para Cochabamba. Bien desordenadamente caminó ese día. Ya a mí me abandonó Riva porque ya no se acordó. Iba más por estar seguro con los dos soldados a quienes me entregó. En Condorchinoca se posesionó otro oficial de mí llevándome en sus ancas hasta Cullcupampa y en Huayllas hicimos noche, que se llamaba el tal don José Manuel Costarica, capitán de cívicos.

El 19 fui entregado a tres hombres, conducido a pie. Ya próximo a Challa vino otro oficial de cívicos don Juan de Dios Centeno, quien también me entregó a dos indios que me condujeron hasta Tapacari. A las 7 de la noche o antes entramos. A más de las 8 de la noche resolví salirme del alojamiento con intención de acogerme ande el señor cura, y en la calle fui sorprendido por uno de los de la tropa quien al momento de conocerme que yo era el hallado de todos me condujo al alojamiento que tenía y me ofreció grandes ventajas proponiéndome a que yo me fuese con él. A este tiempo entró otro compañero suyo con quien consultaron dijese él que yo era remitido por el señor comandante general don Esteban Arze a su casa, para que otros no se apoderasen de mí. En efecto lo hizo así.

El 20 a las 4 de la mañana ya me sacaron de Tapacari a bestia. Todos se dirigían en un desorden sin par. Padecía mi alma mil conflictos al ver la operación de toda esta gente rústica e inmoral. Llegamos al punto de Calera, un rancho una legua larga del pueblo de Carasa, e hicimos noche allí.

El 21 marchamos con dirección al pueblo de Punata. De paso entramos a Clisa, donde cada uno [f. 12] querían hacerse dueños de mí demostrándome mucho cariño todos los vecinos de aquel país. Mas pasando de allí llegamos al pueblo de Punata, y al día que sigue, 22, se dirigían los vecinos a conocerme a la casa del patrón que se llamaba don José Torrico, padre de mi conductor, Lorenzo, y todos me llamaban bárbaramente el *prisionero Goyeneche*.

Allí, estando algún tiempo en clase de sirviente doméstico vivía sumamente afligido; y no contento con este trato; ya consultando mi bienestar y con conocimiento de algunas gentes, andaba fugitivo en los pueblos de Arani, Tarata, Toco y Clisa, donde algunos me cobijaban. Pero yo no admitía la tal clase que querían que los sirviese de criado doméstico. Como tenía regular letra, por entonces me ocupaba en este ejercicio logrando conseguir el alimento preciso y vestir mi desnudez como podía.

Así confundido en este mísero vivir no dejaba de atormentarme la funesta suerte que pasaba algunas veces de amargura, y vacilante con la mendiguez y necesidades que me rodeaban y no tener absolutamente un sujeto a quien comunicar mi situación y el estado en que me hallaba, sin determinación fija de restituirme a mi país y casa. Mas al recordar el trato de mi albacea como tan cruel por condición natural, también revestido de humildad volvía a veces a la casa de Torrico donde siempre encontraba asilo.

Mas ya vagando así no podía encontrar una suerte regular, por cuanto tuve a bien encaminarme a la ciudad de Cochabamba a principios del mes de setiembre de 1814, y hallándome en las Angosturas que llaman, estando yo descansando un poco, me encontró una corta división de 200 a 300 hombres que iban bajo de las órdenes de don Francisco Javier Velasco, jefe realisto, que se dirigían [f. 12ᵛ] a la misma ciudad de Cochabamba llevando más de 50 prisioneros tomados en la acción de Samaypata de los que fueron derrotados con el comandante general don Juan Antonio Álvarez de Arenales, y tuve a bien de asociarme con algunos vallegrandinos que iban de soldados cívicos.

Entrando a la ciudad a las 4 de la tarde me conduje a casa de un individuo donde tenía algún conocimiento, de donde por invitación de los vallegrandinos me encaminaba al cuartel y escrebía algunas cartas que para éstos se ofrecían. Haciéndose muchos muy amigos conmigo me gratificaban con algunos reales. Así me conservé como ocho días.

Cuando yo salía una tarde del cuartel me encontró un oficial en la puerta, por quien fui examinado de mi procedencia, patria y destino como también de mi nombre. Le di razón en breve rato de todo, y enterado de hallarme sin destino y apellidarme Vargas, con un semblante halagüeño me dijo que él se llamaba Bernardo Vargas y que yo podía ser su pariente, que estaba de contralor en el hospital, que fuese a su compañía, que le asistiese en la pluma. Con éstas y otras expresiones de cariño me llevó a su alojamiento que había estado en el mismo hospital. Al cabo le di el sí. Obediente me mantuve con él dándole un contento en todo. A los 10 u ocho días de que estuve con él se dispuso a marchar su padre a la ciudad de La Paz. Me propuso grandes ventajas para que me vaya con él, y con tantas promesas que me ofreció me sacó el sí.

Salimos el 2 de octubre de 1814.

El 4 llegamos a Tapacari.

El 5 llegamos a Oputaña y paramos allí dos días, donde tuve amistad con algunos vecinos y con más estrechez con un don Pío Garavito por la inmediación a nuestro alojamiento. Con este motivo en conversación le avisé ser de la familia de Vargas y toda la historia de mi vida, e impuesto de todo me comunicó que en el pueblo de [f. 13] Mohosa se hallaba el presbítero doctor don Andrés Vargas (que éste era mi hermano carnal) y aconsejóme no pasase en clase tan deningrante de sirviente doméstico a lugares extraños y con sujeto desconocido. Yo obedecí y como advirtiese ser un consejo benéfico me quedé oculto en la casa del mismo Garavito.

El padre de Bernardo Vargas se pasó el 8 con dos peones que llevaba; yo me quedé de ese modo. Yo le di el sí pensando me llevase por Paria para quedarme allí e irme a mi país Oruro porque estaba ya cerca, y no fue así sino que fuimos por Oputaña. Esto mismo premeditaría, por eso torcimos el camino.

Presentado ya yo a luz, el 13 me encontró don Fermín Morales alcalde de aquel lugar. Me llamó a su casa con destino de que le prestase mis servicios con la pluma y le enseñase a escribir a un hijo que tenía, prometiéndome la mantención, vestuario y socorro para cuando intentase retirarme a mi país. Con este compromiso que generosamente me ofreció pasé a la casa de éste. Así estaba en la casa de dicho alcalde, porque a más se demostró con mucho cariño y avisado de todos mis pasajes se movía a compasión lastimándose de mi suerte. Procuraba de algún modo aliviarme en cualquiera manera en todo, mucho más cuando supo de mis padres que lo había conocido mucho en Oruro y que en otros tiempos había recibido algunos favores según me comunicó él mismo. Así estuve en su compañía ya con algún desahogo al que estaba antes, dándole gusto en cuanto a la pluma, desempeñándole lo que podía en gratitud de su cariño.

En esos días y ese tiempo no se decía nada ni se oiya nada. Estaban los pueblos del Valle muy serenos de uno y otro partido de

Sicasica y Hayopaya. Sólo sí un cierto rumor de patriotas que hablaba el alcalde que andaban queriendo sublevar a la indiada y a toda la gente [f. 13ᵛ], esto es oscuramente pero no con certidumbre, más parecía que eran hablillas nomás.

El 9 de noviembre de 1814 a las 2 de la tarde repentinamente llegaron siete hombres armados y a caballo (que mucho después los conocí a éstos), siendo don Eusebio Lira, don Pedro Zerda, don Pedro Graneros, don Andrés Simón, don Miguel Mamani, don Julián Tangara, y un moreno. Llegan primero a la casa de don Manuel Morales que estaba cerca a la del alcalde don Fermín. Pasan ande éste tres de éstos, que eran don Pedro Zerda, don Julián Tangara, y el moreno, que el designio de éstos había sido pescarlo al alcalde, y como éste estuviese en el campo en el trabajo de sus sementeras no pudieron lograr el pescarlo.

Los tres ya dichos llegan a la casa del alcalde. Don Pedro Zerda se apea de su caballo, encuentra solamente a su mujer llamada doña Paula Brañes. Le dice a ésta:

—¿Dónde está tu marido?

Responde la mujer:

—No está aquí.

Vuelve a decirle Zerda:

—¿Dónde está? Habla claro. Si no dices la verdad mueres aquí.

Le pone el fusil o carabina al pecho de la mujer. Exclama ésta y dice:

—Por Dios no me mates, que soy una pobre mujer con hijos. Yo no sé las cosas de mi marido quien está ausente. Luego que llegue lo llevarán y juzguen lo que convenga en justicia, que yo nada sé ni a nada me meto a las acciones del hombre.

Y agarrando la carabina del cañón que tenía en el pecho lo retira a un lado. Don Pedro Zerda entonces con una furia le quita y le da el tiro, no apuntando sino en posición de cebar. Cae la mujer del balazo. A eso se le asoma un hijo que tenía la tal Brañes llamado Ciriaco, e híncase delante de don Pedro Zerda diciéndole:

—No a mi madre, por Dios —cuando [f. 14] ya entonces cayó la mujer.

Le había entrado la bala por la verija izquierda y le salió por la espaldilla. Los demás (como don Pedro Zerda, Tangara y el moreno) se retiraron a la casa de doña Petrona Ascuas donde hicieron noche. Al día siguiente a las 8 del día se fueron todos reunidos para el lado de Maquito, donde había sido la guarida de éstos muy cerca del cerro de Chicote.

Esta tragedia pasó a mi vista por haber estado viviendo en la misma casa del suceso, esta acción que no dejó de atormentarme el corazón al ver la operación tan lastimosa por entonces para mí. Como no estaba hecho a ver tales casos extrañé lo bastante, y estaba en la casa ocho días más.

Como ya había un desorden con tal fracaso me determiné retirarme. Como la distancia ande mi hermano no era más que de cinco leguas para el pueblo de Mohosa, el 19 de noviembre me encaminé ande mi hermano.

El 20 no lo encontré allí y el 22 lo hallé en Pocusco, su propia habitación, anexo de Cavari, en la provincia de Sicasica (y hoy Inquisivi). Allí estaba mucho mejor como al lado de un hermano y le comuniqué todos mis pasajes.

Entre éstas y otras conversaciones siempre me platicaba a que fuese yo de la opinión a la Patria porque él había sido ciego en esta opinión. Había servido de capellán en varias guerrillas (como es en Condeauqui con el comandante don Dionisio Lira, en Pampajasi con el comandante don Baltasar Cárdenas, en el cerro de Atuquira con el mismo Cárdenas) y por eso vivía muy perseguido y fue el primero que sufrió el incendio de sus casas con muchísimos granos de toda especie en Pocusco (lo que es constante a todos los vecinos del país lo dicidido que era a la opinión de la Patria y lo que le [f. 14ᵛ] hicieron) y el primero que sufrió el saqueo de sus ganados, que le robaron más de 100 cabezas de ganado vacuno, mulas, caballos y burros cargadores, siendo el autor el incindario don Juan Imaz, coronel de las tropas del rey de España, por julio de 1813.

Estando así con mi hermano, en sus conversaciones y en sus pláticas me mostró un corto diario de algunos sucesos de años adelante del de esta fecha. Yo lo leiya por una vez y otra, y como me pareciese algo divertido dicho diario me animé en que lo había de hacer otro tanto si caso existiese en estos lugares.

Estando yo con estas intenciones mi dicho hermano recibió en arrendamiento una hacienda llamada Capinota a la una legua abajo del pueblo de Machaca, donde me puso a mí. Dicha hacienda era propia de doña Ignacia Navarro. Yo estaba al cuidado de todo el trabajo. Estando solo allí empecé a averiguar los actuales sucesos y el estado en que se hallaban los Valles de uno y otro partido, y ya con la seducción de mi hermano a la opinión de la Patria estaba yo anhelando en ella, deseoso de serlo, sin saber las ventajas que pudiera producir tal partido; abracé la opinión tan deseada sin saber los resortes cuáles serían para entrar a su servicio, aunque mi hermano no quería que me entropase al principio. Después ya aprobó todo lo que hacía, y empecé a apuntar los sucesos, que es como se seguirán después.

José Santos Vargas [autógrafo]

[NOTICIAS DE JOSÉ SANTOS VARGAS SOBRE LA GUERRA DE LA
INDEPENDENCIA EN BOLIVIA EN LOS AÑOS ANTERIORES AL DIARIO]

Año de 1809

[f. 15] Estando las Américas gobernadas por los reyes de España con la misma tirantez acostumbrada me parecía a mí estar gozando de una profunda paz, tranquilidad y orden.

El año de 1809 oiya hablar a los hombres grandes (esto es, como era yo muchacho, digo a los que eran ya hombres de mediana edad) en que era ya tiempo de sacudirse del yugo español. Yo que no comprendía sobre estas expresiones malicia alguna, me parecía trataban sobre algún comercio importante al bienestar de sus ejercicios. Seguía con mi escuela. Allí ya también oiya con más fuerza hablar. Nunca tuve la curiosidad de saber lo que contenía tales conversaciones, que eran ya como en contra del rey que nos gobernaba y a todas las Américas.

Ese mismo año de 1809, el 25 de mayo se habían revolucionado en la ciudad de La Plata (después Chuquisaca y ahora Sucre) se decía que la cholada (seguramente se valdrían de esta clase de gentes). En seguida se oyó decir que en la ciudad de La Paz había habido otro motín el 16 de julio del mismo año de 1809. Ahí tiene usted que de Chuquisaca llegaron emigrados a Oruro. Ya también hicieron llegar a algunos presos de la ciudad de La Paz y los hicieron pasar a Buenos Aires por la Villa Imperial de Potosí (hoy ciudad). Así se acabó este año.

Año de 1810

El año de 1810 ya se oyó decir que el 25 de mayo tronó la revolución en la capital de Buenos Aires. A los cuantos días llegaron tropas del lado de Lima, 500 hombres. Pasaron por Oruro a Potosí y pasan hasta Salta bajo el mando [f. 15ᵛ] de un tal Basagoitia que había sido comandante general. Luego en Potosí nomás se quedó éste porque no le dejaron pasar adelante, que este Basagoitia iba de auxilio del señor don Vicente Ñeto [Nieto] y don José Córdova.

De la ciudad de Cochabamba también entraron unos 200 de caballería al mando de un don Francisco Rivero por principios del mes de agosto o por fines del mes de julio. Estarían como un mes y más en Oruro. De repente se desaparecieron de los cuarteles una noche, tal que no quedó uno. Llegado don Francisco Rivero a Cochabamba se habían sublevado el día 14 de setiembre de dicho año 1810.

Llegó una orden del lado de Lima, que sería del virrey, a Oruro en que mandasen todas las arcas reales. Para este asunto hubo en Oruro un arcamiento de mulas para cargar la plata de las cajas. Con este motivo habían arcado más de 200 mulas de los costeños, cusqueños y toda clase de comerciantes, los costeños confusos por sus mulas, y todos ellos.

Un día por fines del mes de setiembre hubo un bando en que todas aquellas personas que tuviesen algunas prendas en la real caja se las sacasen porque iba a caminar las arcas reales, para lo que esperarían tres días, tal que iban a salir el día lunes. El sábado víspera de Nuestra Señora del Rosario, esa noche se sublevaron en Oruro tomando el cuartel de los veteranos la cholada. Botaron las mulas arcadas más de 300 que habían. Al día que sigue, el primer domingo del mes de octubre, en la plaza se formaron algunas compañías estando ejercitando a la gente. Ya se oiya decir que el señor presidente de la real audiencia del distrito del [f. 16] Cusco, un don José Manuel de Goyeneche, mandaba algunas compañías a Oruro a castigarlos porque atajaron las arcas reales.

Informados en Oruro pidieron auxilio de Cochabamba a don Francisco Rivero. El número de tropas que Goyeneche mandaba a Oruro era de 700 hombres bajo las órdenes del comandante general un tal Piérola. Don Francisco Rivero de Cochabamba mandó 2,000 hombres entre los que fueron 200 de infantería armada, dos piezas de artillería, 500 de caballería y lo restante de cívicos (que decían urbanos) al mando del señor coronel y comandante general don Melchor Guzmán (alias el Quitón).

Salieron de Oruro por principios del mes de noviembre para el lado de La Paz y tuvieron un ataque en Haruuma [Aroma], una posta más acá a Oruro del pueblo de Sicasica, de donde el comandante general Piérola lo había llevado preso a un don Melchor Palma que actualmente servía de alcalde pedáneo, y lo mataron en la acción de Haruuma [Aroma] los cochabambinos pensando fuese soldado. Avanzaron hasta el pueblo de Sicasica cuatro leguas, y en el pueblo se asilaron los derrotados del rey en la iglesia. Entró un oficial, don N. Carrasco, cochabambino, mandó sacar a tres soldados y los hizo matar a palos en el atrio de la iglesia, siendo al uno de ellos en la falsa puerta, a dos en la puerta derecha. Ganaron la victoria a Piérola y de Sicasica se regresaron todas las tropas así de Oruro como de Cochabamba.

Esos días, antes o después, habían perdido la victoria el general y presidente de la real audiencia de Charcas don Vicente Ñeto [Nieto] y su segundo don José Córdova en Suipacha, ganándola el general [f. 16ᵛ] en jefe don Máximo Balcarce con el ejército de Buenos Aires, que venía en él el excelentísimo señor don Juan José Castelli que era plenipotenciario representante de la junta provisoria de Buenos Aires, y pasaron al Desaguadero donde estaba un ejército del Perú cuyo general en jefe era don José Manuel Goyeneche con 9,000 hombres.

Año de 1811

Mientras estén avistados los dos ejércitos en el Desaguadero había mandado Castelli despachos de comandante general del partido de Hayopaya (hoy provincia) a don Santiago Fajardo (este señor se hallaba trabajando unas minas de plata en Yani, viceparroquia de la doctrina de Morochata); de capitanes de su capital Palca a don Victoriano y don José Hinojosa, ambos hermanos naturales y vecinos de Palca; de la doctrina de Machaca a don José Buenaventura Zárate, natural de la ciudad de Lima y vecino de Machaca; de la doctrina de Charapaya a don Marcos Quiroga, vecino de la misma doctrina; de la doctrina de Morochata a don Ramón Urbizu, vecino de la misma doctrina, de a 100 hombres cada compañía.

Estos salieron para el Desaguadero. Entrados al pueblo de Sicasica se regresó con licencia temporal el capitán de Machaca don José Buenaventura Zárate quedándose en su lugar el teniente de la compañía don Mariano Camacho de capitán, y le llegó ya despachos de Cochabamba de comandante a don José Buenaventura Zárate quien se fue a Sicasica a hacerse reconocer de su tropa.

Llegado que fue el 21 de junio, al día siguiente 22 ya llegaron los derrotados del Desaguadero y tuvieron que retirarse entrándose a sus pueblos toda la gente, y que iba [f. 18] a ascender el comandante don Santiago Fajardo pasando a otro cuerpo. Ya no hubo tiempo para nada con la derrota.

El 16 de agosto vuelta iban marchando las tropas de todo el partido de Hayopaya con el nuevo comandante don José Buenaventura Zárate con destino de reunirse con el general don Francisco Rivero en las inmediaciones de Cochabamba donde iba a atacar al general del rey Goyeneche.

Estando en Canari (que es un anexo de la doctrina de Charapaya) acampados la tropa ésta de Hayopaya llegó la noticia de que el general Goyeneche había ya ganado la victoria al general Rivero en los campos de Jamiraya el 13 de agosto y entrado a la ciudad de Cochabamba triunfante. Se regresaron de dicho punto de Canari y se dispersaron a sus pueblos y casas. Así lo hicieron todos.

Emigraron de la ciudad de La Paz a Cochabamba varios hombres por el derrote del Azafranal, un tal Sota, un tal Indaburo. Librándose aquella provincia se presentaron al general Goyeneche, éste los indultó a todos; se vendrían a restituirse a sus casas.

Triunfado ya Goyeneche en la plaza de la ciudad de Cochabamba ordenó la restitución a su gobierno y subdelegacía del partido de Hayopaya a don Rafael Losada. Se pasó el general Goyeneche para la villa de Potosí llevándolo en su compañía al general don Francisco Rivero y al coronel don Melchor Guzmán. Al capitán don Esteban Arze no lo llevó porque se ocultó mucho y no lo podía encontrar porque se fue a la doctrina de Toco en las pampas de Clisa en el partido de este nombre.

[f. 18^v] Un día por fines de setiembre sale este don Esteban Arze, júntase con gente en el valle y campos de Tarata, esto es gente del campo, como con 800 hombres y más; se encamina para la ciudad de Cochabamba, entre ellos como ciento y tantos de caballería y 15 armados. Al día que sigue se entra a Cochabamba a las 10 del día en derechura al cuartel. Los soldados de la guarnición que estaban en Cochabamba dispersos eran 200 que habían en toda la ciudad. Se asoman a la puerta de sorpresa los de Arze en tanto extremo que no tuvieron tiempo ni los de la guardia para estorbar, lo desarmaron nomás al centinela con mucha facilidad sin alborotarse ni hacer bulla alguna.

De intendente se hallaba un tal Allende, hombre hacendado y rico. Entregó nomás la provincia (hoy departamento). Sin la más leve novedad se hizo la sorpresa, sin derramamiento de sangre. En el acto hace publicar Arze un bando en que entreguen las armas que tengan así de fuego como blancas y que se formen compañías a favor de la Patria, independencia y libertad en toda la provincia. Se reunieron como 300 bocas de fuego de toda clase y reuniéndose como 2,000 hombres se marchó Arze sobre Oruro a tomar aquella plaza, mas no pudo.

El 16 de noviembre de 1811 salen derrotados perdiendo como 160 hombres. Regresan a Cochabamba. Allí estaba don Mariano Antezana de gobernador. Para la acción de Oruro se le reunieron a Arze los indios del partido de Chayanta, los del partido de Sicasica, tal que reunidos todos hacían el número de 4,000 hombres incluso caballería, los que fueron derrotados de Oruro por don Indalecio González de Socasa que era el [f. 19] gobernador de esta plaza. Se retiraron con el mismo furor con que marcharon de Cochabamba, perdiendo gente y opinión, que en Oruro tampoco había mucha gente, únicamente 400 hombres.

Año de 1812

Así que pasó o bajó triunfante el general Goyeneche del Desaguadero y pasó a Oruro, Cochabamba, Potosí y Chuquisaca se sublevó vuelta toda la provincia de La Paz (hoy departamento) y se levantaron muchos caudillos, porque el mismo sistema de la libertad los animaba a acabar de una vez la obra de sacudirse del yugo español. Con tal motivo se hicieron muchos caudillos como son don Baltasar Cárdenas, comandante de partidas ligeras; don Hermenegildo Escudero, que era protector de naturales del partido de Sicasica (hoy provincia), de comandante de partidas ligeras; un don N. Cáceres, escribano de la ciudad de La Paz, ibídem; don N. Castilla, ibídem. A este tenor muchos, esto es únicamente en estos Valles, que en todo el territorio americano habrían millares. Bien se dice que la libertad de América tenía su asiento en todas partes, porque el odio al español europeo era de mucha fuerza y un encono irreconciliable de toda la América, más sabiendo que la guerra era nacional.

Por el mes de abril don Jerónimo Lombera llegó a Sicasica y pasó prontamente al lado de Belén, que es un anexo de la doctrina de Sicasica, donde se hallaban todos los comandantes como con cerca de 2,000 hombres de indiada. Allí murieron más de 70 indios, porque tenía Lombera dos piezas de artillería [f. 19^v], dos escuadrones de caballería de los Chumbivillcas y 850 hombres de tropa (infantería armada). Era coronel y comandante general apaciguador de los Valles.

Después de la batalla campó en el mismo Belén. Al levantarse de Belén hizo quemar toda la población de forma que no quedó una casa por más inferior que sea, y se entró a La Paz.

Al mes poco menos salió por Haraca, entró al pueblo de Yaco, al subsiguiente día se salió, mandó incendiar todo el pueblo. En tanto extremo arruinó que hasta el día del año de 1852 no han podido refaccionarlo todo: como la mitad del pueblo está en escombros, que siempre se quedará en el estado en que hoy se ve.

El comandante de la Patria don Baltasar Cárdenas entró al pueblo de Yaco de donde mandó a Haraca al comandante don José Pintado, al capitán don Pablo Montalvo y a un don Luis Delgadillo, a los tres con comisiones. Llegan éstos al pueblo de Tirco una legua más abajo de Haraca. Los hacendados de allá (uno de los Pandos, don Silverio) mandó a La Paz un expreso en que estaban tres caudillos en sus haciendas y que mandasen una partida pequeña con un oficial a prenderlos que él lo estará entreteniendo del modo posible. Así fue: luego luego mandaron la partida con el oficial. Llegó a Tirco donde se hallaban: don Pablo Montalvo escapó con sable en mano batiendo a caballo; don José Pintado murió allí mismo; don Luis Delgadillo cayó prisionero y era un mero paisano, lo llevaron preso a la ciudad de La Paz donde [f. 20] lo fusilaron, sus deudos todavía padecen en el pueblo de Quime. La dicha partida fue de 50 hombres armados con un teniente y un subteniente.

El 26 de junio salió de Oruro el coronel don Juan Imaz con su batallón de 800 hombres de tropa.

El 27 entró al pueblo de Mohosa.

El 28 salió de dicho pueblo, llegó al alto de Pocusco, de la abra de Chuaraca mandó a dos soldados de infantería por delante a la casa del doctor don Andrés Vargas, eclesiástico. Dicha su casa se hallaba en un arriendo de Chacari en la hacienda de Pocusco. Encontró solamente a una viejita que había dejado en la casa el mismo eclesiástico. Llegado que fueron estos dos soldados mandan que sople fuego y con la misma mujer hacen prender con el fuego a toditas las casas, donde se quemó todos los granos de toda especie y en porción muy considerable; solamente en sebo había más de ocho quintales. Camparon en el mismo Pocusco parando un día.

Se pasaron el 29 de Pocusco al pueblo de Machaca.

El 30 pasan al pueblo de Palca capital del partido de Hayopaya.

El 3 de julio había mandado Imaz a una partida de 70 hombres u 80 a una montaña y anexo de Pocanchi perteneciente a la doctrina de Palca donde los habían pescado a un capitán del ejército porteño, don José Miguel Lanza natural y vecino de la ciudad de La Paz, a otro ídem capitán de cívicos don Pedro Toledo, y a un tal Ortuño y a tres soldados (muchos escaparon en la montaña) e hicieron llegar a los seis prisioneros a Palca.

El 6 de julio se salen para el pueblo de Machaca. Llegado a este pueblo lo pasan [f. 20ʳ] a capilla y el 7 lo fusiló a don Pedro Toledo natural de Oruro y vecino de estos Valles, propietario de la hacienda de Oputaña en la quebrada de este nombre. Le mandó cortar la cabeza, la ponen en la torre.

De este pueblo pasó el 8 al pueblo de Cavari.

El 9 descansó allí.

El 10 lo fusiló a don N. Ortuño; lo mismo mandó cortar la cabeza y hace poner en la torre.

El 11 se sale con toda su tropa. Llega a Pocusco arreando mulas, caballos y burros cargadores de los pueblos Palca, Machaca y Cavari. Entonces pues le robaron ganado vacuno del clérigo Vargas, mulas, caballos y burros cargadores; ganado mayor sólo de él pasaron de ciento lo que le robaron, con más a dos muchachitas criadas de dicho Vargas y a un muchachito, llamados María Josefa de 12 años, Manuel de 10 y Casilda de siete años, criados domésticos del doctor Vargas. El 13 entran al pueblo de Mohosa. A la entrada nomás los habían pillado a algunos ancianos moradores en el pueblo y los mandan azotar haciéndolos amarrar en un cañón que tenían, a un don Eusebio Azerro que era maestro carpintero, a un don Pascual Sánchez que era maestro platero, y a un don Hilario Aróstique [Aróstegui] que era maestro cantor, pescándolos en sus casas a unos paisanos pacíficos y ancianos entrando a un pueblo sosegado y quieto. También los habían pillado a dos indios Juan Paredes y Justo Marca. A los dos los fusilaron y los cuerpos los hizo colgar a una de las torres, que hay tres. Juan Paredes era alférez de la fiesta de Santiago, patrono de la doctrina. El párroco doctor don Tomás Zabalaga le había suplicado arrodillándose para Imaz a que no los fusilase, principalmente a Paredes, alegando que éste era [f. 21] alférez de la fiesta de Santiago patrón de las Españas, siquiera por el santo lo indultase la vida en nombre del rey, que eran unos inocentes que no se mezclaban con los insurgentes (que así decían a los patriotas). Le contestó Imaz al señor cura que por lo mismo debían de morir, que Paredes había declarado por su boca en que era alférez y que esto era un milagro del santo. Si de estos milagros cuentan los españoles ¿qué nos quedaban a los americanos?

En vano el señor doctor don Marcos Guzmán, cura y vicario de la doctrina de Sacaca, predicó un sermón en Oruro el día 7 de diciembre de 1811 en la iglesia de la Merced cuando la habían jurado por patrona a Nuestra Señora de las Mercedes, donde los trata malamente a los porteños calumniándolos de mil cosas (por sólo haberse formado la junta provisoria en Buenos Aires en nombre del cautivo rey de España don Fernando VII), y a todo hombre que es adicto a la libertad americana, de herejes, alzados contra el monarca, contra la corona, contra la religión.

Estos hombres fusilados y azotados eran los primeros mártires de la libertad americana en estos Valles. Este señor coronel Imaz fue el que empezó a fusilar, el primero que saqueó, el primer incendiario del pueblo de Mohosa, el que empezó las quemazones en todos estos pueblos.

Al capitán don José Miguel Lanza lo llevó preso a la villa de Oruro donde estaba encarcelado con un par de platinas. Luego fue despachado a la villa de Potosí donde se hallaba el general Goyeneche quien lo encarceló nomás también, y cortando Lanza la reja de fierro que tenía [f. 21ᵛ] la cárcel fugó y se incorporó en las tropas de la Patria que se hallaban en Salta y Tucumán dejando burlado a sus enemigos (porque don Victoriano Lanza, hermano de este capitán, fue muerto en los montes de la doctrina de Irupana por los del rey el año de 1809, que había emigrado de la ciudad de La Paz para estos lugares de Yungas, y por todo eso era muy odiado el partido del rey por toda la familia esta y otras muchísimas de la ciudad de La Paz).

Ordenado que fue el gobernador subdelegado don Rafael Losada por el general Goyeneche a su partido de Hayopaya se vino. Así se estaba. Un día 29, que es el último domingo del mes de noviembre, se subió a la tribuna donde se dice misa los domingos y días de fiesta y empezó a hablar en contra de los porteños tratándolos de impíos, licencios, herejes, alzados contra la religión, contra el rey y otras cosas muy mal habladas a todos los patriotas adictos a la libertad de las Américas.

Enfurecidos toda la gente así de cholada e indiada y toda clase de gentes, de común acuerdo se entropan y entran esa noche a su habitación, lo sacan a las 4 de la mañana, lo llevan preso más de 70 indios con sus lanzas y garrotes por el pueblo de Machaca, lo hacen pasar directamente al río de Hayopaya, lo hacen subir la cuesta por las haciendas de Calahaliri y Sihuas, en el alto que llaman Amutara en un lugar llamado Chilihua lo matan a palos, lanzazos y pedradas lastimosamente. Pero él se lo buscó su ruina. ¿Quién le manda, ni aun el general Goyeneche le dice, que predique a su favor ni al del rey de España? Nada más que su capricho hace que diga que el general Goyeneche era un ángel humanado, un hombre invencible, un hombre cristiano que defiende la religión, al [f. 33] rey y a la corona. ¿No es locura semejante proceder?

En el pueblo de Inquisivi se hallaba don Hermenegildo Escudero que era protector de naturales del partido de Sicasica, que también era comandante de la Patria. Este señor en el acto que supo de que lo sacaban preso los indios al subdelegado don Rafael Losada se encaminó para Palca a protegerlo por si la indiada quiera hacerle algo. El 6 de diciembre llegó al pueblo de Cavari, allí le dieron la noticia de que a Losada ya lo habían muerto los indios en los altos de Amutara (que es una cordillera). Hizo alto, ya no pasó a Cavari, más bien se regresó de dicho punto entrándose al pueblo de Inquisivi y mansionó allí todo el mes de diciembre, que es fin del año, con su escolta de 25 hombres armados.

[f. 17] Don Mariano Helgueros se hallaba de cacique de la doctrina de Hayohayo y su hermano don Juan de Dios Helgueros de la doctrina de Umahala, y lo perseguían los indios de Umahala. Se refugió en Sasari, ingenios de un don Ignacio Bustos hombre rico y de mucho respeto en el partido de Sicasica, azoguero grueso que sus minas se trabajan en el asiento de Pacoani.

Los dos hermanos se hallaban en Sasari como asilados. Don Juan de Dios Helgueros tenía un dependiente de minas don Manuel Rivera natural de Cochabamba. Este hizo la intriga a los indios que se hallaban entropados y sublevados en el pueblo de Hayohayo. Ya mandaron sus propios éstos a Sasari al señor Bustos en que lo tenga asegurado a esos dos hombres que se hallan en su casa, que ellos darán satisfacción de la culpabilidad en que han delinquido estos hombres, y por no exponer a un colerón al señor Bustos se fueron a presentarse estos Helgueros al pueblo de Hayohayo. Primero le escribieron al señor cura de aquella doctrina doctor Muñoz: a éste se comprometió sacarlos libres a los dos el señor ayudante, un religioso Montesinos, quien mandó sacar a Nuestra Señora del Rosario para interesarse por la vida de los Helgueros, y todos los indios dijeron que para qué era mover de su trono a Nuestra Señora, que ella no debe andar como ahora, así es que lo metan a la iglesia, que no [f. 17ᵛ] había remedio, que deben morir estos hombres. Los llevaron para el pueblo de Sicasica donde los mataron a los dos.

Un sobrino de estos Helgueros vivía en los trapiches de Belén, llamado don Pedro. Este se hizo llamar a un compadre que tenía, Hilario Cusi, de la estancia de Chacoma, ayllo Colchani, de la misma doctrina de Sicasica. Vino el compadre, encontró, hablaron bien sobre todo, se dispidió el indio compadre y al momento se encaminó a Sicasica a dar parte a los indios que estaban entropados. Lo asaltan de noche en el mismo Belén, lo traen preso a Sicasica y en Uchusauma lo matan lastimosamente. El compadre Hilario Cusi, el que lo entregó, le abrió el pecho, le sacó el corazón y se lo comió, y era de su mayor confianza dicho Cusi, que lo apreciaba sobremanera, y lo que le hizo fue el caso que se cuenta. Esto sucedió de día, en concurso de mucha gente entropada.

[f. 33] *Año de 1813*

Hallándose siempre el comandante don Hermenegildo Escudero en el pueblo de Inquisivi, el 17 de febrero estaba en la casa del señor cura doctor don Ángel Mariano Mesa el comandante Escudero, un oficial de cívicos de la doctrina de Haraca don Dionisio Pineda, y varios más en tertulia. Vase Pineda, encuéntrase con un don Ambrosio Arancibia, natural y vecino del pueblo de Caracato, en casa de una doña Juana Valencia. Estando conversando traban una riña y lo bota de la casa a Arancibia. No queriendo éste salir de la casa ésta le dio Pineda dos puñaladas con una daga que había tenido. Dejándolo medio muerto se salió, entró a una casa rabioso, de una tal doña Andrea Valdés. Luego le dieron parte al comandante Escudero. Este señor en el acto dice que lo prendan a Pineda. ¿Quién irá con la orden ésta? [f. 33ᵛ] Oyendo esto un don Mariano Astoraica diciéndole:

—Yo iré con su orden a prenderlo —le da orden verbal nomás.

Encamínase Astoraica, entra a la casa en donde estaba Pineda, le intima la orden del comandante y protector. Entonces dícele Pineda:

—No me moleste usted y déjeme sosegar el corazón.

Más le apuraba don Mariano Astoraica a que salga de la casa y vaya preso. A esto dice Pineda:

—Si no he hecho nada, ahora sí por algo que me apresen.

Le sacude de puñaladas a Astoraica en el acto, lo deja tendido muerto.

Corren a darle parte al comandante. Viene este señor Escudero y adelántase de la escolta de seis hombres que iban atrás de él. Entra de sopetón al cuarto donde se hallaba Pineda. Este se pone atrás de la puerta. Así que entró Escudero lo cosió nomás a puñaladas. Luego cayó muerto, y se retira al rincón de la casa Pineda. Entonces uno de los de la escolta que dicen era asistente de Escudero le pone el punto, le descarga, y cae muerto. Entonces se agolparon todos, lo acabaron de matar, y el comandante Escudero ya muerto.

Al día siguiente el subdelegado gobernador doctor don Tomás Arzadum mandó que le cortasen los dos brazos a Pineda, mandó el uno al pueblo de Ichoca y el otro al pueblo de Quime para dar satisfacción a la indiada que lo querían mucho a dicho protector de indios Escudero. Luego se entropan los indios, entran a Inquisivi, averiguan de mil modos la muerte de su amado protector y no hallaron más noticia al contrario de lo sucedido esa noche.

El 20 de febrero se juntaron más indios en el pueblo de Inquisivi que pasaban de 500, y ahí momentáneamente se aumentaban. A las 3 de la tarde de este día se formaron en la plaza toda esta gente sin orden alguna, consultan allí y dicen:

—Para que no tengamos sucesos como en el presente acto de matanzas a nuestros jefes, [f. 34] que todo esto causan los forasteros, es preciso no consentirlos entre nosotros sino botarlos, y cuando no quieran retirarse buenamente matarlos como a perros.

Otros decían:

—No hagamos tal cosa. Más bien los llevaremos a entregar a nuestra capital del partido que es a Sicasica. El fin es no consentir entre nosotros sea lo que fuere.

Este parecer y consulta de los indios comunicaron al gobernador subdelegado doctor don Tomás Arzadum. En este momento se hallaba preso, o un mero arrestado, un don Bernardo Calderón emigrado de la ciudad de La Paz. Se levanta el grito de alboroto en toda la indiada que Calderón debe morir y que debe morir para escarmiento de otros, y si no quiere fusilarlo Arzadum que ellos empezarán de un principio, cosa que ni el mismo subdelegado escape. Viendo esta resistencia y determinación de la indiada y los amenazos que hacían, ver tanta porción de gente tumultuados, para sosegar lo mandó pasar a capilla y lo fusiló a Calderón el subdelegado. Sosegaron los indios. Entonces piden órdenes y lo que deberán hacer y se retiraron los indios siempre amenazándolos a todos, haciendo un sentimiento por la muerte del protector comandante. Pero ya de algún modo se aquietaron los indios y todos los pueblos del partido (hoy provincia).

El 8 de junio en la doctrina de Ichoca (en la viceparroquia de Collqueri y hacienda del mismo nombre en la estancia de Llocotansa) lo prendieron a don Dionisio Lira, capitán comandante de la doctrina de Mohosa. Este se hallaba emigrado y fugitivo [f. 34ᵛ]. Averiguaron de su estada que había estado en los altos de Toco o en esas estancias. Fueron algunos hombres opuestos a la causa común, como un don Pablo Pardo, su sobrino de éste don Manuel Carlos Claderas, hermano de éste don José Claderas, con algunos más, y entriegan a Lira a los indios de la estancia de Llocotansa en la hacienda de Colquiri (como arriba se dijo), lo llevan a la villa de Oruro, y allí lo fusilan los del rey no valiéndole empeño alguno a pesar de que tenía deudos adictos al rey, como los hijos de un don Pablo Lira y un doctor don Juan Nepomuceno Lira.

Se llegó el hijo de este don Dionisio Lira (llamado Eusebio) del ejército porteño, que fue triunfante entonces en las ciudades del Tucumán y Salta por el mes de junio, y siempre clamaba el vengar la sangre de su padre.

Por el mes de noviembre fue la acción última de Ayohuma. Triunfante el ejército real entró a la ciudad de La Plata hoy Sucre, y habían mandado un extraordinario a dicha ciudad los cochabambinos, cual contexto se hallará a continuación de éste, donde se lamenta el general del ejército real don José Joaquín de la Pezuela * el agravio inferido por lo muy adictos a la libertad americana como don Esteban Arze.

Esa revolución hecha o toma del cuartel por don Esteban Arze le valió mucho a los porteños porque llamó la atención del ejército real y dejó de hacer sus marchas sobre la capital de Buenos Aires. No sólo dejó de hacer sus marchas sino que todo el ejército retrocedió a

* Véase adelante, en la sección de "Documentos intercalados en el texto del *Diario*", el núm. 5.

retaguardia. Mientras tanto tuvieron tiempo para rehacerse y arreglar su ejército los argentinos según se ve todo.

[f. 35] *Año de 1814*

Por fines del mes de febrero del presente año tuvo una corta riña un vecino de la villa de Oruro llamado don Antonio Paredes (alias el Muerte Cajón). Este tenía una corta propiedad en la doctrina de Charapaya llamada Colaya a la una legua del pueblo como que va uno para el pueblo de Tapacari. Así pues trabaron la riña con un don Anselmo Miranda, vecino principal de la ciudad de Cochabamba y hombre rico en el pueblo de Charapaya, hacendado allí, tal que el pueblo está formado en sus terrenos. Luego se fue Paredes a su país Oruro, y por vengarse con don Anselmo Miranda se entró ande el gobernador don N. Palacios y le metió tanto chisme hasta que creyendo el gobernador intendente Palacios mandó una corta partida de ocho soldados, un cabo, un sargento y un oficial (don Anselmo Ponferrada, subteniente) con orden de conducirlos presos a los que dijese don Antonio Paredes.

Estos llegaron el sábado de carnavales del corriente año 1814 con la partida de Oruro y lo hicieron preso en primer lugar a don Anselmo Miranda, a don Mariano Fanola a don Gualberto Zerda y a don Pedro Zerda su hermano. El domingo de carnavales por la mañana bien al alba los sacaron del pueblo; del frente casi desbarrancándose escapó don Mariano Fanola.

Tenía dos hijos don Anselmo Miranda, se llamaban los dos Manuel. Estos habían juntado a todos los peones de la finca que dije era el mismo pueblo de Charapaya y sus cercanías: por de pronto se juntaron como 25 hombres, más se juntaron de otras fincas que pasaban de 50 hombres, y en el sitio que se llama Calacalani en la hacienda de Lequelequeni atropellaron los indios, los mataron a los 11 de la partida con el oficial [f. 35ᵛ] Ponferrada, que éste mandó a los soldados rompiesen fuego. Empezaron a dar fuego como mandaba el comandante de la partida desde el frente del pueblo, de donde escaparon todos los presos excepto don Anselmo Miranda, que a este señor lo llevaron hasta el trecho donde fueron muertos los 11. Y don Antonio Paredes así que los sacaron del pueblo se había pasado esa noche al amanecer a su corta propiedad; llegado allí había mandado ver lo que hacían; regresaron los propios, le avisaron lo sucedido, salió al escape para su país Oruro.

Dado parte a Cochabamba por pertenecer allí la provincia, y también a Oruro por la muerte del subteniente don Anselmo Ponferrada y 10 hombres de su escolta, salieron tropas de Oruro. Vino 120 hombres al mando de un comandante Saravia. De Cochabamba salieron 160 hombres al mando de un comandante Terrazas. Con la tropa de Oruro vino siempre don Antonio Paredes, como de diestro y las dos tropas se reunieron en el pueblo de Charapaya donde las azotaron a dos señoras llamadas doña Josefa Mariño (alias la Condeña) y doña Ana Roldán, los apresaron a don Fermín Zerda, padre de los jóvenes Gualberto y Pedro, y a don Mariano Garavito. Tardando dos días más se salieron quemando todo el pueblo. Los dejaron a los presos se fueron a sus destinos las tropas éstas, que los de Cochabamba habían traído un cañón donde las amarraron a las señoras azotadas, no mestizas ni indias, sino señoras en forma. Quemó todo el pueblo y por eso a don Antonio Paredes le pusieron el sobrenombre de Quemarrancho.

Por el mes de junio del presente año se sublevó ya la provincia del Cusco donde lo fusiló al coronel Picoaga el capitán general Pumacahua, que éste era brigadier de las tropas del rey de [f. 36] España. Abrió los ojos, conoció bien la causa que defendían los americanos, se sublevó en contra del rey, y al coronel Picoaga lo tronó nomás en el Cusco.

Levantó tropas y mandó a La Paz al general Pinelo donde entró forzándoles a los enemigos el 26 de setiembre. Los demás enemigos se rindieron. El 28 volaron los cuarteles que habían estado minados con pólvora de antemano, donde perecieron todos los españoles europeos y algunos americanos opuestos al sistema de la Patria que todos éstos estaban medio arrestados y ya por salirse libres del arresto. Así murieron todos y alguna parte de la tropa. Con este ejemplo el general Pinelo regresó con su tropa que contenía 600 hombres, quedando muertos como 200 en La Paz por todo, y como ya despachó tropas el general en jefe del ejército del rey (el señor Pezuela) al general don Juan Ramírez se retiró la tropa de la Patria para el Cusco a incorporarse con las restantes.

Avistados ambos ejércitos, los de Pumacahua se defeccionaron por mitades y compañías, y antes de que se concluyan todos presentó la batalla; fue derrotado Pumacahua y entró triunfante Ramírez a la ciudad del Cusco, logró pescarlo al general Pumacahua, lo fusiló y apaciguó toda la provincia.

Tiempos antes lo había estado mandando Pumacahua al ejército real a un hombre grande del Cusco, alcalde provincial don Juan Antonio Paredes, con papeles seductivos a los criollos americanos a que abran los ojos y recuerdan del letargo en que están protegiendo la causa real contra sí mismos. Llevaba dichas comunicaciones en la pajera del apero o silla. Llegó al pueblo de Caracollo que también es posta. Allí trabaron amistad con el señor teniente de cura religioso dominicano fray [f. 36ʳ] Manuel Claderas. Este sacerdote se hizo el muy patriota abominando la causa real. En tanto extremo habló que lo hizo consentir al caballero Paredes. Este, fiado en sus hablillas y en su estado sacerdotal, se descubrió de plano en que él iba al ejército real a seducir y a hacer que se defeccionen por batallones y compañías cuando no puedan revolucionarse.

El tal religioso apoyó el plan y se interesó en que le avisase que en qué parte llevaba tales papeles y que no parecía él fuese con esa comisión tan interesante. El incauto caballero se lo avisó dónde llevaba, le mostró el lugar del secreto de tan importante negocio. Más satisfecho el religioso le dijo que se acompañaran hasta Oruro. Bájanse ambos. En todo el camino iban conversando y tratando de los negocios del día. Le comunicó todo todo, sin reservas ni sospecharse un punto, de lo que llevaba.

Llegaron a Oruro. Se dirigió el tal don Juan Antonio Paredes al tambo, luego que se apeó fue al gobierno, se presentó a Palacios que era gobernador intendente. Le recibió con mucho cariño, se ofreció servirlo en lo que mande, salió muy bien. Mientras esta conversación el mal fraile estaba esperándolo en la puerta a que salga Paredes. Lo vio que se salía, el gobernador acompañándole, se ocultó el padre. Luego que se dispidieron ambos y se fue Paredes entró el religioso ande el gobernador, le dijo que qué es lo que le había comunicado don Juan Antonio Paredes. De muy mala gana le contestó en que nada, que se pasaba al ejército real:

—Trae su buen pasaporte. Se pasará pues —le dice.

El religioso entonces empieza a contar sus méritos contraídos al rey, él y toda su familia, como hijo de un español europeo. Luego le avisa todo lo que habían tratado, le avisa que llevaba Paredes pliegos para la oficialidad del ejército real (el cual [f. 37] se hallaba en las inmediaciones de Salta), todo todo se lo avisó.

Entonces el gobernador dispone una pequeña partida con un oficial de su mayor confianza, manda al tambo donde Paredes se alojó, le encuentran allí, lo apresan y llevan su montura al gobierno. Pronto allí los oficiales para descubrir meten la silla, y un sillero descuese el apero o la pajera de ella y sacan los pliegos que llevaba. Descubierta la perfidia le hace plantar un par de platinas y le sigue una corta sumaria. Dan parte por medio de un extraordinario, vuela éste, viene aprobando la sentencia de muerte. A los pocos días lo fusilan, le mandan cortar la cabeza (antes de que acabe de ispirar) con un negro llamado Cañizares, la plantan en la torre principal en la plaza de Oruro.

Quedó el religioso más fresco que un tamarindo. Pero por esta intriga que hizo no lo hizo el rey obispo ni canónigo siquiera ni prior de su religión, antes se volvió lelo pasando inmensos trabajos y enfermedades, babeando que daba asco, y casi perece por necesidad; a no tener algunos hermanos de mediana comodidad seguramente perece porque no le alcanzaba la congrua alimentación que le daban en la caja o tal vez ni aun eso le darían. Así castiga el cielo a un vil intrigante aunque sea su ministro, para experiencia de otros de semejante proceder y sentimientos. No sólo él tuvo esta lamentable tragedia sino un hermano suyo don José Claderas, pues este caballero se venía de una hacienda que tenía en arrendamiento una tarde y lo mató la centella. Murió en el campo sin ningún auxilio. Tal vez —dijieron lf. 37ᵛ] en Oruro— que había consultado este religioso como a hermano, tal vez le animaría a que haga la intriga y por eso murió como se dice en el campo.

Hasta aquí pongo algunas noticias que he podido tener aunque no correspondientes a las antiguas provincias Sicasica y Hayopaya, pero para que más se sepa y dónde llegaré esta obrita, no de mala intención ni menos por confundir ni entorpecer, como también pongo aquí los sacrificios de los hijos de la América don Juan Antonio Paredes fusilado en Oruro el año 1814; la fusilada en la misma plaza a don Dionisio Lira el año 1813; la entrada del señor general Pinelo a la heroica ciudad de La Paz el año 1814 por el mes de setiembre, faltando algunas guerrillas como son en Condeauqui, cantón de Paria, con don Mariano Antezana gobernador intendente de Cochabamba por la Patria; la guerrilla sangrienta de Atuquira en el cantón de Sicasica; la seguida en la misma villa por los comandantes don Baltasar Cárdenas don fulano Cáceres, en donde había muerto el comandante fulano Castilla y habían asistido allí varios comandantes de partidas ligeras; la guerrilla en el cantón de Yaco, en Pampajasi, con don Baltasar Cárdenas, donde causó mucha mortandad a los americanos las tropas vencedoras que eran las españolas al mando de un americano don José Joaquín Blanco, coronel, que feneció en la demanda en la guerrilla de la Florida que perdió a manos de las tropas de la Patria bajo las órdenes del señor [f. 38] comandante general don Juan Antonio Álvarez de Arenales en el departamento de Santa Cruz; las capitulaciones hechas por un comandante de las tropas españolas, un don N. Astete, en el pueblo de Sacaca o sus inmediaciones, y burlándose de los jefes de la Patria se incorporó en Chuquisaca con las demás tropas españolas que guarnecían aquella ciudad.

Ya no he tenido tiempo ni fuerzas para andar averiguando lo más verdadero. No faltará uno que hayga apuntado los sucesos en los lugares ya dichos, porque yo creo que es un interés general para que se sepa lo que había costado, repito, a la Patria su libertad.

DIARIO

Año de 1814

[f. 39] A fines de octubre de 1814 llegaron varios emigrados de La Paz por la retirada de las tropas de la Patria para el Cusco, siendo la tropa de aquel país con el comandante Pinelo; llegaron al punto de Machaca entre los que fueron un don Mariano Pradel, doctor don Tomás Castro, don Paulo Linares Castro con un moreno, y en compañía de estos señores don Pedro Flores vecino de Sicasica. Luego se pasaron a Huallipaya que es una hacienda a la media legua algo menos de Machaca (perteneciente a don José Buenaventura Zárate, teniente coronel de la Patria, natural de la ciudad de Lima, hijo de uno de los marqueses, éste del de Montimira) donde a la sazón se hallaba en la casa de este señor don Eusebio Lira, natural y vecino de la doctrina de Mohosa, hijo de don Dionisio Lira (capitán comandante de su pueblo Mohosa, a quien los enemigos, como dije, por intriga que hicieron los indios de la hacienda de Colquiri en la doctrina de Ichoca lo pillaron en la estancia de Llocotansa, lo llevaron a la villa de Oruro y lo fusilaron los españoles). Este su hijo Eusebio emigró al ejército de la Patria a Salta y Tucumán, fue cabo segundo en una de las compañías y en un asalto que tuvieron en San Carlos, partido de Salta, se dispersó y vino a recalar por estos lugares.

Se halló en compañía de éstos don Pedro Zerda, natural de Oruro, que asimismo fue emigrado a Salta y en el ejército era cabo primero en la compañía donde estaba el antecedente Lira en una misma escuadra; allí estaba Julián Tangara, indio natural del pueblo de Curahuara en Pacajes, que también fue emigrado [f. 39v] a Salta; estaban Andrés Simón, indio de Sicasica; Miguel Mamani, indio de Sicasica avecindado en Palca, capital del partido de Hayopaya, ambos emigrados al ejército de la Patria; Pedro Chipa, indio de la hacienda de Sihuas, estancia Sallca, doctrina de Cavari; Pascual Cartajena, indio de la doctrina de Morochata, partido de Hayopaya, ambos emigrados al ejército; don Pedro Graneros, natural y vecino de la doctrina de Inquisivi, partido de Sicasica; don Damián Díaz de Bolaños, natural y vicino del pueblo de Calliri, partido de Quillacollo; don José Manuel Arana, natural y vecino del pueblo de Chulumani, partido de este nombre en los Yungas de La Paz; don Calisto Barahona, natural y vicino de Oruro; don Mariano Santiesteban, natural y vecino de Irupana, partido de Chulumani; y don Ciprián Cartajena, natural y vecino de la doctrina de Morochata, partido de Hayopaya, emigrado al ejército a Salta.

Todos estos mencionados vivían muy perseguidos por los del rey, así es que buscaban un asilo para poder vivir algo sosegados, y a la fuerza tuvieron que estar juntos entre ellos, siendo algunos dispersos, otros que se quedaron en el camino enfermos, cortados, y algunos fugados de la prisión.

Habiendo tenido noticia don Mariano Mendizábal, gobernador subdelegado por el rey del partido de Hayopaya, de que éstos estaban en Huallipaya reunidos todos, se oiya decir que vendría a prenderlos. Por esta noticia tan general que se rugía se retiraron a Sanipaya el 16 de noviembre a una hacienda del mismo marqués Zárate. Viendo que no venía Mendizábal según tantas noticias, se volvieron a los ocho días a la misma casa de Huallipaya donde estuvieron mansionando todos ellos.

El 26 de noviembre al cabo vino el subdelegado Mendizábal de su [f. 40] capital Palca con 16 hombres armados. A las 12 del día llegan al pueblo de Machaca, a cuya sazón estaba en este pueblo don Damián Bolaños. Viendo éste que repentinamente pareció en la plaza Mendizábl se bajó de carrera para Huallipaya a dar noticia a los compañeros. Avisados que fueron éstos se dispusieron un poco algunos y se retiraron los demás a una montaña cerca, quedándose en la casa Lira, Zerda, Tangara, Pradel y el moreno del doctor Castro.

El enemigo a un cuarto de hora bajaba y faltando dos cuadras a la casa dio un tiro don Mariano Pradel, mató solamente la mula del que iba adelante. En este estado hacen un poco alto. Disponiéndose un poco se entraron los enemigos retirándose los otros a una montaña cerca. El enemigo se posesionó de la casa; medio corretean como buscándolos y se reunieron nuevamente. El caso fue que Mendizábal era compadre espiritual de Zárate y como fuese también vecino de Palca no quería verdaderamente asaltarlos, así es que andaba con tanta pausa, más por el qué dirán nomás parecía que los perseguía.

A las 4 de la tarde se retiraron los enemigos a Palca pasándose por el pueblo de Machaca; los otros se regresaron a la misma casa, Pradel y el doctor Castro se fueron a los ocho días al ejército a Salta. Quién sabe cómo pasarían las travesías porque estuvieron en el centro de los enemigos y no haber un corto apoyo siquiera para disimular por si fuesen pillados, todo lo que le pusieron presente sus compatriotas a fin de que no se espusiesen, pero se fueron siempre porque desconfiaron demasiadamente el estar seguros.

[f. 40^v] Año de 1815

El 18 de enero el teniente coronel don José Buenaventura Zárate empezó a expedir órdenes a todas partes de uno y otro partido proclamándolos a hacer un levantamiento general de toda la indiada.

Llegan a los seis días todos a Huallipaya los que se dispersaron agregándose más un don Jacinto Millares, vecino de Palca, con grado de sargento mayor; don Pedro Terán, capitán, vecino del pueblo de Calliri, partido de Quillacollo; don Pedro Franco, alférez de caballería; don Esteban Segovia, ambos vecinos del pueblo de Palca; don Mariano Zárate y don Manuel Terrazas, naturales y vecinos del pueblo de Machaca: a todos ellos los mandó con comisiones a los pueblos a convocar a la indiada para un levantamiento general, dispersándose al efecto todos ellos.

Ya tanteando el tiempo que éstos debían estar cerca según la combinación y órdenes que tuvieron se levantó el referido Zárate de Machaca el 7 de febrero a las 4 de la tarde, que yo me reuní con este señor (como vivía cerca del pueblo). Nos dirigimos para Palca en compañía de don Damián Bolaños, don Mariano Zárate, Manuel Terrazas y 11 indios a asaltar al subdelegado Mendizábal (que éste había estado en la orilla del pueblo de Palca, cancha de don Pascual Terrazas) que para el caso había estado esperándonos el sargento mayor don Jacinto Millares, el capitán don Pedro Terán, y don Pedro Franco alférez de caballería, con 35 hombres [f. 41] en la orilla del mismo Palca en un sitio designado para la reunión.

El 12 de febrero a las 2 de la mañana reunidos todos entramos sigilosamente. Mendizábal sin tener noticia alguna se había estado durmiendo en su alojamiento. Bolaños, capitán, se dirigió al cuartel entrando por la pared del corral con 12 hombres armados de garrotes y lanzas, solamente iba Manuel Terrazas con una tercerola. Por la puerta principal entró el capitán don Pedro Terán con 40 hombres, entre ellos tres armados. Para esta operación del asalto el capitán Terán lo había seducido a un Alejo Castilla, natural de la ciudad del Cusco, sargento primero del subdelegado Mendizábal, dándole de gratificación no sé qué pesos, mas como estuviese en amores con Rafaela Terán hermana de este capitán, con facilidad le dio el sí interesándose mucho ella.

Asomados que fueron el capitán Terán con su gente (que su retaguardia cubría don Eusebio Lira con los demás, como con 160 de caballería) llegan cerca del cuartel. El centinela echa la voz del
—¡Quién vive!
El sargento Castilla, que nos guiaba, se asoma con pasos largos y le dice al centinela:
—Calla, yo soy, estoy de tuna.
Le avanza el fusil con mucho silencio. Entonces nos agolpamos todos, y el capitán Bolaños cuánto ha había estado en el patio del cuar-

tel examinando a un soldado que en qué cuarto estaba el subdelegado durmiendo. Le tocan la puerta a Mendizábal don Damián Bolaños y Miguel Mamani, le hace abrir diciendo que era propio de Morochata, que conviene se levante. Se abre la puerta y se embocan ocho hombres más. Bolaños y Mamani le intiman [f. 41^v] en que estaba preso por la Patria y que guardase su prisión porque estaba en poder de la Patria él y su escolta donde fueron 13 hombres más. Entonces un cabo cargó su fusil y quería darnos fuego cuando íbamos entrando. Le dieron un tiro y murió. Se hizo la sorpresa completamente sin más derramamiento de sangre que la del cabo. A este tiempo llegaron don José Aguilar y don Pedro Zerda con 60 indios, y todos reunidos a las 4 de la mañana echaron un viva la Patria en la plaza como más de 200 hombres.

En el momento haciéndolo llamar a don Pedro Álvarez (natural y vecino de la doctrina de Morochata), emigrado también que fue a Salta, presentado el día 15 se le ordenó que llegando a su pueblo reuniese toda la indiada y cerrase el punto de Lallave y de Piucilla. Al momento salió ese mismo día y el 17 reunió 200 hombres y se situó en Lallave.

A los cinco días salieron Zárate y Lira con 300 hombres dejándolo como arrestado bajo su palabra de honor a Mendizábal. Ya tenía algunas bocas de fuego más, y con 14 fusiles que llevaron se situaron en Morochata. Allí se reunió un comandante, don Santiago Fajardo (natural de Chile y vecino de la ciudad de Cochabamba), que había estado emigrado en los montes de Choquecamata porque no pudo alcanzar al ejército a Salta por su muy numerosa familia y padecía lo indecible por las persecuciones con la proporción de la cercanía a Cochabamba.

[f. 42] El 20 de febrero salen los enemigos de Cochabamba en el número de 80 hombres armados. Álvarez sólo tiroteó a éstos en Lallave donde hubo tres indios muertos y tres heridos, y como no pudieron operar más los enemigos por la poca fuerza que tenían se retiraron a Quillacollo perdiendo un fusil quebrado y un solo soldado herido en la pierna.

Allí estaban esperando auxilios que tuvieron muy pronto porque el gobernador Goyburo ordenó que los subdelegados de Arque, Clisa (que allí estaba 200 hombres al mando del comandante Terrazas), Quillacollo y Sacaba auxiliasen, y reunidos hicieron el número de 400 hombres entre infantería, caballería y una pieza de artillería que sacaron de Cochabamba.

El 25 salieron los enemigos con el frente a Lallave. Ya que se avistaron con nosotros (que estábamos situados en un morro al costado derecho del camino real como quien va uno a Cochabamba de

Palca) los enemigos, como no operaron el día 20 tiroteado con Alvarez, salieron por la loma directamente a chocar con el trozo. A las 10 del día llegaron a embestir de frente en batallón con fuego a discreción quedándose a retaguardia la caballería y su artillería. Los nuestros se retiraron un poco dando fuego, para arriba hasta un morro como tres o cuatro cuadras donde se pararon a pie firme. Viendo la resistencia de la Patria y la ninguna operación de ellos se retiraron a reunirse con su retaguardia y los nuestros se bajaron a ocupar el sitio donde antes estuvieron. Murieron de los nuestros tres indios y seis heridos; del enemigo nada.

A las 2 de la tarde o algo menos vuelta los enemigos se dividen en tres trozos: en ambos costados [f. 42ᵛ] toda su infantería, la caballería al centro, y a su retaguardia la artillería. El centro salió avanzando a toda costa por la misma loma que rato antes avanzaron; los costados avanzaban lentamente con paso oblicuo a derecha e izquierda como abriéndose. Los nuestros se defendían de la loma con galgas de piedras y hondazos que tiraban; no se dejaban avanzar mucho con estos costados ni les daban tiempo a ningún otro paso. Más bien el centro salía intrépidamente avanzando porque las galgas que tiraban no podían correr por la loma sino que se iban por los costados nomás. Ya fatigados los nuestros como a las 4 de la tarde se iban en retirada.

En este estado hace un poco alto el centro enemigo su avance y retrocedimos un poco también, tal que de por sí nomás nos entramos a un círculo porque los costados del enemigo avanzaron rápidamente al trote con fuego a discreción como a cerrar el círculo. Ya viéndonos en peligro porque nos iban ya cortando la retirada enteramente nos retrocedimos en dispersión. Murieron en esta embestida cinco indios y seis heridos, y en todo el día ocho muertos y 12 heridos; del enemigo uno en la segunda embestida nomás. Y nos fuimos así dispersos hasta Morochata todos y estuvimos reuniéndonos hasta el 28 en que nos levantamos y campamos en Chinchiri.

El 2 del mes de marzo de este punto se dispersaron los comandantes: don Santiago Fajardo se fue para Choquecamata a conducir a su familia; don Pedro Alvarez regresó a Lallave como guardia con su indiada y ocho fusileros; don Eusebio Lira se fue con solos cuatro armados para el lado de Mohosa; el teniente coronel don José [f. 43] Buenaventura Zárate se fue al pueblo de Machaca, que ahí tenía sus haciendas; el sargento mayor don Jacinto Millares se fue para el lado de Palcachico (un pueblo con el nombre de Charapaya) y revoloteando se entró a Palca, su habitación, con seis armados, y sospechando que asaltasen los del rey se retiró de la capital del partido de Hayopaya que es Palca, al lado de Santa Rosa y Tapasa.

Mendizábal, que quedó libre en Palca desde el asalto que le hicieron (más por el compadrazco con Zárate como arriba dije) juramentado a no levantar armas contra la Patria, ¿y qué hizo éste? Reunió algunos deudos que tenía con algunos vecinos facciosos, mandó partidas en persecución de los dispersos, y en el punto de Murmuntani (una hacienda a las cuatro o cinco leguas de Palca) lo asaltaron a Millares con sus escoltas y todo. Como viniesen las tropas españolas a Palca, como perjuro presentó Mendizábal al prisionero en prueba de su mayor mérito. Entró el enemigo a Palca al mando del comandante Terrazas 300 y más hombres y el 22 lo fusilaron al sargento mayor Millares. Este tenía su cancha en una de las esquinas de la plaza principal; en esta esquina en sus paredes pusieron el banquillo y ahí lo fusilaron; después se retiraron para Cochabamba.

Don Eusebio Lira se hizo reconocer de capitán comandante de la doctrina y su pueblo Mohosa, expedido por el señor teniente coronel don José Buenaventura Zárate; provisionalmente don Pedro Álvarez asimismo fue nombrado capitán comandante de su pueblo Morochata y toda su doctrina, para que ambos trabajasen con más entusiasmo, vigilancia y valor como así fue desde entonces.

Yo no quería separarme [f. 43^v] de la compañía de Lira desde el asalto a Mendizábal, y como era muy aficionado a la caja [tambor] me esforcé a aprender sin que hubiese quien me enseñase. Abracé el partido tan deseado aprovechándome el entusiasmo y seducción de mi hermano.

El 29 de marzo el comandante don Eusebio Lira mandó del pueblo de Mohosa orden para que lo matasen a un indio principal de aquella doctrina llamado Flores Mayta. Este había ido a dar parte a Oruro de las andanzas de la Patria y vociferando que jamás progresarían los patriotas, que siempre la causa del rey de España era la inerrable así es que no se metiesen en nada, que de lo contrario serían talados y asolados. De esto le habían dado a Lira parte circunstanciado y por esto dio tal orden para que lo fusilasen. ¿Y qué hicieron? Le sacaron de su casa (que vivía en el mismo rancho Chualla que es una estancia en el ayllo Coota) lo llevaron como una legua abajo y ahí lo habían muerto a palos y a pedradas Ciprián y Julián Huallpas, sus vecinos, sin confesión ni otros aparatos de estilo que se observa para este caso.

El 2 de abril salió una partida gruesa de Oruro al mando del mismo gobernador Abeleira con 280 hombres.

El 4 entró al pueblo de Tapacarí. Antes de llegar al pueblo lo pescó a un indio, que fingió Abeleira ser jefe de la Patria hablando como tal. El infeliz indio habló también a favor de la causa de la libertad abominando la del rey, y el día 5 lo fusiló a las 9 de la mañana y prontamente se salió para Oputaña de donde mandó el día 7 una partida de 25 hombres al mando de un capitán o teniente, don Francisco Tapia (alias el Taburete) al pueblo de Charapaya porque se sabía de un comandante de la Patria don José Domingo [f. 44] Gandarillas que andaba por esos lugares con su partida. Sorprende el comandante de la partida don Francisco Tapia a un sargento de indios en la estancia de Cochiraya en su casa, llamado Mariano Zereso, que en su casa encontraron algunas órdenes de los jefes de la Patria donde le decían sargento, lo llevan preso a Charapaya y el día 9 a las 8 de la mañana lo fusilaron en el pueblo de Charapaya en la orilla al salirse, y se salió luego el enemigo a replegarse a Oputaña donde se hallaba su trozo.

A esto nomás Gandarillas, que había estado en la hacienda de Colaya (legua y media del pueblo al otro extremo como al lado de Calchani con 20 hombres montados, de lanzas y garrotes, con dos bocas de fuego) al momento que supo de que la partida enemiga se retiraba del pueblo de Charapaya vino el comandante Gandarillas a picarle por su retaguardia a toda costa. Oyendo los traquidos se le iban replegando más gente de las inmediaciones que ya pasaban de 50 hombres. Los alcanzó en el sitio que llaman Lequelequeni a esta partida de Tapia donde ésta hizo alto y se hizo fuerte.

En ese momento estaba Lira en la hacienda de Cochiraya atrás de un cerro donde estaba tiroteando Gandarillas. Luego pareció un indio en el alto y grita, viéndonos, de que Gandarillas estaba en tiroteo con el enemigo y que estaba por vencer ya, que lo tenía circulado. Al momento que oyó Lira bien nos mandó que al trote fuésemos con cuatro hombres armados y 10 indios, y conforme íbamos caminando se nos iban reuniendo más gente. Viendo ya la desfilada que hacíamos como más de 30 hombres el enemigo empezó a echar vivas al rey pensando que fuesen los suyos o que les fuese refuerzo de su tropa que se hallaba en Oputaña distante de este trecho seis leguas.

Viendo y oyendo todo esto Gandarillas ya quería retirarse. Entonces mandó el comandante Lira a un indio armado con su lanza a caballo en que no se retire, que él viene a auxiliarlo. De que recibió esta nueva Gandarillas [f. 44ᵛ] se esforzó más y tomó nuevo aliento la gente y nuevo entusiasmo.

Llegado que fue el comandante don Eusebio Lira a las 2 de la tarde algo más se reunió y acabaron de formar el círculo al enemigo. Este empieza a dar fuego y quiere romper el círculo por un lado ya por otro embistiendo con mucho ímpetu y valor por repetidas veces. No halló sino una resistencia temeraria, así es que fueron en vano los esfuerzos de Tapia.

Ya como a las 4 y más de la tarde avanzan los de la Patria intrépidamente por todas partes. Sale del cuadro corto que habían formado el comandante de la partida enemiga, como pudo lo encuentra al comandante Lira, y en vez de decir

—Por la Patria denme cuartel —dice:

—Por el rey denme cuartel —y se le abraza al comandante Lira.

Entonces el comandante Gandarillas se asoma de prisa queriendo ambos jefes protegerlo teniéndolo entre los brazos. Ya no pudieron los dos comandantes. De atrás le dieron una lanzada. Dice entonces Tapia:

—Por la Patria no me mate, que me he equivocado.

Al fin les quitaron los indios de ambos jefes. Estos ya no pudieron cómo protegerlo, aunque quisieron a toda costa no les fue posible. Pereció don Francisco Tapia con su compañero un subteniente Cámara, con 27 hombres de tropa, entre ellos el alcalde pedáneo de Charapaya don Juan Gualberto Hidalgo y un tal don José Liendo que eran los diestros, ambos acérrimos realistas y enemigos de los patriotas, escapando de la partida enemiga Felipe Igenes (un orureño). Murieron de la Patria cinco, y nueve hiridos. Un soldado del comandante don Eusebio Lira llamado Manuel Torres, salteño o de esos lugares, fue herido por los mismos indios porque había querido proteger a uno de los del rey donde casi lo habían muerto; otro herido en la cabeza don Juan Cortés malamente. Lira lo arrestó y al subsiguiente día le castigó con 100 azotes al capitán indio [f. 45] por insubordinado.

El gobernador Abeleira en Oputaña estaba esperando por momentos que la partida se le reuniese, mas viendo que no se había vuelto salió el 11 con todo el trozo y a la una legua se encontró con uno de los que habían escapado, porque fueron tres que a todo peligro salvaron siendo el uno Felipe Igenes orureño.

Entonces supo Abeleira y acampó en la misma loma de Lipiche. Bastante incómodo lo pasó esa noche porque la indiada empezó a tomar más entusiasmo y se juntaron en más número, que pasaban de 300 y avanzaban de noche al campamento enemigo (poniéndose ojotas del cuero de oveja pisando del lado de la lana para no ser sentidos) a robar y espantar la caballada, como que robaron cinco caballos.

El 12 de abril levantó su campo el enemigo y se fue a Oruro por la loma de Callistia. Ese día no hubo cosa notable ni de una ni otra parte porque pocos indios le siguían. Lira y Gandarillas se quedaron, los dos comandantes, en el mismo trecho de la acción o en sus cercanías. Se ganó 21 fusiles y tres sables de los cuales tomó el comandante Gandarillas 11 fusiles y dos sables, quedándose el comandante

Lira con ocho fusiles y un sable, donde se perdió dos fusiles entro de la indiada y después lo presentaron a Lira. Gandarillas se dirigió al lado de Arque; el comandante Lira se entró al pueblo de Tapacari y se salió para Mohosa.

El 8 de mayo salieron de Palca el teniente coronel don José Buenaventura Zárate y el comandante don Santiago Fajardo con la gente de Palca, Machaca y Morochata, que allí también estaba el comandante de este partido don Pedro Álvarez, todos éstos reunidos con 12 bocas de fuego y 400 hombres entre cívicos e indiada.

El comandante don Eusebio Lira salió [f. 45ᵛ] con la gente de Mohosa, Leque y Charapaya con otros 400 hombres asimismo cívicos e indiada y 14 bocas de fuego, e hicieron reunión general en el punto de Sojaraca como 1,000 y más hombres, porque de la doctrina de Tapacari se replegaron como 100 y más indios y más de ciento de la doctrina de Capinota, partido de Arque, voluntarios, vinieron con su capitán Ignacio Condo.

Así estábamos esperando a la expectativa a una tropa de enemigos que anunciaban salían de Cochabamba por parte efectivo que dieron de la misma ciudad, mas no se sabía ni aseguraban por cuál camino habían de salir éstos, sólo sí estaba la Patria esperando en este punto por ver si salían por Tapacari o por Arque a Oruro, y no fue así sino que habían salido por Lallave y por Morochata a Palca (por ver si podían sorprender algunas partidas de la Patria) en número de 400 hombres, lo que no se pensó que hubiesen salido al lado de Palca a buscar a la Patria porque los partes que daban de Cochabamba eran en que se salían para Oruro todos y por esto se les esperaba en este punto.

Al momento que se supo de que el enemigo había entrado a Palca de sorpresa se levantó el campo rápidamente por varios puntos por ver si cortaban algunas partidas siquiera; fue en vano porque apenas habían entrado cuando a los dos días se habían regresado a Cochabamba. Entró la Patria a Palca y se dispersaron toda la indiada a sus pueblos. El comandante Lira se fue reunido con los 100 hombres de Capinota y algunos de Tapacari para el pueblo de este nombre.

El 1º de junio se bajó el comandante Lira [f. 50] de Tapacari con la poca gente que tuvo y los que pudo reunir a la hacienda de Cochimarca adonde hizo llamar a algunos capitanes que habían cerca.

El 2 dividió su tropa en dos trozos y ordenó a una mitad de 10 armados y la gente de Condo con algunos indios de su pueblo al mando del capitán don Damián Díaz de Bolaños a que entrase al pueblo marchando por el camino de Arque por lado de Calera a Carasa donde se hallaba un comandante o capitán del rey, Picado,

que había estado con 80 hombres. Había mandado una avanzada de 12 hombres a la orilla del pueblo nomás.
A las 12 de la mañana se asoman los de Bolaños con la mitad. El centinela echa la voz del
—¡Quién vive! —y contestan:
—¡España! —y alargan los pasos.
Reparando que no eran los suyos rompen fuego y se van a la plaza. En el mismo campo cerca del pueblo cayó del caballo muerto un capitán de cívicos don Martín Cortés y un indio más, pero a pesar de esto avanzaban con más entusiasmo en pos del enemigo. Entran al pueblo los de la avanzada. De la casa del señor cura nos dan fuego. Al fin abandonan el pueblo y se salen de carrera para el lado de Cochabamba por Quillacollo.
Muy pocos nos entretenían con fuego de la casa del cura y detrás de la iglesia. Entonces van como 40 indios por otra calle y se ponen a su frente. Entonces corren los del enemigo. A esto avanzan los indios, entran a la casa parroquial, encuentran en unos bajos paja, sacan y prienden fuego, y el comandante Lira mandó a que apaguen.
En ese tiempo el cura sacaba a Nuestro Amo de la iglesia. El comandante Lira quería ir a decirle al señor cura personalmente a que no haga esos aparatos y que lo ponga en su lugar a Nuestro Amo, y que no eran herejes ni venían a hacer algo a los vecinos, y que botase a la gente que estaban ay dentro. A esto se le opusieron algunos compañeros en que no se moviese él de la [f. 50ᵛ] tropa y que mandase decir con otro nomás. Entonces mandó al subteniente don Pedro Zerda con este recado. Le dijo el capitán Bolaños que por ningún modo se moviese él, que todos esos aparatos eran máximas de la guerra.
El enemigo no tuvo más disposición que desamparar la población toda e irse de fuga para Cochabamba conforme pudieron mejor cada uno en dispersión. El comandante entonces nomás conoció que el cura quería distraerlo con tal procesión porque ya la Patria tomó la plaza y detrás de la iglesia y de las paredes de la casa parroquial nos tiraban. Fue la Patria avanzando hasta el pie del cerro. Murió de los de la Patria cinco, y un capitán, seis, y seis heridos; del enemigo murió uno en Saucini y otro en el pie del cerro de Condormayu y tres heridos; se ganó 11 fusiles y dos sables. Los más corrieron por Quillacollo. Al cura lo apresó Lira y lo quería llevarlo. Suplicó éste y lo dejó, siendo todo esto el 3 de junio por la noche al amanecer al 4, entrando él por el camino de Sipesipe con una mitad por Negromayo.
El 4 de junio a las 9 de la mañana nos salimos a lado de Sipesipe. A las 2 de la tarde ya se puso el enemigo frente a nosotros saliendo

de Cochabamba. Lira mandó una avanzada muy adelante del cerrito de Santa Ana, de ocho hombres al mando de un teniente de cívicos del pueblo de Machaca, Manuel Bascopé. Este por contener la carga del enemigo se había puesto a retaguardia por proteger a su gente con algunos tiros. Le tocó la bala en el pulmón y cayó muerto del caballo. La escolta únicamente se replegó a Lira. Salimos todos de Sipesipe y Lira mandó que nos situásemos en el pie del cerro de Tarhuani. El enemigo avanzó [f. 51] hasta ponerse a su frente, se dieron unos cuantos tiros uno y otro. Como la noche estaba cerrando se retiró el enemigo a Vinto donde se reunió con el trozo que salía de Cochabamba, y Lira también se retiró al mismo alto del cerro de Tarhuani.

El 1º de junio ya también habían salido de Palca los comandantes don Santiago Fajardo y don Pedro Álvarez a ocupar el punto de Lallave con 400 hombres y 14 armados

El 5 se dirige la división del enemigo al mando del coronel don Francisco Javier Velasco con número de 400 hombres entre infantería, caballería y dos cañones y se va por Vilomilla de Vinto. Pasando por Coachaca suben medio arriba. Entonces se bajan de Lallave Fajardo y Álvarez por la cuchilla de un cerro al encuentro del enemigo. Luego empezaron a tirotearse, que los demás de la Patria ocupaban el mismo alto. Luego bajó el comandante Álvarez con 100 indios y 30 de caballería cívica y ocho armados, y tiroteáronse y perdiendo terreno, con fuego, se sube para arriba hasta donde estaba el trozo con el comandante Fajardo.

El enemigo iba avanzando poniendo a la caballería a su retaguardia porque no había un trecho que pudieran operar. Mientras que el enemigo avance a Álvarez y Fajardo, el capitán don Damián Bolaños con su gente y otro capitán don Calisto Barahona (que se bajó del trozo de Lira mandado por éste a reforzar a Bolaños porque se quedó con su gente de avanzada desde día antes) los dos capitanes ya tuvieron como 150 hombres [f. 51ᵛ] y seis armados.

Fueron ambos de parecer auxiliar a Fajardo y Álvarez. Le pican por la retaguardia al enemigo yéndose al trote. Ya el enemigo casi en todo el alto, que su campo habían dejado con sus dos cañones al pie del cerro con 25 hombres, mas éstos viendo la desfilada y la posición de gente que iban avanzando al trote y hacían mucha polvadera y entrépidamente sin que les valga resistencia alguna, se retiraron dando fuego abandonando todo el campo sin poder llevar cuesta arriba los cañones. Aunque dieron cinco tiros de metralla nada hicieron porque avanzaban en dispersión. Correrían como cuatro cuadras, de donde dieron un fuego vivo.

Ya a esto todo el trozo enemigo retrocedió para abajo conⁿ toda su fuerza así de infantería como de caballería dejando el avanve a Fajardo y a Álvarez. Viendo esto los capitanes Bolaños y Barahona se retiraron al costado derecho del enemigo. Este quiso embestir con una furia, se vieron burlados porque no podían pasar una barranca que mediaba a ambas tropas, y así se fueron los de la Patria para arriba, y el enemigo dando sus tiros le siguieron como cuatro o cinco cuadras.

La Patria hizo su frente con la confianza de que no pasaban una barranca. Se miraba unos a otros y se regresó el enemigo a su mismo campamento a Vinto. De la Patria murieron dos indios y cinco heridos en la primera avanzada, en la segunda un soldado, dos indios más y seis heridos; por todo cinco muertos y 11 heridos. Los comandantes siempre ocupaban el [f. 52] punto de Lallave y los capitanes se fueron a reunirse con su trozo esa noche, que estaba Lira en el alto de Tarhuani. Esa noche misma ya Lira mudó su campo y tomó el alto de Vilomilla.

El 6 de junio levanta su campo el enemigo de Vinto a las 8 de la mañana y se dirige con el frente al trozo de Lira. Este en el momento dispuso: a toda la gente armada puso al centro, a la caballería al costado izquierdo, y a toda su indiada al costado derecho. El enemigo de frente en batalla empezaron a dar sus tiros, luego avanzando dividió su trozo en dos mitades quedando su caballería a retaguardia porque no había un trecho que pudieran operar. La caballería de Lira sin hacer movimiento alguno seguía siempre por el costado izquierdo; a pocos tiros su infantería le siguió nomás también en pos de su caballería, y Lira se iba a retaguardia de éstos para arriba sosegadamente, y se colocó en todo el alto la indiada. Esta de retirada tomó la cima de un barranco. El enemigo avanzando un poco a Lira retrocedieron y se cargaron tanto al costado derecho nuestro que querían destrozar a toda costa para cortar a Lira su retirada en caso necesario, mas los indios se defendieron como mejor pudo cada uno: con hondazos y galgas que tiraban no se dejaban avanzar ni les dejó salir de la barranca y peor era por el costado izquierdo por donde salía el comandante Lira.

Viendo que nada hacía, el enemigo se reunió con su caballería e infantería como con su artillería, a las 4 de la tarde se retiró a Vinto. El fuego duró desde las 10 del día hasta las 3 de la tarde y más. Murieron de los de la Patria nueve indios y dos soldados, 11, y ocho heridos. Del enemigo no se puede dar razón de los muertos y heridos como viniesen avanzando; a los [f. 52ᵛ] siguientes días se supo que ocho heridos habían salido de los hondazos y galgas que tiraban los indios.

El 7 los comandantes Fajardo y Álvarez se retiraron a Morochata reunidos con la gente, quedándose Álvarez en este punto y Fajardo se pasó a Palca. Lira también se retiró a Tapacari y de allí a Machaca.

El 10 de junio reúne don Buenaventura Zárate a la gente de Machaca y sale prontamente, en pos de éste sale Fajardo con la gente de Palca y se dirigen a Lallave. De Mohosa, Leque y Charapaya sale toda la gente con el comandante don Eusebio Lira y ocupa el punto de la Ramada, los altos de Tapacari. El teniente coronel don José Buenaventura Zárate se viene al trozo de Lira a la Ramada. Fajardo y Álvarez bajándose de Lallave se fueron a reunirse con el coronel y comandante general don Juan Antonio Álvarez de Arenales que se hallaba ya en las cercanías de Cochabamba, y los encontraron en el punto de Huañacota. Zárate y Lira de la Ramada se bajaron a Tapacari, de donde Zárate se fue lo mismo ande Arenales, quedándose Lira solo con la gente. Asimismo se quedó la gente de Fajardo con sólo los capitanes y éstos se dispersaron. Lira al momento hizo su retirada al punto de Sojaraca, el alto mismo de Tapacari.

Estando así salió de Cochabamba todo el trozo de enemigos (sin quedarse un solo soldado, desamparando toda la provincia) por Viloma a Chijmuri donde estuvo tres días. Mas advertirían en Oruro la situación de éstos que salían de Cochabamba, porque la comunicación estaba ya cortada toda. Habían venido de Oruro 300 hombres. Entran a Tapacari. En el momento [f. 53] dieron parte a Lira de que una tropa había entrado al pueblo y que no se sabía si era del rey o de la Patria. La avanzada dio este parte, que se hallaba en Huanuara. A poco llega otro parte de Challa en que han venido tropas del rey de Oruro y entrado a Tapacari 300 hombres.

Lira al momento mandó al capitán Bolaños con ocho hombres armados y a un paisano, don Gregorio Cortés (que era un famoso tirador al blanco) a que vayan a torearlos con algunos tiros y se viniesen en retirada. Se habían entrado éstos de noche casi al pueblo. En media calle sintieron los centinelas, y de una de las esquinas gritan la voz del
—¡Quién vive!
Responden los otros el
—¡Quien no muere! —y se salen fuera del pueblo.
Dan un tiro los del rey. Los demás se alborotan y salen a la media noche yéndose los otros por delante de ellos medio tiroteándolos hasta el campamento.

Horas antes, dado el parte Lira del suceso dispuso partiendo a la gente en dos: a la caballería e infantería a lo llano, y a toda la indiada colocó en todo el alto y la falda del costado derecho. A las 5 de la mañana se empezó el tiroteo hasta las 10 del día pero en toreada únicamente porque ni el uno ni el otro avanzaba un palmo de terreno, porque los del rey hacían rechazar como cinco o seis cuadras a los de la Patria, en un punto ventajoso se paraban éstos y los otros se retiraban ya a su mismo puesto y la Patria retrocedía a ocupar su sitio, vuelta avanzaban, luego se retiraban, vuelta Lira a retroceder. Murieron de los de la Patria cinco indios y un soldado, seis, y tres heridos. Del enemigo se distinguió que cayó uno, no sé si muerto o herido [f. 53^v] quedó. En el mismo Sojaraca hizo campo el enemigo, toda la noche formado en batalla amaneció, pues éstos, llegando de Potosí a Oruro, habían pasado directamente a auxiliar a los que salían de Cochabamba.

El 14 de junio a las 8 de la mañana levantó su campo el enemigo y se dirige por la loma a Chijmuri. Lira iba por su vanguardia con la caballería y la infantería toda montada, tomando la retaguardia del enemigo toda la indiada que pasaban de 300 hombres. Los fuegos del enemigo eran a vanguardia y a retaguardia. Estando así caminando, a las tres leguas de marcha divisó el comandante Lira que venía de Chijmuri otra tropa de enemigos que eran los que salían de Cochabamba.

Viéndose casi en el centro se retiró Lira al costado izquierdo y se subió al alto dejando el frente franco, pero daba fuego a ambas tropas colocándose en un punto ventajoso que no avanzaba ni el uno ni el otro acercándose ambas tropas del rey, e impiezan a darse algunos tiros porque Lira y su gente gritaban

—¡Viva el rey! —y los llamaban de alzados a los de Oruro sólo porque se diesen fuego entre ellos, pero luego se reconocieron ellos y reuniéndose retrocedieron a Chijmuri. Se oiya decir que regresarían a tomar Cochabamba donde estaba ya Arenales posesionado de toda la provincia. Murió de los de la Patria tres indios y otro herido. Del enemigo nada, pero se ganó una carga de gorras de granaderos porque la mula de esta carga se desbarrancó de un galgazo que le tocó y como rodase no pudieron sacarlo.

El 15 de junio por la mañana a las 9 [f. 54] levantaron campo los enemigos y marchan por el camino de Oruro yendo toda la caballería a su vanguardia y retaguardia, que éstos eran los que salían de Cochabamba; la infantería, los emigrados y todo el cargamento iban en el centro.

El comandante don Eusebio Lira dende noche antes se mantenía frente al enemigo y de que levantó su campo se retiró al alto, ya al costado derecho, mandando lo mismo a su caballería a vanguardia. Va marchando la caballería enemiga ya muy lejos de su centro, y como Lira iba con un paso igual con el centro enemigo al costado derecho se encajó a querer atropellar intrépidamente con

12 hombres de su caballería. Inmediatamente salieron de la formación 25 hombres infantes del enemigo y lo hizo correr. Estos avanzan a quererlos tomar y cuatro infantes se desprenden de su piquete y le siguen. Viendo Lira revuelve con dos montados. Dan su descargue los cuatro del rey. A esto atropelló Lira y los corrió a los cuatro tomando a uno de ellos prisionero trayéndolo por delante a cintarazos. Viendo esto salen del trozo enemigo como 50 hombres, lo hicieron subir a Lira vuelta al alto y se quedó allí hasta que acabaron de pasar todos. Después empezó a tirotearlos de su retaguardia. Ya pasando la abra de Sojaraca, caminando para la Ramada en una falda que hay, tiraron los indios que estaban en lo alto una sola galga en un buen trecho: pescó a un montado y perecieron así el jinete como el caballo, y pasando la piedra todavía fue casi a ofender a los nuestros que se hallaban en el costado izquierdo del enemigo. Viendo esto se regresan los enemigos a campar en la misma abra de Sojaraca y Lira se retiró a Charapaya dejando una corta tropa de indios, como 200 y tantos, de avanzada [f. 54ᵛ]. Ese día murieron de la Patria 11 indios, entre ellos un buen capitán llamado Francisco Copa, de Oputaña, y 15 heridos. Del enemigo dos muertos y cinco heridos.

El comandante don José Domingo Gandarillas había venido de Cochabamba con 25 hombres armados, entró a Tapacari, salió al trote ese día, divisa al enemigo y da su gente un descargue y se revolvió, se entró al mismo pueblo de Tapacari.

El 16 de junio levantó su campo el enemigo y marchó por el camino de Oruro por la loma francamente como 1,000 y más hombres. Los indios que Lira dejó se fueron en pos del enemigo: esa noche habían entrado (poniéndose ojotas de cueros de oveja pisando del lado de la lana para no ser sentidos) al mismo campo del enemigo y habían robado nueve mulas y dos fusiles, muriendo uno de ellos y cinco heridos.

Al día siguiente sale Lira a las 11 del día de Charapaya por la Ramada. Con poca gente ya se reunió porque se dispersaron. A una pampa cerca de la abra de la Ramada hicieron llegar a un indio de Mohosa llamado Mauricio Mamani, y porque no se reunió y asistió a estas correrías sindicándolo fuese de la opinión del rey lo mandó matar a palos y a pedradas.

El 18 entró Lira a Tapacari y reunido con el comandante don José Domingo Gandarillas nos encaminamos a Cochabamba donde se presentó a Arenales, quien a los tres días de estar allí lo desarmó a Lira agregándonos a su división (que yo entonces era soldado distinguido y andaba como de su escolta del comandante Lira). Por todo nos agregó 35 hombres armados excepto yo y el asistente Rudecindo Vargas, y suponiéndose Lira como desairado [f. 57] nos salimos de noche con Lira más un cadete y Santiago Morales, entre cuatro, que esta desarmada causó el comandante don José Domingo Gandarillas y la entrada a Carasa como la quemazón de la casa parroquial y más la muerte del indio Mauricio Mamani en la Ramada, que de esto había dado parte Gandarillas (y muy mal del manejo que observaba Lira) al comandante general don Juan Antonio Arenales, y la astucia del cura Triviño que se ensangrentó él mismo.

[f. 55] Don Juan Antonio Álvarez de Arenales, comandante general de la Patria, hostilizaba a las tropas españolas por los interiores del valle de Misque, Santa Cruz y Chuquisaca, de cuyos territorios fue a salir repentinamente a Chuquisaca el año de 1815 por el mes de junio. Don José Rondeau, general en jefe de las tropas del Río de La Plata, también se hallaba en Chuquisaca, que venía avanzando a las tropas españolas con su ejército. Se separó con una corta división de 500 hombres este Arenales y avanzó sobre Cochabamba. Rápidamente vino a marchas redobladas a tomar toda la provincia de Cochabamba y si pudiese asaltar algunas partidas de los españoles, a cuyo tiempo se hallaba un coronel de españoles don Francisco Javier Velasco con el comandante don N. Terrazas con 600 hombres todos armados en el pueblo de Tarata.

Saliendo Arenales (que tenía fuera de los 500 hombres indiada) del punto del Convento, que es una legua de Carasa antes de entrar a dicho pueblo, se enderezó nomás a cortar la reunión en Cochabamba de éstos que se hallaban en Tarata. Teniendo noticia éstos se largan precipitados a reunirse en Cochabamba la capital, en donde se hallaban 200 hombres con el intendente gobernador Goyburo. Cuando Arenales logró cortar el camino que va del pueblo de Tarata a la capital de Cochabamba ya habían pasado y reunídose con los que estaban en Cochabamba 200 hombres: eran ya 800 hombres. Arenales tenía ya como 1,000 hombres fuera de la gente armada. Por el otro extremo que son los caminos a los pueblos de Morochata, Palca, Charapaya, Machaca y Tapacari cerraban como 2,000 hombres de indiada, de forma que sabiendo todo esto el gobernador [f. 55ᵛ] intendente Goyburo hizo capitulaciones y pactaban con el comandante general Arenales entregarse con el fin de que salgan todos libres, jefes, oficiales y tropa sin ser molestados en la cosa más leve; las armas sí entregar, todo todo lo perteneciente a la guerra.

Entonces el coronel don Francisco Javier Velasco, el comandante Terrazas, el teniente Asúa y otros muchos oficiales de la tropa del rey y algunos paisanos comprometidos y muy adictos al sistema real desobedecieron al gobernador Goyburo y de noche se salieron como dispersos sin orden del jefe principal (como 1,000 y más hombres con muchísimo cargamento de todos los emigrados y ellos hacían mucha tropa) quedándose el gobernador Goyburo, el ilustrísimo señor arzobispo doctor don José María Benito de Moxó y Francolí con algunos más realistos.

Arenales en Yojta, dos leguas distante a la ciudad de Cochabamba, al fin entró, se hizo cargo de toda la provincia. En la división de Arenales venía un eclesiástico doctor Oquendo, de capellán de uno de los cuerpos del ejército argentino (alias el Tata Rivelora). Este señor Oquendo, de que supo que al señor arzobispo lo confinaba o mandaba preso para los pueblos de Abajo, se comprometió llevarlo preso él al señor arzobispo. Le admite Arenales. Sale pues este señor con 60 hombres de escolta por el camino de Misque para Chuquisaca.

Este señor Oquendo nunca hacía noche entro de poblado sino en el campo, siempre bajo de tiendas de campaña muy rica y buenísima para el reverendo señor arzobispo. Una tarde oyó hablar o al señor arzobispo o a algún familiar o no sé a qué persona, pero se le oyó decir que los emperadores, los reyes, el papa, los arzobispos, obispos, gobernadores e intendentes, todos los magistrados y demás superioridades y empleados son puestos por Dios e inviolables sus personas. [f. 56] Al otro día nomás por la mañana se levantó de la cama el doctor Oquendo, sale de la tienda de campaña de donde él ocupaba, dice en voz alta:

—Soldados: a oir la palabra de Dios, y todos los cristianos.

Se le reúnen a su frente, dice la misa. Después del evangelio empieza a predicar a la tropa y a toda la concurrencia. Entre otras cosas dice:

—Nos han dicho, hijos, que todos los magistrados y superiores como son el papa en primer lugar, los emperadores y reyes, los arzobispos y obispos, los gobernadores intendentes y todos los superiores y los que nos gobiernan son personas inviolables a quienes se les debe la ciega obediencia porque todos éstos son puestos por Dios criador nuestro. Es mucha verdad lo que dicen. Desde la eternidad son puestos para venerar, respetar y obedecer sus mandatos. También es mucha verdad que Dios nuestro criador en esta vida ha puesto toditas las enfermedades como son los gálicos de distintas clases y achaques, como el lúe confirmado, las hidropesías ídem, anasarca, los tabardillos, los costados, las bubas, el incordio, los parálises, las apoplejías, y tantas enfermedades que hay son también puestos por el ser supremo. Y por ser puestos por nuestro criador ¿dejamos de curarnos? ¿No buscamos antídotos para preservarnos y no contagiarnos? Así también estamos obligados y debemos sacudirnos del yugo de la tiranía, de la opresión, del maltrato y del despotismo, buscar nuestra libertad, nuestra independencia, nuestra felicidad, nuestro bienestar para nosotros y nuestra posteridad. Y ya que nos hemos puesto a ello es preciso acabar la obra de nuestra emancipación o acabarnos con nuestra existencia. Esos son los dos destinos que nos ha deparado el cielo: morir o vencer, hijos, por nuestra amada Patria, por nuestra [f. 56ᵛ] independencia y libertad. No recelemos en que no ha de triunfar esta causa, porque Dios nos protege. No nos hemos sublevado contra nuestro legítimo príncipe sino que justamente clamamos nuestra libertad, y por lo mismo protege el cielo nuestra causa visiblemente.

Entonces Arenales lo hizo teniente coronel al comandante don José Buenaventura Zárate para que siempre molestase a las tropas del rey quitándoles los víveres que caminaban de los Valles a Oruro, Sicasica y a La Paz, que sólo harinas de Castilla se expedían en esta ciudad. Pero lo importante era hostilizar por los pueblos de Yungas en principal.

[f. 57ᵛ] El 9 de setiembre estábamos en el punto de Taracachi, mes de julio y agosto esperando el contesto de Potosí, que el comandante Lira mandó parte de todas sus andanzas al señor general en jefe don José Rondeau que venía con el ejército del Río de La Plata. Este señor general contestó en que no dejase de hostilizar a las tropas y fuerzas enemigas del modo posible y le quitase todos los recursos que fuesen a sus alcances; que privase caminar los comestibles que iban de todos los Valles a Oruro, dándole partes continuos de todo lo ocurrido; que la hostilidad hiciese sin perdonar el menor esfuerzo; que cuando él recale con el ejército indemnizará los trabajos y méritos de cada uno según sus servicios y conducta; que él jamás ha ordenado al comandante general Arenales desarme a ningún hombre que defiende la causa de la libertad y que ordenará a Arenales devuelva su gente y armas para servicio tan importante.

Con esta contestación quedamos muy contentos los pocos hombres que acompañábamos al comandante Lira. En estos dos meses se nos vinieron cuatro hombres armados, de nuestra mitad, y algunos fusiles más que se pudo conseguir. A toda costa se alarmó nuevamente consiguiendo nueve fusiles más, y estábamos revoloteando en las pampas de Caracollo, Paria y Sicasica. No habían más grupos ni más patriotas; todo estaba sereno.

[f. 57ᵛ] El 9 de septiembre estábamos en el punto de Taracachi, anexo de la doctrina de Mohosa, y nos levantamos a las 5 de la tarde el mismo 9 con dirección a las pampas de Paria. Esa noche trasnochamos y nos pescó una nevada cruel en el camino.

AÑO DE 1815

A las 7 de la mañana el día 10 sorprendimos repentinamente a dos soldados del rey en la Ventilla, que es pasando el camino de Lequepalca una legua larga. Estos habían estado robando sin armas. De que fueron pillados declararon de que a las dos leguas estaban ocho hombres en la estancia de Ancouyo cuidando una porción de caballada de un gran número de tropas que se hallaban acantonadas en el pueblo de Paria, y a estos dos soldados los mandó Lira a retaguardia con cuatro indios y estando caminando se corrieron y escaparon.

Por esta declaración que hicieron los dos soldados nos dirigimos con 18 hombres, entre ellos 12 armados (porque no teníamos indiada) a sorprender a éstos con la proporción de la nevada de esa noche y todo. Ya cerca de las casas de Ancouyo sale un tiro de fusil de nosotros, y don José María Zafra, natural y vecino de la ciudad de La Paz que era capitán, echa vivas a la Patria. La escolta de la caballada habían estado entro de las casas. No sólo habían sido ocho sino 57 hombres. En el momento salieron a caballo con sus tercerolas y sables, en pelo porque no podían ya ensillar los animales. Nos corrió, mas como no pudieron trotar nuestros caballos por la nevada pescaron a dos soldados (que eran Clemente Mesa, pardo, esclavo del señor cura de Inquisivi doctor don Ángel Mariano Mesa, y a un Manuel Mamani, natural de la ciudad de La Paz), donde murió un moreno [f. 58] llamado Antonio Tejada. Del enemigo también cayó uno en el mismo campo y quedó muerto. Nos ganaron tres fusiles y se entraron a Paria llevándolos a los dos prisioneros y el 15 lo fusilaron a Manuel Mamani y lo mandaron cortar la cabeza con el compañero Clemente Mesa. Después de cortar pusieron en un palo en la plaza. Con un soldado raso hacían estos aparatos y demostraciones el ejército del rey.

El 15 de setiembre nos íbamos entrando a Mohosa a cuyo tiempo había estado saliendo de fuga don Francisco Navarro, cacique gobernador de este pueblo, muy enemigo de la Patria. En la orilla del pueblo fue atropellado y lo metimos preso al mismo pueblo de Mohosa.

Entonces aparece improvisamente (casi sin noticia) el comandante don José Miguel Lanza en el punto de Leque, habiéndose separado con 80 hombres del ejército del Río de La Plata que se hallaba en las Goteras o en Chayanta al mando del excelentísimo señor general en jefe don José Rondeau.

El 24 había entrado don Francisco España, gobernador subdelegado del partido de Sicasica, con 200 hombres infantes del rey de sorpresa al punto de Sihuas donde se hallaba la madre del comandante don Eusebio Lira llamada doña Manuela Durán. Escapó ésta sin la menor novedad.

En ese rato se hallaba en Sihuas un don Andrés Cusicanqui cacique y gobernador de la doctrina de Mohosa, natural y vecino de Oruro, mas se intitulaba Topa Inca, noble, descendiente de los incas del Perú por ejecutoria declarada de los reyes de España, por eso aun tenía un rótulo puesto en la puerta de su casa con las armas de [f. 58^v] los señores del Perú. Este también escapó (a cosa de las 7 fue la sorpresa), yendo de carrera se entró a un barranco, rodó, y así escapó siendo él un anciano. Asimismo se encajó a la misma peña un joven llamado Manuel Montalvo, hijo de un capitán de la Patria don Pablo Montalvo; rodó y murió. Andrés Cusicanqui rodó pero no murió y se salió de la peña. Este también fue emigrado a Salta y Tucumán. El enemigo encontró en el pueblo una peara de aguardiente de un comerciante don Andrés Carvajal: cortó todos los odres echando los caldos al suelo. Así estuvo el enemigo en este punto de Sihuas.

Los comandantes don José Miguel Lanza y don Eusebio Lira sabiendo fijamente que ocupaba este punto el enemigo salieron el 26 de setiembre de Mohosa dando la vuelta por la loma de Icoya por Lirimani. Llegaron a Pocusco el 28 de ese mes.

El 1º de octubre levantaron campo de Pocusco.

El 2 nos colocamos en el mismo alto de Sihuas. Lira se bajó de guerrilla con 20 hombres armados y 70 indios, y en el sitio que llaman Sucasucani hizo alto mandando solos ocho armados y 30 indios (que tenían lanzas, hondas y garrotes) cerca del enemigo al mando del capitán don Miguel Mamani. El enemigo salió con más de 60 hombres porque los de la Patria entraron a sacarlos siempre toreando. Llegaron al sitio donde estaba Lira. Entonces éste desplegó a los restantes, donde se tirotearon largo desde las 12 del día hasta las 3 y más de la tarde. Entonces estaba esperando siempre el comandante Lanza a que salga todo el trozo enemigo para entrar [f. 59] de refresco: ordena al comandante Lira a que salga en retirada y lo saque al enemigo, pero no avanzó ni un paso, antes se retiró (aunque no lo vio a Lanza) y se entró a su campo perdiendo dos hombres que murieron y cinco fusiles y tres hiridos. De la Patria murieron dos soldados y dos indios, cuatro, y nueve hiridos. A las 5 de la tarde reunidos los comandantes Lanza y Lira nos retiramos a Copachullpa. El enemigo se quedó en el mismo punto de Sihuas nomás sin hacer el más leve movimiento.

El 3 se bajó la Patria al río. Entonces ordenó el comandante Lanza a que quemasen a la pasada la hacienda de Piñani, que eran de unos trapiches de moler cañas, pertenecientes a don Domingo

Guzmán, acérrimo realisto (que estaba en esta tropa de don Francisco España) natural y vecino de la ciudad de Lima. El enemigo ese mismo día levantó su campo y entra al pueblo de Cavari en retirada. Estando en este pueblo don Esteban Cárdenas con 200 hombres, todos vecinos del pueblo de Irupana, hacían ya el número de 400 hombres del enemigo (porque don Esteban Cárdenas era comandante del rey) y marchan contramarchando en pos de la Patria, llegan a la hacienda de Huallipaya, también queman todas las casas y hacen noche en el pueblo de Machaca. Al día siguiente queman todo el pueblo más y en el tránsito todas las casas que habían, y la Patria se retiró a Palca capital del partido de Hayopaya.

En la quemazón del pueblo de Machaca sucedió un caso. Una vecina llamada Juliana de tal, mujer de un alcalde Nicolás Condori, del Choro Chico, estando quemando todo el pueblo seguramente prendieron la casa de ésta: entró a ella y se cerró atrancándose bien la puerta [f. 59ᵛ], donde se quemó y murió. Esto es ella misma. En vano querían sacarla empujando la puerta los soldados: no podían abrir.

El 4 de octubre la Patria en retirada salió de Palca y ocupó el punto de Chinchiri, que es el camino que va a Cochabamba. El enemigo entró allí y al día que sigue mansionó en el pueblo de Palca.

A los dos días, el 7, se salió, mandó incendiar el pueblo, más de la mitad quemaron. A no haber hecho tantos empeños el señor párroco sacando procesiones y todo pudo conseguir que quedase alguna parte del pueblo, y se salieron para Machaca en retirada. Pasando a Cavari se fue Cárdenas con la tropa de Irupana al país éste porque eran vecinos más de la mitad, y el gobernador subdelegado don Francisco España se fue a la cabecera de su gobierno. Ya el ejército de la Patria aproximaba a la provincia (hoy departamento) de Cochabamba y más, porque Lanza y Lira rugían una voz que de Cochabamba salían 300 hombres en auxilio y que esperarían allí nomás.

Viendo los comandantes Lanza y Lira que el enemigo retrocedió fueron en pos del enemigo y el 14 de octubre entraron al pueblo de Inquisivi.

Al día siguiente, 15, se presentó arrepentido don Agustín Contreras, natural y vecino de este pueblo, alférez que fue de las tropas del rey, que servía bajo las órdenes del comandante don Esteban Cárdenas en las tropas del pueblo de Irupana. Lo indultaron en nombre de la Patria.

El 1º de noviembre levantamos campo de Inquisivi para Irupana.
El 10 de noviembre ocupamos el punto de Cañamina.

El 11 mandó Lanza a un sargento mayor Chaves de parlamento al comandante Cárdenas en que entregase el pueblo y toda su tropa a las órdenes [f. 60] de la Patria, "que recordase él del letargo en que está protegiendo a la causa del rey de España siendo él americano y siendo la parte del rey una causa injusta que va dando él contra su Patria, contra sus propios hijos y paisanos". A las 4 de la mañana se bajó dicho emisario.

El 13 Cárdenas ya ordenó que se mantenga arrestado al tal emisario Chaves después de recibirlo, como siempre acostumbraban los del rey. A las 4 de la tarde o 3 se va el comandante Cárdenas al pueblo de Irupana llevándole preso personalmente con seis hombres, disponiendo de su tropa: una compañía dispone en Esquicani que es el camino recto para Irupana; otra compañía en el otro camino que es por la Vega, en las mismas casas de esta hacienda de la Vega; y el resto de 200 hombres algo menos en la misma puerta de la Vega (que quiere decir entrada) que se hallaban bajo de trincheras de una gruesa palizada de troncos.

El 16 dispuso el comandante Lanza: del puente de Miguilla ordenó al comandante Lira que con 30 hombres de infantería armados fuese río arriba del punto de la Espía, y de más arriba de Incachaca se saliese río arriba y tomase monte aentro como a la derecha siempre y tomase la retaguardia al enemigo por su costado izquierdo y se internase por los montes más ásperos y espesos, que procurase en todo caso tomarle su retaguardia, que él atacará de frente, que observe siempre sus movimientos.

El 17 a las 5 de la mañana ya se puso frente a las trincheras, pasando los cazadores el río, tomando el capitán don Mariano Santiesteban el costado derecho del enemigo con 20 hombres de infantería armados y 25 de caballería [f. 60ᵛ] cívica y 25 o 30 de indiada; por el costado izquierdo el alférez de caballería don Andrés Rodríguez y el capitán de cívicos don Miguel Mamani con 60 hombres ambos, 20 con armas de fuego.

Ya al tiempo de que estaban tocando diana los del rey, de distancia de tres cuadras dan un tiro. Oyendo esto se alborotan y salen de las trincheras e impiezan el tiroteo, donde hicieron rechazar a nuestros cazadores por dos veces haciendo repasar el río, y el resto de la tropa de 80 y tantos con 20 armados con armas de fuego estaban quietos, formaditos con el comandante Lanza al frente mismo. Estuvieron los costados lo mismo esperando sí que el comandante Lira asegurase la retaguardia, y solamente 20 cazadores peleaban. De 7 a 8 de la mañana Lira ya bajó por su retaguardia y dio un tiro de seña. Entonces el enemigo más ingreído echa vivas al rey pensando que fuesen los suyos que iban de auxilio, o bien del pueblo o la compañía que se hallaba en las casas de la hacienda de la Vega. A este punto Lanza pasa el río con todo el resto de la gente reuniéndose los 20 cazadores que peleaban en formación de batalla. Inmediatamente se descubren los costados y marchan avanzando con fuego. En este momento el comandante Lira da un descargue y echa vivas a la Patria. Entonces se vio el enemigo sin poder qué determinación tomar al mando solamente del capitán don Nicolás Pacheco que de comandante lo dejó Cárdenas. Se embocaron los de la Patria trepando las trincheras, siendo los primeros Pascual García indio de Sapahaqui o de Haychuyo, que era capataz; Miguel [f. 61] Mamani capitán de indios de a caballo; y José Manuel Escobar (alias el Tancayco). Tras de éstos toda la tropa conforme pudieron avanzaron. Los enemigos se dispersaron enteramente metiéndose por los montes, y se ganó completamente. Murió de la Patria tres hombres y seis heridos fuera de un capitán de cívicos de la doctrina de Palca don Manuel Diego de Araníbar, en la pierna; con él siete heridos por todo. Del enemigo nueve muertos y ocho heridos, entre ellos un tal Bustillos murió que era padre político (quiere decir su suegro) de don Agustín Contreras que estaba ya de oficial en las tropas de la Patria. Se ganó todo el campo del enemigo, 173 bocas de fuego, y así avanzaron hasta el pueblo de Irupana sin embarazo alguno a pesar de sus trincheras.

El comandante don Esteban Cárdenas había estado viniendo del pueblo de Irupana a ver, y más abajo de San Roque (que es una hacienda con este nombre) se encontró con los derrotados que corrían. Este, queriendo que hagan alto y esforzándose a que se reúnan para poder sostener el avance (qué delirio) ya no pudo hacer nada. Estaba a mula, quiso correr por el camino cuesta arriba para el pueblo de Irupana, ya no pudo, ya atropellaron los de la Patria. No tuvo más refugio que apearse de la mula, dejarla y correr monte aentro, como lo hicieron toda la compañía que se hallaba en las casas de la hacienda de la Vega; lo mismo hicieron los que se hallaban en el punto de Isquircani, no tuvieron más tiempo que correr y dispersarse. De por sí, con sólo oir los traquidos avanzaron hasta la orilla del pueblo en donde se reunieron, y viendo esto el señor párroco de aquel pueblo sacó al Amo debajo de palio en procesión [f. 61ᵛ], y mandaron los comandantes Lanza y Lira al subteniente don Pedro Graneros con seis hombres de caballería con un recado político al señor cura en que lo meta a Nuestro Amo a su lugar y que ellos no vienen a hacer daño alguno y que no haga esos aparatos, con mucha atención y respeto. Así fue, lo metió la procesión, y después de reunirnos entramos a más de las 12 del día al pueblo de Irupana. Entró la Patria triunfante de tantos años porque eran demasiado decididos a favor del rey de España: desde el año de 1809 sostuvieron el partido real, habrá centenares de muertos y tanta sangre vertida de sus patriotas por los habitantes de este pueblo, lo que es muy sabido y constante (la decisión al español) en todo lugar.

El comandante don José Miguel Lanza prometió a los soldados saqueo libre (siempre que se gane la acción) del campo enemigo como del pueblo, y después de que ganó dio contraorden para que ningún militar lo verificase. Este fue el primer paso de los resentimientos del comandante Lira, porque habiendo querido éste cumpliese Lanza con lo prometido fue desairado ferozmente con ultrajes e insultos.

Irritado con el nuevo suceso y quebranto de una promesa jamás pensada de un jefe, apresuró Lira su marcha a dar parte individual de todo lo acaecido, y más por quejarse a su excelencia el general en jefe don José Rondeau, que a la sazón se hallaba ya a la cabecera de su ejército en las goteras de la provincia de Cochabamba (hoy departamento) próximo a darse un feroz combate con el ejército del rey que estaba situado entre Viloma y Sipesipe al mando del señor general en jefe don José Joaquín de la Pezuela. Empezadas ya las guerrillas [f. 62] y conmovidos ambos ejércitos a una traba de una lid sangrienta y devoradora, se había dicidido la acción por parte de los subversores de la Patria con el triunfo completo de su victoria.

Toda la contienda había pasado por la vista del comandante don Eusebio Lira por haber coadyuvado personalmente en la gran y espantosa batalla: fue testigo de su desengaño y se le amontonó como a inconstante de un momento a otro unas ideas cavilosas; se le pondría presente todo lo acaecido con el comandante Lanza, su público desaire en el pueblo de Irupana, ultrajes escandalosos a vista de sus méritos y sacrificios. Resuelve pues retrogradar a sus antiguos hogares envuelto en una confusión violenta y disuelve discutiendo entre sí mismo: se briva [priva] de la comunicación de todos sus compañeros de armas, de hombres en sociedad y aun de toda raza de indios, aparentemente escondido entre los montes de Sihuas y Calahaliri.

Como yo me quedase con el comandante Lanza en Irupana nos salimos el 12 de diciembre repentinamente y en el camino casi dispersándonos, y me entré ande mi hermano que se hallaba en Pocusco, una hacienda de un marqués residente en la corte de Lima. Lanza se pasó con destino de reunirse con el ejército del Río de La Plata; éste quién sabe adónde estaría ya. Yo seguí siempre observando hasta ver el fin y ver en lo que paraban las cosas.

Así se hallaba Lira en los montes ya dichos de Sihuas y Calahaliri abrigado por su madama doña Manuelita Villanueva (sobrina de un reverendo padre fray Vicente Montaño del orden [f. 62^v] de San Agustín, que vivía en la hacienda de Calahaliri propia de los mismos ermitaños de San Agustín en la doctrina de Cavari). Yo fui a verlo al dicho comandante don Eusebio Lira por dos veces y lo encontré en Calahaliri en una desesperación que no atinaba ni aun a hablar, aun se le quitaba el dulce reposo del sueño contrapesando el equilibrio de su desventurada suerte. Dispiertando como de un letargo, balanceando su opinión y las ventajas que le ofrecía el sistema del rey de España trata de ir ande don Melchor Antonio Durán. Venimos juntos hasta Hachicala (que distaba como seis leguas largas de donde estaba el dicho comandante Lira) una noche y me dispidió a mí de la abra de Huancaraca, el alto mismo de Pocusco, y se entró ande el ya dicho Durán y yo me entré ande mi hermano que se hallaba en Pocusco, hacienda contigua a Hachicala.

En los montes de Sihisihi lo entregó a Miguel Mamani, capitán de indios de a caballo, un compañero suyo, otro capitán de indios de a caballo de la doctrina de Machaca, José Aguilar, al enemigo. Salió una partida del rey de la capital de Hayopaya, Palca, que ya estaba ocupando y gobernando los de este partido siendo gobernador subdelegado don Julián Oblitas. Lo llevan preso a Mamani a Palca, le siguen causa ligera, dan parte al general Pezuela. Mamani dice en la declaración primera que le preguntaban si sabe la causa de su prisión, cómo se llama, de dónde es natural: dijo que sabe la causa de su prisión que es porque había querido romper las cadenas con que lo habían ligado y que por querer salir libre del gobierno español por ser un gobierno tiránico e intruso; que [f. 63] se llama Miguel Mamani de pecho patriota fino; que es de la doctrina de Sicasica en las Américas. Entonces le dio un bofetón el mismo Oblitas, que era gobernador subdelegado ante quien estaba declarando aquel rato o entró a la oficina donde le tomaban declaración. Entonces mandó Oblitas hacer alto, dan sentencia de muerte y mandan a la ciudad de Cochabamba el proceso (sería para la aprobación). Mientras esta diligencia hace Mamani que lo saquen a hacer la necesidad del cuerpo. Lo saca un soldado de guardia e iba con su centinela de vista amarrado de la cintura Miguel Mamani, mas no puedo dar razón si a mano hizo aujerear o de por sí era aujera la pared. El soldado que le tenía la soga se había retirado al lado de afuera expresándose:

—Barajo, qué indio tan hediondo es este alzado.

Mamani ve el aujero, desátase la soga, medio lo envuelve a un adobe o piedra que había en el solar y escápase entrándose al río. El centinela dice que tiraba la soga, estaba fuerte, vuelta tiraba, estaba fuerte. Ya que tardó algún rato más entra el centinela y ve la soga amarrada a un adobe, tuvo que sufrir una prisión grande en Cochabamba y no se averiguó más del soldado, haciendo este escape a fines del mes de diciembre del año que corre.

Año de 1816

Por fin logra Lira, por dirección que debía ser seguramente de don Melchor Durán, comunicar con don José Buenaventura Zárate, apoyado más del [f. 63^v] primero con sumo placer como de tal pasionista al rey de España. Tratan ya de hacer pliegos y hacer propio. Propone el consabido Lira al excelentísimo señor general en jefe don Joaquín de la Pezuela entregar las pocas armas de la Patria, a todos los jefes y subalternos que a su dominio se hallaban, con el fin de que se le conceda su indulto y refrenda de teniente coronel que el señor general Rondeau le había hecho cuando llegó de Irupana, no con despacho en forma sino le decía en un oficio que le había pasado en contesto, u otra gracia por el nuevo mérito contraído. Así le dice a Pezuela. Remítele pues el despacho de teniente coronel en forma para que como fiel vasallo de su majestad principiase con lo que había prometido.

Hallándose ya en sus últimos períodos o agonías el sistema patriótico del interior de los Valles de Sicasica y Hayopaya, la divina providencia que vela sobre sus oprimidos permite se trasluzga por medio de un caso impensado el total trastorno que se iba a hacer a favor de la causa opresora.

Estaban en Pocusco varios emigrados y derrotados, entre ellos estaban un tal don Matías Valdivia, natural y vecino de la ciudad de La Paz; don Silvestre Hernández, cacique y capitán comandante del pueblo de Taca en los Yungas de La Paz; don Juan Crisóstomo Osinaga, natural y vecino del pueblo de Punata en el valle de Clisa, partido de este nombre. Vanse estos dos, Valdivia y Hernández, un día como a desahogar el ánimo a la casa de un don Damián Pacheco, arrendero de la estancia de Huarahuarani en la hacienda de Sihuas que dista [f. 64] tres leguas. Aquí empezaron a embromar, y caloroso Pacheco con la embriaguez empieza este patrón de la casa a soltar las riendas del silencio que le tenía oprimido, y decía:

—Amigos y paisanos, ¿ya no hay esperanzas para poder salvar nuestra Patria? ¿Cómo el comandante Lira, siendo un principal opositor contra la causa del rey se ha dicidido a su favor? Hacen pocos días que ha mandado pliegos al señor general Pezuela: ha hecho don Melchor Durán a instancias del comandante, ha coadyuvado allí el teniente coronel Zárate, y yo he estado también ay, muy reencargado con juramento a guardar el sigilo, y os digo con toda aserción os comprometáis a hacer lo mismo, a guardar el silencio bajo la misma gravedad del juramento que hice. Como era ahijado de matrimonio este Pacheco de don Melchor Durán, no tenía éste recelo alguno. Con esta noticia tan impensada quedaron sorprendidos y no se atrevieron a proferir más palabra que guardar el punto en boca, como discretos, el pasaje inesperado. Acabado el convite que fue por los días de carnavales determinaron irse a su antiguo alojamiento que dije se hallaba en Pocusco. Los días que caminaban se había aproximado el de San Matías, propio nombre de Matías Valdivia. He aquí cómo este miserable patriota, confundido de la suerte en que se hallaba, ya por la pérdida de las armas en la acción de Sipesipe, ya con la infausta noticia que acababa de saber, ya por verse en estas montañas sin dinero ni auxilio en esta parte ni el más pequeño, estaba como un desesperado. Luego como caloroso, rompiendo del volcán de su pecho, van los dos con [f. 64ᵛ] don Silvestre Hernández a casa de don Juan Crisóstomo Osinaga para que alarmándose los tres de ideas patrióticas hiciesen una proclama ficta (con el fin de translucir el asunto del pérfido Lira que estaba aparentemente escondido en los montes de Sihuas entre Calahaliri) en nombre del señor coronel mayor don José Domingo Frenches [French] que a la sazón se oiya decir venía de Buenos Aires con tropas auxiliares.*

[f. 66ᵛ] Todo esto se trabajó en Pocusco, como dije, por estos tres patriotas por solamente sostener el sistema de la Patria. Fue también una expresión indirecta al comandante Lira por el trastorno que iba haciendo a favor del rey de España el decir en la proclama "Castigad a los traidores y rebeldes", como asimismo en el artículo 3⁰ de la instrucción donde dice "Si por algún acontecimiento cualquiera de los jefes apareciere digno de castigo por crimen de traición u otro de igual clase, podrán los jefes en consulta formarles sumaria, aprehenderlos, castigarlos y dar cuenta". El "cuartel general en Jujuy" era la hacienda de Pocusco y el alojamiento de estos infelices hijos de la Patria.

La noche que ya se había concluido estas máximas no se sabía por qué manos se habían de confiar este tan importante asunto. El poderoso Dios que destina aparece improvisamente un soldado del comandante Lanza (que se había segregado de su piquete en las cercanías de Potosí, llamado José María Aguilar, indio natural del curato de Coroico en los Yungas de La Paz) a proporción del deseo. Insi-

* Véase adelante, en la sección de "Documentos intercalados en el texto del *Diario*", el núm. 7.

núanles Osinaga, Valdivia y Hernández a que fingiese ser extraordinario y diga a todos en que venía de Jujuy con las proclamas e instrucciones, y que repartiese a todos los pueblos de este interior poniéndoles [f. 67] presente las ventajas que iba a subsanar a favor de la Patria, antes de que cunda el cáncer amasizado por Lira. Imbuyéndose de las intenciones y proyectos del consabido Lira, revestido de un ardiente deseo de sacrificar su sangre por la Patria aceptó Aguilar cumplir exactamente, por medio de un juramento solemne que se le mandó hacer de que por autoridad ni consejo, sin consultar primero con los jefes y hombres sensatos de política moral, no había de permitir que a ninguno se le haga daño el más mínimo, ni se le perjudique en lo más leve, ni se le condene ni ejecute pena de muerte sea cual fuere el delito.

Bajo de estas formalidades y reconvenciones políticas partióse Aguilar, con las armas de lo muy encargado que se hallaba, tomándose por la perfecta guía a Dios omnipotente y a María Santísima de las Mercedes en cuyo nombre y amparo se habían dictado (apenas le proporcionaron ocho pesos los que le dieron a Aguilar).

El 7 de marzo se encaminó de Pocusco para el pueblo de Ichoca donde fue muy bien recibido y con mucho agrado de sus compatriotas sin la menor novedad. Cuando al retrogradar con el mismo fin ya para el pueblo de Cavari, oh disposiciones divinas, acaso había llegado este desgraciado patriota a una estancia llamada Chapimarca en la hacienda de Sihuas; allí encontró con la madre del comandante don Eusebio Lira llamada doña Manuela Durán, que a la sazón había estado en Chapimarca por observar los movimientos de los patriotas para comunicar a [f. 67ᵛ] su hijo. A ésta, Aguilar, con los sentimientos de lo más íntimo de su corazón prorrumpiendo con vehementes suspiros, le había hecho presente de todo lo que se le había orientado del proceder de su hijo aparentemente escondido entre los montes de Calahaliri y Sihuas. Cabalmente es de un necio inadvertido que sin prever los funestos resultados que le esperan trasluce los secretos escondidos.

Después de este hecho retírase Aguilar con su importante comisión ya para el pueblo de Cavari y encuéntrase en Chiarota (anexo de aquel pueblo que está en el camino para Mohosa, distante dos leguas de Cavari) con el capitán comandante de indios don Pablo Montalvo reunido con varios como son Pascual Cartajena, Pedro Chispa, Julián Tangara, Clemente Mesa, Nicolás García y algunos indios más. Comunícales Aguilar el objeto que trayia, y siéndoles de sumo gusto y placer vístenle de talabarte militar con insignias de un jefe y echan voces en que venía de comisión, y marchan apresuradamente a aquel pueblo.

AÑO DE 1816

El 13 a las 12 de la noche levantan al cacique gobernador de la doctrina de Cavari don Paulino Andrade, a quien después de levantarlo de la cama y tenerle en camisa le fulminan sentencia de muerte si no les entregaba todo el acopio de dinero, del ramo de tributos que había cobrado de orden del enemigo gobernador subdelegado don Francisco España. A este precepto innegable lo verificó Andrade, sin la más leve excusa, de entregar 200 pesos de esta plata y 300 de la suya poniendo a manos del dicho capitán comandante [f. 68] don Pablo Montalvo, a más de todos los papeles que tenía en su casa y entre manos.

Verificado este proyecto que tenía masticado de antemano Montalvo y siendo su ahijado de matrimonio del citado cacique Andrade, se lo cargó todo el dinero arriba referido, se retira éste con su pandilla al mismo punto de donde habían marchado, dejándolo preso al cacique en poder de Pascual Cartajena y varios indios. Este Cartajena, habiéndole sacado de su casa al cacique y del abrigo de su mujer e hijos, como cuatro o cinco leguas del pueblo atrás de una abra lo mató a los pulsos de su garrote, y marchan a dar alcance a Montalvo.

Aguilar asustado viendo esta tragedia tan lastimosa siguía a Cartajena, y en medio camino se dispersan todos y se queda entro del monte José Aguilar sin saber por dónde fueron ni dónde estaba él, y así zonceándose estaba entre dos dudas hasta el día siguiente por las cercanías del pueblo. Inmediatamente transcundida la noticia (o por principal aviso que debía ser seguramente de la madre de Lira a éste) de la alevosa muerte de Andrade ejecutada por su mismo ahijado Montalvo, ordena Lira (desde sus montes designados) únicamente la pesquisa de José María Aguilar, y haciéndole entregar a las partes dolientes de Andrade lo hace asesinar: lo agarran al infeliz de los cabellos, lo arrastran por el suelo, y luego a los filos agudos de unos topos (que usan las mujeres en este país a manera de prendedores) le someten hasta sacarle los ojos, y así muere mártir. Montalvo y sus compañeros, perdidos.

Lira acto continuo mandó cortar la cabeza de Aguilar para demostrar que ya había empezado a operar al servicio [f. 68ᵛ] de su majestad, remitiendo para más prueba la cabeza con dos indios a presentar al gobernador subdelegado del partido de Hayopaya don Julián Oblitas (que hay nueve leguas largas a Palca de Cavari) y al pasar el río cargó al que llevaba la cabeza y siendo botada ésta a una playa la hicieron pasar a caballo. Recibida la cabeza Oblitas apresura su marcha para Cavari con 50 hombres armados, donde la cabeza que había recibido la hizo prender a la punta de una viga a vista pública de una plaza. Después de esta demostración camina para la hacienda de Calahaliri buscando entrevistarse con el consabido Lira, que ya dije se hallaba entre sus montes abrigado por su madama. Llegado que fue Oblitas no había encontrado con Lira mas sí logró la ocasión de hacer noche y conocer a la madama. La buena talla de una joven bien dispuesta, y como era hermosa en aquellos países, le hizo olvidar a Oblitas el consabido fin que llevaba para que de ese modo se trasluzga lo que iba a hacer contra la Patria. Por fin asegurado Oblitas del objeto recién amado, quebrantando los preceptos de la amistad la cargó con su compañía a la madama burlándose de la política que Lira pudo tener a favor de su opinión. He aquí por dónde se disuelven los vínculos de la alianza de estos dos amigos permitiendo Dios de este modo la conversión de un desleal a su Patria.

Al momento que supo la infausta noticia que acababa de suceder soltó Lira las riendas del silencio y del olvido en que se hallaba. Entonces hace juramento al dios de las venganzas al recuerdo de la injuria y desaire escandaloso que se le había hecho y promete morir en defensa de la Patria cabalgando sobre Oblitas.

[f. 69] El 20 de marzo levántase Oblitas de Calahaliri y hace noche en Pocusco. Lira, que llega de Tapacari donde había ido, en Calapilani sabe con más certidumbre del caso. Entonces alármase, síguele a Oblitas y lo alcanza en el alto de Queroma, que Oblitas se levantaba esa mañana de Pocusco. Lira con tres soldados, dos bocas de fuego corrientes y una de prender con mecha, reuniéndose con 30 indios de hondas, lanzas y garrotes empieza a perseguir hasta el pueblo de Mohosa, como cuatro leguas. Yo que me hallaba en Pocusco con mi hermano, en el momento me reuní con el comandante Lira y marchamos en pos del enemigo. Fue de consideración el valor y entusiasmo con que le persiguió Lira hasta el extremo de haber corrido Oblitas vergonzosamente con efugio de una noche entera haciendo cuartel la iglesia de Mohosa. Tan luego como avanzamos los extramuros de aquel pueblo ya se nos reunió como 50 indios comarcanos más aumentándose por instantes los habitantes de allí.

Al día siguiente 21 al rayar el día sale de escape Oblitas rompiendo dificultades a costa de todo sacrificio en medio de unas nubes densas que hizo aquella mañana: así pudo escapar del pricipicio para Oruro con su tropa corriendo rápidamente vergonzoso más de cinco leguas ese día, perdiendo tres fusiles corrientes y dos muertos y el mismo Oblitas con dos hondazos que le tiraron en la falda del alto de Coato cerca del pueblo.

El 24 de marzo, con los tres fusiles que ganamos y los que teníamos como arriba dije, fuimos al pueblo [f. 69ᵛ] de Ichoca por parte que le dieron del mismo pueblo al comandante Lira que el señor cura doctor don José Manuel Pérez tenía tres bocas de fuego las que manejaban sus sobrinos, y con interesa de recoger aquellas armas a las 4 de la mañana el 25 llegamos y entramos a la casa parroquial. Como nos sintiesen se atrancaron bien la puerta principal de la sala y de una ventana nos dan de tiros. En estos alborotos y griterías salió el sol ya cerca de las 7 del día.

Don Matías Valdivia habiendo apresurado sus pasos a la puerta de la calle con poco cuidado al reconocimiento de los sujetos que nos ofendían, recibió un balazo de una ventana de la sala, donde cayó muerto del caballo. Incómodo entonces Lira al ver la operación ésta ordenó a que se incendiase la casa. Luego que oyeron esta orden, pasando por otra ventana o pasaje hicieron su escape tomando el asilo de la iglesia para hacer otra avería de la ventana del coro. Habiendo hecho otra descarga la bala le quitó un dedo de la mano del capitán de indios Miguel Mamani que estaba éste en una de las esquinas de la plaza.

En este estado, ya por los tiros que se oiería seguramente o ya por la bulla que se hacía al mismo tiempo, sospechando Lira que el señor cura hubiese venido al pueblo de Ichoca del anexo de Sirarani donde se hallaba y tal vez seduciendo a los indios, tomó la prudente precaución de mandar hacer su retirada. Nos fuimos para Cavari con respecto de tener nueve hombres entre armados y sueltos.

Logra esta ocasión el hermano del cura llamado don Francisco Pérez, y sus [f. 70] dos hijos Carlos y Juan de Dios, le hacen cortar la cabeza de Valdivia y la llevan por triunfo de su victoria a la capital de Sicasica haciendo ver al subdelegado don Francisco España el nuevo mérito contraído a favor del rey, pues lo dejó el cuerpo de Valdivia ordenando a los vecinos que el cura lo mandase enterrar, y no que todos ellos se fueron.

Al regreso encontró Lira con el cura en Sirarani donde había estado con otro sobrino suyo Jerónimo Pérez. Allí tuvieron una alterca de voces y nos pasamos para el pueblo de Cavari. Luego, habiendo recibido la cabeza de Valdivia, el subdelegado España marcha rápidamente a caer de sorpresa, por si podía, con 50 hombres. No nos halló, se vio burlado y se volvió a la cabecera de su gobierno sin entrar al pueblo.

El 30 de marzo en Palca lo fusiló el gobernador subdelegado don Julián Oblitas al capitán don Pedro Terán. Este había estado escondido entre los montes de Tapasa y sus altos, en Sunchumarca tenía su chocita. Su mujer doña Basilia Crespo lo cuidaba en aquella emigración mandándole lo necesario como es azúcar, cigarros, pan, chocolate y todo lo comestible con una criada suya, hasta que ella misma lo entregó, dio soplo a Oblitas que recién llegado estaba de Oruro, y se comprometió nomás dicha doña Basilia Crespo a hacerlo mandando a la criada por delante y tras de ésta ocho hombres armados. El capitán estaba esperando este auxilio, llegó la criada y atrás de ella la partida se metió nomás, allí cayó. A los dos días fue víctima por la Patria: le invitaron a que tomase partido en defensa del rey, no quiso ni oir hasta que murió. Le mandó cortar [f. 70ᵛ] la cabeza e hizo poner a la torre de Palca donde siempre estaba.

El 3 de abril entró el mismo subdelegado del partido de Sicasica don Francisco España con 60 hombres armados al punto de Sihuas por el pueblo de Ichoca, de donde lo llevó al cacique don Mariano Flores y éste les obligó a los indios que se hallaban en el pueblo a que fuesen con él, y como era cuaresma había alguna concurrencia, donde el comandante don Eusebio Lira habiéndose reunido con algunos indios comarcanos le tiroteamos dos días con ocho armados que tuvo y 30 indios, haciéndoles perseguir por aquellas noches con la bulla de cornetas que usan los indios y otras demostraciones de aparatos de guerra con sólo el objeto de causarles mala noche porque a momentos se formaban y daban fuego. De ese modo se aburrió España, y como se juntaban más indios, y más como los del rey flaquearon de munición se acobardó España, dejó el puesto y se fue para el pueblo de Cavari que distaba cinco leguas.

Varios indios habían estado yendo con sus lanzas, garrotes y hondas a reunirse con Lira. Mas como cerrase la niebla se encontraron en los recodos del camino con el enemigo repentinamente. Caen siete prisioneros escapando algunos a toda corrida por los montes. A los que cayeron los llevaron presos. Entran de sorpresa al pueblo de Cavari, lo toman a mi hermano el presbítero don Andrés Vargas. Este señor estaba de cuaresmero confesando. Cayó nomás.

Al día siguiente, que es el 8 de abril, lo llevaron preso a todos; sin distinción el más pequeño hicieron dormir en un calabozo a todos ellos.

Así es que el 8 salió de este pueblo el enemigo. A las 3 de la tarde entró al pueblo de Capiñata donde [f. 71] le siguió Lira con los ocho armados y 60 indios con algunos montados más. A las 9 de la noche entró a dicho pueblo. El enemigo disponiéndose había dispersado su tropa a todas las tiendas de la plaza, al cementerio y a la torre, quedándose en el cuartel la guardia de 12 hombres, que estaba en la misma plaza el cuartel (cancha parroquial, que tiene el nombre de tambo) pero sin gente. Mas como todo el afán de

Lira era tomar el cuartel dividió su tropa en dos: a la caballería mandó que entrase a la plaza, a la infantería con los indios a que tomasen el cuartel por la puerta como por las paredes. Así que entró la caballería a la plaza rompen fuego de todas las tiendas, del cementerio, y de la torre, lo mismo del cuartel. Ya cerca del cuartel le tocó una bala al capitán de caballería cívica don Mariano Miranda, cae muerto del caballo porque éste se embocaba primero. Tras de él iba el teniente don Pascual García: se encajó al patio con ocho hombres, cuatro con armas de fuego y cuatro lanceros. El enemigo se entró a un cuarto de donde dan un descargue a boca de cañón y no les tocó ni una bala, sólo le llevaron el sombrero a García quemándole la cara el fogonazo de los fusiles.

Como viese Lira que no se podía hacer nada porque estaban en las viviendas y de allí nomás daban fuego, se salió del cuartel. Nos retiramos todos para fuera del pueblo esperando que amaneciese, y solamente la indiada quedó hostilizando. Lira siempre quería al día siguiente perseguir porque ya parecía estar el enemigo con poca munición. Del enemigo murió uno porque quiso salir corriendo de una de las tiendas de la plaza como para el campo: los indios lo atropellaron y a palos lo mataron. De los nuestros el capitán don Mariano Miranda, cuatro indios heridos.

Una bala perdida le tocó [f. 71^v] a un soldado nuestro Mariano Antezana, le había quebrado la pierna. Este se había quedado entrándose al monte pensando escapar allí; mas como el enemigo tenía sus perros de presa, olfateando por el rastro pescó el perro. Los soldados lo encontraron, lo acabaron de matar. Salió otro soldado herido en la pierna, don Justo Vergara, hombre de 60 años y más. Este era de caballería cívica.

El 9 de abril a las 6 o 7 de la mañana iba a embestir de frente Lira, ya salió del pueblo de fuga el enemigo corriendo rápidamente para el pueblo de Inquisivi y de allí pasó por la loma para Sicasica. Mientras el tiroteo éste se habían salido todos los presos de escape. Solamente al clérigo doctor don Andrés Vargas lo llevaron a Sicasica y lo pasaron a Oruro a la cárcel pública.

El 10 de Capiñata mismo se encaminaron por orden del comandante Lira el capitán de infantería don Mariano Santiesteban, el ayudante mayor don Pascual García y el subteniente don Pedro Zerda al Cerro Gordo, donde habían dejado enterrados unos 18 fusiles el comandante Lanza cuando iba de retirada de Irupana para Salta por la pérdida de la victoria en Viloma de Sipesipe.

El 22 hicieron llegar al punto de Huarahuarani los fusiles, no todos corrientes, y habían caminado día y noche, y encontrando con gente en el camino decían en que eran soldados del ejército real.

Se armó más gente y nos fuimos para el pueblo de Mohosa el 23 de abril.

El 24 salió una partida de Mohosa al mando del capitán don Mariano Santiesteban de 18 hombres armados y 50 indios a Tapacari, porque de este pueblo dieron parte en que habían 26 hombres del enemigo al mando del comandante don Tomás Arauco. Salió como digo a las 2 de la tarde. Entonces entregó el comandante Lira a un vecino de Oruro llamado Vicente Cana y [f. 72] Contreras al capitán de indios don Mateo Quispe para que llegando al trecho que llaman Chequechequeni lo matasen a palos a dicho Contreras. Así lo ejecutaron sin más motivo que el haber venido de Oruro a ver a un hermano suyo que vivía en el pueblo de Mohosa, llamado Esteban Cana y Contreras, sin auxilio el más pequeño, que bien podía Lira ordenar a que se confiese siquiera, y lo dejaron en el campo el cuerpo. Seguimos la marcha.

El 26 antes de que rompa el día bien nos íbamos aproximando al pueblo de Tapacari. Si por parte que tuvo de nuestra ida el comandante Arauco o sospechando nomás había mandado cuatro hombres armados de avanzada a un punto que es el camino a Leque por Linco, y como nosotros entramos por otro camino no nos sintió la avanzada ésta. Ya al embocarse a la calle un soldado nuestro, por moderno o por falta [defecto] del fusil salió el tiro. Como estuviese sospechoso Arauco, al momento que oyó el tiro salió de fuga del pueblo. Entramos a las 4 de la mañana, no encontramos enemigo alguno.

A las 8 de la mañana nos salimos a la orilla. Entonces se vinieron a reunirse con nosotros los cuatro hombres de la avanzada de Arauco pensando fuésemos sus compañeros echando vivas al rey de España. Ganamos los cuatro fusiles y nos regresamos a Mohosa dejándolos libres a los cuatro soldados porque habían sido vecinos del lugar todos ellos, que si Lira es el jefe de la partida (¿cuándo los suelta así nomás?) seguramente hace algo. Ya allí reunimos 30 fusiles e hicimos componer las armas en el pueblo de Mohosa.

Mientras estas andanzas, el 11 de mayo un indio capitán Pascual Cartajena había reunido como 30 hombres y éntrase esa misma noche al pueblo de Morochata y asáltale en la iglesia y sácale a un tal don Ramón Urbizu capitán de la Patria, y sindicándole fuese traidor a la causa lo saca [f. 72ᵛ] y lo mata lastimosamente a palos asegurando que había mandado partes de todo al enemigo y solicitado su indulto del subdelegado don Julián Oblitas que se hallaba en la capital de su partido Hayopaya, en Palca.

Sabiendo Oblitas este asesinato cometido en Morochata salió de su capital el 14 de mayo a Santa Rosa. Allí dividió su tropa en dos mitades a 40 hombres porque tenía 80, y manda la una por el camino recto a Chinchiri y él se va con la otra por Yani. En su marcha lo llevó preso al patrón de la hacienda de Santa Rosa don Manuel Diego de Araníbar, más como de diestro, y bájase para el puente de Yacanco (que es el camino para Yani) y al amanecer al 15 óyese tiros de Chinchiri, y entonces dice Oblitas:

—Ya cayó un alzado.

Enderézase para Chinchiri dejando el camino al pueblo de Yani al costado derecho. A las 7 u 8 del día llega con la mitad, y el teniente que fue con la otra lo había pescado a un don Antonio Crespo, muy patriota, que andaba fugitivo porque le perseguían los del rey de España. Encontrado Oblitas en el acto dio sentencia de muerte. Otros compañeros suyos le dicen que lo mande nomás preso a Cochabamba, o que haga llamar al señor cura de Morochata para que lo confiese siquiera. Dice Oblitas:

—No señor, que muera así —y manda al patrón de Santa Rosa, don Manuel Diego de Araníbar a que vaya a confesarlo. ¿Cómo se vería aquel hombre?

De Cochabamba llega 30 hombres más de auxilio. A las 3 de la tarde lo fusiló nomás, mandó cortar la cabeza y manda a su pueblo Morochata y el cuerpo lo manda colgar, y se viene al pueblo de Yani con 110 hombres. De Cochabamba le ordena el gobernador intendente [f. 73] averigüe en todo caso de esos asesinatos y que no consiente por ningún modo semejantes picardías en todo el partido de su mando y le dé partes verdaderos de cuanto ocurran, y que le manda 30 hombres más de auxilio bien amunicionados para mantener el orden.

El 13 de mayo salimos de Mohosa para Palca donde residía el subdelegado Oblitas, mas como él estuviese ausente de su capital el 16 entramos a las 4 de la mañana. No encontramos enemigo alguno, sólo sí recogimos algunas cabalgaduras dejadas del enemigo, nueve cartucheras, y un fusil (quebrada la caja) ande un carpintero.

Inmediatamente pasamos a Santa Rosa después de enterrar la cabeza (que se hallaba en la torre de la iglesia) de un bravo capitán, don Pedro Terán, avecindado en ese pueblo, y seguimos marchando. En el camino sorprendimos a un soldado del rey de la tropa de Oblitas, vecino de Palca, llamado Manuel González (alias el Kjomer Uchu que quiere decir el ají verde). Este había venido de bombero con su fusil, bien montado. Repentinamente cayó en la casa de la hacienda de Tiquirpaya. Cuando él quiso correr ya estaba circulado. Se mantuvo arrestado con un compañero que había tenido.

Pasando de allí ocupamos el punto de Santa Rosa frente mismo donde se hallaba el enemigo que dije se hallaba en Chinchiri o en

Yani. A las 4 y media de la tarde o a las 5 se nos presentó su guerrilla en distancia como un cuarto de legua. Ordenó entonces el comandante don Eusebio Lira que toda la gente se replegue al alto, con engaño nomás sacarlo arriba al enemigo, pero éste anduvo advertido. Rompieron las guerrillas poco a poco, según la orden se retiró al cerro por ver si salían avanzando. No hicieron más que dando fuego pasarse por nuestro costado izquierdo y tomar [f. 73^v] la dirección para Palca que distaba cuatro leguas, dejándonos como a su retaguardia; mas porque vimos su fuerza que doblaba a la nuestra nos quedamos quietos y nos fuimos a reunir al punto de Piñani.

El comandante Lira se fue en pos del enemigo con seis hombres armados y montados dando unos cuantos tiros. Luego se había pasado al pueblo de Machaca en donde estaba todo el cargamento nuestro, que allí también mandó al prisionero González y a su compadre. Varios cívicos de los nuestros habían entrado a Palca del pueblo de Inquisivi, como 100 hombres, y se habían estado muy confiados, sosegados con la satisfacción de que la tropa estaba adelante. Entró el enemigo a las 10 de la noche. En la orilla dieron parte los vecinos. Los asalta el enemigo, caen cinco hombres prisioneros, no de los soldados sino vecinos del pueblo de Palca, al día siguiente los fusilaron a los cinco.

[f. 74] El 15 de mayo lo entregó Agustín Pérez, vecino del pueblo de Morochata, al enemigo a un religioso de San Agustín fray Agustín Postigo, vecino de la ciudad de Arequipa, que servía de vicario de coro en la ciudad de La Paz. Estaba éste religioso confinado de allí a la ciudad de Cochabamba e hizo fuga, andaba escondiéndose en los montes de Chinchiri. Este Pérez se manifestó muy patriota abominando la causa del rey y le había prometido al religioso custodiarlo y darle partes de todo lo que ocurra.

El padre muy fiado en su verdad había estado y cuando menos pensó le hizo la entrega Pérez al subdelegado don Julián Oblitas. Este lo conducía ya preso para su capital el pueblo de Palca. Llegó la noche del tiroteo en Santa Rosa a las 7 de la noche, y como Oblitas estuviese afanado disponiendo guerrillas y lo demás de la tropa, mientras estas disposiciones el religioso escapó coadyuvando en dicha fuga el patrón de la casa don Manuel Diego de Araníbar instruyéndole de los caminos y mostrándole por más seguro. Así se vio burlado don Julián Oblitas de su presa, que quería entrar a su capital y aun a Cochabamba muy valiente y a fin de que le digan o le tengan por muy celador como vigilante; quería hacerlo así pero se le frustraron los planes.

[f. 73^v] El 16 sale Lira del pueblo de Machaca como a explorar el campo. Entonces vio que lo metían preso a un hombre que los indios lo habían pillado en las lomas de Chipipampa, vecino del pueblo de Mohosa (que éste se había ido a avecindarse al pueblo de Tapacari y de ahí había venido con un ridículo comercio de panes a vender sólo con dos cargas), y suscitándole ser bombero del enemigo ordenó Lira lo matasen a pedradas, lanzas y palos lastimosamente en la bajada al río de Huallipaya. El indio se llamaba Silvestre Velázquez, paisano del mismo comandante Lira.

Ese mismo día había mandado Lira una orden del pueblo de Machaca, donde estaba siempre, llamándonos a que nos repleguemos allí con él. Lo pescó al propio el enemigo, una guardia que habían puesto [f. 75] en el alto de Chuñavi cruzando para Buena Vista: en el acto lo mataron a bayonetazos al propio. Entonces levantaron el campo de Palca para el pueblo de Machaca. Viendo la orden fueron seguramente, como diese orden Lira llamándonos a reunión. Ya de que supo de que una tropa iba entrando de Palca, pensando que era su gente había estado disponiendo Lira cuarteles y provisiones para la gente.

A un rato la gente o vecinos vieron la desfilada, conocieron que eran enemigos y no la tropa de Lira. Entonces le dijeron éstos:

—Señor, nos parece que no es su tropa sino es del enemigo según la vestimenta que tienen.

Entonces sorprendido Lira sale a ver a caballo y miraba: el patrón de la hacienda de Santa Rosa don Manuel Diego de Araníbar, que era capitán de cívicos, iba atrás de uno que arrastraba la tropa enemiga, y Lira dudando estaba pero sospechoso viendo tanto armamento.

Entonces picó su caballo, se acercó más al reconocimiento y reparando que era el enemigo y no su tropa desenvainó el sable y acércase más a la tropa preguntando el

—¡Quién vive!

Los otros no contestan más que

—¡La Patria!

Se acercaban agachaditos por entro de los matorrales. Al fin reconoció bien Lira de muy cerca en que eran enemigos y no los suyos. Entonces torció la brida de su caballo, bajó de carrera por delante de ellos. A esto fue que le descargaron, siguiéndole con fuego avanzaron y los demás dieron granceado y como más de 30 hombres le avanzaron.

Cruzando la media plaza se fue Lira libremente. Los ocho hombres de la escolta se bajaron como pudieron del pueblo, llevando el parque (que no constaba de muchas cargas) juntamente con los dos presos. Entonces oyendo los tiros y la bulla que se hacía habían querido hacerse fuertes los dos presos a no querer caminar. Los de la escolta viendo esta resistencia le dieron [f. 75ᵛ] un tiro a González que la bala le había pasado por la tranquilla del hombro izquierdo nomás. Le dieron unos cuantos golpes con un palo y lo dejaron por muerto: al otro lo mismo, a lanzazos, palos y a pedradas. ¿Qué sucedió con González? Que había resucitado bien machucado.

Nos reunimos con el comandante Lira a las 10 de la noche que a esa hora llegó a Piñani. Al día que sigue nos retiramos para Mohosa. Acordóse entonces Lira los tratados que hizo anteriormente con el virrey. Había estado siempre cavilando que quién podía haberle descubierto: de Zárate no sospechaba, de don Damián Pacheco poco, pues le culpa a don Melchor Antonio Durán, se le pone a la cabeza castigar quitándole la vida.

Para el efecto manda a Pascual Cartajena el 26 de mayo con seis hombres armados que le dio de escolta. A las 12 del día se baja Cartajena de Mohosa, parte para Pocusco (que su habitación estaba en Hachicala), llega primero Cartajena ande la madre de Lira que estaba ya en esta hacienda que es contigua a Hachicala, a las 6 de la tarde, tratan bien allí con esta señora que se llamaba doña Manuela Durán, que era deuda de don Melchor Antonio Durán.

A las 8 y más llega Cartajena a Pocusco, entra a la casa de Durán, no lo encontró a éste mas sí a su mujer doña Melchora Vargas, señora de mucho respeto en aquellos lugares y de buena familia. Esta señora, después de tener muchas criadas cocineras, como lo conocía muy bien a Cartajena ella misma con sus manos va a cocinar, le hizo un cariño con mucho aire, le mandó comprar chicha, y así se le demostró un contento a su verdugo.

A las 11 o 12 de la noche le dice a la inocente señora:

—Vamos, ahora sabrás que yo vengo con órdenes reservadas de mi jefe. Ahora me has de avisar claro dónde está tu marido don Melchor Durán, y si no me avisas bien o no me entregas vos sufrirás la pena que él tiene.

La señora ¿cómo se vería en aquel momento? Entonces empezó a suplicarle que por qué le había dicho eso a ella siendo ella una [f. 76] infeliz mujer que no sabe las acciones de su marido quien está ausente, que aguardase algunos días o volviese, con muchas súplicas. Nada le oiya Cartajena, tomando chicha decía a la señora:

—Así entro de breve rato tomaré tu sangre.

Ofrecióle entonces plata a fin de que no le haga nada ni le devore tan pronto, nada quiso el indio. Se le acercó a la señora, manda que se baje de su estrado a la media sala, le dice que se hinque y se encomiende a Dios; que se levantó la señora con mucha humildad expresándose lastimosamente y suplicándole: ¿qué expresiones no podría haber dicho en semejante trance, qué palabras tiernas, qué plegarias haría en un momento tan desesperado?; que empezó a medio rezar hincada en su media sala cuando ya le descargó el palazo, cayó y murió a los cuantos golpes.

Viendo este espectáculo uno de la familia, va corriendo a avisar a un botado que tenía la señora llamado Mariano Durán, mohoso, que éste había estado durmiendo en otra parte. Avisado que fue viene de carrera a ver sin dar crédito del suceso, y que decía:

—¿Cómo ha de hacer eso Cartajena cuando ahora pocos días está en casa con la señora?

A las tres cuadras de la casa lo encontró a Cartajena quien lo agarró y le dice:

—¿Dónde vas? Tú no pasas de aquí.

Responde el otro.

—Voy a ver a mi madre. Yo no sé qué habrá en casa, creo que mi madre es muerta según oigo la bulla.

Le dice entonces Cartajena:

—No hay, tal. Vos has de andar ahora conmigo. Ya a la señora lo he mandado por delante, en breve te encontrarás con ella.

A la fuerza lo hace regresar, lo manda amarrar, lo lleva por un extraviado como media legua de la casa. Repentinamente lo hace hincar, asimismo lo matan a palos, lo botan el cuerpo a un barranco, así lo dejan y pasan ande estaba don Melchor Durán, que había estado en [f. 76ᵛ] Matarani tres leguas distante de su casa. A las 7 de la mañana lo encuentra y le dice:

—El comandante don Eusebio Lira lo llama. Toda la noche he venido y no lo he podido encontrar.

Don Melchor Durán, sin saber de lo sucedido en su casa, que le saludó con mucho cariño. Luego se habían bajado. En el camino ya le dice Cartajena, o ya en el río:

—Vaya pues, apeate de la mula para que yo pase el río. ¿Qué quieres, que yo pase a pie también?

El caballero se apeó de su cabalgadura y le dio. Entonces dice que vio los chicotes ensangrentados, se sorprendió. Ya le estaba Cartajena anunciando la muerte haciéndole preguntas de su mujer e hijo, que si sabía dónde estaba ella y el botado. Durán entonces conoció que este bribón hubiese hecho algo en su casa o pensaba hacer con él, ello es que lo estaba entreteniendo con la conversación.

En el punto de Ñequehela (que es un angosto) ya les salió al encuentro don Pablo y don Pedro Montalvos, don José Manuel Ledesma, con algunos mozos más, que habían venido éstos a protegerlo a Durán como que lo hicieron: lo llevaron ande estaba don José Manuel Arana gobernador subdelegado por la Patria, que se hallaba en la estancia de Huarahuarani en la hacienda de Sihuas, tres leguas largas del citado trecho de Ñequehela, lo entregaron a éste, y de ese modo escapó y se retiró a Oruro.

Lira en Mohosa hizo que lloraba, se enlutó, y otras demostraciones de sentimientos hizo como el cocodrilo, y Cartajena andándose libre sin que hayga quien le diga nada en el mismo Mohosa. Viendo esto don Damián Pacheco escapó porque no le suceda otro tanto, se salió para Sicasica. Así pudo estar seguro tanto él como don Melchor Durán, que a no haberse salido de escape a vivirse en Oruro quién sabe Lira logra el intento de hacerlo asesinar.

El 4 de junio entró el subdelegado don Francisco España de su capital de Sicasica con 200 hombres armados de la parte contraria realista. De Irupana salió otros 200 hombres con el subdelegado don Francisco Anglada, que era [f. 77] su partido Chulumani en los Yungas de La Paz. En el punto de Inquisivi se reunieron estas tropas el día 6 de junio.

El 5 de junio el comandante Lira levantó el campo de Mohosa.

El 7 ocupamos el punto de Chahuarani, nos avistamos ya con el enemigo que se hallaba a nuestro frente en Upuña, con la vista al pueblo de Cavari y atrás del pueblo de Capiñata.

El 8 mandó a un emisario el comandante don Francisco España intimándonos rindición de las armas, y si no que asolarían el lugar donde estuviésemos acampados y que destruirían y talarían, que no permitiésemos tales casos. El emisario era el doctor don Tomás Millares, presbítero, vecino del pueblo de Inquisivi. Secretamente le dice a Lira que se acuerde de los tratados hechos con el señor virrey; que venía con facultades de consolidar dicho pacto; que de una vez jurase a las banderas del rey quien lo premiará según sus méritos; que recuerde del letargo en que está metido en esos bosques reducido a padecer toda miseria e inclemencia del tiempo, además expuesto a que en caso de su resistencia sea pillado y devorado él y todos sus compañeros.

No le dieron más tiempo que para decirle estas palabras los oficiales. Con mucho sigilo le dijo sin que sientan los oficiales, quienes andaban muy cuidadosos de saber y escuchar con cierto recelo siempre de Lira. Este, reparando la precaución de estos oficiales, no tuvo más que dar unas cuantas contestaciones que el decir en público de la oficialidad en que decidirán las armas; que siempre que hagan algunos estragos las tropas realistas con los pueblos que ellos también mandarán partidas a los pueblos de Sicasica e Irupana y harán doblados excesos de lo que sus tropas cometieren; y secretamente le encarga diciendo que ya no hay tiempo para consolidar dicho pacto hecho con el señor virrey [f. 77ᵛ], que él nada puede hacer, que siempre que pueda le contestará por papel, que Oblitas es el causante para que se trasluzga el asunto de los tratados que había hecho con el señor virrey. Apenas pudo hablarle estas expresiones y lo dispidió al emisario Millares.

El 9 a las 5 de la mañana se bajó el citado emisario del campamento que estaba en Chahuarani, que es la bajada del pueblo de Cavari al Río Grande y camino para el pueblo de Inquisivi. A las 10 del día ya se bajó el enemigo de su campo. Nosotros también bajamos como al encuentro en el río. En media bajada manda Lira dar el flanco izquierdo; a un cuarto de legua manda dar el flanco derecho, y seguimos de frente por entro del monte; quemamos la montaña para que no nos divisase con la humadera; caymos a la playa del río más arriba por donde pasaron los enemigos: ellos que llegaban al campo que desocupamos, nosotros lo mismo al sitio que ellos desampararon. Entonces quemaron en su marcha todas las casas que encontraban y también las sementeras que habían en el tránsito. Así entraron al pueblo de Cavari. La burla se hizo perfectamente y nos retiramos al pueblo de Capiñata.

Ese día lo manda Lira llamar a un mozo llamado don Antonio Olmedo, de la hacienda de Totava muy al frente de Chahuarani, y manda al pueblo de Cavari ande España a que se presente con una carguita de leña y observe los movimientos del enemigo, como a bombero (y quién sabe qué encargos más haría). Se regresó Olmedo trayéndole un papelito muy ridículo. Recibió sin dejarse sentir de los oficiales (que siempre estaban velándolo a Lira, observando cuanto hacía). Luego le dice a Olmedo en que se retire a su casa, vase Olmedo a su habitación muy contento. Sospecha Lira que éste podía [f. 78] hablar a alguno en cualquiera tiempo del papelito que le mandó el comandante España, manda a una partida de seis hombres con Pascual Cartajena (que siempre era su comisionado secreto), lo hace asesinar sin confesión ni que se haga ninguna disposición, sacándolo de su casa, de su cama, del abrigo de su mujer e hijos, en el campo a palos el 12 de junio por la noche muy lastimosamente.

El 10 de junio por la noche a las 9 nos bajamos del pueblo de Capiñata para Inquisivi. El enemigo había venido a sorprendernos cortándonos los caminos de Inquisivi por Corachapi, viniendo por Quincosuyu y por Auelayhuata. Sabiendo nuestro movimiento del pueblo de Capiñata dirígense por la falda de Corachapi a cortarnos la marcha por los altos de Titipacha.

Lira antes de la oración mandó una partida de Capiñata, de 15 hombres, al mando del ayudante don Pedro Zerda a Corachapi. Este lo tenía preso a un tal don Mariano León e Isidro Lavayén bien amarrados, porque supieron o suponían que éstos fuesen adictos a la causa del rey; esto habían informado en Corachapi sus mismos vecinos al ayudante don Pedro Zerda.

Estando así a las 2 de la mañana sorprenden una partida que había venido del rey, corren los otros, prienden con fuego los del rey todas las casas, seguramente quemaron la casa en donde estaban estos presos: se quemaron vivos los dos presos a pesar de que estaban gritando en que eran presos y que estaban amarrados, que los sacasen por Dios, nada hicieron hasta que murieron así abrasados del fuego. Se quemó también lastimosamente un hijo de un don Vicente Helguero vecino del pueblo de Inquisivi, de dos años el hijo. La madre doña Angela de T. luego que sintió a los enemigos salió brincando de la cama de fuga y no tuvo ya más tiempo ni para sacar su ropa ni al muchacho que se había [f. 78ᵛ] estado durmiendo. En el fuego que dieron los enemigos a los que corrían le tocó una bala a uno de los mismos soldados del rey que era vecino del pueblo de Irupana, llamado Andrés Plantarosa, de la tropa del subdelegado don Francisco Anglada: de entre ellos nomás también era el tiro que lo mató. Toda la partida de los nuestros escapó sin peligro alguno, perdimos sí cinco fusiles.

El 11 de junio a las 6 de la mañana ya divisamos el trozo enemigo en distancia de una legua. Entonces seguimos al paso trote la marcha de Titipacha para arriba. Llegando al abra de Charahuayto botó Lira una partida de 20 hombres de caballería por el camino recto al pueblo de Inquisivi. Toda la demás tropa dimos un cuarto de conversión a la derecha, nos bajamos por Machacamarca (que es una hacienda) no por donde podían ver el rastro sino como estraviando el camino, y a las 10 del día ya llegamos al río de Sacambaya. El enemigo que nos seguía por el rastro se había ido directamente al pueblo de Inquisivi tras de la partida pensando que toda la tropa iba por ay, pero se vieron burlados. Lira deseaba que se dividiesen para atacar a la menos fuerza del enemigo.

El 12 levantamos el campo como a las 3 de la tarde, nos dirigimos para el pueblo de Machaca, llegamos a las 9 de la noche a la orilla del pueblo donde hicimos alto. Lira entró solo con cuatro hombres de escolta al pueblo, encontró con el alcalde pedáneo (que eran los que mandaban los pueblos y no los corregidores de hoy) don Mariano Zárate. Combinan ambos mandar un propio a Palca (porque no hay más que tres leguas) al subdelegado del partido de Hayopaya don Julián Oblitas, que se hallaba en la capital, comunicándole en que el comandante don Eusebio Lira se hallaba en este pueblo con cuatro hombres solos de escolta; que estaban tomando y paseando por los altares (era víspera de Corpus Christi); que en el momento de recibir este parte puede venir a sorprenderlo que seguramente caerá; que a fin de que no escape él lo estará haciendo tomar más, que lo entretendrá [f. 79] del modo más posible; y que entre por el camino de Misquimayu (que quiere decir *río dulce*). Para el caso estábamos en este camino emboscados toda la tropa de 80 hombres bien armados en toda la quebrada y tránsito entro del monte sin ser sentidos de persona alguna, esperando sí por momentos que el enemigo viniese por este camino, que el alcalde Zárate lo señaló con su máxima, como digo, bien combinados con Lira. Fue en vano la astucia porque nunca vinieron. Como era víspera de Corpus Christi estaría tal vez la gente dispersa y quién sabe ebrios.

Al día que sigue, 13 de junio, entramos a las 10 del día, oímos misa, y a las 3 de la tarde nos bajamos al punto de Piñani que es el Río Grande de Hayopaya.

El 14 a la 1 del día logró el comandante don Francisco España sorprendernos en este punto de Piñani. Habían venido por la ceja del río mismo y por entro del monte sin ser sentidos con nadie por ningún modo. Varios oficiales y soldados nuestros habían estado bañándose en la agua del río. Todos escaparon, algunos sin ropa, sin pantalones, y uno que otro sin camisa, a pie, con un poncho que pudieron tomar cada uno o lo que podrían tomar de pronto porque estaban desnudos en la agua. El ayudante mayor don Pascual García había estado ensillando su caballo en el campamento, que estaba en un campo bajo de cerco de árboles y espinos donde había un alfar.

De distancia de dos cuadras de atrás de la pared de un corralón que había nos rompe fuego el enemigo. Ya a los fuegos éstos sentimos. A esto sale García a caballo, en la puerta dice:

—Espérense muchachos, que se acerquen un poco más, que se reúnan todavía porque son muy pocos, que sea el descargue cosa que no perdamos una bala.

Echa la voz:

—¡Primera, cuarta: preparen, apunten, fuego!

Descerrajó una pistola que tenía en una mano y en otra un boquerón. Cuatro o seis soldados de guardia dan fuego graneado. En el acto hicieron alto los enemigos su avance. Reventó la caja del boquerón, le quitó un dedo a García. Medio granean los cuatro soldados nuestros únicamente y García con pausa mandando que hagan alto los demás porque estábamos corriendo conforme pudimos cada uno. El enemigo hace fuego de allí nomás a discreción.

[f. 79ᵛ] Todos salvamos a pie, con las armas únicamente dejando todo el campo. Nos ganaron todo: 140 cabalgaduras entre mulas y caballos todos casi ensillados.

En ese rato el comandante Lira había estado componiendo personalmente su apero después de desarmar todo. No hizo más que oyendo los tiros enfrenar el caballo que tuvo cerca, ensillar sin estribos ni cincha, acomodando con una soga que pudo tomar de pronto, y montado salió dejando cuanto tuvo en su alojamiento. Lo más fue que lo había dejado todos sus papeles que no tuvo tiempo absolutamente ya para alzarlos, donde debían de haber seguramente (como él lo dijo) toda la comunicación de todos los pueblos y de todos los patriotas, esponiéndose muchos desde entonces, de cuyas resultas se quedó comprometido enteramente el alcalde del pueblo de Machaca don Mariano Zárate, que éste en repetidas veces mandaba comprando seis fusiles en varias ocasiones a Lira, de la guarnición de Irupana (como tenía allí su comercio de ay dice compraba, y asimismo paquetes, piedras de chispa, bayonetas), y toda su comunicación allí entro de sus papeles, por donde fue muy perseguido desde entonces y padeció lo indecible que cruelmente lo perseguían.

Lira después de salir como pudo de su alojamiento que estaba en otra parte del campo, tomó el costado derecho nuestro pasando del otro por en medio de los enemigos con 12 hombres montados por el cerro y por una cuchilla a la estancia de Sallca (que está en la hacienda de Sihuas) dando fuego, llamando la atención, como de facto la persecución era más a él que a los demás que salíamos por el camino recto de Calahaliri (que es una hacienda) por el costado izquierdo. Con el resto de la gente o los que pudo reunir salimos con el ayudante mayor don Pascual García, aunque hirido, y con el capitán don Mariano Santiesteban.

Ya al llegar a la abra de Ocooconi (que es el alto mismo de [f. 80] las haciendas de Sihuas y Calahaliri) había estado bajando otro trozo de enemigos que habían venido por el alto. Casi también nos toma a toditos a no haber dado unos tiros a un teniente nuestro don Juan de Dios Castillo que salía por delante: esa descubierta nos valió y descubrimos. Entonces nos replegamos más al costado derecho por donde salía el comandante Lira, que reunidos con este señor escapamos. Nos dispersaron enteramente. Perdimos cinco fusiles pero no murió ninguno.

El mismo 14 de junio a las 6 de la tarde hicimos la reunión de 19 soldados en el punto de Huarahuarani, de 80 y tantos que éramos.

El 15 tomamos el punto de Chuaraca del alto de Pocusco yéndonos a Mohosa, reunido ya con 28 hombres armados.

El 16 y su noche pasamos al cerro de Chicote.

En este punto de Pocusco se le reunió al enemigo otra tropa al mando de un don Agustín Antezana subdelegado del partido de

Quillacollo en la provincia de Cochabamba (hoy departamento), con 120 hombres, y la tropa que vino al mando del subdelegado don Francisco Anglada se retiró de este punto de Pocusco por Sihuas haciendo destrozos, quemando todas las casas y sementeras en su tránsito y cargando cuanto ganado pudo tomar en su marcha hasta el pueblo de Irupana.

El 18 nos bajamos del cerro de Chicote y tomamos el punto de Yayipaya, frente por donde venía el enemigo don Francisco España y don Agustín Antezana para Mohosa, ambos subdelegados, quemando casas y sementeras en todo el tránsito, arrasando cuanto podían y encontraban. A las 2 de la tarde ya nos vimos muy cerca en el alto de Calasaya pero nunca nos descubrimos: ocultamente nomás estuvimos mirando y contando como de cuatro cuadras, de encima de un barranco. Después de que acabaron de pasar todita la tropa [f. 80ᵛ] divisamos que se habían quedado tres soldados bien armados y un tambor con su caja atrás. De que su tropa entró a una quebrada nos bajamos a tomarlos a éstos; los otros corren cuesta arriba a querer reunirse, ya no pudieron, los tomamos a los cuatro prisioneros. Entregó Lira a los pocos indios que habían con nosotros, como 30, quienes a tiempo de los tiroteos los habían muerto a palos y pedradas a los cuatro.

Descubierto nosotros, agarré la caja ganada (porque la mía se quebró de un balazo en el alto de Calahaliri, y no tenía), empecé a tocar una corta reunión y marcha. El enemigo se baja, nos rompe fuego, un piquete de 40 hombres se bajaron un poco más. Se dirigen por su costado izquierdo queriéndonos cortar por nuestro costado derecho la retaguardia, pero se vieron burlados porque no podían pasar una barranca que mediaba a ambas tropas, se quedaron allí plantados. Nosotros avanzamos al centro como cuatro cuadras. Ellos querían engañarnos con la retirada falsa que hacían cuesta arriba por tomarnos nuestra retaguardia por nuestro derecho desde un principio, pero no podían. Vuelta se bajaron como 30 hombres por el centro, que es el mismo camino, desprendiéndose de la llanura de Hampaturi donde se hallaban todos reunidos. Ellos arriba, nosotros abajo ya.

Lira entonces ordenó que 15 hombres se emboscasen en el mismo río de Sallcabamba en una quebrada muy ventajosa para nosotros. Mas como la emboscada ésta estuviesen con los fusiles preparados esperando que se aproximasen otro poco más los enemigos, salió un tiro de uno de nosotros mismos a uno que estaba adelante, lo descalabró, cayó muerto; se llamaba Feliciano Argüello. Con este tiro se descubrió la emboscada e hicieron alto los enemigos, no avanzaron más, se quedaron allí nomás. Al poco rato refuerzan con 30 hombres más [f. 81] del trozo a su centro (ya fueron como 100 hombres), marchan dando la vuelta por la misma estancia de Sallcabamba, pasan la quebrada por nuestro costado izquierdo, nos toman nuestra altura ya. Nos bajamos para abajo como para Queroma, en retirada porque no éramos más que 27 hombres armados y 30 indios. Encontraron los enemigos el cuerpo de Feliciano Argüello, le cortaron la cabeza y se entraron al pueblo de Mohosa. El tiro que salió y lo mató a Argüello era de un tal Diego Chipana, soldado nuestro, vecino y natural de Mohosa.

El 15 de junio por la noche lo habían muerto a Pascual Cartajena los indios de Jahuara en la doctrina de Cavari. El caso fue que como este Cartajena era su comisionado secreto de Lira con quien hacía matar al que quería, como a la mujer de Durán y a Olmedo, habiendo hablado éste cuando le quitaban la vida (abiertamente declaró a Cartajena en que él no se había presentado por su gusto sino por orden espresa del comandante Lira, a quien aun le ha mandado un papelito el comandante España) esto llegó a saberlo Lira. Porque no cunda más la noticia de este hecho quiso desaparecerlo a Cartajena. Para el caso los mandó llamar Lira a unos cuantos indios de Jahuara y les dice:

—He de mandar a un comisionado estos días a reclutar jóvenes, a quien lo han de matar porque es muy malo, que desopina nuestra causa.

Dícele después a Pascual Cartajena:

—Mira hombre, en Jahuara hay jóvenes valientes que salen buenos soldados. Anda y recluta a unos cuantos.

Se larga Cartajena sin escolta ni nada, acompañado solamente de un cabo Manuel Peña, orureño, hombre anciano que Lira le dio por compañero. Como tuvieron orden antelada, en achaque de defender a sus hijos lo mataron a palos, lanzazos y pedradas, más le cortaron la cabeza, [f. 81ᵛ] fueron y lo presentaron al subdelegado don Francisco España, quien mandando llevar a Mohosa mandó poner en la plaza juntamente con la cabeza de Feliciano Argüello haciendo publicar un bando en que era la cabeza del comandante Lira y la otra de García, para desanimar a los indios y entusiasmar a su favor.

La muerte de Pascual Cartajena de ese modo se supo porque don Marcelino Castro, comandante de la Patria, se había hallado en la estancia del suceso esa noche. Cuando supo que lo habían muerto los indios a Cartajena se levantó y les había reconvenido a todos los indios agresores que cómo habían hecho ese desatino con un comisionado de la Patria. Entonces todos los indios dijeron a una voz que ellos no han hecho más que cumplir con la orden que han tenido del jefe de quien dependía Cartajena, que de las resultas no tienen miedo alguno ni responsabilidad, que nada habrá.

Posesionado del pueblo de Mohosa don Francisco España bota partidas por todas las estancias en pos de los indios, pescan a 11, meten las partidas al pueblo y los afusilan. Después manda poner 11 palos parados, clavándolos al suelo los colgaron a los muertos como si estuviesen marchando con sus garrotes al hombro.

El 21 de junio estuvimos acampados en la abra de Orurovillque distante del pueblo de Mohosa dos leguas. A la 1 del día o algo más mandó el comandante Lira seis hombres montados a discubrir el campo por el alto de Calacruz, el alto mismo del pueblo de Mohosa. A un cuarto de hora de que se bajó la descubierta oimos tiros de fusil. Entonces nos alborotamos. El enemigo había estado muy cerca [f. 82], como en seis u ocho cuadras nomás ya todo el trozo, que éstos habían salido de Mohosa en busca nuestra. Por una casualidad se encontró con la descubierta.

De que se aproximaron otro poco más nos rompieron ya fuego, se echaron a la carga tanto que no tuvimos más tiempo que montar los que teníamos muy cerca los animales o los que podíamos. Nos retiramos con fuego agarrando por la misma loma la carrera. Sería ya a las 2 de la tarde. El número de los enemigos era de 120 hombres, la tropa del subdelegado del partido de Quillacollo don Agustín Antezana, que como fuesen de su tropa los tres soldados y el tambor que murieron en el alto de Calasaya estaría agraviado. Cruelmente nos avanzaron, nosotros siempre corrimos por la loma o cuchilla del cerro. El enemigo botó por ambos costados nuestros su infantería; por la loma, que es su centro, venían todos los oficiales con algunos montados. Nosotros no tuvimos más tiempo que correr por la misma loma siempre hasta el cerro de Chicote como más de una legua.

En el mismo alto del cerro hicimos alto, más se nos cargaron, nos tomaron toda nuestra cumbre, y nosotros en el bajío. No teníamos indiada alguna porque los pocos que habían nos desampararon enteramente, solamente la gente armada estábamos, los 27 hombres. Al fin bajándonos un poco nos paramos en una lomita donde nos vimos en el último peligro de caer prisioneros o morir desbarrancados, porque ya no había por ningún modo cómo escapar ni dar un paso adelante porque habíamos errado el camino que se bajaba al Río Grande de Hayopaya.

El enemigo hizo alto también su avance, descansan como en la cima de una patilla sobre nosotros porque nos tenían ya como a presa segura y gritaban diciendo:

—Muchachos pásense, que el brazo del [f. 82ᵛ] monarca es invicto, así también es piadoso para el que se rinde arrepentido. Señor comandante Lira, no habrá novedad, se indultarán todos como usted se rinda. Ya no hay remedio para vosotros, y sepan que las armas del rey son poderosas e invencibles como lo han visto ahora, y tengan presente el estado en que están.

Lira estaba ya fuera de su semblante. Sin poder qué determinaciones tomar, decía:

—Muchachos ¿qué hacemos en este caso, cómo hemos de salvar de este cruel peligro? Prisioneros no hemos de ser, más vale morir peleando con las bayonetas que entregarnos al enemigo. Y así hijos, moriremos por la Patria, ya el destino nuestro se habrá cumplido, conformémonos con nuestra suerte y pongámonos en manos del ser supremo.

Entonces se levanta un soldado llamado Pedro Loayza, natural de la hacienda de Tiquirpaya cerca del pueblo de Palca, dice:

—Mi comandante, yo no me doy preso al enemigo, más vale morir desbarrancado.

Se metió por el precipicio y murió hecho pedazos. Como que todos íbamos a dar a ese destino casi también se bota el comandante Lira, a no haberlo atajado algunos compañeros se entra al barranco. Entonces dice:

—Vaya compañeros y compatriotas, moriremos por la Patria. A ver, todos los fusiles botar aentro y agarrarse de las manos unos a otros bien. Yo el primero que entraré y moriremos por amor a la Patria. Ya no hay remedio para nosotros ni es posible salvemos de este trance.

Sería las 3 de la tarde, sale un sargento Julián Reinaga, natural y vecino del pueblo de Machaca, sobrino del señor cura de aquel pueblo doctor Ceballos, y dice:

—Mi comandante, quememos el pajonal y así escaparemos quizás. El enemigo [f. 83] está arriba.

En el acto Lira agarra un fusil, le echa pólvora sola y un cartucho a la boca medio mojándolo, da el rastrillazo, sale el fogonazo, priéndese el cartucho, arde (como estaba humedecida la pólvora), priéndese el pajonal. Entonces dice Lira:

—Muchachos, como puedan peguen fuego.

Así lo hicimos. En un minuto se abrasó casi todo el cerro, como ayudaba el viento de abajo para arriba y las pajas tan bien crecidas que casi lo perdía a un hombre. Entonces fue que la tropa enemiga que nos avanzaban tan alegres luego corren cuesta arriba gritando, pidiendo misericordia al Todopoderoso, el fuego abrasándolos ya. Las oladas que se levantaban del fuego eran las que más metían miedo no digo al piquete que nos avanzaba sino era capaz de atemorizar a un ejército todo. Los infelices soldados invictos del rey no tuvie-

ron más tiempo que sacarse como pudieron las cartucheras por no abrasarse con la pólvora de los paquetes y botar sus fusiles algunos. Ganamos 17 fusiles, como 40 o más cartucheras. Las cartucheras quemadas parecían chicharrones que estaban volando por los aires. Luego Lira, después de dar gracias al hacedor del universo con las lágrimas en los ojos, daba parabién a los soldados por el escape tan feliz que hicimos de tan gran peligro. Así salvamos todos sin novedad excepto Pedro Loayza que se desbarrancó y murió. Todavía, cuando la quemazón, avanzamos con fuego: de donde se oiya el grito se daba. Decía Lira:
—Muchachos, al humo.
Y decía a los del rey:
—La Patria, como es el lugar donde existimos es el más invicto. Párenlo el brazo de su monarca para que apague siendo tan poderoso como lo dicen.

Así se fueron con las mismas ganas de pescarnos dejando dos muertos en el campo en la quemazón donde se estuvieron [f. 83ᵛ] tirados para los buitres. Nosotros nos bajamos libremente al río de Pocusco, que es el de Hayopaya, por un camino que agarramos, con los fusiles cargados, que si no es el parecer del sargento Reinaga en aquel momento y la ligereza de Lira perecemos todos sin remedio (y teníamos otro trozo de enemigos al mando del comandante o capitán Lecaros en Lirimani, anexo de la doctrina de Charapaya, frente mismo del cerro de Chicote, que venía éste buscando a Antezana que era expedición de Cochabamba).

El 22 de junio salimos a Pocusco, nos pasamos directamente por la abra que llaman comúnmente Crucero, caminando un poco por la loma nos bajamos al punto de Chojñacota, donde estuvimos escondidos cuatro días entro de unas bocaminas de día, y de noche salíamos a las quebradas más ocultas a cocinar o a asar, que tampoco había nada. El enemigo estaba en el pueblo de Mohosa frente a Chojñacota distancia de cuatro leguas, como conquistando de nuevo a los indios del lugar.

El domingo 26 se habían presentado toditos los indios del partido de Mohosa, se habían comprometido entregar los tributos lunes, martes y miércoles, después perseguirnos a todos nosotros hasta pescarnos. No faltó quien nos comunicase de todo. La noche misma del 26 nos bajamos del cerro de Chojñacota, a las 9 de la noche ya estábamos en los molinos de Chacoma. El ayudante mayor don Pascual García se dirigi por orden del comandante Lira por las estancias de Sivingani, Tahacachi, Chuachapi e Ivira con 13 hombres, y él con otros tantos por el costado izquierdo (porque estuvimos frente [f. 84] mismo al lugar donde estaba el enemigo en distancia de dos leguas) por las estancias de Arcani, Coato y Sopo, al alto mismo del pueblo de Mohosa llamado Huarahuarani y Calacruz.

García llega a la primera estancia Sivingani, finge ser de la tropa del rey tratándolos a los indios de alzados e insurgentes, haciendo preguntas del comandante Lira y sus compañeros. Los indios en el acto se juntan, se presentan a García muy contentos pensando fuesen los del rey, y a una voz dicen:

—Señor, nosotros ya nos hemos presentado en el pueblo, hemos llevado leña, carne, cebada, papas, como cuanto hemos podido. Nosotros somos siempre adictos a la causa del rey como que hemos nacido y abierto los ojos a las banderas españolas. Los alzados son otros. De balde nos decís alzados. Los alzados en breves días caerán, que para la pesquisa nosotros estamos averiguando, haremos modos de que uno no escape. Actualmente están en el cerro de Chojñacota y según el movimiento que hagan daremos parte al subdelegado.

A esto les dice García:

—Muy bueno hijos, júntense todos, les daré el parabién. El fin es no consentir a esos alzados contra el rey, contra la corona.

Inmediatamente se juntaron como 20 indios, manda meter a una casa, los encierran y les da el parabién de 50 azotes hasta 100 a cada uno, sin que quede nadie con esta ración, poniéndoles presente que como él les ha engañado diciendo que es partido del rey, así también les ha de engañar los verdaderos realistos ofreciéndoles que no se moverán de este Interior, que el comandante Lira era muerto y su cabeza en la plaza.

—Todo es mentira. La Patria es el lugar donde existimos, la Patria es la verdadera causa que debemos de defender a toda costa, por la Patria debemos sacrificar nuestros intereses y aun la [f. 84^v] vida. Aunque estamos por ahora perseguidos, al fin al fin hemos de ser triunfantes. Vosotros de balde dicen que están con los ojos abiertos sino que todos estamos ciegos, tapados el ojo con la venda negra de la codicia española. Y así es preciso que abramos ahora los ojos todos dispertando del letargo en que hemos vivido tantos años bajo del yugo del gobierno español, y venid buscando la reunión de los patriotas que nos hallamos en número suficiente para destrozar al enemigo. El comandante don Pedro Álvarez se halla en el alto de Mohosa con mucha gente, Lira está con mucho entusiasmo, y toda la indiada de este partido consigo, faltando únicamente vosotros como toda esta carrera del ayllo Collana por donde he venido yo mandado por estos comandantes.

Estas voces se echaban en todas partes, que para el caso no teníamos ni un indio. Sólo revoloteábamos con estas expresiones como conquistando de nuevo en un país extraño.

El 27 de junio a las 10 del día ya nos reunimos con García en el mismo alto del pueblo de Mohosa que llaman Huarahuarani. Yo estaba en el trozo del comandante Lira. Con él ya vinieron algunos indios. Decía el comandante Lira:

—La tropa está atrás.

Luego mandaba con órdenes a todos los que se nos reunían por todas partes. Poco a poco ya se nos reunía como ciento y tantos indios con sus lanzas, hondas y garrotes. A las 5 de la tarde nos retiramos a Lacayani, dos leguas o tres de [f. 85] Mohosa, reuniendo mucha indiada. Desde esa noche de la azotera no había ya un indio que entre a Mohosa ande el enemigo, sino se reunieron con más fuerza y más entusiasmo tocando sus cornetas en todos los cerros. Esa era la seña de la reunión. Dichas cornetas eran de astas de toros y llamadas *pututus*.

El comandante del pueblo de Morochata don Pedro Álvarez se hallaba en el punto de Icoya, cuatro leguas distante de donde estuvimos. Lira lo mandó llamar a que lo auxiliase estando tan cerca. Al momento vino con 18 hombres armados y como con 50 lanceros de a caballo. La noche antes de que llegue Álvarez mandó Lira 20 fusiles, quedándose en nuestro cuartel 13 fusiles para la guardia. Esto hizo el comandante Lira con su máxima para que viera la indiada, para que tomase más entusiasmo viendo esta porción más de armamento que traiya el comandante Álvarez; y reunidos ambos mandaron comisiones a todas partes a reunir gente ese mismo rato.

El 28 mandó Lira al ayudante mayor don Pascual García con el capitán don Miguel Mamani, con 12 hombres armados y 100 indios, al pueblo de Mohosa a torear al enemigo. A las 9 de la mañana tuvieron su tiroteo en la llanura de Pacomiri con más de 70 enemigos que habían salido de Mohosa en busca de ganado y demás víveres, que repentinamente tuvieron su encuentro. A las 11 y más del día se retiró el enemigo quemando todas las casas en su tránsito, matando a cinco de los nuestros y cuatro heridos; de ellos dos muertos y un herido. Se entran al pueblo de Mohosa [f. 85ᵛ] a la 1. Murió de entre los cinco un sargento de los indios de Mohosa Manuel Mayta, muy valiente, que avanzaba con su lazo armado a caballo: le echó a uno del enemigo y acudiéronle a éste tres compañeros, mas siempre lo sacaron los de la Patria al enlazado y a pedradas y a palos murió; uno de los enemigos se retiró, cargó su fusil, le dio el tiro a Mayta que cayó del caballo muerto.

El 29 de junio a las 5 de la tarde ya estábamos situados en todo el alto de Mohosa con 45 bocas de fuego y más de 300 indios, por el otro frente como 200 pero sin un fusil. El enemigo se ocupó esa tarde toda en atrincherarse bien sacando mesas, escaños y otros mue-

bles de la iglesia en el mismo cementerio. A las 8 de la noche nos bajamos para el pueblo incendiando todos los cerros que parecía fuese de día. El enemigo estaba silencio sin hacer el menor movimiento. Horas antes iban gritando, diciendo:
—Ya se han salido los enemigos, entren nomás. ¡Viva la Patria!
Después se habían puesto de emboscada en un cementerio viejo que había en el pueblo de Mohosa y en todas las tiendas de la plaza para darnos fuego así que hubiéramos entrado. Lira no quiso todavía, estaba sospechoso. El ayudante mayor García con el hijo del comandante don Pedro Álvarez, llamado Gregorio, porfiadamente entraron los dos a caballo por la misma calle donde habían estado emboscados los enemigos: ellos tuvieron bastante tiempo para devorarlos a los dos a bayoneta mas no habían querido esperando que entrásemos todos con la tropa para darnos fuego y no mal lograr su [f. 86] disposición.

De que entraron los dos a la media plaza se apea del caballo García, refina más la cincha de su caballo, después de mear se montó. Dicen estos dos que estaba el pueblo silencio, que no se oiya el menor movimiento. Estando algún rato así parados en media plaza escuchando algún ruido sintieron pisadas de caballos entro de la iglesia, que allí habían metido sus bestias. Entonces dice García a su compañero.

—En la iglesia están —y salen de carrera cruzando por la media plaza.

Al momento descargan como 100 hombres descarga cerrada. Apenas lo hirieron al hijo del comandante Álvarez en la pierna, que pasando el cubujón del apero le entró la bala y se había quedado. A ese descargue que dieron los enemigos nos regresamos de la media calle ya porque íbamos entrando, pues que si no es García el que se adelanta con el hijo de Álvarez quizá logran los enemigos. ¿Pero cuándo hubiéramos entrado ni Lira se hubiese expuesto a entrar sin informarse bien de la situación del enemigo en ese rato? A las 12 de la noche sería que retrocedimos para fuera del pueblo. En la orilla estábamos hasta que amanezca. Solamente la indiada tiroteaba causándoles mala noche como siempre acostumbraban.

El 30 de junio a las 6 de la mañana algo menos se bajó toda la indiada e impiezan a circularlos por todo el pueblo. Al momento levantó campo el enemigo, se bajaron para abajo como un cuarto de legua o más corta distancia. Entonces se agolpan los indios a tomarles en el bajío sin que se quede nada en el camino de Oruro que sale para arriba. Del trecho que llaman Challapaya retrocede el enemigo pasando ligeramente una quebrada que llaman Hancohaqui. En el puente del pueblo a medio trote toman la [f. 86ᵛ] cuesta y agarran el camino de Oruro quemando algunas casas a la pasada por el mismo pueblo de Mohosa, después en toda su marcha. Entonces contramarchamos apresuradamente. Apenas le tomamos el bajío y a la retaguardia, ya el enemigo en todo el alto. Al momento el comandante Lira dividió su tropa en tres trozos o mitades, botó por ambos costados del enemigo yendo el comandante Álvarez por el izquierdo, Lira iba por el derecho, el ayudante mayor García por el centro en pos mismo del enemigo con toda la caballería como más de ciento, entre ellos 28 armados de armas de fuego.

Así en un continuo tiroteo salió el enemigo a toda la cumbre y a todo lo llano del alto de Mohosa. Luego bota una guerrilla de 40 hombres quedándose éstos en retaguardia, de los cuales se dividieron como 15 hombres que avanzaron a Lira dando unos tiros. Lira se retiraba como a engañarlos y de alguna distancia le descargan cerradamente, nada le hicieron. Entonces se echa Lira a la carga con ocho hombres de su caballería, corren los 15 hombres a reunirse con su tropa sin tener tiempo aún para cargar sus fusiles, allí fue donde a uno de éstos lo mataron, otro escapó mal herido, de un sablazo casi le quitó Lira un brazo. Se reunieron a los 40: éstos entonces dan una descarga cerrada y mataron dos caballos nomás y se retiraron siguiendo su marcha.

Nosotros también nos retiramos para el pueblo de Mohosa ganando dos fusiles corrientes y uno quebrada la caja. No hubo más novedad. La indiada fue siguiendo hasta el punto de Hancocota como cinco leguas. Nosotros a las 3 de la tarde nos entramos al mismo pueblo de Mohosa.

Al día siguiente se entraron los indios [f. 87] y se dispersaron todos.

Ese día antes, muy cerca del anexo de Hancocota había muerto un tal Manuel Arenas que vivía en Coriri. Este se había adelantado mucho y el enemigo había formado una emboscada a la retaguardia. Allí cayó del caballo y volvió a montar y escapó mal hirido. Antes de llegar a su casa espiró en el camino, muerto nomás llegó.

El 26 de junio por la noche en Lirimani, anexo de la doctrina de Charapaya, lo asesinaron a un tal don José Manuel Berbete (sacándolo de su casa y de su cama, del abrigo de sus hijos menores) Damián Hinojosa, indio del pueblo de Charapaya, asistente de la hermana de Lira (llamada doña Hermenegilda), por una sospecha infundada de esta señora y su madre (que ya dije se llamaba doña Manuela Durán). Estas dos señoras se hallaban escondidas o emigradas en los montes de Lirimani o en sus cercanías, y como éste Berbete recién se había llegado del lado de Morochata de haber hecho algunas diligencias para su mantención y la de su mujer e hijos, pensó la madre del comandante Lira como su hermana doña Hermenegilda que hubiese ido a dar soplos al enemigo de su residencia en aquellos lugares para que viniese una partida, las pescasen y las llevasen presas.

Sácanlo pues en camisa a Berbete entre seis con el indio Hinojosa, lo llevan al campo como un cuarto de legua y en un trecho que llaman Tranca en los bajíos de Lirimani lo matan a palos y pedradas sin disposición alguna. Era este Berbete un buen patriota, sargento de caballería cívica y muy valiente. Lo dejan el cuerpo en el campo así tirado. Sabiendo el comandante Lira sintió mucho y le había reconvenido a su madre agriamente a que no se le acontezca en otra ocasión dar semejantes órdenes de asesinatos, que pendía su honor y de la causa que había abrazado. Riñéndole malamente a su hermana y tratándole muy mal, como era su menor, dicen que descargó toda su cólera en ella.

[f. 87^v] El 2 de julio había estado un sargento Manuel Vázquez en la estancia de Parutani, en la doctrina de Cavari, natural y vecino del lado de Cinti, que andaba con el capitán don Miguel Mamani, Feliciano y Melchor Loredos, naturales y vecinos de la estancia de Parutani. Dicho sargento Vázquez estaba en compañía del capitán don Pedro Chipa y dos soldados más para ir éstos a la reunión ande el comandante Lira, y había arcado tres caballos, siendo dos de estos Loredos. Van estos a suplicar en que no los lleven sus caballos, que ellos también irán a la reunión. No quisieron devolvérselos.

Viendo esto Feliciano y Melchor Loredos que en vano suplicaban y no siendo considerados ni atendidos en las súplicas que les hacían, al romper el día al 3 de julio agarraron a una hacha y cuando había estado durmiendo el sargento Vázquez en una era de trigo se asoma Melchor Loredo, lo mata dando un golpe con la hacha. Los otros sienten y sale Chipa de otra casa con sable en mano y acosaba a los Loredos. Corren éstos, luego le dicen que no les persiga porque se exponía, que ellos están ya comprometidos con la muerte de Vázquez. Nada oye y quería atropellarlos. El uno de los Loredos, Feliciano, se para y dícele que qué es lo que quería hacer con ellos, que se mandaran mudar, que los deje, de lo contrario vea lo que hacía, que ellos están ya aburridos esperando la muerte tal vez, así es que se retire.

Mientras estas conversaciones estaba el otro, Melchor, ensillando dos caballos con unos tres hombres más que le ayudaban. Pedro Chipa sin oir nada se le acerca, le da un sablazo, no le casca, corre Loredo, síguele Chipa. Entonces Loredo regresa, le da otro golpe con la hacha, le deja en el sitio. Uno de los soldados, Melchor Amauri, corre a defenderlo a Chipa, cuando éste ya es muerto lo ve tendido, se asoma a Loredo, le da el tiro, le erró, se va y carga y le dice:

AÑO DE 1816

—No escaparás de esto.

Feliciano Loredo que quería correr, asómase el otro, Melchor Loredo, con hacha en mano, le tira a Amauri de 10 o 12 pasos, tan bien [f. 88] le acertó que cayó el soldado. El otro Loredo revuelve, le quita el fusil al soldado, prepara, le da el tiro. Luego el otro Loredo se acerca, lo acaban de matar. El otro soldado se escondió. Con franqueza se van los dos Loredos.

Miguel Mamani y don Pablo Montalvo se hallaban en la estancia de Huarahuarani, el alto mismo de Parutani, saben de todo lo ocurrido allí, se bajan, lo agarran a un Francisco Xavier Ocaña, cuñado de Feliciano Loredo, a un Mario de tal, chayanteño, a los dos los matan lastimosamente. El comandante don Eusebio Lira mucho después lo agarra a un cuñado de estos Loredos llamado Nicolás Zejas (que éste estaba casado con una hermana de estos Loredos), le hace arrimar 100 azotes y quería que fuese fusilado, pero toda la oficialidad se le opuso y que cuando ocurrió el caso estaba ausente este Nicolás Zejas (en su comercio de Yungas había estado).

El 7 de julio levantamos campo de Mohosa. Pasando a Sihuas por Pocusco los mandó llevar presos el comandante Lira que personalmente iba en la guardia, a don Pedro y Pablo Montalvo, al capitán don Miguel Mamani, a don Juan Crisóstomo Osinaga (a este a pie), a don Silvestre Hernández y a don Pedro Zerda.

Dejándolos arrestados en el cuartel de Sihuas se fue el comandante Lira el 8 de julio a consultar con el teniente coronel don José Buenaventura Zárate, que se hallaba en el pueblo de Machaca, por si podía quitarles la vida a éstos o no. (Todavía estaba Lira por cumplir los tratados hechos con el señor virrey.) Entonces le había hecho presente el señor Zárate aconsejándole no hiciese tal cosa, porque si los decapitaba a estos seis podrían levantarse tal vez 600 en reemplazo de éstos y dar fin con ambos; que para prever este paso era mejor tolerarlos y pasarles la mano; mientras tanto aun se sabría ya del [f. 88ᵛ] ejército de la Patria que se oye viene según la proclama e instrucciones del general Frenches.

Entonces Lira apoyándose en las ventajas y con muchas esperanzas de sacar fruto de los tratados que habían hechos con el virrey, le había puesto presente a Zárate que la proclama e instrucciones de Frenches no es mandada por el jefe que se menciona sino que estaba hecha en Pocusco por tres badulaques, siendo el uno de ellos bien muerto en el pueblo de Ichoca, que los demás estaban ya presos, así es que no se puede propalar siquiera semejante picardía; que eran ya en vano las esperanzas de que progrese la Patria; que era un delirio ya pensar en ello y en su defensa con todos los recursos ya agotados; que no era más que comprometer los pueblos a su total ruina esponiéndose ellos mismos conforme le había puesto presente el comandante don Francisco España. Al fin, después de una larga contienda que tuvieron, le convenció Zárate y lo había desanimado enteramente a Lira del proyecto de asesinarlos a los arriba ya dichos.

(Todo esto yo sabía: como estaba con curiosidad de hacerlo este *Diario* le preguntaba con cierto disfraz a un asistente que tenía Lira de toda su confianza, llamado Rudecindo Vargas, que todos lo conocían; aun me emparentaba con él con el interés de que me comunicase algunos pasajes y que esté siempre observando todo a su patrón; muchacho valiente, me comunicaba cuanto ocurría con Lira, cuanto hacía y decía.)

Al siguiente día, el 9 de julio, a las 12 del día llegó Lira de donde el citado Zárate con un semblante halahueño para con los arrestados. Los puso en libertad [f. 89] a todos ellos dándoles satisfacción de que los habían arrestado por haber hablado muchas cosas contra su honor y opinión, porque le sindicaban de traidor a la Patria sin traer a consideración sus grandes méritos, sacrificada la vida de su padre, arruinado enteramente sus pocos intereses por el enemigo común.

Entonces dijeron todos los oficiales que por lo mismo debe estar firme ya que hasta aquí se había sostenido a costa de tantos males y sacrificios que ha padecido; si caso le ofrecía algunas ventajas el sistema del rey, que abrace su partido sin esponerlos, sin hacer intriga alguna con los demás defensores a la Patria; otros dicen que un verdadero patriota ha de morir con gusto por ella, al tanto también han de castigar a los que quieran ser infieles a la causa de la Patria.

De suerte que en el momento que marchó Lira a hacer la espresada consulta con el señor Zárate se combinaron entre todos los oficiales y jefes: el comandante don Pedro Alvarez, el subdelegado don José Manuel Arana, el capitán habilitado don José Calderón, el sargento mayor don Mariano Santiesteban, el teniente don Manuel Patiño y otros oficiales más de la tropa. La noche del 7 de julio mandaron a un cabo Manuel Torres, hijo de Buenos Aires, con seis hombres armados a la bajada a Sihuas de la abra de Ocooconi, que es un angosto, para que cuando Lira llegue al trecho ése le diesen fuego y lo matasen; y si no viniese esa noche, al amanecer o después, se retirase dicho cabo con su escolta; y si al día siguiente llegando Lira quiera hacer algo con los arrestados, prenderlo en el acto, siguiéndole un corto sumario fusilarlo, cortarle la cabeza, manifestar a los pueblos avisándoles los motivos porque lo habían hecho. Sin duda que así lo hubiesen ejecutado a no haberse aprovechado del saludable consejo del predicho Zárate (como que se lo declararon al [f. 89v] comandante Lira toda la consulta hecha y determinación de los oficiales cuando se amistuaron).

En seguida lo desarmaron y le pusieron guardia doble poniéndole presente el poco espíritu que tenía, y todos los oficiales a una voz le dicen que su opinión en tal caso no era nacido de su corazón sino era por pasarla bien y aventurar su suerte por el interés y la ambición de elevarse; que hombres de semejante naturaleza no deben existir entre nosotros, se debe hacer desaparecer para escarmiento de otros. Ya embravecidos todos los oficiales se le enderezaron a Lira.

Viéndose en este estado, ya confuso sin saber qué hacerse ni poder dar disculpa alguna, no ocurrió a otro recurso más que al denegarse del pacto que había hecho con el señor virrey, a pesar de que don Melchor Antonio Durán confesó abiertamente al subdelegado Arana ser mucha verdad que despacharon los pliegos al señor virrey, pero que no sabía la contestación en qué términos hubiese sido porque dijo se reservó mucho Lira de él. Al fin lo declararon todo por extenso a Lira, de todo todo.

Ya que se vio en este trance, atacado por toda la oficialidad, con guardia doble, la tropa toda formada, persistía Lira negándose y decía que Durán, resentido de la muerte de su mujer y de su botado pensando que fuese orden suya había hecho esa falsa declaración, que faltaba a la verdad, que no era tal. Les aseguró para sosegarlos ser falso todo con un juramento solemne que hizo prometiendo no traicionar a la Patria, morir primero por ella que disistir de su causa. Para mejor comprobante de ello se reducía a servir de la clase que ellos quieran pero que no tenía tales intenciones [f. 90] de traycionar a la Patria, que procurará levantar las cenizas de su padre y vengar su sangre derramada por la causa de la libertad; sus padecimientos, sacrificios y méritos estaban conocidos en todo este Interior, que no le era posible perderlos. Entonces puso presente el estado en que estuvimos el 21 del mes pasado de junio en la guerrilla del cerro de Chicote cuando incendiando el cerro salvamos, y decía:

—Si yo hubiese tenido tales intenciones de traycionar a mi Patria, ese día hubiese celebrado enteramente el pacto hecho con el señor virrey (como ustedes me dicen), mucho más cuando me invitaban a que me rinda y me pase viéndome en el lance tan peligroso en que me hallaba y los del rey superándome con la persecución. Más bien tuve miras ese instante de desbarrancarme, morir allí despedazado que caer a manos de mis enemigos.

Al conmemorar todo esto se le consternaría tiernamente su corazón: razonaba sofocado entre sollozos y un torrente de lágrimas que no se podía contener. Viendo este arripintimiento hecho, convencidos todos los oficiales de la facción por todas estas razones expuestas, dispusieron a que la solemnizase con un juramento sagrado de no traycionar jamás a la Patria y morir en su defensa. Muy gustoso dio el sí, lo ejecutó a las 4 de la tarde, le recibió el subdelegado don José Manuel Arana: cruzando las dos espadas Lira la besó arrodillándose, por tres veces, espresándose según previene el derecho que lo hacía por Dios nuestro Señor y la cruz de estas espadas y por las cenizas de su padre morir primero que traycionar a la Patria; que en caso contrario estaba dispuesto a sufrir la pena que como a tal le corresponda y que le aplicasen la más cruel sentencia; que se constituye desde este momento ya víctima por la causa de la Patria; que la consagraba su sangre y [f. 90ᵛ] todo su ser por ella; que padecerá placentero cuantos males le sobrevengan y se sirva el ser supremo mandarle mientras exista sobre la tierra; que aunque se vea en las necesidades más enormes no desmayará en la constancia de su opinión.

Cumplido este acto se levantó echando lágrimas, como lo hicieron algunos de los circunstantes porque era un paso algo tierno que a un corazón hacía sentir provocando a lágrimas. Más añadió ya en pie las siguientes expresiones:

—Compatriotas y compañeros de armas: Sin duda ustedes habrán quedado satisfechos de lo que hoy ha sucedido. Desde este momento deben borrar del todo las voces que corrían sobre mi honor acerca de mi opinión. Sean así o no lo sean yo hago la cuenta que recién tomo las armas para defender la Patria borrando del todo mis méritos adquiridos hasta la presente fecha, y principiaré de nuevo a la tarea a que me he comprometido no por aspirar a elevaciones ni menos por enriquecer ni hostilizar a mis compatriotas, sino por la libertad y prosperidad de mi Patria.

Concluido este acto lo retiraron la guardia y se siguió el de la celibridad con demostraciones de un regocijo general entre la oficialidad y tropas, salvas de infantería, toques de diana, vivas a la Patria, etc. Por último les distribuyó el citado Lira a dos pesos a cada soldado de gratificación y a ocho pesos a cada oficial. Al tiempo de que se retiraba la tropa les peroró lo siguiente:

—Amados compañeros: Vosotros sois testigos cómo hoy he renovado mis más sagrados votos al Dios de los ejércitos para derramar la última gota de mi sangre en defensa de nuestra Patria y libertad, y estoy cierto de que vosotros a imitación mía habréis hecho otro tanto. Lo que nos falta es cumplir con este sagrado deber principiando [f. 93] a operar desde este día con determinada resignación, fidelidad, valor y constancia. Es lo único que exijo de vosotros, que ellas serán las que nos allanen el camino hasta alcanzar los laureles del triunfo sobre los tiranos opresores en los trances aún más peligrosos en que nos reduzcan con sus pérfidas persecuciones. Yo os prometo bajo mi palabra de honor morir a vuestro lado y no desampararles como me he manejado siempre; y ante todo os encargo desde hoy en adelante la subordinación y disciplina para ser felices.

Entonces contestó un sargento, don Clemente Antezana, en nombre de los soldados, que ellos desde el momento que tomaron las armas para defender la Patria ha sido con intención de morir por ella en cualquier destino; que no les hacía mella los padecimientos que se les ha presentado y vengan desde ahora en adelante; que ellos serán siempre firmes en defender la Patria y en no desampararla; que padecerán gustosos en su compañía y estarán mientras vivan; que ellos no sienten ni sentirán las desnudeces, hambres, trabajos y necesidades que han padecido y padecerán mientras triunfe la Patria o Dios disponga de la suerte de ellos; que no tienen más riqueza que la constancia y el valor; que observan y están sujetos a la subordinación y disciplina militar. Echaron vivas a la Patria, al comandante don Eusebio Lira y a todos los demás jefes y oficiales, acabándose estas cosas a más de las 6 de la tarde.

En este punto de Sihuas mandó Lira vaciar un cañón. Con este motivo estuvimos todo el mes restante y principios de agosto.

El 11 de agosto levantamos campo, llegamos al punto de Pocusco donde se quedó el comandante don Pedro Álvarez con su gente, de donde a los tres días se fue a su pueblo Morochata dando el comandante Lira a dos pesos de gratificación [f. 93^v] a cada soldado y una parada de ropa, como ser camisa, pantalón y chaqueta, aunque de tejidos del país.

El 13 de agosto entramos al pueblo de Mohosa.

El 18 mandó Lira solemnizar una función grande a una imagen que se venera en esta iglesia bajo la advocación de Nuestra Señora de Icoya. Se espresaba el comandante Lira entonces que la imagen de Icoya le había salvado de los peligros en que se hallaba el 21 de junio de este año en el cerro de Chicote y el 9 de julio en Sihuas de manos de sus oficiales.

El 19 levantamos el campo a la viceparroquia de Leque.

El 20 al pueblo de Tapacari.

El 21 mandó Lira publicar un bando en que entrieguen todos los sujetos que tengan toda clase de armas pertenecientes al Estado, que serán gratificados con seis pesos de las armas de fuego, y de las blancas con cuatro pesos (porque los derrotados en la acción de Sipesipe fueron dejando armas de toda clase). Entregaron por de pronto siete fusiles y dos sables y se les dio lo prometido. Viendo esto a porfía presentaron 37 fusiles con sus bayonetas y cartucheras, con 11 sables, y se les gratificó conforme se les ofreció.

Esa misma tarde del 21 a las 4 de la tarde se nos presentó el enemigo al mando del subdelegado del partido de Quillacollo don Agustín Antezana con 120 hombres, casi en la orilla del pueblo en un lugar llamado la Tejería. Como la caballería que tenía muy cerca de 60 hombres querían cortarnos nuestra retaguardia por nuestro costado derecho, nos retiramos del pueblo por el camino de Leque por Linco. El comandante Lira se quedó todavía con seis [f. 94] hombres armados de a caballo en una esquina de la plaza, el enemigo ya en la otra; mas como habían estado repicando las campanas en la torre, todavía Lira mandó dar dos tiros al que repicaba y con mucha pausa se salía dando fuego en retirada. Nos retiramos todos con fuego y nos siguieron como media legua, donde nos tomaron a un soldado prisionero llamado Manuel Arias porque se le murió el caballo de un balazo que le tocó (pero escondió su arma), y dos heridos.

El 22 de agosto yéndonos de retirada ocupamos el pueblo de Charapaya, estuvimos allí hasta el 25. Este día a las 11 de él llegaron los bomberos con la noticia de que el enemigo venía sobre nosotros. A las 10 del día levantamos el campo a distancia de dos leguas del dicho pueblo a un punto ventajosísimo. Entró el enemigo ese mismo día a las 3 de la tarde.

El 26 quiso avanzarnos a las 11 del día; no pudo ni se atrevió aunque no vieron a la gente armada sino a unos 50 o 60 indios nomás en el alto. Dieron algunos tiros, se volvieron al mismo pueblo, no causó ninguna novedad notable ese día. Siempre se estuvieron allí en el predicho pueblo dos días más.

El 27 a las 7 de la noche emprendimos la marcha para el pueblo. Luego que nos sintieron bajar salieron del pueblo en retirada tomando el camino para Tapacari. A las seis u ocho cuadras de que salió el enemigo rompimos el fuego. El enemigo iba por una falda de un cerro, la indiada atacaba por su costado derecho con hondas y galgas de piedras, la tropa nuestra atacaba por la retaguardia. Lo llevamos bastantemente imposibilitado. A las dos leguas y más de su marcha se encontró con la tropa de la Patria del comandante don Pedro Álvarez en la misma abra de Charahuayto. El enemigo no tuvo más que colocarse a un morro del camino al costado izquierdo yendo a Tapacari del pueblo de Charapaya [f. 94v], que tenía a modo de un hoyo en la misma loma o coronilla.

En el trote de la marcha o seguida se había quedado toda la fuerza nuestra (porque estuvimos dos días) sin comer y sus noches sin dormir. Tomamos dos prisioneros esa noche, armados, del enemigo; nuestro soldado que lo tomaron el 21 de agosto se nos pasó armado ya. A las 10 de la noche nos formamos únicamente 12 soldados de infantería y 15 soldados de caballería, como 50 o 60 de indiada, fuera de 26 armados de caballería que tenía el comandante Álvarez y 40 lanceros de a caballo con otros tantos de indiada (que éstos casi no se cuentan).

En el acto dispone el comandante Lira que el comandante Álvarez atacase con toda su gente por su retaguardia; el ayudante mayor García por su costado derecho con los 15 hombres armados de caballería; por el frente entrar Lira con los pocos infantes que había; por el izquierdo no se podía entrar porque era una barranca, allí puso a la indiada. Lira me ordenó de que al momento que diese un descargue García o el comandante Álvarez empezase yo a tocar el ataque y avanzase advirtiendo a todos nosotros de que el enemigo estaba en aquel morro. Pensamos que hubiese estado en alguna distancia y no había distado ni dos cuadras siquiera.

A poco rato ya descargó del lado de García, yo empecé a tocar según la orden. El enemigo rompe fuego, la primera fila graneado y la segunda descargas cerradas. Dos soldados de infantería Gregorio Pacheco y un sargento Manuel Tapia, limeño, se habían quedado de consados; 10 nomás entramos. Yo estaba al costado izquierdo, medio me había adelantado, de atrás los mismos nuestros casi me llevan el brazo. Me retiré más al izquierdo y atrás donde lo encuentro a Lira a pie, agachadito. Me acerqué y estaba [f. 95] al lado de él tocando mi caja. Al momento llegó una bala muy cerca de mí y más al del comandante Lira, y a este tenor subcesivamente varias balas porque por los golpes de la caja tantearían y de tan cerca. A esto ya el comandante me ordenó a que lo calle, muy pronto lo hice.

Así nos acercamos y nos pusimos muy cerca del enemigo como detrás de un cimiento de pared que nos servía como de trinchera hecho por las aguas, puesto muy ventajoso para nosotros. El enemigo en distancia cuando más de 25 pasos cuesta arriba. Regresó Lira y se viene con los 10 hombres, se colocaron todos. Allí empiezan a dar fuego al enemigo que duró como una hora larga. De allí se oiyan los alaridos, se oiyan palabras muy lastimosas, porque al enemigo se daba fuego al montón y los nuestros dispersos. No tuvieron más refugio que defenderse hasta morir todos. Murieron del enemigo siete y tres heridos. Ganamos nueve gorras porque si caiyan venía sobre nosotros, seis fusiles, una pistola y un sable. De los nuestros tres muertos y seis heridos por todo Se hizo alto el fuego de ambas partes, mas porque flaqueamos de pertrechos nos retiramos a distancia de ocho cuadras o 10. Pasamos sosegadamente el resto de la noche pero el enemigo amaneció formadito con las armas preparadas y dando fuego a la indiada que no los dejaban descansar un rato ni les daban lugar para nada.

Al romper el día levantaron su campo siempre con la dirección para el pueblo de Tapacari, e iba por el camino recto. Nosotros a su costado derecho, en la altura algunos, que en su paso igual caminábamos. La caballería toda iba en pos del enemigo.

Continuaba el tiroteo todo el día del 28 en todo el camino de Sojaraca (que así se llama) donde gastamos cinco cajones de municiones, hasta el pueblo mismo de Tapacari. El comandante Alvarez se retiró a las 12 del día con toda su gente para Calchani, que está cerca. Seguimos siempre los de Lira como cinco leguas. A las cinco de la tarde estuvimos situados ya en la orilla del pueblo de Tapacari, al menos en Santa Bárbara.

Entraron los enemigos al pueblo, comieron bien, se apertrecharon bien, remudaron sus caballos, salieron a las 5 y media. Como nuestra gente [f. 95ᵛ] se hallaba ya enteramente estropeada, la indiada dispersa, nos retiramos con fuego. En esto nomás nos atropelló casi su caballería. Yo que estaba a mula nomás se cansó. Me pidió Lira la caja nomás, le alcancé y le da a otro soldado para que lleve. Me apeé y corrí a pie. Bien que nuestra caballería y algunos oficiales bien montados hacían la defensa, por fin nos rechazaron como cerca de un cuarto de legua.

El subdelegado don Agustín Antezana venía en un caballo [color] buevo de paiu por delante, atrás de él venían como 25 infantes. Le gritaba Antezana al teniente don Manuel Patiño, como éste tenía una medalla grande de plata en la gorra le decía:

—Parate frontino, parate frontino, quememe ahora como en el cerro de Chicote. Alzado contra el rey, contra la corona, pícaro, parate.

Yo lo dejé mi ensillado y me corrí, como arriba dije. Agarré la carrera por un llano rastrojal de trigo. De que me vieron así correr tres hombres de su caballería vienen atrás de mí y un oficial o sargento los conduce y dice:

—¡Viva el rey! ¡Ya se fue el tambor sin caja!

Casi me atropellan. Como pude salí del rastrojal, me boté por un bajío bien impinado a nuestro costado izquierdo, conforme me caiya me levantaba y corría. Estando ya seguro los miro, los veo en la cima de donde me tiraron tres tiros, a vista de ellos me fui faldeando. De ese modo escapé. A las 10 de la noche me fui buscando la reunión, me encontré con la tropa y el comandante Lira en el mismo alto de Tapacari a distancia de una legua del pueblo éste.

Ese día 29 de agosto estuvimos allí nomás acampados. El día antes habían muerto de los nuestros siete hombres, dos soldados y cinco indios, con 14 heridos, entre ellos sólo un soldado.

El 30 nos fuimos en retirada para el pueblo de Charapaya de donde se fue el comandante Lira para Mohosa donde estaba la maestranza, llevando consigo las armas descompuestas, quedándonos con el ayudante [f. 96] mayor don Pascual García con 38 hombres armados en el mismo pueblo de Charapaya.

El 11 de setiembre entró vuelta el enemigo al mando del mismo subdelegado don Agustín Antezana al pueblo de Charapaya con el mismo número. Nosotros nos retiramos a la hacienda de Alcani, una legua larga del pueblo de Charapaya, reuniendo indiada a toda costa. El 13 nos avistamos con el enemigo. Luego nos colocamos en un punto el más ventajoso que puede haber, tan seguro que no nos tomaron ningún costado ni retaguardia ni menos avanzarnos de frente porque parecía un castillo, que es una falda al frente del pueblo como quien se va uno a Mohosa. El enemigo atrevido quiso tomarnos nuestro costado izquierdo a toda costa trepando por un cerro o cuchilla frente mismo del pueblo. Unos 60 hombres se formaron en la playa un poco más abajo del pueblo y nos rompen fuego a discreción: gastarían por lo menos unos 2,000 cartuchos tirando al viento pensando que por ver el fuego tan feroz desamparasen el punto los indios que ocupaban la altura en número de 80 hombres, pero no hicieron aprecio los indios, solamente tiraron una sola galga de piedra que pescó a un enemigo que salía por delante, lo botó caballo y todo. Los enemigos se revolvieron pronto corriendo con la misma rabia de no poder hacer nada.

Mientras tanto se mantenía los 60 infantes formados dando fuego más granado. Tocan su reunión al pueblo, empiezan a prender fuego a todo el pueblo, hasta que nos vimos obligados a defender a toda costa. Los indios mientras la humadera se entraron a la carga, rompieron la formación de los enemigos que estaban en toda la orilla del pueblo y matando cinco soldados. Entonces dejaron de quemar una que otra casa, por detrás de la iglesia se salieron para Tapacari hasta Cochabamba. Salieron nueve indios heridos, dos en el brazo, y un indio muerto. Este había atropellado a uno del enemigo que se había quedado robando en una casa que se estaba quemando, [f. 96ᵛ] le quitó el fusil de un garrotazo que le había tirado en el brazo. Después de que había corrido el soldado sin el fusil le había seguido el indio y en una calle angosta que entra de Tapacari lo empujó a una casa (donde estaba quemándose) al soldado. Cuatro hombres del enemigo revuelven. El indio viéndolos regresar parte a correr, entonces le tiran un balazo, cayó en la misma esquina de la torre muerto, y lo sacaron al soldado de entro del fuego apenas.

El 16 de setiembre nos retiramos para Mohosa, donde estuvimos.

El 12 de setiembre por la noche el capitán don Miguel Mamani le había asaltado a un Manuel Lima indio originario, en su casa propia de Pallata cerca del anexo de Lirimani. Lo sacó de su cama, lo llevó a la loma de Huayrayaña una legua corta de su casa, que es el alto mismo, y lo mató a palos y a pedradas. Este Lima sabía leer y escrebir, había estado mandando un parte al enemigo, el que llevaba se lo entregó a Miguel Mamani. Este después de haberlo asesinado dio parte al comandante Lira. Este se enojó malamente y lo tuvo arrestado como dos meses a Mamani.

El 2 de octubre levantamos el campo de Mohosa para Pocusco.

El 3 de dicho mes al pueblo de Machaca.

El 4 entramos al pueblo de Palca.

El 9 salimos de este pueblo y el 10 entramos al pueblo de Yani adonde vinieron a reunirse el comandante Álvarez con 22 fusileros, que éste andaba por los partidos de Morochata, Chinchire y Calchani; el comandante don Francisco Carpio con 20 fusileros, que éste vino de los lados del Vallegrande; el comandante don José Manuel Chinchilla con otros 20 fusileros; y el comandante don José Domingo Gandarillas con 15 fusileros, que éstos andaban por lado de Mayramonte y los [f. 97] partidos de Choquecamata, Pucarani, Tunari y Anjueluni, y por todo se reunieron 159 bocas de fuego porque el comandante don Eusebio Lira tenía 60 fusiles y 22 carabinas, 82 por todo. Y así estuvimos en este punto de Yani.

El 22 de octubre levantamos campo para el pueblo de Tapacari todos reunidos.

El 24 entramos.

El 26 y 27 nos colocamos en el mismo alto del pueblo de Arque, divisando este pueblo de una altura a las 2 de la tarde sólo Lira porque los demás se quedaron en el mismo pueblo de Tapacari. En Arque había estado un comandante del rey don Francisco Guerra con 60 hombres armados, e íbamos a asaltarlos. Dispone del alto el comandante Lira: a don Pascual García, que era ya capitán, le dice que se baje con su compañía, que era de 40 hombres armados y 60 de los cívicos (hoy nacionales) de a caballo, por un camino de una quebrada que desemboca al mismo pueblo de Arque con nombre de Vallca; que no se deje sentir ni ver por ningún modo con el enemigo; que estando ya en el río deje la mitad de la tropa en el camino que entra de Cochabamba y con la otra mitad pasase por el río a cortar el camino que sale para Colcha, que él con todo el resto de la tropa entrará por una quebrada; a las 8 de la noche que se asome ya al pueblo a asaltar, o algo menos, por dos puntos; que algunos de la caballería se quedase nomás en la orilla del pueblo, o como 25 hombres, 10 cívicos y 15 armados, que el fin era asegurar los caminos.

El enemigo sin saber nada esa tarde se había estado. Un indio saliendo del dicho pueblo de Arque regresó viéndonos, entró de carrera, dio parte de todo lo que nos vio. En el acto se salieron, disponiéndose un poco, para el pueblo de Colcha y más adelante a Berenguela, mucho más antes de que el capitán García llegue al río, y pasada la oración [f. 97ᵛ] entramos al pueblo vacío. Al siguiente día recogimos dos tercerolas y un sable rico. Al otro día 29 de octubre nos retiramos para Tapacari. El 30 nos entramos a este pueblo. El 1º de noviembre vuelta se reúnen estos comandantes en el mismo pueblo. Allí cada uno quisieron ser un general queriendo desarmarse unos a otros. Nosotros teníamos más un cañón: cargando con metralla esperamos en la puerta del cuartel porque los demás comandantes iban a una contra Lira queriendo desarmar y repartirse de su tropa haciendo siempre reminiscencia de los tratados que hizo con el señor virrey, seduciendo a todos los de la tropa. Esa noche no hubo novedad alguna.

El 2 reúnense todos los comandantes en casa de un don Francisco Alcócer (alias el Calahaliri) excepto el comandante Lira. Lo hacen llamar a las 11 del día para que asista allí. Este en el acto ordena que 25 hombres de guardia fuese a la puerta, porque todo lo sabía y lo que decían le comunicaban de entre ellos mismos. Por fin fue bien armado. Allí habían estado todos los oficiales de todas las tropas pero sin armas. Entonces ordenó Lira, poniendo a un oficial de guardia (que era el teniente don Manuel Patiño, de la tropa de Lira) que de ningún modo consintiese el oficial de la guardia estar con arma de ninguna clase. Todos se desarmaron, más de cuarenta capitanes u oficiales, entre capitanes de cívicos y aun de indios.

Entonces dijo Lira que habiendo llegado este rato feliz de que se habían reunido todos los hijos de la Patria en este pueblo, era para él de grande gozo y alegría viéndose en el centro de sus compatriotas y compañeros de armas, pero que a pesar de este júbilo que tenía tenía otro sentimiento que penetraba el dolor a su corazón de las opiniones que cada uno tenían de querer seguir una anarquía desoladora en un poquito de hombres, que no era más que hacer odiosa [f. 98] nuestra causa tan justa que es la que hemos abrazado; dar que sentir y llorar a los demás patriotas que esperarán tal vez ansiosos algún resultado feliz aunque sea por pocos días por la ninguna fuerza que tenemos para superar al enemigo; al mismo tiempo dar un escándalo a los mismos que estamos aquí como verdaderos defensores de la libertad que no aspiran más que el bien del estado de la América; por último no es más que dar margen a criticar al enemigo contra la opinión de la causa de la Patria por nuestro proceder tan vil siendo tan pocos.

—Y así no es caso compañeros dar esta pesadumbre aun a los jefes que nos anuncian vienen ya a dar libertad a todos nosotros y a todo este continente. Para precaver este paso tan horrendo cortemos, pues que está en nuestras manos después de la del hacedor del universo el remedio y nuestra felicidad; no le demos ese placer a nuestros enemigos para que guiados de esta conducta desaliente a un patriota el vigor de que se halla revestido para defender los derechos de nuestra Patria. Ya que nos hallamos reunidos todos aquí combinemos a pluralidad absoluta de votos nombrar un comandante en jefe que tenga el mando absoluto sobre todos nosotros, que al que salga con más votos obedeceré y estaré sujeto en todo lo que ordenare en servicio de la Patria, y en todo todo reconoceré superioridad; si gusta entregaré las pocas armas que tengo y pongo desde este momento a disposición de dicho jefe.

Todos combinaron en este parecer y dijeron que se hará mañana a las 10 del día y que no falten a esa hora. Volvió a decir el comandante Lira que el enemigo estaba cerca y no hubiera lugar para el caso, que entonces se quedarían en lo mismo o peor que antes:

—Ya que estamos reunidos ahora aquí que se haga de una vez tal elección, que no es bueno postergar para [f. 98ᵛ] mañana porque estamos en país enemigo o muy cerca de ellos.

Aceptaron la propuesta todos unánimes. Entonces lo hicieron llamar a un don José Manuel Revollo (que dijo era teniente coronel de la Patria, vecino del valle de Caracato, que repentinamente pareció en este pueblo). Presentado que fue en la junta ésta lo sentaron allí, le comunicaron la cuestión. Empezaron con el nombramiento del presidente: fue nombrado don José Manuel Revollo. Siguieron nombrando al jefe que los ha de gobernar y salió con nueve votos más el comandante don Eusebio Lira. Bajo de sus palabras de honor y bajo de sus firmas reconocieron de comandante en jefe al comandante Lira. Entonces recordaron la instrucción del señor coronel mayor don José Domingo Frenches para que bajo de esas bases se manejasen y se observase puntualmente todo lo que decía en dicha instrucción. A esto el comandante Lira replicó que la tal instrucción no era mandada por el jefe de quien se hace mención sino que estaba hecha en Pocusco como la proclama; que más bien lo hiciesen otra ahora entre todos para su observancia. Entonces dijo el comandante don Francisco Carpio que esa instrucción (después de releer bien) estaba muy bien hecha y muy bien fundada, que no eran capaces de hacer mejor; que tuviese su vigor y se cumpliese exactamente todo lo que contiene en ella; que él no faltará en cuanto a sus artículos, que observará al pie de la letra. A esto siguieron los demás en que estaba muy bien dictada la tal instrucción, que guardarían y cumplirían en todas sus partes esté hecha donde fuere pero que habían acordado bien los autores, y que se lleve a debido efecto. Se vio Lira convencido en esta parte. Sacaron todos un tanto autorizado por Revollo [f. 99] que presidía la junta. Así se cumplió este acto a las 8 de la noche felizmente quedando contentos todos a excepción del comandante don José Domingo Gandarillas. Luego se retiró la guardia. Todos quedaron en paz, en tranquilidad y en orden en todas las tropas.

El 3 de noviembre ya el enemigo ocupó la playa de la Ramada cuatro leguas distante de Tapacari. Lira mandó una guerrilla de 25 armados al punto de Combuyo.

Al día siguiente 4 a las 2 de la tarde tuvieron su tiroteo en el lugar de Calavinto mismo. Ahí le tocó una bala a un don Melchor Pacheco vecino del pueblo de Carasa, un brillante joven, y no hacía ni cinco días que se entropó al piquete del comandante Lira que éste lo mandó y lo nombró de alférez de caballería; otro soldado muerto y seis heridos, dos malheridos; del enemigo sólo un herido.

El 5 estábamos en el mismo pueblo. Esa noche ya dispuso el comandante Lira: a la caballería mandó a la playa del pueblo de Tapacari, a la infantería a la cuesta que va a Leque; Gandarillas y Chinchilla al otro extremo en el alto de Santa Bárbara que hace nuestro costado izquierdo; la mitad de la infantería en los reparos que sale a Oputaña. Así esperamos al enemigo que venía, 260 hombres, y así que entre al pueblo dar fuego por tres partes. Viene ya la caballería enemiga pegada a la misma rinconada del puente del pueblo. Nuestra caballería que se hallaba en la playa a la fuerza tuvieron la necesidad de replegarse al centro. El enemigo venía medio circulando por la parte del Río Grande el pueblo.

El 6 de noviembre a las 2 de la mañana antes de que bien amanezca el día ya empezaron a tirotearse las avanzadas en la orilla del pueblo al otro extremo, por el lado de la Tejería [f. 99ᵛ] que se entra por Cochabamba. Se batían fuertemente el trozo nuestro al otro extremo como quien va uno para Leque. La caballería enemiga, como digo, estaba circulando: nosotros todo lo veiyamos pasar. Los comandantes en la plaza, excepto don Pedro Álvarez porque estaba al subir la cuesta de Linco para Leque. Así estuvieron los comandantes en la plaza, cortados por las bocacalles que se van al trozo.

Entonces el teniente don Manuel Patiño (que estaba con su compañía de infantería junto a unos reparos que habían en la orilla de dicho pueblo de Tapacari) ve ya más claramente a la infantería enemiga que pasaban sigilosamente por encima y nosotros al pie con más silencio. No pudiendo ya Patiño desentenderse viendo a los enemigos mandó dar fuego donde cayeron tres muertos del enemigo; luego graneamos el fuego. Oyendo los traquidos fue que los comandantes salieron de la plaza. Lira escapó brincando una corta pared a caballo juntamente con el comandante don Francisco Carpio; el comandante don José Domingo Gandarillas y don José Manuel Chinchilla brincando una pared a caballo a la misma calle donde estuvieron posesionados el enemigo, luego fingieron ser oficiales de ellos mismos. Salieron éstos al costado izquierdo y se posesionaron del cerrito de Santa Bárbara adonde se replegó nuestra avanzada con fuego porque ya los iban cortando y no podían replegarse a nosotros. Entonces dejaron el avance a los que se hallaban en Santa Bárbara y cambiaron el frente a la izquierda, y todo el trozo se nos cargó tanto que nos sacó cuesta arriba por Linco, y como 40 hombres nomás lo sacaron al comandante Gandarillas y Chinchilla por la loma de Chorco en el alto de [f. 100] Santa Bárbara.

A las cuatro cuadras de que nos avanzó nos ganaron el cañón porque lo mataron la mula que cargaba. Nos iban ya a tomarnos prisioneros a cuatro soldados. Revuelven los comandantes Lira y Carpio: atropellaron a más de 15 hombres de caballería enemiga con cuatro hombres de a caballo, los hicieron correr ligeramente volviendo caras, donde atropelló Carpio a uno y lo mató a fuerza de dar sablazos; de que éste cayó del caballo Carpio se apeó, le quitó la tercerola, se salió tirando el caballo que ganó y otro ensillado más de otro que cayó malherido.

Así nos fuimos siempre en retirada. A las 7 de la mañana se me quebró la caja de un balazo estando tocando yo; agarré otra. Estuvimos en un mogote reuniéndonos e hicimos allí una defensa buena. A poco ya Lira se entró a la carga; atrás de él se entraron seis hombres, un capitán de cívicos de Chinchiri don Pedro Moya, un sargento de nuestra caballería, yo atrás de éstos tocando mi caja. Los demás hicieron alto, como son el comandante Carpio y el comandante Álvarez. Con Lira nomás avanzamos como dos cuadras. Lira reparó que la retirada del enemigo era falsa porque ya nos había estado cortando por nuestro costado izquierdo. Revuelve Lira, a la carrera nomás nos dice:

—Muchachos, ya nos van cortando la retaguardia. Media vuelta, al trote.

Así lo hicimos. Todos estuvimos a pie. Corrimos como dos cuadras. Atrás de un morro encontramos nuestras cabalgaduras, en el acto montamos y seguimos la marcha en retirada. De más arriba de otro morro nos protegían con fuego. En este estado ya cerca de la tropa al reunirme se empacó mi animal. Al momento me apeé e iba dejándolo mi caballo ensillado porque ya no podía dar un paso adelante. Alcánzole la caja a un soldado [f. 100^v], éste se fue con ella. Me quedé enteramente, como quiera iba. Encuéntrame Lira y me dice:

—Monta a las ancas del caballo.

No podía montar. Me agarró del brazo a querérseme botar a las ancas de su caballo, no podía, menos podía yo brincar porque el caballo era alto y estaba bailando. Por fin se vio en apuros el comandante Lira por librarme, y más apurado me vi yo porque venía el enemigo en muy poca distancia. Entonces decía el comandante Lira al capitán García que estaba a caballo:

—Por Dios mi capitán, échese al tambor a sus ancas.

Este se vio en los mismos apuros sin poderme hacerme nada conmigo. Así pues iba como podía cuesta arriba. Cuatro hombres de caballería enemiga venían casi sobre mí. Entonces trastornando yo una lomita me eché al suelo, después de cuatro pies me encajé a una quebradita muy ridícula, como había algunos matorrales me perdí. Los que venían muy cerca de mí avanzando se pasaron adelante por un lado donde yo estaba que era costado izquierdo nuestro.

Ya reunidos Lira con Carpio y Álvarez como con 50 hombres de infantería y como 30 de caballería sostuvieron con fuego por entro de los matorrales. Los hicieron retroceder al enemigo como dos cuadras donde hicieron alto reuniéndose. No avanzaron más, regresándose a Tapacari y yo me reuní con la tropa. Allí dejaron dos muertos los enemigos en ese corto trecho. Duró el fuego desde que antes amaneció hasta las 11 del día. Murieron de nosotros 11 hombres y 12 heridos, cayeron tres hombres prisioneros: un capitán Zamudio de la tropa de Carpio, un sargento de caballería Manuel León natural del Paraguay, y un soldado Infante, que en Tapacari los [f. 101] habían fusilado a todos ellos don Agustín Antezana. Del enemigo murieron cuatro y tres heridos: Esa noche un soldado de caballería nuestra llamado Juan Alvarado, de Mohosa, se había disparado su caballo, y siguiendo tardó y luego de que montó se había entrado a la plaza, se interpoló al enemigo y medio ebrio salía avanzando, se retiraba con ellos (porque en una calle contuvimos largamente, y no claro el día todavía); éste tenía espada nomás, así que los conoció que eran enemigos se pasó a nosotros.

Nos retiramos a Leque, pasándonos el 7 de noviembre a Palca.

El 8 de noviembre, estando acampados en Buenavista antes de llegar al pueblo Palca llegó un oficial natural de la ciudad del Cusco con un compañero que tenía, éste con su fusil, ambos montados. Este oficial dijo a la pasada nomás en que venía a protegerse, que era oficial de la tropa de la Patria del coronel y comandante doctor Muñecas de la guerrilla de Larecaja (que dicen era eclesiástico, cura de la catedral del Cusco). A Lira lo encontró en el mismo pueblo de Palca donde presentado todos sus credenciales al siguiente día 9 ya lo hicieron reconocer de capitán; se llamaba don Eugenio Moreno; y a su compañero lo hizo sargento segundo, don Manuel Miranda.

El 11 nos encaminamos a Machaca.
El 13 a las 12 de la noche nos bajamos de este pueblo Machaca para el pueblo de Mohosa.
El 15 entramos.
El 22 a las 10 del día trabaron una riña con este nuevo capitán don Eugenio Moreno y un sargento primero don Andrés Vázquez, hombre orureño. Este le dijo a Moreno en que era un pícaro entrigante, que él lo entregó al doctor Muñecas, que no sabía el comandante Lira a qué pájaro lo había llamado a su compañía. Moreno se quejó al comandante Lira. Este le reprendió ásperamente al sargento don Andrés Vázquez. Contéstale entonces el sargento con súplicas al comandante aun hincándose; en presencia del capitán Moreno le dice a éste que lo conoce muy mucho, que lo mismo Moreno a él; que Moreno fue el que lo entregó al doctor Muñecas que por su causa ha sido pillado y muerto a manos del enemigo; que Moreno no venía emigrado ni era capaz de venir así, que tal vez vendría pagado del enemigo a hacer algo con el comandante Lira; que sintiendo eso por tanto lo delataba [f. 101ᵛ] no por perjudicarlo porque no tenía motivos para denigrar su honor, que tal no tiene; y si Lira tiene lástima Moreno no le tendrá lástima a Lira, y que tenga presente este dicho; que él, Vázquez, es hombre nacido en la América pero que su conciencia y opinión no le permitía callarse, que por lo mismo lo delataba; que tampoco quiere que le hagan nada sino que se desprenda de este hombre.

Moreno callaba, no decía más que le está faltando Vázquez al respeto al comandante con semejantes expresiones. Lira lo apoyó a Moreno desentendiéndose de todo lo que dijo Vázquez y lo arrestó. Con muchos empeños salió del arresto, se presentó pidiendo licencia temporal a Lira; no le fue concedida. El 20 de noviembre por la noche se desertó, se fue a los lados de Oruro su país dejándole una carta escrita a Lira en el que le decía que el capitán Moreno a quien le ha apoyado tanto es un enemigo que tiene a su lado; que Vázquez pedirá a Dios para que no le suceda a Lira una desgracia porque Moreno era un entrigante; que por causa de él murió el doctor Muñecas; que estando éste emigrado y escondido en el monte lo hizo pillar Moreno siendo su oficial; si Lira no se desprende tendrá que acordarse y llorar sin remedio; que tenga siempre presente lo dicho. El comandante Lira no hizo aprecio de la carta, mas bien se lo mostró a Moreno. Este quedó muy satisfecho por el cariño con que le distinguía. Vázquez todavía le escribió otra carta más a Lira de Caracollo; ésta hizo lo mismo de mostrárselo a Moreno; nunca por nunca hizo aprecio.

El 9 de diciembre salió una partida de 30 hombres de infantería

AÑO DE 1816 109

al mando del capitán don Eugenio Moreno al pueblo de Caracollo, donde fui yo con el dicho Moreno por saber lo que hacía más, [f.102] y como supo de que el sargento don Andrés Vázquez estaba en este pueblo me entró la curiosidad de ver el encuentro, pero no se vieron. El 10 a las 7 de la mañana entramos a Caracollo donde lo pescamos a un don Francisco Borja Navarro, cacique gobernador que fue de la doctrina de Mohosa (hoy corregidor), acérrimo realista, por cuyo motivo andaba emigrado de su pueblo y de su casa, que por una casualidad cayó preso. A las 11 del día se apresuró Moreno a quererlo fusilar, le mandó amarrar contra la peaña de una cruz grande que había en media plaza haciéndole vendar los ojos, luego mandó que le tirasen allí; un soldado moreno se acercó, le dio cinco rastrillazos apuntándole, no se prendió. A esto yo fui corriendo ande el capitán Moreno y le dije no lo fusilase tan apresuradamente, que era tío político del comandante Lira (porque este Navarro estaba casado con la hermana de don Dionisio Lira, padre del comandante don Eusebio Lira).

Ordenó entonces que hiciesen alto, lo desataron y determinó al momento lo llevasen preso, que lo asegurasen en una cuadra. Lo hicieron así. Entonces don Francisco Navarro había hecho traer aguardiente, tomó, vuelta hizo comprar, había tomado en tanto extremo que se había embriagado enteramente y no estaba casi en sí; allí se había hecho fuerte a no querer salir del cuarto donde había estado y había empezado a hablar tanto disparate contra la Patria que ya no era un hombre capaz de sufrir. A la fuerza lo hizo sacar Moreno como arrastrado hasta una de las esquinas de la plaza para llevarlo a bestia. Mas como estaba cerca el enemigo en Oruro y los indios que gritaban del campo en que el enemigo estaba ya cerca, viendo esta resistencia y oir hablar tantas cosas en contra de la causa de la Patria ordenó el capitán don Eugenio Moreno que le tirasen; en la misma esquina [f. 102ᵛ] de la plaza murió. Allí lo dejamos el cuerpo y nos salimos hasta Panduro de donde nos dirigimos por el pueblo de Colquiri a Mohosa.

Cuando salimos de Caracollo echamos voces de que pasábamos para el pueblo de Sicasica, y el 13 de diciembre nos entramos a Mohosa. Al momento pasó orden el comandante Lira al comandante don Pedro Álvarez que se le reúna con toda su gente.

Obediente vino el día 18, se reunió, como asimismo el comandante don José Domingo Gandarillas con su gente armada.

El 20 se fue Gandarillas con su gente para el lado de Palca con orden del comandante en jefe don Eusebio Lira.

El 22 había llegado al punto de Puchuni, anexo de la doctrina de Yaco, el gobernador intendente de la provincia de La Paz (hoy departamento) don Juan Bautista Sánchez Lima con 600 hombres. Allí lo había pillado a un indio, Vicente Canua. De que llegaron a esta estancia le mandaron al indio por agua. Mientras tanto trabucaron su casa: encontraron una orden que como a capitán le había pasado Lira en que reúna toda la gente de su cargo. Lo llevaron al pueblo de Quime preso, el 23 lo fusilaron.

Este día de la entrada a Quime un tal Manuel Mamani venía a saludarlo a Sánchez Lima a mula. Pasaron seis hombres de caballería (esto fue a las 5 de la tarde), siempre seguía caminando Mamani. Un oficial con tres hombres de infantería estaban parados en un morro en el camino que va al pueblo de Inquisivi en el frente del pueblo de Quime. Iba a saludarlo al oficial este Mamani. Al tiempo de quitarse el sombrero manda el oficial a los tres soldados que estaban consigo a que descarguen al indio. Los tres descargaron y cae muerto de encima de la mula, lo dejan el cuerpo en el sitio, se va el oficial llevándose la mula ensillada todo [f. 103] corriente.

Sánchez Lima, que estaba mirando toda esta acción de la orilla del pueblo de encima de una pared, le llama al oficial y le dice.

—¿Qué mula era ésa ensillada?

Responde el oficial:

—De un alzado atrevido.

Dice entonces Sánchez Lima:

—A ver, baje las alforjas y registre. Puede tener algunas órdenes de los alzados.

Registra y saca unos papeles de servicios hechos al rey de España, resguardos como certificados del subdelegado don Francisco España y de otros jefes más realistas como de un don José Joaquín Blanco, don Jerónimo Lombera, ambos coroneles y comandantes generales. Entonces empieza a retarlo al oficial el gobernador Sánchez Lima. Después manda a los soldados con un capitán a que lo traigan el cuerpo de Mamani, hace meter a la iglesia, manda a que le cuesan una mortaja, le cuesen de madapollán bien ancho, y con misa de cuerpo presente lo hace enterrar con el capellán doctor don Dionio Lobatón haciendo mucho sentimiento. Vea el lector que hasta un mero oficial mercenario mataba sin proceso ni saber quién es. Al día siguiente se pasó Sánchez Lima para el pueblo de Inquisivi y sus tropas al pueblo de Capiñata.

El 25 de diciembre llega Sánchez Lima al pueblo de Cavari. A la entrada nomás lo mataron a un don Juan Manuel Pimintel natural y vecino de la villa de Oruro, sin más delito que haberse estado sentado en su puerta, anciano; se estaba éste con la satisfacción de decir:

—Al que está en su casa no le hacen nada. Más bien es peligroso el andar escondiéndose o ir a los montes.

Así dicen que no quería éste huir. Los paisanos del pueblo lo querían llevarlo y él no quiso moverse.
El 26 de diciembre pasan a acampar en el anexo de Sihuas. El comandante Carpio venía como retirándose de Cavari, que allí había estado con su tropa, y se hallaba a su [f. 103ᵛ] frente en Huarahuarani. Para por la noche había ordenado Carpio que el capitán don Pablo Montalvo baje de avanzada con ocho hombres de caballería a un punto cerca de Tojooma, camino que va a Parutani, y al capitán don Miguel Mamani al mismo camino real de Tojooma con cinco hombres armados y siete indios con orden de que siempre que venga el enemigo dar un tiro y reunirse con el comandante Carpio en Huarahuarani; al capitán Montalvo lo mismo.
Vanse estos capitanes según lo ordenado. A las 9 de la noche bájase el enemigo de Sihuas tomando el camino para Tojooma. El capitán don Miguel Mamani según la orden da el tiro y se había salido no a reunirse con el comandante Carpio sino que se había ido para arriba al punto de Umani. Ni Carpio había oido el tiro que dio Mamani ni menos Montalvo. Ya habían salido a Huarahuarani los enemigos. Prienden la casa de don Damián Pacheco que era el arrendero de esta estancia. Entonces nomás sale el comandante Carpio al escape para arriba a Umani. Sienten los del rey y le dan sólo un descargue de 25 hombres de guerrilla que había ido por delante. Oyendo los tiros se sale el capitán Montalvo conforme le ordenó el comandante Carpio, pensando fuese el tiro del capitán Mamani. Ya el enemigo había ocupado el trecho mismo en donde estaba Carpio, y reparando Montalvo que no era el campo de Carpio sino del enemigo se revolvió a la carrera. Le echan la voz del quién vive. Responde Montalvo:
—¡Oficial de la Patria!
Conociéndole por la voz don Diego Mosquera (natural y vecino del pueblo de Ichoca, de los Valles) que estaba con el enemigo, lo llamó por su nombre asegurando que no [f. 104] era el campo del enemigo sino el de Carpio y aun echando vivas a la Patria. Oyendo estas voces se entró al centro de los enemigos, cuando quiso correr ya se le cargaron, lo hirieron en el brazo y le cortaron la chuquizuela de la rodilla, y como su sable se había quebrado en la defensa que hizo lo tomaron siempre; al cabo cayó prisionero, escapando la escolta que tenía a su cargo, y como entrase el capitán primero él solo fue el que cayó.
Al día siguiente a las 8 de la mañana lo fusilaron bien auxiliado (porque tenían su capellán, el doctor don Dionisio Lobatón), le cortaron la cabeza, lo mandan a La Paz, lo pusieron en una de las entradas de la ciudad. Luego botan partidas esa misma noche los ene-

migos. En el alto de Parutani lo encontraron a un indio Mariano Condori, que éste había ido a ver dónde habían acampado los enemigos, a caballo con su lanza, de su estancia Parutani. Se encontró con el enemigo esa noche, lo tomaron y lo mataron, le cortaron la cabeza y lo ponen en un paso en la abra de Tujuta.

Sabe Lira el 26 de diciembre de que el enemigo había entrado al pueblo de Cavari al mando del mismo gobernador don Juan Bautista Sánchez Lima y el gobernador subdelegado de Sicasica don Francisco España. Entonces le pasa orden al comandante Carpio en que le tome la retaguardia al enemigo y que él lo aguardará de frente (porque estábamos en Mohosa).

El 27 levanta campo el enemigo con dirección para Pocusco. En el camino se encontró con un indio quien había estado yendo con todos sus papeles de credenciales ande el comandante don Francisco Carpio. Entonces el enemigo le dice al indio:

—Que lo amarren a este alzado contra la Patria, y seguramente estará yendo éste ande los realistos.

A esto el indio replica que él al contrario es patriota según estos documentos, que ha ido hasta Salta y ha regresado con órdenes y la contestación al comandante Lira [f. 104ᵛ]; toda la comunicación de todos los patriotas pensando que fuese Carpio le mostró todo. Registraron todo, en el mismo sitio lo fusilaron (en el sitio Pucara, más arribita de los molinos de Quiri), le cortaron la cabeza, mandaron a La Paz; le cortaron los brazos, mandaron poner a la abra de Huancaraca, el alto de Pocusco. Se llamaba el indio Pedro Choque, natural y vecino de este Pocusco (alias el Jacha Pedro porque era de una estatura bien alta).

Más arriba de este trecho los pescaron a dos indios trabajando sus sementeras de papas, los matan a bayonetazos a ambos. Entran a Pocusco, echan vivas a la Patria, echan voces en que era el comandante Francisco Carpio, se juntan algunos indios cargados de leña, de carne, papas y otros comestibles, y afusilan a siete indios que no tenían más delitos que ser hombres nacidos en el suelo americano y amantes a la humanidad de sus semejantes pues que les llevaban que comer, entre éstos a varios ancianos.

Vivía en esta hacienda de Pocusco un mozo, de arrendero, llamado Bernardo González. Había otro Bernardo González en la doctrina de Punata en los Valles de Clisa. Como igualase el mismo nombre y apellido pregúntale un soldado del rey quién era, qué se llamaba, de dónde es (viéndole blanco, y su mujer lo mismo y aun de ojos azules rubia). El otro avísale todo, su nombre, quién es y de dónde. El soldado, cabo o sargento, le dice:

—Éste es un gran alzado, éste es del valle de Punata, un gran caudillo. Lo matan, le cortan la cabeza, y lo lleva a presentarlo a Sánchez Lima. Este señor se ríe y lo agasaja al que hizo esta obra. Vea el prudente lector que los sargentos y soldados estaban facultados para asesinar en estas Américas. Este Bernardo González de Punata era capitán de milicias de su pueblo [f. 105] por la Patria, también era condecorado con una medalla; era de la estancia de Paracaya o de Yacamuyo en Punata.

El 29 de diciembre a las 8 del día el enemigo levanta campo de Pocusco. A las 10 del día ya se aproximaron de todo el alto de Queroma, que es la abra de Chuaraca caminando para el pueblo de Mohosa. La Patria salimos de Mohosa a las 4 de la mañana. A las 8 estábamos en todo el alto de Calasaya o en Yayipaya donde armamos todas las tiendas de campaña. Ya divisamos al enemigo a nuestro frente, en alguna distancia sí como dos leguas largas. Entonces estábamos reunidos con el comandante don Pedro Álvarez que tenía 24 bocas de fuego y Lira 82, por todo reunidos 106 hombres con armas de fuego, fuera de 60 hombres de caballería con sables y algunas lanzas. Era el total del enemigo su fuerza de 600 hombres. Indiada ninguna teníamos porque no hubo tiempo para que se reúnan por la rapidez de las marchas del enemigo y la entrada a sangre y fuego. A las 11 se bajaban ya de la altura. Entonces mandó Lira una guerrilla de 25 hombres armados de caballería, entre ellos ocho oficiales donde yo también fui.

A las 12 se reunían en Saquispaya, que es un trecho pasando el río como un cuarto de legua para arriba, y 100 hombres de caballería se vienen así a [hacia] nosotros solamente de guerrilla, más traiyan a un cazador infante en las ancas del caballo. Algo cerca ya rompimos fuego a discreción pero ellos no nos hacían aprecio, ni nos miraban siquiera, siempre seguían marchando. Nosotros nos retiramos viendo su fuerza. Entonces se nos cargaron tanto de caballería como de infantería 200 hombres [f. 105ᵛ] sólo de guerrilla, así es que nos retiramos a prisa o nos corrimos, y nos avanzan infantería y caballería como un cuarto de legua, hasta reunirnos. Luego nos reunimos en nuestro campo, ya se había levantado. Se lo di a Lira la tercerola que llevé y agarré mi caja.

En la corrida nos paramos y nos formamos en una cuchilla, punto sin igual de ventajoso para nosotros que es pasando una quebrada con nombre de Llachipaya. Allí hicimos la defensa como hijos del valor contra tanto enemigo, que es en una falda en el cerro de Chicote llamada Tomaycuri, que parece una raya en una pared camino muy estrecho y peligroso. Pasando la dicha quebrada venía avanzando un soldado de caballería del rey, le dan un tiro, cae del caballo muerto, el caballo se pasó a nosotros; venía otro, lo mismo le sucedía. Así ganamos cuatro animales ensillados y dos bocas de fuego con un sable. Entra el teniente don Manuel Patiño (que ya dije era vecino de La Paz) con su fusil, lo aguarda a uno del rey que venía avanzando el primero, entre ambos se dieron el descargue a quemarropa y ninguno de ellos se lograron el tiro, Patiño alza una piedra, le tira en todo el pecho un poco más al lado del hombro izquierdo, cayó el soldado a un barranco donde seguramente perecería porque allí no hay como se salve un hombre.

Entonces divisa el comandante Lira que el enemigo nos iba tomando ya la altura por nuestro costado izquierdo, guiados por tres indios vecinos de la doctrina de Mohosa llamados Pascual Ajalla, Dionisio Condori y [f. 106] Mateo Velarde amedallados todos ellos. Entonces nos mandó que nos retirásemos todos dejándolo al subteniente don Gregorio Andrade y Moya, natural y vecino del pueblo de Mohosa, con ocho hombres de infantería conteniendo la carga al enemigo. Tomada nuestra altura, como dije, ya nos iban tirando con galgas de piedras. Mandó Lira entonces en que nos replegamos al trozo, en el acto lo hicimos. En retirada se fue Lira adelante de nosotros, luego le seguimos en la retirada. Despacio sale el enemigo a todo lo llano y nos avanzan sin dar lugar a que tome disposición alguna, así corrimos conforme podimos. Ya al trastornar un recodo Lira había estado esperándonos con nuestros animales ensillados.

Montamos y seguimos la retirada. Lira iba delante de mí, atrás de mí venían el capitán García y el teniente Patiño, los cuatro nos quedamos por últimos. Lira iba con mucha pausa. El camino era tan estrecho que no podía uno adelantarse, lo mismo que una raya en una pared, como el trecho que desamparamos que desviándose un poco uno no pasaba un hombre porque era una peña viva. Al fin lograron el capitán García y el teniente Patiño adelantarse del modo posible, Lira y yo nos quedamos. Las balas que llovían no nos dejaban resollar un momento porque el enemigo venía en evolución de avanzar ganando terreno por mitades de compañía: 40 hombres se ponían del camino a un lado y nos daban fuego a discreción y otros 40 venían avanzando sin dar un tiro; de que éstos se cansaban un poco se ponían del camino a un lado y nos daban fuego y la otra mitad venía asimismo avanzando, tal que nos vimos en las últimas fatigas sin poder [f. 106ᵛ] defendernos ni poder atender a los que nos daban fuego ni a los que nos avanzaban. Decíale yo al comandante Lira:

—Mi comandante, por Dios pique usted un poco más porque si no somos víctimas, mira que perecemos si usted no pica.

E iba yo en las costillas del caballo porque no era para menos el trance en que me vi. A poco rato me dice el comandante:
—Pasa adelante y toca a reunión en aquel morro, que se ponga la gente allí.
Con esta expresión iba torciendo la rienda de su caballo para que yo pase adelante; en esa misma postura le tocó una bala a su caballo, le entró la bala por el pecho y le salió por la costilla, donde cayó muerto. Lira sale corriendo a pie tras de mí, correría como tres o cuatro cuadras, ya se cansaría seguramente (porque era un hombre bien gordo), entonces me dice:
—Tambor mayor ¿qué haré, hijo, si ya no puedo dar un paso?
Se paró.
—Aquella gente no viene —decía por los nuestros.
Viéndolo a mi jefe en un estado tan peligroso me apeé del caballo y le di para que escape, en el acto montó, me hizo pisar el pie al tiempo de adelantarse y de un tropezón me botó para abajo. En este caso no tuve más que agarrar una cuantas ramas y tirarme por encima de la cabeza a fin de que no me viesen los enemigos que venían avanzando en muy poca distancia, principalmente el gobernador intendente Sánchez Lima venía en una mula o macho pardo atrás de seis hombres de infantería que venían con dos oficiales así también adelante, y le gritaba al comandante Lira:
—Alzado, insurgente contra el rey, contra la corona, parate si sois hombre [f. 107], aquí estoy tu gobernador de La Paz Sánchez Lima.
Así se pasaron muy cerca de mí, mas como fuese mi caída al trastornar un recodo no me vieron, que si no cuanto antes soy víctima. En la media falda hacen alto los enemigos y descansan, mientras tanto me entré más a la quebrada y monte aentro me fui, por abajo di la vuelta a reunirme con la tropa donde había estado Lira. Seguimos siempre la retirada. Se levantan los enemigos, siguen avanzándonos con un fuego vivo. Ya al bajar al río hizo vuelta alto el avance el enemigo donde nosotros también nos paramos. Entonces dice Lira siempre en mi caballo:
—Muchachos, vamos bajando despacio al río.
Desfilamos todos. Al capitán Moreno Lira lo destinó a retaguardia sosteniendo la carga al enemigo con 15 hombres de caballería, lueguito se bajaron éstos y Moreno por últimas. Yo que estaba descansando un poco me dice el capitán Moreno:
—Tambor mayor toca una diana, ya el enemigo se ha regresado.
Yo creyendo verdaderamente se hayga regresado el enemigo iba trasteando mi caja para tocar, cuando este dicho había sido máxima de Moreno a fin de que hagan alto los soldados porque se había visto

en apuros; perdió cuatro hombres de los 15 que tuvo, habían muerto dos a bala y dos a sablazos.

Bajó Moreno a la carrera, en pos de él cuatro hombres de caballería enemiga batiéndole los cortes. En el acto me levanté y empecé a tocar el ataque y seis soldados nuestros empiezan a dar sus descargas. Se regresaron un corto trecho los del rey. A poco rato de repente se nos cargaron como 100 hombres y más de infantería. Entonces emprendimos la carrera para abajo, toda nuestra tropa conforme iban corriendo se iban dispersándose en ambos costados del monte, que así era el camino [f. 107ᵛ]. Tal era la dispersión que no llegó un soldado al río. Yo era el más último que me bajé y fui el primero que llegué; puesto yo en la playa no podía dar un paso adelante de cansado y con la calor. El enemigo tomó ya también la playa. Yo quería correr por el monte, ya también estaba distante. El enemigo me llamaba:

—Tamborcito venite, serás perdonado. No te hemos de hacer nada como te pases porque de otra suerte no has de escapar.

Yo respondía:

—Ya me vengo señor, ya me vengo señor —por repetidas veces.

Llego a la orilla del río, me daba ganas de botarme al agua, morir allí más bien que a manos de aquellos carniceros. En estas andanzas medio me asomé a una corta montañita cerca que había de unos cuantos matorralitos y encuéntrome con un soldado nuestro de caballería llamado Pedro Aricoma, natural y vecino del pueblo de Morochata, le digo:

—Tomá esta caja, llevá y entregálo al comandante para que lo haga llevar con algún soldado, que yo como pueda procuraré escapar si Dios y la suerte me proporciona.

Le alcancé. El enemigo ya nos tenían como a presa segura. El río estaba caudaloso. El fuego que daban era a los que estaban pasando el río y a la banda, los nuestros conforme iban pasando también se estaban formando y dando fuego del frente. De que me agarró la caja mientras se acomode de un brinco me planté a las ancas de su caballo; tal fue la situación en que estaba que no supe cómo me cabalgué. Lo mismo estaba el soldado que apenas me sintió. Cuando lo abracé le dije que picase, si no perecemos ambos. Por fin pasamos el río. Dios permitió que de ese modo me librase, sería a las 2 o 3 de la tarde.

Allí murieron de los nuestros 14 hombres [f. 108]. A un tamborcito y a un moreno los llevó el río. El cadete don Calisto Saravia escapó después de que el río se lo llevó a éste, como de dos cuadras salió (éste era natural y vecino de Chulumani capital del partido de Yungas). Siete heridos. A otro soldado Santos Arequipa de apelativo, natural de Oruro, le había tocado una bala perdida estando ya libre entro del monte, en el sitio había perecido; a los cinco díos lo encontraron los indios: porque vieron volatear algunos buitres pensando fuese ganado habían ido a buscar y se encontraron con el cuerpo de Arequipa en un rinconcito muerto, y la mula ensillada y amarrada contra un árbol. Ganamos cinco fusiles y cuatro animales ensillados. Del enemigo se ignora los muertos y heridos, como viniesen avanzando no se puede dar razón en esta parte. A las 5 y media llegaron los enemigos de retirada a Yayipaya donde acamparon después de habernos corrido como tres leguas ese día.

Ese día antes se había estado trabajándose una chacra de maíz un tal Simón Medina. Divisando de lejos mandó una corta partida Sánchez Lima, lo pescan al indio, lo bajan a la iglesia donde camparon y le entregan la cabeza del finado Pedro Choque para que cargue y que fuese con ellos para Mohosa. Medina se cayó a la agua en el río de Queroma que entonces estaba bien cargado, lo había llevado una corta distancia, los soldados le estaban mirando. Simón Medina se paró salvándose ya e iba saliendo del agua, los soldados le tiraron de balazos donde vuelta cayó, y revolcándose que sería con las ansias de la muerte batallando se entró vuelta al río, y se lo llevó. Los soldados miraban riéndose, y se perdió de la vista de ellos. Vea el prudente lector que los soldados del rey católico se valían hasta de los elementos de Dios para proceder su rigor con los americanos.

[f. 108ᵛ] Dos soldados del comandante don Pedro Álvarez fueron licenciados de Mohosa y de regreso pasaron a Yayipaya a reunírsenos, y de noche pensando fuesen los nuestros o nosotros se encajaron al campo del enemigo. Al día siguiente a las 8 de la mañana los fusilaron a los dos.

Esa noche ocupamos o fuimos al punto de Icoya.

El 30 de diciembre nos bajamos por la hacienda de Cochiraya al río de Coriri donde hicieron llegar los indios a un soldado y a tres indios más de los enemigos, que éstos habían salido del pueblo de Mohosa a robar a la estancia de Sallcabamba donde fueron pillados. A los cuatro mandó matar Lira a palos, pedradas y lanzazos. Después mandó que los arrastrasen al río y los botasen. Así lo ejecutaron.

Esa tarde dieron parte los indios de Yayipaya en que del pueblo de Mohosa había salido 80 hombres de partida en busca de nosotros y que habían pasado por Lirimani, en pos de éstos 12 indios con 26 burros cargadores para llevar los saqueos, y no pudiendo pasar el río se habían regresado para Tomaycuri que es la falda del cerro de Chicote. Recibido el parte ordena Lira que el capitán don Pascual García se encamine con una mitad de 30 hombres armados y 40 indios con su capitán don Mateo Quispe. A las 5 de la tarde se bajaron de

Coriri y a las 2 o 3 de la mañana los habían sorprendido a los indios realistos al tiempo de que habían estado enseñándose cómo debía pasar la voz, otros hablando mil incendios contra la Patria como haciendo una idea zumbática, otros pasando lista como en los cuarteles expresando los nombres [f. 109] de los generales de la Patria, respondiendo ellos mismos por enfermos, por derrotados, por desertores. Estando en esto sorprenden, los amarran a los 11, que no había habido más, no escapa uno, lo sacan al morro de Calasaya donde los mataron a todos ellos a palos, pedradas y lanzazos. Algunos con tanto heroísmo dice que morían que era por demás; algunos decían que por su rey y señor morían y no por alzados ni por la Patria, que no saben qué es tal Patria, ni qué sujeto es, ni qué figura tiene la Patria, ni nadie conoce ni se sabe si es hombre o mujer, lo que el rey es conocido, su gobierno bien entablado, sus leyes respetadas y observadas puntualmente. Así perecieron los 11.

El 31 de diciembre había llegado al punto de Pocusco un padre juandediano, físico, fray Mariano Paredes, de la tropa del señor gobernador intendente de la ciudad de La Paz don Juan Bautista Sánchez Lima, con un niño de 10 o 12 años y un soldado infante, preguntando dónde estaba el gobernador Sánchez Lima, cuántas leguas habían a Mohosa y por dónde se iba. Al momento se juntaron los indios con su capitán Pablo Manuel de apelativo, lo llevaron por el camino de Jequere, lo mataron a palos y a pedradas al padre y al niño como al soldado, pero éste se resistió y había dicho suplicando ya:

—Por Dios y por la Patria, si no hay perdón para un inocente, como soldado del rey moriré a bala.

Le alcanzan su fusil. Como había estado mal puesta la piedra compone él mismo, ataca bien el fusil y preparado le alcanza a uno que sabía tirar, se venda los ojos y se arrodilla rezando; el indio que sabía tirar le dio el balazo y muere. Ni esta acción tan humilde fue causa para que le perdonasen la vida a este infeliz soldado [f. 109ᵛ]. Antes de morir el padre había suplicado en que él pagará con su vida los hechos del gobernador Sánchez Lima pero que no le hiciesen nada a su niño, que como tierno no sabía nada; que le otorgasen la vida criándoselos más que sea de pastor de ganados; que Dios les premiará y les protegerá de todo peligro de este acto de caridad que usen con sus semejantes, principalmente con una criatura inocente. ¿Y qué sucedió? Para mayor dolor del padre, lo agarra un indio (llamado Francisco Toledo, peón de la hacienda de Pocusco) de los pies del niño, lo estrella contra un tronco y así lo mata a fuerza de dar golpes a vista del padre. Luego los botan al agua los tres cuerpos, después fueron botados a una playa y comidos por los buitres.

Todo esto causó la entrada del gobernador Sánchez Lima a fuego y sangre a estos lugares sin perdonar al que por desgracia caiya. También querían quemar las sementeras y casas, más no podían arder porque como era meses de aguaceros en estos lugares y estar verdes las sementeras era imposible que ardan como asimismo las casas, como eran todas de paja y estaba traspasadísimo del aguacero no hicieron más que desatar los techos que podían, meter a las sementeras la caballada, que murieron muchos caballos por lo muy verde que comieron.

Año de 1817

El 1º de enero amanecimos en el mismo alto del pueblo de Mohosa en distancia de una legua y un poco más, y 200 enemigos allí. El comandante [f. 110] Lira ordenó que cada seis hombres entrieguen un montón de bosta de vaca. Se hizo cinco montones grandes, pasada la media noche prendimos fuego y nos retiramos antes de amanecer. Nos entramos al punto de Caquena distante de Mohosa tres leguas al otro extremo ya, y allí estuvimos el día 2. El enemigo había salido a sorprendernos y sorprendieron las candeladas que dejamos.

El 2 a las 11 del día lo trae a dos indios un capitán llamado Julián Tangara. Estos se habían ocultado desamparando sus carguitas y demás muebles que tendrían en el campo con algunos carneros cargadores [llamas]. Llegados que fueron al campo a Caquena el comandante Lira dijo en que deben ser seguramente bomberos del enemigo, sentenció a 200 azotes a cada uno de ellos hasta que hablen. Oyendo esto los dos indios, el uno partió a correr gritando en que eran unos inocentes, que la necesidad de la escasez de víveres en sus lugares les había obligado a venirse a comprar por tener mucha familia menuda, que ellos que siempre que ven soldados saben ocultarse. Allí le siguieron algunos indios que habían con nosotros; en la carrera nomás lo mataron lastimosamente a pedradas, lanzas y palos. Viendo esto al compañero que no corrió le da sentencia de muerte Lira. Entonces el indio se hincó, hizo sus deprecaciones al cielo, levantando sus ojos al alto y sollozando dijo al comandante:

—Señor —habían pajaritos allí en los árboles— lo mismo que aquellos animalitos que usted ve que nada saben ni entienden de guerras entre nosotros siendo todo su afán buscar que comer y alimentar a sus hijos, así somos nosotros. A ese hombre que lo han muerto es mi hermano y un pobre. Así no es caso el que nos perjudique usted. La Patria es benigna como verdaderamente [f. 110ᵛ] Patria, que más bien debe proteger y perdonar a sus hijos, principalmente a unos inocentes como nosotros.

Oyendo todas estas expresiones tan lastimosas se movió a compasión el teniente don Manuel Patiño y algunos compañeros más, se empeñaron con el comandante, lo libertaron al infeliz y se fue muy agradecido a sus protectores.

Sabiendo el enemigo de que estábamos en el punto de Caquena, esa noche mandaron una buena partida de 100 hombres. Se dividen en varios trozos, salen en nuestra persecución. A las 7 de la noche levantamos el campo, marchamos como por Ajamarca, y de la loma retrocedimos.

Al amanecer al 4 de enero estábamos en toda la cordillera de Amutara, de donde mandó Lira a un indio ande el comandante don Francisco Carpio que se hallaba en Chiarota con su tropa. Llega el indio ande Carpio, le dice:

—Señor, el enemigo está en Rearrea como 25 hombres nomás. Andan dispersos buscando ganado para saquear y está muy bueno para pillarlos por asalto.

Carpio al momento había salido a caballo entre tres a ver personalmente, porque a Rearrea no dista más que dos leguas. Entonces ordenó Lira que nos ocultásemos mientras pase el comandante Carpio; así que pasó nos encajamos a Chiarota que es un anejo de· la doctrina de Cavari. Su cuartel había estado en la capilla; nosotros también nos alojamos allí o hicimos el cuartel. Al momento pone Lira guardia doble y manda recoger todas las armas de Carpio, da a un peso a cada soldado de Carpio y los proclama a que se agreguen a su tropa, que él es el jefe de todo este Interior. Estando así llega Carpio, ve sus armas en nuestro poder y a sus soldados desarmados. [f. 111]. Entonces dijo:

—¿Qué es lo que quería hacer con mis armas y gente?

A esto contestó el comandante Lira:

—Yo soy el jefe nombrado por la junta de todos los oficiales y por usted mismo señor Carpio. Bajo de su palabra de honor y de un juramento sagrado se comprometió a estar bajo de mis órdenes. ¿Cómo no quiere usted observar mis órdenes? ¿Cómo no vino usted a auxiliarme conforme le previne venga por la retaguardia del enemigo a la acción del 29?

Por último le dice que se reúnan ambas tropas y que anden juntos; que Carpio se coloque de segundo jefe; que estarán mejor, más seguros e irá con más acierto cualquiera disposición que hagan contra el enemigo porque éstos han entrado en número muy fuerte; que los de la Patria están en el caso de que alguno de ellos sean pillados y sacrificados.

A esto dijo Carpio que se reunirán ambas tropas sí, pero que la gente estará siempre a las órdenes de cada uno. Repuso el comandante Lira en que se forme la gente toda y que digan con quién quieren estar, porque dos jefes en una corta tropa o piquete no debe haber y seríamos la irrisión del enemigo y de nuestros jefes mismos porque ¿con qué opinión nos tendrán? Nos formamos todos y dijimos que por ningún modo nos separábamos de la compañía del comandante don Eusebio Lira; los soldados del comandante don Francisco Carpio dijeron lo mismo todos a una voz. Carpio no tuvo más que pedir recibo de las armas quedándose con sólo el asistente armado llamado Manuel Castro. Se nos replegaron [plegaron] 22 hombres armados que éstos eran el número de la gente que tenía el comandante Carpio.

El 6 y el 7 de enero ocupamos el punto de Parutani. Mientras la desarmada en Chiarota al comandante Carpio se había bajado el gobernador Sánchez Lima del pueblo [f. 111ᵛ] de Mohosa y había estado ocupando el punto de Sihuas.

El 8 de enero nos bajamos muy al alba al río, pasamos la agua. A las 10 del día estábamos ya en la cuchilla de Caymani entre Usungani con destino de pasar a los altos de Yani y Morochata porque nos perseguían demasiadamente. En el punto que Lira divisó había estado viniendo de Caymani para Usungani los enemigos. Por la retaguardia nos perseguían el gobernador intendente de La Paz don Juan Bautista Sánchez Lima, el subdelegado del partido de Sicasica don Francisco España, el comandante don José Casto Navajas; de la vanguardia nos perseguían el subdelegado de Hayopaya don Francisco Bohórquez, el subdelegado de Quillacollo don Agustín Antezana, don Mariano Mendizábal (que hacía de comandante) y [en blanco] Lecároz, ambos comandantes, todos éstos divididos en todas direcciones. Se hizo el cómputo de enemigos: 1,300 hombres contra 84 hijos de la Patria.

Viendo el comandante Lira que el enemigo estaba en Caymani, a las 12 del día retrocedimos de la cuchilla de Usungani a pasar por Lirimani al cerro de Chicote y de noche pasarnos por los altos de Mohosa a las pampas de Oruro o a Sicasica. Al trastornar en la marcha la loma de Huayrayaña a Lirimani casi nos encontramos con otro trozo de enemigos que había estado viniendo de Lirimani por el mismo camino que nosotros teníamos que trastornar. A esto fue que un indio pareció en la loma de Huayrayaña, baja de carrera haciéndonos la seña con el sombrero a que nos regresásemos, que el enemigo venía en pos suya.

En la disposición ordenó el [f. 112] comandante Lira en que nos ocultásemos en un monte ridículo mientras que pasen, y de su retaguardia atacarlos si fuese necesario o seguir nuestra marcha. A un cuarto de hora de la disposición ésta trastornó la desfilada del enemigo. Nos divisaron. Hacen un corto rato alto, luego se bajan como

60 hombres sólo de guerrilla en derechura a nosotros. Ya que nos vimos en este estado Lira deja 20 hombres montados en retaguardia a que contengan la carga al enemigo, manda el parque con todas las cargas a la playa de Curupaya. En el mismo Pallata se empezó el tiroteo. Como el enemigo estaba arriba con redoblada fuerza se nos cargó tanto que en breve rato vino venciendo a nuestra guerrilla. Entonces todo el resto de la tropa bajamos con fuego a retaguardia hasta el Río Grande de Hayopaya. A las 2 o algo más llegamos, pasamos el agua, nos formamos en línea de cazadores en la misma playa y dimos fuego a no dejar que pasen el río. Así contuvimos el avance del enemigo hasta las 4 de la tarde porque no dejamos absolutamente pasar el río: como estaba bien cargado sostuvimos bien.

Estando así el comandante Lira va al campamento personalmente a hacer traer pertrechos porque íbamos ya flaqueando de cartuchos: se topó con el enemigo que ya nos había tomado todo nuestro campo. En una descarga que le dieron mataron a su caballo, inmediatamente había agarrado otro que había estado algo distante del campo, cuando los soldados venían a agarrarlo ya salió montado en empelo. Sin sombrero ni sable, porque lo había botado por agarrar el caballo, regresó.

La guarnición que se hallaba en el pueblo de Mohosa de los del rey habían mandado 100 hombres a Queroma sabiendo que un capitán de la Patria don Miguel Mamani se hallaba en aquel punto con ocho hombres armados [f. 112^v] y 30 indios. El enemigo los corrió a éstos al amanecer por el alto desde el mismo Queroma que es un río. Salieron por el alto siempre reunidos a la abra del Crucero, se bajaron por la estancia de Cayara, agarraron la bajada y la subida a la abra de Tujuta; siempre en pos de ellos los del rey a agarrarlos iban hasta que los nuestros se bajaron al río donde estábamos que es Curupaya, donde hay allí desde el río de Queroma seis leguas, esto es yendo derecho: como lo hicieron correr por el alto hay ocho leguas largas.

A las 5 llegaron a Curupaya. Oyendo los tiros y mirando de Sihuas Sánchez Lima, más oyendo desde el medio día en su frente el fuego con nosotros, se bajó de Sihuas a la playa de Curupaya muy cerca de una legua de bajada, donde nos ganó todito el campamento nuestro: todas las cargas, municiones, víveres, cobija de toda la tropa, todita la caballada, esto es todo lo que habíamos tenido. Solamente se encontró una mula cargada de munición en el río en el monte en esta banda, enredada la mula en los árboles de la montaña, que eso sería por una casualidad. Rompieron los cajones, se amunicionaron los soldados un poco, pero nos vimos en una situación desesperada sin podernos salvarnos de ningún modo: el río caudalosísimo por ser su propia estación estaba cargadísimo; en la playa abajo la caballería de los de la expedición de La Paz y a nuestro costado izquierdo su infantería en toda la falda de la montaña; playa arriba la caballería de la expedición de los de Cochabamba, la que nos avanzaba, y a nuestro costado derecho su infantería en toda la montaña; nosotros en el mismo centro de todos éstos, sin saber qué punto tomar para escapar. Tal fue el estado en que estuvimos [f. 113] que íbamos conversando con los enemigos, porque cuando ellos pasaban el río a esta banda, nosotros a la otra, nos echaban la voz:

—¿Quién vive? —respondíamos:
—España.
Volvían a preguntarnos:
—¿Qué gente? —contestábamos:
—División de Cochabamba —a los de La Paz, y si era a los de Cochabamba decíamos:
—División de La Paz.

Nos dejaban pasar unos y otros, con este engaño íbamos salvando.

Ya más de las 6 de la tarde, el fuego en todas partes y en todas direcciones, una confusión inentendible. Gracias que iba cerrando la noche en aquel rato, tal que bala de los soldados de Cochabamba pasándonos por encima de la cabeza iba a ofender a los soldados de La Paz, si es de éstos les iba a ofender a los otros. Los soldados de ambas tropas, así los del rey como de nosotros, habían sido tan traposos que no se podían distinguir. Dábamos fuego a ambas tropas y a los cuatro trozos del enemigo.

Ya cerca de las 7 dispuso el comandante Lira reuniendo a los que pudo buenamente que éramos como 50 hombres, divide en dos mitades: una al mando del capitán García con orden de dar fuego a los que venían avanzando del río arriba; la otra mitad al mando del teniente Patiño dando fuego a los que venían avanzando del río abajo; y que ambos vengan en retirada dando fuego, perdiendo terreno, a reunirse en una quebrada que baja desde el alto de Sihisihi al Río Grande. El comandante Lira se fue con siete hombres medio limpiando el camino. Los enemigos venían avanzándonos a agarrarnos en el centro.

De que nos reunimos nos entramos por la quebrada arriba al monte, agarramos por una peña, salimos a la misma pampa de Tuviña. Ello es que nos perdimos del mismo centro de ambos trozos enemigos que nos avanzaban como a agarrarnos prisioneros porque nos seguían por la vanguardia y por la [f. 113ᵛ] retaguardia. Pues tuvieron que batirse entre ellos. Ambos gritaban:
—¡Viva el rey!

Luego ya no creyeron fuesen los suyos pues como era tarde nosotros también íbamos pasando con el nombre del rey.

Murieron todo ese día seis, y 11 heridos, entre ellos el capitán habilitado don José Calderón, natural y vecino de la ciudad de La Paz; al brincar a pie una acequia o quebrada le tocó la bala: le había entrado por la espaldilla y le salió por el mesmo ombligo, pero sanó. Del enemigo murieron seis al comienzo. Un soldado nuestro, pardo, llamado José Manuel Flores estaba conversando con dos soldados del enemigo (éstos suponiendo ser compañero que era de la división de La Paz, como había dicho Flores) en la orilla misma del río, y cuando se descuidaron un poco los empujó al agua: a los dos cargó el río, y finándose de risa él se corrió al monte; tres más cargó el río y tres muertos en el campo fuera de éstos; de heridos se ignoró al pronto mas se supo después que de los de La Paz llevaron seis hiridos y los de Cochabamba ocho, son 14 heridos; después se encontraron tres muertos enterrados, como lo habían sepultado mal los perros los habían sacado a la vista. Por junto 17 muertos de la parte de los enemigos. Ellos siempre se formaban como eran en número crecido, y los nuestros dispersos muy poco peligramos.

Al fin salimos con el comandante Lira los 50 hombres. Álvarez con toda su gente se había metido a un monte en la bajada de Matarani a Pallata y así que pasó el enemigo por su retaguardia se había ido sin que le incomode ninguno a su cuartel Yani.

Escapado nosotros con el comandante Lira (como ya dije) a Tuviña por un monte fragosísimo, saliendo ya a lo llano y pelado empezó a llover con tanto rigor que parecía un diluvio o que el cielo se hubiese caído. En un mismo puesto habíamos estado [f. 114] dando vueltas hasta que nos amaneció. Lira se amarraba con un lazo e iba por delante de nosotros, de repente se metía por un barranco y empezaba a rodar, le sostenían del lazo, nos decía entonces:

—Esto está malo muchachos, revuelvan.

Lo sacaban (porque estaba a pie nomás), iba por otra parte, lo mismo le sucedía. Tan lóbrega era la noche que parecía unas tinieblas. Así pasamos con mil fatigas, y toda la noche se oiya tiros en el campo del enemigo. Entonces decía el comandante Lira:

—Ah, ahí lo van fusilando a los compañeros, a mis queridos hermanos, a unos verdaderos defensores de una causa tan justa y tan sagrada. ¿Qué situación es ésta en que me veo? ¿Dónde están mis soldados, mis oficiales y mis queridos compañeros?

Así llorando tiernamente y lamentándonos todos amanecimos. Todos los tiros habían sido a precaución porque habían estado los enemigos en la suposición de que íbamos a asaltarlos con la indiada logrando la oportunidad del rigor del aguacero, mas sólo el capitán don Miguel Mamani con 20 indios que tenía había entrado, 10 de éstos al campamento mismo, poniéndose ojotas del cuero de las ovejas y pisando del lado de la lana para no ser sentidos, a robarles sus animales como que habían logrado sacar como nueve caballos entre mulas.

El 9 de enero al amanecer nos vimos en distancia de una legua del enemigo, sólo sí en la banda del río que es el alto de Umani frente a Sihuas, que es una hacienda, y en su bajío Curupaya donde se hallaban todos los enemigos. A las 7 de la mañana bajamos a la playa, marchamos a su vista. A las 10 llegamos a Capinota, que es una hacienda a la una legua abajo del pueblo de Machaca. En la marcha se nos iban reuniendo algunos soldados nuestros que venían gritándonos y nos alcanzaban llorando, lamentándose tiernamente, como 10 hombres: ya fuimos como 60. Con el desvelo, el cansancio y de hambre nos [f. 114^v] habíamos quedado dormidos. El comandante Lira se adelantó al pueblo de Machaca por mandarnos algo de comer.

Esa mañana fueron los soldados enemigos por todo el campo. Divisan una choza en la montaña y encuentran a un indio infeliz llamado Fermín Mamani, lo matan a bayoneta lastimosamente en su misma choza donde había estado cocinándose y comiendo papas cocidas; sin decirle nada lo habían muerto tal que no había acabado de tragar lo que mascaba: llena la boca murió. Más allá divisaron otra chacra de maíz con su chocita de cuidar: se enderezan luego, encuentran a otro indio José Flores que vivía en el mismo Curupaya; éste, como era natural y vecino de Caracollo, dice les habló con energía de que era un indio conocido y que estaba pagando su tributo al rey por ser nacido en sus dominios y que es del pueblo de Caracollo; lo traen preso al campamento y lo afusilan a pesar de que estaba pagando el tributo del rey.

Al día siguiente se retiró el gobernador Sánchez Lima para Mohosa averiguando del padre físico: aunque tenía algunas noticias dicen que no creiya; pensaba y estaba muy cierto de que se iría a la ciudad de La Paz, y por sólo cerciorarse regresó a Mohosa con toda su tropa, y así las tropas de Cochabamba nomás nos siguieron.

El 9 de enero a las 2 de la tarde nos recordó el sargento de guardia. Cuando echamos la vista ya el enemigo venía marchando por la playa, su vanguardia subiendo la cuesta. Al momento llegó el comandante Lira, nos dispusimos un poco y marchamos, siempre seguimos en retirada. A las 3 de la tarde pasamos por la orilla del pueblo de Machaca. Yo me atrasé un poco porque mi animal se cansó; pasando el pueblo de Machaca en una quebrada lo escondí mi caja por orden del comandante Lira. Más adelante, en marcha nomás, se escondió Lira en el monte de Huallipaya [f. 115] del pueblo de Machaca a la una legua. A las 5 y media llegamos a la estancia de Huancarani. A las 9 de la noche nos hizo formar el capitán don Pascual García y nos dice:

—El comandante Lira ha dicho que se escuendan conforme puedan escapar mejor cada uno hasta algunos días nomás; que la indiada se nos ha rebelado enteramente en contra de nosotros y que anden con mucho cuidado; que no se oculten muy lejos, para reunirnos lo más pronto cuando convenga.

Nos dio a dos pesos de socorro sin excepción de clase con un boleto con la firma del comandante Lira en que decía: "Es un servidor a la Patria digno de toda consideración, a quien lo auxiliarán con lo que necesite, que es el alimento preciso, y cuidar de la seguridad de su persona mientras se reúne la tropa. El sujeto que cumpla con lo ordenado será satisfecho con la gratitud que corresponde por la comandancia, y al contrario será tenido por traidor a la Patria y enemigo de la humanidad. = Eusebio Lira", su propia firma. Así cada uno quedamos con nuestro boleto. Algunos lo rompían porque decían:

—¿Cómo hemos de andar con nuestra sentencia en la mano si por alguna desgracia caemos a manos del enemigo? Será pues con nuestro credencial de que somos enemigos suyos y que nos quiten la vida más prontos.

Pero algunos se fueron con los boletos contentos, nos sirvió bien de mucho auxilio en la mayor parte de nuestra ocultación, y todos los soldados al despedirse lloraban amargamente: como si se nos hubiese muerto el padre o la madre más amorosa no podíamos expresar, sollozando por la Patria. Fue el paso más tierno. Entre soldados se despedían abrazándose como fieles compañeros, dándose satisfacciones, pidiéndose perdón por si se hubiesen agraviado en algo o no se encontrasen ya más. Hasta las 12 de la noche estuvimos en esto, y el enemigo en Machaca a las dos leguas.

El capitán don Pascual García se fue esa noche [f. 115ᵛ] cargándose todas las armas, cartucheras y demás prendas del Estado: ocho cargas de mulas, esto es lo que hace de cosas de armamento, no las cosas de ropa.

El 10 de enero había entrado Sánchez Lima al pueblo de Mohosa, al día siguiente bota partidas por todas las estancias y meten nueve indios y los afusilan. Después ponen palos parados al suelo: los colgaron a los muertos como si estuviesen marchando con sus garrotes al hombro.

Yo me fui la noche del 9 entre cinco, uno de ellos un sargento don Manuel Brañes que era siempre mi compañero. Bajamos por un monte, caminamos todo el resto de la noche, al romper el día llegamos al punto de Cocona que es un pasaje del río de la estancia de

Sanipaya para el pueblo de Cavari. Allí estuvimos dos días como escondiéndonos y más por averiguar del estado de los enemigos. Nada supimos. A los dos días se supo que la tropa de Cochabamba que nos seguía se había entrado a Palca, al día siguiente, del pueblo de Machaca.

El 13 de enero por la mañana nos levantamos a las 8 o 9 del día, pasamos el río caudaloso, entre los cinco marchamos para Cavari. En la subida encontramos con algunos vecinos de dicho pueblo de Cavari, al menos con un tal don Manuel Gutiérrez, éste nos dice:

—Pasénse cuanto más antes al lado de Totava porque el enemigo va a entrar al pueblo de Cavari al mando del gobernador Sánchez Lima. Está actualmente en Chiarota y hoy mismo entra con 400 hombres. Por eso me voy yo huyendo con toda mi familia.

Oyendo esto los demás compañeros se acobardaron, no quisieron seguir ya el camino para el pueblo; entonces le digo:

—Yo iré al pueblo a averiguar por extenso todo. Espérenme aquí. [f. 116] También compraré pan, carne y lo que nos sea necesario.

Aceptaron los demás. Me encaminé a pie, en menos de un cuarto de hora entré al pueblo. Me encuentro con el párroco, le pregunté de todo y me dice:

—No tarda dos horas en entrar el gobernador Sánchez Lima con 400 hombres. Está acampado en Chiarota, y así pasáte cuanto antes, no pares aquí.

Me dio cuatro panes, de ningún modo encontré qué comprar. Con esta noticia me bajé de carrera ande los compañeros. Llegando allí les comuniqué todo, montamos a nuestras cabalgaduras, marchamos los cinco. Yo iba como más diestro por delante. Ya al salir a todo lo descubierto oigo un tropel de caballos, veo pasar de carrera dos mujeres indias, atrás de éstas tres soldados de caballería enemiga con sus tercerolas y sables. No hice más que dejarme caer de encima de la mula, mas con la prisa que iban no me vieron. Luego me bajé, tirada mi cabalgadura, monte aentro. Mis compañeros perdidos, ni uno parecía ya.

Llegando al trecho donde estuvimos empecé a llamarlos de sus nombres: no parecían ya. Al fin yo me bajaba despacio cuando veo andar a una tropa en el río, de caballería, como a cortarme el paso. Me bajé a mirarlos y conocer bien: eran indios de la parte del enemigo, capitaneado por un don Carlos Apunte, cacique (recién nombrado por el gobernador subdelegado don Francisco España) de esta doctrina de Cavari. Yo recelando que fuesen mis compañeros o los del enemigo, me fui faldeando por entro del monte; llegando a lo más escabroso desensillé, lo escondí mi apero en parte segura, mi animal en otra donde no pudiesen hallarla, seguí todavía faldeando y en un buen trecho donde había estado rodando las piedras me salí a la cabezada del derrumbado, me metí entro de un matorral. Así estuve tres días sin comer ni casi dormir. Tiros no más se oiya en todas partes entro [f. 116ᵛ] del monte. Partidas veiya yo en todas direcciones, y de indios que eran los más malos, ordenados por el cacique don Carlos Apunte que vino con el gobernador Sánchez Lima.

Este señor a la pasada de Pocusco los llevó a ocho indios los más ancianos presos, los hizo llegar al pueblo de Cavari, los fusiló a todos ellos. Mandó partidas a todas partes de la doctrina. Pescan a una mujer Rafaela de tal en la estancia de Lupchapi y pensando los soldados que esta Rafaela tuviese plata le quitan su bolsa donde había tenido un papel de resguardo dado por el comandante Lira, viendo esto la llevan presa a Cavari. En la estancia de Pacopampa asimismo la pescan a otra mujer llamada María Quispe, mujer de un Andrés Choque de la estancia de Jahuara. También las fusilaron a ambas juntamente con los hombres en la plaza del pueblo de Cavari. El hijo de esta Rafaela, llamado Tomás Ríos, se hallaba de diestro con el gobernador Sánchez Lima. Cuando fue a empeñarse por su madre de que cómo lo había de fusilar a una mujer anciana por sólo haber tenido un resguardo de los alzados que sería para que no la perjudicasen en sus cortos animalitos algún oficial de la Patria, le dijo que había sido una alzada su madre y quizá moza de Lira, y así que debe morir; que a él por sus servicios hechos al rey le condecoraba en su nombre con una medalla. Lo hizo amedallado y muy contento se quedó en servicio del rey de España: más quiso ser amedallado que sentir por su madre.

Un sargento de brigada había en las tropas de la Patria llamado Manuel Tapia, natural de la ciudad de Lima. Se pasó éste al enemigo, le comunicaría todo lo que pasaba ande el comandante Lira, entregó las listas de los oficiales, soldados, y una lista así de hombres como de mujeres de todos los patriotas, dando razón [f. 117] individual de cuanto pasaba, lo que comunicaban y lo que hacían, de cuyas resultas se comprometieron muchos. Fueron apresados, confinados, los que escaparon fueron muy perseguidos. Asimismo del armamento todo todo comunicó, y andaba de diestro con el enemigo.

En el anejo de Pocusco el 12 de enero por la noche el capitán Pablo Manuel con varios indios, como con 20 hombres, asaltaron en su casa a una mujer llamada Blasa Zerpa y a un Carlos Apasa, a la mujer por haber sido hermana de un indio Manuel Ledesma haciéndolo realisto por solamente sospechas. Como fuese soldado en las tropas del señor general don José Manuel Goyeneche lo mataron a Apasa. A la mujer lo llevaron y lo matan porque no pescaron al tal

Ledesma. (Pero éste se desertó de aquellas tropas, que también había caído prisionero el 20 de junio de 1811 en el Azafranal cuando asaltó el general Goyeneche, y lo había enrolado en sus tropas, pero se vino desertándose porque era vecino del mismo Pocusco, hasta que a la fuerza lo botaron y se fue a presentarse a las tropas del rey.) El 13 de enero por la noche lo asaltó el comandante general de indios de la Patria don Andrés Simón a otro indio llamado Esteban Tola en una casa en la estancia de Chapimarca, hacienda de Sihuas. Lo llevó a la loma y altos de Rearrea donde lo mató a palos y a lanza porque Tola era amedallado por el rey, que Sánchez Lima lo hizo por sus servicios grandes, y muy vigilante se hizo entregando capitanes de la Patria y otros méritos contraídos a la corona real.

El mismo día 13 de enero me bajé a las 4 y media de la tarde, busqué mi bestia, la hallé, ensillé, me fui faldeando. Llegué al río, no pude pasar, pero así así caminé aguas arriba hasta el vado de Cocona, el cual no pude pasar porque era muy angosto el paso y tarde también muy cerca de la noche; allí mismo me quedé.

Al día siguiente 14 me pasé [f. 117ᵛ] como pude. Caminando encontré al indio que lo alcancé la noche que me bajé de Huancarani. Allí estuve escondido en el monte seis días (porque cruzaban partidas de indios en busca de los soldados y de todos los patriotas) momentáneamente.

El 20, dejándolo mi animal al mesmo indio me fui al pueblo de Machaca o a sus bajíos (que es a la hacienda de Capinota que mi hermano lo tenía en arrendamiento) y al río de Hayopaya, en donde andaba casi volando hasta el 9 de febrero.

Enteramente se rebelaron todos los indios contra nosotros, así es que andaban partidas de éstos (hasta las mujeres) con un cierto disfraz preguntando dónde estaba el comandante Lira y sus oficiales, que un hijó estaba con él o en su compañía. Teníamos un recelo grande aun el presentarnos a cualquiera mujer. Más se rebelaron los de la doctrina de Cavari. Con este motivo fueron muchos amedallados, como don Carlos Apunte cacique, don Andrés Rodríguez que más antes era oficial de la Patria, don Antonio Rodríguez hermano del anterior, don Tomás Ríos, don Nicolás Ticona, don Lázaro Fresco, don Miguel Vinalgas, el yerno de éste (Eusebio de tal) y otros más. Comandante de todos éstos era don Andrés Rodríguez.

Este reúne a todos, y aun a los indios. Como con 80 hombres pasan a Hayopaya y a la media noche llegan a una estancia Vilacota en busca de un don Damián Díaz de Bolaños que era oficial de la Patria, un compañero suyo don Ignacio Borda patriota después oficial, un don Pedro Zúñiga emigrado de su país la ciudad [f. 118] de La Paz; y no pudiendo lograr en dicha estancia Vilacota, casa del patrón don Julián Saavedra, mandó dar un tiro a la casa, sin tocar ni recordar. Un muchachito de dos años y más había estado durmiendo en los brazos de su madre, como criatura; le tocó la bala y lo mató. Se llamaba Feliciano y la madre Sebastiana Mamani, vecina de Leque, que había ido buscando trabajar como era tejendera. Así perdió a su hijo habiéndole descalabrado a tan tierno.

Al siguiente día pasan al anexo de Cuti y lo asaltan a un capitán don Mariano Ramírez; éste se había ido del campo a su casa esa misma noche. Lo mataron a palos y a lanzazos, escapando el subdelegado por la Patria don José Manuel Arana por haber estado en otra parte, y cayó preso solamente un sobrino que tenía, don Calixto Saravia, jovencito. Luego regresan río arriba en pos de un don Juan Agustín Cano y Cortés, emigrado del valle de Caracato, pueblo de Sapahaqui; éste escapó de los bajíos de Calapilani. Se retiraron para Cavari.

En la hacienda Sihuas asimismo se habían juntado los indios como 40, capitaneados por los amedallados don Lázaro Fresco, don Miguel Vinalgas y Eusebio de tal. Los asaltan a un capitán de la Patria don Ramón Sarsuri y a otro ídem don Silvestre Porras, los llevan a la guarnición que se hallaba en el pueblo de Capiñata al mando de don José Casto Navajas quien los fusiló a los dos y mandó cortar las cabezas para poner en los caminos.

El 23 de enero a las 11 del día el capitán del pueblo de Machaca don Julián Gallegos sálese de su estancia llamada Choro, su propia habitación, para el pueblo de Machaca adonde había entrado el enemigo esa madrugada viniendo del pueblo de Palca, y él no había visto ni sabido porque su estancia está a trasmano. Al embocarse al pueblo se encontró [f. 118ᵛ] con un indio anciano llamado Juan de Dios Ochoa. Este le dice:

—¿Dónde vas hombre?

Le dice el capitán:

—Al pueblo a saber de novedades, que qué es lo que hay, y por tomar un vaso de chicha en esta calor.

Dícele entonces Ochoa:

—No entres, mira que el enemigo está en el pueblo. Vuélvete nomás, no quieras comprometerte entrando, mira que te han de pillar.

Dícele el capitán:

—Mientes hombre. ¿Cómo yo he estado mirando toda la mañana del alto y no veo andar un solo soldado siquiera? ¿Ni cómo no han de andar?

Vuelve a decir el indio Ochoa agarrándole de la rienda ya:

—No entres, mira que yo salgo del pueblo. He entrado cargando leña que me han asignado mis alcaldes. Por el mucho solazo están los soldados en la sombra sentados y no andan. Hay tiempo para que tomes chicha y vengas aquí. Mira que tendrás que arrepentirte y sin remedio.

Entonces contesta el capitán:

—¿Cómo no he de entrar pues al pueblo estando ya tan cerca? Pues véante mis ojos blanca paloma.

Se hace soltar la rienda de su caballo y lárgase para el pueblo. Entra. Ya al desembocarse a la plaza ve algunos soldados echados a la sombra, uno que otro andando. Entonces se revolvía, ah desgracia, cuando tres soldados se le atraviesan trastornando de una esquina y se ponen delante de él. Viendo que se asustó dicho capitán malamente el uno le toma de la rienda del caballo. Gallegos viéndose así cáese del caballo fuera de su semblante, descolorido enteramente. Los soldados lo levantan. El uno (dicen era cabo) después de un rato que lo tuvieron le dice que no se asuste tanto, que le diga al jefe que venía a presentarse arrepentido y a gozar del indulto que se había publicado. Así lo mandan que se allegue. Pero siempre [f. 119] asustado asómase, le saluda a don Julián Oblitas, subdelegado del partido y comandante militar. Este le recibe haciendo mofa, preguntándole como a capitán (que lo había sabido y conocido) dónde estaba su gente, dónde estaban sus lanceros, que si él sólo venía como explorador, que debía venir a presentarse como capitán con toda su gente armada. Lo apresa. Al siguiente día lo lleva a Palca, capital de su partido, y el 26 de enero a las 11 del día lo hizo blanquear los ojos con cuatro tiros en la plaza, no valiéndole empeño alguno ni los lamentos de su madre que era una señora anciana digna de la mayor consideración y lástima. Pues nada le valió al infeliz. Lo pagó con la vida la porfía un buen patriota.

El comandante don Francisco Carpio había estado escondido en la estancia o anejo de Jahuara en la doctrina de Cavari, en un lugar que llaman Corocoro. Un indio compadre suyo le había hecho una chocita en un sitio seguro de una montaña, luego él mismo había ido a denunciar al pueblo de Capiñata donde se hallaba don José Casto Navajas comandante de la parte del rey, con 150 hombres. Viendo que no venía pronto Navajas ni partida mandada por éste el indio compadre lo invitó a uno de los amedallados, a un tal Domingo Calderón indio de Capiñata. Este, acompañado de otros del mismo Jahuara agregados como 25, se reúnen y se van a asaltarlo a Carpio el 28 por la noche. El compadre, como todo lo veiya y todo lo sabía, le había robado primero el sable por detrás de la choza: como era de paja con facilidad lo sacó metiendo la mano del lado de afuera. Después entran, hacen bulla. El comandante Carpio recordó, echó mano al sable, ya no había, se encontró únicamente con la vaina. En [f. 119ᵛ] camisa salió con dos pistolas en las manos, descerrajó pero nada hizo. Allí se defendió grandemente a trompadas él y su asistente hasta que se había cansado. Corrió entonces, se encajó por un barranco donde se había maltratado malamente. Un indio dicen que iba cabalgado en el cogote machucando la cabeza con una piedra donde paró. Le quitaron la vida. Cortándole la cabeza lo acabaron de matar, lo llevaron la cabeza, lo presentaron al comandante Navajas. Este señor vino a Cavari después de despachar la cabeza a La Paz, lo fusiló al asistente llamado Manuel Castro en el pueblo de Cavari.

El 23 de enero había estado oculto el comandante don Andrés Simón en un río que llaman Villinchayani en la doctrina de Ichoca. Este estaba acompañado con un asistente que tenía llamado Manuel Mateo, indio del anexo de Sirarani en la mesma doctrina. Este fue el que dio parte a los grupos de indios que andaban buscando a los patriotas. Este se encontró con un paisano de Oruro don Juan Montesinos (alias el Mana-micusca, que quiere decir *sin comer*) que había acaudillado a una tropa de indios. El asistente se comprometió entregar a sus manos al comandante general de indios don Andrés Simón. Los lleva a sorprender. El que encabezaba, don Juan Montesinos, se puso en un caballo bayo en el alto. Cerca de 100 hombres van a agarrarlo. El ya dicho asistente Manuel Mateo iba por delante. Como todo lo sabía y veiya se enderezó por la cueva. Le grita en que le llevaba de comer y buenas noticias de [f. 120] la Patria. El comandante don Andrés Simón, oyendo y conociendo la voz de su asistente, salió del bosque donde se hallaba, se encontró y le dice:

—Hijo y compañero, ¿cómo te va? Me has dado mucha pesadumbre. Yo pensé que te haygan pillado los enemigos o al menos que te hubiese sucedido algo. Por acá creo que andan mucho. Será preciso que nos retiremos a otros lugares.

Entonces le contestó el tal asistente:

—Ya nos iremos luego a lugares remotos, tanto que ya no veremos a nadie ni nadie a nosotros.

Hace la seña. Los otros, que lo iban mirando todo, se agolpan. Andrés Simón corre y le dice al asistente:

—Ah hombre ingrato, ¿cómo me entriegas a mis enemigos? ¿Así pagas al favor que te hice de librarte de la recluta y tanto que te aprecié? ¿Esta es la comida que me habéis traído y la buena noticia de mi Patria?

De una pedrada lo hacen caer al suelo, en donde se cargaron, lo amarraron y lo sacan para arriba, lo llevan hasta la estancia de Sacasaca donde lo matan. Entonces don Juan Montesinos del alto man-

AÑO DE 1817   133

da a que le corten la cabeza, y carga a Oruro. Después gana su medalla Montesinos como asimismo el asistente.

El gobernador Sánchez Lima ese mismo día 23 de enero lo fusiló a un don Gaspar Becerra, natural y vecino de Oruro, que era capitán de indios del ayllo Collana en la doctrina de Mohosa. Dejando guarnición de 300 hombres en el pueblo de Mohosa se salió por Sicasica hasta La Paz su gobierno.

El comandante don Casto Navajas se hallaba de guarnición en el pueblo de Capiñata. Manda una partida de indios con el amedallado Domingo Calderón. Este va por las estancias y mete tres indios del lado de Totava y los afusila Navajas. Estaba estacado dos meses en el pueblo de Capiñata. Mandó desatar todas las casas para [f. 120ᵛ] formar reductos con esos adobes, estando los dueños viviendo en ellas y sirviéndolos en todo. Acabó con todo el ganado y bestias mandando a los Yungas a vender. En fin, hizo destrozos en esta doctrina de Inquisivi la guarnición ésta.

A este tenor estaban haciendo destrozos y más partido entre la indiada concediendo medallas y nombrándolos de oficiales. Ya la cisma de amedallados pasó al lado de Hayopaya. Había en Sanipaya, anexo de la doctrina de Machaca, un hombre llamado Mateo Paniagua, hijo de un tal Lucas, el Chajmi de sobrenombre. Este estaba entusiasmando a los indios a favor del rey. No quedaba más que un corto recinto de terreno a favor de la Patria, que era desde el anejo de Tuysonga hasta Lirimani, como cinco leguas de largo ni tres de ancho.

En este trecho cruzaban partidas del enemigo. Por fin la indiada de Cavari fue la que se rebeló en contra de la Patria. Nosotros íbamos ocultamente de noche a otras estancias: no encontrábamos un viviente, ni qué comer, ni a quién preguntar alguna noticia siquiera.

Así pasábamos lo indecible cada uno, con nuestro boleto sí. Ya poco a poco hubo noticias de que el comandante Lira estaba con gente armada. Fui de Capinota buscándolo y encontré en Chojopaya con siete hombres (que está en el anexo de Lirimani, en la doctrina de Charapaya, en el partido de Hayopaya). Pasamos por el pueblo de Calchani, por los altos de Morochata, ande el comandante don Pedro Álvarez para reunirnos. No se pudo encontrar. Como andaban enemigos por partidas nos volvimos al lado de Sihisihi.

Allí venían [f. 121] muchos indios anunciándonos que una tropa de indios nos buscaban, hasta que nos salimos a los altos de Palca. De día solíamos estar en las lomas más ocultas y cerros nevados sin tener qué abocar, y de noche nomás andábamos ocho leguas, y 10 y 12, y 15 también porque no había lugar que no fuesen nuestros enemigos. De dos, de tres días tomábamos un corto alimento llegando de noche a cualquier estancia o rancho. El comandante Lira se disfrazaba de soldado raso: así la pasaba. Del alto de Palca en una noche remanecíamos en los altos de Ichoca. Estando dos días en esa cordillera él se presentaba en público a los indios, y esa noche solíamos ir a amanecer en los altos de Tapacari. Allí solíamos estar revoloteando en los altos de Leque. De ahí en una noche nos presentábamos en los altos de Yani. Allí encontramos con el comandante don Pedro Álvarez que había estado con 30 hombres armados, a cuya razón llega una partida a Huallata (que es una estancia en la hacienda de Yani). El número de 40 hombres componía la partida enemiga.

La noche del 18 de febrero asaltamos a las 2 de la mañana. El centinela luego echó de vernos con la luna que hacía muy clara. En el acto salieron ocho hombres del cuartel, y el capitán García dice:

—No han de dar fuego, mira que se nos pasan.

El comandante Álvarez se pone al costado derecho del enemigo como cortándole la retaguardia. Estos le avanzan al trote y de muy cerca nos descarga, donde mataron a tres de los de Álvarez. Entonces dice Lira, que estaba en el costado izquierdo del enemigo:

—¡Fuego muchachos!

Allí también cayeron dos hombres de los ocho que nos avanzaban, muertos. Mientras tanto los enemigos salieron, dieron fuego todos ellos. El comandante Álvarez con la poca caballería que tuvo avanzó y atropelló, donde murieron tres más del enemigo. Viendo caballería e infantería se corrieron abandonando el puesto en pelotón y [f. 121ᵛ] se defendieron bien. Murieron de ellos cinco y de nosotros tres; heridos siete de ellos y de nosotros tres. Ganamos nueve fusiles de los cuales Álvarez le dio siete al comandante Lira quedándose él con dos. Nos venimos vuelta al lado de Machaca o sus altos.

El 22 estábamos en el alto de Calapilani saliendo de Palca. Esa misma noche marchamos para Cavari por Chacovillque con 30 indios y 12 armados de infantería. A las 12 de la noche llegamos al punto de Añuchiri en donde sorprendimos a dos indios solamente por la poca indiada que llevábamos: éstos entraron al campo enemigo con ojotas de cueros de oveja pisando del lado de la lana para no ser sentidos, que estos dos indios había estado de guardia puestos por el comandante realisto don Andrés Rodríguez quien había estado con lo demás de su tropa en la estancia de Copachullpa, como con 100 y tantos, pero indios, y algunos vecinos así de Inquisivi y de Cavari con algunas bocas de fuego.

A la 1 de la noche íbamos [f. 122] subiendo la cuesta para Copachullpa. Ya al salir de repente nos dieron fuego a discreción y aun nos hondeaban. El comandante Lira estaba a mula nomás y así nomás avanzamos. Se corrieron todos. En pos de ellos fuimos para Cavari. Los demás se fueron por la loma para Inquisivi y nosotros avanzamos en pos de los que iban para el pueblo de Cavari. A las 9 y media del día entramos matando tres indios en el camino que fueron atropellados. A los dos indios que pescamos en el río en Añuchiri, en la plaza a la entrada nomás mandó matar el comandante Lira sin confesión ni otras cosas: apenas lo hizo absolver con el doctor don Tomás Millares que se hallaba de cuaresmero; murieron así a palos. Inmediatamente pasamos a un galpón que había hecho construir a modo de reducto pero todo bajo de techo el comandante don José Casto Navajas en distancia del pueblo cuatro cuadras largas fuera de la última casa: lo incendiamos todo.

A las 4 de la tarde nos dirigimos para Sihuas adonde se adelantó ocho hombres armados con el capitán de indios de a caballo don Miguel Mamani y lo sorprendió a don Lázaro Fresco, a Miguel Vinalgas y al yerno de éste, Eusebio de tal: éstos fueron los que lo entregaron a los capitanes don Ramón Sarsuri y a don Silvestre Porras.

El 24 de febrero llegamos al punto de Pocusco de donde se pasó el comandante don Eusebio Lira con ocho hombres al lado de Charapaya. Mandó al capitán don Pascual García al lado de Carhuani y Llavecita donde había hecho ocultar 60 fusiles, bayonetas, viriones y municiones (las que cargaron de Huancarani la noche del 9 de enero), y al regresar el comandante Lira en el camino lo había pillado a don Manuel Tapia que se iba [f. 122^v] desertando de las tropas del enemigo que entraron vuelta a Palca; lo mandó a Corosa que es un anexo de la doctrina de Charapaya. Luego del camino regresó Lira a Corosa; este señor al momento dio sentencia de muerte a Tapia. Lo mandaron llamar inmediatamente al señor teniente de cura de la doctrina de Charapaya doctor don Pablo Quisada (porque estaba cerca al pueblo de Charapaya) para que lo confiese. A las 5 de la tarde lo bajaron a la playa, lo hicieron sentar sobre una piedra grande y lo fusiló. Luego se regresó Lira juntamente con el capitán García, que había encontrado en el camino, al mismo Pocusco.

El 20 de febrero habían entrado unos amedallados de la villa de Oruro juntando indios al pueblo de Mohosa, como son Dionisio Condori, Pascual Ajalla, Mateo Velarde, los tres de Mohosa, Manuel Navarro de Oruro, y tres más de Paria, como con 200 y tantos indios pero no tenían ni un fusil ni los unos ni los otros. De Mohosa salen a perseguir a don Mateo Quispe capitán comandante de los indios de aquella doctrina.

El 21 a las 10 del día llegan a la abra de Orurovillque, se enderezan para la estancia de Challani donde estaba la habitación propia de Quispe. Este, reunido con 15 indios únicamente de a caballo todos con lanzas, sale al escape porque tuvo parte a la media noche en que una tropa de indios había entrado al pueblo de Mohosa acaudillados por los amedallados. Saliendo de su estancia lárgase río arriba para Coriri y manda tocar sus cornetas o pututos en varios puntos (que son de las astas del toro, como tocan los postillones que andan con los [f. 123] correos).

Oyendo esta seña general para la reunión se juntaron los indios que pasaban ya de 60; los otros siempre en el alto de Challani. A las 12 del día súbese para arriba Quispe con cuarenta y tantos indios y se le iban replegando más gente. Manda como 25 indios a torearlos, a que los metan al bajío a los enemigos, él como emboscada por lo oculto caminaba. Ya le tomó toda la altura la retaguardia del enemigo, esto es en el todo. Los 25 de a caballo toreando les mete más al bajío y los enemigos como a pillarlos van avanzando. Uno de los amedallados, que es Manuel Navarro, decía que Quispe era aquél (señalaba a un indio nomás) y con decir que estaba allí Quispe y que lo agarrarían siempre avanzaron con esa confianza y muy ingreídos iban. Quispe los cortó por el costado derecho su retaguardia enteramente.

Los que corrían toreando regresan con todo el valor que les influían su patriotismo, y los del rey retroceden huyendo. Quispe que se formaba en batalla (los más de caballería), los enemigos que corrían: ellos mismos se iban ensartándose en las lanzas. Luego se corrieron disponiéndose conforme pudieron mejor cada uno. Los de la Patria lanzando hondazos y lanzazos como garrotes avanzaron hasta más adelante de la abra de Jumayo: como dos leguas cubierto de cadáveres, como 36 muertos del enemigo, heridos 29, sin un tiro de fusil. De los de la Patria siete muertos y dos heridos, y eso que el uno de entre ellos mismos; sólo el uno fue de un hondazo que del enemigo le tiraron. Los comandantes de la parte contraria corrieron abandonando la gente a la matanza. Manuel Navarro salió herido con dos lanzazos, a caballo escapó. Este parte llegó a Pocusco.

Al día siguiente 21 de febrero levantamos de este punto al pueblo de Mohosa y llegamos a las 5 de la tarde.

Al día siguiente 22 [f. 123^v] Lira lo mandó fusilar a don Lázaro Fresco en esta plaza (el preso que lo llevó de Sihuas, amedallado que fue).

El 26 levantamos el campo al lado de Lequepalca y Lira mandó quemar algunas estancias porque de este partido eran los derrotados de Jumayo, y mandó azotar a los que se encontraron, y nos entramos a Leque donde el comandante Lira hizo componer todo el armamento formando allí la maestranza.

AÑO DE 1817   137

El 28 el capitán don Eugenio Aguilar viniendo de su pueblo Cavari con 70 indios de su compañía, al pasar por la estancia de Parutani los habían pillado a un amedallado del rey Andrés Tola y a un compañero suyo José Choque. Los metió al pueblo de Mohosa donde los había muerto a los dos por orden del comandante Lira lastimosamente a palos, pedradas y lanzazos.

El 7 de marzo a las 5 de la tarde llegó un propio mandado por el comandante de Palca don Pedro Bascopé, en que da parte que el enemigo ocupaba el 5 del mes corriente, marzo, el pueblo de Machaca en número de 160 hombres al mando del comandante don José Casto Navajas que se hallaba en el pueblo de Capiñata de guarnición; que el 6 había parado; que el 7 se bajó.

En la bajada del pueblo de Machaca al río de Hayopaya, pasando la quebrada de Aguacco preguntó Navajas por una señora natural de la doctrina de Morochata llamada doña Manuela Quirós, mujer de un don Ángelo Almanza, que vivían en un lugar llamado Charasani. Encontró a la señora ésta, la manda estirar como a un hombre y la azotan como 100 azotes y se la llevan a una hija llamada Lucía hasta el anexo de Caymani de donde la botaron (esta señora era deuda muy [f. 124] inmediata de un coronel, ahora general, don José María Pérez de Urdininea; esto sabría don Casto Navajas o le chismearon en el pueblo de Machaca, por eso le haría; como estaba este señor Urdininea en el ejército en Salta esto sabría Navajas o le conocería como argentino), y acampó en Caymani el 7.

El 8 levantó Navajas su campo siempre quemando todas las casas porque desde el pueblo de Machaca se bajó destrozando y quemando: así lo hizo con todo Caymani. Se dirige por Usungani (que es un anexo de la misma doctrina de Machaca), Cotacotani, Totorani, Pallata, y trastuerna a Lirimani (un anexo de la doctrina de Charapaya).

Dado parte o recibido el comandante Lira, levantamos el campo de Leque ese mismo día 7 a las 5 de la tarde; trasnochamos.

Al día siguiente 8 a las 9 del día estábamos en el mismo alto de Lirimani encima del enemigo. Este de que nos vio dejó de quemar algunas casas y se reúnen en una llanura, mas viéndose en mala situación fueron al trote, se colocó en un morro que es pasando la iglesia y abra de Collpa. A la cabecera de una pampa que llaman Aramani allí hicieron alto. El comandante Lira luego dispuso una guerrilla de 10 hombres armados y 30 indios al mando del teniente don Manuel Patiño al mismo frente; al costado derecho mandó 10 hombres armados y 30 indios al mando del comandante don Pedro Bascopé y al del capitán don José Aguilar, con orden de que luego que salga el enemigo se retire con fuego toreándolos a fin de que se pongan en la falda a cuya altura colocó a toda la indiada que pasaban de 200; por el izquierdo no había cómo entrar porque era una barranca.

A las 11 del día se empezó un medio tiroteo porque el enemigo [f. 124ᵛ] se dispuso lo mismo, quedándose en retaguardia 50 hombres que fue en el mismo morro. Nuestro costado derecho según la orden se retiró con fuego. El enemigo no avanzó mucho, luego se replegó a su retaguardia por el mismo costado izquierdo. Por su costado derecho había mandado el enemigo una guerrilla de 20 hombres armados, en vano fueron a empantanarse en un monte y barranco tanto que ni había cómo nos diese fuego siquiera. En un continuo tiroteo nomás estaríamos como más de una hora. Entonces Lira le esforzó al teniente Patiño con ocho hombres más armados de infantería, me mandó a que yo fuese con ellos con más de 15 indios.

A las 12 en punto sería que nos bajamos. A la llegada nomás le tocó un balazo en la misma frente a un indio llamado Pablo Puma de edad de cerca de 80 años, cayó y murió; otro hirido en el pescuezo y un infante en el brazo, esto es en un descargue nomás. A más de las 2 de la tarde se agolparon del enemigo 80 hombres sobre el centro nuestro, que el jefe era don Manuel Patiño, teniente; yo estaba en este trozo. Nos hizo retroceder a toda costa cuesta arriba y estuvimos enteramente cansados. El resto enemigo peleaba con Bascopé que estaba en nuestro costado derecho.

Viendo que nos retiramos salen avanzando los enemigos como triunfantes ya. Lira manda que la reunión se hiciese en la misma cumbre donde estaba todo el resto de la indiada. Yo estaba tocando mi caja. Antes de llegar a la cumbre se quedaron dos soldados nuestros, Clemente Mesa, pardo, con un tal Mariano Brañes; un poco más arriba se quedaron otros dos soldados [f. 125], Antonio Yapura, y otro, Manuel Mamani; más arriba se quedó un indio Mariano Potosi, capitán de Lacayani; un poco más arriba me quedé yo; y más arribita se quedó el oficial Patiño, todos entro de unas piedras grandes y entro de las pajas como prisioneros ya porque no había un trecho favorable para nosotros y no podíamos dar un paso adelante, y el enemigo avanzando nos pasaron ya a nosotros saliendo de abajo para arriba.

Llega así a un morro un poco más arriba en donde íbamos a reunirnos. Por delante sale un sargento con un sable con tres soldados más del enemigo a todo lo descubierto. Entonces Potosi se levanta, le da un lanzazo en la olla del pescuezo al sargento que salía primero, tal que el palo o asta de la lanza iba bañando la sangre. Luego se levanta Patiño, bájase precipitado, le tira el corte en la cabeza, donde cayó el sargento. En esto salgo yo e impiezo a tocar la caja al degüello. Subcesivamente se levantan los soldados nuestros y dan un tiro uno de ellos donde cayó un soldado enemigo que salía con el sargento. Al momento bajan los indios de la Patria del morro de arriba: en un momento se cargaron tanto que los del rey no tuvieron tiempo para correr. Avanzaron más de cuatro cuadras en un cerrar y abrir los ojos, donde murieron 17 soldados de la parte contraria incluso el sargento u oficial (más después se supo que era sargento). Tal fue la entrepidez de los indios que avanzaron que Antonio Yapura lo agarró a uno de los soldados del rey de la falda de la casaca y a otro de las mangas, donde se rompieron las casacas y se quedó en la mano del soldado [f. 125^v] y lo arrastraron como ocho pasos; los otros atropellaron y los mataron nomás. Ganamos ese mismo rato 14 fusiles y dos sables y cuatro animales ensillados, el uno de don Andrés Rodríguez (porque un soldado agarró el caballo, y uno de los tambores había comprado una carona y en el pueblo de Cavari después lo conocieron sus paisanos y vecinos en que era del amedallado don Andrés Rodríguez).

A más de las 4 de la tarde salió el mismo comandante Navajas con 50 hombres de refresco a querernos rechazar a toda costa, pero no pudieron. Aunque los indios de la Patria estaban ya bien cansados se entusiasmaron tanto que no les valió ningún esfuerzo al enemigo. Navajas se apea de su caballo y quería subir a pie avanzándonos por una cuchilla; entonces fue que los indios le tiraron un hondazo que le tocó entre el cogote y la espalda, donde cayó; él que iba a levantarse, le asegundaron otra pedrada en la pierna donde cayó vuelta y se quedó en el sitio. Viéndolo así se iban bajando los indios a concluir con Navajas, sale de prisa un soldado suyo, lo agarró de los pies y lo llevó arrastrado para abajo por donde escapó la vida, que si no es el soldado perece entonces ya el comandante don José Casto Navajas.

Se retroceden vuelta los soldados del rey corriendo al morro donde estaba la reserva a todo el trozo. A poco rato se bajaban como 100 hombres del enemigo vuelta a avanzar con fuego graneado. Se arrimaron los indios bajándose como 200 al encuentro: ya no hacían aprecio a las balas. Los soldados del rey corrían adonde no llegaban las piedras de los hondazos, cargaban sus fusiles, vuelta avanzaban haciendo quites y daban fuego, corrían asimismo a cargar [f. 126], venían a dar fuego de un trecho seguro donde no llegaban las piedras. Mientras estas correrías los indios avanzaban y esperaban en las quebradas emboscados tras de los matorrales que habían muchos, y al tiempo de que salga el tiro los indios los asaltaban, avanzaban el fusil agarrando del cañón tal que salía el tiro estando el cañón en las manos del indio, los soldados no hacían más que soltar y correr; a algunos los mataban a palos con el mismo fusil si no corrían bien. Así no hubo cómo nos avancen, hasta que se retiraron no pudiendo hacer nada y se situaron en el mismo morro y estuvieron allí.

En estas correrías o evoluciones de los indios sucedió un caso con un tal Nicolás Apasa o Arias, indio de Mohosa. Este avanzaba con su garrote, sólo él, a un soldado enemigo. Este revolvió y le dio el tiro, le erró de muy cerca. Entonces el indio se le asoma a darle el garrotazo. El soldado le hace el quite con su fusil y le envasa la bayoneta a la barriga. El indio agarra con una furia el fusil del cañón y se encaja más la bayoneta a la barriga él mismo por solamente acercarse otro poquito más y lograrle el garrotazo al soldado. Viendo esta determinación el soldado larga el fusil, parte a correr. Se quedó el fusil en las manos del indio y la bayoneta en su barriga clavada. Se lo sacó, se amarró la herida con el paño del pescuezo que usan los indios en aquel país, muy contento se salió para arriba ganando un fusil a costa de su sangre. El bravo indio no temía morir sino estaba muy gustoso con el fusil, y haciendo un mérito grande le entregó al comandante don Eusebio Lira, expresando en voz alta decía:

—Todo hombre que se pone a defender a la Patria debe entrar a una acción con intención [f. 126ᵛ] de morir por ella en su defensa o ganar algo como yo lo he hecho ahora. Sé que he de morir porque esta herida que tengo es mortal, pero tengo el grande consuelo aunque a costa de mi vida de ganar esta arma del enemigo y aumentar a favor de la Patria, dejando en lo subcesivo a los vivientes para que cuenten este hecho, para que en su vista hagan igual determinación los que se ponen verdaderamente a defender la Patria y la libertad.

Se sentó y no pudo levantarse ya. Lira mandó lo montasen dando una mula ensillada y lo llevasen al pueblo de Mohosa para curarlo. A los cinco días murió allí.

A más de las 8 de la noche estábamos esperando a que salga la luna, que a esa hora salía, para que con esa claridad entrar a avanzar embistiendo vuelta después de cenar, y estábamos muy cerca del enemigo. De que pareció la luna nos preparamos bien, marchamos circulando el morro a sorprender. No encontramos enemigo alguno porque dejando ocho montones de fogata incendiando se habían corrido hasta Cavari, tal que ni un momento pararían allí. Habían dejado en su marcha varios animales ensillados como cargados. Allí murieron dos soldados más del rey. De nosotros murieron ocho, y nueve heridos.

Esa tarde el enemigo habían mandado por delante cuatro hombres, de indios, de avanzada al bajío de Pocusco al camino de Equeri que va para Palca, con orden de que bajen al río, de una tropa que les había llegado de Cavari en auxilio, v como se reuniesen los nuestros en el mismo morro donde los enemigos estuvieron, [f. 127] éstos cuatro de mañana divisaron (porque habían estado en la inteligencia de que fuésemos sus compañeros, porque nosotros nos situamos ya en el lugar donde ellos estuvieron todo el día anterior que fue el día de la guerrilla); a las 7 de la mañana se habían salido estos cuatro echando vivas al rey pensando que fuesen los suyos o compañeros, y se entraron a una tropa de indios de la Patria que fueron en seguimiento esa noche a Pocusco. Nuestros indios desconocieron a estos cuatro, pero en las preguntas que les hicieron habían conocido que eran indios de la parte del rey: los mataron a los cuatro, que habían sido lanceros de Cavari.

Del pueblo de Mohosa se había salido una tropa que había entrado al mando de un coronel Quimper en número de 600 hombres el 9 de marzo, y en el trecho que llaman Sinispaya divisa con el anteojo un bulto en el alto de un cerro, manda una corta partida de ocho hombres. Estos los había pillado a un indio pastor de carneros. Lo traen, hacen llegar al campamento que en descanso habían formado (este camino es el que va del pueblo de Mohosa para Oruro). De que fue presentado el indio Mariano López Quispe (alias el Lupico), que se estaba hilando y con su honda, al momento dice el coronel Quimper:

—Éste es un alzado.

Le fulmina la sentencia de muerte. Ya que iban a vendarle los ojos para tirarle los balazos, con una bravura de corazón dice este infeliz:

—Yo no soy mula para que me venden los ojos. (Decía en su lengua: —*Janihua nayaja mulahati nayra iman tañmataqui*.)

Un soldado le dio un tiro a ojo abierto. Cayó del balazo el indio, siéntase y mira por todas partes: lo conoció al soldado que le dio el balazo y le dice:

—Está bueno, vos me has hecho. Muy bien, te conozco —le amenaza con la mano. (En la lengua del país decía: —*Hualiquihua uñtusmahua, humahua lurista acamaja.*)

Le dieron un par de balazos más, murió [f. 127^v] el infeliz. Vea el lector y balancee el valor y bravura de este americano que no pensó el morir sino sobrevivir a la muerte y pensó vengar el agravio que se le había hecho a un inocente sin más delito que nacer en el suelo americano.

El 12 de marzo Mateo Paniagua (hijo de Lucas Paniagua) alias el Chajmi se venía de Capiñata (en donde se hallaba el comandante don José Casto Navajas) a pie, donde había ido a pedir órdenes para perseguir a los patriotas. Subía la cuesta de Cuti. Luego se encontró con unos emigrados patriotas que se bajaban al río de Sacambaya a traerse legumbres, como son don Marcelino Tapia capitán de caballería cívica de la doctrina de Inquisivi, Julián Reinaga sargento de Caballería de la División, Gregorio Quirós, don Diego Valencia y algunos compañeros más. De repente se encontró. Así que los vio a Chajmi se sospecharon que este amedallado hubiese ido con gente armada a perseguirlos. Se ocultaron y como viesen sólo a él se reunieron y se presentaron. Chajmi, que los vio, partió a correr; los otros, que bien lo conocían, fueron en pos de él a pescarlo. Como no pudiese cómo escapar, a la carrera se metió por un barranco bastante peligroso que llaman Huilacaca (por otro nombre el Potrero). En esta peña se desbarrancó, rodó y se maltrató ferozmente. Los que lo seguían entraron por verlo únicamente cómo había escapado pasando el barranco. Lo encontraron medio muerto y por señas pidió por gracia que lo acabaran de matar. Así fue, lo acabaron de matar. Ese enemigo menos tenía la causa de la libertad.

El 15 de marzo a las 4 de la tarde nos colocamos en el mismo alto del pueblo de Cavari, y Navajas estaba en este pueblo porque le había venido refuerzo de la guarnición del pueblo de Inquisivi. Esa noche Lira mandó [f. 128] a un tal Curito, hermano de un caudillo del lado del Vallegrande, que se había venido disgustándose con su hermano. Esa noche como a las 7 con una descubierta de seis hombres de caballería con el capitán don Mariano Curito, éste (como no era tan diestro en los caminos por ser recién llegado y se comprometió él mismo por dar a luz su valor y patriotismo) muy entusiasta el tal Curito se había encajado a la misma tropa del enemigo o muy cerca. Los enemigos luego que sintieron el tropel de los pasos de la caballería a las 11 de la noche, le dieron nomás campo cuando pasó con su corta partida, le tomaron su retaguardia. Reparando entonces el capitán Curito que estaba muy cerca del enemigo ya mandó echar pie en tierra a uno de los soldados que escuchase el ruido. El soldado oyó, luego le dice:

—Estamos muy cerca ya, no sea que peligremos. Volvamos caras.

Entonces dice el capitán:

—Montá lo más pronto y regresá a dar parte al comandante.

Oyendo estas expresiones dice el enemigo:

—Vayan a dar parte al comandante lo más pronto, sin perder momento.

Descargan a boca de cañón. Cayó muerto el capitán con un soldado y un caballo, dos soldados prisioneros, y tres escaparon atropellándolos, dos caballos heridos de bayoneta, y dieron parte al comandante de lo sucedido.

El 16 de marzo a las 8 de la mañana nos avistamos con el enemigo en el mismo alto del pueblo de Cavari. El enemigo tenía indiada, nosotros también. Las divisas de nuestra gente era de una toquilla de paja verde, y de los enemigos pintado con barro colorado en los sombreros. De éstos se habían entropado dos indios en nuestra tropa. El comandante Lira luego echó de ver esta agregada de los dos indios, al instante mandó que lo separasen de la formación y los hizo amarrar espalda con espalda; así los mandó presos a retaguardia. Entonces estos infelices [f. 128^v] dicen que ellos eran juntados a la fuerza por el cacique de Cavari don Carlos Apunte y don Andrés Rodríguez (ambos amedallados bajo la protección del comandante don José Casto Navajas) y que son vecinos de esta doctrina y patriotas; que no se han juntado ellos por su gusto ni eran capaces; que por lo mismo se habían segregado de aquella tropa y reunídose a la Patria y que no podían andar amarrados de esa suerte, y blasfemaban contra Apunte y Rodríguez, aun gritando a voces daban un paso. Pero a pesar de esta declaración que hacían y otras súplicas porque siendo paisanos y compatriotas no les tratasen de esa suerte, más bien oyendo todo esto ordenó Lira que los matasen a palos y lanzazos y pedradas. Los mataron a los dos a las cuantas cuadras del campo nuestro.

Como a más de las 9 el enemigo movió su campo en formación de batalla, marchando como una cuadra larga hizo alto. Entonces dispone el comandante Lira: al capitán don Agustín Contreras con su compañía de caballería que se componía de 48 hombres, al costado izquierdo; 40 hombres de caballería cívica y 30 hombres de infantería armada al mando del gobernador subdelegado don José Manuel Arana y al del comandante don Pedro Bascopé, al costado derecho; toda la indiada, que era de más de 200 hombres, y el resto de infantería armada de más de 50 hombres y un cañón, al centro.

A las 9 y media sale el enemigo con la misma disposición en tres trozos, quedando su caballería a la retaguardia de su centro como 50 hombres. Marchan de frente los costados y centro, se ponen al frente. Navajas iba en el trozo del centro; éste sale de su formación con ocho hombres, avanzaba y se retiraba, vuelta avanzaba y se retiraba, por último se desprendió de toda su tropa y salió él solo a caballo como [f. 129] 20 pasos y le empieza a gritarle al comandante don Eusebio Lira a que se baje si es hombre a medir la espada; que él era un alzado contra el monarca, un rebelde, un pícaro; que

—Baje a recogérselo el caballo castaño y la casaca colorada que te quité en el río Curupaya la tarde del 9 de enero.

Mientras estas criterías a nuestro costado izquierdo ya lo sacó arriba con fuego o tiroteo. Entonces manda el comandante que la indiada tomase toda la altura, la caballería que se retirase con fuego a toda la cumbre, y al costado derecho ordenó que tomase la retaguardia del enemigo por su izquierdo, y que el propio Lira estará firme en el centro, cuando ya había tomado el enemigo la retaguardia. Entonces dejó de avanzar el enemigo porque se bajó a chocar con el trozo de Lira. El centro enemigo reunido con su costado izquierdo también embistió a Lira de frente, se cargó tanto que nos rechazó al costado derecho hasta la abra de Hancocahua con fuego. Entonces el enemigo se reunió con su centro y nos tuvo a dos fuegos al centro, que ya estaba ahí el comandante Lira. También entonces lo tuvimos a dos fuegos al centro enemigo y su costado izquierdo porque le tomó su retaguardia nuestro costado derecho.

A más de la 1 nos dispersamos casi en el todo porque los demás trozos con Navajas se cargaron tanto que no podíamos resistir el ímpetu, y con el fuego que nos daba y el avance tan precipitado porque tenían fuerza doble de gente armada al nuestro nos avanzaron como ya dije hasta la misma abrita de Hancocahua como media legua, donde hicieron alto y se retiraron para el pueblo de Cavari cargando tres muertos y dejando dos muertos en el campo. De nosotros murieron 11 y nueve heridos de los cuales a las dos horas murieron tres; por todo 14 muertos. Arma ninguna se perdió [f. 129ᵛ] excepto tres que se perdió esa noche antes; más bien ese día se ganó un fusil corriente y otro quebrada la caja; el cañón lo mandó para atrás el comandante Lira antes de la embestida.

El comandante Lira se vio cortado enteramente porque quiso hacerle una burla al enemigo con 18 hombres armados de su infantería metiéndose a su centro por medio de una montaña y no pudo pasar una barranca donde rodó y murió su caballo, que apenas salvaron a pie todos metiéndose por otro barranco pero no de tanto peligro, que apenas se nos reunió a pie.

Nos fuimos para el pueblo de Machaca de donde al día que sigue, 17 de marzo, nos entramos a Palca. Allí se compuso el armamento en 10 días.

El 28 salimos a Machaca porque el enemigo aburrido se fue para Capiñata el 23, y el 24 paró; el 25 se salió para el pueblo capital de Sicasica por los pueblos de Inquisivi, Quime y Yaco.

El 29 entramos a Cavari.

El 30 a Capiñata.

Noche antes mandó Lira a una partida de ocho armados y 30 indios con su capitán Felipe Vázquez del pueblo de Cavari a que lo pesque en todo caso a un amedallado Domingo Calderón a Capiñata, que dijeron se había intitulado segundo jefe del comandante don José Casto Navajas. En efecto lo pescó y lo trajo al dicho Capiñata de su estancia cerca. Así que llegó la partida y lo pescó a Calderón sus vecinos y paisanos por gracia pidieron que en el acto debía ser descuartizado: cómo se dejaría aborrecer y qué cosas no haría. Lo metieron al pueblo de Capiñata y tres se largaron ande el comandante Lira (que en el camino los encontró) y dicen que Calderón había caído redondo, que por todos modos convenía que éste muera para escarmiento de otros, y otras cosas más informaron. El comandante Lira ordenó [f. 130] que lo matasen. Siendo así vinieron de carrera con la orden, comunican al capitán Vázquez, y así que entraron al pueblo lo habían muerto a palos, pedradas y lanzazos a las 4 de la mañana el 31. Nosotros entramos a las 11 del día, ya lo encontramos tirado muerto el cuerpo de Domingo Calderón en una de las esquinas de la plaza en una de esas capillas (porque en las cuatro esquinas habían en casi todos los pueblos, tienen así sus capillas).

Ese día 31 de marzo a las 4 y más de la tarde hicieron llegar a tres amedallados indios de la parte de los españoles, como son a un Ignacio Choque que se había intitulado coronel de los reales ejércitos (indio colono de la hacienda de Caquena en la doctrina de Mohosa), a un Eusebio de tal, y a un Miguel Vinalgas, padre político del antecedente Eusebio (ambos colonos en la hacienda de Sihuas en la doctrina de Cavari), entrigantes a los capitanes Silvestre Porras y Ramón Sarsuri.

Al día siguiente 1º de abril los mandó matar el comandante Lira (habiéndolos hecho confesar con un eclesiástico doctor don José Prudencio Palomino, que vivía este señor en su hacienda el anexo de Caichani, muy cerca al pueblo de Capiñata) a palos, a lanzazos y a pedradas lastimosamente, siendo un espectáculo demasiado funesto aquellas muertes.

La noche del 30 de marzo un patriota don Marcelino Tapia, capitán de cívicos de la doctrina de Inquisivi, que vivía en su propiedad Machacamarca, había reunido algunos soldados suyos de a caballo armados con sus lanzas, sables y garrotes. Los asaltan en el pueblo de Inquisivi mesmo a un don Esteban Narváez amedallado por los del rey, que antes era capitán de la Patria en Charapajsi (en la doctrina de Suri ahora, que antes correspondía a la de Yaco). A la media noche lo degollaron, esto es como a un chivato, y lo botaron la cabeza, la cual [f. 130ᵛ] se plantó en la abra de Chorocoma. Acto continuo pasan en seguimiento de otro amedallado cacique de la doctrina de Cavari, don Carlos Apunte; lo encontraron en la loma de Taricahua entre Charapajsi, allí pelearon mucho rato gormando con los que se habían adelantado, queriendo escapar siquiera al monte, hasta que los compañeros llegaron de Apunte que había sido dos. Estos, viendo que les iban siguiendo muchos hombres de caballería, más viendo el estado de su superior o caudillo, o su amo en una palabra, tuvieron que escapar al monte y Apunte cayó de un palazo que le tiraron y a los cuantos golpes expiró. Le cortaron la cabeza, pusieron en una pica en la plaza de su cacicazgo Cavari (por orden del comandante Lira), de donde nos regresamos de Capiñata nomás para el pueblo de Palca, capital del partido de Hayopaya (hoy la Villa de la Independencia). Entonces solamente don Andrés Rodríguez escapó (amedallado también en Cavari) porque no se desprendió del comandante don José Casto Navajas.

El 20 de abril de Sicasica entró el comandante López con 180 hombres enemigos al pueblo de Inquisivi.

El 21 levantamos el campo de Palca a Machaca.

El 22 y 23 llegamos al pueblo de Capiñata reuniendo indiada.

El 24 dispone el comandante Lira: al sargento mayor (que hacía de segundo jefe) don Pascual García mandó con 40 hombres de caballería armada y 200 indios al pueblo de Inquisivi donde se hallaba el enemigo, por el camino recto, y le dice:

—Mañana a las 2 de la tarde se pondrá usted frente al pueblo en las lomas de la Tejería. No saldrá usted a luz mientras yo me ponga en todo el alto que será a la misma hora. Si caso le sienten al primero se retirará usted con fuego lento, y mientras le avancen a usted yo puedo tomar el pueblo su [f. 131] retaguardia, y según mis movimientos que observará usted siempre verá lo mejor que se pueda hacer sin exponer de ninguna suerte a la gente al menor peligro. Y si me sienten a mí primero y salgan a batirme yo me retiraré con fuego lento a la loma. Entonces tomará usted el pueblo y le pica usted por la retaguardia, y le tomamos a dos fuegos entrando con todo el valor que nós alcance nuestros esfuerzos y patriotismo.

Con esta combinación se baja a las 5 de la mañana Lira de Capiñata por la falda de Corachapi a tomar toda la cumbre del pueblo de Inquisivi mismo.

El 25 de abril a la 1 de la tarde estaba sobre Inquisivi una corta partida de ocho hombres del enemigo buscando ganado; nos divisaron y luego se bajan al pueblo a dar parte al jefe principal de aquel trozo. A las 2 de la tarde o algo más ya se nos presentó una partida de 16 hombres en distancia de ocho cuadras, nos dio unos cuantos tiros y se vienen avanzando. Lira mandó hacer alto a todo su trozo y manda al capitán Felipe Vázquez con su gente de 70 indios a tomar su retaguardia y corte su retirada; en efecto se vio cortado el piquete. Este se puso en un morro en pelotón y empieza a dar fuego graneado donde nos mataron a cuatro indios y dos soldados. Luego hacen dispersión de cazadores y avanzan los nuestros, atropellan, matan a cinco del enemigo. Luego los demás del enemigo se reúnen vueltas al mismo morro así en pelotón, dan fuego, quieren romper para el lado del pueblo porque la indiada les rodeó enteramente. A esto manda Lira a cuatro infantes más y cuatro de caballería, al fin va él mismo con el teniente de caballería don Santiago Morales quien va llevando en su compañía seis hombres más. Viéndolos el comandante Lira entro de un círculo grita a aquellos pocos soldados enemigos, dice:

—Muchachos ríndanse. Ya no tienen protección ninguna ni son capaces de replegarse a su tropa. Véanse el estado en que están. De lo contrario han de perder. Mira que ya no tienen remedio.

Contestan:

—Las armas del rey no se rinden a los alzados. En breve rato verán lo que les ha de suceder. Vosotros han de perecer primero. Hombres somos los que manejamos las armas del rey.

Entonces repite el [f. 131ᵛ] comandante Lira y dice:

—Muchachos, no habrá novedad alguna, ríndanse nomás. Mira, no sean locos, no han de escapar. Mira, no quieran su ruina. ¿Qué sacan con ser tenaces? Ríndanse nomás.

Siempre tenaces a no rendirse los enemigos, quieren avanzar los indios. Lira manda hacer alto. A poco del costado izquierdo atropellan los indios y les mata a ocho hombres escapando dos a todo peligro bajándose al pueblo como despeñados. Ganamos 14 fusiles y un sable, pero se defendieron como hombres. Murieron de los nuestros cuatro indios y dos soldados, seis; el teniente don Santiago Morales hirido en el brazo, su cadete don Eduardo Cano y tres soldados más con ocho indios, trece heridos por todo incluso el teniente Morales. Murieron dos caballos bajo las piernas del comandante Lira.

A las 4 de la tarde salieron 120 hombres del enemigo. Por el camino de Urahuari y de Cruzpata se dirigen por la loma siempre con la vista al pueblo, ya al frente nuestro hicieron alto. Lira se dispuso: al centro puso ocho armados de infantería con 100 indios al mando del capitán de cívicos o comandante don Pedro Bascopé; al costado izquierdo ocho hombres de infantería armados y 100 indios y 15 lanceros de caballería al mando del teniente don Manuel Patiño; al costado derecho al mando del subdelegado gobernador don José Manuel Arana con el sargento 1º don Clemente Antezana 10 infantes armados y 100 indios entre lanceros y hondeadores; y a la demás gente (que se componía de 38 hombres armados y cívicos como hondeadores que pasaban de 200 hombres) dejó a la retaguardia del centro como de reserva a cargo del ayudante mayor que hacía don Fernando Terceros y al del sargento 1º don Carlos García, de nación inglés, con orden de no hacer movimiento alguno.

Estábamos así formados (que yo estaba en este trozo). Los del centro peleaban ya (que el enemigo se dispuso lo mismo, en tres trozos, y su reserva a retaguardia de su centro un poco hacia su costado izquierdo en un morro). El centro solo peleaban [f. 132] en una llanura, los costados no parecían, se perdieron enteramente en aquel rato, y aun el jefe del centro que era el comandante Lira venía en retirada jugando con sus lanzas los indios, y no había una piedra para hondearlos; los demás ya venían cansados. El ayudante mayor don Fernando Terceros aún no oyó silbar unas cuantas balas se retiró dejando la tropa al sargento don Carlos García; este señor andaba tras de la línea y entro de las pajas de cuatro pies por miedo de las balas y decía a los soldados:

—Nadie se agachi, carajo.

Estando así el trozo del centro enemigo se retiró a su retaguardia y los nuestros avanzan. Se paran a pie firme los enemigos y rompen fuego graneado hasta que los rechazó a los de nuestro centro: ya salían en retirada casi dispersándose y gritaban diciendo:

—Fusileros, entren nomás ya pues, qué es lo que hacen.

Los fusileros no teníamos jefe alguno que nos ordenase ni nos condujese, y se retiraban los indios jugando con sus lanzas como digo, porque la caballería enemiga avanzaba batiendo los cortes. Estos eran los que nos hallábamos en el centro. Los jefes no parecían, ni menos el comandante Lira, mucho menos los de los costados, el ayudante mayor Terceros se desapareció. Únicamente estaban el sargento don Carlos García y un cabo Pascual Diana, moreno, hijo de Buenos Aires, hombre muy alto. Entonces digo yo a los compañeros:

—Muchachos, el comandante no parece ni el teniente ni el comandante Bascopé, no sea que haygan muerto. ¿Quieren entrar? Vamos ya, el enemigo está cansado.

A esto me dijeron los soldados:

—Pues vamos entrando, que si nos retiramos así nomás pensará el enemigo que le tenemos miedo. ¿Ni qué se dirá de los soldados de la Patria y bajo del mando del bravo comandante Lira?

Así es que entramos en formación de batalla. Rompe fuego el enemigo más primero que nosotros, también de nuestra parte dieron fuego. Yo entré en la vanguardia en el centro tocando [f. 132^v] el ataque, como dando valor a los soldados adelantándome un poquito de la línea. Entraríamos como dos cuadras o algo más. El enemigo se retiró poco a poco, que esa retirada había sido falsa para meternos más aentro a su centro, como de facto por el costado derecho nuestro ya nos había estado ganando nuestra retaguardia. Yo que me cargué a nuestro costado izquierdo, parece de repente a poca distancia el teniente don Manuel Patiño y da la voz:

—¡A cambiar a la derecha con el frente a retaguardia!

Se maniobró este movimiento en un minuto. Acabado esta formación se nos acerca dicho teniente Patiño y nos dice:

—Muchachos, ya el enemigo los va cortando. Al trote cargarse sobre la derecha dando fuego y retirarse con fuego para arriba.

Así lo hicimos, y llegado al trecho donde estábamos nos ordena el teniente Patiño en que nos situemos siempre en el mismo punto, esperar al enemigo allí nomás, y cuando se quieran cargar contenerlos con fuego; primero morir todos que abandonar el puesto, como soldados de la Patria e hijos del valor, que irá él a buscarlo al comandante. Se fue dejando la tropa siempre al sargento don Carlos García (que dije era inglés) y a un cabo 1º moreno Pascual Diana.

Divisamos que del pueblo de Inquisivi salía un corto refuerzo de 30 hombres de caballería mientras nuestra fuerza se componía de 73 hombres armados, como 400 de indiada de hondas, garrotes y lanceros. Del enemigo fue el último resto. De que se reunieron todos ellos con furia nos avanzaron quedándose su caballería a retaguardia en un morro, y querían acabarnos. Pero también nosotros nos vestimos de mucho valor, por fin nos preparamos y esperamos sin hacer el menor movimiento ni dar fuego. Ellos nos avanzaban con fuego a discreción, y estando ya en corta distancia como de una [f. 133] cuadra y media dimos un descargue cerrado una mitad, donde cayeron tres: vimos claramente porque parecía muy clarito. La otra mitad nuestra que hacía la izquierda avanzaban con fuego graneado al mando solamente del cabo Diana, el moreno; tras de él va la otra mitad quedándose el sargento don Carlos García con 12 hombres, que los demás fueron con otro cabo don Manuel Chambi, orureño, muy atrevido, vestido con el carácter de su país.

Entonces medio echa pie atrás el enemigo. En esto nos cargamos todos y ellos echan la corrida hasta reunirse con la caballería que tuvieron como de reserva en un morro; allí se pararon, que parecía un castillo de tanto fuego que daban. En un corto rato cayeron de nosotros tres muertos soldados y cuatro indios con tres cívicos. Luego nos parapetamos entonces en un medio bajío atrás de un morrito, de allí dábamos fuego de mampuesta a lo seguro y en una distancia cuando menos de una cuadra. Todas las voces de los oficiales del enemigo y exhortaciones se oiya y aun los cintarazos con que contenían a los soldados, clarito.

En esto nomás ya sería cerca de las ocho de la noche, pero por la caja que tocaba (que esto era por orden de don Carlos García) me tanteaban a mí. Los oficiales del enemigo decían:

—Tírenle al tambor.

Yo oyendo todo andaba muy ligero en mis pasos; por ratos lo callaba la caja y corría a un costado, ya también me iba al otro, como es de la derecha a la izquierda y de la izquierda a la derecha, porque salíamos con la luna ya clara y en formación de batalla el enemigo nos avanzaba dando fuego al viento.

Mientras estas cosas salieron tres soldados heridos y seis indios muertos. Eran los heridos Cipriano Huallpa, Felipe Mauri, y José Manuel Escobar el más atrevido, estos últimos en el brazo; y así se iban retirando de uno, de dos, así. Yo con el sargento y el cabo, cuando echamos menos ya no había más que 26 hombres. Preguntando por qué se retiraban decían que ya no servían las piedras ni tenían ya cartuchos, [f. 133ᵛ] hasta que nos vimos obligados a retirarnos. Salíamos cuesta arriba con fuego graneado en retirada, yo salía tocando ataque siempre, y daba la voz el sargento García:

—Muchachos, alto el fuego, dejad que salgan. Vamos al morro de arriba. Ninguno me dé un tiro. Guardar las distancias mucho.

Después de dar esta voz para formar línea de cargadores llegábamos a un morro, lo mismo decía; a mí me mandaba tocar a ataque, después de esto decía:

—Alto el fuego muchachos, dejad que salgan. Vamos al morro de arriba. Ninguno me dé un tiro. Guardar las distancias, por derecha e izquierda guardar las distancias.

Me mandaba tocar diana y en seguida marcha, así era todo máxima para que no nos atropellasen los enemigos, mas como salíamos tocando caja y con mucho orden pensarían los enemigos que toda la tropa salía en retirada. Sólo por los golpes de la caja me tanteaban a mí, así es que me tiraban y escapaba de pocas. En esto estaba ya bien lóbrega la noche porque cerró la nieblina enteramente. A las dos cuadras o tres que podía haber sido nuestra retirada nos encontramos con el comandante Lira, que este señor bajaba de arriba a caballo por delante él solo, y dice:

—¿Y la tropa?

Contesta el sargento:

—Se han ido en retirada dejándonos a estos pocos que usted verá. El enemigo viene muy cerca, no pase usted más abajo.

Todo nos había estado escuchando el enemigo y luego nos gritan:

—Ahora verán, pícaros alzados, defensores de la Patria.

A esto dice el comandante Lira:

—Muchachos no temáis, aquí estoy vuestro comandante Lira. He venido a protegeros con otros compañeros que por un equívoco ellos mismos se vieron cortados, y pensando estéis en algún peligro he volado. Ea, cazadores, preparen esa caballería por la izquierda a desplegar en batalla.

Corretean 12 hombres de caballería nuestra que venían juntos con el comandante.

—¡Fuego! —dice.

Los 12 hombres descargan; luego granean los de la infantería, los que salían con García como 20 hombres nomás ya. Yo empiezo a tocar ataque por orden del comandante Lira. El enemigo hace alto su avance y se retiran un poco tras de otro morro. Ya como a las 9 salía la luna, [f. 134] estaba aclarando un poco. Después de algunas descargas manda hacer alto y sigilosamente dice al sargento inglés:
—Siga usted la retirada hasta la abra donde está toda la tropa.
De que marchó la gente quedándose los 16 hombres de caballería luego me ordena a mí y me dice:
—Vos quedate aquí conmigo, yo te guardaré la espalda, y toca marcha.
Me paré y toqué según me ordena. Lira se bajó a reparar a los enemigos que nos avanzaban: habían estado escuchándonos todo lo que ordenaba y decía el comandante Lira y cuanto se hablaba. No bajaría Lira ni 25 pasos para abajo cuando se encontró con un pelotón de gente que venía del enemigo y le da un descargue donde murió su caballo. Se regresó a pie sin sombrero. Yo que callé la caja y me corrí salió tras de mí el comandante Lira. Corrimos como en una pampa más de dos cuadras buenas o tres los dos únicamente. Ya yo no pude dar un paso más adelante, lo mismo Lira, porque corrimos como en una pampa, nos cansamos enteramente, se nos acabó el juelgo. Ya de que nos tendimos al suelo baja un soldado nuestro de cívicos llamado Isidro Terrazas, vecino de la doctrina de Machaca: éste se desmontó y le dio su caballo al comandante. Este señor porfiando a que yo he de montar a sus ancas y que me había de sacar así. Entonces le dije:
—Ya no puedo señor absolutamente ni moverme. Escape usted, no se precipite por mí.
Hasta que salió para arriba y lo llamó a otro soldado cívico de caballería, ordenó a que me montase a mí o me sacase en sus ancas; así me sacó y salvamos de ese modo y salimos por una loma como cinco o seis cuadras para arriba. Sería ya las 9 de la noche, ya la luna más clara. El enemigo se quedó abajo a nuestro costado izquierdo avanzando a ocho hombres que se corrieron por ahí de caballería. Entonces me bajé y me mandó tocar a reunión, entonces contestaron según la orden con diana y llamada otros tambores que estaban con la tropa, e impiezan los indios a tocar sus cornetas que tenían más de 25, de suerte que de oir esa bulla se retiró el enemigo. Se reunieron todos y fueron [f. 134^v] a dormir al alto mismo de Inquisivi que llaman Urahuari comúnmente, y nosotros a distancia de una legua dormimos. Ese día murieron de los nuestros 12 hombres y 13 heridos; del enemigo 13 muertos, de heridos se ignora: Tres caballos

murieron bajo las piernas de Lira; él sacó pedazos el sombrero como toda la ropa, lo que es constante a todos los pueblos y vecinos de uno y otro partido (hoy provincias).

Al día siguiente 26 de abril nos bajamos a caer a la misma abra de Charahuayto, que es la abra de Yamora caminando para Corachapi. Lira iba con intención de fusilarlo al sargento mayor o comandante don Pascual García. Este, con el aguardiente que le dio el comandante Lira para los soldados, se había embriagado y se estaba en la misma hacienda de Yamora adonde había llevado a un su muchacho (pescándolo en el molino de Naranjani) de don José Orihuela (que eran dos hermanos Orihuelas pero tan realistos que no había cuenta ni con qué comparar sino con un vasallo muy leal de España mismo, y así se fueron emigrados a los dominios del rey), y este su muchacho vendría a remirar, y como los vecinos se quejaban de que éste observaba lo mínimo de todos los movimientos de la Patria lo sacaron preso (se llamaba Mariano) y García lo había hecho matar en la abra de Yamora, que se llama Charahuayto, a palos, lanzazos y pedradas lastimosamente con la indiada.

Después que se le quitó la embriaguez a García a la media noche se había levantado el campo y se dirige al pueblo de Inquisivi, entró allí, vacío el pueblo, entonces siguió los pasos al enemigo. Al día siguiente siempre iba García en pos de los enemigos. Los alcanzó al estar caminando por toda la loma para el pueblo de Ichoca, tuvieron su tiroteo casi todo el día, donde habían muerto 13 indios y 10 heridos y el mismo comandante García en el brazo.

El enemigo se bajó siempre para el pueblo de Ichoca de los altos de Pusca porque no le dejaron salir más arriba la indiada porque contenían del alto con hondazos, galgas de piedra y en un buen punto. El [f. 135] enemigo en su marcha había atropellado a un indio: lo pescaron, lo habían amarrado contra una piedra grande por separado —no junto con la piedra— y lo habían botado para abajo en una falda muy empinada que llaman Pusca. ¿El infeliz indio como moriría?

Entran al pueblo de Ichoca los enemigos, se posesionan. Al día siguiente estábamos en el alto mismo del pueblo. El enemigo luego que nos sintieron se habían salido para el pueblo de Yaco; apenas entraron al pueblo éste, se pasaron para Sicasica capital del partido. Nosotros nos hallábamos en el alto del pueblo de Ichoca, en el campo nomás, en distancia de dos leguas.

Esa tarde a las 2 llega un indio, da parte al comandante Lira de que 30 hombres enemigos acababan de descargar cuatro cargas de peltrechos y una de plata enzurronada. Aseguró tanto el indio que el comandante Lira se determinó encaminarse. Por fin ordenó que tomásemos toda la cumbre de la cordillera de las Tres Cruces (que es una cordillera muy elevada), el mismo alto de Huañacota en donde dijo el indio que estaban. A las 11 de la noche llegamos al trecho éste, bien dispuestos todo (como habíamos de sorprender) y no encontramos enemigo alguno más que tres montones de fogata, que éste a las 6 de la tarde se habían regresado para el mismo pueblo de Yaco de dicho punto de Huañacota. Esa noche en la marcha, como cinco leguas de una cordillera brava, casi nos volvimos troncos de frío porque hacía con mucho rigor por ser su propia estación.

Viendo que era en vano nuestra ida ordenó Lira la retirada para el pueblo de Quime que está a las seis leguas para abajo. Marchamos en paso trote. A las 3 de la mañana o 2 entramos, y en una casa los habían encontrado los soldados a dos vecinos del pueblo de Cavari llamados Manuel Gutiérrez (alias el Chui Manuno) y un tal Vicente Cossío. Estos habían estado de regreso de La Paz de haber conducido unas cargas del enemigo comandante Navajas, que debía ser todo lo que robó de los habitantes de los pueblos de Inquisivi y Capiñata.

Al día siguiente 29 de abril [f. 135ᵛ] fue a ver a los presos Lira, los otros estaban amarrados. Manuel Gutiérrez le dice al comandante don Eusebio Lira:

—Don Eusebio, ¿por qué me tratas así de esta suerte como a un enemigo declarado? ¿En qué he delinquido yo tanto? A la fuerza nos han obligado a mí y a este Cossío que llevemos las cargas del comandante don Casto Navajas. Por mi crecida familia y menuda que no podían emigrar lejos de la estada del enemigo me he presentado como todos lo han hecho. Acuérdese usted todo el tiempo que le serví en el monte cuando estaba usted escondido: nadie sabía sino yo, nadie le servía sino yo, nadie le daba un plato de comida ni una sed de agua sino yo. Usted me ofreció protegerme en todo evento y en cualquiera parte y en cualquiera distancia, y que me vería como a padre. En recompensa de aquellos servicios que le he hecho en los tiempos más críticos, más delicados, ahora es tiempo que me protejas y me favorezcas de manos propias de usted y me des libertad a mí y a este mi compañero Cossío con quien hemos caminado por amenazas que nos han hecho.

A esto contestó el comandante Lira y dice:

—Todo lo que me habéis servido está pasado. Yo te agradezco mucho de tal fineza, pero no atenido a lo que te dije hubieseis procedido como te manejasteis. Don Silvestre Hernández y el mismo subdelegado don José Manuel Arana te encargaron al camino que iban solos, a que se metan con las cargas de Navajas a otro camino; que la Patria resucitaba ya; que estaba tomando más cuerpo y con más entusiasmo con la derrota a Navajas en dos ocasiones y haberlos pescado a todos los amedallados del rey y muerto a todos ellos; que la Patria sabrá premiar este servicio que puede ser de mucho auxilio; que en siete cargas cerradas que llevaban dos eran de dinero, dos de pertrechos y lo demás sería los intereses de Navajas o lo que robó. ¿Qué le encargastes, qué le dijistes al propio que te avisó? ¿No le encargastes a éstos en que estabas cansado de tanto huir por los montes, que vos no eras ningún caudillo alzado ni reo de lesa majestad para tanto padecer por los montes sufriendo todas las inclemencias del tiempo y sus rigores? Ahora pues descansarás en [f. 136] tu tierra, llegando a tu casa, en el seno de tu familia. Yo he jurado en tu pueblo no perdonarte ni a vos ni a este compañero Cossío. Les desconozco y les tengo como a unos enemigos de la Patria.

Callado Cossío no hablaba una palabra. Al otro día 30 de abril nos entramos al pueblo de Inquisivi, siempre lo llevamos presos. El 1º de mayo mandó Lira a Cavari a los dos presos, el día 2 lo hicieron llegar a la orilla de dicho pueblo de Cavari y lo mataron a la vista de sus familias lastimosamente. Sus mujeres e hijos, al menos de don Manuel Gutiérrez que eran muchos, salieron a alcanzarlos oyendo que los indios los llevaban, que el capitán de Machaca Felipe Vázquez con su compañía de 80 hombres los llevaba, que éstos fueron los que los mataron a los dos porque esa orden llevaba el capitán Vázquez.

El 2 de mayo nos fuimos al pueblo de Palca en donde estuvimos. Mientras nuestras andanzas esos días por Inquisivi, sus altos y al pueblo de Quime, un hombre intruso, Monterrey (arrendero de la hacienda de Yarvicoya en la doctrina de Caracollo, de oficio fundidor, natural no sé de qué infierno, avencidado sí en Oruro) había juntado a los indios de esta hacienda ésa que tenían, porque eran dos hermanos éstos, y haciéndose vasallos muy fieles del rey de España y nombrándose ellos mismos comandantes entran de sorpresa a Ajamarca (que es una hacienda grande en la doctrina de Mohosa y en la inmediación de un rancho llamado Cacachara). Al correr se dejó atropellar un indio o cholo llamado Francisco Alegre, vecino de aquel rancho. Lo remitieron preso a la capital del partido que es Sicasica, donde lo mandó fusilar el comandante y subdelegado don Francisco España, y juntando más indios y 30 bocas de fuego con más fuerza regresan. Reclutando soldados sin orden de ninguna superioridad de parte del rey habían entrado vuelta a la misma [f. 136ᵛ] hacienda de Ajamarca a asaltar a unos dos patriotas que se hallaban allí, un don Laureano Morales y un don José Andrade y Moya.

No logrando sus pésimos intentos estos oficiales realistos pásanse de esta mencionada hacienda a sus altos con la fuerza de 150 indios y 30 armados. En estas inmediaciones vivía un valiente capitán de indios Rudecindo Viñaya que había juntado a toda su gente que eran los de Ajamarca. El comandante Lira mandó dos comisionados (a un oficial don Gregorio Andrade y Moya, y a un oficial de cívicos don Pío Garavito) con 10 soldados infantes y un cabo a reunir gente de resultas de las andanzas éstas que se habían dispersado de la División. Tuvo a bien de llamarlos de auxilio a los de Viñaya; como la causa era una prontamente fueron éstos. Después de pasarle el parte al comandante Lira lo alcanzaron en el mismo alto de esta hacienda Ajamarca, llamada comúnmente la cordillera de Toco.

Viendo gente armada al momento se colocaron en toda la cumbre del alto la gente de Monterrey. Hicieron la defensa heroicamente: descargas al viento, vivas a su rey. Los de la Patria no hicieron más que circularlos por todas partes y mantenerlos así en el morro, cual dicen parecía un castillo de tanto fuego con que se portaban. A las 4 de la tarde quisieron romper, se bajaron bravamente cargándose al costado derecho de ellos con fuego graneado. Cayeron muertos dos de ellos, los más atrevidos que avanzaban por delante. Quisieron vuelta subir a la cima, ya de atrás salieron los de la Patria a todo el alto avanzando intrépidamente de todas partes. El caudillo Monterrey escapó a uña de caballo con dos hondazos que casi lo bajaron del caballo porque el segundo le cascaron en el pulmón. Allí murió un sobrino suyo que no pudo escapar, con 26 hombres de su tropa, heridos 19, 22 bocas de fuego [f. 137] entre fusiles, carabinas y boquerones, 63 lanzas, 30 prisioneros, mientras nuestra fuerza se componía de noventa hombres de la indiada, 10 soldados armados de entre todos, como 25 de a caballo. De la Patria murieron 16, heridos 15, entre ellos el capitán Rudecindo Viñaya en la cadera que hasta el día mantiene la bala en sus carnes, de manera que lo escarmentaron enteramente.

Pasan los indios avanzando en seguimiento ya por orden del comandante Lira hasta el mismo Yarvicoya, en donde quemaron las casas de Monterrey y de algunos facciosos que lograron conquistar al partido real el arrendero Monterrey que se presumía el vasallo más fiel del rey de España; al fin destrozaron por causa de éstos que querían buscar suerte con sangre ajena y de aquellos infelices habitantes de aquella hacienda. Así hicieron llegar y entregaron todo al comandante Lira con el parte de todo lo acaecido.

También lo sacaron (cuando se retiraban los patriotas de dicho Yarvicoya) presos y hicieron llegar una gruesa partida de indios en número de 80 hombres al pueblo de Mohosa a un tal José Choque y Juan Mamani. Entregaron al comandante don Pascual García que hacía de segundo jefe, quien lo mandó matar a los dos con la misma indiada a palos, lanzazos y a pedradas.

Cuando los iban derrotándolos del alto de Toco a Monterrey se presentó Fermín Mamani comandante de la doctrina de Ichoca con 200 indios, quien también fue a Yarvicoya con muy cerca de 400 hombres. Lo sacaron también preso a un indiecito joven y en el lugar Palcauyo lo mataron después de sacarlo desnudo sin calzones en pelota. A otro más lo sacaron, y porque dijo que era soldado que servirá a la Patria con más constancia y entusiasmo, que Monterrey nomás a la fuerza lo ha sacado soldado, que él es de casta tributaria pero ya que sabe el manejo de armas que servirá también a la Patria unos [f. 137ᵛ] dos o tres años, y con este consuelo se estaba marchando el infeliz, dícele Fermín Mamani llamándolo de su arresto:

—Vos sois soldado valiente del rey de España, vos sois un buen trotador; poco gastas en vestir y en comer como de casta tributaria.

Le responde el indio arrestado, con mucha humildad se ratifica diciendo que es verdad que es soldado y que como indio gasta poco así de comer como de vestir, y que es fuerte y sirve bien, que lo mismo servirá a la Patria o con más entusiasmo, amor y fidelidad.

Llegaron al lugar de Pampajasi a las 5 de la tarde y muy cerca de la noche lo mataron a palos únicamente, lo botaron el cuerpo al campo, ¿y qué sucedió? Que se había resucitado de noche y se había metido entro de las pajas caminando un largo trecho. Al día siguiente no parecía el cuerpo, y Fermín Mamani dice:

—Ya nosotros lo hemos muerto. Si ha resucitado habrá sido porque Dios no querrá recogerlo todavía, tal vez será inocente. Que lo busquen.

Los indios se dispersaron, lo buscan, lo encontraron entre de unas pajas metido, adonde va corriendo un indio con su lanza llamado Hilario Choque: de que lo vio lo acabó de matar con la lanza lastimosamente. Este Hilario Choque es natural y vecino de la estancia de Lorochuta en el cantón de Ichoca, provincia nueva de Inquisivi.

El 3 de mayo estando en misa habían sorprendido 120 hombres enemigos el pueblo de Mohosa, dirigidos éstos por unos amedallados del mismo país o vecinos de aquel pueblo, Pascual Condori (alias el Ajalla), Dionisio Condori, Mateo Velarde y otros más. Al día siguiente se salieron, no hubo cosa notable en aquella entrada del enemigo. Hubo sí un caso:

Un sargento 2º de la División de Lira licenciado con licencia temporal, llamado Francisco Tapia natural y vecino de la ciudad de La Paz, había estado en Queroma, casa propia de doña Manuela Durán madre del comandante don Eusebio Lira. Esta señora lo tenía en su casa [f. 138] cosiendo, porque era sastre y se empeñó doña Hermenegilda Lira, hermana legítima del comandante.

Había ido pues en Mohosa este Francisco Tapia a oir misa día de la invención de la santa cruz, 3 de mayo. Estando en misa alborotóse la gente por la entrada repentina del enemigo. Tapia, informado bien del caso, se había subido al tumbadillo del techo de la iglesia en donde había escapado: no lo vieron ni supieron de la estada del tal sargento. De noche se baja y vestido de mujer sálese del pueblo, luego se dirige para lo de su casera que dista como dos leguas al punto de Queroma, llega a más de la media noche. Llegado a la casa de donde había ido les comunica el susto que tuvo, todo lo que le sucedió y cómo escapó. Se les pone a la cabeza de estas malas señoras de que venía combinado con los enemigos para entregarles por ser la madre del comandante la una y la otra la hermana; que no era capaz de escapar de la suerte que cuenta. Mandan juntar a los pocos vecinos de aquella quebrada que eran Marcelo Arenas, Lázaro Durán, Ildifonso Quispe, los tres de la clase de cholos, y Mariano Velarde, indio; más lo hace llamar a un Eugenio Aguilar, capitán de indios de la hacienda de Pocusco que está a las dos leguas de dicho Queroma. Lo sacan a Tapia de la casa de estas señoras en nombre del comandante Lira en que lo llamaba este señor, y en un trecho que llaman Sullca (media legua de la ya dicha casa) lo matan lastimosamente a palos y a pedradas, sin más motivo ni delito que el haber ido a oir misa al pueblo de Mohosa y haber escapado y contado cómo y de qué manera. El comandante Lira supo y se desentendió del tal asesinato: como fuese de su casa la orden calló para siempre. Esto sé yo porque los arriba mencionados, como son Marcelo Arenas, Lázaro Durán, Ildifonso Quispe y Mariano Velarde [f. 138ᵛ] me avisaron una y otra vez o muchas veces y decían que ellos no tienen la culpa ni son responsables de tan feroz atentado.

El 29 de abril pasamos a Palca donde estuvimos hasta el 6 de mayo.
El 6 de mayo salimos del pueblo de Palca a Chacovillque.
El 7 a Callapaya adonde llegó el parte arriba mencionado. Aquí se enfermó el comandante Lira malamente y se puso en cama y aun se quedó con 25 hombres de escolta. La tropa caminando se fue al pueblo de Mohosa al mando del comandante don Pedro Bascopé y al del sargento mayor don Pascual García, que éste se nos reunió en Chacovillque sanado ya de la herida que tenía en el brazo.

El 7 de mayo habían asaltado los indios de Ichoca en una de las estancias de la hacienda de Colquiri a un indio llamado Tomás Mendoza y lo habían llevado donde se hallaba el comandante Lira a presentarlo. De que lo vio le dio sentencia de muerte por haberlo entregado a su señor padre don Dionisio Lira en la estancia de Llocotansa, hacienda de Colquiri, doctrina de Ichoca; lo ejecutaron lastimosamente a palos y a pedradas.

El 8 entramos al pueblo de Mohosa.

El 14 el enemigo había entrado a Tapacari saliendo de Cochabamba al mando del comandante López en número de 230 hombres.

El 17 había estado en el punto de Chuchuata.

El 18 el comandante Lira con la escolta que tuvo, la indiada de la doctrina de Charapaya, la de Leque, algunos que lo siguieron al enemigo de Calchani y de los altos de Tapacari había tiroteado en el mismo alto de Chuchuata donde había acampado, todo el día. Ganó siete fusiles matando cinco españoles europeos que eran del batallón de la Extremadura y los demás soldados americanos.

El 19 el enemigo se fue para el pueblo de Palca atacado todo el día por Lira en toda la loma de Sihisihi [f. 139] donde habían muerto ese día y el día antes 13 hombres y 15 heridos de la Patria; de la tropa de los españoles ocho muertos y seis heridos. Entonces de los muertos españoles europeos habían cortado las cabezas y habían colocado en cada abrita o apacheta.

El 20 la tropa que se hallaba en el pueblo de Mohosa levantamos a las 8 de la mañana caminando ese día con la trasnochada.

Al día siguiente a las 7 de la mañana llegamos al alto de Buenavista sobre el enemigo que había estado en las casas de la hacienda de Chullpani, y el comandante Lira a su frente. A las 9 de la mañana levanta su campo el enemigo así a [hacia] nosotros. El comandante Lira me ordena a que no me mueva de su lado. Ya también levantamos el campo así al [hacia el] enemigo que éste estaba ya saliendo como al encuentro con nosotros. Tomamos nuestro costado derecho. Lira que marchaba con toda su fuerza cambió el frente a la izquierda; ya el enemigo salía directamente para arriba. Viendo esto el comandante Lira no hizo más que bajarse al sitio que el enemigo ocupaba. El segundo comandante que era don Pascual García estaba en toda la cumbre con una parte de la infantería e indiada esperando al enemigo en un buen punto. A esto ya empezaron los tiroteos, los enemigos se esforzaron a rechazar a toda costa. Entonces García le toma todo su costado derecho, Lira va al trote a tomarle el costado izquierdo, y de frente todo el resto de la indiada en un punto ventajosísimo. Ningún esfuerzo le valió para poder salir hasta que se vio obligado el enemigo a retroceder para abajo (degollando 18 burros cargadores) y ocupó el enemigo el mismo punto donde hicieron noche el día antes que es en Chullpani, dejando dos muertos en el campo. Hasta ese rato de nosotros tres muertos y ocho heridos de los cuales murió a poco rato tres más. Luego Lira retrocedió por el mismo costado y García [f. 139ᵛ] lo mismo; sola la indiada quedó con 25 infantes en la cumbre.

Ya reunidos ambos jefes Lira y García, ordena a éste Lira que con la caballería esté como a nuestra derecha siempre pero un poco más

AÑO DE 1817

arriba. Entonces el enemigo, una mitad de su trozo, se había metido al monte: por entro vino y repentinamente nos rompe fuego de nuestro costado izquierdo y se vienen a la carga. La caballería nuestra estaba en el otro extremo aunque no en mucha distancia y casi lo cortó; entonces la caballería nuestra se metió al monte por el derecho adelantándose a una llanura. La infantería sola, sin protección de caballería, nos retiramos con fuego vivo sosegadamente. Pasando la quebrada del molino nos formamos en una pampa llana donde ya estaba nuestra caballería con nosotros que componía de 60 hombres (que intitulaban dragones) de tercerolas y sables y con algunos cívicos como 20 hombres.

El enemigo vino avanzándonos hasta el mismo molino y no se atrevió a pasar un paso adelante; se retiran vuelta al campo que hicieron esa noche, y se habían quedado 43 hombres en el molino emboscados. Con máxima hacen disparar una mula bien aderazada, todo el apero o montura con muchas piezas de plata, en seguida dos caballos más asimismo bien enjaezados: nadie se movió de nosotros siempre formados en línea de cazadores; la caballería se mantenía siempre formados en nuestra derecha. Estaríamos esperando así como una hora. Sálense los de la emboscada de los molinos, agarraron sus bestias y se van a reunirse con el trozo. Vuelta el enemigo se fue para arriba a querer romper, mas de balde eran sus esfuerzos: sola la caballería fue en su seguimiento y atrás la infantería.

[f. 140] Pasando una quebradita vuelta se habían emboscado como 60 hombres del enemigo infantes, y a las 5 y más de la tarde retroceden con un fuego vivo. Después de que rato antes hacían que huiyan cargan con toda su fuerza intrépidamente y nos bajaron para abajo; tanto se nos cargó su infantería que venía enderezando zanjones y demás estrechos de la montaña y por dentro de ellos algunos, esto es sin darnos tiempo a ninguna disposición. La caballería nuestra, como no hubo un trecho algo bueno para poder operar porque era el camino estrechísimo, no hizo más que retirarse en dispersión por donde podía cada uno ir más seguro y se vieron cortados enteramente. La infantería enemiga se entreveró entre nosotros usando de sus bayonetas sin darnos tiempo para reunirnos ni disponer de ningún modo, donde murieron siete soldados y cinco indios, 12 por todo, y nueve heridos; seis caballos más murieron siendo uno de ellos mi ensillado: me vi a pie, al momento el comandante Lira me dio otro animal, monté y salimos a una pampa donde lo aguardamos al enemigo y estuvimos parados los dos con el comandante Lira.

Lira iba disponiendo que la infantería se colocase del modo posible en una loma a nuestra derecha (cuando la emboscada del enemigo había ocupado el trecho ése). Al poco rato salió ya a la pampa el enemigo, nos da una descarga cerrada como cerca de 100 hombres donde cayeron tres soldados muertos nuestros y cinco caballos con seis heridos. Contuvieron en este estado la cruel carga del enemigo el comandante Eusebio Lira, los oficiales y algunos montados soldados de caballería, como 30 y tantos hombres. Yendo en retirada con fuego pasamos la pampa con algún desahogo a las 7 y más de la noche. Entonces me ordena el comandante Lira a que yo esté caminando tocando a reunión; yo solo iba por la falda de [f. 140ᵛ] Chuñavi así tocando reunión. Me miraba para atrás: venían un pelotón de gente hablando de fuerte, yo pensaba que fuese mi comandante don Eusebio Lira, a las tres o cuatro cuadras me dan una descarga cerrada como ocho hombres y se me echan a la carga, ya entonces corrí. Como estaba bien montado me fui nomás.

El enemigo, que nos ganó el morro de nuestro costado derecho, lo había cortado al comandante enteramente. Este señor se corrió con toda la gente que tenía al costado izquierdo cruzando por en medio de los fuegos, y se dispersó. Tiros en todas partes y en todas direcciones. Yo entonces corriendo por la falda para Chuñavi me metí a la misma estancia. Ya como era tan lóbrega la noche no podía casi distinguir el trecho donde estaba así es que me entré a una casa o patio y por otra puerta que había tenido la casa me pasé a una montaña cerca (en aquel lugar las casas son de palizadas, asimismo el patio), me metí, mi cabalgadura lo tiré primero al monte aentro, lo amarré bien. Después salía yo a oir lo que había y oigo la bulla que hacía el enemigo. Incendiaron todas las casas que habían cerca, luego dicen:

—Aquí nomás ha entrado y no ha salido —pensando que yo estaba quemándome entre de la casa (¡qué disparate!).

Entonces volví al monte y estuve como un cuarto de hora o menos, y pensando que ya se hubiesen ido me salía despacio, tirada mi cabalgadura; mas como con las ramas hiciese ruido la caja que tenía me llamaron de las casas, y decían:

—Tamborcito, salíte nomás ya. El enemigo está ya en el pueblo descansando.

Yo, pensado que fuesen mis compañeros y que éstos me hablaban, me salía sin decir nada cuando uno viene corriendo así a [hacia] mí; entonces retrocedí ya dejando mi animal. De que me vio y me conoció me llamó de mi [f. 141] nombre, y como lo conociese por la voz yo me paré y encontré: había sido el capitán de la segunda compañía don Juan de Dios Castillo. Me dice este señor:

—¿Dónde ibas? El enemigo es ése que te ha estado llamándote.

Entonces envolví la caja con un poncho a fin de que no haga ruido las ramas, agarré mi cabalgadura, nos entramos al monte juntamente con el capitán Castillo. Él llevaba un fusil y tirada su bestia iba adelante, mas no sé si estaba preparado el fusil que llevaba y cargado (aunque después me dijo que no estaba) de repente nomás le salió el tiro: la bala le llevó el sombrero y le quema la cara el fogonazo. Ahí tiene usted el capitán ciego, yo en apuros sin saber qué hacer: tenía el afán de tirarle [sacarle] a él primero y dejarlo en parte segura, vuelta volver a las cabalgaduras, y el miedo que tenía al enemigo era la otra. Decía yo entro de mí:

—Tal vez el tiro que oyrían precisamente los metería en sospechas de que había gente armada empocada.

No nos atropellaron. Nos encaminaríamos como cuatro o cinco cuadras, llegamos a una quebrada, no había como entrar las bestias. A la fuerza lo empujamos un corto salto, después sí montamos y salimos quebrada arriba. Ya la luna salía a más de las 9. Al fin encontramos un camino y a tres soldados nuestros que habían estado del camino a un lado ocultándose pensando fuésemos enemigos; como hablamos nos conocieron por la voz. Reunidos ya con éstos seguimos marchando para arriba. Mandando a uno de ellos adelante encontramos cuatro más, nos salimos a un morro. Toqué a reunión por orden del capitán, ya se vinieron como 15 hombres armados con dos sargentos y un cabo. Con todos ellos seguimos la marcha. Ya como al lado de Buenavista en el trecho que nos dispersamos vuelta me hizo tocar diana, luego reunión, y echan un

—¡Viva la Patria! —los soldados.

Vienen muchos, [f. 141ᵛ] como 20 hombres con un teniente don Ignacio Borda. Toco reunión y tropa. A la 1 y más de la noche se viene el comandante don Eusebio Lira con seis oficiales y 18 soldados. A las 3 de la mañana pasaron lista: faltaron 13, de los cuales habían muerto seis, y siete se nos reunió al día siguiente. El enemigo estaba en el pueblo de Palca nomás con López y Carreño.

El 22 de mayo estuvimos situados en el mismo alto. Continuaban siempre los tiroteos.

El 23 hubo más reunión de indios y cívicos. El comandante don José Manuel Chinchilla se nos vino con 25 hombres de caballería bien armados y municionados. Tomó otro punto ya que Lira le ordenó.

El 24 a las 2 de la mañana salió ya el enemigo de Palca guiado por Andrés Rodríguez, amedallado (natural y vecino de la doctrina de Cavari, que antes fue patriota) de diestro del lugar por delante en un caballo tordillo por el camino de Ulupicani, donde estaba don Pascual García con 18 fusileros y 200 de indiada esperando en un punto bueno, y salió el enemigo como por Tablahuasi por un camino derecho. De bien arriba faldean, le tomaron la retaguardia a García. La demás tropa se hallaba con el comandante Lira en el mismo camino recto que va al pueblo de Machaca por Condorillo, el comandante Chinchilla que estaba en el punto de Chuñavi, y cuando oímos los tiros con García ya divisamos muy arriba al enemigo que le había ya ganado todo el alto y de retaguardia nos dieron de tiros.

Entonces Lira manda levantar el campo y al paso de camino fuimos por una cuchilla, repechamos a tomarle al alto mismo o a la abra de Condorillo, y Chinchilla con su gente y la caballería de Lira seguía por el camino recto en pos mismo del enemigo [f. 142]. Cuanto más fuimos y nos apresuramos ya no pudimos ganarle la delantera, ya el enemigo iba descansando en la misma abra de Condorillo. Luego Lira nos mandó vuelta que faldeáramos a ponernos al frente mismo, de donde nos mandó romper fuego a discreción. En este continuo tiroteo estábamos hasta las 8 del día, donde salieron hasta ese momento siete hombres muertos y cinco heridos; del enemigo nada más que una mujer muerta en el campo. Luego hicimos alto uno y otro.

A las 11 del día levanta campo el enemigo quedándose a retaguardia 60 hombres en el mismo morro de Condorillo sosteniendo el fuego nuestro. El capitán don Mariano Santiesteban se fue con 30 hombres, que era la mitad de su compañía, por el costado izquierdo del enemigo, y un trozo de indiada como 150 le va a tomar el costado derecho a cortar este retén. Santiesteban fue descubierto por un soldado enemigo que se había bajado a tomar agua a un arroyo cerca: éste fue el que corrió y avisó a su jefe y compañero, por donde corrieron todos ellos dando fuego. Pero la indiada fue siempre en su seguimiento hasta casi atropellar, donde mataron dos enemigos y ganamos el armamento todo corriente de los dos (español siendo el uno), y siguieron siempre su marcha en retirada por la loma el enemigo.

A la 1 del día regresan los enemigos, se forman y nos dan una descarga cerrada donde le hirieron al comandante don Pedro Bascopé: pasó el pecho del caballo y la bala se quedó en el tobillo de Bascopé y murió el caballo aunque no en el acto, a las dos horas sí; dos soldados heridos en el brazo, y el asistente del comandante Lira llamado Rudecindo Vargas murió en el morro de Calapucara de una descarga de más de 60 de una emboscada que dejaron en retaguardia los enemigos; éstos después [f. 142^v] que cayó lo encontraron no muerto del todo, todavía le dieron cuarenta bayonetazos. A este Rudecindo le había pasado tres balazos raspetones nomás.

Entonces revuelve Lira y manda a formación de batalla en una llanura: a la caballería a nuestra derecha y a la indiada al costado izquierdo y a la retaguardia también, en un minuto se maniobró este movimiento. El enemigo estaba formado a nuestro frente mirando toda la disposición. Así que marchamos al frente el enemigo no hizo más que retirarse al paso trote precipitadamente, corrió vergonzoso por la loma como dos leguas esto es a toda corrida, después en paso de camino hasta el alto de Cuti. Nosotros nos quedamos en el alto mismo de Huancarani por no poder alcanzar ni a tiro de fusil. Entonces la indiada fue en su seguimiento ese día y esa noche. El enemigo había ido a amanecer en el Ojo del Agua, camino de Yungas. En la marcha esa tarde y su noche había botado cuatro fusiles, varias mulas cargadas y ensilladas, mochilas y otros trapos y que comer en toda la bajada de Cuti y subida al Ojo del Agua.

El 25 de mayo se regresó Lira y el comandante Chinchilla a Palca con toda la tropa. Solamente el segundo jefe don Pascual García fue en seguimiento del enemigo con 60 hombres infantes bien armados y escogidos, 18 de caballería del comandante don José Manuel Chinchilla y una mitad de la indiada de 180 hombres escogidos también (la gente del comandante Chinchilla con su capitán don José Benito Bustamante).

El 28 de mayo, después de caminar hasta la loma de Negrococha no encontramos enemigo alguno, noticias nomás de que había estado entrando al pueblo de Irupana, y nos regresamos al pueblo de Inquisivi donde estuvimos 11 días. El enemigo entró al pueblo de Sircuata de retirada. Al pasar gritan:

—¡Viva la Patria!

Salen del monte oyendo estas voces don Andrés Onostre y don Carlos Salinas, vecinos de aquel pueblo, paisanos honrados y con familia. De que [f. 143] se presentaron fueron amarrados y llevados presos. Los aseguran y marchan. (Al pasar en Cañamina murió un oficial del rey, teniente F. Belaunde que salió herido en el alto de Palca).

Iban pues caminando. Al pasar el puente de Miguilla que está en un caudaloso río se botó puente abajo don Andrés Onostre y se dejó llevar de la corriente, y a pesar de las descargas cerradas que le dieron escapó: después de que acabaron de pasar los enemigos se salió del agua. Al compañero don Carlos Salinas nomás lo hicieron pasar adelante. Llegaron pues a San Roque, que es una hacienda en el tránsito con este nombre, adonde llegó don Francisco Anglada gobernador subdelegado del partido de Chulumani (hoy provincia). Encontró con la tropa acampada allí, lo vio al prisionero don Carlos Salinas que estaba amarrado en la prevención. Entonces se empeñó a que luego luego lo fusilasen y que para qué era tenerlo a un alzado ni darle de comer todavía. Aun se le opuso el comandante López en que era un mero arrestado, que no era verdadero prisionero; se empeñó tanto este hombre, desnaturalizado fantasma, que lo hizo fusilar allí mesmo: vean ustedes este virtuoso patriota que la Patria lo hizo después coronel y general.

A un indio Mariano Silguero lo puso el comandante Lira de capitán de avanzada y que esté vigilando pasaportes y examinase a los que anduviesen (que esos sujetos andan de bomberos), en el alto de Tapacari lo puso en el camino de Chijmuri. Supo esto don Agustín Antezana que estaba en aquella ocasión en Calliri con 80 hombres bien armados, mandó 30 hombres con un oficial, lo sorprendieron en su estancia de Ñuñumayani, hacienda de Calchani, donde vivía. Sintiendo este Mariano Silguero salió de fuga de su casa, corrió para abajo y a las tres cuadras lo atropellaron, lo sacaron y lo fusilaron en [f. 143^v] una quebrada el 23 de junio del presente año.

Antezana con sus 80 hombres se fue al pueblo de Tapacari de donde mandó una partida de 30 hombres bien armados a sorprenderlo a un indio capitán llamado Espinos Calli, y lo pillaron en su casa en su estancia de Huayruuta viniendo de Tapacari. Lo llevan preso a Cochabamba y allí lo fusilaron los enemigos.

El 6 de junio nos salimos de Inquisivi.

El 9 llegamos a la estancia de Maquito en donde estaba el comandante Lira con la maestranza haciendo componer el armamento. Maquito es una estancia muy cerca del cerro de Chicote. Llegado que fuimos toda la tropa, a los dos días de que estábamos allí juntos el capitán de la tropa del comandante Chinchilla don José Benito Bustamante se iba a irse ande el comandante don José Manuel Chinchilla que se hallaba en Yani. Lira lo desarmó al capitán Bustamante y sus 18 soldados, que eran de 18 tercerolas las más 'descompuestas.

El 11 se fue Bustamante quedándose seis soldados voluntariamente. Los demás se fueron, como dije, con Bustamante para donde estaba el comandante don José Manuel Chinchilla.

El 8 de junio habían salido del pueblo de Irupana 250 hombres cívicos del lugar nomás, al mando del intruso don Pedro Pabón sargento mayor de la tropa del rey. Llegado esta tropa al punto de Charapajsi que es un anexo de la doctrina de Suri, viendo esta entrada se reunieron solamente las indiadas, siendo la de Inquisivi parte nomás, la de Taricahua, la de Toriri y Suri, algunos de Cajuata fueron en seguimiento por retaguardia del enemigo: reunidos todos hacían el número de 230 hombres con cinco bocas de fuego. Asaltaron la mañana [f. 144] del 14 del mismo punto de Charapajsi, los hicieron correr vergonzosamente al enemigo a fuerza de hondazos, galgas de piedras y lanzazos (no se dejaban alcanzar ni aun a tiro de fusil siquiera) hasta el pueblo de Cajuata; algunos se quedaron en toda la falda de Pajnoco. Murieron de nuestra parte 35 hombres y un tamborcito, 36, y más de 20 heridos; del enemigo tres muertos. Se fueron al día siguiente como pudieron, cada uno con su sueldo de un hondazo o una pedrada que les dieron los de la Patria por el leal servicio al rey su señor (conforme decían todos los irupaneños).

El 13 de junio por la noche se fue don Juancito Cortés con 15 indios de su habitación la hacienda de Sivingani a la igual de Alcani, ambas en la doctrina de Charapaya, y le asalta a un don Francisco Montaño. Este andaba fugitivo porque se desertó, era sargento de caballería en la División de Lira. Lo sacaron de la casa donde había estado durmiendo diciéndole que el comandante Lira lo llamaba. Marchan el camino y en la una legua lo machucaron. Murió sin más motivo que haber servido a la Patria y haber sido hombre. Después al poco tiempo se casó la viuda de este don Francisco Montaño llamada doña Bernarda de tal con el asesino de su marido. Se dijo después que esta muerte era por orden del comandante Lira, pues éste se desentendió de esta alevosa muerte lastimosamente acaecida en este hombre, pues no hubo más novedad que a los cuantos días se casó la viuda con el asesino como ya tengo dicho.

El 18 mandó el comandante Lira a su segundo don Pascual García con una compañía de 60 hombres armados de infantería al punto de Sircuata con orden expresa de hacer recoger la mitad de los cocales, que es la cosecha de la hacienda de Cañamina que el rey lo tenía, propiedad del [f. 144ᵛ] doctor Plata, un hombre muy patriota.

Situado García el 21 en Cañamina, ese mismo día llegaron mandados por el comandante Lira 60 indios de la doctrina de Yaco, con quienes y los peones de aquella hacienda hizo la cosecha el segundo jefe García de todos los cocales: como 70 cestos de coca y como 20 que sacaron de Sipinpilla, otra hacienda, y mandó estas cocas al pueblo de Tapacari a que se expendieran, retirándose García el 29 a Inquisivi.

El 28 ya el enemigo había salido del pueblo de Irupana tomando más refuerzo por el auxilio que le había llegado de La Paz: el número se componía de 300 hombres al mando de un teniente coronel Calvet y del comandante López.

El 2 de agosto llegó a campar en Chorocona al frente mismo del pueblo de Inquisivi.

El 3 a las 4 de la tarde se reunieron más de 160 indios y García se bajó para Pampasuyo que es algunas cuadras del pueblo de Inquisivi para abajo.

Al día siguiente 4 al romper el día dispuso García a los de la Patria en tres trozos: 20 armados infantes y cuarenta indios al mando del subteniente don Vicente Helgueros al costado derecho; 20 infantes y cuarenta indios al mando de otro subteniente don Rafael Copitas al costado izquierdo; con el resto de la indiada y 20 hombres armados el mismo García en el centro. El enemigo se bajó, pasó el puente (noche antes lo bajaron el puente los de la Patria y solamente se mantenía una viga al medio: esa noche el enemigo quiso pasar montado de uno en uno, a ese tiempo le descargaron de la banda del río y cayeron cuatro con un oficial al agua, se lo llevaría seguramente). Ahora que acababan de pasar el puente porque compusieron de día bien, ya en lo llano se dispusieron lo mismo en tres trozos y rompen el fuego, salen avanzando para arriba a toda costa sin que les valga resistencia alguna a [f. 145] los de la Patria.

Avanzaron pues intrépidamente al centro y se encajan con los ojos cerrados. Uno que era el más atrevido salió y lo agarró de la rienda del caballo al capitán don Luis García Luna que era de la gente armada de la Patria; a esto retrocedió el comandante don Pascual García con cuatro soldados, el uno le dio un tiro al que agarró la rienda y le quebró la pierna al soldado que dicen era cabo por la insignia, donde cayó y soltó la brida; a esto salen como 30 hombres o una mitad de compañía del enemigo, dan una descarga cerrada donde le tocó una bala al brazo del comandante García no de mucho peligro. Se retiraron los de la Patria. A un soldado José Manuel Santa Cruz le tocó una bala a su caballo, éste se apeó y corrió para arriba, se dejó atropellar, a bayonetazos lo mataron en un angosto ya al salir a todo lo llano de Pampasuyo, y seis heridos de bala; del enemigo tres heridos. Se entraron al pueblo de Inquisivi los enemigos cantando el triunfo. García se reunió con sus costados, se retiró por Capiñata a Cavari. No había caso por ningún modo cómo operar de los costados porque era toda montaña, y el costado izquierdo nuestro se corrió para arriba como a Urahuari que es un abra que se va a Quime.

El 6 de agosto entró el enemigo avanzando al pueblo de Cavari.

El 8 nos levantamos de Mohosa.

El 9 y 10 estuvimos en el punto de Calapilani. Esa tarde del 10 se bajó Lira con 25 hombres armados de caballería para Cavari dejando la tropa al capitán don Mariano Santiesteban y al teniente don Manuel Patiño. Así que Lira había llegado al mismo alto del pueblo de Cavari se habían empeñado más a hostilizar no obstante que desde el momento que ocupó el enemigo el pueblo de Cavari sufría una incomodidad día y noche, porque así [f. 145^v] que pasó por el pueblo de Inquisivi en seguimiento iba la indiada de Suri (que es Yungas), Yaco, Ichoca, y estando en Cavari se reunieron las indiadas de Inquisivi, Capiñata, ahora del frente la de Mohosa, la de Machaca y la de Palca: se reunirían como más de 1,400 hombres. También el capitán de caballería don Agustín Contreras andaba por los altos de Negrococha (camino de Yungas para Cochabamba) y todos estos lugares con 15 hombres de su compañía; fue llamado por el comandante Lira a la reunión. Pues se le reunieron 100 hombres armados y hostilizan con tanto entusiasmo que es por demás, de indiada. Los enemigos no salían de la plaza ni del cementerio donde se acogieron.

El 11 a las 9 del día mandaron al señor cura de aquel pueblo, que era el doctor don Matías Calvimontes, de emisario a exhortar a la gente que no se alborotasen tanto, que ellos no venían a perjudicarlos en nada, que estaban de paso para Cochabamba. El comandante Lira primero se escondió, después pareció y lo arrestó al señor cura mandándolo preso para el pueblo de Mohosa. Anocheció, más se juntaban los indios.

El 12 por la noche como a las 9 o 10 prendieron fuego dos casas en la orilla los nuestros. El enemigo no tuvo más disposición que salirse del pueblo de fuga por un camino desconocido e impensado silenciosamente, tal que a tiempo mismo no se sabía qué ruta habían tomado. Después de tres horas se supo que se habían bajado para el río a las juntas de los ríos de Hayopaya con el de Ichoca (que dicen Colquiri). Al romper el día estaría ya caminando por la playa de Sacambaya. En la bajada al río habían dejado o botado tres tercerolas, dos fusiles y cinco mulas ensilladas, algunas cargadas, varios equipajes y mochilas así al [f. 146] bajar como en la playa que marcharon. El comandante Lira dispersando a toda la indiada se retiró a Palca.

El 14 de agosto nos reunimos en el pueblo de Machaca. Fue en seguimiento del enemigo algunos indios de Inquisivi, algunos de la doctrina de Suri. Todavía el enemigo revoloteaba por Escola.

El 17 y 18 andaban todavía por esos lugares.

El 19 había estado caminando el enemigo por la loma de Negrococha que es el camino principal para Yungas, y al entrar a un monte que comúnmente llaman Cejal había avanzado un capitán de la Patria Mariano Giménez, del vicecantón de Quime, con 48 indios que era mitad de su gente. Como era monte cerrado, fragosísimo de tanto lodo, zanjones y demás estrechos el enemigo no habían podido caminar legero o correr pronto ni determinar para una defensa. En este momento había empezado a llover fuertemente. Logró esta ocasión el capitán Giménez (que era conocido por Guadalupe) de irse a la carga con su poca indiada, bien que los enemigos se habían formado como pudieron a la entrada al monte (porque tampoco hay un trecho el menos favorable) y habían dado un descargue cerrado toda la tropa o todo el trozo, y algunos cuantos tiros nomás salió porque se había humedecido muchísimo la pólvora de los cartuchos.

Como los de la Patria avanzasen echando voces y llamando a varios oficiales por sus nombres, principalmente el nombre del comandante Lira, el enemigo no tuvieron más defensa que correr conforme pudieron cada uno, bien que habían dado un descargue y salió cinco tiros nomás, al segundo descargue nada más que dos, y esos se desellaron. Entonces fue cuando se retiraron precipitados. Un oficial, teniente Calvete (que después se supo que había sido oficial de la Patria, de la tropa del comandante doctor Muñecas, cayó prisionero y lo [f. 146ᵛ] agregaron los del rey), se había quedado a retaguardia por ver si protegía a su gente; se quedó clavado en el lodo que había habido en el camino, se apeó a querer ir a pie y se quedó clavado en el ciénego sin poder sacarse el pie del barro. Lo atropellaron y lo mataron los indios a punta de palos y lanzazos, donde murieron del enemigo 18 hombres más con dos mujeres; prisioneros 14 (dos pitos), entre los prisioneros un español europeo don Ildifonso García; cuareinta y nueve fusiles (y los que llevarían los indios); cinco cargas de varios almofreces, una de municiones y una muy decente de un capellán que tenía rico ornamento y hermoso cáliz, y a este tenor muchas gurupas de oficiales; cabalgaduras 11 ensilladas; mochilas y otros trapos no se cuentan. Así es que corrieron hasta Tacapaya (que es un anexo de la doctrina de Suri). Muy al alba estuvieron ya pasando Cajuata yendo para Irupana y hasta la ciudad de La Paz. Por último cayó prisionero un coronel amedallado del rey, indio de Mohosa llamado Pascual Condori (alias el Ajalla), acérrimo realisto, diestro fiel de las tropas que entraban a estos Valles, el muy mentado Ajalla.

Estando así los de la Patria se les presentó don Rafael Copitas, que el comandante Lira lo mandó en comisión fuese en pos del enemigo a ver dónde paraban, por si regresasen. Se hizo cargo de todo con decir que era comisionado; recogió todo todo, cargó los despojos a Inquisivi donde estaba el subdelegado gobernador don José Manuel Arana.

Este señor el 21 de agosto lo fusiló al coronel Ajalla [f. 147], mandó cortar la cabeza y mandó a su pueblo Mohosa donde se plantó en una pica en la plaza.

El 30 llegó Copitas de Inquisivi trayendo todo este cargamento, todos los prisioneros, armamento y demás despojos.

El 31 dio cuenta de todo al comandante Lira como si él hubiese causado tal destrozo al enemigo sino el capitán Guadalupe, don Mariano Giménez, de Quime. En el pueblo de Palca entregó todo lo que se dice. (En esa arreada salieron tres indios heridos de bayoneta, que dos se habían muerto.)

El 3 de setiembre lo fusiló Lira en Palca al español don Ildifonso García, y a don Rafael Copitas lo hizo teniente de cazadores y no sabía éste leer. Este pidió luego licencia para su pueblo Inquisivi por su familia que estaba allí.

El 10 levantamos el campo e hicimos noche en Santa Rosa.
El 11 levantamos campo y llegamos al pueblo de Morochata donde hicimos noche.
El 12 levantamos campo con dirección a Lallave. A las 2 de la tarde cuanto ha estábamos en la misma abra descansando hasta las 5 de la tarde. A esta hora nos encaminamos para abajo que es a Quillacollo, toda la noche marchamos, a la 1 de la mañana estábamos en la orilla del pueblo. El comandante Lira entró a una casa primero donde hacían bulla con la embriaguez, mandó sacar a todos al centro de una guardia, sacó luego él mismo una guitarra. Estando en las bocacalles dispone: al sargento mayor que era un don Pedro Marquina le dice que entre con seis hombres emponchados a la plaza tocando la guitarra, se enderece a la esquina del cuartel; cuando el centinela eche la voz del "Quién vive" callase, a las tres voces respondiese "España", y cuando diga "Qué gente" respondiese "Gente de paz" (que esas voces se observaba en los [f. 147ᵛ] dominios del rey), y si pudiese atraparlo al centinela al pasar lo hará pero con mucha precaución; cuando quiera alborotar éste lo traspasará con la espada o le dará un pistoletazo, y entonces se discubrirán los seis hombres y ganará la puerta y a la guardia si pudiese, que él estará mirando todo, principalmente esta operación como los demás capitanes.

Entraron tres compañías de infantería, es decir: cazadores con su capitán don Eugenio Moreno, de cuarenta plazas; granaderos con su capitán don Luis García Luna, con cuarenta plazas; primera compañía con su capitán don Manuel Patiño con cuarenta plazas; dragones con su capitán don Agustín Contreras, con su compañía de 60 hombres, estaba en dos bocacalles que entra a la plaza.

Marcha el sargento mayor don Pedro Marquina conforme la disposición y orden, llega a una de las esquinas de la plaza tocando guitarra como se dijo. Visto que fue por el centinela éste echa la voz del "Quién vive", y a la primera voz nomás Marquina responde "España" de una esquina de la plaza; vuelve el centinela a dar la voz de "Qué gente" y responde con fuego. Cuando oímos los tiros nos embocamos, lo encontramos en una de las esquinas de la plaza al sargento mayor Marquina. Ya el capitán Moreno entró a la plaza, los granaderos también, la primera compañía lo mismo, y acordonaron la plaza las tres compañías, rompen fuego a discreción. Un tambor Santos Solís iba a la cabeza de cazadores, su tambor Mariano Garavito a la de granaderos, otro tambor a la de la primera, yo iba junto con el comandante Lira a caballo, todos ellos tocaban ataque, un fuego entre nosotros sin saber cuál formación era del enemigo.

Por orden del comandante toco yo alto el fuego, apenas me comprendieron [f. 148]; luego el tambor de cazadores tocó alto, el de granaderos y primera también tocaron. Estaba a caballo el comandante Lira, el ayudante don Pedro Zerda y yo, los tres únicamente casi en la media plaza. Después de cesar el fuego reparamos que el enemigo estaba en unos altos al frente de la iglesia. Entonces mandó el comandante Lira que cambiasen el frente por derecha e izquierda al mismo frente del cuartel. Recién se supo dónde estaba el enemigo y empiezan a reirse y rompen fuego del balcón y ventanas: por las voces nomás tanteaban al comandante, por los golpes de la caja a mí también. En media plaza le tocó una bala a mi caballo, al del comandante lo mismo; a la media cuadra fuera de la plaza murió el del comandante, a las dos cuadras cayó el mío y murió.

En un continuo fuego amaneció. Entonces mandó Lira que una compañía que era la de granaderos quede al frente siempre formados dando fuego al enemigo, pero era en vano porque éstos se metían a la cuadra del balcón, de las ventanas y puertas nomás nos tiraban. Ya a las 7 mandó Lira retirar toda la compañía ésta y quedó solamente don Ignacio Borda, teniente de granaderos, con un cuarto de 16 hombres sosteniendo el fuego por si fuesen vistos los enemigos de cualesquiera modo. Pasaron los demás a la casa del comandante subdelegado gobernador don Agustín Antezana. Este señor a los primeros fuegos había salido en mangas de camisa, levantándose de la cama ganó el horno (donde se había metido), luego una negra esclava suya que había tenido lo sacó cargado por entro de una huerta hasta la casa de un amigo suyo donde le dio ropa y cabalgadura, así escapó para Cochabamba. De su casa los soldados ya a las 9 y más sacaron 18 fusiles no todos corrientes, algunos caballos y mulas, y toda la casa saquearon.

A las 10 nos mandaron que nos retirásemos [f. 148ᵛ] a fin de que los enemigos se bajen como en efecto se bajaron de los balcones a una huerta que tenía el cuartel de una pared no muy alta; de allí dieron un tiro de mampuesta, le tocó la bala a un soldado nuestro, moreno, en la frente, cayó y murió en la puerta misma de Antezana. A esto avanzaron seis hombres de los nuestros con el teniente de la primera compañía don Gregorio Andrade y Moya, entonces corrieron los enemigos, se metieron a las cuadras del alto. Entonces los nuestros entraron al patio y huerta una mitad de cazadores, otra de granaderos y algunos soldados de la primera; los demás se mantenían en las bocacalles de la plaza, algunos soldados frente al cuartel.

Entonces mandó el sargento mayor don Pedro Marquina que prendiesen con fuego el cuartel enemigo: se prendió a una casa baja mas no al cuartel, no podía arder. El comandante mandó que apagásemos, no había cómo prender con fuego el cuartel porque era alto y retejado, pero se había subido al techo un cabo de cazadores, don Igidio Garavito, orureño; estando botando las tejas para prender con fuego, de aentro le dieron un tiro, cayó al suelo muerto desde el techo del alto. El teniente de cazadores don Vicente Helgueros estaba haciendo hachear una puerta de los bajos, pero era insignificante este hecho; mandó Lira que dejase, ordenó que se retirasen todos, así fue.

A las 10 se bajan seis hombres del alto del enemigo, el uno de ellos le da un tiro al tiempo de cargar a un soldado nuestro Hilario Ceballos Arocha, orureño, le tocó en el pecho la bala, murió en el acto. Un compañero suyo Manuel Chanvi, orureño nomás también, le dio un tiro al soldado que le tiró a Ceballos, le tocó en la nariz al soldado y le salió la bala por la coronilla, cayó muerto en la misma huerta, ese fusil más se ganó. Viendo esto se volvieron a meterse [f. 149] a la cuadra de los altos. En esto ya eran las 11 y más. Lira se subió a la torre, con el anteojo divisó al lado de Cochabamba que por el camino venía una polvareda, y como flaqueamos de peltrechos mandó que nos retirásemos todos a la hacienda de Anucariri. Nos fuimos. Entonces los enemigos se bajaron de los balcones y nos avanzaron hasta la orilla del pueblo por entro de los árboles pero no hicieron operación ninguna.

Murieron de nosotros 19; heridos 17, entre ellos un sargento de cazadores José Aramayo, del Paraguay, muy valiente; a las cuantas horas murió juntamente con seis heridos, por todo 25 muertos; ganamos 22 fusiles y cinco sables. Del enemigo dos muertos y un herido, un tal Velarde alcalde del pueblo de Sipesipe. El enemigo era una compañía de 70 hombres con su capitán Lecaros y la escolta de 12 hombres del gobernador subdelegado don Agustín Antezana.

También cayó prisionero un soldado nuestro de caballería Mariano Pérez (alias el Chuño), vecino del pueblo de Morochata (que como vecino del pueblo inmediato era conocido en Quillacollo, se había ido a la casa de un amigo suyo). Cuando este Pérez se salía a reunirse con nosotros repentinamente se encontró en una calle angosta con los del rey, así cayó con su tercerola y sable. Más antes mandó cargar a todos los heridos el comandante Lira en caballos, en brazos, a algunos cargados en espaldas con la poca indiada que habían con nosotros.

Allí había estado el hermano del cabo muerto Igidio Garavito, un don Pedro Garavito, entre la tropa enemiga: a la cuenta peleaban entre hermanos.

A las 2 de la tarde llegamos a dicha hacienda de Anucariri a descansar de habernos muerto entre nosotros por ganar 22 fusiles y hacer correr a Antezana sin calzones montado en su negra. A las 3 de la tarde se fue el capitán [f. 149ᵛ] don Agustín Contreras con su compañía de dragones al pueblo de Quillacollo. Viendo que entraban vuelta la Patria se retiró Bohórquez a Cochabamba y Contreras ocupó la plaza; estuvo dos días aunque de noche se retiraba al campo por precaución.

El 17 de setiembre por orden de Lira se replegó en Anucariri.

A las 4 de la tarde del 18 llegó el capitán don José Benito Bustamante, de la tropa del comandante don José Manuel Chinchilla, avisando que su tropa estaba en el punto de Vinto y que ordenase Lira lo que debía hacer, que de Misque y Arque se habían reunido las guarniciones realistas en Cochabamba, así es que tuviese mucha precaución y vigilancia. En fin, contestando lo que debía hacer lo regresó Lira a dicho capitán Bustamante. Ya se reunía la indiada, que la demás como 200 ocupaba la altura y como 100 estaba en el campamento Anucariri.

El 19 el enemigo a las 4 de la mañana ya había cortado la tropa de Chinchilla de nuestra comunicación saliendo de Cochabamba (sin entrar a Quillacollo) por la Chulla a Coachaca, de aquí agarró a la rinconada del cerro. A las 11 del día se alborotaron en nuestro campamento en que Chinchilla venía a reunirse con nosotros, bien que Lira mandó avanzadas, bomberos y centinelas ocultas al frente nomás, que era a Quillacollo, a El Paso, a Tiquipaya y Cochabamba; y aunque también mandó una corta avanzada a retaguardia y costado derecho por donde venían dando la vuelta los enemigos, ya a las seis cuadras se reconoció que era el enemigo, y más porque un soldado de la tropa del comandante Chinchilla vino y dio parte a Lira.

Entonces se levantó el campo pricipitadamente ya cuando se acercaron otro poco más, que por primera o el primer hombre era un solo soldado a caballo como huyendo de ellos; atrás de éste venían 80 hombres de caballería y en sus ancas traían a un infante o cazador. Se desmontaron [f. 150] éstos, nos rompen fuego formándose a nuestro frente de nuestra derecha la caballería, e iba a cortarnos la retaguardia que era a nuestra derecha o por ese lado por la subida de un cerro que es el camino recto de Lallave; a nuestra retaguardia ya no había trecho alguno porque era una barranca. Nosotros sobre la marcha nomás (que era por el camino recto) hacíamos el frente a la izquierda cuando ellos se cargaban, e íbamos caminando al paso largo; nuestra caballería iba en desfilada a nuestro izquierdo sosteniendo la carga del enemigo; por fin nuestra caballería y toda la oficialidad contenía la carga valerosamente a la caballería enemiga más con el fin de que no nos corte que a eso aspiraban.

Ya al agarrar la cuesta se cargaron tanto los enemigos con todo su trozo (que componía de 400 hombres) que no podíamos contener su avance. Nos entreveramos con nuestra indiada y caballería sin poder cómo determinarnos. Estando en este momento de confusión dio un tiro un cazador nuestro de mampuesta, donde cayó uno del rey, de caballo tordillo, que venía avanzándonos adelante y era el más atrevido. Hicieron alto. A esto dio un tiro de cañón don Carlos García (inglés de nación, sargento de artillería) de bala rasa de un morro del costado izquierdo al enemigo, y otro tiro de metralla. Entonces hace alto el enemigo su avance y se forma en batalla a nuestro frente.

Aunque no hizo operación alguna los dos tiros del cañón, con este alto que hizo el enemigo se reunió nuestra caballería, nuestra indiada y toda la oficialidad a sus compañías y puestos. Se pusieron entonces en formación en orden como para sostener una carga. Ya de que salvó toda nuestra infantería e indiada ésta se retiró al cerro, se retiró la caballería con el comandante pausadamente. De que subieron una corta cuestita ya avanzó el enemigo con fuego a discreción [f. 150ᵛ]; de nosotros también rompieron fuego y perdiendo terreno se retiraron muy despacio, y al costado derecho se hallaba nuestra indiada. Entonces el comandante Lira como a las tres cuadras mandó hacer alto el fuego: dejando una mitad de cazadores y otra de granaderos en el camino recto la demás tropa mandó que se estén retirándose despacio, y él se retiró o subió para arriba donde se hallaba nuestra indiada con el cañón.

El enemigo avanzaba despacio. En un buen trecho y favorable para la indiada se bajaron éstos como 120 hombres de hondas, lanzas y garrotes e impiezan a atacarlos. El enemigo hizo su frente a la izquierda sobre la marcha de su avance. Entonces atacaron los indios; de su derecha atacaba nuestra infantería. En un breve rato cayeron del enemigo tres muertos y como 11 heridos aunque no de consideración sino únicamente de los hondazos. Con este suceso se retiraron los enemigos a la carrera y no pararon hasta no ponerse en la pampa. Los indios avanzaron hasta donde podían operar con sus hondas, luego hicieron alto y cortaron de uno de los muertos la cabeza y pusieron en el mismo camino para que vean los enemigos cuando vengan avanzando vuelta, mas ya no avanzaron, se reunieron toditos, descansaron un buen rato, se dirigieron para Quillacollo dejando cuatro muertos, cargando uno; después se supo que iban seis heridos de bala y cinco de pedradas: esto avisó el negro José de don Agustín Antezana que se pasó a nuestra tropa porque había sido prisionero de la Patria. De nosotros cinco soldados muertos y 14 de la indiada, por todo 19.

De los 14 muertos de los indios sucedió un caso: Cuando nos confundimos entre la caballería, infantería e indiada, 11 de éstos se habían desbarrancado desesperados no contando ya escapar, que de por sí se metieron conociendo el peligro, y viendo uno de éstos estaba buscando un trecho menos peligroso, algo favorable de cualquier modo para poder salvarse sin meterse como los demás sin aquel horroroso peligro, ello es que buscaba por arriba [f. 151] y para abajo. En esto nomás se le asoma un soldado enemigo bien armado; estando sobre la peña el indio le dio el tiro estando arrodillado el infeliz, le erró. Entonces el indio se levanta, se le acerca y le dice:

—Mira hombre, perdoname que soy hombre como vos, tengo mujer e hijos. A mí me han traído a la fuerza, no vengo por mi gusto a atacarles. Mira que será muy grato a los ojos de Dios, que yo y toda mi familia pediremos a Dios por tu buena existencia del favor que me has de hacer. Antes más bien dame lugar para irme, no seas así, porque si me llevas nada te han de dar ni nadie te agradecerá.

Entonces el soldado lo agarró al indio a que vaya nomás, que él se empeñará con su jefe principal a que le perdone la vida, así es que camine. El indio dice que le suplicó con más ahínco y con mucha ternura que movía a compasión, que tenía mucho familia menuda, que le haga el grande favor de darle soltura para que escape. Nada dice le oía el soldado, con más tenacidad lo agarró. Al fin ya vio el indio que se le acercaban tres soldados más del enemigo, a esto dice el indio:

—Pues si no me perdonas la vida moriremos juntos.

Se le abraza al soldado y fuerza a fuerza se bota al barranco y caen los dos, ambos murieron aunque no al instante. Unos cuantos que vieron esta acción del frente de nuestra indiada dieron parte al comandante Lira, y se bajó a ver con otros muchos oficiales y algunos soldados curiosos y los hizo sacar a los dos. Hablaban todavía ambos, por donde el indio le encaró todo lo dicho al soldado. Este tenía la cara desollada y una pierna quebrada; el indio tenía asimismo desollada la cara y todo el lado izquierdo del cuerpo, costillas, piernas y brazo, y ambos hablaban muy claro y bien todo decían, por donde le encaró al soldado todo lo que sucedió, y éste pedía por Dios, por favor y por la Patria lo acabasen [f. 151ʳ] de matar y que tuviesen lástima de él, que no le era posible sanar ni podía sufrir aquellos dolores: esto decía a gritos, y por último decía que le perdonasen, que solamente la ira de que se revistió en aquel instante había causado su final ruina.

El comandante Lira se lastimó mucho viendo y oyendo estos alaridos y voces, le dijo que lo hará cargar a Palca, que lo hará curar y sanar, que pida perdón de Dios nomás por sus culpas: nada oiya el soldado, decía que también ha sido soldado de la Patria, que entró con el general Pinelo a La Paz el año 1814, y que por la Patria lo

acabasen de matar o que le alcancen un cuchillo, que no permitan que muera desesperado. El indio se reiya nomás y decía:
—Vos has buscado tu ruina con tu tenacidad de no perdonarme y dejarme ir, tomá pues —como haciéndole idea en ese acto.
Entonces mandó el comandante Lira que lo acabasen de matar, aunque todavía le dijo al soldado que tuviese paciencia hasta llegar al pueblo de Morochata siquiera, que allí había sacerdote, que se confesará. Se enojaba el soldado y le dijo al comandante Lira que si quería que muera confesado que por qué no andaba con capellán, y otras cosas más, ya delirando estaba. Entonces mandó que lo acabasen de matar: a los cuantos golpes de los garrotes murió. Al indio lo mandó para Morochata y cerca del pueblo expiró. Había sido de la estancia de Huacaplaza, hacienda de Yani en la doctrina de Morochata, partido de Hayopaya, se llamaba Mariano Mamani. Vea el lector la energía y resolución de un americano que murió matando sin arma alguna por solamente dejar para la posteridad el país libre y su Patria independiente (como que estuvieron muy bien imbuidos toditos los indios porque el comandante Lira siempre les hacía entender todo lo que quería decir Patria e independencia del gobierno español, lo [f. 152] que contenía y los bienes que reportaría a la posteridad).

El 20 de setiembre nos retiramos a Morochata.

El 22 entramos al pueblo de Palca.

El 26 salió una partida de 72 soldados enemigos al mando del gobernador subdelegado don Agustín Antezana de su capital el pueblo de Quillacollo.

El 28 entró al pueblo de Tapacari de donde mandó una partida de 25 hombres a una estancia llamada Chiaraque y de sorpresa lo pescan a un indio Manuel Mamani en su propia casa y lo fusilan a un hombre pacífico que se estaba muy quieto y descansando en su casa, por solamente haber tenido un chisme muy ridículo de una mujer vecina suya, y se entra la partida muy fresca de haber sacrificado a un hombre inocente.

El 29 se retira Antezana a su capital Quillacollo.

El 2 de octubre salimos de Palca y el 5 entramos al pueblo de Inquisivi en donde estuvimos hasta el 9 de noviembre.

El 12 sale una partida de Cochabamba, de 150 hombres, al mando del comandante del rey don José Manuel Antezana (alias el Ronco), llega al pueblo de Morochata y pasó como uno que va a Palca y no llegó hasta allí sino que de Chinchiri nomás regresó.

El 16 bajaba de Chinchiri bastante molestado de los comandantes don Pedro Álvarez y don José Domingo Gandarillas que con indiada hostilizaban. En Chinchiri le desanimaron a este Antezana en que no pasase adelante, que era muy peligrosos los tránsitos hasta Palca, que no podría salir de ese pueblo porque en breves momentos se pondría el comandante Lira y a marcha redoblada sobre él, y que no se exponga él ni a la tropa corta que lleva. Aunque noche antes hablaron en Morochata [f. 152^v] esto mismo, mas pasando Morochata vio que toda la gente se levantaba en masa, aprovechó de los consejos ya dichos en no pasar adelante como se dijo; regresó para el pueblo de Morochata, y pasando el río se había emboscado un trozo de cuareinta hombres de su fuerza en los molinos de Parangani.

El comandante Álvarez, de la Patria, iba por delante avanzando con algunos de sus soldados dando tiros. A este tiempo y cuando estaba ya cerca salen de los molinos los emboscados y avanzan. Álvarez retrocede, pasa el río, se queda en retaguardia por proteger a su gente, por último salía un medio repechón de una corta cuestita, se le empacó el caballo en tanto extremo que cuanto más picaba tanto más se iba para atrás hasta el caso de que le atropelló el enemigo y a sablazos lo mató el 20 a las 3 de la tarde a Álvarez el mismo comandante don José Manuel Antezana (alias el Ronco) por sus manos, y muy sereno había escrito una carta a un amigo suyo a Cochabamba en que "al pie de mi Vicuña quedó pataleando el mismo caudillo Pedro Álvarez, y quedarán escarmentados otros como él". La carta ésta se la mandaron al comandante Lira de Cochabamba aunque no el original sino un tanto, pero decía así como se ha dicho. El comandante Gandarillas se hallaba con la indiada. Esta, al momento que oyeron decir que Álvarez era muerto, tomaron nuevo entusiasmo y empiezan a atacarlos a los del rey con sus hondas, lanzas y garrotes, que el enemigo se retiró al paso trote matando seis indios más y 11 heridos.

Este parte llegó a Inquisivi el 26 por la noche.

El 27 el comandante Lira mandó solemnizar por Álvarez sus exequias parroquiales en este pueblo ya dicho. Nos fue muy sensible la pérdida de un defensor a la Patria y libertad de América, y era un sujeto que jamás había conocido siquiera a los españoles más que cuando [f. 163] los veiya en alguna guirrilla ni nunca pensaba capitular, hasta que murió derramando su sangre por la causa de su opinión en manos de los tiranos que tiranizaban las Américas; pero de balde se diría que tales tiranos eran los españoles europeos: era este don José Manuel Fernández Antezana americano, natural y vecino de la provincia de Cochabamba en la quebrada de Tapacarí, pueblo de Calliri, no sólo él sino con todos sus hermanos, don Agustín, don Valeriano y otros nombres.

El 22 de octubre la compañía de cazadores con su capitán don Eugenio Moreno se fue por orden del comandante Lira para el pueblo de Mohosa de guarnición; los granaderos con su capitán don Luis García Luna se fue para el pueblo de Palca; las compañías de la primera, la segunda, dragones y la mitad de artillería quedó en el pueblo de Inquisivi con Lira. Allí se llegó el capitán de la tropa del comandante don José Manuel Chinchilla, don José Benito Bustamante, Lira lo hizo capitán de dragones. Gobernador subdelegado del partido de Hayopaya lo hizo al capitán que era don Agustín Contreras que aún no tomó posesión del nuevo destino porque estaba arrestado por una cosa leve y por una corrección ligera del comandante en jefe Lira.

El 9 de noviembre salió el resto de esta División a Quime que es un pueblo. Se adelanta con los dragones y la primera compañía el sargento mayor don Pedro Marquina con el capitán de dragones don José Benito Bustamante, capitán habilitado don José Calderón, y todos éstos van por orden de Lira para el pueblo de Haraca a que entrando a dicho pueblo pasasen ande el señor párroco doctor don N. Arteaga y le pidiesen un empréstito de 500 pesos (que con mucho gusto se los hubiese franqueado [f. 163ᵛ] aunque tan realisto de opinión); y sucede que la noche del 12, de Cayroma (que es un pueblo corto anexo del dicho pueblo de Haraca) se desertaron dos soldados de dragones de la compañía de Bustamante, un tal Dávila y un tal Farfán de apelativos (éstos fueron prisioneros de la acción del Cejal el 19 de agosto), a las 11 de la noche o 12 habían entrado al dicho pueblo de Haraca, golpean la puerta de calle del señor cura, entran y dicen:

—La Patria en breves minutos u horas estará aquí. Nosotros somos prisioneros del Cejal. Nos vamos desertándonos porque nos agregaron, y así usted también puede irse a La Paz que nosotros lo acompañaremos, por esto es que hemos entrado a darle a usted este aviso porque no le sorprendan.

Con esta noticia el señor cura no hizo más que mandar ensillar sus bestias, montar y largarse para La Paz todo era uno. Entonces se iban acercando los soldados de la partida y como el ladrido de los perros ya se oiyan del pueblito de Tirco no hicieron más que picar el cura y compañeros. A las 2 de la mañana entran toda la partida y oficiales, preguntan por el cura, les dicen sus vecinos que está en su casa, pasan allí, no lo encuentran al párroco, sus domésticos dicen que no hace muchas horas que se ha ido a La Paz con dos soldados que han llegado quienes le han dicho que precisamente se vaya, que venían a llevarlo preso y a pique de que le sequen su casa y se lleven sus bestias. Hacen abrir las puertas, que el cura había dejado su habitación sin ninguna disposición ni la más leve, entran, vieron los jefes tanto traste decente y todo adorno en la casa del señor cura por ser este señor de mucho rango. Trataron entonces estos jefes de recoger todo lo que era de valor suscitando ser el cura enemigo de la Patria porque apenas tuvo noticia de los de la Patria emigró dejando acéfala su casa y a esas horas; después [f. 164] entraron los soldados a la casa parroquial, recogieron lo que sobró.

El 11 de noviembre nos levantamos de Inquisivi, el 12 del pueblo de Quime, el 14 estuvimos ya en Cayroma cerca del pueblo de Haraca. Iba el mismo Lira.

El 15 se nos reunió la partida en este punto de Cayroma y dieron cuenta de todo los comisionados como son el sargento mayor Marquina, el capitán habilitado don José Calderón y el capitán de dragones don José Benito Bustamante.

El 16 a las 7 de la mañana se presentó al comandante Lira un paisano como vecino de Haraca, don Narciso Portilla; comprometiólo Lira haciéndolo de sopetón capitán comandante de esta doctrina e hizo reconocer a los pocos vecinos que se hallaron presentes y a algunos indios de aquel anexo. Nos venimos a hacer noche a una estancia que llaman Rodeo.

El 17 nos venimos a Pongo, más arriba del pueblo de Quime, entrándonos a los Valles. Campamos a las 2 de la tarde aunque tuvimos tiempo para llegar muy temprano al pueblo de Quime.

El 18 de noviembre a las 8 de la mañana levantamos campo. Después de haber marchado algunas cuadras manda hacer alto el comandante Lira:

—El frente por la izquierda, alinearse.

Después de echar la voz de "Firmes" dice:

—Mochilas al frente —(que tampoco tenían los más) y recoge todo lo que encontró, todo lo que se habían traído de la casa del señor cura de Haraca.

Después de dar orden por escrito en la instrucción que le dio al sargento mayor don Pedro Marquina que no alcanzándolo al cura en su casa y averiguando que este señor se hayga retirado por no ser visto de los de la Patria los soldados saqueasen como a enemigo de la causa, esto sucedió, con que no había motivo para esto; cualquiera puede considerar de que seguramente se traerían lo que les era más útil [f. 164ᵛ]. En fin, no dejó una camisa la más vieja ni el calzón más usado; hizo dos cargas de estos trapos, y tres cargas que le entregaron eran cinco cargas las que mandó cargar, no a Haraca al cura como lo dijo él mismo sino para adelante.

Nos entramos al pueblo de Quime. Esa noche se desertaron nueve soldados, entre ellos un soldado Clemente Antezana, y un oficial alférez de caballería don Melchor Céspedes; pidió licencia el ayudante don Pedro Zerda. Esta acción no gustó a ninguno, a pesar de que

AÑO DE 1817

no tenían sueldo alguno sino una corta razón [ración] o socorro de a dos reales, o cuatro los días del domingo, o un peso según se proporcionaba, sin excepción de clase, desde el comandante don Eusebio Lira hasta el último soldado: todo por ser adictos a la causa de la libertad.

El 19 se retiró el capitán de granaderos don Luis García Luna con licencia, y Lira lo hizo capitán a don Ramón Rivero que era teniente de la misma compañía de granaderos.

El 20 nos entramos al pueblo de Inquisivi a las 12 del día. De entrada nos formamos en la plaza y escoge a todos los prisioneros de la acción del Cejal del día 19 de agosto. Por la deserción de los dos soldados agregados a la compañía de dragones de nuestra división (el 12 de octubre por la noche) los pone en capilla a 15 hombres y ordena a que se reúnan todos los indios de la cercanía del pueblo.

El 21 de noviembre entran 90 indios a las 6 de la mañana; hasta las 11 ya habían como 200 indios y por momentos se iban reuniendo. Allí se empeñaron todos los indios, todos los oficiales así de la tropa como de la de los indios, el señor párroco doctor don Mariano Mesa, el mismo gobernador subdelegado don José Manuel Arana (a pesar de que era de un genio áspero, sanguinario), el presbítero doctor don Juan Crisóstomo Montalvo, el igual doctor don Tomás Millares, y los dos eclesiásticos doctor don [f. 165] Juan Gutiérrez y doctor don Juan Pablo Gutiérrez: apenas pudieron hacerlos indultar. Se desparpajó toda la gente de la indiada, que hasta éstos se empeñaron a que fuesen indultados, que cómo iban a morir a sangre fría unos infelices por causa de dos pícaros.

El 20 mandó de Quime Lira una corta partida de 15 granaderos con su sargento, su cabo, el subteniente de la misma compañía don Ignacio Borda, al pueblo de Cajuata a prenderlo al que era comandante don Marcelino Castro. Lo prendieron en su casa y lo traen al pueblo de Inquisivi. Este Castro fue sorprendido por las tropas españolas. Como se dejase pillar sin hacer el más leve movimiento, en su casa, en el seno de su familia, alegó ser presentado y pasado a las tropas del rey y que arrepentido pensaba presentarse. Creyendo los españoles la otorgaron la vida: al menos el gobernador intendente de La Paz don Juan Bautista Sánchez Lima (en cuya división andaba Castro en compañía de este señor) cuando se retiró a la ciudad de La Paz a su gobierno lo dejó a Castro a don Francisco España gobernador subdelegado del partido de Sicasica, y cuando éste se retiró a su capital el pueblo de Sicasica lo dejó a Castro al comandante don José Casto Navajas a que lo acompañase a éste a todas partes, que Navajas quedó en el pueblo de Inquisivi de comandante militar como también de guarnición. Así andaba en compañía de Navajas este

Castro siempre juntos (aun por eso sé yo con evidencia los hondazos que tocó en la acción de Lirimani el 8 de marzo). Llegado que fue o presentado al comandante Lira, este Castro le dice que por una casualidad de desgracia había caído a manos del gobernador intendente de La Paz don Juan Bautista Sánchez Lima quien por tenerle lástima a su familia le había otorgado la vida, y que se mantenía así por pasarla [f. 165ᵛ] mejor y por ser un pobre sin recurso alguno para soportar a una numerosa familia en una emigración. Entonces todos los oficiales aprobaron esta conducta: como no había hecho el menor perjuicio a la Patria ni a sus servidores, más bien dice que protegía a los que caiyan casualmente prisioneros hasta librarles la vida, lo que justificó Castro al instante, se vio convencido el comandante Lira.

En este estado don Marcelino Castro apoyándose en la defensa de todos los oficiales que le hacían hablaba, y para mejor comprobante de su conducta va a sacar de sus bolsillos un papel de servicio hecho a un patriota que era a un don Juan Crisóstomo Gutiérrez vecino de Inquisivi, y saca un certificado de recomendación del gobernador intendente de La Paz don Juan Bautista Sánchez Lima por los grandes servicios prestados a la corona real después de haberse presentado arrepentido voluntariamente, para que ningún militar ni jefe le pueda perjudicar en su persona ni bienes por ser de toda consideración y acreedor a ello, firma del mismo Sánchez Lima.

Entonces Lira lee todo y le da al secretario que era un don Juan Crisóstomo Osinaga. Al momento me manda tocar llamada de oficiales, se reúnen todos los que faltaron y lee en voz alta el secretario el papel que el mismo Castro sacando de sus bolsillos presentó con sus propias manos. Entonces quedaron atónitos todos los oficiales, seco, mudo Castro sin poder dar ninguna disculpa ni poder articular una palabra. Entonces dice el comandante Lira:

—Señores oficiales, compatriotas y compañeros de armas: Yo me he sujetado a las razones en que ustedes se han apoyado, he cedido al parecer de ustedes, mas nos vemos engañados porque tenemos a un enemigo de nuestra causa en nuestros territorios y entre nosotros mismos. Prueba de ello el presente certificado recomendatorio. Ninguno le ha acusado a Castro de infidelidad a la causa de la Patria sino se le ha hecho una mera reconvención de los pasos que había dado este largo tiempo [f. 166] sirviendo a diferentes jefes enemigos. Siendo un defensor de la Patria debía segregarse en la primera ocasión oportuna que se le presentaría no sólo una vez sino muchísimas veces o todo el tiempo desde la vista de Sánchez Lima. Concedo que por no tener proporciones para sostenerse con su numerosa familia en una emigración se mantuvo. Mas ahora sí ante ustedes lo acuso que este hombre andaba de diestro con las tropas enemigas: él ha estado en Curupaya el 8 de enero seguramente guiando los caminos, él ha estado con Navajas en Lirimani y como diestro coadyuvó en la fuga de este enemigo el 8 de marzo, él ha estado en Cavari con el mismo Navajas el 16 de abril. ¿Y éstos son, señores oficiales, servicios hechos a la Patria?

Entonces ya respondió don Marcelino Castro y dijo:

—En la acción de Curupaya el 9 de enero es verdad que he estado allí con el gobernador de La Paz Sánchez Lima pero no de diestro porque muchos habían como son Pascual Ajalla, Dionisio Condori, Mateo Velarde, José Mollo, los cuatro mohoseños, de usted sus paisanos que los conocerá mucho; Feliciano Loredo, Nicolás Ticona, Lázaro Fresco, Tomás Ríos y Carlos Apunte vecinos de la doctrina de Cavari; Domingo Calderón del pueblo de Capiñata: éstos eran los diestros, como usted y los compañeros no lo ignoran. En Lirimani no he estado porque me hallaba en esta plaza; los mismos ya dichos han estado allí con más Andrés Rodríguez (alias el Hachalaco, que quiere decir en lengua castellana gusano grande o gran bestia), vecino de Cavari. En Cavari sí he estado con el comandante Navajas el 16 de abril porque el comandante de la guarnición que se hallaba en esta plaza me obligó a que yo vaya con él, pero entonces no ha habido ocurrencia de mayor novedad.

Entonces pidió la palabra el teniente de la primera compañía don Manuel Patiño y dijo que este don Marcelino Castro era un [f.166ᵛ] patriota desde un principio que jamás era notado en un ápice tocante a su opinión ni tenía comunicaciones con los jefes del rey:

—Si acaso ha estado en compañía de los españoles o algunos jefes habrá sido como él mismo lo dice por pasarla mejor. El certificado que ha presentado del gobernador de La Paz Sánchez Lima no es una plena prueba para que se le pueda castigar por delito de traición a la Patria: él como cualquiera debía pedir certificados que le ensalzase para la seguridad de su propia vida para en otra ocasión. El fin es que se le acuse con hechos patentes y evidentes servicios hechos al rey contra la Patria y sus defensores. Si acaso hubiese hecho algunos servicios al rey seguramente se hubiese ido con ellos, nunca se hubiera quedado de aquellas tropas, al menos con un sueldo para su subsistencia lo hubiesen mantenido porque el rey y sus jefes pagaban muy bien un servicio hecho de una persona y conocían el mérito de cada uno, lo que es constante y vemos en todo tiempo. Así es que yo no lo hallo culpable a Castro ni lo tengo por traidor ni enemigo de la Patria.

Entonces replicó Castro diciendo que el certificado lo había traído para presentarlo algo después:

—Porque si hubiese sido yo sospechoso lo hubiese tenido bien seguro, nunca tuviera entre manos tan pronto que por un equívoco lo he presentado yo, ni me hubiese quedado de las tropas del rey a pesar de que el señor gobernador intendente don Juan Bautista Sánchez Lima me ofreció toda su protección en un todo lastimándose de mi numerosa familia que se presentó cuando fui pillado. Y así soy inocente, no procedo maliciosamente, soy patriota, lo he sido y lo seré siempre mientras vida tenga, no desmayaré compañeros por más trabajos que pase.

Volvió a decir el comandante Lira:

—Señores oficiales y compañeros: ¿el certificado que ha sacado ha sido por un equívoco, piensan ustedes que sea así? No hay tal cosa ni tal equívoco [f. 167]. Si acaso no se ha ido este hombre con los realistos será tal vez por comunicar cuanto pasa entre nosotros, el estado en que estamos, la fuerza que tenemos y al fin nuestros movimientos, y todo todo estará poniendo en noticia del enemigo, y seguramente debe tener alguna asignación o sueldo para sostenerse, que tampoco era prueba plena de inocencia el no haberse ido con las tropas españolas para que con la capa de ser patriota tenga el enemigo una espía entre nosotros mismos. Y últimamente, señores oficiales, el dios de los ejércitos vela la buena intención de los hombres, protege y libra de los peligros en que se hallan, mas a este hombre ha permitido que con sus manos se acuse. ¿De dónde sabíamos ni nadie de tal certificado? Y así ya es de Dios que este hombre la pague y que muchos no peligren por un solo hombre, así no hay más consulta ni más articulación sobre el caso. Que lo aseguren a este hombre y le pongan una guardia, que el secretario se disponga para trabajar.

Algunos oficiales apoyaron el dicho del comandante, algunos dejaron a discreción del comandante la causa y determinación, se disolvió la junta. Al momento lo pasaron a Castro al arresto que en la prevención había, cuarto de banderas, el mismo día 19.

El 20 reforzaron la guardia, ya era de 25 hombres con un oficial que era el teniente de granaderos don Ramón Rivero, natural y vecino de Santa Cruz. Ya se anunciaba que entraría en capilla en breves horas, se le hizo llamar al presbítero doctor don Juan Gutiérrez para que lo confesase y lo auxiliase. Se empeñaron todos los vecinos del pueblo: nada [f. 167ᵛ] oiya. Esa noche entra a verlo al preso la hermana de los presbíteros doctores don Juan y don Juan Pablo Gutiérrez llamada doña Petrona, y le había dejado sus polleras; a este tenor entraban algunos oficiales, éstos también le habían llevado oculto algunas polleras y todo vestido de mujer. Ya a las 2 o 3 de la mañana se vistió Castro de mujer y se sale dejando la cama arrollada que parecía estar durmiendo un hombre tapado de encima con una sobrecama. Al recordar o al relevar el centinela se acerca el cabo de guardia a recordar al preso, ya éste no parecía sino que se volvió cama arrollada.

Dan parte a las 4 de la mañana al comandante Lira del escape de Castro. Este señor brinca de su cama, alborótase, llama a la indiada inmediata que había, vinieron uno que otro, y todos los clamores generalmente eran pedir gracia por la vida de Castro porque aunque los reñía a los indios siempre se dirigían los clamores por la salud de don Marcelino Castro. Incómodo Lira bota a los pocos indios y manda partidas por todas partes, órdenes a los de las cercanías: las contestaciones eran dirigidas a la solicitud del indulto para Castro. Pone preso al oficial de guardia que era el teniente don Ramón Rivero; éste se defiende en que no se expresó en la orden en que le pongan centinela de vista, que la entrada a los oficiales y sacerdotes esté franca, a cualquiera hora podrán verlo al preso, que la señora hermana de los doctores Gutiérrez doña Petrona vino con el boleto del pase del mismo comandante, que por ninguna manera tenía responsabilidad [f. 168] el oficial de guardia en esta fuga: ello es que toda la oficialidad salvó a Rivero, al sargento, cabo y soldados de la guardia. También quiso culpar al jefe de día que era el teniente don Manuel Patiño, éste como buen militar se defendió y salió bien. Lira reventando de rabia no sabía qué hacer, y todos los capitanes con sus oficiales subalternos en la cabeza de sus compañías sin moverse de los mismos salones o cuadras, tal que ya tenía Lira cierto recelo y miedo al ver la seriedad de los oficiales y el semblante de todos ellos, al menos manifestaban un cierto sentimiento del comandante don Marcelino Castro.

El 22 sosiega el corazón del comandante don Eusebio Lira. Esa tarde después de los ejercicios van a comer los oficiales (porque había rancho en la comandancia) y en la mesa brinda el comandante y demuestra en sus expresiones un sentimiento de Castro: dice pues, o da a entender, que después de que va a dar la fuga causa para la pérdida de un hombre va a tener la Patria un enemigo más; que como se le presentara Castro lo indultaba a nombre de la Patria. A esto nomás dijeron el sargento mayor don Pedro Marquina y el teniente don Ramón Rivero que si decía en verdad que ellos lo buscarían y harían modos como conseguirlo a Castro, que haga la cuenta él que a Castro ya lo había fusilado y que para él ya estaba muerto, pero no obstante extendiese el indulto y cumpliese con lo que promete. Así que se acabó de comer extendió el indulto con todas las formalidades de derecho, entregó al señor párroco doctor don Ángel Mariano Mesa. Entonces vivaron a la Patria, al comandante Lira, a la oficialidad y a Castro últimamente, se ordenó por el sargento mayor que se formara toda la tropa de la División, mandó vivar a la Patria, toques de diana. El mismo día a las 6 de la tarde se le presentó don Marcelino Castro: lo abrazó tiernamente Lira tratándolo de compañero y a todos los oficiales Castro [f. 168ᵛ]. Esa noche hubo un alegrón general.

Este Castro, luego que escapó de la prisión, se había ido a la hacienda llamada Canqui, fincas de estos señores Gutiérrez. Al día siguiente se venía para el pueblo de Inquisivi porque entre el señor cura doctor Mesa, doctor don Tomás Millares y los dos doctores Gutiérrez, entre los cuatro sacerdotes pensaron presentarlo a Castro ante Lira y le aseguraron mucho en que lo habían de hacerlo indultar (y se hizo como lo pensaron estos hombres) y con esta satisfacción se venía Castro, cosa de noche a llegar al pueblo; y como mandaron propios estos Gutiérrez comunicándole el indulto que entretanto había firmado en su favor el comandante Lira, en el medio camino lo encontró a Castro y vino ya más aprisa y con más seguridad.

El 14 de noviembre el capitán de cazadores don Eugenio Moreno con su compañía y 100 indios que se hallaba de guarnición en Mohosa entre Leque, sin orden ninguna se había encaminado al pueblo de Paria.

El 15 por la noche al amanecer al 16 había sorprendido a las 4 de la mañana. Entran a la casa de un vecino principal llamado don Eugenio Flores que había sido su cumpleaños día antes. Oyendo la bulla había salido un vecino honrado de Oruro don Anselmo Carpio de opinión patriota. Este de que oyó decir "¡Viva la Patria!" porfiadamente se había salido de entro la casa en donde había estado ya dormido; aún no bien lo vieron sin preguntar quién era ni cosa que valga le dan un tiro, se tiende y muere, toman prisioneros a cuantos encontró.

Al día siguiente 16 se sale a las 11 del día. Había hecho destrozos la indiada que llevó: saquearon algunas casas y se sale conduciendo a 14 hombres sin más delitos que haber sido encontrados en sus casas. En el camino uno de esos prisioneros con licencia del cabo de la guardia de la prevención se había bajado del camino a un lado a hacer la necesidad del cuerpo: viéndolo el capitán Moreno [f. 169] que venía a la retaguardia ordenó a la indiada que lo matasen, y con la escolta que había quedado el prisionero lo mandó matar inhumanamente (se llamaba el tal Remigio Lozano) más arriba de Paria en la abrita de Corocoro yendo a Lequepalca, donde también los mataron a dos mocitos que habían sido cobradores de alcabalas; mas lo conservaba llevándolo prisionero a un alcalde mayor Laureano

Choque, acérrimo realisto muy enemigo de la Patria, amedallado por el rey de España, y lo mandó a Cavari en donde el comandante Lira lo mandó fusilar.

El 18 de noviembre se entró el capitán Moreno a Leque, y el 20 entró ya el enemigo saliendo de Oruro en número de 150 hombres. En el alto de Ocooni tuvieron su tiroteo, Moreno se bajó por Oputaña, el enemigo avanzó hasta una estancia que llaman Chualla donde hizo alto y de donde se regresó quemando todas las casas en su entrada y retirada, matando a ocho indios pillados en el campo, esto es pastores de ganado, y Moreno se enderezó para Palca y se había entrado el 24.

El 21 el comandante Lira mandó a sorprender en la hacienda de Mamuhuta a un indio N. Barrientos en la doctrina de Ichoca, y lo matan en los bajíos de Oruvillque a palos y a pedradas lastimosamente por haber sido uno de los mayores cómplices en la entriga a su padre don Dionisio Lira (que dije fue fusilado por los españoles en Oruro).

El 1º de diciembre levantamos campo toda la tropa del pueblo de Inquisivi.

El 2 fue Lira para Machaca; con una escolta de ocho hombres nomás fue él (que la demás tropa o División se fue marchando de Capiñata por Sanipaya se entró a Palca). Yo fui con el comandante.

El 2 entramos [f. 169ᵛ] a Machaca. Allí fue que lo hizo comparecer al capitán don Eugenio Moreno y lo reconvino ásperamente que con qué orden había ido al pueblo de Paria a comprometer a una total ruina tal vez estos pueblos y a sus infelices habitantes; que con cuya orden había afusilado a don Anselmo Carpio y a esos tres jóvenes sin saber quiénes eran ni de qué opinión, a unos infelices; que con qué orden había hecho saquear algunas casas en Paria que con este proceder hacía odiosa la causa; que con qué orden había conducido presioneros a unos ancianos, a unos paisanos pacíficos; que llegado a los oídos de los jefes principales de Buenos Aires y Salta, en qué opinión lo tendrá a él, no a nadie, ni se dirá que el capitán Moreno había entrado a Paria sin orden alguna a destrozar, a asesinar y a conducir prisioneros a unos hombres pacíficos que se estaban en sus casas; que él no halla cómo dar satisfacción a los pueblos y a sus jefes y a todo el continente donde se sabe que aquí hay tropas de la Patria sino escarmentándolo a Moreno en un banquillo irremisiblemente.

Lo mandó hacer preso a Moreno en un cuarto en la casa parroquial, mandó llamar una mitad de granaderos (porque él fue con una escolta de ocho hombres nomás como ya dije), ordenó se hiciese cargo de la compañía de cazadores el capitán don Carlos Bolaños un patriota antiguo.

El 3 a las 6 de la mañana ya estaba en Machaca la mitad de granaderos que llamó, y no quiso que ningún oficial estuviese allí porque no se empeñasen por el indulto como por Castro [f. 170] a que lo indultase, y mucho más hubiese sido por Moreno porque era compañero actual y mucho lo apreciaban. Pero aun así no faltó quienes pidiesen merced por la salud de Moreno: el señor teniente coronel don José Buenaventura Zárate, el señor párroco doctor don José Manuel Ampuero, don Julián Saavedra, doña Micaela Zárate (mujer del anterior Saavedra, señora de mucha atención y respeto) de Palca; lo mismo cartas suplicatorias de toda la vecindad decente y algunos oficiales más. Lo más era que la misma madama de Lira doña María Martínez se empeñaba por la salud de Moreno. Lira sin saber lo que ha de hacer, sin poder dar el sí ni poderles negar no hacía más que entretenía con razones convincentes que pendía su propio honor, de la misma tropa, de la causa de la Patria. Todo esto sucedió el 3 de diciembre.

El 4 a las 2 de la mañana se desapareció Moreno del cuarto, que para más seguridad ordenó el comandante Lira (a fin de que no entren visitas al cuarto del preso y que no suceda como con Castro) cerrar la puerta del cuarto y dos centinelas en ella. Logran esta determinación los padrinos de Moreno, cuadyuvando la madama de Lira en esta operación más que ninguno, desatan una ventana tapiada que había tenido el cuarto en el mohinete de la pared y botan de allí lazos o sogas, se había salido Moreno por ay.

Dado parte a las 3 de la mañana al comandante Lira de este escape casi se mata él mismo: desespera, riñe con todos, echa lágrimas, ensilla su caballo, monta ande su madre (que hay nueve leguas hasta Mohosa), a las 8 de la noche regresa, busca al oficial de guardia que era el capitán don Luis García Luna, éste hace fuga; el sargento primero de granaderos don Manuel Brañes lo mismo se desaparece, únicamente está el teniente don Ignacio Borda de la misma compañía de granaderos; pasa Lira a Palca esa misma noche, al romper el día regresa, sin comer mansiona ese día.

El día 6 de diciembre [f. 170^v] a las 3 de la tarde medio sosiega el corazón de este hombre y mostrándose algo resueño pide de comer y llama a algunos oficiales que estaban a la vista. Entonces se reúnen todos los padrinos de Moreno y le dicen ya en la mesa que todo se remediaba con la prudencia y amor a nuestros semejantes, que no cavilase en nada:

—Los jefes y todos los pueblos como también el enemigo han de saber que ha sido la entrada del capitán Moreno a Paria sin orden de usted, y todos los pasos dados y cuanto va sucediendo en la ocasión presente han de saber, todo, todo. Así es que usted procure

desahogar el ánimo dando a los sentidos algún sosiego, desanche el corazón oprimido que lo tendrá.
Todo esto se hablaba en la casa del señor cura. Este señor dice:
—En una palabra, señor comandante, según nuestras máximas cristianas sabemos que todo lo gobierna el ser supremo, todo lo ordena, todo lo hace y en todo está. Así pues Dios mismo ha permitido que Moreno escape: todavía no quedrá que este hombre la pague lo que hizo con sus semejantes, pero habrá día en que lo ha de pagar porque Dios penetra los corazones, jamás olvida castigar o premiar si lo merece uno u otro. Usted en los hechos de Moreno en Paria no tiene parte y más bien quiere usted castigar; pues asimismo Dios nuestro criador lo ha de proteger a usted; y últimamente señor comanmandante, deje usted el castigo al que todo lo puede, borre de su corazón este hecho, que todo viene de manos del todopoderoso y viva su conciencia tranquilo.
Calla el comandante y todos apoyan y repiten el dicho del señor cura. Después de algunas conversaciones dirigidas sobre el presente asunto dice el comandante Lira después de dar un vehemente suspiro:
—Siento mucho del escape del capitán Moreno. Quedo experimentado desde ahora no tener preso a ninguno que tenga algún delito, no hacer más que pillarlo, apresarlo y pasar [f. 171] por las armas lo más pronto, no hacer nada de esos aparatos de seguir sumarias, careos, pasar a capilla y otras cosas, sino ejecutar el castigo, probado, justificado y bien conocido el delito a la vista, principalmente el de Moreno que no merecía la menor consideración por sus hechos tan criminales (vuelta echa lágrimas). Pero qué remedio: lo que se erró, se erró, porque uno que escapa cometiendo algún delito aquí o en cualquiera dominio de la Patria no hace más que irse al enemigo para perseguir más a nuestra causa y no es más que tener otro enemigo en nuestra casa, que como del país y de dentro de nosotros anda de diestro, da noticia exacta de todo lo que sucede de entro de nosotros, la fuerza que tenemos y cuanto piensa hacer uno.
Estando en esta conversación dice el teniente coronel don José Buenaventura Zárate:
—Si supiera de que Moreno no se ha ido al enemigo y que se está oculto en el territorio de su mando o que se le presentara ante usted pidiendo indulto en nombre de la Patria y arripintiéndose el haber ido a Paria y no cometer otro yerro, ¿qué es lo que hiciera usted?
Después de que calla un rato dice Lira:
—Lo indultaba de todo corazón a nombre de la Patria a fin de que no se vaya al enemigo y evitar tener ese enemigo más y casero, porque yo estoy muy cierto como ustedes me dicen que el enemigo, los

pueblos y nuestros jefes han de saber que no ha sido orden mía los hechos en Paria.

En esto nomás se formalizaron interesándose más el párroco en que extendiese el indulto para Moreno. Lo hizo así, firmó dos veces en el indulto jurando por Dios nuestro señor y por la cruz de su espada que el capitán don Eugenio Moreno quedaba indultado de todo castigo pero sí fuera del servicio y dando un fiador de no moverse a un paso de los territorios patrióticos. Aceptaron todos tal convenio siendo fiador el señor Zárate. Entonces llamaron a la mitad [f. 171ᵛ] de granaderos, echaron vivas a la Patria, al comandante Lira, su generosidad, toques de diana (porque estaba yo siempre con mi caja), cuando Moreno había estado escuchando todo todo y sale de debajo del catre de la cama del señor cura doctor don José Manuel Ampuero, recibe el indulto él mismo de manos del comandante hincándose, y lo besó Moreno con lágrimas en los ojos.

En esta ocasión promete devolver alguna parte siquiera del saqueo que hicieron en Paria porque dijo eran conocidos los soldados e indios que llevó; entonces le da la mano el comandante Lira, lo levanta y le dice dónde quería residir y que le pasará una corta ración conforme a las entradas; a eso contestó que en Palca. Ahí se acabó todo el asunto.

El día 7 de diciembre a las 6 de la mañana nos encaminamos todos del pueblo de Machaca para el igual de Palca. El comandante Lira se adelantó, cuando ya lo había encontrado a Moreno allí, en la casa del sargento mayor don Pedro Marquina que era su paisano (ambos cusqueños). A las 10 del día toda la oficialidad reunida entran a la comandancia a darle las gracias al comandante Lira por haberlo indultado a un compañero usando de esa generosidad propia de un buen jefe prudente y humano, como a la media hora se salen todos. El comandante los acompañó y fueron al cuartel en donde hizo formar adelantándose el sargento mayor Marquina a toda la División, y así que entró el comandante Lira echaron un viva la Patria y la conducta generosa del comandante. A poco se salieron todos y se mantuvo la División allí.

[f. 172] El 14 por la noche, a las 12 o algo más, entra al cuartel el sargento mayor don Pedro Marquina acompañado de los siguientes: don Agustín Contreras que era capitán de dragones, su teniente don Santiago Morales, su alférez don Pedro Graneros, el ex-capitán don Eugenio Moreno, su subteniente don Antonio Pacheco, un soldado de la escolta del comandante don Eusebio Lira llamado José María Torres, cusqueño, que era prisionero en el Cejal (alias el Niñacha). Manda que se levanten todos, ordena que se releve la guardia del principal de la puerta del cuartel, y entra el teniente don

Santiago Morales con los soldados de caballería (que era su compañía) con orden de no dejar salir a persona alguna ni menos entrar, pone centinelas al corral, a todo el derredor del cuartel, forma a toda la División, saca un papel y dice:

—Muchachos y compañeros: Vosotros habéis jurado el defender a la Patria, libertad e independencia a costa de vuestra sangre y vuestras propias vidas. Estáis sirviendo sin sueldo alguno, venciendo cuantos trabajos, hambres, desnudeces y peligros que se han presentado momentáneamente, pero jamás han dado oídos a los clamores de la perfidia que justamente debían hacerlo porque tal vez la misma necesidad les obligaba muchas veces, mas deponiendo estos sentimientos y mirando con horror la inconstancia se han mantenido firmes en la opinión que han adoptado, en el partido que han abrazado que es la causa de nuestra amada Patria y libertad. El proceder mismo que habéis manifestado en todas las circunstancias son unas pruebas inequívocas de vuestra lealtal y patriotismo. Con vuestras fatigas, esfuerzos y padecimientos, que no se ocultan a todo el continente donde se sabe que [f. 172ᵛ] aquí hay hombres defensores y adictos a la causa común de nuestra Patria, estáis sellando y labrando un mérito para lo futuro, no por aventurar ninguna suerte buena porque tal vez ninguno de todos los que estamos aquí presentes en este momento en servicio de la Patria veremos el triunfo total de nuestra opinión tan sagrada, quizá los hombres mismos que ahora nos persiguen con tanta tenacidad, con tanto rigor e inhumanidad serán los que gocen de los frutos del árbol de la libertad tan deseada de sus propios hijos y fieles defensores suyos. Pero el jefe bajo de cuyas órdenes estamos va labrando la ruina de vuestras tareas tan pesadas, la pérdida total de vuestros trabajos, de vuestros méritos, en fin la pérdida y la ruina de todo todo, y para prueba de ello desengáñense en este momento del pérfido proceder del jefe que nos va gobernando.

Entonces llama a todos los sargentos, cabos y a los soldados que sabían leer, abre un papel, muestra y dice:

—¿Conocen esta firma?

Miraron todos bien y dijeron:

—Es firma del comandante Lira, de su puño y letra.

Repite:

—Lean pues en voz alta dando el sentido que corresponde.

Cual había sido un oficio ficto con la firma falseada del comandante Lira como dirigido al coronel del rey don José Manuel Rolando, dice:

Cuartel general en Palca, capital del partido de Hayopaya, 11 de diciembre de 1817. = Al señor coronel don José Manuel Rolando. = Señor coronel: = [f. 173] He ordenado para el día 25 del que corre estén los comandantes don José Manuel Chinchilla y don José Domingo Gandarillas en el pueblo de Tapacari para hacer una reunión. Ese día tendré el grande honor de cumplir los tratados anteriormente hechos con el excelentísimo señor virrey, y a fin de que no quede arma de ninguna especie y asimismo no quede jefe, subalterno ni soldado alguno he ordenado así. Con eso no tendremos sospecha la más pequeña y tendré el grande gusto de darle un abrazo como a un fiel [f. 173ᵛ] vasallo de su majestad que yo de igual modo me constituyo. Aunque desde antes y desde ahora tiempos pensé hacerlo, mas las circunstancias del estado en que me hallaba no me dieron lugar para efectuarlo; mas ahora que he visto el tiempo proporcionado para conseguir el fin tan deseado vuestra señoría no dude un momento que lo haré como le prometí al señor gobernador subdelegado de este partido de Hayopaya don Julián Oblitas y al igual de Sicasica don Francisco España a pesar de los pasos frecuentes de persecuciones que ha dado en pos mía. En fin señor coronel, a nuestra vista trataremos de un todo. Vuestra señoría puede situarse en el pueblo de Calliri o en el de Carasa y estar listo para vernos en el punto que me ofrezca toda seguridad de mi persona como de la División que dirijo. Yo le prometo señor coronel hacerlo bajo mi palabra de honor y aseguro a vuestra señoría con un juramento sagrado para que no se recele de mí ni menos tenga por maliciosa esta nota que tengo el honor de dirigirle para que en vista de ella participe vuestra señoría al señor gobernador intendente de Cochabamba para que ambos tomen las medidas de seguridad buscando un punto análogo al deseado fin que en la actualidad espero de vuestra señoría conseguir y ver allanadas mis esperanzas. = Dios guarde a vuestra señoría muchos años. = Eusebio Lira.

Oyendo estas expresiones de sorpresa nos quedamos atónitos y de uno en uno mirábamos bien, bien y volvíamos a leer. Los mencionados ya nos decían:

—Lean fuerte —y hacía comprender todo en la propia idioma a los soldados.

Entonces el sargento primero de granaderos (que se llamaba don Manuel Brañes, mi muy camarada) me dice en secreto:

—Está falseada la firma, no es de su puño y letra del comandante.

A esto me asomé vuelta, vi bien, era así conforme dijo Brañes. Ya a esto le dije al mayor [f. 174] don Pedro Marquina, porque cada uno y cada soldado hablaba lo que sentía pero en orden y no estorbaban sino que convencían con razones que ponían presentes, dije pues:

—¿Y cómo lo ha conseguido usted mi mayor, o se ha interceptado este oficio?

Me contestó que el escolta José María Torres le ha entregado. Este, que se hallaba presente, dijo que al tiempo de sacarse la casaca lo hizo caer el mismo comandante Lira, que él lo alzó, mas viendo el sobre y que era para el enemigo tuvo a bien de entregárselo al señor sargento mayor: esto dijo públicamente, no tuve qué decir sino callarme. Entonces dijeron todos los soldados, sargentos y cabos que se le arrestase al comandante Lira inter se clarifique todo por extenso, y empezaban a llorar los soldados acordándose de todos los trabajos pasados, cuántas necesidades, hambres y desnudeces antes pasadas; querían comerlo vivo en ese instante mismo al comandante Lira; otros decían:

—No es capaz de que el comandante haga tal cosa, nos vienen a hacernos burla, el fin es que se clarifique.

Mientras estas y otras habladurías llamé a un tambor el más vivo que había y era el más pequeño (llamado Santos Solís, de la compañía de cazadores, vecino del pueblo de Tapacari), como pude lo saqué por la parte del corral sin que me sientan los centinelas y luego mandé ande el comandante Lira que avisase el caso sucedido en el cuartel. Fue el tambor, le había tocado la puerta, le avisa ligeramente de afuera nomás porque ya vio un pelotón de gente que se enderezaba del lado del cuartel (que de aquí a la casa donde se hallaba el comandante Lira distaba como tres cuadras); dice el tambor que Lira no hizo aprecio, más bien dice que le retó a que se recoja y vaya a dormir. Mientras esto en el cuartel el último parecer de los oficiales y tropa fue en que vaya un piquete de soldados y que lo arrestasen al comandante inter se clarifique [f. 174ᵛ] todo todo. En esto ordena el sargento mayor Marquina que una mitad de la compañía de granaderos vaya con su teniente don Ramón Rivero; a esto se le oponen el capitán don Agustín Contreras, su alférez don Pedro Graneros, el subteniente de cazadores don Antonio Pacheco. El excapitán don Eugenio Moreno dice:

—Yo iré con la mitad ésta.

Lo retira al sargento primero de granaderos don Manuel Brañes y llama al sargento segundo don Manuel Miranda (que era su compañero con quien llegaron al principio y su paisano). Por fin se encamina a las 2 de la mañana, sale del cuartel, llega a la puerta del aposento del comandante Lira que era en una tienda que ni pasaje tenía, frente a la casa parroquial en unos bajos. Llegado Moreno con la mitad de sus granaderos toca la puerta, el comandante de aentro dice:

—¿Quién es, qué quieres?

Le dice Moreno:

—Soy yo mi comandante. Conviene que usted se levante en servicio de la Patria.

Contesta Lira:

—Andá, recogete, dejame dormir y no me molestes —pensando que estuviera ebrio y que la embriaguez le hiciese hablar esas expresiones.
Reitera Moreno:
—Mi comandante, levántese, que está usted preso.
Habla de aentro Lira:
—¿Por orden de quién?
Responde Moreno:
—Por orden de toda la oficialidad y tropa.
Repite el comandante:
—¿Y traes gente armada para apresarme a mí?
Contesta Moreno:
—Sí, traigo una mitad de granaderos.
Vuelve a decirle Lira:
—A ver, dame la seña de que traes gente armada.
Entonces dan dos tiros por orden de Moreno al aire nomás. Entonces Lira abre la puerta, sale y dice:
—Ya habrán hecho revolución pícaros cusqueños. Lo que les pido favor es que no me maten sin confesión.
Salió con poncho puesto y el sable debajo del sobaco. Dice Moreno entonces:
—Mi comandante, no se arrebate. Un papel han pillado con la firma de usted y para que reconozca lo hacen que comparezca ante la oficialidad y tropa. Usted no tenga sospecha alguna [f. 175] ni de que hagan revolución, no tenga recelo, nada ha habido.
Por fin se bajan por la calle, pasan dos esquinas de la plaza, llegan a la puerta de una tienda, y le dice Moreno:
—Aquí se ha dispuesto esté usted.
Hacen alto los soldados, siéntase el comandante Lira en la patilla de la puerta que tenía la habitación al lado de la calle, la mitad de la guardia a su frente. Entonces Moreno le dice:
—Mi comandante, pase usted aentro, luego traerán luz.
Levántase el comandante Lira para entrar para aentro de la tienda, le dan de atrás un tiro. Entonces se alborota Moreno diciendo:
—¿Quién ha tirado, quién ha tirado? ¿De dónde es el tiro? ¿Quién es, quién es ése que ha tirado?
Le había bandeado la bala por más abajo de la paletilla izquierda y le salió por la última costilla del mismo lado. Al tiro éste ya oyendo me mandó el mayor Marquina que yo hiciese tocar generala. Salí con toda la banda hasta la plaza. Al regresar veo un alboroto de gente, unos aullidos y una gritería, y algunos soldados llorando los de la guardia: ello es que había un desorden en toda esta calle, así de los vecinos como de los soldados que se habían salido del cuartel

algunos por la pared armados, una novedad grande y mucha gente, tal que apeñuzcándose pasaba uno. Viendo esto me asomé yo también a la puerta misma donde había estado Moreno con la mitad de granaderos, dos centinelas en la puerta y la demás gente formada. Luego que me vio me llama Moreno, apenas pude llegarme, me da la mano y me dice:

—Tambor mayor, no sabes lo que hay, han dado un tiro yo no sé de dónde ni quién y le han herido al comandante.

Oyendo los ayes de Lira me asomé más. Atendiendo mi voz sale él hacia la puerta porque sin luz ni nada había estado paseándose solito, y me dice:

—Hijo, ya estoy herido. Tambor mayor, vos que has sido mi compañero desde los principios sabes cómo hemos andado, qué trabajos hemos pasado, en [f. 175ᵛ] fin vos sois testigo de todo como fiel compañero y defensor a la libertad. Ahora con papel fingido falseando mi firma los han seducido y engañado entre Moreno y Marquina como buenos soldados del rey, como asimismo Contreras a quien lo he protegido tanto. Yo no hiciera ese disparate viéndome con tanta fuerza cuando con ocho y diez hombres he sabido combatirme. Y así, mis señores oficiales, compañeros y compatriotas, todo ha sido engaño; emulación, envidia, y ambición por el mando ha sido esto. No es tal mi firma ni he pensado en tal cosa. Anda al cuartel y diles así a la gente.

Me pasé echando lágrimas al cuartel. La banda estaba en la media calle esperándome, siempre tocando la generala. De que me entré entro del cuartel ya no parecían los más de los oficiales: habían estado ya arrestados en un cuarto con guardia doble, allí mesmo me metieron a mí. A las 7 y más del día manda Moreno sacar a todos a otro salón donde había estado ya don Santiago Fajardo (padre político de Marquina, quiero decir su suegro). Entonces dice Fajardo:

—Señores: Continuamente suceden estas cosas en esta carrera, de cuyos casos están llenas las historias de sucesos más lastimosos y de hombres más grandes, de hombres más sabios, de hombres más valientes, en lugares más cultos. Lo que hay de sentir por ahora es que a sangre fría se ha cometido este hecho tan horrendo con un comandante de méritos valiente y feliz en el servicio a la Patria pero en la actualidad hombre desgraciado. ¿Y qué dirán los jefes principales de Buenos Aires, qué disculpa darán de un hecho tan atroz y en un puñado de hombres? ¿Qué dirá el enemigo de este [f. 176] hecho tan escandaloso, en qué opinión nos tendrán, no digo a nosotros, sino dirán que los patriotas tienen este manejo, este modo de proceder, y cómo nos indemnizaremos de este hecho? Ay amigos, mejor hubiera sido yo un hombre pacífico, un paisano simple y no soldado ni patriota, que si en la actualidad tuviera yo proporciones para poder irme a mi país tal vez abandonando mis tiernos hijos me fuera por no ver estos desórdenes tan lastimosos, que entre compañeros, entre patriotas y últimamente entre hermanos nos matemos. En fin señores, Dios nuestro criador se sirva de nuestra suerte librándonos de iguales casos.

A esto dijo el mayor Marquina:

—Señores oficiales, compatriotas y compañeros de armas: Este día encierra dos actos: uno la pérdida de un comandante valiente y prudente y meritorio a la Patria, lo otro el habernos librado de una intriga que nos iba a hacer a pesar de los méritos que he referido. La muerte de este hombre nadie ha causado sino que el dios de los ejércitos es dueño de nuestra suerte y así ahora no nos resta otra cosa que nombremos en este acto a un jefe que se haga cargo de la División que tanto importa, antes de que tomen otro semblante los soldados y oficiales que incrédulos de la firma del ex-comandante Lira pensarán arruinar la tropa sin prever los actos funestos que acarrean.

A este dicho aceptaron todos unánimes y nombraron a don Santiago Fajardo de comandante en jefe de todo el Interior. A pesar de su negativa al principio, aceptó y mandó después de jurar él primero a que jurasen la obediencia de que estarán sujetos a él, que obedecerán y respetarán sus órdenes. Así se sentó una acta, firmaron todos. De que ciñó el sable de Lira y recibió las enhorabuenas dijeron el subdelegado gobernador de Sicasica don José Manuel Arana, el capitán habilitado don José Calderón, [f. 176ᵛ] el capitán de cazadores don Carlos Bolaños, el teniente de granaderos don Ramón Rivero, el teniente de la primera don Manuel Patiño, el ayudante mayor don Juan Bautista González, el subteniente de la primera don Gregorio Andrade y Moya, todos unánimes, que la firma era ficta, no era de la mano y puño del mismo comandante Lira según estaba patente, que se hiciese reconocer por hombres imparciales nombrando peritos, que no es del comandante Lira y que no se puede tolerar semejantes hechos porque algún día lo harán lo mismo con el actual nombrado comandante si este hecho queda impugne:

—La letra es conocida, es del subteniente de cazadores don Antonio Pacheco.

Entonces ordenó el comandante Fajardo se le arrestase al subteniente Pacheco mientras declarase, y promete castigar al que causó todo lo sucedido sujeto a un consejo de guerra, y así sosegó a estos oficiales. Mientras esta cuestión se oiyan tiros en el pueblo, una gritería estupenda, que más se oiya la voz del alférez de caballería don Pedro Graneros en que decía:

—¡Viva la Patria, muera el mal gobierno!

AÑO DE 1817

Algunos soldados le seguían:
—¡Que muera, que muera! —en todo el cuartel la bulla.
A cerca de las 10 del día entraba un soldado distinguido de cazadores llamado Santiago Murillo, me dice:
—Tambor mayor, el comandante Lira te llama por repetidas veces. Como no pude salir sin orden ni me dejarían entrar al aposento de Lira le pedí licencia al nuevo comandante quien me dio un boleto para salir y verlo al enfermo Lira. Salí y entré ande el herido: había estado en cama con un crucifijo en la mano, sentado, casi en las últimas horas. El subdelegado don José Manuel Arana lo tenía entre sus brazos, el presbítero doctor don Juan Antonio Valencia auxiliándolo, y no había más gente sino dos centinelas de vista y dos en la puerta que no dejaban entrar sin el boleto del comandante Fajardo. De que me asomé le abracé la vez última [f. 177] con las lágrimas en los ojos del único compañero que yo tenía; con penetrable dolor de mi corazón le dije:
—Compañero, ¿a quién me dejas? ¿Qué día es éste que te ves en este estado? ¿El haber servido a la Patria con tanto esmero pasando tantos trabajos ha sido la causa para que te hagan así?
No me contestaba nada, me hacía seña únicamente al santo Cristo mientras haciéndole yo mis cargos de sentimiento sin poder casi hablar llorando, asimismo Arana, y el sacerdote que lo auxiliaba no podía contenerse (que era su íntimo amigo), echaba alaridos como una mujer sin poder sosegar su corazón. Volvió en sí, pidió agua y a poco mira por todas partes, exclama y dice:
—Y mis compañeros ¿cómo no me acompañan en este trance, o los han muerto ya? ¿Por qué me han desamparado, dónde están? Sin duda presos o muertos.
Entonces mirándome dice:
—Adiós, compañero en mis trabajos, en mis penalidades, ¿vos solo aquí? Ya no hay remedio de vida para mí. Tené experiencia en mí que tanto he trabajado como vos lo sabes, y el estado en que me ponen ve. Así pues hijo, ponte ahora un cordel al pescuezo y presentate a los enemigos: si te perdonan estarás vivo, si te fusilan (que no lo harán) morirás por la Patria con honor en un plaza pública, bien confesado, bien auxiliado con todas las formalidades acostumbradas, y no te veas ni te hagan como a mí.
En esto nomás le acometió un desmayo, calló un corto rato, después volvió en sí, a poco sácase unos pedazos de hueso de las costillas de la herida y le estaba alcanzando al doctor Valencia y exclama en voz alta y dice:
—Muero inocente, muero inocente. Falsamente han procedido. Muero patriota, muero como cristiano católico.

Y a unas cuantas palabras que le hacía rezar el doctor don Manuel de la Borda (que era el párroco que a ese momento entró) expiró abrazándose fuertemente al crucifijo con ambas manos, a las 11 y media del día 15 de diciembre, día de San Eusebio, lunes, a manos de [f. 177ᵛ] dos sacerdotes, bien auxiliado, en sus cinco sentidos.

Dado parte, el comandante Fajardo ordenó que el cuerpo lo sacasen al frente, casa de don Julián Páez Ramallo, allí estuvo. Inmediatamente fueron ande el comandante a pedir gracia el subdelegado gobernador del partido de Sicasica don José Manuel Arana, los capitanes don Carlos Bolaños de cazadores, don José Calderón, el ayudante don Juan Bautista González, el teniente don Manuel Patiño, el subteniente don Gregorio Andrade, en que se le ponga una guardia a la puerta de una mitad de compañía con un oficial con su tambor, que se intierre con toda la División formada, artillería y todo, que den un descargue al tiempo de poner el cuerpo a la sepoltura. Accedió el comandante Fajardo a todo.

A esto entran los capitanes Contreras, Moreno, el sargento mayor Marquina, el alférez Graneros, el subteniente o teniente Morales ya ebrios y dicen que ni se debía permitir que lo muden el cuerpo sino que lo botasen al campo como a un traidor, un pérfido e inconstante. Después de un rato de conversación ordenó siempre el comandante en que 25 hombres con su sargento y cabo hiciesen la guardia.

Al día siguiente asistió acompañando el cuerpo una compañía, que era la primera, sin armas, sin cajas ni oficialidad sino únicamente sus muy amigos y amados compañeros.

El que falseó la firma era el subteniente de cazadores don Antonio Pacheco. Se libertó del arresto(en que lo puso el cómandante Fajardo) así que se enterró el cuerpo de Lira, quien lo apreciaba demasiado al tal don Antonio Pacheco y era de su mayor confianza, que mucho después declaró particularmente que lo hicieron forzosamente falsear la firma del comandante Lira (después de la muerte del sargento mayor Marquina por el mes de mayo de 1818, a los cinco meses).

Dejó cuando murió el comandante don Eusebio Lira 217 fusiles entre carabinas, [f. 178] 18,000 cartuchos, 180 caballos entre mulas, 56 sables batidos de fierro, una pieza de artillería montada todo corriente con sus 200 cartuchos (100 de bala rasa y 100 de metralla) en tarros, piedras (eran hichizas nomás) una porción sin número, todo todo perteneciente a la Patria, aperado por el finado comandante don Eusebio Lira con mil fatigas, con mil modos y trabajos a fuerza de sus arbitrios.

Mantuvo la División sin sueldo alguno porque no había de dónde: algunos domingos una corta ración de dos reales a todos sin

AÑO DE 1817

excepción de clase ni persona, y raras veces a dos pesos. Rancho sí, bien abundante para la tropa, y para la oficialidad lo mismo en la comandancia mandaba hacer, donde comía él y todos. Ropa como podía de tejidos del país. El armamento conseguía comprando. Mandó vaciar un cañón del calibre de cuatro. Los fusiles, como digo, comprando se conseguía mandando a Oruro, a Cochabamba, a La Paz, a Irupana y a Sicasica; los más eran ganados al enemigo. Pólvora mandaba hacer muy buena aquí; salitre de Mojsu-uma en las pampas de Oruro mandaba comprar ocultamente con indios de confianza; azufre mandaba comprar de Carangas y Tarapacá. Fierro, lo mismo, mandaba comprar de Oruro porque no cargaba cualquiera. Caballada pedía de la misma indiada y de algunos vecinos.

Entradas ningunas tenía el Estado porque no pagaban tributos los indios ni se cobraban alcabalas. Los señores curas daban continuamente sus empréstitos y algunas veces sus donativos voluntarios; los empréstitos satisfacía religiosamente cuando había plata. Algunas haciendas de los que moraban en los dominios del rey y opuestos a la causa de la Patria soportaban los precisos gastos y necesarios de la tropa. Los hacendados y más la indiada de ambos partidos (hoy provincias) mantenían con víveres sin rehusar: el que menos tenía granos y ganados. Con [f. 178^v] gusto y a porfía los pueblos o sus habitantes se hacían que les quepase el turno del mes de mantener, porque cada doctrina mantenía a cual mejor con todo lo que era más necesario, y ellos mismos servían con sus personas, con sus propias vidas e intereses.

Los pueblos eran, en el partido de Sicasica, el primer pueblo de su nacimiento Mohosa, Cavari, Inquisivi, Ichoca, Yaco, Quime, Capiñata, Colquiri, Haraca; en el partido de Chulumani (que es Yungas) Suri y Sircuata; en el partido de Hayopaya eran su capital Palca, Machaca, Morochata, Charapaya, Choquecamata, Leque, Calchani y Yani. Así con estos pueblos se sostuvo el comandante Lira en defensa de la Patria, libertad e independencia americana del gobierno español.

Las entradas para los precisos gastos de la División de Aguerridos (este título después del triunfo nomás se dio a esta División) eran:

En el partido de Sicasica todas las fincas que había allí del marqués de Santiago, residente en la corte de Lima, o sea, en la doctrina de Cavari la hacienda de Sihuas cuyo arriendo daba 300 pesos, la hacienda de Pocusco 160; en la doctrina de Mohosa la hacienda de Caquena en 120 pesos su arriendo, la hacienda de Chacoma en 100 pesos (porque tenía una parada de molinos); en la doctrina de Ichoca la hacienda de Quiñuani en 100 pesos su arriendo, la hacienda de Chay en 50 pesos por ser parte de Quiñuani, la hacienda de Pacasaca en 100 pesos su arriendo, la hacienda de Rearrea en 50 pesos: suma 980 pesos.

En el partido de Chulumani (que no había más que la doctrina de Suri), de la hacienda de Cañamina (que era propia de un señor doctor Plata, muy patriota) sacaban 50 cestos de coca cada mita, que al año [f. 179] da tres mitas, es decir tres cosechas la coca únicamente: entonces al año 150 cestos (el precio esos años eran muy favorables porque cada cesto valía 15 pesos allí mismo, y Lira hacía sacar para afuera porque se espendieran en 20 pesos) sumaban 3000 pesos al año.

En la provincia o partido de Hayopaya nada más que de la hacienda de Punacachi mandó traer el comandante Lira 100 pares de aradores, ganado vacuno propios del hacendado don Agapito Achá, hombre muy opuesto a la causa de la libertad de América, que moraba en la ciudad de Cochabamba, hombre rico.

Nada más de entradas tenía la División por entonces. Como ya dije el empréstito de los señores curas y algunos donativos voluntarios de todos los hacendados de los tres partidos costeaban los precisos gastos de toda la tropa y demás necesarios. Por todo sumaban 3980 pesos. Estos son los bienes que tenía la Nación. De balde hablarían como han hablado varios sujetos, en que robaban, en que eran unos ladrones, unos apacheteros, en vano. Habían sí, que no los puedo negar, algunos indios que se metían a ser capitanes, comandantes y comisionados: éstos eran los que perjudicaban en los caminos y demás travesías, esto es en las fronteras o limítrofes de los territorios de la dominación de la libertad e independencia; pero al mismo tiempo se les perseguía a éstos y castigaban a los que incurrían en estos delitos, aunque tampoco eran de consideración los que se les perjudicaba, a excepción de un cargamento de valor que quitaron las partidas de un comandante de Morochata don Pedro Álvarez, y un don José Manuel Chinchilla también comandante de partidas ligeras, a un tal Fierrofrío que éste había venido de Lima como enviado del señor general don José de San Martín, que estas cargas lo tomaron en el punto de Nasacara que es la bajada de Tapacari.

[f. 179v] El 18 de diciembre levantamos campo al pueblo de Machaca, a las 2 de la tarde entramos a este pueblo. Ese mismo día había entrado y ocupado a las 4 de la tarde a Palca el comandante don José Domingo Gandarillas con 28 hombres armados de caballería. Viendo u oyendo que Gandarillas entraba, don Agustín Contreras (que se quedó en Palca de gobernador subdelegado de este partido) se corrió con seis hombres de escolta que tenía dejando 18 fusiles y cinco carabinas (porque hasta ese día desertaron 32 soldados). A las 11 de la noche llegó a Machaca donde estábamos este parte; a la 1 de la mañana nos levantamos prontamente.

AÑO DE 1817   199

El 19 a las 7 de la mañana entramos al pueblo de Palca. Luego salió Gandarillas de fuga. Corriendo le seguimos hasta el río de Lambaya, en el camino atropellamos a algunos soldados y recogimos solos cinco fusiles, cuatro tercerolas que tenían sus soldados que fueron atropellados; a éstos los soltaron los de Fajardo por orden de él en Queraya (que es una hacienda) donde campamos un buen rato ese día. Nos levantamos a las 3 de la tarde. Así que divisamos al lado de Palca (porque no había más que cuatro leguas) habían estado los indios cubriendo todos los cerros del pueblo como del frente reunidos más de 3,000 con sus lanzas, hondas y garrotes. Nos entramos a las 6 de la tarde al pueblo de Palca. La indiada ésta habían tenido 18 bocas de fuego de toda clase. De todos los pueblos de ambos partidos, hasta de Tapacari, Arque y Paria habían venido haciendo un tierno sentimiento por el finado comandante Lira y amenazaban a toda la División en que les han de entregar vivo al comandante Lira. Por fin esa noche no nos dejó dormir con la bulla de cornetas y demás aparatos de guerra; pasamos bastante molestados e incómodos.

El 20 de diciembre a las 8 del día salimos al sitio donde estaban los indios, que es el alto mismo de Palca llamado [f. 180] Chuñavi, y a la distancia de siete u ocho cuadras hicimos alto y desplegando en batalla nos formamos poniéndose a ambos costados la caballería y al centro la artillería o cañón, que es en el alto de Chuñavi. Bájanse seis indios principales y piden explicaciones acerca de la muerte de Lira. Allí Fajardo trató con ellos y les convenció enteramente en que era traición la que iba a hacer Lira.

El día 25 en el pueblo de Tapacari así así poco a poco se asomaban la formación de los indios (que era como cerca de una legua el terreno que ocupaba la indiada formados en ala). Luego Fajardo los llamó a algunos oficiales (que eran los más antiguos compañeros de Lira) y retira a nuestra formación con paso atrás como tres cuadras porque los indios se acercaban más y más a nuestra formación. Luego se reunieron los indios de ambos costados suyos, se bajaron los que se quedaron en las alturas y lo tenían al comandante Fajardo en el centro así como a cinco oficiales, porque a las 2 y media de la tarde se bajó el comandante. Lo que pedían los indios era en que Fajardo entregase ocho sujetos vivos o muertos que eran los siguientes: el sargento mayor don Pedro Marquina, el capitán y gobernador subdelegado de Paria don Agustín Contreras, el capitán de cazadores don Eugenio Moreno, el teniente de caballería don Santiago Morales, el alférez don Pedro Graneros, el subteniente de cazadores don Antonio Pacheco, el sargento segundo de granaderos don Manuel Miranda y el soldado de la escolta de Lira don José María Torres, porque aseguraron enteramente los indios ser cómplices en la muerte del finado comandante don Eusebio Lira, embravecidos ya los indios.

En fin, después de otra disputa larga y porque ya se veía en peligro se comprometió el comandante Fajardo a entregar a la fuerza a tres sujetos (que eran el capitán Moreno, su teniente Pacheco y el sargento Miranda), esto era por desprenderse, y dice:

—En el pueblo mismo ha de ser la entrega.

Aceptaron los indios. Para el caso Fajardo le manda a decir al capitán Moreno que con su compañía de [f. 180^v] cazadores se adelante y que se coloque en el punto más ventajoso que le parezca tanto para la seguridad de su persona como la de su subteniente don Antonio Pacheco, y que lo lleve en la compañía al sargento segundo de granaderos don Manuel Miranda. A la carrera bájase el capitán Moreno con su compañía, y una mitad de granaderos lleva el sargento Miranda, que hacían como 40 hombres todos cusqueños (que por entonces era la gente más valiente de toda esta América) y se coloca en un morro fuera del pueblo, de ay más arribita, en la orilla de una montaña llamada Alisuni, resueltísimo a morir pero matando como lo dijo públicamente.

Entra el comandante Fajardo arrastrando a la tropa de indios con toda la banda de tambores y pitos a la cabeza, y la gente armada (caballería y artillería) a la retaguardia. Se llenó la gente ésta en la plaza. A la División llama y coloca en un ala de la plaza, a la caballería a su retaguardia, a la artillería al costado derecho en vanguardia. Inmediatamente se desprende Fajardo de los indios y se pone a la cabeza de la formación. De allí nomás perora a la indiada en que se retiren y no porfíen en nada; que se vayan a cuidar sus sementeras y ganados; que la residencia han de tomar los jefes principales de Buenos Aires y Salta acerca de la muerte de Lira y sucesos causados como del manejo de cada uno; que Moreno desobedeciendo se ha retirado a otro punto con su compañía, los bravos cazadores y una mitad de los granaderos; que en poniendo fuerza a que venga era exponer a la división a una carnicería con los cazadores; que procurasen evitar este paso sosegándose y retirándose a sus pueblos y lugares.

Algunos indios obedecían y se despedían cortésmente aunque de lejos, otros tenaces a que les han de entregar vivo al comandante Lira, ya algunos [f. 181] atrevidos querían embestir y devorar con la tropa, no sólo a los soldados sino que amenazaban hasta a las mujeres y criaturas. Dado parte por algunas mujeres del pueblo de esta determinación de los indios que en un paso muy disimulado se iban acercándose a la línea, entonces dice el comandante Fajardo mostrándoles aspereza ya:

—Ea indios, si mis razones prudentes no les basta para que se retiren miren que usaré de la fuerza.

Oyendo esto gritan los indios diciendo:

—A una mano, a una mano —(que en la lengua aymara decían: —*Maya amparaqui, maya amparaqui*).

En el acto manda Fajardo:

—¡Preparen! ¡Rompan fuego!

Anteriormente advierte en que han de tirar por el ayre nomás, a amedrentarlos nomás mientras no se atrevan a causarles daño conocido. Acto continuo los soldados rompen fuego según la orden por el ayre. Entonces los indios salen atestando, cayéndose de los empujones que se daban entre ellos mismos, algunos toman asilo en la iglesia, y todas las mujeres del pueblo que se hallaban allí hacen un aullido, un alboroto pensando que la indiada se encajaban a sacarlas o hacerlas algo, y como se metiesen armados con sus lanzas, garrotes y hondas se soplaron un buen sustazo así las unas que se hallaban aentro como los que se asilaban.

Moreno bájase del morro de Churiri con su compañía también dando fuego avanzando (y mató a dos) hasta que el mismo comandante personalmente fue a caballo a ordenar que hagan alto, y del frente del pueblo de la parte de los indios tiraron algunos tiros y nos mataron a un soldado Mariano Crespo (no hizo días que se agregó voluntariamente, hacía apenas cinco días, vecino del mismo pueblo de Palca). En toda la corrida habían muerto dos indios más, cuatro, y uno de nosotros, cinco muertos por todo.

En un minuto desapareció el orgullo y la soberbia de tanto indio que no entendían razón alguna y así sosegó el pueblo. A poco rato sale el mismo comandante Fajardo después de [f. 181ᵛ] encuartelarlos a todos los soldados a reunir a los indios dispersos, a los que se quedaron metidos en las casas, manda a que salgan de la iglesia, salen pues más de 120 hombres. A todos ellos, dándoles a algunos a un puñado de coca, a algunos panes, así exhortándoles con cariño les dice en que no se mezclasen ellos a cosas que no les conviene. Todavía entonces un capitán Mariano Santa María, de Charapaya, le dice a Fajardo:

—¿Por qué no nos conviene meternos y saber la causa de la muerte del finado comandante Lira? Estas armas que tienen los soldados que usted va mandando por ahora ¿no nos cuesta nuestro trabajo, nuestros desvelos, nuestra sangre y nuestras propias vidas? ¿Dónde estaban entonces al principio estos Morenos, estos Marquinas, estos Contreras? ¿No han sido enemigos acérrimos de la Patria y de usted mismo, mi comandante Fajardo? ¿Marquina no le ha perseguido a usted estando en la tropa del comandante Terrazas en la parte del rey? ¿Este Marquina no ha perseguido en los pueblos de Tarata, Punata, Arani, Pocona y Totora a los patriotas Alba, Escuro, Curito y Chiquelo, no ha derramado tanta sangre de los patriotas en todas sus andanzas? ¿Contreras estando con las tropas del rey al mando del comandante don Esteban Cárdenas no ha sido otro peor perseguidor a los patriotas en las tropas de Irupana, no ha sido el que ha saqueado y los ha dejado desnudos a todos los habitantes de su pueblo mismo Inquisivi y Capiñata? ¿Moreno no es un cusqueño soldado del rey que dicen lo entregó al señor coronel y comandante general doctor Muñecas? ¿Cómo protege usted a estos pícaros? En fin, mejor será que me calle porque qué hago con hablar.

El comandante Fajardo le contesta que se sosegase nomás, que despacio se desprenderá de todos éstos, que procurará llamar a otros hombres conocidos patriotas, honrados y hombres de bien. Oyendo todo esto Santa María empezó [f. 182] a llorar por la desgraciada muerte de Lira, se dispidió de Fajardo cortésmente, quien le dio dos pesos cariñosamente, lo acompañó hasta la orilla del pueblo a caballo, se fue reunido como con 160 hombres formados en desfilada tocando sus cornetas muy cerca de las 6 de la tarde. Así esto es lo que sucedieron en estos pocos días.

Al día siguiente que es el 21 de diciembre hubo socorro a la gente, de a dos pesos a los soldados, cabos y sargentos, y a todos los oficiales a tres pesos sin distinción de clase, como siempre era ya entablado esto.

Para el 25 de diciembre vuelta se habían reunido los indios con más fuerza saliendo de todo Yungas con más de 40 bocas de fuego. Allí había estado ya el capitán habilitado don José Calderón, Rafael Copitas, el comandante don José Manuel Chinchilla, Gandarillas aún no había llegado pero había estado cerca: todos éstos en el pueblo de Machaca.

Dado parte de todos éstos en Machaca, el 25 mismo nos levantamos de Palca a las 6 de la mañana. A las 10 ya estábamos en el mismo alto de Machaca divisando el pueblo. A las 11 mandaron los indios a un tal don Pedro Zúñiga (muy patriota, emigrado de la ciudad de La Paz), al capitán comandante de indios del pueblo o doctrina de Mohosa don Mateo Quispe (de Catanchaque), al igual de la doctrina de Yaco Benito Argüello, al igual de Cavari Mariano Lezcano, y a otro Marcelo Calcina igual capitán comandante de Leque: dijeron estos cinco en que entre el comandante Fajardo con una escolta y que presida aquella junta: que los pueblos eran los que debían nombrar al jefe que debe gobernar; que para el caso estaban reunidos 20 pueblos; que si no admitiesen que vean lo que harían; que ellos no hacen más que cumplir con sus deberes, y que los hacen a ellos responsables de las resultas que hubiese ante Dios, ante la Patria y ante los jefes principales de la superioridad de Buenos Aires. [f. 182ᵛ] Fajardo aceptó encaminarse al pueblo de Machaca y entregar la División a esta junta de los pueblos y que se retiraba él al rincón de su casa a descansar. A esto se le opusieron Marquina, Contreras, Moreno, Morales, Pacheco, Graneros y algunos sargentos seducidos por éstos, aun casi desobedeciendo y amenazándolo al comandante Fajardo, y le dicen todos éstos a una voz en que no debe separarse ni por un momento de la División ni a un paso estando en este estado principalmente, que no haga aprecio a los grupos éstos ni reconozca por pueblos reunidos, y últimamente las armas deben ser respetadas y sus jefes lo mismo y no darles gusto en nada; si porfiaba al contrario que vea lo que hace porque pendía la vida de todos ellos y de toda la División sin que escape aun él mismo; que en vano pensaba retirarse al rincón de su casa, que irá más bien a descansar en un patíbulo si porfiaba más.

Entonces se asustó, tomó otro semblante el comandante Fajardo y dijo en que ellos determinasen lo mejor que se puede hacer a fin de salvar la División pero sin ningún derrame de/sangre entre nosotros. Al poco rato se baja Marquina con algunos de la facción ésta, los llaman a los inviados Zúñiga, Quispe, Argüello, Lezcano y Calcina, dícenles en que se retiren buenamente, que ellos necesitan pólvora y balas para dar fuego al enemigo y no para gastar en ellos, que entro de dos horas deberán desocupar el pueblo, y también díganle al alcalde pedáneo (que así se intitulaban por entonces los autoridades de un pueblo) en que haga acopiar 500 raciones para esta tarde y bagajes para 300 cabalgaduras. Los emisarios se bajaron con este recado.

Inmediatamente Fajardo remuda su caballo, dispone luego: al capitán [f. 183] Moreno con su compañía de cazadores ordena que de tal punto tomase nuestro costado derecho marchando para el pueblo; la primera compañía con su teniente Patiño a que marche por nuestro costado izquierdo para el pueblo; los granaderos al centro, y a retaguardia la caballería. Marchamos así dispuestos: los costados marchaban al paso redoblado. Los que ocupaban el pueblo de Machaca habían dispuesto lo mismo en tres trozos: habían colocado al costado derecho 15 hombres armados con bocas de fuego y 300 de indiada; a su costado izquierdo lo mismo, 15 hombres armados con armas de fuego y 400 indios con caballería, que había como 600 para que nos cortara la retaguardia por ambos costados; en el centro otros 15 armados y todo el resto de toda la gente que alcanzaba a 2,000.

Habían formado así también los indios para que así que pasásemos o nos acercásemos al pueblo cortarnos enteramente la retaguardia, y como eran en mucho número tal vez logran esta determinación. Lueguito se toparon con el capitán Moreno que estaba en el izquierdo de los indios y hacia nuestro costado derecho. Al momento que nos acercamos nos rompen fuego del centro de mampuesta detrás de las paredes y de los canchones, un fuego vivo. A los cuantos tiros murió el caballo del capitán de granaderos que era don Ramón Rivero porque éste iba todavía a caballo; luego cayeron dos soldados más malheridos, y así nos granearon siempre con el fuego. El capitán Moreno se fue al trote, y cuando dieron fuego a éste detrás de los matorrales y de las piedras del mismo Calvario (que es aún en el día) avanzó intrépidamente con fuego pero siempre con orden de no ofenderlos verdaderamente sino por apariencia nomás, haciéndolo responsable si caso causaban algún daño por pequeño que sea a los indios; asimismo encargó a los costados.

[f. 183ᵛ] Entrépidamente pues cargaron, corrieron todos los indios sin que pare uno. Los del costado izquierdo nuestro metieron prisioneros como más de 70 indios algunos sin sombrero, y Fajardo mandó darles libertad, dijo que los infelices indios eran seducidos por algunos hombres inadvertidos; que aunque ellos ofendiesen que no les hiciesen nada; que con eso manifestarían a los jefes principales y a todos los pueblos el generoso corazón de unos defensores a la Patria; que como soldados obedientes al jefe que los gobierna más bien que se dejasen estropeasen: así se cumplió los deseos del comandante Fajardo.

Avanzamos por el centro y costados con un fuego vivo y a toda costa que en un minuto tomamos la plaza y todo el pueblo; pasando algunas partidas llegaron al mismo río de Hayopaya que dista como dos leguas de allí. También lo trajieron como a 100 indios, incluso entre otros oficiales de indios a don Rafael Copitas sin sombrero, que se había hecho comandante de la doctrina de Inquisivi. A toditos les dio libertad el comandante Fajardo. A poco se presenta el capitán habilitado don José Calderón, luego sale don José Buenaventura Zárate (que vivía en la estancia de Huallipaya, media legua de Machaca), a este tenor todos los capitanes y demás subalternos, dispersándose en el todo los indios sin que se dejasen ver ni siquiera 50 hombres de tanta indiada que había.

Al día siguiente 26 de diciembre se presentó el comandante don José Manuel Chinchilla con escolta de 25 de caballería armada. A todos los recibió el comandante Fajardo sin mostrarles el menor resentimiento de tal reunión ni otras habladurías: todo todo disimuló como un buen jefe prudente. De la indiada no hubo la menor novedad, un herido no salió, mas antes de [f. 184] la División salieron dos granaderos heridos, al fin murió el uno, no hubo más novedad. A las 8 de la mañana se reúnen toda la oficialidad así de la División como de los indios (más de 80 oficiales) en la casa del señor párroco. Entró a esta junta el comandante Fajardo y dijo en breve oración:

—Señores oficiales, compatriotas y compañeros de armas: Ustedes me conocen que soy un patriota antiguo, soldado de la libertad que jamás he manchado mi honor acerca de mi opinión ni aspiro a nada por mi edad; ustedes me ven que soy un anciano no capaz ya de sufrir campaña ni menos ambiciono a ascensos peligrosos, que esto les hablo a ustedes con todo mi corazón. Ustedes que ahora hacen cabeza de los pueblos debían reunirse como ahora sin incomodar a la indiada haciendo tales reuniones como las de los otros días, alarmándolos con toda clase de armas, combinándose por papeles como para atacar al enemigo, echando mil proclamas contra la opinión general de la División y denigrando a los oficiales suscitando mil calumnias, deshonrándolos, insultándolos sin poder cómo indemnizar el decoro de patriotas firmes y soldados de la libertad. ¿Y qué han avanzado ni remediado con esas cosas? No hacen más que dar una crítica escandalosa a todos, perjudicar en sus ejercicios a la indiada, como si pendiera todo en amontonarse, como si no tuvieran conocimientos que la misma naturaleza no les hubiera dotado, sujetándose a una seducción bárbara de hombres inicuos o tal vez enemigos de nuestra causa. En fin, sea lo que fuere.

Quítase o desármase el sable y lo cruza en la bandera que era bicolor del pabellón argentino, y dice:

—Que los que representan a los pueblos elijan al que quieran para jefe de estos territorios, que yo no me hallo capaz de servir ya: pongo en vuestras manos, entrego a ustedes el mando, deliberen de la suerte y modo que quieran ustedes y no me persigan ni me tengan en boca porque yo no aspiro al mando. [f. 184^v] Patriota soy y en esta opinión moriré por la Patria, sea en cualquier destino porque he consagrado mi sangre, mi vida a ella.

Desármase y quiere salirse, le atajan todos, cede, se sienta no en el asiento que le correspondía sino allá al pie casi como particular. Entonces se insinúan todos a que se siente en la cabeza, a muchas instancias toma el asiento en la cabecera. Después de un rato de silencio dice don José Buenaventura Zárate:

—Ya que el comandante en jefe don Santiago Fajardo hace dimisión del mando depositando en manos de esta junta que representan a los pueblos en la ocasión presente, nombremos a un presidente y a un secretario, que esto es lo que nos conviene me parece, y nombremos a un sujeto que debe ser el jefe que nos ha de gobernar, o digan ustedes lo que sientan sobre el particular.

Unánimes dijeron todos y aprobaron esta determinación. Principiaron los votos para presidente y secretario. Fajardo dice:

—Voto por el señor teniente coronel don José Buenaventura Zárate para presidente, y para secretario al capitán de granaderos don Ramón Rivero.

Al fin de la votación salió Zárate de presidente y de secretario Rivero. Zárate toma el asiento y dice:

—Señores: ¿Estarán ustedes sujetos al jefe que ustedes mismos van a nombrar, obedecerán ustedes, observarán ciegamente sus órdenes y cuanto determine?

Por repetidas veces haciéndoles entender en su propia idioma a los caciques, alcaldes y demás oficiales de la indiada que todos éstos estaban allí, todos dijeron que respetarán y obedecerán en todo todo lo que ordenare el tal jefe. Exigió entonces Zárate juramento a todos los que se hallaban en la junta: gustosamente juraron.

Después se dio principio a la votación del jefe. El subdelegado gobernador don José Manuel Arana vota por el comandante Fajardo, en seguida el sargento mayor Marquina por Fajardo nomás también, en seguida el capitán habilitado don José Calderón por el mismo Fajardo. Entonces el comandante Fajardo [f. 185] dice:

—Señores: Para esto mejor era no hacer tal junta ni proponer a que ayga elección.

A esto el presidente Zárate dice:

—Silencio señores. Cada uno haga su votación en secreto y por escrito. Los indios que no saben, dicten uno por uno secretamente con el que cada uno guste.

Aprobaron esta determinación, siguieron así según lo dicho. A las 2 de la tarde se revisó todo todo: salió el comandante don Santiago Fajardo. Aunque habló lo que quiso y lo que pudo ya no le valió nada: a mal de su grado aceptó, lo hicieron jurar, después dice:

—Señores: Ya he dicho por repetidas veces que soy un hombre anciano que no me permite la edad misma que tengo, y para ir con mejor acierto necesito de un compañero que sea mi segundo jefe quien tendrá el mismo mando que yo, sujeto sí a mis órdenes, que así entre ambos deliberaremos con más madurez, con más acierto y será mucho más mejor toda disposición que se haga.

Aprobaron esta determinación todos. Luego dijo el nombrado:

—Si yo tengo voto lo elijo al subdelegado don José Manuel Arana.

Volvió a decir el presidente que se haga lo mismo en secreto por escrito y en la misma forma que han elegido al comandante en jefe. Aceptado que fue siguieron y salió el comandante don José Manuel Chinchilla a pesar de los que ambicionaban al destino de segundo jefe: Marquina no veiya la hora de ser segundo jefe, Contreras lo mismo, Arana de igual modo, y tuvieron que sujetarse todos ellos. Y así se acabó todas estas diligencias a más de las 2 y media de la tarde. Luego se retiraron los demás, bien encargados en paz y sosiego. En alguna manera sosegaron los pueblos y toda clase de gentes. El 28 de diciembre nos encaminamos a Palca donde estuvimos descansando hasta el 12 de enero del año entrante.

[f. 185ᵛ] Año *de 1818*

El 12 de enero nos levantamos del pueblo de Palca para Machaca, allí mansionamos dos días.

El 16 nos bajamos para el pueblo de Cavari. En esta marcha sucedió un caso:

Un cabo de la compañía de cazadores Francisco Michel (joven natural de la ciudad de La Paz) se pasó a la banda de tambores por haberse aficionado mucho a tocar el pito, con consentimiento de su capitán que era don Eugenio Moreno. Después de todas estas formalidades, después de que admitió su dicho capitán, después de que marchamos bajándonos del pueblo, vino con una furia ebrio el capitán Moreno, lo sacó a cintarazos y lo llevó a su compañía: después de darle la baja de la compañía y la alta a la banda, con mucho escándalo sucedió esto.

De esto di parte al mismo sargento mayor don Pedro Marquina ya en la playa de Añuchiri, que es la bajada o pie de la cuesta que va para el pueblo de Cavari. La tropa descansaba. Mientras tanto luego pasó Marquina ande estaba Moreno, allí se vocearon con mucho escándalo, se desenvainaron cada uno la espada, e impiezan a reñir, empiezan a sacarse sus defectos cada uno, y como habían sido paisanos se habían conocido de muy cerca; sacándose sus defectos cada uno con un escándalo demasiado feroz desde su primera educación se declararon ambos. Al fin le dice Marquina a Moreno:

—Ah mulato, vos lo asesinastes al comandante Lira, pícaro, indebidamente.

Oyendo esto casi se desespera Moreno y en contesto le dice:

—Ah indio presidiario, ¿tienes valor y boca para hablarme de esa suerte cuando vos me diste orden secreta desde días antes que en el acto lo dejase muerto donde lo pudiese encontrar o lo esperase de noche en el corral para asesinarlo allí? Mas antes yo por ser cristiano le di aún tiempo para que se confiese.

Todos [f. 186] lo oímos, todos los soldados; y ebria la gente como también los oficiales ya empezaron a llorar los soldados haciendo nuevo sentimiento, y se comprobó la picardía con que lo asesinaron a Lira, por todos modos se probó la falseadura de la firma, todo todo se descubrió y se clarificó. En el acto nacieron partidarios: unos se decían que eran liristas y otros fajardistas. Los dos jefes principales (que se quedaron en Machaca) a las 2 de la tarde llegaron: apenas pudieron sosegar porque aún daban tiros los soldados. Así marchamos en un desorden hasta Cavari de donde los hicieron llamar a don José Buenaventura Zárate los oficiales. Este señor como era de mucho respeto y teniente coronel, llegando hizo sosegar y los hizo amistuarlos a todos ellos. (Este señor Zárate era viejito ya y no quería andar en la tropa o con la tropa.)

El 17 de enero pasamos para Capiñata.
El 18 entramos al pueblo de Inquisivi.
El 22 salimos al pueblo de Quime.

El 23 salimos del pueblo de Quime al pueblo de Yaco por parte que se tuvo de que el enemigo andaba por esos lugares en número de 240 hombres al mando del gobernador subdelegado don Francisco España. Estando ya en la bajada para el pueblo de Yaco divisamos de mucha distancia al enemigo que abandonando el pueblo se iba para Sicasica su capital muy despacio. A las 2 de la tarde cuando más nos hizo formar Fajardo como para dar un combate colocándose los cazadores en guerrilla porque dijeron algunos indios bomberos que 30 hombres nomás iban a Sicasica y que toda la fuerza estaba cerca disponiéndose también para embestirnos. Estando así se le había asomado el mayor Marquina al capitán Moreno, le había dicho:

—Mira Moreno paisano, yo me siento muy mal en esta tropa, estamos espuestos a que una noche nos degüellen los del partido de Lira que son los más de la División, principalmente la oficialidad. Vos has dado margen para que se [f. 186^v] descubra todo. Yo estoy, paisano, pensando pasarme a las tropas del rey sea lo que fuere por no morir a manos de éstos, que lo hacen muy inhumanamente como vemos en todo tiempo en principal a los indios. Y así paisano, guardame el sigilo que somos hombres y ambos en más peligro.

A este dicho le había contestado el capitán Moreno:

—Pues paisano, yo estoy lo mismo que vos, los mismos sentimientos que tienes tengo, el mismo recelo, las mismas intenciones y el miedo quizá más que vos. Tengo mucha confianza en mi compañía y en toda la gente de las demás compañías: granaderos son los 70 hombres paisanos nuestros todos cusqueños, a mí me aprecian mucho, tengo más partido que el mismo comandante como lo habrás reparado vos. Pues si caso quieres pasarte a la parte del rey nos iremos juntos que allí nos irá mejor que aquí, menos espuestos, mejor tratados, con sueldo, entro de gente o entro de hombres grandes, porque de irnos no nos hemos de ir solos sino con gente armada.

Le había contestado así Moreno, y Marquina vuelve a decirle:
—Pues corriente, nos iremos. Esta noche tiraremos mejor nuestros planes, y tenga mucho cuidado, guardar mucho silencio. En el acto va Marquina y le da parte de todo al comandante Fajardo. Pero este hombre ¿tener valor para cambiar todas las expresiones que él dijo? Todo lo que él le había dicho al capitán Moreno se lo había dado el parte a Fajardo suscitándolo a Moreno, afijando tanto que para más verdad mandase descubrir con engaño con algún sujeto de su confianza.

Consultado que fue con el segundo jefe don José Manuel Chinchilla se va este mismo a discubrir personalmente, y asómase a Moreno, lo llama a parte silencia, le había hablado en los mismos términos que Marquina todo todo, y el inadvertido Moreno se lo había declarado todo lo mismo que a Marquina, los secretos de lo más íntimo de su corazón, aun con las lágrimas en los ojos, en que se pasaba a la parte del rey con su compañía [f. 187] y algunos soldados más de otras, que para el efecto ya tenían tratado con el sargento mayor Marquina, y así que Chinchilla también se fuese, y aparentando muchas y grandes ventajas en la parte del rey.

Después de cerrar el contrato retírase el comandante Chinchilla, le da parte minuciosamente al primer jefe Fajardo. Este señor en el momento ordena en que los cazadores se replegasen (ya divisamos al enemigo distante una legua y más, como en dos leguas casi, que se estaba marchando en retirada para Sicasica todo el trozo). De que se replegaron los cazadores mandó Fajardo marchar a toda la división en retirada para el pueblo de Quime, a las 7 de la noche entramos al dicho pueblo.

El 24 de enero paramos allí mismo, en que el comandante Fajardo entre algunos oficiales de confianza (como son el subdelegado Arana, el capitán habilitado Calderón, el capitán Bolaños, el primer ayudante González, el teniente de la primera Patiño y su subteniente Andrade y Moya, inclusos el segundo jefe Chinchilla y el mayor Marquina) hizo su junta y consultan lo que debían hacer con Moreno. Unos eran de parecer a que sea fusilado, principalmente el mayor Marquina quería siempre cortarlo a Moreno; Arana, Patiño y Andrade y Moya también eran del mismo parecer. Los demás decían que no se derramase sangre americana entre nosotros, que era un escándalo: en principal hablaba mucho así el ayudante González. Por último dicen ambos comandantes Fajardo y Chinchilla que se le siga causa para que se sepa por qué delito ha de ser fusilado o expulsado del servicio, que en Inquisivi se hará todo, pero sería mejor confinarlo a Arcopongo y no fusilarlo. Marquina decía que procesándolo se remitiese a un consejo de guerra formado para este caso y que resultase de ahí lo que se pueda destinar. En fin, dijo Arana:

—Lleguemos nomás al pueblo de Inquisivi, allí determinaremos mejor lo que se deberá hacer con Moreno, y así pongámonos [f. 187ᵛ] nomás en Inquisivi, y que no nos sienta Moreno.

Se acabó la consulta y ese día paramos en el mismo Quime. El 25 a las 7 de la mañana marcharon por orden del mayor Marquina toda la División para Inquisivi con sus capitanes y oficiales quedándose únicamente 25 dragones con su capitán Contreras y su alférez don Pedro Graneros. Levántanse los demás ya tanteando que debía estar lejos la División, empiezan a embromar en la comandancia, empiezan a tomar, a bailar, una alegría estupenda. Contreras desde la noche antes con Moreno y Graneros tomaban en otra casa; a las 4 de la mañana se retira Contreras y manda a Graneros y a algunos paisanos decentes de Quime a que lo embriagasen a Moreno enteramente, así lo hicieron. Moreno incapaz aun de presentarse a luz, durmiendo en una de las casas de la plaza.

Ya a más de las 9 asómase a la casa en donde estaba durmiendo Moreno el capitán Contreras con seis dragones armados, entra, primero le saca el sable estando durmiendo, después le recuerda y le dice:

—Capitán don Eugenio Moreno, levántese usted: está preso por orden del primer jefe, marche al arresto.

Recordando bien y volviendo en sí echa menos el sable que iba a empuñar, se encontró únicamente con la vaina. Entonces se para y muérdese la mano (la planta del derecho) diciendo:

—Ah, manos, ¿cómo no empuñaste bien la espada, cómo te hiciste despojar?

Al fin después de un rato de conversación riñida sale Moreno, se endereza al cuartel, ya no había ni un solo soldado. Lo pasan al cuarto donde le habían dispuesto, allí al caminar declaró todo lo que tengo arriba dicho, adivinando la picardía de Marquina, diciendo que éste más bien le ha propuesto todo todo, al mismo tiempo confesando también lo que él le había dicho medio llorando de rabia. En esto pregunta por su compañía de cazadores a los de la guardia, le dicen éstos que ha marchado ya y deberá estar [f. 188] muy cerca del pueblo de Inquisivi. A las 11 y más del día entra el mayor Marquina con el ayudante mayor don Juan Bautista Ayllón (vecino y natural de Santa Cruz) y le dice éste a Moreno:

—Señor capitán don Eugenio Moreno: Dispóngase usted con Dios y prepárese a dispidirse de esta vida, que es orden de ambos jefes que entro de cuatro horas es usted víctima. No tardará en entrar el sacerdote a confesarlo. Lo que hay es resignación y conformidad con nuestra suerte, que así dispondrá el ser supremo.

Oye callado unos cinco minutos poniéndose el dedo pulgar a la boca, parado al lado de la puerta, revuelve y dice:

—Qué remedio, moriré pero matando —y avanza al centinela de vista a querer quitar su tercerola.

El soldado no se dejó quitar. Mientras estos estirones y dos soldados más que entraron en auxilio al centinela, dio parte al mayor Marquina de este hecho el ayudante Ayllón (que a éste le dio el oficial de la guardia que era el alférez don Pedro Graneros); sobre la marcha nomás antes de que llegue el mayor Marquina a la comandancia dice Marquina:

—Denle cuatro balazos sin tocarle a la cabeza.

Regresa Ayllón con la orden ésta, y el oficial de guardia que oye esta orden del mayor Marquina (porque éste decía en voz alta) da la media vuelta y entran cuatro dragones y lo ejecutan entro del cuarto nomás, luego expiró.

Los comandantes Fajardo y Chinchilla con algunos más del pueblo en una bulla con el baile y la broma, voy yo corriendo a la comandancia, encuéntrome con el comandante Fajardo al tiempo de que este señor había estado saliendo y me dice:

—Tambor mayor ¿qué tiros son esos? ¿De dónde han tirado? ¿Qué novedad hay?

Luego sale a mi delante Marquina y él le contesta a Fajardo:

—No se arrebate mi comandante, no han hecho más que a un traidor lo han desaparecido de esta vida.

Sorpréndese Fajardo, exclama y dice:

—¿Cómo, a qué traidor, a quién lo trata de traidor? ¿Es posible sin confesión asesinar? Por eso no quise admitir el mando, por no ver estas lástimas y [f. 188ᵛ] estas cosas.

—¿A quién? —me dice.

Le contesto yo:

—Al capitán Moreno lo han tirado entro del cuarto nomás.

Entrase de callado Fajardo, saca su pañuelo y echa lágrimas, se levanta y ásperamente le dice al capitán Contreras, que éste iba tocando una guitarra:

—Deje usted esa guitarra.

—Salgan y marchen a Inquisivi —dice a los seis pitos que asistían como músicos, y todos se salen.

Voy yo corriendo al cuarto ése donde le tiraron a Moreno, lo veo el cuerpo sin cabeza ya y dos indios disponiéndose para cargar a Inquisivi.

Nos encaminamos para allí conforme pudimos todos los que nos quedamos en Quime. Ya cerca del pueblo de Inquisivi encuentra a la División. Al momento que me vio se me asomó el capitán de caballería (que día antes lo hizo Fajardo a don Santiago Morales) y me dice:

—¿Ya se dispidió de esta vida Moreno? ¿Cómo lo han dejado y cómo están?

Le contesté que no hacían cuatro horas que agarró el camino de la costa, que dejaba encargo:

—Que usted le dé pronto alcance.

Sonriyéndose me dice:

—Ay iremos despacio todos de uno en uno.

Se intristeció en el acto mudando de semblante. Al fin nos entramos al pueblo de Inquisivi. Antes de entrar a la plaza nos dio alcance el sargento mayor don Pedro Marquina, muy sofocado se adelantó. Fórmase toda la gente en la plaza. Después de un rato de descanso en la plaza separa Marquina la compañía de cazadores a un lado e impieza a quintar, después pasa a granaderos lo mismo, y diezma a los demás y manda los pasen a capilla, manifiesta la cabeza de Moreno diciendo que es víctima el bravo capitán Moreno por infidente y traidor a la Patria, que tuvo valor para querer seducirlo a él proponiéndole muchas ventajas imaginarias en la parte del rey, que él no era capaz de traicionar a la Patria ni hacer intriga alguna a sus defensores:

—¿Es justo que la hubiese pagado? Pues ay lo tenéis. Sabed que todo dilito se mirará con consideración y se le otorgará la vida pero menos el de la traición, menos el de la inconstancia. [f. 189] Y así compañeros, templad y tener experiencia con el presente espectáculo de hoy en adelante, y conducirse con honor, delicadeza y amor firme a la causa de la libertad.

En este estado se presentó el comandante Fajardo y no dice palabra, se apea de su caballo, lo llama al mayor Marquina, conversan en secreto. En este acto parece el señor párroco doctor don Ángel Mariano Mesa acompañado de los presbíteros doctor don Tomás Millares, doctor don Juan Crisóstomo Montalvo, y los tres después de saludarlos a los comandantes se empeñan por la vida de cuarenta hombres destinados a ser fusilados. A las cuantas horas o palabras que aclamaron los tres eclesiásticos accedió el primer jefe Fajardo; Chinchilla el segundo se sujetaba a lo que decía el primero; pero ya rato antes en la comandancia lo habían visto a los dos comandantes los tres eclesiásticos y esa consulta habían hecho ahora a Marquina. Este insubordinado se ensoberbeció y negó al comandante Fajardo como a los tres eclesiásticos escandalosamente en la plaza pública, en público de la División. Viendo esta picardía conocida, más bien el segundo comandante Chinchilla dice:

—¿Qué es eso señor Marquina, qué es eso de desayrar a unos señores sacerdotes y al mismo jefe de quien depende usted? Usted compañero —le dice a Fajardo— tiene la culpa de tomar el parecer a un insubordinado, que conmigo no lo ha hecho usted eso y estoy sujeto a la determinación de usted. Acaba de decir Marquina a los soldados que cualquiera delito será considerado pero menos el de la traición: debe ser también menos el de la insubordinación. ¿Qué es eso de quererse oponer a las determinaciones de un superior, de un jefe, de un hombre de experiencia, anciano? Recuerde usted señor Marquina el juramento que prestó usted el 16 de diciembre del año pasado en Palca, el juramento del día 26 del mismo mes en el pueblo de Machaca. ¿Cómo usted mismo en vez de velar y hacer observar la buena moral, respeto a los jefes, la buena [f. 189^v] subordinación y la pronta obediencia a los superiores quiere usted dar margen contraria?

Vuelta le habla a Fajardo:

—No compañero, usted mande lo que crea lo mejor que sea al servicio de la Patria, al bien de la humanidad: castigar al delincuente hallándolo digno para ello.

Ya entonces incómodo Fajardo le dice a Marquina:

—Retírese usted a su alojamiento y guarde su arresto allí, pronto váyase usted antes de que tome otras medidas.

Calla Marquina, medio se retira. Entonces Fajardo lo llama al capitán de granaderos, le dice:

—Disponga usted una mitad de su compañía y pase revista del armamento y munición.

Ya con ceño colérico le reconviene a Marquina diciéndole:

—Pues usted hace lo que se le mande, o es usted lo mismo que los indios en grupo que no entienden lo que se les dice.

Por fin se retiró Marquina medio gruñendo y decía que ahorita pedirá pasaporte y se retirará del servicio; y los tres eclesiásticos después de ser atendidos y salir bien en lo que se empeñaban, después de darles las gracias a los comandantes interceden también por Marquina en que quede libre del arresto. Accedió el comandante Fajardo, sólo sí medio se denegó el segundo jefe Chinchilla proponiendo le siga causa a Marquina siquiera para que sepa en lo que había delinquido. Por fin se insinuaron estos hombres y cedió, salió libre Marquina y todos los quintados y diezmados. Se retiró la tropa de la plaza a más de las 6 de la tarde y quedaron quietos. Después pusieron la cabeza de Moreno en una pica en la plaza, a las 24 horas mandan al pueblo de Cavari con orden de que se ponga en la plaza por seis horas, y en cada pueblo lo hagan así. Así se desapareció Moreno eternamente al mes y medio de que murió Lira. Hay estábamos en dicho pueblo Inquisivi.

El 2 de marzo nos levantamos toda la División a Quime, tardamos un día.
Al siguiente día el 4 llegamos a Ichoca.
El 6 nos dirigimos al pueblo de Cavari. El enemigo había entrado a Palca [f. 190] ya saliendo de Cochabamba en el número de 300 hombres.
El 8 nos bajamos de muy de mañana con dirección a Palca. El 9 en el alto del Malpaso, algunos en el alto de Chuñavi frente mismo del enemigo reuniendo indiada, que éstos venían a reunirse muy pocos y de muy mala gana.
De repente el 10 pareció a nuestro costado derecho un trozo de caballería armada los más, como más de 80 hombres con 300 indios de a pie, desfilaban como por Cavicaviri. Fajardo, Chinchilla y Marquina sin saber qué tropa era ésta, quién era, mandan a unos dos oficiales con el segundo comandante don José Manuel Chinchilla. Este deja a los dos compañeros y adelántase, entra a aquella tropa como a horas de 1 de la tarde a las 2 de ella, a poco se sale y se vienen. La tropa ésa se retiró para el lado de Culpapampa, y llegando dice el segundo comandante Chinchilla:
—Muchachos, no temáis, son nuestros compañeros, es el comandante don José Domingo Gandarillas.
Nada más dijo. Luego dícele a Fajardo que Gandarillas quiere atacarnos por ambición al mando y a las armas:
—Pero lo he engañado cosa buena, completamente le he hecho la burla.
El 10 de marzo nos dirigimos por la loma como para Icoya, que ese mismo día había salido de Palca el enemigo en nuestra persecución. Nos siguieron hasta el mismo alto de Icoya o abra. Luego mandó Fajardo a una mitad de caballería con su capitán don Santiago Morales y la otra mitad de retaguardia del enemigo. Este tiroteando tiroteando se fue directamente por la loma y de cierto trecho se bajó para el lado de Tapacari por la abra de la Ramada, y toda la División nos bajamos por Cochiraya a la hacienda de Sacayani y Coriri. El enemigo se entró a Tapacari dejándonos quietos sin que hubiese la menor novedad en estas evoluciones.
El 11 había llegado un soldado de los del [f. 190ᵛ] rey desertándose (porque era de aquellos lugares, al menos de Pocusco), llamado Bartolomé Yarvipara, que este muchacho se había huido por una reprensión que le había hecho su padre llamado Diego Yarvipara. Se había desertado de los altos de Sihisihi y después de que se acabó estas correteadas se presentó en Usungani a Miguel Mamani armadito todo corriente.
El 13 por la noche Mamani lo manda sacar a Usungani y en la

loma de Huayrayaña, alto de Lirimani, lo matan a palos, a pedradas y a lanzazos lastimosamente. Este soldado a tiempo de que iban a ejecutarlo había dicho que él no se había mezclado con los del rey voluntariamente ni por su querer sino por orden de su padre, por obedecerlo a su autor y no darle descontento; ni aun eso le valió, siempre lo mataron. El padre también quedó comprometido a la parte del rey: lo perseguían demasiado hasta que el indio andaba ocultándose y a la fuerza se fue a Sicasica y se presentó al subdelegado don Francisco España, se amedalló, se incorporó en las tropas del rey. Así pudo vivir seguro pero al fin lo mataron siempre al año, lo que se dirá después.

El 12 de marzo reunido con Morales (que a las 11 de la noche se nos reunió) nos dirigimos para Leque. A las 10 de la mañana llegamos allí. Ese mismo día a las 3 de la tarde tuvieron un disgusto con el sargento mayor Marquina y el segundo jefe Chinchilla no se sabe por qué. Por fin se amaynaron luego estos jefes. Después le mete el mayor Marquina tanto chisme al primer jefe Fajardo diciéndole que Chinchilla quería desarmarlo (a Fajardo) y hacerse proclamar primer jefe, que para este efecto reunía gente y armas sigilosamente, que toda la gente que se desertaba era por orden del comandante [f. 191] Chinchilla a reunirse a cierto punto, que esto sabía con mucha evidencia asegurándole muchísimo. El comandante Chinchilla, como supo todito lo sucedido con el finado capitán Moreno (cual enredo le causó la muerte tramada por Marquina, porque todito se supo, el mismo Fajardo declaró y Moreno lo mismo horas antes de ser víctima) poco aprecio hizo del chisme. (En verdad no era chisme sino que verdaderamente iba a hacerle la desarmada.)

Escapó así Chinchilla en este día, porque Marquina le había dado un par de pistolas cargadas a un sargento primero de caballería don Bonifacio Games (hijo de Córdova, o de Santiago del Estero, o de Buenos Aires, hombre alto de estatura, muy valiente, soldado de la escolta del señor general don José de San Martín) para que cuando levante la voz el comandante Chinchilla a Fajardo le descerrajase y le matase diciendo que en ninguna parte había visto tal desorden, que cómo perdía Chinchilla el respeto a un jefe tan escandalosamente, que el jefe tenía a su lado hombres que le hagan respetable su autoridad y le guarden las espaldas.

Para este efecto le había dado Marquina 25 pesos en plata y ofrecido darle después 100 pesos, sacarle libre de las resultas que hubiera habido, como tercer jefe de la División. Por esto pues el sargento éste Games estaba paseándose en la puerta del aposento de la junta de los oficiales muy serio, puesto un poncho, y que a no haberse humillado el comandante Chinchilla tal vez hubiese sido víctima.

También buenamente nomás le reconvino Fajardo a Chinchilla en presencia de toda la oficialada (que él mismo hizo llamar a todos), en que tenía estas noticias, que no alborotase él ya también a la indiada, si caso estaban descontentos con él que sin la menor novedad recibiese él el mando, que él desde un principio había hecho siempre dimisión de este cargo, si caso ha faltado en alguna cosa como hombre y como jefe que le dijesen claro o que le acusen ante un juez:

—Ustedes mismos elijan de su seno a alguno que sea capaz o a algunos, que yo me [f. 191ᵛ] someto desde este acto, y que no quieran alborotar ni quieran entre hermanos derramar sangre, entre patriotas pelear dando un escándalo a todos los pueblos.

A esto contestó el comandante Chinchilla que todo era falso, que nadie pensaba en nada:

—Si caso tienen algún recelo por mí que lo digan claro, que si alguno le ha dicho que yo quería desarmarlo que le haga sustentar, que entonces me sujetaré a lo que determinasen los oficiales que se hallan reunidos todos en este acto, que para librarles de tales sospechas mejor será el retirarme de la División para que vivan tranquilos sin tales zozobras.

Habló humilde y cortésmente como medio resentido, se salió haciendo venia a la oficialidad. Alarga los pasos el comandante Chinchilla a su alojamiento, manda ensillar un caballo bueno, el ordenanza ensíllase otro y lleva otro en la cincha, se salen de Leque y agarran el camino de Palca. Entonces Marquina divisando dice al comandante:

—Señor, el comandante Chinchilla se va yendo —y que él irá con orden de Fajardo a hacerlo volver llevando una escolta de seis u ocho hombres a hacer que regrese siempre. Llama al sargento don Bonifacio Games, éste no parece ese rato, lo hace buscar y manda que se ensillen él y ocho hombres. Entonces el comandante Fajardo con mucha frescura dice:

—Mayor Marquina no se acalore tanto, deje usted a ese hombre que ensanche su corazón. Irá cuando más a Palca o pronto se vendrá.

Y al sargento Games le dice:

—Deje usted de ensillar esa bestia y no moleste a ningún soldado.

Entonces todos los oficiales dicen que no manden soldados ni partida.

—Ya se vendrá luego. Más bien que vaya un oficial a medio acompañar y hacer con ruegos a que regrese.

Oyendo esto dice el alférez don José Manuel Castro:

—Yo iré.

El comandante Fajardo dice:

—Vaya usted en mi nombre, dígale que es mi compañero, que dónde va, que se acuerde de que es un defensor a la Patria y libertad, que no dé a sentir a la tropa, [f. 192] que no tenga a tanto sentimiento una corta pregunta que le había hecho y que se regrese.

Vuela Castro y Marquina le manda seis hombres más de caballería como de escolta a Castro, encuentra con Chinchilla, ambos se paran en una distancia considerable como en un cuarto de legua y esperan a los seis hombres, se apean, vuelta montaron a sus bestias, reunidos se largan cuesta arriba y se pierden de vista.

Esa tarde, esa noche y al día que sigue está Marquina en un desasosiego que ni come ni bebe, bramando, renegando, muy incómodo mansiona ese día.

El 13 de marzo levantamos el campo y llegamos a la estancia de Uyuni, cuatro leguas al pueblo de Mohosa. Esa noche el comandante Chinchilla me mandó un papelito con un indio en el que me dice que el 14 por la noche me vaya con toda la banda de tambores y pitos a Yayipaya donde estará él ahí o algunos compañeros y que le avisase al sargento primero de granaderos don Manuel Brañes para que haga conforme habían ya combinado.

El 14 nos levantamos para Mohosa, a las 2 de la tarde entramos a este pueblo: no encontramos viviente alguno, todo silencio y escueto, solamente un sacristán en la iglesia y una señora anciana allí. Hicimos cuartel la casa parroquial y la caballería en otra cancha, pero sí en la plaza yo me alojé con toda la banda en una tienda esquina de la plaza, con intención firme de irme esa noche con toda la banda conforme me previno Chinchilla. Mas lo adivinó el sargento mayor Marquina: mientras salí a hacer tocar la llamada para la lista de las 5 ya el mismo mayor estaba mandando llevar todas las camas y trastes de toda la banda y de oficiales que estaban fuera de los cuarteles todo al cuartel, y pasada la lista ya no hubo orden para que salga nadie del cuartel, ningún soldado por más honrado que fuese, ni menos oficial, de ninguno de los cuarteles, guardia doble con oficiales de confianza. Así nos quedamos esa noche.

[f. 192^v] Al día siguiente 15 de marzo domingo de Ramos a las 6 de la mañana después del toque de la diana salgo del cuartel, ya el mayor Marquina a caballo con varios oficiales, y el comandante Chinchilla en la orilla del pueblo con 60 hombres armados, 200 cívicos de caballería y más de 3,000 indios con sus lanzas, hondas y garrotes al contorno de la población. A poco entra Marquina, manda formar a toda la División, los de la caballería entran a pie nomás, y dice:

—Muchachos: Ya conocéis el carácter de los indios que son crueles por condición natural: si caso logran pescar a uno de vosotros no les dejará hueso sano; conocéis que no entienden razón alguna ni tienen un poco de conmiseración con sus semejantes; ya veis que están acaudillados por el infame Chinchilla que ambicionando del mando se ha metido entre la bárbara indiada. El fin es ahora muchachos: cobrad el valor que tenéis y estáis acostumbrados a poner delante, esta es la última defensa que vamos a hacer, este es el último peligro en que nos hallamos. Y así hijos, no aflojar porque pende vuestras propias vidas, y teneos presente y sírvales de escarmiento y experiencia la miserable muerte del sargento don Martín Córdova y los soldados Álvarez y Mamani que han sido muertos inhumanamente en el campo por los indios en el río de Hayopaya, calumniándoles falsamente y suscitándoles ser cómplices en la muerte de Lira, reconveniéndoles que por qué no defendieron estando con las armas en la mano, que como defensores a la Patria debían a costa de sus vidas no dejar asesinar. Con este sintimiento mal fundado quieren destrozar a vosotros y Chinchilla hacer lo que quiera siguiendo sus caprichos diabólicos.

Con este recuerdo de las muertes de sus compañeros y oyendo todo lo que les decía Marquina los soldados se entusiasmaron a morir o hacer la última defensa como decía Marquina; entonces empezaron a componer sus armas preparándoles lo necesario, sin orden para el efecto, como para presentar una batalla, otros haciendo sus deprecaciones [f. 193] al cielo y encomendándose a Dios. Salgo yo del cuartel y oigo unas expresiones de un oficial (que era el capitán de caballería don Santiago Morales) que decía al mayor Marquina:

—Como que el tambor mayor Vargas no se pase a la parte de los indios y el sargento Brañes, nadies se han de pasar. Digo esto porque son muy de la parte de Lira, eran muy apreciados de aquel jefe. Entonces saldremos bien sin novedad como otras veces.

Oyendo esto el sargento mayor Marquina lo llama al teniente de granaderos don Ramón Rivero y ordena a que mande cargar a unos ocho hombres de confianza y le ordena a que esté a la mira del tambor mayor Vargas y a la del sargento primero de granaderos Manuel Brañes, y siempre que cualquiera de estos dos salgan fuera de la plaza 25 pasos siquiera descerrajar los fusiles y dejarlos muertos.

No dejé de sorprenderme y me arrebaté pensando el cómo ha de ser. Al poco rato descuidándolo Rivero al mayor me comunica dicha orden encargándome tenga yo mucho cuidado y que me guarde bien. En el acto le comuniqué a Brañes a que no se mueva de la vista del mayor Marquina. Ensillo yo mi caballo, lo amarro junto al del mayor, me colgué la caja, me asomé a él. Entonces me habla y me dice:

—Vargas, no sé qué hagamos por esta vez. Tengo el cuerpo muy

descoyuntado y me da unas corazonadas que quiero desesperar, me da ganas de salir corriendo y gritando. ¿Qué vaticinio será éste?
Contéstole yo:
—No tenga usted cuidado, no es de hacer aprecio. Aunque se junten más indios lo mismo que de Palca y de Machaca han de correr sin saber dónde pisar.
Entonces dice:
—Algo me sucederá tal vez me parece, o puedo salir herido, o quien sabe lo que será de nosotros.
Me da una copa de aguardiente. Más me dice:
—¿Y dónde habrá un poco de aguardiente?
Medio se retira un poco. A esto le digo a un sargento don Pedro Inofuentes, cusqueño, su muy querido del mayor Marquina como su paisano:
—Vamos a buscar un poco de aguardiente, tal vez podremos hallar.
Me oye el comandante [f. 193ᵛ] Fajardo, luego me dice:
—Tambor mayor, vos que sois de este país andá buscá un poco de aguardiente y compráme dos botellas lo más pronto como halles —me da dos pesos con un peso a mí por separado—. Compráte y tomá también vos.
Contento alargo los pasos con el sargento Inofuentes y le digo a Rivero:
—Voy en comisión por el comandante juntos con este sargento, me vuelvo pronto.
Pasé la esquina de mi sentencia que era de la plaza. A la media cuadra vivía una señora doña Lorenza Zabalaga, sabía yo que esta señora tenía aguardiente. Entramos, compramos y tomamos una botella. Nos salimos, entrégole al comandante, me paso al cuartel, véolos confusos a los soldados, y muchos llorando me decían:
—¿Tambor mayor, qué haremos, cómo escaparemos?
A esto les digo yo:
—Moriremos si somos zonzos.
En esto nomás se me acerca un soldado mi muy camarada y me dice:
—Yo me voy a pasar a la parte del comandante Chinchilla, aunque me maten los indios me voy.
A esto dígole yo:
—No te han de hacer nada. Andáte y llevá este mi sable de seña y hablále al comandante Chinchilla en mi nombre: avisále el estado en que estoy y el sargento Brañes.
Sálese el soldado por la parte del corral armadito. Viéndolo a éste me dice otro soldado:

—Yo también me iré.
Dígole yo:
—Anda, vete pues sigilosamente.
Así es que se van 13 hombres. Luego me salgo del cuartel y andaba a la vista del mayor Marquina. De que vieron los indios a los 13 hombres se bajaron, con los brazos abiertos los recibieron y con mucho cariño. Visto por Marquina llama éste al sargento don Manuel Miranda en quien tenía mucha confianza, y por seguridad le dice que vaya con 10 hombres de su confianza haciendo cargar, que se ponga de emboscada y los haga volver a los que quieran irse por pícaros e infames:
—Y cuando no quieran volver mándele usted tirar cuatro balazos a cada uno y déjelos muertos.
Entonces me vi en mayor peligro porque advertí:
—Si lo hace volver a un soldado dirá éste que los he mandado yo y les he dicho en que se vayan y me pueda suceder algún funesto fracaso.
Me determiné [f. 194] seducirlo al sargento Miranda en breve rato. Aunque al principio rehusó firmemente (como éste fue el que le tiró el balazo al comandante Lira) al fin lo convencí, y así temeroso y más que hombre marchó, se presentó él y su escolta con las armas culatas arriba a la inmediación de los indios. Bájanse éstos, en los brazos nomás los recibieron y los llevaron con vivas al comandante Chinchilla.
Entonces fue cuando Marquina desmayó, se desfiguró y no contó con su escape, ya se puso descolorido, y los indios momentáneamente se acercaban más y más tomando las bocacalles, caminos y todo el campo. Ya sofocado el mayor Marquina se afana en querer formar guerrillas, disponer de la demás gente, monta a caballo, se alborota toda la tropa. Cuando yo divisé por dónde estaba Chinchilla ya lo veo al sargento Brañes a caballo al lado de él, toda la banda de tambores y pitos. Viéndolo así afanado al mayor Marquina, que también se retiró el teniente Rivero a su compañía, me salí de la plaza solito a paso largo si no fue al paso de camino, pero con mucho cuidado todavía, entro a una cancha, paso a otra brincando la pared, llego al río, ya me alcanzó un capitán de indios a caballo con otro ensillado para mí que el comandante Chinchilla me había mandado. Monté y voyme a reunir con el comandante Chinchilla, encuéntrome en la calle al estar bajando a la plaza, ya venía batiendo marcha toda la banda; entraba Chinchilla por una calle hacia la plaza, Marquina salía con la infantería por otra y a su retaguardia la caballería al mando de su capitán don Santiago Morales, quien mandó hacer alto en la esquina de la plaza.

Chinchilla también se para en la otra esquina un buen rato. Sigue su marcha Morales tras de su infantería, Chinchilla toma la plaza. El capitán don Agustín Contreras que iba con seis hombres de la caballería diciendo que él lo hará que regrese la gente, en principal la caballería, y que atropellará [f. 194ᵛ] él con solos estos seis hombres, estando como en más de una cuadra regresa el comandante Fajardo con cuatro hombres de su caballería, encuéntrase en una de las esquinas de la plaza cara a cara con Contreras, tuerce la brida Contreras, quítase el sombrero, sale corriendo por la media plaza cruzándola poniendo el sombrero por debajo del sobaco derecho, con tanta indecencia y escándalo, y dice:

—No mi comandante, yo vengo a protegerlo a usted porque no le suceda algo.

Corre casi hasta la otra esquina, Fajardo le avanza diciendo:

—Ah pícaro, bribón, nunca dejarás de ser enemigo de un verdadero patriota como buen soldado del rey. Coadyuvando en la muerte de Lira más que ninguno ¿ahora andas correteando en venganza de su sangre que vos mismo derramaste?

Al dar el corte uno a un soldado éste le hizo el quite con la tercerola con tanta destreza que llegó el golpe al cañón y se quebró la espada y con sólo el puño se regresó Fajardo. A esto avanzaron los seis soldados y uno le da el tiro a Fajardo cerquita a quemarropa en tanto extremo de cerca que le había quemado la cara el fogonazo quitándole el sombrero la bala.

Mientras esta correteada ya la infantería se hallaba en un llano fuera del pueblo, la caballería a su costado izquierdo porque la fuerza de Chinchilla tomó el derecho, y circulando la indiada. Entonces mandó dar una descarga a la caballería a retaguardia el capitán Morales. Marquina dice:

—Muchachos no temáis. Por mitades rompan fuego.

El capitán de granaderos don Luis García Luna dice:

—Muchachos, no se rompe fuego a los compañeros.

Manda bajar las armas y en paso de camino se van a reunirse con los indios echando vivas al buen orden y al comandante Chinchilla. La primera y cazadores se dispersan y se pasan al comandante Chinchilla por todas partes. Entonces corre Fajardo [f. 195] a acogerse a la caballería que todavía se mantenía en orden de batalla, y al pasar una quebradita le esperan más de 30 indios con las lanzas enristradas y acosan, donde le hirieron en la cabeza y espalda. A esto vino volando el comandante Chinchilla quien lo defendió apeándose del caballo: en tanto extremo de peligro estaba Fajardo que a cintarazos pudo Chinchilla contener a la indiada y a uno de éstos lo hirió en el brazo ferozmente, así pudo salvarlo.

Marquina corre a caballo a asilarse a la caballería, ésta en el momento se desparpaja por todas direcciones y se reúnen a la de Chinchilla. De una quebrada revuelve Marquina porque no podía pasar por la mucha gente que ocupaba el paso, regresa sin sombrero porque se le cayó, quiere retirarse al pueblo, no halla paso. Ya a esto viene Chinchilla, lo protege pero lo botaron a Marquina de encima del caballo y lo hirieron en la cabeza y en la boca, donde cayó a manos de los indios; lo metieron a pie a la plaza a una casa, prontamente lo pasaron a otra vivienda ya en capilla, entra el sacerdote a confesarlo nomás.

El capitán de la caballería don Santiago Morales salva atropellando a la indiada, sale libre y corre como media legua con seis hombres de su caballería y se regresa él mismo. Sus soldados le dicen:

—Mi capitán no regrese usted, mira que le puede ir mal. Vámonos señor siquiera hasta algunos días, después de que sosiegue se presenta usted.

Nada oye, a la fuerza hace que le obedezcan los soldados y quiere que regresen, los soldados le desobedecen y se mandan mudar. Revuelve sosegadamente con la confianza de decir:

—¿Qué me han de hacer?

En la orilla del pueblo lo prenden los indios, lo meten en huanto con una algazara, luego lo aseguran.

Reúne toda la tropa el comandante Chinchilla formando en la plaza: pasan revista del armamento, municiones, todo, ya Marquina confesándose en capilla, sucediendo todo esto a las 10 del día.

Me llamaron entonces para [f. 195ᵛ] que escriba las declaraciones de Marquina: los comisionados para el efecto fueron el ayudante mayor don Juan Bautista Ayllón y el teniente de artillería don José Antolín Herboso. Preguntado si sabía la causa de su prisión y el estado en que está y por qué motivo, dijo que la causa de su prisión es porque le han sindicado ser cómplice en la muerte de Lira; que sabe que está ya en capilla confesado; que él no es cómplice tal en la muerte del comandante finado don Eusebio Lira; que él estaba ya en cama la noche del 14 de diciembre del año pasado; que a más de las 10 entró a su casa el capitán Moreno con el soldado de la escolta del comandante Lira, José María Torres; que éste le entregó el oficio; que pasó de vista el sobrescrito y le dijo al soldado Torres que cómo lo había conseguido; que le contestó entonces que a tiempo de sacarse la casaca para acostarse lo hizo caer de los bolsillos; que él lo levantó, vio el sobrescrito en donde decía "Al señor coronel don José Manuel Rolando"; que como advirtiese que este coronel era de la parte del rey "tuvo a bien de entregármelo; que en el acto me levanté de la cama" y reuniendo a los oficiales abrió y leyeron todos; que esto nomás fue el parecer de los oficiales y tropa en que se le hiciese comparecer al comandante y se clarificase todo por estenso; que entonces dio orden a que fuesen a traerlo y arrestarlo; que con la orden fue el capitán don Eugenio Moreno quien lo trajo a un aposento que se le dispuso para arrestarlo y que al entrar le dieron un tiro y Lira cayó herido; que no se supo quién hubiese tirado el balazo; que de esas resultas murió; que toda la tropa y oficiales pidieron la cabeza de Lira y a gritos los mencionados don Agustín Contreras, don Santiago Morales y don [f. 196] Pedro Graneros; que él no tiene absolutamente parte en la muerte del comandante Lira; que el que falseó la firma según dicen que es el teniente de cazadores don Antonio Pacheco. En cuanto a la muerte del capitán de cazadores don Eugenio Moreno en Quime, que a él lo quiso seducirlo Moreno para pasarse a la parte del rey; que esto descubrió el mismo comandante don José Manuel Chinchilla; que la fuerza del patriotismo que rebosaba en su corazón (de Marquina) aceleró su muerte (de Moreno) y porque ordenaron así los comandantes quienes están presentes; que él no hizo más que se ejecutase prontamente.

Firmaron todos. Oyendo esta declaración que se leyó en voz alta a todos los oficiales de la tropa como de la indiada unánimes dijeron todos que es uno de los cómplices en la muerte de Lira, el primero que causó fue él, y que no se le puede ni dar treguas que él pide; toda la indiada gritan que debe morir, que debe morir todos los cómplices que coadyuvaron en la desgraciada muerte de Lira, de un jefe que tanto lo amaban, que no sólo Marquina sino Morales, Contreras y otros que están ausentes. Entonces fue que Contreras se salió en el acto con la caballería de Chinchilla y una mitad de la de Fajardo como de partida.

A las 12 del día fue fusilado Marquina en la plaza de Mohosa. Seguidamente lo pasa a capilla al capitán Morales y a la 1 lo sacan al banquillo y lo fusilan también. Muerto Marquina y Morales dicen los indios:

—Falta Contreras.

Entonces el comandante Chinchilla los amonesta a los indios en que él ha mandado para que los traiga a los demás que no se hallan aquí como son Pacheco y Graneros; que despacio se les castigará en otros pueblos también; que se sosegasen ahora y descansen. Se aquietaron olvidándose del sargento don Manuel Miranda que estaba asilado ya en la iglesia (por entonces era asilo todavía el templo de Dios). El comandante Fajardo se mantenía con una guardia de 25 hombres no arrestado ni preso sino por la seguridad de su persona, pero los indios y todos sus oficiales echaron menos de él y se empeñaron [f. 196ᵛ] en que quedase libre del arresto si acaso está y que se le retire la guardia por ser un hombre honrado, patriota y humano caballero; así es que todos los oficiales de la tropa de la indiada entraron a saludarlo cortésmente y sintiendo de las heridas que había tenido y a una voz recomendaron de su curación al comandante Chinchilla.

Al día siguiente 15 de marzo a las 9 del día se forma toda la División e indiada: se tomó razón de la gente, armamento y todo lo concerniente al Estado. A las 11 y más sale Chinchilla y dice a toda la oficialidad de la tropa y de la indiada que dispongan lo que mejor les parezca de la tropa y armas en servicio de la Patria; que él se retirará a descansar a su casa; que por los continuos reclamos que habían hecho los indios en querer vengar la inocente sangre derramada de su amado comandante Lira ha aceptado hasta este momento acompañándoles y por evitar que hayga alguna efusión más de sangre entre patriotas.

En esto parece don Santiago Fajardo y dice que acerca del manejo que ha tenido en el tiempo que se hallaba la comandancia a su cargo le digan claro si se ha manejado con pureza, sin agraviar a ninguno en la cosa más leve, y si alguno se halla perjudicado por su orden le acusen ahora que es tiempo y si lo merece que le castiguen arreglado a la razón y justicia; que él desde un principio había rehusado siempre el mando y el tener a su cargo la División ésta; que jamás ha aspirado a gobernar a costa de sangre ajena ni por medio de tumultos, motines y seducciones como en el presente; que a la fuerza le han nombrado por jefe de todo este Interior.

—Y así usted señor compañero —le dice a Chinchilla—, se halla responsable ante Dios y ante la Patria de las armas, de la gente, de la caballada y de todas las cosas que pertenecen al Estado; usted es responsable a dar cuenta de todo, de la sangre que se ha derramado ayer y mi propia sangre a la superioridad que corresponde a quien voy yo a dar cuenta de todo lo ocurrido si no voy yo personalmente. Por último señores compañeros de armas y compatriotas, dígnense darme un certificado claro y espresivo [f. 197] sobre la conducta que he observado, como dije, acerca del cargo que me confiaron ustedes en Palca el 15 de diciembre y el 26 de diciembre en Machaca, del año pasado, para lo que me convenga en lo subcesivo; éste es el grande favor que les pido siquiera por haber sido un fervoroso defensor a la amada Patria que ustedes no lo ignoran acerca de mi sana y firme opinión.

Entonces el comandante Chinchilla dice que nada tenían que notar acerca del manejo que ha tenido el comandante Fajardo ni nadie era capaz de acusarle de la más pequeña falta; que él ha hecho cabeza en esta operación porque no ayga más derramamiento de sangre que cause más escándalo porque hubiese causado sucesos más funestos, y mucho mejor ha sido que mueran uno o dos y no cientos porque Marquina queriendo defenderse y sostenerse hubiese seducido, o muchos de sus amigos se hubiesen espuesto o por cohecho los soldados se sacrifican:

—Y por último señor comandante, Marquina era de ideas de pasarse al enemigo dando a conocer en las expresiones que dijo ayer a los soldados en el cuartel: "Esta es la última defensa que vamos a hacer, este es el último peligro en que nos hallamos." Y por fin señores, al sargento Manuel Miranda le había dicho que entro de cinco días estarían libres de todo y con dinero mudando de opinión, que es a la causa del rey: ay está el tal sargento aquí presente, infórmese el que quiera personalmente. Y así es que la muerte de Marquina estaba en su orden y como su satélite en la de Morales. Por eso el sargento Miranda se pasó a los indios: más bien quiso morir a manos de aquéllos y no traicionar a su Patria, y por eso se le ha otorgado la vida, y así que la oficialidad de los indios entendieron todo lo que había pronunciaron unánimes la libertad y el indulto a nombre de la Patria al tal sargento: por eso no se han acordado siquiera de él hasta este momento. En este concepto, señores, es tiempo proporcionado ahora para que ustedes nombren a un jefe principal en [f 197ᵛ] este Interior; y aseguro a ustedes señores compatriotas que el enemigo en pocos días de aquí estará ya entre nosotros, no pasará unos cinco o seis días que nos pondrán en afanes, quién sabe lo que será de nosotros.

Diciendo todo esto medio se asustaron los indios. Fajardo se dispidió para retirarse a su casa. Chinchilla le dice que mañana se encamine, que descanse hoy día más y lleve la escolta que quiera. Fajardo calla y se retira un poco. Al poco rato se asoma y dícele a Chinchilla que amasise bien todo como jefe que ya lo es, pero que cada día tenga presente el suceso de ayer en la memoria, que él no olvidará jamás. Pasea y le habla vuelta: que procure desocuparse luego y que ordene de la indiada a la reunión más pronta botándola en el acto una parte. Entonces Chinchilla apura a la indiada a que nombre a un jefe, y que nombren. De todos se levanta unánimemente el grito en la plaza:

—Chinchilla es el jefe, a él lo eligimos, a él lo nombramos, él es y ha de ser.

Ya no querían oir más palabras ni escusas. A la fuerza dice Chinchilla:

—Nombren también al segundo jefe.

Contestan todos que dejan al advitrio de él el nombramiento al segundo jefe, él que nombre al que le parezca mejor y más apto para servicio tan importante. Luego lo eligió al comandante don Pascual García que era siempre segundo jefe del finado comandante don Eusebio Lira. A más de las 2 de la tarde se concluyó estas cosas, se retiraron todos los indios a sus destinos y casas.

A las 11 de la noche ya llegó un indio de Oruro mandado por el comandante Chinchilla a una deuda que tenía en Oruro, doña Juliana Sota, a que le comunicase lo que hayga de cosas políticas. Esta señora pues le comunicó que mañana si no sale el enemigo pasado mañana saldrá (el papel con fecha 15) el general Ricafort con un batallón y dos piezas de artillería. Así nomás fue: al día siguiente 16 de marzo a las 7 de la mañana llega otro parte de Cochabamba que el coronel Rolando sale con 600 hombres. A las 11 del día se retiró [f. 198] don Santiago Fajardo a Palca a su casa; por si acaso lleva 11 hombres de caballería. A las 2 de la tarde llega otro parte de Sicasica que el subdelegado gobernador don Francisco España salió el lunes por la tarde de su capital con 300 hombres. Ese día a las 5 y más salió toda la División al punto de Yayipaya.

El 18 de marzo a las 7 de la mañana ya entró el general o brigadier Ricafort al pueblo de Mohosa con 800 hombres y dos cañones.

El 19 salió Ricafort de Mohosa como por lado de Tapacari por Coriri y se queda acampado en la llanura de Arumptaya con sus dos piezas de artillería, y el comandante don Mateo Quispe en la falda de Orurovillque le tiroteó con 200 indios y 12 armados de infantería (esta falda es más adelante del pueblo de Mohosa). Salieron 12 indios heridos y cinco muertos. De ahí se fue a campar el enemigo en Arumptaya. Ese mismo día a las 5 de la tarde entró el comandante subdelegado gobernador España con 300 hombres a Mohosa. En Cochiraya (que es una hacienda distante cuatro leguas de Yayipaya donde estuvimos acampados) estaba con 400 hombres el coronel Rolando como al costado derecho del enemigo Ricafort a dos leguas.

El 20 de marzo por la mañana estábamos como a su frente medio al costado izquierdo; a las 6 de la mañana flanqueamos así a [hacia] su derecha en la misma abra de Orurovillque. Todo el día estuvimos al frente, de distancia de mucho menos de un cuarto de legua; nos mediaba sí a ambas tropas dos quebradas estrechas de un solo camino y lo demás impasable, en donde teníamos nuestras avanzadas, del enemigo lo mismo. La indiada estaba en el alto situado a su costado izquierdo y parte al frente. Ambos trozos constarían de 600 hombres.

El 21 a las 4 de la mañana nos presentamos a su frente mismo 168 hombres armados de [f. 198ᵛ] infantería, 140 de caballería cívica y 800 y tantos indios. A las 5 de la mañana mandó Chinchilla 25 hombres de guerrilla y seis hombres montados con el capitán don José Benito de Bustamante; a toda la caballería mandó con el capitán don Agustín Contreras por su costado derecho del enemigo con 60 hombres bien armados, 80 cívicos montados y 200 indios; como digo colocó a la demás indiada a su costado izquierdo como al frente, que la situación hacía altura; la infantería armada en el centro a su mismo frente. Bájase del enemigo 80 hombres de caballería trayendo en las ancas a un infante, pasando una de las quebradas empezaron a tirotearse con el capitán Bustamante. A los cuantos minutos venía retirándose los nuestros donde nos hirieron a tres soldados y cinco caballos y un soldado muerto: ya se retirarían como cuatro cuadras al lado de la abra de Orurovillque.

Como a las 7 de la mañana nos reunimos en la abra misma; el enemigo también hizo alto su avance, 160 hombres sólo de guerrilla. A las 7 y más se descolgaron del trozo enemigo como 200 hombres más de infantería, hicieron su reunión en una abrita cerca a la abra grande; a una hora a las 8 de la mañana marchan siempre de frente, llegando a una pampa se desplegan en batalla y nos rompen fuego a discreción: avanzaban poco a poco por entro de las pajas, nosotros parapetados en los zanjones y estrechos del camino medio ya para arribita de la abra. Sostuvimos el fuego haciendo la defensa heroicamente hasta más de las 9.

En esto nomás divisé un trozo como de 80 hombres y nos tomó nuestro costado izquierdo: entonces nos retiramos con fuego; allí murieron ocho hombres nuestros y 14 heridos. Siempre con fuego la retirada por la falda, de un camino que va a una larga estancia Queata; en la falda nos resistimos un poco y nos embisten con una furia donde lo atropellaron a un sargento nuestro Pedro Inofuentes. Este se había embriagado en tal manera que no podía casi [f. 199] andar; con aguardiente que se había traído una botella se embriagó para morir. Ya al tiempo de que lo iban a tomar dio su fusil contra una peña de piedra o un pedrón grande, lo hizo pedazos el fusil; lo tomaron y lo degollaron nomás en el sitio sin darle la vida ni por un minuto: todo fue uno encontrarlo y pillándolo ejecutarlo; porque lo habían conocido como fuese cusqueño y pasado pereció el infeliz.

En un punto ventajoso para nosotros nos reunimos detrás de unos pedrones grandes que habían, allí dimos fuego, contuvimos su avance. Mientras la diversión con nosotros la caballería nuestra les habían tomado todo su flanco derecho de su campamento, la indiada que ocupaba todo su izquierdo. Los enemigos que se quedaron en el campo salieron avanzando a los indios para arriba; muy pocos habían quedado con la artillería como 28 hombres o 30. Ya dieron tiros los de la caballería de Contreras que salía de abajo para arriba intrépidamente a avanzar el campo enemigo, y sucede la gran casualidad de que oyendo los primeros fuegos en Cochiraya el coronel Rolando que se hallaba allí sin saber dónde se hallaban los del rey se había bajado al río de Coriri y sube la cuesta, tómale la retaguardia al capitán Contreras, enteramente atrás de él tal que iban detrás de sus pisadas nomás la mitad de la gente: esto es la indiada atacaba a los enemigos que avanzaban que eran los de Rolando, y Contreras atacaba a su vanguardia que era el campo de Ricafort. A la artillería enemiga mientras nos avancen a nosotros dieron un tiro de metralla con el cañón nuestro y lo abandonaron las dos piezas y corren los 30 hombres del enemigo. Entonces regresan los realistas que avanzaban a la izquierda a los indios, y los que avanzaban al frente a nosotros se retiraron al paso de camino dándonos unos tiros únicamente, y Contreras se vio acosado del frente como de la retaguardia; hasta que dejaron el frente y la retaguardia se salió por su costado izquierdo toda la división ésa dejando franco el frente.

A las 3 de la tarde se reunieron Ricafort y Rolando, y nosotros en la abra donde estuvimos; lo mismo los indios regresaron a [f. 199v] ocupar el trecho donde antes se hallaban, nuestra caballería también se nos reunió. Los enemigos regresaron pensando que los de la Patria les tomaba su campo. Por todo de nosotros 23 muertos incluso los indios y 17 hiridos; del enemigo cuatro muertos, de heridos se ignora: como viniesen avanzando a tiempo mismo no se supo, más después se supo que eran siete. Ganamos un sable y dos fusiles cuando la revuelta que hicieron, pero a la cuenta ganamos sólo un fusil porque con el sargento Inofuentes perdimos su fusil. El enemigo se quedó mirándonos sin poder hacer nada. A más de las 6 de la tarde nos retiramos enteramente; todos los indios se quedaron hostilizando como siempre acostumbran.

Esa noche los indios logrando la oportunidad del aguacero se habían entrado ocho hombres poniéndose ojotas de cueros de la oveja pisando por el lado de la lana para no hacer ruido ni ser sentidos y habían robado cinco animales.

La noche siguiente lo mismo se determinaron hacer entrando nueve indios; en tal manera se habían encajado hasta el centro del campamento donde fueron sentidos y no pudieron lograr ni una bestia, cuando dieron una descarga cerrada (como una compañía, dice) no pudieron atinar a salirse como fuese tan lóbrega la noche; más bien uno de ellos había sacado un fusil corriente, pudo agarrar el fusil mientras el soldado acomode las cabalgaduras (se presume que sería tal vez ordenanza de algún oficial o jefe), pero sacó el fusil. De los nueve indios que entraron había caído uno de ellos (porque le tocó la bala y cayó muy mal herido, pero así salió, y en Lacayani a las dos leguas murió) que era de la doctrina de Ichoca, Francisco Mamani. El que sacó el fusil fue un soldado antiguo de Lira, Bartolomé Morayle, del mismo Mohosa. Y nos fuimos a Palca; solamente el segundo comandante don Pascual García quedó con 80 hombres armados y la indiada.

El 23 de marzo el enemigo a las 3 de la tarde levanta campo y llega a una estancia llamada Uyuni (tres leguas caminaron entonces) de donde había mandado una partida como también muchas por todas direcciones. Al día siguiente por la noche hicieron llegar al campamento enemigo a 11 indios desde los altos de Oputaña [f. 200] asaltándolos en sus casas en la estancia de Turuturuni. Al día siguiente los afusilan a todos ellos y después de muertos los colgaron en unos palos en formación como si estuvieran marchando con los garrotes al hombro los muertos.

El 24 levanta campo el enemigo, se entra a Mohosa que dista tres leguas.

El 28 sale una mitad del enemigo a la misma estancia de Uyuni y la otra mitad por el camino recto a Oruro, el gobernador subdelegado también se retiran juntos y se va para el pueblo de Caracollo, y ambas mitades se reunieron en Lequepalca, se entra a Oruro el brigadier Ricafort. Al retirarse quemaron todas las casas en su tránsito. Nosotros nos salimos a Sihisihi donde se compuso el armamento.

El 18 de abril entró vuelta el enemigo de Sicasica a Mohosa en número de 340 hombres al mando del gobernador subdelegado don Francisco España y al del comandante López.

Nosotros levantamos campo de Sihisihi el 20 a Lirimani.

El 21, 22 y 23 ocupamos el mismo alto del pueblo de Mohosa. Esa tarde el subdelegado don José Manuel Arana atacó de frente con 300 indios y 25 hombres con armas de fuego. Como tuviese el enemigo más del cuádruplo de gente armada no hizo operación notable Arana. De la parte del enemigo salieron del pueblo 80 hombres y más, le hicieron frente al trozo de Arana; éste dando unos cuantos tiros se retiró, donde le mataron a tres soldados los del rey, y como se agolpase la indiada en una hora algo menos murieron 11 indios y 9 heridos y avanzaron casi como un cuarto de legua hasta el trecho de trastornar la estancia de Ivira ganando sí seis fusiles y matándoles al enemigo cinco soldados, pero fueron derrotados. Pero este hombre [Arana] inadvertidamente se embocó sin observar nuestros movimientos, porque estábamos en el mismo alto sólo sí a la retaguardia del enemigo y en alguna distancia, y mientras bajamos a auxiliar atacando de su retaguardia [f. 200ᵛ] retroceden los 80 y tantos del rey que salieron atacando y avanzando a Arana y éntranse al pueblo dondo se atrincheraron en la plaza; así estuvieron seguros esa noche.

Al día siguiente 24 de abril a las 8 de la mañana ya salió del pueblo todo el trozo enemigo ganándonos los puntos más llanos, al fin hicieron alto. El comandante Chinchilla formó una guerrilla de 25 hombres de infantería al frente; al costado derecho a la caballería que era de 60 hombres en una llanura; y a la retaguardia formó todo el resto de infantería que se componía de 100 hombres en un trecho donde habían unas piedras grandes para batir y hacer la defensa. Pero el sargento mayor don Mariano Santiesteban descompuso esta disposición formando a la mayor parte de la caballería (al mando de su bravo capitán Bustamante)de guerrilla y a toda la infantería a la retaguardia de esta guerrilla en una cuchilla que no se podía ir en retirada en caso preciso. El enemigo estaba más antes en una llanura sin poder disponer de ningún modo en formación de batalla todo el trozo, y viendo las mala disposición marcharon nomás de frente en batalla y sobre la marcha formaron tres trozos: la caballería (como 60 hombres) y 40 infantes se pusieron a faldear por su costado izquierdo a tomar la llanura donde el comandante Chinchilla formó a nuestra caballería; su infantería salía toda directamente a chocar en una cuchilla con la guerrilla nuestra.

Mientras continuaban algunos tiroteos ya estaba asegurando la caballería enemiga el costado derecho de nuestra guerrilla como 40 hombres, y más de 80 seguían la marcha a asegurar por el mismo costado la retaguardia del trozo de nuestra infantería, y con máxima hacían que se retiraban los del frente dando unos tiros para cortar enteramente la guirrilla nuestra y aun al trozo. Esto advirtió Bustamante y se iba [f. 201] como a replegarse al trozo de la infantería nuestra a tomar por nuestro derecho, mas reparando que siempre seguía el enemigo la marcha hizo su frente a la izquierda por orden del sargento mayor Santiesteban. Entonces ambos trozos se reúnen del enemigo (éstos son los del centro y costado izquierdo), ya el costado derecho da una descarga cerrada casi antes de maniobrar este movimiento nuestro, y avanzan.

Nos sostuvimos en martillo. Ya entonces nos embisten los del frente. Como toda la indiada se hallaba en la cuchilla a nuestro costado izquierdo en retaguardia, viendo que medio se movía nuestra indiada hacia nuestra derecha no nos avanzó ya conforme ellos querían porque la indiada se mantenía como un cuerpo de reserva a nuestra retaguardia un poco a la izquierda: por eso no querían atropellar. Medio se retiraron los del rey y se reúnen todos formándose en batalla, su caballería a su derecha como haciendo frente a nuestra indiada. Hasta entonces murieron de nosotros cinco hombres y nueve heridos más. Se retiran al mismo sitio que antes estuvieron dándonos un fuego lento para bajarnos pero no lo hicimos así.

A las 12 y más del día se dispusieron en tres trozos: a su derecha y centro toda la infantería y a la izquierda toda su caballería que era de 80 hombres. Chinchilla dispuso lo mismo en tres trozos: al costado derecho a nuestra caballería, a su infantería al centro y a la indiada al costado izquierdo con poca gente de infantería armada (al menos de 15 hombres). El enemigo a un mismo tiempo marcha de frente los tres trozos y rompen fuego. Contestamos. En esto nuestro centro se replegó con nuestro izquierdo y salía con fuego en retirada por otra cuchilla. Bustamante se sostuvo, en lo llano ambas caballerías. Mientras tanto el centro enemigo apresuradamente avanzó que casi lo cortó a Bustamante y lo tenía a dos fuegos formando medio martillo, el centro como cortándole su izquierda; entonces se carga Bustamante a su izquierda intrépidamente y se pone de nuestra derecha. El enemigo se dispersó entonces y cuatro hombres se ponen detrás de [f. 201ᵛ] un pedrón grande y Bustamante con cuatro hombres de su caballería va a atropellar y dan una descarga donde lo hirieron malamente porque de muy cerca le tiraron; viéndose herido se retira con fuego lento tomando directamente sobre nuestra derecha. Nuestra línea asimismo seguía porque ya nos acosaban del frente y de los costados. Sola la indiada estaba formada más arriba de esta diversión como de reserva en línea.

Estando en esto un trozo enemigo veniendo por nuestro costado izquierdo nos tomó casi la retaguardia, entonces fue que los indios empiezan a atacarlos con hondazos, galgas y algunos tiros, pero las galgas nos ofendían a nosotros. No tuvimos más tiempo que romper dando empuje a nuestra derecha y al paso de camino salir en retirada dando fuego a retaguardia: salimos a todo lo llano que había en toda la cumbre del pueblo de Mohosa llamada Calacruz, nos entreveramos entre nuestra caballería y entre nuestra indiada, por fin salimos bien todos.

Entonces los enemigos que nos avanzaban hicieron un poco alto por reunirse. Mientras este movimiento Chinchilla parece y ordena al sargento mayor don Mariano Santiesteban que con una mitad de caballería contenga la carga al enemigo a toda costa mientras él vaye formando una emboscada tras de un corralón de piedras que había, así es que quedó Santiesteban e iba conteniendo un poco la carga al enemigo. Ya yo también estaba a caballo con mi caja al lado del mayor por orden de este señor, pero el fuego era tan vivo y tan activo y el avance tan precipitado de todo el trozo enemigo, nos vimos casi enteramente arrollados; ya se nos iban acercándonos batiendo los cortes la caballería enemiga, los granaderos nuestros nos protegían con el fuego que se habían formado como unos 40 hombres a nuestro costado derecho bien separado de nosotros, que si no es el teniente [f. 202] Rivero el que nos protege tal vez todos somos víctimas.

Bajamos para abajo al lado de atrás ya; no parecía el comandante Chinchilla ni tal emboscada había (e íbamos asegurados en la emboscada que nos dijo formaría en el corralón de piedras que había allí), ni un soldado parecía ni el comandante, nadie parecía, la indiada ya no pudo separarse, nos arrollaron nomás. Viendo esto apresuramos ya la carrera: como era larga e impinada se vieron algunos soldados obligados a apearse de sus caballos y dejarlos ensillados como que dejaron ocho soldados nuestros. El enemigo venía sobre nosotros, nos avanzaron cruelmente, su infantería venía enderezando zanjones y demás estrechos del camino, en una bajada hasta tirándonos con piedras.

A las 2 y más de la tarde llegamos a la abra de Orurovillque, pasamos (que cruzando directamente el camino tenía uno que ponerse en una distancia corta tal que no pasaba de dos cuadras), donde al cruzar nomás cayeron ocho soldados muertos y 11 caballos. Yo porque no me suceda otro tanto me fui llegando a la abra, no quise seguir para arriba sino agarré por un camino que hay por una falda de nuestro costado izquierdo, y a las tres cuadras o menos de la abra esa había estado entro de las pajas un soldado nuestro hirido en el pie; me llamó con unas espresiones lastimosas lamentándose tiernamente que consternaba el corazón más duro, haciéndose presente que tenía madre avanzada de edad, cargada de mucha familia menuda que él solo la mantenía, que eso era el mayor dolor de dejarla con su muerte en ese estado infeliz, que él es hombre y que nació para morir. Oyendo estas palabras y ver así a un compañero en ese estado, aunque sin fuerzas suficientes para alzarlo me vi precisado a apearme y montarlo a mi caballo, pero no podía alzarlo porque pesaba mucho el tal soldado y estaba en un estrecho el caballo y no lo podía levantar al soldado (que se [f. 202ᵛ] llamaba Mariano Coronel), ya el enemigo también venía cerca. Me monté, le dije que se agarrase de la cola de mi caballo, lo hizo así, lo arrastré como más de una cuadra, en un mal trecho lo tiró para abajo al caballo, rodó el soldado y el caballo y yo me caí, pero ya estábamos libres. Al fin vinieron cinco indios que el segundo jefe o el sargento mayor don Mariano Santiesteban divisando de arriba había mandado, éstos lo montaron al soldado herido a mi caballo, nos salimos para arriba, nos reunimos en el mismo alto de Queata.

El enemigo se retiró al pueblo de Mohosa. Nos bajamos a dormir a la estancia de Queata a las 5 de la tarde reunidos todos pues nos avanzaron como dos leguas ese día. Murieron de nosotros 19 entre indios por todo, y 32 heridos inclusos el capitán Bustamante (muy mal hirido en la tetilla derecha un poco más arriba) y el capitán de caballería cívica de la doctrina de Charapaya don Fernando Terceros en la pierna. Del enemigo encontraron dos muertos enterrados (los indios desenterraban, botaban los cuerpos y al de nosotros los enterraban en este sepulcro) y dos habían cargado al pueblo; de hiridos se ignora, como vinieron avanzando no se puede dar razón en esta parte, pero después se supo que eran 11; perdimos dos fusiles y tres sables.

El 25 de abril nos retiramos a Maquito.

El 26 ocupamos el punto de Sihisihi; allí paramos cinco días.

La noche del 22 el comandante de naturales de Mohosa don Mateo Quispe viniendo a reunirse con nosotros había encontrado en el camino de Oruro en el lugar que llaman Alpachuni a unos vivanderos que habían venido con cargas de víveres de comercio a las tropas del rey que se hallaban en Mohosa. Al tiempo que pasaban a más de las 8 de la noche o 9 unos bomberos mandados por delante de este Quispe oyeron pasar lista en un recodo del camino; éstos habían corrido a darles parte. Regresó Quispe de otro camino [f. 203] que iba reunido con otro comandante de la doctrina de Ichoca Fermín Mamani con 300 indios; asaltaron allí a cinco mujeres y cuatro varones todos naturales y vecinos de Oruro. Estos por traviesos dice pasaban lista formándose hombres y mujeres al tiempo de que los cinco indios bomberos pasaban por ese trecho. A las 12 de la noche sorprendieron, los llevan por un camino extraviado del camino recto como más de una legua a una estancia llamada Puytucuni, los matan a los cuatro hombres que fueron Santiago Sempértegui, Francisco Oviedo, Mariano Andrade y Mariano Robles, quedando las cinco mujeres prisioneras María, Petrona, otra menor María Sempérteguis, Norberta Oviedo y Josefa de tal, y sin más motivos que haber sido encontrados murieron lastimosamente a palos, pedradas y a lanzazos unos hombres inocentes.

La noche del día 24 de abril (día de la guerrilla) el capitán que era ya de granaderos don Ramón Rivero, como se viese a pie porque lo mataron a su bestia, por mejor escapar del enemigo se había encaminado llegando a la peligrosa abra de Orurovillque ese día; se fue por la falda a una estancia grande de Yayipaya. Como le cerrase la noche se había entrado a un campamento de indios: de que se presentó con su sable y algunas prendas que tenía a cuestas los indios se lo quitaron, el sable lo mismo. Como natural de Santa Cruz (como adelante dije) no sabía éste hablar la lengua aymara; los indios dijeron entonces que era español de las tropas del rey y que debe morir como enemigo de la causa de la Patria (a pesar de que varios lo conocían). Que dicho capitán al principio se iba defendiéndose con unas palabras muy lastimosas y súplicas a fin de que no lo devorasen tan pronto; que pedía lo llevasen amarrado a pie ande el comandante Chinchilla que lo lleven prisionero [f. 203ᵛ]; que era más bien capitán de la Patria de la compañía de granaderos; que los conoce a todos los oficiales, sargentos y soldados mencionando por sus nombres. Nada dicen le valió: a palazos, lanzazos y garrotazos lo mataron, luego hacen correr una voz de que a un oficial del rey lo han muerto. Oyendo la noticia dijo el comandante Chinchilla:

—Mal hecho. Aunque sea oficial del rey no debían matarlo, debían presentarlo al jefe principal de estos Valles.

El 30 ya se supo con mucha evidencia de que al capitán Rivero de la compañía de granaderos de la Patria lo habían muerto los indios. En el acto mandó una partida, los trajeron, siguieron la correspondiente causa, remitió a un consejo de guerra que formó para solo este caso de donde resultó que fuesen fusilados los mandones principales que habían en aquel campo que causaron la lastimosa muerte de un patriota y servidor a ella.

El 1º de mayo a las 12 del día fue fusilado el comandante de la doctrina de Suri en los Yungas de La Paz don Mariano Santa María, en seguida su ayudante Pedro Arocha natural de Toledo y un capitán de Mohosa Manuel Choque, los que habían fulminado la sentencia inicua contra Rivero, y cuatro indios salieron con 100 azotes. Esto sucedieron siempre en la hacienda de Sihisihi.

El 2 de mayo levantamos campo y hicimos noche en Chapipampa.

El 4 ya entró el enemigo a Machaca en número de 600 hombres al mando del coronel Rolando. El subdelegado de Sicasica don Francisco España se mantenía ya en Palca con 380 hombres fuera de la tropa que ocupaba Mohosa con el comandante López 200 hombres.

El 6 a las 3 de la tarde levantamos el campo. Con la trasnochada a las 4 de la mañana ocupamos el punto de Colaya más arriba en el camino de Charapaya a Tapacari donde se dijo que había 150 hombres enemigos en el mismo pueblo de Tapacari. [f. 204] Después de almorzar pasamos a asaltarlos. A las 2 de la tarde estábamos descansando en la abra de Sojaraca, el comandante Chinchilla dice:

—El enemigo se halla en una de las esquinas de la plaza, casa de Pacheco.

Sucede la casualidad de que al cerrar la noche había llegado auxilio de 50 hombres de la ciudad de Cochabamba y con este motivo mudan de cuartel a la casa de don Nicolás Guzmán, costado derecho de la iglesia. Después de caminar toda la noche, a la 1 o 2 de la mañana nos colocamos en el mismo alto del pueblo en Santa Bárbara. Allí dispone Chinchilla: a la caballería mandó que se encaminase a la playa y se formase para que cuando salga el enemigo para Cochabamba irse a la carga y si saliesen avanzando para arriba entrar a la plaza y tomar los cuarteles; a la primera compañía mandó que entrase por una bocacalle costado derecho de la iglesia que sale a la plaza por la esquina de la torre, al mismo tiempo le ordenó tomase la otra esquina en derechura abajo; a' los granaderos mandó a tomar la otra isquina costado izquierdo de la iglesia, la misma esquina del cuartel enemigo en la casa de Pacheco, o embocarse aentro. Así marchamos ya.

Lo que sucedió fue que por la calle que entró la primera compañía a la esquina de la torre, en la media calle en casa de don Nicolás Guzmán como dije había sido ya el cuartel enemigo. La centinela de la puerta vio el trozo o la compañía que entraba: no hizo más que cerrar la puerta, recordaron todos, se armaron, mirando algunos y contando de los resquicios de la puerta. Así que acabaron de pasar salieron a la calle y rompen fuego por retaguardia de la compañía ésta que entraba y se fueron a la carga, donde se entreveraron y usaron de sus bayonetas ambos, algunos a palazos, puñaladas y a trompadas, tal que a tres soldados del rey los habían desarmado sin atocarle, a estirones en una calle angosta, hasta que un piquete de 30 hombres enemigos se entraron por la pared al cementerio, dieron la vuelta por [f. 204ᵛ] la plaza, se colocaron en la esquina de la torre, lo detuvieron a la compañía teniendo a dos fuegos en una calle. Viéndose en mal estado el sargento mayor don Mariano Santiesteban que conducía a esta compañía no tuvieron más que romper a la fuerza por otra calle que sale a Linco (cual camino va a Leque), se metieron algunos por el convento donde cayeron tres prisioneros de los nuestros y murieron ocho.

Ahora lo que sucedió a la compañía de granaderos que conducía don Luis García Luna su capitán, que yo iba a la cabeza de la compañía ésta tocando caja a caballo: llegamos a la misma esquina de la plaza, meten la puerta de calle (dando tres tiros aentro) a la casa de Pacheco donde habían estado los jefes enemigos, todos ellos toman armas, los asistentes también; se embocan los nuestros al patio, luego ellos suben al balcón, rompen fuego de arriba y los nuestros del patio al balcón: el fuego vivo en todo el pueblo de la plaza al lado de arriba nomás también.

Yo no entré a la cancha ésa: me pasé directamente a la esquina de la plaza por orden del capitán Luna con el teniente don Ignacio Borda con ocho hombres. Yo me apeé y me coloqué en una puerta de tienda de un Marcos Alcócer, el teniente a mi derecha al lado mismo, temeroso de las balas del lado del cementerio. Ya como a un cuarto de hora o mucho menos divisamos que un trozo de gente como una compañía salía de la casa de un don Francisco Alcócer (alias el Calahaliri) de la media vuelta de la plaza que hay una calle, avanzando así a [hacia] nosotros una mitad y la otra a la esquina de la torre, que venían coladitos a las paredes los del cementerio como los de la casa de Alcócer, que los ocho hombres nuestros y cinco más que se nos agregó (trece hombres) daban fuego a los dos trozos. Viendo esto ya yo me monté, y el teniente va a la cancha de Pacheco y de la puerta nomás los llama a los granaderos, salen éstos apeñuzcándose [f. 205]. Viendo que se aproximaban ya más cerca los del rey piqué mi caballo, los 13 granaderos conteniendo con fuego. Mientras esto pasé la puertaycalle de Pacheco, a la pasada nomás les dije:

—Muchachos granaderos, salgan pronto que el enemigo está cerca.

Me fui de carrera, salieron los granaderos, querían tomar vuelta la esquina de la plaza, ya estaba el enemigo bien colocado. Nos retiramos, torcimos el camino para arriba todos reunidos, ya nos rompieron fuego donde caen dos muertos y uno mal herido a quien lo montó su capitán en su propio caballo, y pensando estuviesen aentro los nuestros se embocaron a la cancha ésa el enemigo y no había ya ni un soldado nuestro. Inmediatamente nos reunimos en un morrito, se oían tiros en el otro estremo y en todo el lado de arriba, nosotros sin saber dónde ni cómo estaba la primera compañía.

Entonces parece el comandante Chinchilla e íbamos vuelta a embestir pensando que la primera compañía estuviese ya en la plaza, cuando se había visto cortado enteramente. Por donde entró esta compañía venía un trozo de gente de infantería, nosotros mirando y esperando muy confiados en que era la gente nuestra o los de la primera compañía; ya en corta distancia nos dieron fuego donde cayó muerto el caballo del comandante Chinchilla, en el acto vino un soldado cívico llamado Bernardino Marzana, se desmontó y le dio al comandante quien en el acto montó y nos retiramos a la banda del río que baja de la abra de Sojaraca que llaman Simanuma; el enemigo siempre con fuego nos siguieron hasta la orilla.

La caballería nuestra entonces se vienen avanzándonos y a la carga pensando fuésemos los del rey que salían de fuga dando fuego, y en poca distancia nos reconocimos; reunidos nos retiramos por el cerro ése. La primera compañía se nos reunió dispersos. Aquí perdimos o murieron 19 hombres y 16 heridos; perdimos cinco fusiles [f. 205ᵛ] que debían ser ocho pero ganamos tres de ellos. También fusilaron a dos soldados nuestros que el uno era vecino del mismo pueblo de Tapacari, doméstico del reverendo padre fray Ángel Escalera: aseguraron todos los vecinos de aquel pueblo que este religioso coadyuvó más para que lo fusilase a este su doméstico (alias el Auquia); del enemigo cuatro muertos y tres hiridos en el mismo pueblo hasta ese momento. Nos retiramos agarrando el camino de Calchani, nos siguieron a la banda de la quebrada por una pampa donde cayeron dos (siendo el uno un oficial Guerra) y se retiraron entrándose al pueblo. Duró este fuego hasta la una de la tarde desde las dos de la mañana. La causa fue el no habernos informado bien el sitio del cuartel aquel rato y la casualidad del auxilio que había llegado aquella tarde, por cuyo motivo habían mudado el cuartel, mas como los bomberos aseguraron tanto de que la casa de Pacheco era, por eso allí nomás era la atención.

El 8 de mayo nos entramos a Calchani.

El 9 pasaba el coronel Rolando por los altos de Calchani con su tropa para el pueblo de Tapacari siguiendo nuestros pasos, nosotros mirándolos del pueblo éste ocultándonos entro de las casas.

El 10 y 11 ya nos entramos a Palca. El enemigo se salía de todo este Interior aburridos sin poder hacer nada. España se salió para Mohosa de Palca a Sicasica su gobierno. Antes de irse a Sicasica de Mohosa mandó una partida de 60 hombres a las 4 de la tarde, llegan a las 8 y más de la noche a Pocusco, pasan directamente a Lirimani (esto era el día 9), el 10 al alba estaban ya en el morro de Huayrayaña; bájanse los soldados para abajo viendo de que hacían humadera en el monte por los bajíos de una estancia que llaman Pallata, ven a varios indios en el monte (que eran los que emigraban de ellos [f. 206] mismos) y van a pescarlos; éstos luego corren y ellos les dan de tiros: lo mataron allí a un Simón Bohórquez, anciano, y a un indio Agustín Cruz sin más motivo que haber corrido éstos viendo a ellos mismos. Así sucedían: si se dejaban pillar los llevaban a un pueblo más inmediato, allí los fusilaban, o en algún camino o crucero de loma allí ejecutaban; lo mismo si corrían morían (como ahora), morían más prontos; si se dejaban pescar por lo mismo los mataban, y por todos modos siempre eran víctimas todos los infelices habitantes de aquellos territorios por solamente querer ser libres; ello es que querían arruynarlos enteramente por todos modos, que éstas seguramente serían las órdenes de los que mandaban en nombre del rey de España. Y después se retiró la partida, se entraron a Mohosa, al día siguiente se marcharon para Sicasica capital del gobierno de su partido.

El 10 de julio vuelta entra el enemigo a Capiñata viniendo por la loma de los altos de Ichoca en número de 300 hombres al mando de un Carlier, coronel, y comandante López.

Nos levantamos de Palca el 12.

El 13 ocupamos el punto de Cuypaya.

El 14 por la tarde mandó Chinchilla al segundo jefe don Pascual García con 50 hombres armados y 300 indios de guerrilla.

El 15 a las 7 de la mañana ya entró García por el camino de Parco, que el enemigo no se movió de este pueblo de Capiñata. Viendo a García que entraba por el alto salió el enemigo al alto todo el trozo. Empezó a tirotear García con 20 hombres y salió en retirada por sacarlo al enemigo a un punto ventajoso, el enemigo salió avanzando; en un punto algo favorable tiraron los indios una sola galga ya en la cuesta de Parco, lo pescó la piedra a un soldado de infantería y a dos mulas cargadas. Luego hicieron alto. A las 10 [f. 206ᵛ] vuelta los enemigos se determinan salir a toda costa rompiendo fuego a discreción; como fuese imposible romper para arriba cambiaron el frente a la izquierda, agarraron la marcha por una cuchilla avanzando (porque no podía correr las galgas por la misma cuchilla no podían hacer operación los indios: aunque tiraban las galgas se iban por los costados nomás). Al fin así rompieron para arriba donde murieron nueve indios y dos soldados, 11, y 14 heridos; prisionero cayó un pito nuestro Mariano Álvarez (prisionero que fue de ellos mismos que cayó en la acción del Cejal). Acampó el enemigo en el mismo alto de Parco. Esa noche la indiada no les dejó dormir ni les dio sosiego alguno tiroteándolos.

El 16 de julio retrocedió el enemigo al mismo punto de Capiñata.

El 17, 18 y 19 entró al pueblo de Palca.

El 21 se salió por la falda de Santa Rosa por Tapasa para Cavicavini llegando a Corosa donde se hallaba don Antonio Reyes de la Plata, su propia habitación (no pudieron huir con toda su familia, trastes y todas sus cabalgaduras). Reyes que salía de Corosa por el camino para la estancia de Cavari una corta subidita, un indio por delante tirada una mula cargada con el almofrez (que se llamaba Manuel Zelada), el enemigo no hizo más que verlo y tirarle un balazo donde cayó Zelada muerto y Reyes no tuvo más tiempo que salirse de fuga a uña de caballo escapando desnudo enteramente; en tanto estremo le dejaron sin una camisa que mudarse, le quitaron 25 animales entre ensillados, sueltos y cargados, la azotaron a una señora tía política de dicho Reyes doña Eulalia Escobar, y muy maltratada la dejaron a la suegra de don Antonio Reyes de la Plata y a otra señora hermana de la anterior doña Leona Escobar. En aquella tropa realista estaba don Andrés Rodríguez de diestro, y se pasaron para el pueblo de Tapacari.

El 26 se entró el enemigo a Cochabamba. Al pasar antes de entrar [f. 207] a Tapacari, viendo que unos indios estaban trabajándose en sus sementeras de trigo los llamaron a cuatro indios y los mataron a los cuatro sin más motivos que ser americanos.

Nosotros entramos el 25 de julio al pueblo de Tapacari con 800 indios, y a los dos días nos retiramos a Palca dispersándose toda la indiada.

El 30 nos retiramos a Cavari y estuvimos allí.

El 5 de agosto vuelta entró el enemigo a Palca saliendo de Cochabamba; descuydándonos había entrado.
El 7 de agosto se salió a Machaca.
El 8 a Pocusco quemando todas las casas en su tránsito y todas las sementeras (mayzales, trigales, cebadales) y todas las sementeras destrozando.
El 11 se salió de Pocusco, anexo de la doctrina de Cavari. Quemaron entonces hasta la iglesia en Pocusco como a sus habitantes; dejándolos enteramente desnudos y arrasados se fueron para Mohosa.
El 12 sabiendo nosotros reunimos como 500 indios, estábamos ya en Palca, salimos de allí y el enemigo se encaminó para Sicasica de Mohosa; nos entramos al pueblo de Charapaya, allí se acabó de dispersar la indiada.
El 15 salimos de Charapaya, nos encaminamos a Oputaña.
El 18 por la mañana un soldado nuestro había ido a una estancia cerca de dicho Oputaña, entró a una casa, vio que en el corral había unas cuantas ovejas, entró el soldado, agarró una, degolló, volvió a agarrar otras. Entonces sale el dueño y le dice:
—Mira hombre, contentate con llevarme una oveja y no me perjudiques degollándome dos madres. Ya yo he llevado también un cordero al cuartel, lo que me han asignado mis alcaldes, lleña y papas para que vosotros coman, y así no es justo que me lleves dos más porque soy un pobre cargado de familia como lo ves.
Había agarrado el indio el cuchillo que había puesto el soldado sobre la pared del corral [f. 207ᵛ] mientras agarrar otra oveja. Viéndolo que agarró el cuchillo el indio embístele el soldado con una furia, y después de que lo había estropeado bien el soldado al indio se había esforzado a quererle quitar el cuchillo. El indio no se dejó quitar pensando le haga algo el soldado. En este estado de querer quitar había agarrado de la hoja el cuchillo el soldado y al arrancar por supuesto se había cortado la mano él mismo. El indio asustado había soltado y partió a correr ande el comandante Chinchilla, se queja, llega el soldado y le dice al comandante que haciendo burla había entrado al corral de ovejas a querer agarrar una, que entonces salió el dueño con el cuchillo en la mano a quererlo devorar y por defenderse le ha cortado la mano (que no era de mucha consideración la herida); y dando crédito al soldado en el momento mandó Chinchilla que lo pasasen a capilla al indio. Como estaba allí el teniente de cura doctor don Mariano Campoverde lo confesó: a las cuatro horas a las 12 del día lo fusiló en la plaza de Oputaña haciéndolo sentar sobre una piedra grande lastimosamente a pesar de que toda la oficialidad pidió lo perdonase, pero en vano. Así pues lo

fusiló a Manuel Mamani, a un inocente que hasta los mismos soldados de la tropa sintieron de este hecho tan injusto.

El 20 de agosto nos regresamos a Charapaya.

El 21 manda Chinchilla una orden al pueblo de Tapacari, lo hace prender a un joven Pascual Oropeza (el Bayloncito) que había sido tambor del enemigo y desertándose vivía en su pueblo; a las 7 de la noche lo hicieron llegar ocho vecinos de Tapacari y 10 indios al pueblo de Charapaya.

El 24 a las 11 del día lo mandó fusilar en la plaza de aquel pueblo ya dicho sin dar audiencia ni oir a los oficiales los empeños para que lo indultase a nombre de la Patria. Todo fue por unas mentiras que le chismearon del mismo pueblo de [f. 208] Tapacari y resentido por unas sospechas mal fundadas. El joven de 22 años, su mismo paisano; y por habernos empeñado yo, el capitán Patiño y el subteniente Gregorio Andrade fuimos arrestados dos días, que el día 25 en Cavari nos dio libertad.

El 25 nos fuimos para Cavari.

El 26 llegamos al alba a Calahaliri, allí estuvimos hasta el 29.

Este día nos fuimos al pueblo de Cavari.

El 18 de setiembre nos fuimos para el pueblo de Inquisivi, el 19 entramos.

El 12 de setiembre casi de noche habían llegado Eduardo Cano (soldado que fue de la División en la caballería) con varios compañeros entre cuatro con él a una estancia en una de las quebradas del pueblo de Tapacari más para arriba. Dieron aviso al patrón que era originario de Huancarani, Lorenzo Ruiz, pero que no se sabía qué soldados eran éstos. Ruiz al momento junta gente como 15 y lo asaltan en una de las casas a los cuatro, los amarran y los llevan a una rinconada que es de Simanuma y los matan a palos suscitándoles que eran enemigos de la Patria pues que andaban así perjudicando a la gente, comerciantes y a todo transeúnte, que hacían odiosa a la causa de la Patria. Después se supo que esas muertes fueron por orden del comandante Chinchilla pues se calló. Debía ser así porque era un soldado Cano y después se dijo se intituló ser comandante; era vecino o natural del pueblo de Sapahaqui, joven nomás de 20 años o un poco más.

El 15 de octubre el capitán Miguel Mamani había salido del anexo de Ajamarca en la doctrina de Mohosa con 60 indios y ocho armados a las pampas de Oruro, Caracollo y Paria. De regreso se entra por Coani y Lequepalca donde los pillaron en esa marcha a un tal Murillo, a un Pascual Chiquillo y a un principal amedallado del rey Juan Collque (indios todos éstos) en su misma casa en Lequepalca a las 3 de la tarde.

AÑO DE 1818

El 23 hizo llegar al pueblo de Inquisivi y [f. 208ᵛ] entregó al comandante Chinchilla. Juan Collque de tan realisto que había sido dicen que se figuraba ser el hermano del general Goyeneche, coronel sí de las tropas del rey; Pascual Chiquillo dicen se hizo el vasallo más fiel al rey de España, capitán nomás pero famoso ladrón, ratero a todo comerciante; el otro, Manuel Murillo, inocente indio hablador: por eso le dieron mano los oficiales, a lo menos el capitán (que era ya) don Manuel Patiño, lo hicieron escapar del calabozo. Supo esto el comandante Chinchilla, le reconvino que en otra no haga así, que él pensaba soltarlo a Murillo nombrándole capitán de vanguardia. A los dos que quedaron, el 15 de noviembre los mandó con una escolta de 38 indios y dos capitanes de la misma clase con orden de que en la loma de Negrococha (crucero del camino que va a Yungas y a Arcopongo) los matasen a palos, lanzazos y a pedradas. Así murieron ambos.

El 9 de setiembre se hallaba un don Martín Bolaños en Calliri. A éste lo mandó el comandante Chinchilla de Yani de guardia a la quebrada de Tapacari. Ese día se había bajado a la Ramada. Días antes ya habían mandado parte del pueblo de Calliri los del rey a la capital de su partido Quillacollo, al gobernador subdelegado don Agustín Antezana. Este señor recibido el parte éste manda a un comandante o capitán don Tomás Arauco y a su hermano don Valerio Antezana con 50 hombres a buscar a Bolaños. Llegan éstos al pueblo de Calliri, dicen sus vecinos que se ha ido Bolaños. Este se había bajado un poco para abajo muy cerca de la Ramada (a hacer noche con la moza que había tenido) a la cima de un barranco corto llamado Collpana debajo de un árbol coposo. Viendo la partida que no había tal Bolaños en el pueblo de Calliri ni noticia de él al siguiente día se bajaban. Muy al alba divisó Bolaños tropa de caballería, fue a pie en busca de su caballo a desatar (con chaqueta colorada). [f. 209] Vieron los soldados de la partida, a ese acto encuentran a un indio, preguntan quién era ese de chaqueta colorada, dícele el paisano:

—Es don Martín Bolaños.

Salen, lo persiguen, a pocos pasos lo toman, lo atrincan, lo llevan a Cochabamba. A los 11 días lo fusilan, le cortan la cabeza, mandan poner en la plaza del pueblo de Calliri, de ahí lo pasan al pueblo de Itapaya. Allí se quedó enterrado.

El 7 de noviembre sale una partida de caballería con su capitán Bustamante (que ya sanó de su cruel herida) con 60 hombres de su compañía de dragones a las pampas de Sicasica donde había encontrado una peara de azogues y lo hizo meter al pueblo de Inquisivi.

Año de 1819

El 16 de marzo levantamos el campo del pueblo de Inquisivi al pueblo de Quime.

El 17 a Yaco.

El 20 salimos de Yaco para las pampas de Pampajasi y Laruani por Puchuni y esos contornos.

El 22 mandó Chinchilla al capitán Bustamante de partida con su compañía de dragones al camino que es de Sicasica a Panduro por todos esos campos.

El 24 de marzo entre Panduro y Haruuma [Aroma] se encontró con el correo que iba de La Paz a Oruro con escolta de 30 hombres de infantería. Después de un largo tiroteo que tuvo Bustamante como más de cinco horas caminando casi dos leguas, tomó Bustamante la valija, a ocho prisioneros y al conductor don José Manuel Molina natural y vecino de la villa de Potosí, ganando 11 fusiles, perdiendo ocho hombres que habían muerto y cinco heridos, un cadete (don Juan Mejía, natural y vecino de la doctrina de Inquisivi) mal herido con 17 heridas de bayoneta porque había caído el caballo casi en el centro del cuadro que habían formado [f. 209^v] los enemigos; allí murieron dos sargentos, Elías Salinas, Buenaventura Gutiérrez.

El 28 entró el capitán Bustamante al pueblo de Ichoca donde estaba ya la División y nos reunimos. Allí se abrieron las comunicaciones, todas las cartas, se descubrió todo el estado en que estaba Lima, Chile y Colombia, primera vez que oimos el nombre de Colombia y el nombre del general Bolívar, y todo lo que les había sucedido, todo todo se supo.

El 29 nos retiramos al pueblo de Cavari caminando por el pueblo de Palca.

El 27 se retiró de Yaco don José Manuel Arana (gobernador subdelegado por la Patria para Inquisivi) por hallarse sumamente enfermo con una fiebre fatal que lo atacó; así que llegó al pueblo éste de Inquisivi murió. Por fallecimiento de este señor fue nombrado gobernador subdelegado don Matías Orihuela natural y vecino de la villa de Oruro.

El 1º de abril nos entramos a Palca donde permanecimos allí algún corto tiempo.

El 18 de mayo había salido Fermín Mamani (alias el Caraconcor) comandante de la doctrina de Ichoca con 60 indios y 12 hombres armados; en el camino se le iban replegándose más gente así de su partido como de otros, y la noche del 20 llegó a la hacienda del Rodeo (al mismo trecho de Sivingani en la doctrina de Caracollo), se enderezó a la casa del patrón don Manuel Quintanilla, tocan la puerta de su habitación diciendo que venía con cartas de Oruro (su propio país de Quintanilla), éste en el acto hace abrir y se embocan como 11 hombres, entre ellos cuatro armados con fusiles, más luego encienden luz y dícele Fermín Mamani:

—Levántese usted que está en manos de la Patria, ahora irá preso ande el comandante Chinchilla quien me ha mandado.

El caballero seco sin poder decirle una palabra no atinaba a vestirse. Su mujer doña María Inés Saavedra, embarazada, esa señora nomás suplicaba en que su marido era un inocente, que no era soldado [f. 210] ni se mezclaban con ellos ni a nada se metía, que más lo sindicaban de patriota y por eso se habían salido a vivirse aquí. Uno de los indios dice:

—Para qué lo hemos de llevar ande el comandante si no le ha de hacer nada, más bien llevémosle la cabeza.

Mamani dice:

—Mejor será que le tiren cuatro tiros y lo dejasen muerto.

Mas la esposa brincó a suplicarles: promesas, ruegos, lloros nada valió a la señora, y don Manuel Quintanilla atrás de la señora escapando y jugando el cuerpo. Uno de los soldados le da el tiro, la bala le entró a la señora nomás, cayó, a poco murió, y preñada, por yerro y cuenta; los demás indios iban saqueando lo que encontraban.

Viéndola muerta a su mujer sale el marido y dice:

—Han muerto a una señora inocente, y preñada. ¿Así manda la Patria, estas son sus órdenes? ¿No hay proceso ni causa para devorar a una mujer? Entonces viva la Patria, viva la libertad americana. Pues ya que han muerto a una mujer, ya que han cumplido la orden del superior, pues mátenme también a mí, yo soy el culpante.

Porfía a que lo ejecuten. Entonces ya Fermín Mamani reconviene al soldado y aun le arresta, que él ordenó le tirasen al hombre, no a la mujer. En este acto oyó hablar a uno de la casa en que la señora era patriota más bien, que un hermano suyo don Felipe Saavedra se hallaba en el ejército en Salta, que a un hermano suyo don Mariano Saavedra lo fusilaron los españoles en Oruro, que cayó prisionero en la acción de Villcapujyo: se asustó más el indio, lo amaina a Quintanilla, le da el pésame, siente de la muerte, le manda azotar al soldado y cerca de las 3 de la tarde se retiró.

Al día siguiente muy al alba se marcha (que es el 21 de mayo), ya de noche éntrase Mamani a su pueblo Ichoca, algunos indios van a Palca donde se hallaba el comandante Chinchilla, le avisa todo lo [f. 210ᵛ] sucedido, esto es todo todo. Entonces manda Chinchilla una partida de 12 hombres a Ichoca a prenderlo a Fermín Mamani.

Este como tenía sus espías en la misma tropa asalariados, uno de éstos (que era uno de los oficiales mismos de la División) dieron parte o aviso, fugó y escapó; después se valió de los señores párrocos como son del señor doctor don Anselmo Antezana, cura de Yaco; del señor doctor don Angel Mariano Mesa, cura de Inquisivi; del señor doctor don Matías Calvimontes, cura de Cavari; del señor doctor don Manuel Ampuero, cura de Machaca, engañándolos a estos señores y a otros más (particulares como a oficiales de la misma tropa) para que le concedan su indulto y la continuación en el curato de Ichoca de comandante; como no eran sujetos de desayrar todos éstos, en especial los cuatro curas, accedió el comandante a uno y otro, sólo sí relevándolo a Mamani de Ichoca al pueblo de Yaco (o doctrina); y decía el comandante don José Manuel Chinchilla que lo había relevado a la doctrina de Yaco, y mucho más mejor, por si más pronto caiya a manos del enemigo por ser la puerta de estos Valles y de más peligro por la inmediación a los enemigos, como es a Sicasica, a Luribay, a Caracollo y a Paria.

Posesionado que fue del nuevo destino Fermín Mamani averiguó muy bien del cacicazgo de Yaco donde había estado de cacique un don Ignacio Hurtado en esta doctrina. Entonces pues había hurtado Hurtado como muy cerca de 2,000 pesos aplicando donativos a los indios más pudientes en todas las entraditas que hacían los del rey (porque este don Ignacio Hurtado era muy realisto y por eso lo acomodó don Francisco España, gobernador subdelegado del partido de Sicasica adonde pertenecía Yaco). Entonces se presenta Hurtado al subdelegado España en que le mande a la doctrina de Luribay (más quiso relevarse por miedo del indio Fermín Mamani [f. 211] que con empeño averiguaba de él), fuele concedida su petición. Entró pues a Luribay de cacique, de donde se interesaba y había pasado a la ciudad de La Paz Hurtado llevando el dinero hurtado y de regreso trae efectos (con aquella plata) del país y un poco de efectos de ultramar (más había traído del país), pónese una tienda regular de comercio. Sabe todo esto Fermín Mamani, anímase irse al pueblo de Luribay, lárgase a pillarlo a Hurtado y no logró pescarlo a éste.

Vivía un vecino en la doctrina de Inquisivi, don Patricio Bohórquez; éste también vivía en el pueblo de Cavari donde tenía un hermano, don Buenaventura Bohórquez, y en la doctrina de Inquisivi vivía porque tenía allí una hacienda llamada Canqui, y como andaba en ambas doctrinas se sospechaba en que sería de la parte contraria al de la Patria. Solía estar andando como perseguido en ambos curatos y no quería mezclarse con los de la Patria, hasta que se emigró a Sicasica y andaba entre los pueblos de Caracato, Luribay, Umahala y otros cercanos. Cabalmente había estado en Luribay esos días que iba a entrar Fermín Mamani, pues entró la noche del 15 de junio a pillarlo a don Ignacio Hurtado, no a Bohórquez. Oyendo la bulla Bohórquez se metió a un amasijo (casa en donde se hace pan), se cerró la puerta bien y estaba escuchando de aentro. Oyendo el ruido se asoma un soldado a ver de los resquicios de la puerta; como estaba aentro Bohórquez armado de una tercerola le dio un tiro al soldado, cayó malherido, luego se salió corriendo Bohórquez río abajo. Iba a pie y con chaqueta colorada. Le siguieron los indios sin conocerlo. Luego dio otro tiro, lo hirió a otro en la pierna. Entonces pregunta Mamani que quién era, avísanle muchos vecinos en que era don Patricio Bohórquez. Se cargaron en pos de él, lo atropellaron [f. 211ᵛ] a las pocas cuadras del pueblo, lo mataron a palos, a lanzazos y a pedradas lastimosamente, y don Ignacio Hurtado escapó.

Se salieron y éntrase Mamani a Yaco. Sabe esto el comandante Chinchilla, manda otra partida a traerlo preso, escapa, a los cuantos días se presenta él mismo en el pueblo de Palca valiéndose de los oficiales y vecinos decentes: todos éstos le hablan al comandante Chinchilla a que lo indultase a nombre de la Patria y que no permita que se pierda este hombre porque puede irse a los españoles y otras cosas más, hasta que consiguieron hacerlo indultar vuelta; pero el comandante en jefe les advirtió en que en otra ya no haría prender ni reconvenirle a él mismo sino que ordenará lo castiguen en donde lo hallasen y le diesen cuenta con lo obrado. Se presentó Mamani a Chinchilla, salió bien, no hubo la menor novedad, se le encargó mucho a que no haga odiar la causa de la libertad con semejantes hechos que en vez de llamarlos al partido les hacía abominables: en fin fue indultado pero bien encargado, y relevado de Yaco vuelta a Ichoca salió de comandante (que a Yaco lo mandó a un don Carlos Bolaños), sólo ese castigo tuvo.

El 30 de mayo lo asaltan en su casa en Kjeuñacasa en la doctrina de Tapacari en sus altos a un Eusebio Mamani los de la Patria y lo mataron a palos, lanzazos y a pedradas lastimosamente. A pesar de que a su padre Manuel Mamani lo mataron los españoles este su hijo al contrario era de opinión contraria. Iba pues a Cochabamba por repetidas veces a dar toda la cuenta de los movimientos que hacían los patriotas. Supieron esto y castigaron para el escarmiento de otros hombres de esta naturaleza. Pues el padre murió por amor a la Patria y a la libertad americana y el hijo murió por amador al rey de España, que sus agentes los seducían y los entusiasmaban todo a fuerza de plata de los [f. 212] mismos americanos.

El 6 de junio se presentó el enemigo al mando de un don Juan Poau Santa Cruz, coronel (y edecán del que fue después excelentísimo señor virrey don José de la Serna) que se hallaba en Cochabamba (como el comandante Lezama, el capitán Asúa y varios que siempre expedicionaban a estos Valles como el capitán Mendizábal, vecino de Palca) en número de 600 hombres en el punto de Santa Rosa.

El 8 salió nuestra tropa al alto de Palca y esa tarde vino el enemigo marchando por la falda de Totorani (que es una hacienda), se bajó parte a Chullpani parte a Tacocumo donde hicieron alto hasta las 4 de la tarde (distante del pueblo de Palca como dos leguas). Dispone Chinchilla: 25 granaderos de guerrilla con su bravo capitán don Manuel Saavedra al punto por donde se advirtiese venía el enemigo; a la caballería al costado derecho en la llanura de Chuñavi emboscados en el monte; a la primera compañía al costado izquierdo con su bravo capitán don Manuel Patiño; a los cazadores con su capitán don Francisco Abasto al centro; y a la artillería a retaguardia del centro como a la abra de Condorillo.

A las 6 entra el enemigo a Palca, o más tarde casi muy cerca de las 7. Rato antes Chinchilla se baja al pueblo con ocho hombres de escolta a la orilla del otro extremo, y por otro entraba el enemigo. Entonces se sale Chinchilla dejando a su retaguardia al subdelegado gobernador don Pedro Bascopé con 12 hombres de escolta con orden de que no desampare el punto ése y cuando salga el enemigo venirse tiroteándolo a replegarse. Llega el comandante Chinchilla al campamento, lo manda al capitán de la primera compañía don Manuel Patiño y le dice que se coloque en el camino recto con una mitad de su compañía, advirtiéndole que el subdelegado don Pedro Bascopé [f. 212^v] quedaba a la retaguardia todavía, que cuando salga el enemigo vendrá éste tiroteándolo y no sea que dé fuego a éste: con esta orden queda Patiño en que tenga sí mucha precaución.

Así se estaba el capitán Patiño a la vela, ¿y qué sucede? Que el enemigo salió del pueblo, quiso seguir a tirotearlo Bascopé según la orden del comandante, ya no pudo porque le habían cortado la retaguardia saliendo por un monte no tan áspero frente del pueblo (como habían diestros del lugar con el enemigo logró cortarlo al subdelegado Bascopé), y no hizo más que retirarse dando unos cuantos tiros por el camino de Ulupicani o Tablahuasi sin poder cómo dar parte al comandante. El enemigo estaba silencio, ya dispuesto Patiño, ya los tiros se oiyan lejos. Habían salido los del rey frente al pueblo al morro de Ulupicani, al fin se vio cortado Bascopé. A mucho rato después de un silencio grande el enemigo ya se le acercaba al capitán Patiño: fue sentido por este distinguido y bravo patriota por el ruido nomás a pesar de la noche tan tenebrosa. Prepara su gente y bajándose un poco pregunta el

—¿Quién vive?

Responden:
—¡La Patria!
Reitera:
—¿Qué gente?
Dicen:
—Nosotros.
Como advirtiese que eran enemigos manda romper fuego y contestan con una descarga cerrada. Allí se sostiene Patiño en el angosto de una montaña. Al fin lo hirieron a Patiño malamente, y como por su costado derecho ya avanzaban algunos hombres a cortarle su retaguardia tuvo que ceder el sitio retirándose siempre con fuego. Viéndose el enemigo en todo lo descubierto avanzaron a toda costa al centro y tomaron su retaguardia ganando la artillería. Con este avance tan veloz lograron dividirnos en dos trozos aquel momento, que después fue todo una confusión y dispersión, sucediendo esto a las 3 de la mañana o algo más.

Por nuestro costado derecho vino otro trozo, nuestra caballería, que venía a proteger a los cazadores que se hallaban en el centro. Avanzaron en ese momento los enemigos: no hizo más que salirse para arriba nuestra caballería, se quedaron los cazadores en su puesto. Empezaron éstos a dar fuego tan vivo que el enemigo no hizo más que rodearlos tomándole [f. 213] ambos costados y su retaguardia. Ni aun así no se movieron del sitio donde cayeron prisioneros 36 hombres únicamente de cazadores y 16 muertos. De las demás compañías murieron 11.

A las 6 de la mañana cuanto ha pasó ya el asalto y entraron a Palca los enemigos. Heridos 18 inclusive el capitán don Manuel Patiño de cuyas resultas murió a los seis días: este bravo patriota mal herido salió de la guerrilla y se ocultó entro del monte mientras pase todo. Nos dispersamos en el todo. A los cuatro días fuimos a reunirnos en Sihisihi no todos sino una mitad nomás. Del enemigo murieron 12 y ocho heridos.

El 12 de junio entró otro trozo o batallón al pueblo de Inquisivi al mando del comandante don Baldomero Espartero con 800 hombres, de sorpresa. En el mismo pueblo de Inquisivi en la orilla nomás cayó preso don Matías Orihuela subdelegado gobernador del partido de Sicasica por muerte de don José Manuel Arana. Lo llevaron a pie al día siguiente, mas como no pudiese andar por no estar hecho lo fusilaron sobre la marcha en el lugar de Chiji caminando para Capiñata.

El 14 de junio se pasó el enemigo al pueblo de Cavari a reunirse en Palca.

El 28 don Agustín Antezana gobernador subdelegado del partido de Quillacollo por el rey andaba por los altos de Tapacari persiguiendo a los dispersos con 80 hombres. Supo que en la quebrada de Leque andaba una partida de los nuestros, se dirigió y asaltó en la estancia de Ovejasuyu que es de Leque a la una legua andando para Tapacari: allí cayó toda la partida de 70 hombres, entre los que fueron el sargento mayor don Mariano Santiesteban, capitán don Calisto Baraona, el capitán de caballería cívica don Miguel Mamani, oficiales de cívicos Guillermo Aguilar [f. 213ᵛ], Nicolás y Domingo Cuencas (ambos hermanos) con 64 soldados de toda clase. El asalto fue a las 4 de la mañana. Se presentaron dice en la puerta de la cancha. Un joven valiente de 20 años, Miguel Lira, hermano menor del comandante don Eusebio Lira, ya finado, a la voz del

—Ríndanse muchachos —brincó, tomó el sable, salió al encuentro echando la voz

—Muchachos, ahora es tiempo: rompan fuego.

Se levantó un negro, soldado, con su fusil, dio el tiro, hizo caer a uno que más se le acercaba, de la cama nomás. Entonces dieron una descarga de una mitad de 40 hombres donde cayó Lira y el moreno ambos muertos. Cayeron prisioneros como más de 40, los demás escapan, 27 heridos. Después de asegurarlos y recoger todas las armas, cabalgaduras y todo, lo sacan a Miguel Mamani, a Guillermo Aguilar y a don Mariano Santiesteban a gritar a los compañeros en que habían sido los nuestros. Se reúnen todos los que corrieron: reunidos que fueron levantan el campo, los llevan amarrados para Tapacari y al día siguiente los pasan a Cochabamba. Al sargento mayor Santiesteban lo fusilaron el 18 de agosto. Días antes también meten como 11 prisioneros que habían tomado en el partido de Arque, del coronel Centeno comandante de la Patria que andaba buscando la libertad; entre los prisioneros ésos a don Rafael Copitas, de la División de los Valles de Hayopaya que de la dispersión había ido a reunirse a la tropa ésta de Centeno y cayó.

De Palca salen partidas enemigas por todas partes. El teniente Asúa va por Pocanchi y en el camino (que es Queraya) los pesca al sargento de granaderos don Manuel Miranda con seis soldados de sorpresa, y por librarse al momento que cayó prisionero sale este Miranda, le dice:

—Señor, yo soy el que le tiró el balazo al comandante Lira en Palca de cuyas resultas murió.

Oyóle con atención Asúa, le examina [f. 214] brevemente todo, cómo y de qué manera, avísale Miranda por extenso, lo pone Asúa en capilla más pronto, al día siguiente a esas mismas horas lo fusiló.

Fue una partida luego a Tapacari de Cochabamba de 30 hombres en donde cayó prisionero don Alejo Hermosa, un vecino principal y muy honrado del pueblo de Palca (natural de Chile pero hacía ya muchos años que vivía allí, casado con mucha familia) que no se metía a nada; lo llevaron a Cochabamba en donde se hallaba el que después fue virrey general José de la Serna (quien también expedicionó con dos batallones y solamente entró hasta la hacienda de Punacachi, de ahí se regresó con un batallón y con otro batallón pasó un edecán suyo que fue el jefe que nos dispersó en el alto de Palca).

Hallándose pues la Serna en Cochabamba, como hubo muchos empeños a favor de este señor don Alejo Hermosa lo mandó a Arque donde lo fusilaron a este caballero inocente que iba o se venía de Cochabamba ni era nada, sólo sí un hijo llamado don Pío Hermosa estaba en la tropa de la Patria de alférez de caballería; no tuvo más delito que haber nacido en la América y más por haberse avecindado en el pueblo de Palca. Hasta dónde llega la picardía de estos soldados del católico monarca español.

Entran una tarde unos oficiales de la tropa de la Serna en Cochabamba y fingiendo compadecerse de los prisioneros dicen:

—Ha salido orden del supremo gobierno en que tengan entrada franca todas las mujeres de los prisioneros a cualquiera hora.

Creído de esta falsa compasión todos los prisioneros que tenían sus mujeres propias llaman a que duerman juntos en el calabozo, así es que entran ocho mujeres. Ya a las 9 o 10 de la noche entran una porción de estos oficiales que deberían ser los más soeces y viles; uno entra (arrastrándose la vayna del sable) al calabozo y dice:

—Miren a estos alzados muy acostados con mujeres sin penetrar que mañana han de estar bajo la tierra. Vaya putas para afuera.

A punta de planazos lo botan a las mujeres y los meten a otra vivienda [f. 214ᵛ] que habían dispuesto para el caso; entran estas infelices, se cierran la puerta y estrupan a unas mujeres casadas (porque en este tiempo y en la Patria únicamente usaban cargar mujeres propias, no digo concubinas). Después de saciarse de sus viles y torpes apetitos que a la luz de las lámparas se ejecutaban se salieron estos bárbaros dejando al arbitrio de los soldados quienes como unos leones embestían con las infelices hasta el día siguiente.

Con este suceso tan horrendo y criminal (que no se ha contado ni aun entre los paganos siquiera porque siempre han respetado en todas partes —o quizá en España no habrá este respeto— a las mujeres de los prisioneros, pero en todas partes siempre se respeta a las gentes de esta clase de mujeres) y porque no les suceda otro igual caso ya no querían las mujeres ni asomar al cuartel, privando de este modo el cuidado de sus amadas esposas por muchos días, hasta que queriendo continuar en esta amistad algunos perversos se las querían despojar enteramente a sus mujeres, a unas esposas que Dios (según nuestras máximas cristianas) por medio de su santa iglesia les había dado a estos hombres desgraciados. Vean señores el proceder de los vasallos del católico monarca español. ¿Cómo podrían quedar los corazones de estos prisioneros al ver el caso sucedido, cómo deberán estar éstos tan inhumanamente agraviados con un hecho tan criminal, tan atroz, con tanto deshonor y escándalo?

De entre los prisioneros sacan a Miguel Mamani de Cochabamba, lo traen a Palca porque en sus declaraciones había dicho que tenía muchos fusiles escondidos, municiones y un cañón oculto que él solo sabe y ha visto, prometiendo entregar todo, que después le castigarán. Creyendo los del rey (al menos la Serna que se hallaba en Cochabamba) mandó a los Valles con una tropa: andaba como de diestro por todas partes hasta [f. 215] lograr escapar después de que los hizo andar por todos los Valles, y fue el caso así: Al mes y más lo regresaban porque no entregó ni un alfiler, llegan al pueblo de Morochata de regreso, este prisionero Mamani finge tener dolor cólico pasada la media noche, dícele al cabo de la guardia que le dé una escolta para que vaya a hacer la necesidad del cuerpo. Con muchas súplicas se le hace admitir, sale con su soga amarrada en la cintura, con su escolta un soldado español europeo del batallón Gerona. Lo lleva, entra a una quebradita, se sienta dando ayes el tal Mamani como si verdaderamente hubiese estado con tales dolores, desátase la soga con que había estado amarrado de la cintura, de repente brinca para abajo y emprende la carrera para arriba. Cuando acudieron de la guardia principal ya los iba desafiando de un morro y tirándoles con piedras. Así escapó y el 20 de agosto llegó al pueblo de Cavari donde estaba ya el comandante Chinchilla reuniendo gente dispersa de la División.

A los demás prisioneros los mandó la Serna para Lima, de suerte que los que escoltaban eran 40 hombres con dos oficiales y los prisioneros eran noventa. En el camino de la costa por más adelante de Calacoto en una aguadita hicieron alto para que tomen agua así los prisioneros como los de la escolta. Éstos forman pabellones de a cuatro y medio, pasean dispersándose; todos los prisioneros en montón. Luego se combinan éstos echarse a las armas, lo ejecutan prontamente, les sale bien el proyecto, se alarman los soldados, algunos corren para salvarse y otros se rinden, se amunicionaron bien los prisioneros, los de la escolta van en su lugar prisioneros ese día hasta el anochecer. De regreso por otro camino más despoblado y de que cerró el día se dispersaron por todas direcciones a escapar como pueda. Los más se entraron a estos Valles (porque eran de estos lugares), y los más armados todo corriente se presentan al [f. 215^v] jefe, algunos siguen en el servicio y otros se retiran a sus casas con licencia temporal.

El 14 de setiembre estaba don Pedro Zerda, ayudante, en el pueblo de Charapaya y allí iba el capitán que era de granaderos don Luis García Luna con un soldado, en una mula cargado su equipaje y ocho fusiles con sus correspondientes cartucheras, porque ocho hombres más que tenía se le habían desaparecido en la hacienda de Chuchuata dejándolo el armamento y tuvo el capitán que cargar. Llegado al pueblo éste de Charapaya quería reclutar gente para alarmarlos a los enemigos. Dos soldados vivían con este Zerda, quiso recogerlos el capitán García Luna y don Pedro Zerda se le opuso, y tuvieron una alterca de voces y vio que al ayudante don Pedro Zerda se le agregaron todos los vecinos que pasaban de 30 hombres. Al fin se salió García Luna cargado del armamento; mas porque Zerda ya le quería quitar las armas se salió para Tapacari, se fue por el camino de Calchani, de ahí que cerró la noche torció el camino, se fue para Tapacari, se pasó para Cochabamba el capitán, se presentó a las autoridades españolas y prontamente mandaron una corta partida de Tapacari de 15 hombres al pueblo de Charapaya, lo pillaron allí a Zerda coadyuvando el señor párroco doctor don Mariano Gregorio Mercado más que nadie. Preso Zerda lo llevaron a Tapacari: al preso que lo hacían llegar, la partida que llegaba de Cochabamba; éstos ya se hicieron cargo (15 hombres) y lo pasaron a la ciudad aquélla y le siguieron causa y le dan sentencia de muerte pero que fuese fusilado en la plaza del pueblo de Palca capital del partido de Hayopaya. Lo iba a afusilar el comandante don Pedro Antonio Asúa que llevaba esta orden yendo con 250 hombres. Llegan a la hacienda de Tiquirpaya dos leguas a Palca, se quedó con toda su gente Asúa por entrar de día a Palca. Zerda a la 1 de la noche recuerda, vístese, dispónese bien. El centinela [f. 216] que tenía de vista estaba con el fusil en descanso medio durmiendo, la vela muy oscura.

De que recordó el centinela le dice a Zerda qué tenía, por qué echaba ayes. Le dice entonces:

—Tengo dolor cólico me parece, la barriga me duele, a ver dame un poco de coca si tienes.

Le da el soldado la chuspa (que llaman las talegas en donde ponen la coca), Zerda le recibe agradeciendo, después se lo da, el soldado dormido no le oyó. El otro centinela de la puerta estaba roncando fuertemente en la puerta apoyado en la boca del fusil la cara. Párase Zerda, sale despacio, le da un rempujón al centinela y lo bota al suelo y corre. Se alborotan en el principal y en todo el cuartel la bulla, ello es que escapó Zerda a la carrera. Dice que a ese tiempo salía la luna, se fue por donde quiso (como todo era campo), se quedó burlada la intención que tenía de fusilarle en Palca, se fue ande Chinchilla: todos los compañeros se alegraron viéndolo presente al lado de ellos a un hombre que ya lo tenían por muerto.

El 20 de setiembre llegó al pueblo de Cavari un estraordinario, un indio Mariano Lora vecino de Capiñata, que éste había estado emigrado en Salta que después de la muerte de Lira se fue. Regresó pues mandado del general Martín Miguel Güemes de Salta mismo donde se hallaba. En Cavari lo halló a Chinchilla, le trajo varias comunicaciones: órdenes, nombramientos para los oficiales, allí vino la acta de la declaración de independencia en la ciudad del Tucumán cual está inserto aquí.* Con este motivo se tardó en este pueblo el comandante Chinchilla.

El 26 sale una partida de 60 hombres armados, la compañía de dragones con su capitán don José Benito Bustamante acompañado del comandante don Marcelino Castro y se estaban revoloteando en las pampas de Sicasica y Oruro.

El 27 se dirigen al punto de Amachuma donde acababa de descargar unas ocho [f. 216ᵛ] cargas de fusiles encajonaditos con una escolta de 30 hombres: de Sicasica llevaban para Oruro, de ahí hacer pasar al ejército del rey para Tupiza o en donde se hallaba. Esa noche a las 9 fue asaltado y al tiempo de que embocaban a la cancha los nuestros fueron sentidos. Se alborotaron los enemigos y acudieron a la puerta a estorbar la entrada con fuego por todas partes, por las paredes del patio, del corral. Se echan los nuestros pie en tierra, se dispersan a querer entrar al patio, no les fue posible, los otros a no querer aflojar: como estuviesen parapetados por las paredes bajas que les servía de trinchera no querían darse (ni creyeron que les tomasen) a las instancias que les hacían los nuestros. Así fue la contienda como más de tres horas: los de la Patria se retiraban con engaños a ver si los del rey salían avanzando al campo, para operar (como era de caballería la gente de la Patria), pero no salían sino respiraban buscando modos de asegurarse más; regresaban los nuestros a querer tomarles, no podían embocarse.

Ya pasada la media noche como a horas de 12 a la 1 de la mañana fueron de parecer los nuestros prender fuego a las casas. Así lo hicieron, ardiendo todas las casas, y de donde se podía fuego graneado, hasta que el comandante de la partida enemiga (que había sido un don Carlos Maldonado capitán de milicias de Oruro) entró en convenio parlamentando. Cesó el fuego, solamente los techos de las casas ardían, prometió entregar todo el cargamento de armas y todas las armas que tenían los soldados, con solo el fin de darles

* Véase adelante, en la sección de "Documentos intercalados en el texto del *Diario*", el núm. 8.

soltura a todos sin molestarlos en lo más leve y que tomasen partido los que quieran. Aceptó Bustamante y Castro, así fue: entregaron todo todo, entraron, se reunieron, auciliaron las casas, apagaron lo que pudieron.

Al día siguiente 28 de setiembre se encaminó la partida nuestra cargando en las mismas [f. 217] mulas 158 fusiles ganados. Los rendidos se comprometieron a servir voluntariamente a la Patria y así seguían, en el tránsito conforme iban caminando se iban rezagando por todas direcciones: como eran voluntarios no se les hacían fuerza ni se les impedían a que siguiesen la causa conforme habían estipulado. En esta toma de armas salieron nueve heridos (de que murieron tres a los días siguientes), en el pecho un Ramón Reyes, pardo, hijo de Buenos Aires que era tambor mayor, del enemigo dos heridos de los que murió el uno de ellos. Muy pocos se entraron a Oruro de pronto, después sí los demás. De nuestra parte se entraron por Ajamarca a los Valles, luego por Pocusco a Cavari. Más se ganó sus correspondientes bayonetas.

El 29 de setiembre habían entrado una partida de 60 indios con 12 fusileros que tenía el comandante de Mohosa don Mateo Quispe, 20 de a caballo indios con todos éstos, a Lequepalca (porque había fiesta de San Miguel había concurrencia de gente). Luego buscó estos indios de la partida a los hombres que eran adictos al rey por quien eran amedallados, un tal Gutiérrez, unos Vallejos, indios del lugar o sus cercanías. En esta inquisición que hacían encontraron a uno de los de la familia, un muchacho de nueve a 10 años, lo matan sin tener tantita lástima; después de estar tirado el cuerpo del muchacho muerto entran vuelta los indios ebrios, lo machucan enteramente los huesitos poniéndolo en un batán, al romper el día vueltos en sí se retiran para Mohosa.

El 30 a las 8 del día llegan los amedallados a Lequepalca, buscan y no encuentran más que a unos cuatro indios de Ancocota sus vecinos (porque está cerca de Lequepalca), los agarran, los meten a la iglesia, dan sentencia de muerte. Los otros les suplican, les lloran, hacen mil propósitos de que no son actores ni cómplices en la muerte del muchacho, presentan [f. 217ᵛ] testigos a los mismos del lugar y a sus propios deudos de los amedallados, al fin les revocan la sentencia, en seguida se embriagan y los hacen sacar de la iglesia y reconvienen que por qué delito lo han muerto a un muchacho inocente que nada sabía. Los otros se disculparon del modo posible, dan pruebas de que el día del suceso no han estado allí, que después nomás habían llegado por mercar alguna cosa (como había de un todo para comprar y barato); entonces les dicen los amedallados metiéndoles donde estaba el cuerpo del muchacho:

—Vean el estado en que han puesto a un inocente, a un muchacho, ¿y para qué sería? Sin duda para comer. Pues ahora se lo han de comer.
Mandan que se lo han de comer. Los supuestos prisioneros vuelven a rogarles en que no son cómplices en la muerte del muchacho; nada oyen, amagando matarlos con una carabina (que no tenían más armas de fuego, nada) apuran en que se lo han de comer precisamente. Estos infelices hostigados del estado en que se hallaban y el estado tan peligroso y sus enemigos embriagándose más y más, se asustaron en tal manera los presos que naturalmente comieron carne humana por no perecer a manos de unos bárbaros y ebrios que cualquiera atrocidad hubieran cometido, porque estaban fuera de su razón, ya con la embriaguez, ya con la aflicción de ver el cadáver del muchacho hecho así pedazos molido. Después los metieron vuelta a la iglesia a estos prisioneros, de donde escaparon por parte de noche ya los cuatro que fueron Ramón y Gregorio Choques (ambos hermanos), un Mariano Marzana y Manuel Mamani, todos cuatro del anexo de Ancocota muy cerca de Lequepalca, partido sí de Mohosa, y los otros eran del partido de Paria (dominios de la parte enemiga).
Pues para el caso tramaron los presos una mentira para descuydarlos a la [f. 218] guardia que habían puesto en las puertas de la iglesia: El padre de estos Choques Francisco Xavier Choque manda a una mujer de su confianza vaya a Lequepalca y dé noticias que una partida de 70 hombres se dirigían de gente armada con muchos indios de a pie como ciento y tantos y que tuviesen mucha precaución y cuidado se dejen pillar alguno. Entra la mujer conforme le encargó el padre (al menos a la nuera, mujer del uno de los Choques), disfrazada entra, avisa a un individuo, corre éste a dar parte a los amedallados, en esto se oye un tiro de una camareta que hace tronar y retumba a los cerros que mete más miedo, el viejo se acerca más a Lequepalca y hace tronar dos camaretazos de muy cerca. Entonces corren los amedallados y toda la gente que se hallaban allí, las guardias que se hallaban en las puertas de la iglesia corrieron dejando así a los presos, éstos se salieron libres y se fueron a sus casas.
El 8 de octubre entra otro trozo de enemigos al mando del subinspector don Gerónimo Valdés con 800 hombres de Sicasica al pueblo de Cavari por el de Ichoca.
El 10 pasan a Pocusco y campan allí.
Al día siguiente dispérsanse partidas por todas partes de la montaña a juntar ganado vacuno, recogen como 600 cabezas y sacan a Sicasica. En una estancia llamada Huancaraca en el alto de Pocusco encuentran en su propia casa a un anciano de más de 60 años traba-

jándose cosiendo (porque era sastre), un infeliz. Hablándole palabras descorteses embisten con el anciano, éste con palabras de humildad y respeto les habla, nada oyen y siguen trabucando su pobre casuchita, querían quemar los pocos trastes que tenía; éste les suplica en que no le perjudiquen a un anciano que no se mete a nada, que él ha sido también soldado del monarca español (quítase el sombrero el anciano al nombrar el nombre del [f. 218ᵛ] rey e hizo venia quitándose el sombrero como se hacía así antes). Se les pone a la cabeza de estos soldados (que eran seis) que hacía esas demostraciones por hacer una idea zumbática, le quieren amarrar y llevarlo preso, otros le escupían a la cara llenándole de vituperios, otros le daban de culatazos tratándolo de alzado contra el rey, hasta que el anciano acabado el sufrimiento agarró el cuchillo, le dio una puñalada al uno de ellos, lo hizo caer, dos se echan sobre el anciano (que se llamaba don Justo Escobar) y gorman, al uno más lo tumbó y estando luchando con el otro acudieron otros que se habían separado a otras casitas a trabucar: lo mataron a bayonetazos lastimosamente. El soldado herido le cortó la mano al cadáver, se lo lleva en la punta de la bayoneta (calándolo al fusil) a su campamento.

Cerca de la casa del suceso éste les había alcanzado un amedallado del rey que andaba de diestro, vio al difunto don Justo Escobar, natural y vecino del pueblo de Mohosa, lo conoció, dice:

—Viva el rey, aquí ha muerto un gran caudillo: éste es cuñado de José Andrade y Moya capitán comandante de Mohosa, éste debe tener plata.

Se queda a buscar su casa por un rato. Cerca de la casa en una montaña habían estado mirando el suceso todo algunos indios, entre ellos un capitán de indios Eugenio Aguilar con su sargento Nicolás García y cuatro indios más, seis; se echaron a la carga, lo pescaron al amedallado Diego Yarvipara (que así se llamaba), lo mataron a palos y a pedradas, no quisieron matarlo dando un tiro (porque tenía un fusil corriente) por no hacer oir el tiro, le cortaron la mano también y lo habían cosido de ambos cutis al cuerpo de Justo Escobar; el cuerpo de Yarvipara lo botaron al monte, y no se [f. 219] pudo hallar el cuerpo porque los del rey buscaron dos días, y como viesen con las dos manos al difunto Escobar querían hallarlo ahí cerca pero jamás pudieron encontrar. Se salieron para el pueblo de Mohosa.

El 20 de octubre mandaron partidas a juntar ganado así vacuno como lanar por todas las estancias y sucedió en una de ellas (que es en Jirupa) que iban huyendo muchos indios tanto con ganado como con animales así cargados como sueltos. Cabalmente una mujer llamada Blasa Ortiz se había estado sentada en un morro divisando todo pensando hallarse ya segura. Tres o cuatro hombres de los soldados del rey se habían enderezado por donde estaba la mujer; divisó ésta, corrió, mas los otros dieron la vuelta luego por otra parte, se vio la mujer ésta cortada la retaguardia y circulada, por no verse pillada y prisionera se entró por un barranco, rodó y despedazada murió el día 23.

El 27 se salió todo el trozo enemigo para Oruro llevándose todo el ganado que pasaba de 400 ganado vacuno y mular y 3,000 lanar fuera de mucho mayor número que sacaron de la doctrina de Cavari. En tanto extremo robaban que de un solo individuo Mateo Paxi, indio vecino de Sicasica, ayjadero (que vivía en el alto de la hacienda de Sihuas en la estancia Chuseca) se lo llevaron 5,000 y tantas ovejas a pesar de que este indio estaba pagando su tributo y sirviéndoles en todos los mandatos que le ordenaban sus superiores para las tropas del rey porque era natural y vecino de la doctrina de Sicasica.

El 2 de noviembre entra a Mohosa el comandante don José Manuel Chinchilla, el comandante don Marcelino Castro, los capitanes don José Benito [f. 219ᵛ] Bustamante, don José Manuel Antezana (alias el Locoto), don Francisco Abasto, el inglés don Santiago Ecle [Eccles], el subdelegado don Agustín Contreras, el comandante don Pedro Bascopé con 30 soldados.

El enemigo se salió de Mohosa el 28 de octubre y el 31 regresó de muy cerca de Oruro. El 2 de noviembre por la noche había estado ya entrando al pueblo de Mohosa a las 8 de la noche y más pasando por la puerta misma del comandante don Mateo Quispe capitán comandante de esta misma doctrina. Este había estado sentado en su puerta con varios indios conversando, contando a los que pasaban, pensando que fuesen los de la patrulla y estrañando que tan temprano salga la patrulla, tanta gente y con cajas. Otro indio había visto en la orilla del pueblo al tomar la calle estarse disfrazando y ocultar los morriones blancos a los soldados del rey; este indio que salía regresó de carrera avisando a los que encontraba en la calle, entra, le avisa al comandante Chinchilla (que estaba alojado en una de las esquinas de la plaza). Éste en el acto manda ensillar los caballos dando órdenes como pudo. Ya al tiempo de montar rompen fuego los enemigos de su costado derecho de la misma esquina. Entonces montó y va por el cuartel, a la pasada nomás dijo:

—Sobre las armas muchachos, formarse y rompan fuego.

La guardia de ocho hombres dieron unos tiros, sálense de carrera todos los soldados dispersos por todos los caminos los que estuvieron en el cuartel, algunos en las casas entraron los que pudieron a sacar sus armas y sus prendas y salieron de fuga por donde podían escapar mejor cada uno, mas como los caminos eran muchos dos de los nuestros cayeron prisioneros (uno de ellos era alférez de caballería don

Manuel Castro y el abanderado don Calisto Sarabia) y dos soldados más (un tal Díaz y Sotelo) que habiendo sido llevados a Oruro en Paria nomás fue fusilado uno de ellos, Díaz; le cortaron la cabeza y mandaron al pueblo de Mohosa, repentinamente pareció en la plaza de este pueblo con un papel al pie en un palo o pica sin [f. 220] saberse quién la hubiese puesto. Perdimos en este asalto nueve bocas de fuego, 14 caballos, 18 aperos o monturas.

Fuimos a reunirnos en Cavari el 5 de noviembre donde estaba la una mitad de la gente custodiando las armas.

El 2 de noviembre entró a Palca el enemigo en número de 300 hombres y se estuvieron ay.

El 4 por la noche lo pescaron en el mismo pueblo entro de un horno escondido a un Mariano Álvarez natural y vecino de la ciudad del Cusco, pito, prisionero que fue en el Cejal; al día siguiente 5 a las 11 del día lo fusilaron.

El 4 de noviembre había mandado el enemigo del pueblo de Mohosa partidas a las estancias de la doctrina: pescaron a dos individuos (el uno soldado) en Ivira, una estancia, los metieron, los fusilaron a los dos. Los indios de Ajamarca (de la doctrina de Mohosa) pescaron a un don Francisco Loaiza que era vecino en la doctrina de Sicasica de la hacienda de Belén, capitán de cívicos, lo fusilaron en Mohosa, le cortaron la cabeza y mandan poner en la torre de Ajamarca.

El 7 de noviembre pescan a otro soldado, Diego Chipana, en la estancia Tangachapi, lo meten a Mohosa, lo fusilan.

Este mismo día a las 8 sale una partida de 120 hombres enemigos para Santa Rosa, se dirige para el pueblo de Yani y al regresar en la bajada al puente de Yacanco lo habían encontrado al ayudante mayor y teniente de artillería don José Antolín Herboso natural y vecino de la ciudad de La Paz; lo regresan al mismo pueblo de Yani, lo ponen en capilla, lo fusila el coronel don Manuel Ramírez que era el jefe de aquella espedición.

El 9, a las 4 de la mañana lo fusilan y se baja la partida a reunirse en Palca, y casi a las 9 de la noche reentran como dispersos los de la Patria y Chinchilla se hallaba en el alto reuniendo indiada para hostilizar. Sabiendo [f. 220^v] esto con fijeza se salió el enemigo.

El 11 va el enemigo para el pueblo de Machaca, no entró a dicho pueblo sino que por la orilla se pasó para abajo. En la marcha ya muy tarde muy cerca de las 7 de la noche pasaba por el trecho de Curupaya más arriba, donde lo pescaron a un don Manuel Salazar vecino del pueblo de Mohosa que antes era soldado de caballería de la tropa de Lira; éste se bajó del alto de Lirimani, llegó tarde al río y por darle de comer a la cabalgadura se apeó, sacó fuego de la tercerola y se había hecho su fogatita donde había dormido, un perro que había tenido empezó a ladrar y por el ladrido nomás lo pescaron, lo atrincaron, lo llevaron preso. Al salir a Pocusco o en la cuesta lo encontraron a un indio viejo llamado Isidro Manuel, lo atrincaron, lo llevaron preso, llegaron así a la media noche a Pocusco.

El 12 a las 8 del día se encaminaron para el pueblo de Mohosa y en distancia de una legua, el alto mismo de Pocusco en la abra de Chuaraca, lo matan a bayonetazos lastimosamente al anciano Isidro Manuel porque medio se cansó y no podía caminar; le cortaron la cabeza, la llevan haciendo cargar con el otro preso Manuel Salazar y se entran a Mohosa donde plantaron la cabeza en la plaza, de un infeliz anciano que a nada se metía, un indio viejo.

A los cuatro días, el 16 de noviembre, lo fusilaron a Salazar sin más delitos que haber nacido en el suelo americano; no era ni cabo el tal Manuel Salazar, natural sí del pueblo de Tapacari.

El 19 venía otra partida de Cavari de 80 hombres para Mohosa y sobre la marcha en Queroma lo pillan en su casa a un indio Clemente Valero, más adelante a un paysano Pedro Durán vecino del pueblo de Mohosa, los fusilan a los dos sin más delitos que haber sido pillados al [f. 221] pasar, que la casa del uno, Clemente Valero, estaba en el tránsito; el uno había estado cuydando una corta sementera que tenía, no tuvo más delito.

En el pueblo de Inquisivi pescaron a un sargento de caballería Manuel de Rivadeneyra, natural del Tucumán; a otro ídem Francisco Contreras, natural y vecino del pueblo mismo de Inquisivi, juntamente con tres soldados y seis indios; a los 11 los afusilan sin más delitos que haberse presentado algunos y algunos pillados.

De Oruro entra el coronel Siguani [Seoane] con 600 hombres realistos a Cavari y manda poner una soga al pescuezo del señor cura doctor don Matías Calvimontes queriéndolo ahorcar en la torre o declare de su plata: este señor pensando lo ejecutasen declaró de su plata que había tenido oculto de debajo de una troje de trigo; lo dejan en el cementerio los soldados, acuden a la casa, rompen la troje y sacan 8000 o 10000 pesos. En el acto la agarran a una anciana señora doña Juana Facunda, beata que le servía al señor cura Calvimonte, la estiran y la azotan a una anciana hasta que declare de su plata: esta señora infeliz anciana hostigada de los azotes declara, le roban 1000 y tantos pesos suyos propios. En seguida rompen la ventana del sagrario de la iglesia, por ay se entran a robar toda la plata labrada, vasos sagrados, hasta las crismeras de los santos óleos robaron y se perdieron porque eran de plata. Dispersan partidas por algunas partes, habían pescado éstas, meten a 10 indios (entre ellos a un tal don Silvestre Hernández capitán comandante de la Patria, vecino del pueblo de Taca en los Yungas de La Paz), a los 11 los fusilaron a unos infelices sin más delitos que el haber nacido en el suelo americano.

Pasa al pueblo de Ichoca donde hicieron casi lo mismo queriendo robar la iglesia o sacar algo, mas como el señor cura doctor don Manuel Pereira era de la opinión real y opuesto a la Patria él y toda su familia, eleva [f. 221ᵛ] su queja al señor virrey. Restituyeron todo lo que habían robado de esta iglesia pero de Cavari nada: una corona de la Virgen patrona de la doctrina (de la advocación de Guadalupe) de oro macizo vaciado que tenía tres libras se lo llevaron. Así estaban estos pueblos miserables e indefensos espuestos a la carnicería y rapiña de las tropas españolas.

El comandante Chinchilla de todo el armamento que se ganó en Amachuma el 27 de setiembre por la noche distribuyó a todos los verdaderos patriotas de su mayor confianza.

Por la muerte de mi hermano el presbítero doctor don Andrés Vargas estaba radicándome en Pocusco, habitación propia de mi finado hermano. Con este motivo me hizo confianza el comandante para costodiar (porque no había gente ni tiempo para alarmar por la fatal persecución del enemigo, porque se internaron más de 2,000 hombres): así pues me hice cargo de 64 fusiles, 120 bayonetas, 780 piedras de chispa (que le mandaron de la ciudad de Arequipa en el Perú en una talega de afrecho: fue la remesa ésa por las personas muy adictas a la libertad americana porque nosotros usábamos piedras hechizas nomás, y una piedra fina parecía un diamante), 400 pares de herrajes de caballo con sus correspondientes clavos (también mandaron del mismo Arequipa), más de 3,000 balas, 7 arrobas de pólvora, 23 caballos: todo esto me hice cargo y lo cargué en una noche a mi habitación Pocusco (del anejo de Jahuara, siete leguas de mi habitación); allí los enterré todo con solos dos indios de mi mayor confianza y muy patriotas y en un lugar bien oculto. Así me estuve andando pero no salía muy a claro sino en la montaña nomás: como aquellos países están enteramente montuosos no era casi visible.

De la ciudad de La Paz se yaparon más soldados del rey como de Cochabamba y Oruro que por todo hacía el número de muy escasos 4,000 hombres en todas direcciones [f. 222]. El comandante Chinchilla se retiró por Escola: se le dispersaron todos, con muy poca gente se fue allí. Don Pedro José Romero, joven bien dispuesto (como era alto, repartido, buen mozo, estaba de alférez de la caballería) se fue a la hacienda de Hullumani en la doctrina de Suri frente al anexo de Tacapaya; allí fue que una partida de españoles les sorprendieron pero todos escaparon como don Esteban Salinas, Eugenio Contreras y Francisco Miranda, dueño de la casa y hacienda: cayó solamente el alférez Romero, a éste lo trajeron al pueblo de Inquisivi donde lo fusilaron.

El comandante Chinchilla se retiró así al [hacia el] lado de Inquisivi con 18 hombres y algunos oficiales.

El 25 de noviembre pasa vuelta al lado de Escola porque se regresó una buena tropa de españoles del pueblo de Yaco; esta tropa se salía ya para Sicasica sus propios territorios, 800 hombres bajo el mando del teniente coronel don Baldomero Espartero. Chinchilla no puede pasar adelante al lado de Palca, Espartero va para Escola teniendo noticia de que el comandante Chinchilla se hallaba allí. Quiso pasarse éste por Sacambaya al lado de Palca, ya no le fue posible porque las tropas enemigas que se hallaban en Palca y Machaca se pusieron al circuito desde Cuti por ambos costados como es desde Machaca, Huancari, Sanipaya, toda esa falda hasta Cuti; por el otro costado abrazaba desde Palca por Pinomayo, Pocanchi, Carhuani, Llavecita a Cuti. Quiso entonces pasarse Chinchilla de Escola por Machacamarca y Locotani al lado de Tunari para salvarse a los altos de Chinchiri pero ya no le fue posible: ya en Locotani estaba una compañía del batallón Centro con sus bravos oficiales Burgos y Miranda, españoles europeos; no le quedó más [f. 222^v] que irse para Arcopongo.

En estas correteadas se le dispersó toda la gente y oficiales quedándose únicamente los más fieles y verdaderos amigos que eran el capitán don José Benito Bustamante, el capitán don José Manuel Antezana alias el Locoto (ambos naturales de Cochabamba) y un paysano don Ambrosio Muñoz (de Inquisivi), éste de diestro; los cuatro se entran a Arcopongo.

El 29 de noviembre llegan. Los habitantes medio corretean y se comprometen a costudiarles, favorecerles y servirles en lo posible.

El 30 llega Espartero con dos compañías de su batallón. Los habitantes se presentan: como todos eran indios de Sicasica no hizo más que examinarles y encargarles que no los consintiesen así a algunos que entren a seducirlos, que coadyuvasen en la pesquisa a esos caudillos. Los indios niegan haber entrado tales; uno de los indios le dice a Espartero que es verdad que entraron cuatro de a caballo pero que no los conocía, que fueron por un cerro (señalándole el trecho). Entonces le dio seis pesos al indio y manda lo lleve por donde fueron. Vase el indio de diestro ya.

A las 12 del día se encaminan, como más de seis leguas despacio caminan hasta que cierra la noche. Divisa el comandante Chinchilla, corren sin camino ya, y los otros a atropellar (porque los vieron). A las 7 de la noche éstos descansan, se reúnen, vuelta caminan, hacen alto, se dispersan por todas partes. Chinchilla camina hasta las 10 u 11 de la noche, esto es sin camino: allí descansan como seguros en aquel rato. Antes de que bien amanezca vuelven a caminar cuando divisan ya adelante a los enemigos armados. Quieren regresar, ya ven en retaguardia algunos soldados del rey formando como círculo dispersos en pelotones las partidas. Entonces corren, se ponen en la cima de un barranco, se desmontan los cuatro, dejan sus cabalgaduras y rompen a pie por la cumbre del [f. 223] barranco buscando un corto trecho menos peligroso para entrar abajo, no hallan. El enemigo encuentra los caballos y en pos del rastro se encaminan sobre sus pisadas al trote.

Chinchilla divisa de lejos al enemigo, entonces hacen alto y combinan cómo podrán salvarse; ya se acercaban más los enemigos como a tres cuadras nomás caminando como a tomarlos. Entonces clamando al Dios de los ejércitos, sollozando, entre los cuatro quieren matarse unos a otros mas no pueden. Entonces dice el comandante Chinchilla:

—Vaya hermanos, compañeros y amigos, aquí no hay remedio: los cuatro salvamos o perecemos. Dios está con nosotros, Dios nos protegerá, el cielo es piadoso.

Lárgase para abajo agarrándose de algunas ramas y luego de las raíces, cáense, rodan un largo trecho como más de media cuadra, paran en un corto senderito que tenía el barranco. Por la polvadera divisa el enemigo, se endereza al trecho de donde habían entrado. Viéndolos al enemigo que les tiraron de balazos descuélganse vuelta los cuatro, rodando se van como cosa de cuadra y media. Ya que pararon en un trecho algo favorable divisan para arriba, ven el enemigo en el mismo trecho por donde entraron: ya no quisieron ir adelante porque vieron que no hubiesen entrado los enemigos por el peligroso trecho. En la primera rodada se les había hecho pedazos la ropa; principalmente del comandante se habían quedado de su ropa retazos grandes y ensangrentados porque se había maltratado gravemente, torcido el pie, incapaz de dar un paso adelante.

El enemigo entró como pudo al primer trecho que pararon mas no se atrevieron a entrar de más de 600 y tantos que habían allí, se salieron al rancho de Arcopongo.

A los tres días que es el 1⁹ de diciembre hace juntar Espartero todito el ganado de los indios del país: mandó 1,800 cabezas de ganado lanar y más de 400 [f. 223ᵛ] de ganado vacuno. Llamándolos Espartero mismo a los indios les dice que vean modo cómo entrar donde están esos caudillos que deben seguramente estar muertos, que es imposible estén con vida, que entrando del modo posible cortando las cabezas saquen, que les gratificará con 100 pesos a cada uno de ellos, se les devolverán sus ganados todos, a más serán exentos del tributo y de toda pensión, serán recomendables por este servicio hecho al rey, que serán por último condecorados con una medalla cada uno, hasta sus hijos gozarán de este privilegio, sus ñetos y parientes serán atendidos en todo tiempo en cualquiera parte como hagan este servicio; o que los persigan a esos caudillos hasta lograr pillarlos, que están en manos de ellos nomás el que se aquieten los Valles.

Con todas estas ofertas hicieron su parlamento los indios y se determinaron entrar del modo posible, cavando, abriendo caminos o descolgándose; ello es que quisieron hacerlo, marcharon como 14 indios.

El enemigo se salió el 6 de diciembre de Inquisivi arreando todo el ganado. Espartero les había dicho a los indios que tardaría allí esperándolos.

Uno de los 14 indios dice a los otros:

—Descansemos y amasicemos nuestro plan.

Después del descanso de un buen rato díceles a los otros:

—Hoy día nada hacemos. Veremos sí el trecho por donde podemos entrar, si deben estar vivos y por dónde podrían salvarse aún estando con salud.

Se asoman y ven el peligroso trecho, que no deben estar vivos. Por último dice:

—Entraremos desechando cualquier peligro, bien. Encontraremos los cuerpos, no les cortemos las cabezas porque diremos a Espartero que están comidos de los animales y muy corruptos, bien. Y esta entrada que hemos de hacer ¿no han de saber los patriotas que quedan, y qué será después para nosotros? Si encontramos vivos los sacaremos, los llevaremos a presentarlos o entregarlos al comandante Espartero, bien: nos regresamos [f. 224] con nuestros ganados, con nuestras medallas y demás títulos que nos ofrecen, ¿y dónde viviremos? ¿Acaso no quedan patriotas que nos persigan hasta arruynarnos enteramente con nuestras vidas e intereses? Y el rey sus medallas y demás títulos que nos ofrecen ¿nos harán resucitar? ¿Olvidarán acaso los patriotas que todos se quedan, como son el comandante García el más malo, Rafael Copitas el más malo también, el ídem don Pedro Bascopé, don Agustín Contreras, en fin todos los jefes de los pueblos se desentenderán? Yo no me comprometo a semejante hecho tan criminal. ¿No vemos cómo se salen las tropas del rey? ¿Cuándo han parado siquiera cinco o seis meses? Yo me retiro en este acto. Uno de nosotros mismos avisará a algún jefe de la Patria. Si Dios quiere me devolverán el ganado que me llevan y si no perderé sin ser criminal, por la Patria, pero no quiero mancharme con la sangre de mis semejantes.

Oyendo estas espresiones se desanimaron todos y se regresaron a la estancia Arcopongo, y van dos de estos indios a Inquisivi a recla-

AÑO DE 1819

mar sus ganados. No afloja Espartero, les dice que vayan a Sicasica a su capital del partido con las cabezas de los caudillos o los entregan vivos. Así se entran los indios llorando de la pérdida de sus ganados. Dejemos a estos infelices envueltos en su desesperación, vamos viendo el estado de los fugitivos. En 14 días que estuvieron en un bosque sin más auxilio humano nada más que la del cielo ¿cómo estarían de necesidad? Según dicen ellos mismos que comían yerbas que les venía al paladar bien y a la mano; que chupaban las raíces de las yerbas y de mañana sacudían el rocío de los árboles y yerbas para tomar agua, y sin poder dar un paso adelante; que los primeros días entre el capitán Antezana y don Ambrosio Muñoz lo llevaban cargado de trecho en trecho como dos leguas en cuatro días monte aentro al comandante Chinchilla [f. 224ᵛ] pasando muchos trabajos. Un día dice que el comandante ya a los 11 días de la rodada a las 10 del día 8 de diciembre se hincó y después de dar gracias a Dios les suplicó diciendo·

—Compañeros y amigos, ahora los conozco que sois fieles. El cielo os premiará de este favor que habéis usado conmigo acompañándome como unos hermanos en este trance y propios compañeros en estos trabajos. Dios os remunerará vuestra constancia haciéndoos felices en lo futuro, Dios os librará de cualquiera peligro y desgracia que les pueda suceder mientras existan sobre la tierra, y no es caso ya que padezcan por más tiempo en este estado en este bosque sin auxilio humano en la presente. Vosotros que estáis sanos pueden librarse del modo posible como puedan que Dios les ayudará de esta fineza que habéis usado conmigo; ya pasan vuestra caridad, ya habéis llenado el deber que la misma naturaleza les ha impuesto según nuestras máximas cristianas y las obras de misericordia que nuestros padres nos han enseñado. Ahora les pido un favor por última vez: aquí tenéis este puñal y cualquiera de vosotros que me amáis más cortarme el hilo de esta penosa vida, encargándoos en particular que muerto yo así cortéis mi cabeza sepultando mi cuerpo en aquel trecho —que les mostró señalando con el dedo— vayáis volando a lo de mi señora madre, le entreguéis mi cabeza para que en vista de ella se acaben sus pesares, se detengan sus lágrimas, sus cuidados, sus angustias, sus cavilaciones y últimamente todos sus trabajos y que descanse diciendo "Ya murió mi hijo, ya no lo veré más, se acabaron al fin sus trabajos", y no tendrá más consuelo que decir "Mi querido hijo murió por la Patria, murió por amador a la causa de la libertad."

Repite que lo hagan, una y otra vez, mas los compañeros se anegan en sus lágrimas sin poder cómo consolarlo ni cómo [f. 225] aliviar sus dolores. Después de echar cada uno copiosas lágrimas acabando de sollozar y hartarse y cansarse de llorar, Bustamante (que era más inhábil para andar a pie) con un corazón verdaderamente de hombre le ensancha el corazón del compañero comandante como teniéndolo por cobardía y de poco espíritu, que el hombre es hecho por Dios para puros trabajos y penalidades:

—Entiendo yo estos trabajos, las desdichas, las desgracias, el abatimiento, la infelicidad, la cavilación, el deshonor, el odio y el desdén: todos los trabajos y calamidades que hay en el mundo pesan sobre el corazón del hombre. Así también Dios alivia de todas las adversidades y trabajos y salva de los más rigorosos peligros. ¿Usted acaso desconfía en Dios? ¿No ve usted mi comandante que estamos con salud sin comer tantos días ni tener auxilio humano en este bosque? ¿Por qué desconfía usted en el cielo y en el autor del universo? No señor, no niegue la divina providencia: cuando estamos vivos hasta este día y sanos sin achaques peligrosos ya nos ha protegido Dios como usted mismo dijo cuando entramos: "el cielo es piadoso, Dios está con nosotros", así es que está y ha estado.

Ayúdale a platicar un poco Antezana; dice que retire de su pecho la desesperación, que ponga en olvido lo pasado y que piense que en favoreciéndonos el cielo como hasta aquí saldremos de esta montaña. Por fin se conforma el comandante y dice:

—Cúmplase la voluntad de Dios criador nuestro.

Oyendo todo eso don Ambrosio Muñoz empieza a querer baylar y dar brincos echando vivas a la Patria, al comandante y a los compañeros, mas dicen que se caiya nomás, quería reirse, medio cantar por congraciarse, no podía, más se le saltaban las lágrimas. Entonces dicen que sonrió el comandante y quiere darle un abrazo mas como estaba maltratado el pie y lo débil que estaban se cayeron los dos con Muñoz. Al fin [f. 225ᵛ] caminaron despacio, llegaron al trecho ése donde pararon, bien tarde a las 4. Entonces en la conversación se comprometió Muñoz ir a Arcopongo a saber cómo se hallaban y dónde las tropas españolas: admiten todos tres.

El 10 de diciembre sale a las 2 de la tarde con el valor que tuvo y pudo, duerme en el campo como acostumbraban ya.

El 11 a la 1 del día divisa las casas de Arcopongo. Según me dijo Muñoz mismo que no podía andar naturalmente por lo débil que estaba, el cansancio y el miedo que tenía por si le sucediese algo, no podía pararse ni podía gritar a alguno. Camina de cuatro pies un largo trecho como de una legua medio sentándose y escuchando alguna bulla que pudiera causar su presencia: nada oye, camina, camina, se acerca a una casa, el dueño sale, lo ve, lo conoce y le habla:

—Muñoz, ¿de dónde pareces tan descolorido? ¿Y tu cabalgadura?

Contesta casi sin poder hablar:

—Vengo yo de Inquisivi. La mula me ha dado un golpe feroz en el trecho de Salsipuedes —que es un trecho de una corta subida muy resbaladiza del carámbano que jamás falta en ningún tiempo y trecho peligrosísimo para la bestia— y me ha dado un gran golpe maltratándome gravemente la espalda tal que ni puedo hablar ni dar un paso adelante.

Se lastima mucho el indio, dícele:

—Estás pues muy descolorido, sería golpe feroz, siéntolo mucho. ¿Y cuándo te sucedió esto?

Dice:

—Ayer, y en el campo he dormido así desnudo y mi bestia se ha corrido, puede perdérseme o tal vez estará ya en el pueblo.

Le hace el indio más cariño compadeciéndose de tal trabajo e impieza a examinarle el indio de las cosas del día preguntándole de cómo se había separado de la compañía del comandante Chinchilla [f. 226] y si es cierto tiene éste intención de entrar al pueblo de Inquisivi ya con tropa:

—Yo sentí muchísimo de todos ellos pero dicen que se han salvado todos.

A lo que le contesta Muñoz:

—Yo me separé luego que entró Espartero. ¿Así que lo esperan en el pueblo de Inquisivi? —que hay como 15 leguas de Arcopongo—. Lo que se sabe más de fijo es que está en Palca con toda su tropa reunida, en Mohosa está el comandante Gandarillas con tropa, don Agustín Contreras está con tropa en Cavari, don Narciso Portilla está con tropa en Yaco, Copitas está con tropa en Inquisivi reuniendo a toda la gente. Vuelta quedrán comprometer éstos a la tal ruina y luego se mandarán mudar como la vez pasada. ¿Y por qué vosotros no los pillaron cuando entraron entre cuatro nomás? Lo que ahora han perdido sus ganados.

A esto dice que el indio dio un vehemente suspiro y le dice a Muñoz:

—¿Cómo hemos de pillar a un semejante nuestro, cómo hemos de perseguir ni entregar a unos hombres que por no perder la vida buscan asilo? Yo no tuviera entrañas para semejante hecho. Aunque algunos fueron de aquí a querer perseguir dicen que se desanimaron, luego alguna cosa premeditarían. ¿Como ahora ya está con tropa Chinchilla qué hubiese sido de nosotros después?

A esto replicó Muñoz medio comiendo lo que le convidó el indio (que no podía mascar). Mirábale el indio con más compasión y dícele:

—Pobre Muñoz, ni comer puedes. ¿Cacrías de cara no?

Contesta medio sonriyéndose:

—Sí, he caydo de cara y rodado gran trecho. Pero lo que se ha dicho en el pueblo es que vosotros han coadyuvado todos en la persecución a Chinchilla y que han muerto a uno de ellos.

Luego mudó de colores el indio y sorprendido dice:

—No hay tal. Yo siempre pronostiqué estas voces que habían de correr cuando fueron a buscar los cuerpos que los soldados del rey dijeron que estaban muertos, que sacando [f. 226ᵛ] los enterrasen, que ni aun a eso fui yo, ¿no es así hija?

La llama a su mujer, sale la india muy afanada y sorprendida, dice:

—¿Qué ha habido, qué sindicación nos han hecho ya?

Empieza a llorar. Entonces lo calla a la mujer Muñoz, empieza a comunicar todo como había sido. Ya reparando al indio que era de sentimientos verdaderamente cristiano y ser adicto a la causa de la Patria le declaró Muñoz no tan claro sino con un cierto disfraz; dícele al indio:

—Pues hombre, sabrás que yo vengo aquí mandado por el comandante Portilla, que el comandante en jefe que es Chinchilla ha ordenado que haga buscar las armas que lo botaron en el barranco donde habían rodado, que aún deben estar ay algunos soldados todavía en ese monte, que a toda costa haga buscar. Precisamente iba a mandar aquí soldados el comandante don Narciso Portilla para esta busca, mas me dijo a mí que venga a saber y a buscar: me ha ofrecido darme plata, resguardo para que no me perjudiquen ni me incomoden a mí ni mis animalitos. Por esto nomás vine y ahora me ha sucedido esta desgracia, así es que ni sé a quién mandar ni qué hacer.

Muéstrase más apesadumbrado y más compasión le manifiesta el indio. Ya a las 2 de la tarde, por una parte le afligía a Muñoz el pronto regresar. Por fin le dice al indio (Feliciano Mejía se llamaba):

—Pues hombre acompáñame a buscar por si encontremos algún soldado o armas, saldremos bien. Mira hombre, no seas así, mira que ha de ser un servicio hecho a la humanidad primero, luego a la Patria; mira que Dios aceptará tal servicio, el comandante te agradecerá y todos los jefes, los patriotas todos te distinguirán porque la Patria es el lugar donde existimos y nuestro propio suelo.

Al momento dice que el indio le aceptó, oyendo su mujer le animó más encargando sí a que nadies sepa ni se dejen sentir. Dispónese como para mañana, entonces Muñoz apura y dice:

—Ahora mismo [f. 227] hemos de ir porque hemos de dormir en el campo y mañana llegaremos al trecho por donde entramos y donde deben estar las armas que dice que busquemos. Yo que estoy maltratado del golpe del otro día no puedo andar ligero que hasta las caderas me duelen.

—Bien —dice el indio.

La mujer cocina muy pronto. Dícele Muñoz:

—En una olla algo grande llevaremos por si tardemos y no tengamos qué comer.

El indio contesta:

—Llevaremos recado bastante, eslabón para sacar fuego, carne llevemos bastante cocida y cruda, chuño, papas, sal y todo lo que es necesario.

Muñoz dice:

—Bien pues, el fin es llevar en porción sea lo que fuere.

En efecto llevan todo lo que dijo el indio en porción: se cargó casi más de dos arrobas. A las 5 y más bájase Muñoz primero despacio; disimulando de sus vecinos bájase el indio así con su carga, lueguito lo alcanza a Muñoz cerca. Caminan hasta las 9 o 10 de la noche. Muñoz dícele al indio:

—Ya no puedo andar. Quedémonos a dormir un poco aquí, después caminaremos.

El indio le dice entonces:

—Si yo viera el trecho donde dices que están las armas y soldados entro de breves momentos estaría allí.

Muñoz repite:

—Dormamos un poco nomás aquí y después seguiremos.

Acepta el compañero, ambos se duermen. Como a las 2 de la mañana recuerdan, caminan despacio esto es sin camino, únicamente con la vista a los cerros. Amanece, sale el sol ya bañando a las cumbres. Replica el indio:

—¿Hasta dónde vamos pues? Creo que hemos andado más de seis leguas desde casa.

Se sientan. Muñoz le muestra de lejos:

—De aquel trecho es que entramos con el comandante todos nosotros.

El indio le dice:

—¿Quién te creerá que entren por ay a aquel trecho tan peligroso? Solamente los buitres andan por ay, así es que yo no te creo ni soy capaz.

Calla entonces Muñoz. A poco dice con mucha formalidad:

—Las armas que dice que busquemos deben estar en aquel trecho —señala como dos leguas todavía montaña aentro.

Caminan largo trecho todavía [f. 227^v] porque dieron una vuelta de más de tres leguas largas por la montaña y por el mal paso. A las 11 del día llegan poco menos al trecho de donde se separaron Muñoz de sus compañeros. Cansando se sienta. El indio curioso ve el rastro, pisadas frescas con zapatos, empicza más a rastrear, más claro todas las pisadas y más apagadas las yerbas, busca, busca, no ve a nadie.

Entonces Chinchilla y sus compañeros estaban esperando sospechosos por momentos el resultado de Muñoz pensando le hiciese alguna intriga. Antezana como era más sano de todos va a ver y ve al indio estar andando, según dice él mismo que no parecía indio sino soldado armado, con capotón, y muchos. Entonces se encamina para donde estaban los compañeros asustado: levántanse los otros y más sorpresos salen al encuentro.

—¿Qué novedad hay? —se preguntan unos a otros.

Responde Antezana:

—He visto gente armada. Nos están buscando, y muchos.

—Será tal vez Muñoz —dice Chinchilla.

Antezana contéstale:

—No es tal Muñoz, es gente estraña.

Entonces se dispersan cada uno buscando cómo asegurarse: Bustamante como pudo se bajó y se entró entro de un matorral muy espeso, el comandante Chinchilla por otra parte de cuatro pies porque no podía andar fuerte. Antezana súbese a un árbol grande coposo, tanto para divisar lo que había cuanto para estar seguro: nada ve, silencio; bájase y va todavía en busca del comandante y demás compañeros, muy apenas lo encuentra al comandante. Cada uno se preguntaba diciendo:

—¿Qué novedad hay, qué has visto? —unos a otros.

Bustamante dice:

—Los iba mirando todo.

A poco dice que se baja Muñoz dejándolo al indio en un trecho algo apartado, empieza a buscarlos. Chinchilla y Antezana no le oyen ni se dejan ver con Muñoz, más se ocultan. Empieza a llamarlos, [f. 228] a las voces se encamina el indio con gritos: peor para los otros, más se ocultan. Empieza Muñoz a llamarlos gritando, llorando, lamentándose tiernamente, espresando todos los trabajos pasados y haciendo mil juramentos en que es él, que no tengan la más menor sospecha. Así aullando empieza a buscarlos, corre por aquí, rastrea, no parecen, corre por allí, menos parecen, hasta que el indio también se bajó, empieza a llorar también y lamentarse tiernamente que movía dice a compasión, en aymara, haciéndole cargo a Muñoz y que qué es lo que contenía esos gritos y lloros (después de estar él también llorando). El otro dice no podía ni articular llorando, clamando y llamándolos que no tengan la menor sospecha, haciendo mil juramentos en que él solo es.

Ya que vieron solamente a Muñoz y al indio sálele al encuentro Antezana. Muñoz le abraza y pregunta por el comandante, Antezana dice:

—Se mató por tu tardanza.

Entonces se desespera llorando, arripintiéndose haber ido él. Viendo en este estado sálele al encuentro Chinchilla también llorando, así están los dos abrazados. Sale entonces Bustamante, encamínanse todos ellos a un trecho donde les proporcionaba' estar mejor, se van al pie de un árbol, dando fuego de una tercerola que tenían, calientan la comida, iban a comer mas no podían mascar, así así tomaron poco, examinan al indio entonces sin dejarse conocer que era Chinchilla ni menos Bustamante sino por oficiales de la Patria. El indio cuenta lo mínimo sollozando tiernamente y hace mil propósitos de no avisar a nadie y traerles animales ensillados. Tomándole un juramento se dejan conocer, más contento muéstrase el indio Feliciano Mejía y ofrece hacerle cualesquiera servicio aunque sea a costa de su vida, así es que se queda con ellos esa noche (que después lo hizo compadre el comandante Chinchilla).

Al amanecer el 15 de diciembre se va Mejía a su casa, llega y [f. 228ᵛ] dice llorando a su mujer que ha encontrado con cuatro soldados u oficiales de la Patria, que era preciso protegerlos, hacerles cualesquiera servicios porque los de cara blanca son agradecidos, que:

—En otro tiempo puede servirme de apoyo en cualquiera caso de necesidad y el más urgente como sucede muchas veces en esta vida. Mira mujer, nada se pierde en favorecer en estos lances a los que necesitan en semejantes peligros.

Contenta muéstrase su mujer (dice el mismo indio), se afana, corretean los dos en busca de animales, al fin consiguen fletando, echan voces de que a un compadre suyo lo había botado su bestia y lo ha desaviado.

Al amanecer al 16 o antes encamínase Mejía, a las 9 algo más llega llevando que comer y comida en una olla, se presenta muy contento. Después de comer montan los cuatro, lo saca el indio caminando por delante de ellos, cortando ramas y componiendo el camino del modo que pudo. Duermen en el campo, a la media noche se levantan.

Al romper el día al 17 llegan a la casa del indio, en el acto mandan comunicación a Inquisivi con fecha del pueblo de Palca. Contesta Copitas y el señor cura doctor don Ángel Mariano Mesa en que va a entrar de Yaco 300 hombres enemigos con don Francisco España.

Al subsiguiente día el 19 a las 4 de la mañana estando lloviendo se salen los cuatro al lado de Machaca (en Palca habían 200 hombres del enemigo al mando de un comandante Lezama).

Llegan el 23 a las 3 de la tarde, pasan el cargadísimo río de Catu y Sacambaya, suben la cuesta de Cuti y pasan para el pueblo de Machaca a la media noche sin dejarse sentir.

El 24 mansionan en un monte dándoles aviso al señor cura de

Machaca doctor don José Manuel Ampuero. Este señor fingiendo ir por [f. 229] confesión se largó llevando toda provisión o lo que era más necesario. A las 9 de la mañana se encuentran en los bajíos de la hacienda de Capinota al río de Hayopaya: allí se vuelven un mar de lágrimas todos ellos y cuentan sus pasajes, trabajos y sucesos por extenso. Así están con el señor cura hasta más de las 5 de la tarde y se despiden dándole el cura 100 pesos al comandante para que entre ellos se distribuyan, y otros auxilios más necesarios como es ropa, cama y lo más de actual necesidad. Se regresa el cura al pueblo y una mitad de caballería enemiga entraba de Palca a Machaca: ay tiene usted el cura ya estaba conversando con los oficiales del rey.

Esa noche durmieron en Machaca, y al día siguiente día de la Natividad del Señor se regresaron. Ya las noticias corruptas en todo Palca en que el comandante Chinchilla ha salido de Arcopongo con una tropa buena de 300 cambas flecheros (que son los indios bravos o infieles); para el caso Chinchilla se pasó el río de Hayopaya entre cuatro nomás disfrazados para arriba. Por el alto de Sihuas se pasan al lado de las pampas de más adelante de Yaco; por la hacienda de Puchuni y altos de Ichoca dándose la vuelta remanecen en Calchani a fines de enero ya con 60 hombres de tropa de caballería aunque no todos de armas de fuego pero ya con tropa, y se aumentaba más y más, no sucediendo cosa más notable en este intermedio de tiempo.

Yo me hallaba en la hacienda de Pocusco. Lo que sucedió fue lo siguiente: la víspera de la Natividad del Señor el 24 de diciembre por la mañana me bajé de mi casa a ver un corto sembradío de trigo disponiendo hornaleros y demás necesario para el trabajo ése. Después me fui a mi habitación a almorzar como a las 9 de la mañana; aún no acabé bien de comer entró a mi casa una india, [f. 229^v] me reconviene sorprendida y me dice:

—Hombre de Dios ¿qué haces aquí? ¿Por qué no te encajas a cualesquier parte, no ves que el enemigo está ya sobre ti?

La miro nomás todavía y le digo:

—¿Qué quieres hacerme burla o qué es esto?

Me replica muy asustada:

—Levántate, ve el estado en que estás.

Me agarra de la mano, se esfuerza a levantarme, salgo prontamente con ella, veo que venían como en la distancia de menos aun de dos cuadras de mi casa propia por entro de los matorrales. Entro a mi habitación, agarro el freno de mi bestia que estaba ensillada, ya no tuve más tiempo que sacar mi sombrero ni busqué mi bestia ni nada me fui corriendo a pie por un bajío, pasando una quebrada subí una corta cuesta, me senté a mirarlos pero ya yo bien seguro al mismo frente de mi casa.

En el acto se juntaron los indios: como todos se habían presentado ya y tenían sus constancias de un papelito en donde decía: "Se ha presentado fulano de tal y queda indultado. Para que conste lo firmo", firma del comandante de la plaza del pueblo donde pertenecían. Así pues vienen los indios trayendo leña, carne, papas y todo lo necesario para hacer un rancho para los soldados de aquella tropa; con su alcalde van los indios como 30. Entonces preguntan por mí y dicen:

—¿Dónde está el tambor mayor de Chinchilla —yo no era de Chinchilla sino de la Patria—, dónde están las armas que ha escondido, las que le ha dejado o cargado del anexo de Jahuara? Chinchilla mismo le ha dado para costodiar, ese alzado insurgente quien es muerto ya. Me han de entregar al tambor mayor y cuando no a él las armas que tiene en su poder, mira que serán premiados, porque si no les paso a degüello a todos vosotros si no me entregan.

Los apresan a todos los que estaban presentes [f. 230]. Entonces los indios que eran como más de 40 hacen juramentos de que no saben de tales armas ni han visto; que yo estaba ausente ya tiempos ha de ésta; que debo estar seguramente muerto, ya que Chinchilla estaba muerto que debo estar muerto ya también porque siempre me hallaba junto con él; que absolutamente no saben de mi existencia en donde sea. Díceles el comandante de la partida don Hipólito Fabre (que había tenido 60 hombres):

—Bueno ¿con que vosotros no saben de las armas ah? ¿Cómo yo sé y he visto? Yo sé cómo están y dónde están las armas.

Atónitos los indios dice que se miraban unos a otros. Luego mételes a unos ocho indios mozos a mi propia habitación y mandan que rompan una troje que tenía de trigo, lueguito lo mudan a otra parte y el asiento del troje lo hacen cavar como más de tres varas o cuatro y no sacan más que tierra. Entonces dicen que dijo don Hipólito Fabre a uno que estaba amarrado:

—¿Dónde están las armas y el tambor mayor? Entrégame pues. ¿Pensastes librarte con tus mentiras? ¿Cómo pues me has hecho andar toda la noche por entro de la montaña? Pues no escaparás para escarmiento de otros que quieran burlarse como vos.

Lo hace sacar al patio, lo vendan los ojos con su propio gorro, en mi misma puerta lo fusilan a las 3 de la tarde, lo dejan así el cuerpo y se pasan al pueblo de Cavari llevándolo preso amarrado a pie a un don José Aguilar (capitán de cívicos del pueblo de Machaca), los dejan en libertad a todos los indios, se pasan. El tal muerto se llamaba Pedro Choque, natural de Toledo, soldado antiguo de Lira (alias el cabo Perote). Así murió el infeliz quedando yo desnudo enteramente de todos mis cortos trastes y de cuanto tenía, esto es sin una camisa que mudarme sólo sí con grande dicha de haber salvado la vida el 24 de diciembre. Vea el prudente lector que un oficial de compañía, [f. 230ᵛ] un mero teniente (que era el tal don Hipólito Fabre) tenía la grande facultad de fusilar sin causa ni formar proceso, fusilaban nomás sin orden del rey: ¿serían unos insobordinados e ineptos aquellos subalternos?

El caso fue para esta lastimosa muerte: Tenía yo una criada cocinera a una india moza llamada Asencia. Esta en mis correteaduras se me ocultó en Lirimani a las tres leguas de mi habitación. Había tenido sus amores antecedentes con este finado soldado: por supuesto le comunicaría todo lo que pasaba en mi casa, lo que yo hacía y hablaba se lo avisaría a su amante, y como viese la tal muchacha esconder las armas bajo de la troje de trigo (de unas 15 fanegas poco más o menos) con esta confianza se comprometería el desgraciado porque lo amagaron cuando lo pillaron en la estancia de Sihisihi, casa de don José Aguilar, adonde había ido este infeliz a ganar trabajando por jornal para Aguilar.

Para que salvara yo las armas fue que así que se me huyó la tal muchacha, adivinando que sucediese tal cosa lo hice muy pronto trasladar a otra parte ocultando en un hoyo de un barranco con solos dos indios de mi confianza (Lucas Manuel y Pablo Solís) entro de monte; más sabía un hombre José Manuel Ledesma, mi íntimo amigo de toda mi confianza y muy adicto a la causa de la libertad de la Patria. Así pues hice escapar 64 fusiles y todo lo que arriba dije que me hizo confianza mi Patria.

Ya yo con esta hecha andaba como volando sin tener paradero fijo. El mismo cargo que tenía de las armas me hacía andar sospechoso. Pero así así me entraba las veces que quería a Oruro de noche disfrazado, donde más bien solía estar más seguro y tenía algún sosiego aunque sin andar con la franqueza que uno quería. Las más de las veces paraba [f. 231] en Caracollo en casa del señor cura doctor don Miguel Vargas, que tenía yo relación de parentesco. Allí más bien los conocía a los jefes de las tropas del rey: de noche nomás me presentaba y escuchaba todo lo que conversaban con dicho señor cura Vargas; de noche nadie me veya, y de que tanteaba algo sosegado mis lugares me salía una noche, al día siguiente solía estar ya en mi pueblo de Mohosa aunque pasando mil necesidades pero siempre constante en la opinión de la causa que había abrazado.

Año de 1820

El 22 de enero recibí una nota del comandante don José Manuel Chinchilla en la que me dice que venga a verme con él llevando 25 fusiles corrientes, pólvora, piedras de chispa, 12 caballos (si acaso existiesen) con 20 juegos de herrajes.

El 26 me fui a Mohosa llevando todo lo que indicó: encontré allí, donde me comunicó por extenso todos los trabajos que habían pasado en la persecución del enemigo en Arcopongo.

El 29 nos bajamos de Mohosa para Pocusco.

El 30 de enero pasamos para el pueblo de Cavari donde estuvimos hasta el 4 de febrero. Ese mismo día me fui para mi habitación Pocusco marchando el comandante por el lado de Calchani por Charapaya con 120 hombres: 70 de infantería armada y 50 de caballería así también armados.

El 16 de febrero me reuní con el comandante Chinchilla en el alto de Sihisihi por su llamada e íbamos esperando en los altos de Palca al enemigo. A las 3 de la tarde se nos presentó ya en todo el alto de Chacovillque. Se bajan como 50 hombres de guerrilla, luego empiezan a [f. 231ᵛ] tirotearse, en dos o tres descargas que dieron los enemigos tocó una bala a mi caja, lo hizo pedazos. Viendo esto me dice el comandante Chinchilla que vaya yo a componer como pueda la caja porque no había más ese rato. En efecto me bajé a una estancia que es Sihisihi y del modo posible lo compuse lo mejor que se pudo de noche.

Al romper el día 17 ya fui buscando la reunión: lo encontré en el alto de Chullpapampa en la abra de Charahuayto a toda la tropa frente al enemigo quien había campado en Huancarani. A una hora sale el enemigo tiroteando a nuestra guerrilla hasta la abra de Charahuayto donde hicieron alto. A las 9 del día siguen el camino que va al pueblo de Tepacari por la loma: como la indiada atacaba por su costado derecho de lo alto con galgas de piedras y hondazos y algunos tiros de los crestones que formaba el terreno, y nosotros de retaguardia, no pudieron salir ni una legua. Retroceden a la misma abra de Charahuayto, nosotros en retirada (y estuvimos en vanguardia y retaguardia), al costado derecho toda la indiada que pasaba de 300 hombres. Después de un rato de descanso siguieron la marcha para Palca rompiéndonos un fuego vivo donde nos mató a 15 hombres (nueve indios y seis soldados). Siguieron siempre la marcha.

En esto me encontró un teniente de caballería don Pedro Graneros. Viéndome a pie me dijo que montase al caballo de reserva que tenía ensillado, así lo hice dándole la caja a otro tambor que había allí Mariano Garavito. Agarré un fusil, me fui con la tropa que iba en seguimiento del enemigo. Ya al bajar a una pampa que llaman Aguaycastilla hizo alto el enemigo; dejando una emboscada de 50 hombres se marchó la tropa por la misma loma, y sospechosos dimos la vuelta ocho hombres de caballería con el [f. 232] teniente Graneros y nos pusimos en su centro mismo entro de la emboscada y el trozo. Chinchilla, Castro y Contreras con 20 hombres de caballería que avanzaba se ponían en un trecho peligrosísimo por la emboscada. A fuerza de hacer señas a que regrese logramos no hiciese operación los de tal emboscada y eso dándole un tiro ya.

A esto fue que los enemigos dan media vuelta y nos dan una descarga cerrada donde cayeron dos soldados nuestros muertos del caballo y tres mal heridos que a poco rato murió uno de los heridos: tres muertos en sola una descarga. A mí me tocó la bala en el sombrero tal que se perdió al momento. Se apea Graneros y lo levanta al soldado herido, en las ancas se lo sacó y de un trecho como de una cuadra y más regresó dándole a un soldado Manuel Palomeque quien lo llevó en los brazos al herido compañero; todavía de regreso agarró Graneros los dos caballos de los heridos como que logró sacar todos ellos. Mas no avanzaron los enemigos ni un paso hacia a nosotros; se reúnen con su trozo, vuelta se retiran y marchan para el lado de Palca. Nosotros siempre seguimos en pos del enemigo. Yo iba como podía a pie con un fusil, los demás estuvieron adelante. Al fin éstos retroceden (no todos de los nuestros) a gran priesa: del enemigo vienen avanzando dando fuego por cuartas. Por último trastuerna un morro el comandante Chinchilla, de que me vio me llamó con muchas instancias y me dice:

—Tambor mayor vení, aquí está tu ensillado, agarra y monta.

Yo que estaba bien sofocado con el cansancio con qué ansias voy a agarrar mi caballo, montar e irme: aún no me había pasado el comandante 20 pasos ya me encontré cara a cara con tres soldados enemigos que venían en pos del comandante Chinchilla con sus sables batiéndole los cortes. No hice más que tirar un balazo (porque mi fusil estaba cargado) [f. 232^v] y llamar a mis compañeros, cuatro infantes, quienes granearon, y seis u ocho infantes enemigos que venían como a agarrarlo al comandante Chinchilla siempre se cargaron y prontamente salieron a todo lo descubierto. No hice más que entrarme un poco para el bajío y echarme dentro de las pajas que estaban bien crecidas del camino a un lado, porque ya no podía correr; el fusil puse a mi lado y tapándome con las pajas me quedé. Así me estuve como un cuarto de hora, más temía yo que prendiesen con fuego a las pajas que eso tenían de costumbre así el enemigo como nosotros: en tal caso me vería precisado a darme prisionero, o correr o perecer en el rigor de las llamas. Luego tocaron reunión, se marcharon siempre para Palca caminando por la loma. Aún no se bajaron más de dos cuadras ya yo me salí, les di un tiro. Sería las 3 de la tarde ya. Siempre fuimos en su seguimiento hasta las 6 de la tarde que se acamparon en el alto de Buenavista en Quiñuahara; nosotros nos retiramos al punto de Aguaycastilla que es una pampa. Al día siguiente 18 de febrero a las 9 de la mañana levantó campo el enemigo en contramarcha: agarra el camino de Tapacari siempre pero no por el camino sino por toda la cumbre su infantería, la caballería sí por el camino con todo su cargamento por lo llano que es el camino recto porque le protegía del alto su infantería. Nosotros seguimos a retaguardia nomás, ellos más bien nos tiraban con galgas de piedras. Llegando a la abra de Charahuayto siempre caminaron por la loma a hacer noche en el alto de Chullpapampa. Ese día no hubo novedad notable de ninguna de las partes.

Esa noche se agolparon los pocos indios que habían con nosotros como a las 9 o 10 casi al mismo campo. Los rechazaron con unas descargas cerradas de donde salieron ocho indios muertos y 17 heridos, ganaron sí los indios cuatro caballos ensillados. Desde ese momento no tuvieron los enemigos sosiego ni de un minuto: se formaron en cuadro poniendo [f. 233] las cabalgaduras al centro y así en formación amanecieron. A las 5 de la mañana ya se bajaron para Corosa (que es un anexo de la doctrina de Charapaya, tránsito no tan general para Cochabamba en una quebrada), pasaron rápidamente el río. A las 7 estuvieron ya en Canari (que es otro anexo del mismo Charapaya) en todo lo llano sí; ese día se fueron los enemigos hasta Tapacari. Al otro día se pasaron a la ciudad de Cochabamba. Tuvimos de pérdida 28 muertos y 30 heridos por todo. Nos regresamos a Palca.

El 21 de febrero nos salimos a Inquisivi, el 25 entramos a dicho pueblo.

El 19 de marzo lo fusiló Chinchilla a un soldado de caballería Toribio Pérez (natural de Moquegua). Este después de ser pasado de las tropas enemigas armado, se volvió a irse al mes y más, se volvió a venir, lo indultó el comandante porque se vino trayéndose otra tercerola, vuelta se desertó, a cuya sazón le comunicaron a Chinchilla de la ciudad de La Paz en que el tal Pérez venía comprometido a quitarle la vida con tósigo o de traición, ello es que se ha comprometido a Espartero, un jefe del batallón de Centro: para el efecto había estado andando disfrazado en el mismo pueblo de Inquisivi las noches nomás acechando al comandante Chinchilla. Llegada la comunicación ésa de La Paz entra al mismo tiempo a quejarse un tal don Mariano Giménez (alias el Guadalupe, capitán que fue de indios de Quime), en que Pérez le había arcado su caballo y el único que tenía y marchádose para los Yungas. Entonces prontamente mandó Chinchilla una partida de 12 hombres de caballería adelantando un propio en que lo pesquen a un soldado desertor: antes de que Pérez llegase a Suri los indios lo pillaron. Cuando llegó el ayudante don Pedro Zerda (quien fue el comandante de la partida ésa) lo entregaron, lo hicieron llegar el 18 y el [f. 233^v] 19 fue fusilado después de declarar en que todo era verdad, que lo mandaron con ese objeto. Y así la pagó con su vida.

El 27 entró el coronel enemigo Benavente con 800 hombres de su batallón al pueblo de Ichoca. Se reunió la indiada como 700 hombres, 300 en el frente del pueblo (que llaman Choro) con el comandante Chinchilla, 400 hombres en el mismo alto del pueblo con el comandante don Marcelino Castro que tenía también 40 hombres armados.

Le tirotearon como dos horas el 29: aquí pasó la bala raspando los pies del señor cura de Sicasica doctor don Manuel Flores (que se intitulaba coronel del ejército real) y mató a su perro que estaba a su lado. Viendo esto se volvieron a entrar los enemigos al pueblo, saliendo de nosotros seis muertos y 11 heridos.

Al día siguiente 30 de marzo había ido tres soldados enemigos a robar a las casas cercanas del pueblo al lugar de Alanta: se bajaron los indios, los mataron a los tres; todos ellos estaban con bayonetas las que se ganó.

Al día siguiente 31 al tiempo de que se preparaban para salirse los enemigos del pueblo de Ichoca dispárase una mula de la plaza, síguele el dueño a pesar de que sus compañeros lo llamaban que dejase aunque se pierda, que estaba su vida al peligro, que la indiada estaba muy inmediata, mira que regrese: grítanle una y otra vez, nada oye, sigue corriendo tras de su bestia, bájanse los indios, lo atropellaron en el lugar que llaman Pusiripunco, lo agarran y lo matan a palos, lanzazos y a pedradas. Dijeron que era oficial, más después se supo que había sido un cadete, un brillante joven. Pues así que lo tomaron dice que gritaba:

—¡Viva la Patria! Al cabo me he visto entre los de mi opinión, de tantos años he cumplido el grande deseo que tenía de hacer un servicio a la Patria.

Nada le valió al infeliz. A pesar de que Castro ordenó que lo llevasen preso, por lo mismo lo mataron más pronto. Después [f. 234] el comandante Castro al teniente que había estado en ese grupo de indios del pueblo de Quime lo hizo estirar y le hizo azotar como 100 azotes cuando le avisaron de que había hablado así el tal joven. Supo todo esto el comandante Chinchilla; lo iba a fusilar al indio por insubordinado mas los oficiales le comunicaron a éste y le dijeron a que escapase y así fue.

A la entrada de los enemigos el día 27 se desbarrancaron dos soldados del rey en el lugar Asati. El caso era que un indio estando reuniendo sus carneros en el campo vio entrar al enemigo; estaba el indio mirando detrás de unas pajas. A esto vino otro indio pastor nomás también y ambos con el vigor del patriotismo que se revistieron conciertan perjudicarles y hacerles algo. Se enderezan los dos al mismo alto de este Malpaso. Viene otro indio corriendo desde lejos, ven estos dos y el otro hace la seña a que le esperen. Los otros sospechando tal vez algún trozo enemigo les vaye por donde estén ellos hacen alto. Llega el otro indio, reúnense los tres y dice el recién llegado:

—¿Con que ustedes nomás querían ser victoriosos en este lance? Yo también quiero tener parte porque éstos no vienen a hacer buenas obras sino son nuestros enemigos mortales; éstos vienen a robarnos, a talarnos, a degollarnos, a incendiarnos no sólo nuestras casas sino también nuestras sementeras. Es preciso siquiera con las fuerzas de un mosquito hacer algo.

Empiezan a tirarles galgas y matan a dos soldados enemigos, los demás corren a buscar trecho para poder ir a pescarlos a los indios, no hallan, y los bravos americanos hasta cansarse tiran galgas. Después ya descansan y se suben más arriba con todo su ganado muy contentos y entre ellos dicen:

—Al cabo nos hemos desfogado. Un año me llevaron como mil ovejas de mis padres.

El otro decía:

—Tal año nos dejaron en pelota sin un cotón que mudarnos, quemaron nuestras casas, sementeras y cuanto hay.

Cada uno contaba [f. 234ʳ] lo que les perjudicaba los soldados del rey. Dos muertos en el sitio, más de 30 heridos en un mal trecho para el que pasaba. Se daban los indios el parabién por el caso sucedido. Balancee el lector el odio mortal que los indios les profesaba a estos hombres sus tiranos.

El 11 de abril asimismo lo fusiló Chinchilla de regreso de Ichoca en el pueblo de Inquisivi a un Damián Fuentes natural de la ciudad de La Paz. Éste se presentó pasado del enemigo en el mes de marzo, a los dos días lo hizo cabo primero de granaderos, el 26 se desertó de Ichoca, lo trajeron los indios, lo indultó. Sobre que el comandante Chinchilla le dice que si quería irse a su país que se vaya, que le dará pasaporte para que no lo perjudicasen en su marcha y le auxiliasen con la comida hasta salir de los dominios de la Patria, y contesta que voluntariamente quería servir a la Patria y que por eso se había pasado de las tropas del rey, vuelta lo puso de cabo en la compañía de granaderos. Advirtiéndole que no había sueldo alguno más que una corta ración los domingos, ropa de tejidos del país, si aguantaría, dijo que en el rey ha tenido sueldo y buena ropa, que no le ha gustado porque era de la opinión a la Patria y que estaba contento. Se volvió a desertar estando de guardia armado, la llave del fusil lo había vendido a un paysano y el cañón a otro indio golpeándolo. Entonces mandó partidas de indios, éstos de la hacienda de Escola lo hicieron llegar. Presentado que fue al comandante sometió a un consejo de guerra que formó para sólo este caso y resultó fuese fusilado. Lo pasó a la capilla y lo fusiló. Aunque el comandante quiso todavía indultar mas los oficiales condenaron al infeliz, y hasta los indios pedían fuese fusilado un enemigo de la causa, un perjudicial en el servicio [f. 235] a la Patria. Acabó con su vida el pobre porque la sentencia fue general.

El 12 de mayo sale el gobernador subdelegado del partido de Quillacolo don Agustín Antezana con 80 hombres siempre en busca de los patriotas. Llega al pueblo de Calliri, donde andaba por la Patria una corta mitad entre caballería y algunos de a pie con un religioso del orden de San Agustín llamado fray Agustín Rocabado (vecino y natural de la misma quebrada de Tapacari, no de misa sino corista). Éste acaudillaba una tropa que era la de don Pedro Álvarez (comandante de la doctrina de Morochata que murió en Parangani) y como andaba desde entonces este fray Agustín Rocabado en compañía de este señor sucedió en el mando de su tropa, y así andaba con 50 hombres siempre persiguiendo a las tropas españolas del modo que podía. Así es que entró al pueblo de Calliri y se salió porque tuvo aviso de que venían los enemigos, se fue arriba al lado de las Tres Cruces que llaman, un anexo en el alto de Calliri; allí se fue a un costado de la estancia ésa a un lugar que llaman Luribay.

De Calliri lo sacó Antezana de diestro a un Manuel Rojas, éste lo llevó a aquel trecho y los hizo asaltar y cayeron 26 hombres prisioneros, los otros escaparon como pudieron; entre ellos cayó el comandante fray Agustín Rocabado, un capitán don Pedro Rocabado (de la misma quebrada de Tapacari). Los metieron a todos ellos prisioneros a la ciudad de Cochabamba y los fusilaron; al padre y al capitán Rocabado le cortaron la cabeza y mandaron para que pongan en la plaza de Calliri donde también mató don Agustín Antezana a un tal [f. 235ᵛ] Mariano (alias el Callado) y a un Francisco de tal, vecino de Yani; le cortaron las cabezas para poner en la torre.

Dejando así se fueron para Quillacollo a las 11, y a las 4 de la tarde ya entró una tropa de las tropas de la Patria a Calliri y mandan bajar de la torre de la plaza la cabeza del Callado y lo hacen enterrar como asimismo la del Francisco (que los enemigos la mandaban a su pueblo); ésta encontró la tropa de la Patria en el camino o se la llevaron los conductores y por eso más bien se apuraron y no los alcanzaron a los del enemigo que se salieron muy prontos.

El 21 de mayo hubo una novedad de que el enemigo ocupaba el pueblo de Morochata saliendo de Cochabamba y que pasaban adelante a Palca. Por la tarde salió el gobernador subdelegado de la Patria Bascopé (que era del partido de Hayopaya) con 25 hombres montados hasta Chinchiri, camino principal para el pueblo de Morochata, a saber fijo y a tirotearlos siempre que sea efectiva la noticia, lo que no había sido tal. Viendo que era falsa la noticia ésta se regresó Bascopé del mismo Chinchiri al romper el día o antes para Palca. En las cercanías del pueblo como más de una legua de una hacienda llamada Torarani manda a un muchacho que encontró (llamado Juan Torres) de Palca a que dé parte verbal al comandante en que no había novedad ninguna y que él se regresaba. Divisado que fue Bascopé desde el pueblo con la escolta que llevaba, que disfilaba un trechito, alborótanse en el pueblo de Paca un movimiento de que era el enemigo. El muchacho fue corriendo y por llegar más pronto fue por otro camino, y Bascopé como fuese al invión de los caballos por supuesto había llegado mucho más primero que el muchacho. Continuaba [f. 236] el alboroto antes de que llegara Bascopé.

El comandante Chinchilla como pudo con la sorpresa dispuso preparando lo necesario: distribuyó la tropa, guerrillas, costados, emboscadas, en fin toda prevención se hizo, y se entra Bascopé. El comandante le reconviene ásperamente que por qué no dio parte desde el mismo momento que se salió de este pueblo, todo todo, su regreso principalmente porque estaban sospechosos del enemigo:

—Y por esa causa ha puesto usted en semejante movimiento a toda la tropa y ha alborotado a todo el pueblo, vea cómo están.

A ese tiempo preséntase el joven Juan Torres con el recado de Bascopé al comandante. Entonces dice Bascopé:

—Le he mandado avisar con este joven de que yo venía.

El muchacho da su disculpa diciendo que como venía Bascopé a caballo y a toda carrera lo venció, que estaba a vista del mismo Chinchilla que no ha sido falta suya la tardanza, que cómo hubiese excedido a unos que venían a todo galope a caballo. Entonces desenvaynó su espada el mismo comandante Chinchilla, a sablazos acabó la vida de este infeliz joven (inhumanamente sin razón a un inocente) siendo un espectáculo sumamente lastimoso tal acción que quedó todo el pueblo consternado. Así se sosegó después.

El 29 de mayo al amanecer al 30 entró el coronel enemigo don Manuel Ramírez con 800 hombres de su batallón a las 3 de la mañana (antivéspera de Corpus) asaltando, esto es sin que ayga noticia la más pequeña de Oruro al pueblo de Mohosa. Toman dos esquinas de la plaza que son las calles más principales, y dan una descarga de 50 hombres o una compañía. A esto sale de carrera un vecino del pueblo don José Andrade y Moya (que estaba de altarero en una de las esquinas de la plaza) donde [f. 236^v] le dieron una descarga, cayó y murió; otro, Andrés Vergara de igual modo altarero, sale con toda la ropa de asear el altar para la fiesta de Corpus: en media calle le dan una descarga, cae muerto de un balazo o de algunos balazos. Ya no hubo quién salga. Recogen a los demás hombres que habían en las casas del pueblo, los meten a la iglesia y los encierran con dos centinelas de vista en una de las capillas colaterales.

Había una mujer impedida del mal gálico o apoplejía llamada Evarista de tal que no andaba ni se paraba siquiera. Había estado sentada sobre una sobrecama. Entra un soldado al aposento de esta enferma, lo ve y le dice:

—Levántate.

No puede la enferma. Otras mujeres que habían allá muchas dicen:

—No sabe levantarse, es impedida.

Más claro le dicen:

—Es enfermiza.

Contesta el soldado:

—Yo haré que se levante.

Le da un balazo y muere ella batallando con las ansias de la muerte porque lo dejó semimuerta nomás. Era español europeo el tal soldado: sólo un extranjero tal podía tener entrañas para matar a un mujer enfermiza. Vea el lector que todos los soldados rasos tenían facultad o autoridad para matar hasta a mujeres.

Después de recoger a todos los hombres y encerrarlos en la iglesia, entre ellos había caydo un don Rafael Vergara, cacique gobernador de este pueblo de Mohosa, padre de Andrés (que ya murió). Los pasan a capilla y ordena que se confiesen separándolos a los que gustaban, y a otros por separados declaraban ser prisioneros que han de ir presos. Entonces muy confiado en que lo ha de hacer gozar el indulto por ser cumpleaños del rey don Fernando 7º monarca de España, el señor cura de Mohosa doctor don Mariano Campoverde pide merced arrodillándose al coronel Ramírez [f. 237] en que hoy era el feliz día de su cumpleaños del monarca de España don Fernando 7º y que el mismo santo que reza hoy la santa iglesia era San Fernando católico monarca, que los indultase de la pena de muerte a estos infelices que no eran delincuentes. Contesta Ramírez que por lo mismo hoy día paraban y no hacían nada, que mañana sí se marcharán (como si uno les hubiese dicho que no se marchase hoy día). Al día siguiente a las 8 del día los fusilaron atrás del cementerio en las paredes de la iglesia a nueve hombres, entre ellos al cacique don Rafael Vergara lastimosamente sin más delitos que haber sido encontrados en sus casas, unos paysanos pacíficos.

Dicen que uno de ellos era un jovencito de la puna (así llaman a los de las pampas de Oruro y de todo lugar frígido); dice salía de la iglesia al patíbulo comiendo un mollete (que es el pan que hacen del áspero de la harina de la flor): sin saber por qué lo mataban ni dar crédito de que iba a ser víctima salía con una frescura de ánimo, y siempre mascando iba el jovencito. El señor cura que los ayudaba le decía:

—Hijo, ya no es tiempo de que comas, en este momento vas a la presencia del divino tribunal, pídele misericordia, llámale que te ayude, te defienda del enemigo malo —etc., a este tenor palabras dirigidas y propias para el presente asunto.

El indiecito nada hablaba comiendo el mollete, que le replicaba al cura:

—Tata cura, desde antenoche estoy sin comer, como forastero. Acabaré de comer todavía, despacio llévenme pues. ¿Y no fuera a ver todavía cómo estarán mis carneros cargados? Después me volviera pronto, de ay les acompañaré, hasta donde quieran me llevan pues.

Le suplicaba a un soldado a que le dé licencia, después dice que le ayudará aun a cargar el fusil más que sea todo el día y mañana más. Llega al patíbulo, lo sientan y los afusilan, todavía el pan en la boca del indiecito no había acabado de tragar siquiera, que causó la mayor compasión que hasta los soldados enemigos se regresaron llorando viendo al difunto con el pan [f. 237ᵛ] en la boca y en la mano a este infeliz inocente. Aún más dicen que dijo a tiempo de que le dice un soldado u oficial que se siente:

—Déjenme nomás ya pues, mi madre me retará, qué dirá de mi tardanza.

Así pues se manejaban los fieles vasallos de su majestad el rey de España.

Acto continuo marcha todo el batallón realista. A las 2 de la tarde llegan a Pocusco de donde se dividen: medio batallón bájase por el río a Machaca, la otra mitad se va por el alto por Sihuas (donde duermen, y en Curupaya el otro trozo) pero iba a reunirse en el pueblo de Machaca.

El 1º de junio día de Corpus se levantan campo los que iban por el río, a las 4 y más llegan al mismo río de Hayopaya (camino principal al pueblo de Machaca), se ponen de emboscada en el pie de la cuesta al subir a dicho pueblo como una compañía y pescan a los que se bajaban de la fiesta de Corpus o de haber oido misa, a 10 indios, a algunos que eran bayles.

Ya a más de las 9 de la noche llegan al pueblo de Machaca y al día siguiente pasan al pueblo de Palca llevándolos a los que pescaron en el camino y a algunos que llevaban del pueblo de Mohosa, y el 2 a las 4 de la mañana entran.

El 3 de junio los pasan a capilla a 11 indios de los prisioneros.

Al día siguiente 4 a las 11 del día los fusilan sin más delitos que haber nacido en las Américas.

Este español inhumano tiene el atrevimiento de dar parte al gobernador de Oruro diciendo:

Llegado que fui con los valientes soldados que tengo el honor de dirigir tomé prisioneros el 30 del pasado mes por la noche en asalto a muchos insurgentes donde cayó en un tiroteo muerto el caudillo Moya y sus compañeros. De igual modo con la rapidez de mis marchas pude lograr y tomarlo por asalto al mayor caudillo Chinchilla quien escapó a uña de caballo [f. 238] en Palca, donde también cayeron varios prisioneros los cuales han sido como en Mohosa escarmentados en un patíbulo para que conozcan y sepan cómo se castiga todo rebelde al rey.

No puede haber semejante mentira de este hombre cuando ni señas de soldado encontró ni vio en toda su marcha hasta Palca.

Este parte fue interceptado, por donde se supo lo que decía este señor. Al pie del oficio puso Chinchilla una nota:

Todo ha sido una mentira del señor Ramírez. Este jefe valiente como victorioso no ha hecho más que haciendo proezas de valor como Don Quijote, de degollar a cuantos ha encontrado en Mohosa que eran los altareros para Corpus. Llevando prisioneros a algunos pasó este invicto y humano señor coronel a la cabeza de sus valerosas tropas al pueblo de Palca (donde me hallaba yo, allí también se hallaban todos sus vecinos), alborotando únicamente en el servicio de su majestad divina; pillándolos los ha asesinado a una porción de los del país sin haberlos visto ni oido un tiro de fusil. = Pase a su destino. = Dios guarde a vuestra señoría muchos años. = José Manuel Chinchilla.

Al pie su propia firma y entera.

Mandó con un oficial don Pedro Zerda, que éste se entró a las pampas de Oruro y dijo a un indio en la hacienda de Querarani que él estaba pasando a La Paz con pliegos importantísimos en servicio del rey, que como oficial del mismo iba con esos papeles, que

AÑO DE 1820   283

no le alcanza ya tiempo para entrar a Oruro. Dándole cuatro pesos se pasó; el indio tuvo que ir con dicho oficio.

El 7 ya reunió el comandante Chinchilla como 400 hombres de indiada, 160 hombres armados y 60 hombres de caballería y 100 y tantos de caballería cívica. Lo esperamos al enemigo en la loma del Malpaso. Ese mismo día salió el enemigo a toda la loma botando 60 hombres de guerrilla a su vanguardia. De nosotros mandó Chinchilla 25 dragones de guerrilla en la abra de Charahuayto. Se batieron un buen rato donde cayeron tres muertos de nosotros. La indiada atacaba del derecho al enemigo estando de retirada, y cuando nos hacía el frente directo ocupan su izquierda; a su retaguardia estábamos toda la restante tropa. Seis caballos ya murieron y 11 indios con 15 heridos hasta ese momento, y se iban yendo de repente. [f. 239] Viendo retirarse avanzaba nuestra guerrilla siendo oficial un alférez de caballería don Francisco Cárdenas, joven valiente natural de la ciudad de La Paz; éste iba siempre adelante tiroteándolo, le picaba cuando retrocedía, y la indiada en todo el alto: éstos atacaban por ambos costados con galgas de piedras y hondazos que tiraban, no se dejaban avanzar; si le avanzaba al alférez Cárdenas le picábamos por retaguardia; si a nosotros, Cárdenas le picaba: así íbamos por la loma.

En estos avances y retiradas habían dejado los enemigos una emboscada de 60 hombres de infantería en el lugar que llaman Tooquiña y venía a retaguardia avanzando. Regresó sobre el enemigo el oficial don Francisco Cárdenas y detrás de una abra le dieron una descarga los emboscados todos, donde cayó redondo muerto del caballo el alférez Cárdenas con 11 balazos, y cinco soldados heridos. El indecente cadete hijo del capitán don Blas Sevilla se asoma corriendo, se acerca al difunto y le corta la cabeza con sus propias manos y alegre daba sus brincos echando vivas a su rey de la acción tan heroyca que hizo de degollar a un muerto. Luego siguen su marcha bajándose a hacer noche a Chuchuata de donde escaparon cinco prisioneros que llevaban.

Al siguiente día el 8 de junio nos retiramos a Lirimani porque a las 6 de la mañana levantaron campo los enemigos, se dirigen por la loma. Solamente mandó el comandante Chinchilla a toda la caballería y una compañía de infantería que era de granaderos al mando de los comandantes don Marcelino Castro y don Pedro Bascopé 110 armados y toda la indiada que pasaba de 600 hombres.

A las 11 del día estando caminando por la loma de repente se tirotearon los enemigos con la gente de la doctrina de Charapaya [f. 239v] que éstos venían a reunirse con nosotros; así estaban en un continuo tiroteo. En la abra de Salancachini se les cubrió la nieblina y en los avances y retrocesos que hacían se encontró repentinamente con el enemigo cara a cara un valiente capitán de cívicos de la doctrina de Charapaya don Mariano Hinojosa y un soldado Andrés Cabañero (que era cabo) más otro indio: los tres murieron.

Así siguieron siempre la marcha los enemigos y se quedaron a hacer noche en el alto de Icoya en toda la cumbre. Antes de que amanezca levantaron campo: en la bajada de la loma a Icoya al frente de la misma estancia al estar durmiendo lo pillaron a un capitán de indios de Lirimani Tomás Apasa estando de avanzada: en el sitio lo dejan muerto en una abra y pasan caminando siempre por la loma. El uno de los prisioneros tomados juntos con el capitán Tomás Apasa, que eran tres, era alcalde de Charapaya. En la loma de Lipiche a los tres les cortaron la cabeza, las plantaron en las puntas del regatón del bastón y lo dejaron así parado. Se bajaron a hacer noche a Leque llegando bien tarde. En la bajada de la loma habían quitado los indios que les siguieron varios animales cargados y ensillados en la bajada de Chiquimarca. Al otro día muy al alba se levantaron, agarraron el camino de Oruro caminando rápidamente en tanto extremo que fueron a almorzar a Lequepalca y marcharon otro poco más. Al día que sigue se entraron a Oruro y los indios se dispersaron entrándose la tropa al pueblo de Palca.

Este mismo día a las 6 de la mañana el capitán de indios del pueblo de Machaca Felipe Vázquez lo asaltó en Piñani, río de Hayopaya, a un soldado nuestro José Zeballos. Éste era un soldado enteramente desertor, tuvo más de ocho deserciones. Él era de buena familia pero de una opinión tan contraria a la Patria [f. 238ᵛ] (esto es enteramente acérrimo enemigo de la Patria y ciego tenaz defensor al rey, esto es sin comparación ya) y tres hermanos mayores que tenía eran muy patriotas: el más mayor era don Mariano Zeballos su muy amigo del comandante Chinchilla; después don Pedro Zeballos muy afecto a la Patria; el otro don Julián Zeballos Reinaga un buen servidor a la Patria, sargento de caballería y joven valiente. Pero este José en todo se mostraba muy al contrario: él cada vez que entraba el enemigo o las más de las veces se presentaba a los españoles y andaba de diestro guiando los caminos y se quejaban los habitantes, hasta que no pudiendo tolerar por más tiempo ni oir tantos lloros de los habitantes en que oían que don José Zeballos los ha entregado sus ganados y sus cortos muebles, que sus tropas los ha hecho pillar y a este tenor se quejaban, por esto ordenó Chinchilla que donde lo pillasen lo matasen. Así lo hicieron: en el río de Hayopaya muy cerca de Piñani en un trecho que llaman Chillamani le quitaron la vida lastimosamente a palos, pedradas y a lanzazos.

Este mismo día salen don Carlos Bolaños comandante de Yaco con todos los vecinos del curato, los de Ichoca también todos sus vecinos principales como 15 hombres, en persecución de Fermín Mamani [f. 240] comandante de Ichoca. A las 12 de la noche llega este Fermín Mamani del campo con escolta de 12 hombres armados a una estancia de Mecaña. De que conversaron un rato con Bolaños (que éste decía que venía a esplorar el campo) de repente lo prenden a Mamani y lo desarman a los de la escolta.

El 9 de junio que es día siguiente muy al alba lo fusilan a un tal Diego de tal que era su capitán de Mamani sin el menor motivo por solamente amagarlo a éste. Viendo esto se compromete a entregarles algún dinero y trastes que tenía, en principal de un señor Tardío que se dijo había sorprendido sus cargas que este señor pasaba de Chuquisaca para la ciudad de La Paz: entonces Bolaños y su comitiva aceptaron el regalo ofrecido.

Al día siguiente se encaminan a la residencia de este Mamani que estaba en una estancia llamada Cotapampa. Sucede la casualidad de que esa misma noche habían asaltado esta casa los del rey reunido con todos los vecinos del pueblo de Caracollo 30 soldados de infantería, y habían estado esperando de emboscada a Fermín Mamani el que se llegue del campo. A las 5 de la tarde iba asomando a la casa, rompen fuego los del rey, los otros no hacen más que correr, donde cayó mal herido y prisionero un don Gervasio Rueda, un don Mariano Guarachi, vecinos del pueblo de Ichoca; los demás se dispersaron saliendo libre Fermín Mamani que venía preso a cargo del capitán de indios del mismo pueblo de Yaco Benito Argüello; pero más tarde lo encontraron en la estancia de Laurani a Mamani, lo llevan amarrado y en un crucero del camino que va del valle de Caracato a Oruro y de estos Valles a Sicasica en ese crucero lo mataron a palos por orden de don Carlos Bolaños; más mandó cortar la cabeza y la lleva a Sicasica a presentarse al subdelegado gobernador por los españoles don Francisco España. Éste le indulta a don [f. 240ᵛ] Carlos Bolaños a nombre de su rey (y vive Bolaños en Sicasica).

La cabeza que recibió mandó que lo plantansen en el apacheta de Punaya pero no tuvo efecto esta determinación de don Francisco España porque reunió como 200 indios el capitán de Yaco Benito Argüello, se encaminó a saber de Fermín Mamani como a su compañero, se encontró con los que llevaban la cabeza muy cerca de Punaya, botaron la cabeza los conductores y partieron a correr, escaparon. Vieron los otros la cabeza, supieron que Mamani ya había pasado a la otra vida, se regresó con la cabeza nomás ya, se entró a Yaco y dio parte al comandante Chinchilla quien lo tuvo muy a mal tal hecho, mas como el autor estaba ya en los dominios del rey no se hizo más que callar.

El 20 de junio había entrado ya una partida de Cochabamba de sorpresa al pueblo de Yani pasando directamente a Morochata (un pueblo en el mismo tránsito). Los enemigos fueron en número de 260 hombres al mando de Lezama comandante y su segundo jefe Asúa. A las 2 de la tarde lo asaltan a Miguel Mamani que había estado allí con 30 hombres. Estos corrieron y escaparon sin novedad, y ebrios todos, pero más ebrio que ninguno Mamani que no pudo montar a caballo. Porque el enemigo fue en pos de los que corrían nomás se olvidaron de Mamani pensando que escaparía más primero él. Los dueños de casa donde estaba Mamani lo habían escondido como pudieron, lo colocaron entro de unos cántaros y con un montón de leña bastante lo taparon, donde se había dormido un buen rato. Ya tomaron todo el pueblo los del rey, recuerda Mamani y empieza a gritar de lo ocultado. Dicen que estaba vivando a la Patria y hablando incendios contra el rey y sus jefes a gritos en que él era Miguel Mamani y que de balde habían dicho que era muerto, echando mil ajos, tratándolos y amenazándolos a los soldados [f. 241] del rey. Estos oyeron y lo sacaron de ay entro, prontamente corrió el uno de ellos, dio parte en que Miguel Mamani había caído y que estaba ebrio. Entonces mandaron muy de pronto los jefes de aquella partida que luego luego le tirasen cuatro balazos, mandaron de la prevención cuatro soldados a que en el acto le tirasen antes que se vuelva perro o caballo o piedra, que así había escapado muchas veces. Así fue, lo mataron, le cortaron la cabeza, se lo llevaron. Al día siguiente se fueron para Cochabamba. Así murió el infeliz por causa de la chicha, un antiguo patriota.

Los dispersos se entraron por Cocapata, entre ellos Laureano Medeiros sargento de brigada de la División, hijo de Buenos Aires; Pedro Nolasco Vargas capitán, otro ídem; don José Mariano Zorita; Manuel Mendoza, éste de la escolta de Chinchilla, mendocino; un Ramírez de la misma escolta de Chinchilla, con otro soldado de caballería, todos armados. Don Lucas Álvarez (hijo del comandante don Pedro Álvarez ya finado) se hallaba en Maycamonte de comandante [f. 241^v], y de que los vio a los dispersos había reunido como a 30 indios y había ido a desarmarlos. Un indio vino, le avisó a Zorita y a todos ellos. Don José Manuel Zorita hacía de jefe en este piquete: en el acto dio la orden a los soldados (que tenía 15 hombres armados, dice) que a la seña de dar una tos fuerte le descargasen y lo matasen a don Lucas Álvarez. Ya a la oración que son más de las 6 de la tarde muy cerca de las 7 viene Lucas Álvarez con su fusil y dícele:

—¿Pues compañero, qué hace, cómo va? —a cuyo tiempo estaba Zorita tomando chica parado nomás, y tras de don Lucas venía 30 in-

dios y 12 armados algo lejos como en distancia de dos cuadras o menos. Contesta Zorita:
—Aquí estamos descansando. ¿Y qué noticias hay del enemigo?
Álvarez dice:
—Nada se sabe de ciencia cierta en qué número han salido de Cochabamba a perseguirnos: lo que hay es que nos perseguin.
Entonces vio Zorita a la indiada y a los armados que les circulaban a él y a los demás; luego dio la seña de la tos, le dice a Álvarez:
—Toma esta chicha.
Le alcanzaba la que tenía en la mano, le iba a agarrar Álvarez cuando ya le descargaron: en el pecho le cascaron, cayó muerto del balazo. Los indios y la gente armada de don Lucas hace alto para ver lo que contenía la descarga: viendo tendido a Álvarez salen de prisa a ensillar los caballos y algunos soldados se ponen a no dejar entrar a la indiada de Zorita, les estorban la entrada mientras ensillen que lo hicieron en un breve rato. Después salen montados los soldados y los jefes: éstos lo ven muerto a Álvarez, se levanta el grito de alboroto diciendo:
—El comandante es muerto, pues que mueran también ellos.
Entran, no los alcanzaron ya a los de Zorita [f. 242] porque salieron corriendo, por el camino de Tunari escaparon todos ellos.
El 21 de junio fue con una de partida cuarenta indios y 12 hombres armados don Cipriano Cartajena de su casa (que vivía en Huallata en la hacienda de Yani, doctrina de Morochata) a Chacapaya, doctrina de Sipesipe, donde lo mató a un Isidro Crespo su yerno mismo lastimosamente a palos. Se salió a su casa suscitándole era enemigo acérrimo de la Patria y muy demasiado al contrario de aquella causa. Un hermano que había tenido este Isidro llamado Felipe Crespo como con 20 montados una noche llegó (que fue el 7 de agosto) a la casa de Cartajena estándose muy sosegadamente en Huallata, lo asaltó Felipe Crespo, lo mató a Cartajena y a un hijo más llamado Roque y le robaron todo lo que tenía.
Don José Domingo Gandarillas, comandante de partidas ligeras, vecino de la ciudad de Cochabamba, hijo de un doctor Gandarillas que fue fusilado por don José Manuel Goyeneche (primer general del ejército del rey) juntamente con el señor gobernador intendente don Mariano Antezana, natural y vicino de la misma ciudad de Cochabamba (que fueron primeros mártires cuatro personas en dicho Cochabamba por la libertad americana), este hombre andaba molestando del modo que podía a las tropas del rey: él se entraba a los pueblos más inmediatos a sorprender a algunos que eran muy opuestos a la causa de la Patria, siempre procuraba molestarlos de todos modos con sus correrías, se entraba varias veces a los pueblos Ta-

rata, Toco, Clisa, Sacaba y otros pueblos cercanos a la capital casi continuamente por solamente molestarlos y tenerlos cuidadosos. En una vez hizo una represa en el alto de Cochabamba: una laguna atajó que bajaba el agua por un río muy cerca a la ciudad de Cochabamba, soltó, y él se entró al frente a la Recoleta mientras corra la avenida que no daba paso alguno a la banda; luego de que pasó la tormenta de la avenida se salía por el alto. Ello es que él estaba pensando en su imaginación ver cómo molestarlos y perjudicar a las tropas del rey.

Un día (por el mes de agosto me parece) se entró al pueblo de Sacaba tres leguas distante de Cochabamba a sorprender al gobernador subdelegado de aquel partido. No logró, menos al alcalde pedáneo de aquel pueblo (capital del partido) don F. Rodríguez, mas sí pudo pescarla a la mujer. Como fuese muy gorda no podía brincar una pared, fue pillada y llevada en clase de presa, y fue Gandarillas a hacer noche al alto y trecho de Llantapallana. Por supuesto salió una [f. 242ᵛ] partida (de 150 hombres) con el mismo gobernador subdelegado un don F. Terrazas, los agarraron en el trecho ése del alto de Sacaba a 37 hombres más, entre ellos a don José Domingo Gandarillas a quien después de pocos días lo fusilaron. La misma suerte que tuvo su padre tuvo y muy conforme dicen que salió al patíbulo con mucha energía dando gracias a Dios por haber permitido la misma suerte que de su padre, y que decía que por la libertad de su Patria, de su nación y del hemisferio americano derramaba su sangre; que él dejaba hijos varones para que sigan con la demanda y que muy gustoso darán su vida por su Patria, de forma que dejó un ejemplo para los americanos y defensores suyos. Así acabó su existencia. Como siempre pronosticaba que él había de morir por la Patria si no en una guerrilla en un patíbulo fusilado por sus enemigos, así nomás ocurrió.

El 10 de agosto entran al anexo de Ancocota (doctrina de Mohosa) dos amedallados del rey naturales y vecinos de la doctrina: un Dionisio Condori que se intitulaba coronel y Mateo Velarde teniente coronel, con otro indio particular, a caballo, estando en la fiesta de Santa Rosa. Presentados a la luz estos dos, los indios del lugar y todos los que estaban allí se presentan, algunos corren porque los tenían por enemigos capitales y los conocían siempre. Otro amedallado Miguel Mamani sospechoso se separó de sus compañeros un rato antes, les dice a estos dos:

—Mira hombres, nos ha de ir mal. Vámonos regresándonos, no sea que hayga alguna cosa, yo me reparo mal.

Dicen los otros:

—No seas cobarde, nada ha de haber.

Miguel Mamani dice:
—Yo me voy nomás si no quieren [f. 243] vosotros.
En el momento regrésase y se sube a un morro de donde está observando: Los indios del lugar o los que se hallaban en la fiesta reúnense y así van a presentarse, a saludar con mucha cortesía, con muchos cumplimientos y políticas que tienen entre ellos, le dan aguardiente, chicha, acúdenles a embriagarlos. Ya medio tomaditos y un poco ebrios dicen los amedallados:
—¿Dónde están los demás? Nosotros divisamos más gente cuando nos asomamos aquí. Que se vengan todos, que serán indultados —que ellos tenían facultades para indultar a todos los que se presentasen, que los llamasen a los demás, que piensen en trabajar, en buscar un medio para pagar sus tributos.
Entonces algunos indios dicen que luego llegarán a rendírseles a sus pies, que aguardasen otro poco más que no tardarán ya en llegar a pedir sus indultos:
—Bueno, el fin es sosegarse, no alzarse contra el rey, contra la corona.
Tomando chicha y platicándoles todo a favor del rey se componían abominando la causa de la libertad de la Patria, lo que más les dolía a los indios éstos. Un indio cantor medio cholo no pudiendo tolerar por más tiempo ni sufrir tantas espresiones contra la Patria se entra ande estos amedallados; el cantor (que se llamaba Asencio Chipana) ebrio llorando a gritos dice:
—Señores comandantes amedallados del rey: ¿Ustedes son americanos indios o venidos de Europa, la España? ¿Ustedes conocen al rey? Ni saben lo que quiere decir monarca. Yo creo y estoy ciertísimo que ni pintado conocerán. Pues yo como hijo del país, como americano soy patriota, que vosotros por no comer ni vestir trabajando se meten a estas cosas, pero en breves momentos lo verán.
Empieza a llorar y a lamentarse por la Patria, más por ebrio. Más les dice:
—¿Por qué hablan vosotros contra la Patria? ¿No son vosotros como he dicho americanos y no que se meten a ser enemigos de ella?
Los otros no hacían [f. 243ᵛ] más que hacer que sosiegue con decir:
—Está tomado y fuera de su razón.
Oyó esto el cantor y hablaba como entreteniéndolos. Estando así llegan como 60 indios, 30 a caballo con sus lanzas (sus capitanes don Mariano Ignacio, Juan Ubina, Bonifacio Ruiz) y 30 de a pie (con sus capitanes Juan Flores y Nicolás Yujra) todos de la doctrina de Mohosa: circulan la casa a las 11 del día donde estaban los dichos amedallados, se agolpan como cuarenta, sus caballos desde horas antes lo escuenden a fin de que no escapen, todos con sus lanzas, garro-

tes y hondas; el resto de la gente que pasaban ya de ciento y tantos hombres se ponen al frente de la casa en dos de a fondo con las lanzas enristradas, ordenan que salgan de ay entro todos los paysanos dejándolos a los dos amedallados para que priendan fuego a la casa y se quemen vivos allí.

Entonces suplicaron estos infelices que no les den tal muerte, que si no hay remedio para sus vidas que les hagan lo que quieran ellos, sólo sí que suplicaban no les dejasen padecer si no había perdón para ellos, que ejecutasen quitándoles la vida prontos, que están conformes con su suerte que les había mandado el cielo, que no por eso dejarán de creer que Dios es piadoso y misericordioso para con los pecadores: así esclaman y se hincan en medio cuarto. Los otros sin tener la menor lástima ni compasión entran y a porfía el que más podía darles les dan de lanzazos y garrotazos: en un minuto acabaron los infelices con la vida y lo sacan arrastrados fuera de la vivienda y se mandan mudar al cerrar la noche.

El 17 de agosto el capitán don Agustín Contreras va con una mitad de su caballería al pueblo de Charapaya donde lo encontró a un sargento segundo de infantería nuestra don José Manuel Requelme (natural y [f. 244] vecino de la villa de Oruro) que desertándose se había estado en este pueblo, a cuya sazón tenía su moza este sargento; y Contreras después de que lo encontró le dice que se vaya a la tropa y cargue con la moza —antes de verla—, y después como había sido de regular viso se enamoró. Requelme no dio lugar a sus intentos y lo había pateado cuando quiso violarla, como buen orureño lo había trompeado bien poniéndole muchos cardenales; a los dos días lo fusiló Contreras, dio parte circunstanciado primero al comandante Chinchilla diciendo que por perdimiento de respeto gravemente lo sentenció a la tal pena: así lo desaparecieron a un buen defensor de la Patria. Más había dado parte Contreras en que este tal Requelme se había estado yendo al enemigo pasándose, cuando este Requelme era soldado vencedor en la acción de Haruuma [Aroma], fue soldado en el Desaguadero y después de la derrota se fue emigrado a Salta y a Tucumán; regresó de cabo a Villcapujyo, de esa derrota se quedó y se entropó al mando del comandante Lira: joven valiente como orureño.

El 18 de agosto murió el segundo jefe don Pascual García en el pueblo de Suri con el mal gálico; le resultó de la herida que tuvo en el brazo y con el accidente ése murió.

El 4 de setiembre entró el enemigo al mando del gobernador subdelegado del partido de Sicasica con 250 a Inquisivi. Allí vivía un don Andrés Valdés (alias el Bedoya) quien solía estar siempre corriendo de segunda (que es ser alcalde, segunda persona de los caciques, hoy corregidores). Este don Andrés Valdés después de que con muchos empeños consiguió el despacho de tal alcalde empeñándose el señor cura y sus vecinos principales con el gobernador subdelegado don José Teodoro Murillo [f. 244ᵛ] (quien libraba estos títulos a la Patria) sirvió con mucha vigilancia, con mucha voluntad. Entrado las tropas del rey todos los vecinos del pueblo emigraron y los perseguían los españoles; y para no sufrir tanta persecución don Juan de Dios Graneros, don Felipe Aseñas, don Juan de Dios Helgueros, don Esteban Salinas con dos hermanos suyos, el capitán don Buenaventura Palomeque, a este tenor muchos vecinos y aun el mismo párroco doctor don Ángel Mariano Mesa, todos estos señores le animan a Valdés a que se presente con algunos indios y les sirva con el fin de que no sean tan perseguidos sus vecinos.

Aceptó Valdés, se presentó con algunos indios, le sirvieron, ya no hubo tanta persecución, medio descansaron unos pocos días cuando más sería unos ocho días, hasta que el mismo don Andrés Valdés los perseguía ya a los sujetos que le animaron a que se presente a los del rey y que ellos contestarán a los patriotas de esta presentación y servicios que le ha de hacer, que la necesidad misma les ha obligado a hacer esta fuerza. Los otros ya no querían ni dejarse saber de sus paraderos, y andaba guiando Valdés a los españoles, hasta a los indios los perseguía ya. Éstos fueron a presentarse, a quejarse al comandante Chinchilla porque ya tenían doblados trabajos. Ordenó Chinchilla que lo sacasen de alcalde y estaba reuniendo gente. A ese tiempo se salieron las tropas españolas, entraron los indios, lo pescaron a este don Andrés Valdés, lo mataron porque él mismo dio motivo para semejante suceso: su mal manejo causó su ruina total. Así murió el infeliz.

El 13 de octubre entró el coronel Benavente con un batallón de 900 hombres [f. 245] de Sicasica al pueblo de Ichoca. Chinchilla se encaminó con 300 indios y 80 infantes con armas de fuego y 150 de caballería cívica, hizo circular el dicho pueblo donde se hallaba el enemigo con toda la indiada. Salían diariamente por tres horas el enemigo a tirotearlos pero nada hacían con sus salidas. Así estaban cinco días no causando ninguna ocurrencia notable de ninguna de las partes.

El 18 levantó campo el enemigo del pueblo de Ichoca por el camino de Sicasica, y Chinchilla síguele tiroteándolos de distancia de más de tres leguas que caminó del pueblo. De repente retroceden con tanto ímpetu dando fuego graneado todo el trozo enemigo (donde murieron nueve indios y dos soldados, 11, y ocho heridos) y nos avanzó como cuatro o cinco cuadras hasta ponerse en una falda el enemigo. Entonces logrando la indiada que se hallaba en la altura misma atacó con galgas y hondazos. El enemigo quiso avanzar para arriba, era pues imposible: se vieron pues apuradísimos sin poder hacer nada, donde ya cayeron 15 hombres, esto es a hondazos, muertos y como 30 hiridos. No tuvieron más que retirarse pronto al frente, de allí siguieron por la cuchilla a una abra, de allí se determinaron salir por la misma cuchilla a tomar la altura a la indiada.

Aún no bien se colocaron en la cima el comandante Chinchilla mandó a la indiada cambiase el frente a retaguardia por la izquierda. Hecha esta operación se vieron frente a frente de cerro a cerro, porque el enemigo ocupó donde rato antes ocupaba nuestra indiada dejando el camino real en el centro en la quebrada, que Chinchilla estaba en este camino en un morro a la derecha de la indiada. Así en esa situación descansaron como una hora los enemigos y después se disfilaron de la misma formación que hicieron [f. 245^v], por su derecho disfilaron y toman el camino al pueblo de Sicasica. Se fueron alguna parte de la indiada con 40 hombres armados de caballería en su siguimiento hasta que pasen la abra de Punaya que fue al día siguiente. Se regresaron de aquel punto los indios y ordenó el comandante Chinchilla que se retirasen a sus pueblos y casas y él se fue con toda la División a Palca.

El 20 de octubre llegó pasándose de Oruro de las tropas españolas un sargento llamado don Pedro Arias, cusqueño, más aún mandado por don Mariano de Mendizábal (comandante del batallón de la Reina) en que éste se pasaba a la Patria con gente armada, que en breve deberá estar en esos Valles, que tenía ya combinación hecha con muchos. Por ese motivo Chinchilla lo hizo teniente a don Pedro Arias y muy pronto lo hizo ayudante mayor.

Con ese motivo le mandó con 12 hombres de partida en comisión al pueblo de Tapacari el 25 de octubre del pueblo de Machaca.

El 26 por la noche entró Arias a Tapacari, asalta a un hijo de uno de los caciques (de don Nicolás Chivi) llamado don Mariano y sacándolo a la orilla del pueblo del abrigo de su mujer e hijos lo fusiló por orden espresa del comandante Chinchilla por unos meros cuentos de su madre y familia que vivían por entonces en Tapacari, suscitando ser de contraria opinión y que había hablado contra su honor: pues haciéndose juez de su propia causa lo hizo asisinar. Aplicándole la sentencia de muerte al infeliz se regresó Arias muy fresco a Machaca donde se hallaba el comandante Chinchilla.

El 27 de noviembre salió Chinchilla de Palca a Leque a esperarlo al comandante don Mariano Mendizábal que le citó estos días hacer el paso o revolución en Oruro. Allí se descubrió el caso, vino escapando don Mariano Mendizábal de muy buenas a uña de caballo; también [f. 246] un fray Toribio Niño de Guzmán (natural y vecino de la ciudad del Cusco), juandediano, un buen físico. Quedaron en Oruro varios sujetos presos cómplices en la revolución que tramaban, quienes escaparon y purgándose otros con crecidas sumas de dinero, al menos un don Diego Álvarez hombre rico afincado en Oruro.

El 1º de diciembre llegaron Mendizábal con tres soldados y fray Toribio, que su encuentro con Chinchilla fue en Leque y se entraron a Machaca, su cuartel principal del comandante don José Manuel Chinchilla por ser el punto céntrico de todos los Valles. Así está en este pueblo reuniendo toda la tropa.

El 18 se encaminó el capitán don José Benito Bustamante con su compañía de dragones a las pampas de Oruro.

El 25, día de la Natividad del Señor, bien al alba entró al pueblo de Caracollo. Los soldados encontraron una mula ensillada de una niña doña Juliana Pemintel, le quisieron quitar la mula los soldados, luego fue esta niña ande el comandante de la partida el capitán Bustamante, le saludó, después se le hizo conocer en que era hija de un don Juan Manuel Pemintel a quien lo fusiló el gobernador don Juan Sánchez Lima (intendente de la ciudad de La Paz) en Cavari, que también tenía un hermano en aquel pueblo en servicio de la Patria don Juan Pablo Pemintel, y que era una infeliz huérfana, que le ha de hacer el favor de mandar que se la devuelvan su mula de silla. En el acto ordenó Bustamante que se la devuelvan la mula, así fue, se la devolvieron. La niña porque no se la quiten al tiempo de salirse los soldados y no pueda volver a importunar tuvo a bien ensillarla [f. 246ᵛ] y salirse del pueblo de Caracollo a irse a su habitación, que ésta vivía en Hamachuma (una hacienda y anexo de la doctrina de Caracollo, propia de un sacerdote doctor don F. Delgado). Como estaba algo distante del pueblo no pudo llegar con tiempo. Ya pasada la oración o más tarde iba a llegarse y muy cerca del lugar éste tenía que pasar por una quebrada la cual había estado de avenida. Al pasar se cayó de encima de la mula, la llevó el río y murió. Al día siguiente muy apenas lo encontraron el cuerpo tirado en el campo. Así murió esta infeliz niña y muchacha.

Año de 1821

El 13 de febrero repentinamente llegó al pueblo de Inquisivi sin que hayga la más mínima noticia el señor coronel don José Miguel Lanza del punto de Salta (en donde se hallaba el ejército de la Patria) entre cuatro oficiales como son don Pedro Arias natural y vecino del mismo Salta, don Marcos Montenegro vecino y natural de la ciudad de La Paz, don Manuel Paredes natural del pueblo de Punata, y don Pedro Graneros natural del pueblo de Inquisivi en aquellos Valles, todos mandados por el señor general Güemes.

El 19 va el comandante Chinchilla al pueblo de Inquisivi a verlo al coronel Lanza. Este señor le abraza como a un compañero de armas, como a un compañero de trabajos, como a un compañero antiguo y hermano, por ser de una misma opinión, defensores de una misma causa; ambos se regocijan, se felicitan la vista, la reunión y el conocimiento que habían tenido. Estando ocho días con él regrésase Chinchilla a Machaca después de tratar de un todo.

[f. 249] El 20 pasa oficios Chinchilla a todos los pueblos de su mando haciendo reconocer a Lanza por jefe principal de todo el Interior, que él irá a descansar al seno de su familia, pero volará de cualesquiera parte, de cualesquiera distancia a defender la causa de la libertad y siempre estará al lado de ellos, y que no desmayen el entusiasmo que tienen como están siempre hechos a la obediencia, a la sobordinación, al buen orden, a la constancia en los infortunios, a la paciencia en los trabajos, al sufrimiento, a las persecuciones, a las penalidades en todas las adversidades. A los oficiales y soldados lo mismo circula que el coronel Lanza "es el jefe de todo este Interior a quien le prestarán la ciega obediencia como hijos de la disciplina y subordinación; que él descansará de la infatigable tarea a que se había comprometido por la causa de la Patria y derramará su sangre por ella al lado de ellos; que él no se alejará sino que existirá en el centro de ellos mismos; que el todopoderoso ha permitido que llegue a relevarme el señor coronel don José Miguel Lanza a quien conocen siempre por jefe desde antes de ahora".

En seguida algunos oficiales de la División fueron personalmente a verlo y a saludarlo; algunos que no pudieron ir así mandaron sus papeles de atención felicitando su buen arribo a estos Valles, ofreciéndose con sus servicios y sus personas como se debe hacer siempre por política siquiera.

[f. 248] Primer acto del coronel don José Miguel Lanza el año de 1821: Tenía yo una mula castaña que me dio el comandante don Eusebio Lira para andar en ella y lo tuve más de un año ya, y cuando la dispersión en Curupaya escapé en la mula, se dispersó enteramente la tropa y en mi emigración del enemigo (que andaban mucho en nuestra persecución, y más los indios entropándose al mando de los amedallados de Cavari, y no se sabía dónde andaba el comandante Lira) estuvimos enteramente dispersos; y para andar o estar con más seguridad la vendí dicha mula. Pasó tiempo, di razón al comandante Lira en que la había vendido yo en 16 pesos la mula de mi andar para los precisos gastos en mis necesidades y urgencias muy estremas, que es la seguridad de mi persona y otros apuros en que me hallaba.

Llegado que fue el coronel Lanza se presenta un indio de Cavari llamado Faustino Mamani en que la mula era suya y que se la recogerá; puso la providencia el coronel Lanza en que yo pague al dueño del dinero los 16 pesos y que el indio [f. 248ᵛ] Faustino Mamani que se lo recoja la mula. Notificado que fui por el gobernador subdelegado don Julián Saavedra me presenté otro escrito a Lanza en que yo no lo había vendido en mi comercio ni en mis vagas andanzas ni para mis gastos superfluos sino en mi emigración una bestia que me había pasado la Patria para su servicio y que yo no tenía cómo satisfacer dichos pesos, o que la Patria pagase porque tampoco tenía yo sueldo para pagar, y últimamente que probase el indio ser suya la bestia y otras razones plenamente. Nada me oyó Lanza. La providencia fue: "Lo proveído a Faustino Mamani". Tuve que pagar al dueño la plata con mil fatigas y pasando mil necesidades. Muchísimo después supe que la mula había sido de otro vecino suyo amedallado por el rey, don Tomasito Ríos, que siempre murió en los dominios del rey con accidente. Así esta injusticia padecí por mi coronel Lanza por no haber averiguado ni atendido a mi presentación. Pero en el día sirven con sueldo corriente, lo que entonces nosotros no.

Reúnense luego todos los malcontentos contra Chinchilla (que jamás faltan en ninguna parte porque uno que manda siempre es odiado por más buenos que sean, porque jamás ni es capaz de dar contento un jefe a todos aunque ellos mismos den motivo, porque quieren siempre que la picardía, la alevosía y todo crimen se reconozca por mérito y en vez de ser castigado quieren que sean premiados), siendo pues en [f. 249ᵛ] primer lugar un don José Teodoro Murillo a quien lo distinguió Chinchilla con nombrarlo de subdelegado del partido de Sicasica, vecino de la ciudad de La Paz; don Andrés Rodríguez a quien lo indultó cuando se restituyó de la parte de los españoles por marzo de 1819 que se presentó en el pueblo de Ichoca; don Agustín Contreras que lo hizo sargento mayor de la División (a pesar de que repugnaban toda la División y pueblos por haber sido cómplice en el asesinato del comandante Lira, y Chinchilla le hizo escapar con vida a Contreras); don Pedro Graneros que le hizo teniente de caballería y le hizo escapar la vida muchas veces, que por coadyuvantes él y Contreras en la muerte de Lira siempre querían devorarlos, y este Graneros fue hasta Salta y allí le informó muy mal de su manejo de Chinchilla a la superioridad y regresó con el coronel Lanza; Rafael Copitas, de Inquisivi; don Laureano Morales, de Mohosa; don Agustín Cano, de Cavari; don Mariano Zárate, de Machaca, éste su muy íntimo amigo de Chinchilla.

Y a este tenor varios más combinan desaparecerlo al comandante don José Manuel Chinchilla, le meten éstos tanto chisme, tanto enredo, tanta sospecha y miedo al coronel Lanza que cedió este señor, y aun todavía seducen a varios en que le acusen de asesino, cobarde y borracho. Así lo hacen, le siguen una causa, los mismos acusadores y agraviados son testigos declarantes. El coronel Lanza reúne todo el armamento habido en todos los pueblos, releva a algunos oficiales separando a los sujetos quienes no podían aceptar lo que trataban y sus pérfidos intentos, y por último le suscitan al comandante Chinchilla que quería pasarse al enemigo, que tenía comunicaciones con don Agustín Antezana, cuando no que le ha de quitar la vida al coronel Lanza. Este señor tan cobarde cree uno y otro y consiente en el inicuo plan que le forman, los más por unos sentimientos cochinos e [f. 250] indecentes que no se puede manchar el papel.

El 10 de marzo llegó el mayor Contreras a Machaca mandado por Lanza de Cavari con 25 hombres de caballería.

El 11 pasa a Palca donde se hallaba el comandante Chinchilla.

El 12 llegan a Machaca, contento todavía va Chinchilla sin saber nada de las picardías que habían hecho.

El 13 pasan a las 9 y más del día, a las 4 de la tarde llegan a Cavari, ya el coronel Lanza no se dejó ver con Chinchilla, lo arresta en una tienda de la plaza, le niega toda audiencia.

El 15 ya le mandó poner un par de platinas y redoblan la guardia.

Oye esto el comandante de naturales de la doctrina de Mohosa don Mateo Quispe, marcha sobre Cavari con 300 indios, entra con la indiada ésa el 17, dícile al coronel Lanza que por qué estaba un jefe que había trabajado tanto por la causa de la libertad, que había pasado tantos trabajos por la Patria arrestado. Dícele Lanza:

—No sólo está arrestado sino preso por sus hechos tan criminales y quién sabe lo que resultará. ¿Y vos a qué vienes con esta gente o te ha hecho llamar?

Entonces dícele el indio Quispe:

—A mí nadie me ha hecho llamar. Vengo a ver y saber los motivos por qué y quiero verlo si verdaderamente está preso, y por ser un jefe como usted y por ser un servidor como usted, por haber padecido como usted por la Patria, que otro tanto hiciera por usted en igual caso, y no vengo con toda mi gente ni me he combinado con ningún pueblo. Aquí están hechos a hacer lo que quieren estos tablas como son Contreras, Graneros, Murillo, Rodríguez y todos los de esta ralea y perseguir a un verdadero patriota.

Entonces viendo la bravura con que le hablaba el comandante de indios don Mateo Quispe le dice Lanza:

—Sabrás compañero [f. 250^v] que yo vengo a tomar residencia de todos los hechos del comandante Chinchilla por el jefe principal de Buenos Aires, castigar si lo merece o premiar en contrario. Se le sigue una sumaria ahora sin saber yo mismo del resultado lo que será.

Contéstale Quispe:

—¿Con que usted viene a tomar residencia a Chinchilla nomás? ¿Y por qué no a los demás jefes y oficiales? ¿Usted no averiguará de la muerte de su compañero el finado comandante don Eusebio Lira? ¿Esto se pasará así nomás sin castigo? Pues en tal caso me parece a mí que unos seremos hijos y otros entenados pues que se desentienden de unos hechos como de la muerte de un defensor a la Patria. Empieza a llorar y la indiada se le iba aumentando que ya pasaba de 400 hombres. Entonces el coronel Lanza le dice que se sosiegue, que todo se averiguará ahora despacio, que hay tiempo para un todo. Le acaricia nomás y procura despedirlo de la comandancia dándole orden a que para su gente pida provisión; así lo despide a Quispe. A poco quiere éste verlo al comandante Chinchilla en su prisión, le estorba la guardia, va a pedir a Lanza boleto para entrar a verlo a Chinchilla, este señor Lanza se oculta, no se deja ver; en fin se va Quispe medio gruñendo.

Entonces Lanza hace su junta esa noche entre todos los de la carda enemigos de Chinchilla, manda reforzar la guardia, y resulta de la junta en que siempre que insista Quispe en querer pedir gracia por la salud de Chinchilla que le diga Lanza que sí, que le entregará a él como a su fiador que lo será, pero que será él el que ha de contestar de las resultas que hubiere, que él será el responsable ante los jefes, ante la nación, lo primero ante Dios; que en el [f. 251] acto irá el subdelegado Murillo, don Agustín Cano, y don Laureno Morales que lo seducirán del modo posible a Quispe en que no chiste ni diga una palabra ni piense hacer nada a favor de Chinchilla. Aprobaron con mucho aplauso.

Al día siguiente 18 de marzo muy de mañana se va Lanza con don Mariano Zárate y don Agustín Contreras al alojamiento de Quispe, entran, lo ven a Quispe. Después de tener un ratito de conversación le propone vuelta Lanza que si quiere que Chinchilla sea libre que él le sea su fiador personalmente con su propia vida, que él dará parte así a los jefes con el sumario, y mientras regrese con el resultado esté Chinchilla a su cargo o que se lo lleve a vivir juntos en su casa, que esto no le negará a él por ser un fiel defensor a la causa de la libertad ni él es capaz de dar el más mínimo sentimiento a nadie; y así que piense bien pero que no puede encontrarlo ni verlo ni tratar nada con Chinchilla. Se despiden y salen.

A poco rato entran ande Quispe el subdelegado don José Teodoro Murillo, don Agustín Cano y don Laureano Morales. Estos tres lo seducen al indio Quispe a que no se meta a hacer algo a favor de Chinchilla porque se han quejado de más de 15 muertes ejecutadas por su capricho y antojo y otros hechos más, que desde Tapacarí antes de ser nada había destruido a una familia entera en aquella doctrina en el lugar de Patapatani a un Andrés Coñacagua originario de aquel lugar, hombre rico. Lo amedrentaron tanto a Quispe que no quiso hacer nada en favor de Chinchilla: como son de natural los indios cobardes, de poca palabra y de ningún influjo y constancia en lo que se empeñan hacer, luego se desiste Quispe de pedir gracia o hacer algo en beneficio de Chinchilla. Así se desentiende y se desentiende de todo [f. 251ᵛ] a pesar de los continuos recados que le mandaba Chinchilla al comandante Quispe. Asimismo hacen también con todos los que eran amigos verdaderos de Chinchilla.

El 19 de marzo se retira con toda su gente Quispe que ya alcanzaba a 500 hombres. Lanza muy contento lo despide proclamando que la buena moral, la obediencia y el respeto a las autoridades deben propender poner delante como asimismo el amor a la humanidad y a nuestros semejantes, y por último el valor, la constancia y amor a nuestra libertad para que seamos felices nosotros y nuestra posteridad: como era lenguaraz le habló como tal y él que tenía un buen espediente.

—Muy bien —dijo Quispe y se dispidió.

El 20 de marzo lo pasa Lanza a Chinchilla a capilla.

El 21 a las 10 del día lo fusila en la plaza de Cavari, más por una sospecha mal fundada, sin considerar que si hubiese querido Chinchilla negarle la obediencia o desarmarle conforme le chismearon, conforme le habían hecho consentir su cabeza tan pesada y él había consentido en tal cosa, ¿por qué no premeditó bien Chinchilla? Jamás hubiese circulado ni ordenado haciendo reconocer a Lanza por tal jefe de estos Valles sino que reúne toda su tropa y lo hubiese hecho regresar a Lanza de a buenas engañándolo con algún fraude o amenazándolo hacer algo y de a malas y a latigazos lo hubiese botado. Sin considerar que era un compañero de apuros, de trabajos y necisidades por haber estado juntos en la cárcel de Potosí presos por la Patria el año 1812, y juntos fugaron y Lanza recaló a los lados de su casa de Chinchilla donde estaban juntos ocultándose. No consideró que cuando llegó él al pueblo de Inquisivi fue sin una camisa que mudarse pareciéndole sus carnes, porque habiendo bajado este señor Lanza de Salta entre seis con un capellán doctor don Vicente Zapata (vecino y natural de la ciudad de Cochabamba quien se había quedado enfermo en el camino con otro compañero don [f. 252] José Martínez Párraga que algo después llegaron estos dos a estos Valles) un ordenanza lo desavió en el camino con todo lo que traiya y lo que hace decencia: por este motivo fue que llegó este señor desnudo así como se dice, pues Chinchilla le dio hasta sus pantalones de uso que tenía y otras cosas necesarias para la decencia de un hombre (aunque mal hago en decir estas expresiones).

Pero el corazón del coronel don José Miguel Lanza quedó muy tranquilo desapareciéndolo a un compañero, a un compatriota. Nadie más sentía de esta inesperada muerte sino como unos amigos fieles y propios compañeros en los lances más peligrosos: el capitán don José Benito Bustamante y el ídem don José Manuel Antezana (el Locoto) quienes le lloraron amargamente por largo tiempo. Lanza dejó un ejemplo con esta impensada muerte que hizo ejecutar dando pábulo a sus cobardes y ambiciosos caprichos y de algunos que le rodeaban ya. Y nunca hablaba claro lo que ocurrió para esta muerte: cuando le preguntaba yo del caso con claridad todo lo verdaderamente sucedido acerca de la muerte del comandante Chinchilla, variaba siempre, no decía más que "sus hechos criminales", otras veces "que trajo órdenes de los superiores jefes para fusilarlo por los malos informes que le habían dirigido a Salta", así nomás, y las más de las veces se enojaba aunque lo encontraba de buen humor.

El 23 de marzo Lanza reformó toda la División: escogiendo oficiales, sargentos y cabos aptos, de buena conducta, valor y adhesión a la causa puso en un estado bueno. Reunió 318 bocas de fuego, no dejó de reclamar ni una carabina ni un fusil en ningún punto ni en poder de ningún oficial ni comandante de los pueblos (lo que fue causa de que ocultaron [f. 252ᵛ] muchos fusiles y armas pertenecientes a la nación). Pero no se puede negar el entusiasmo que metió entre la oficialidad y tropa, academias continuas, lecciones a los oficiales, ejercicios incesantes, mucho más a la indiada como lenguaraz y jefe antiguo conocido.

El 10 de abril levantó campo de Cavari para el pueblo de Machaca, a la 1 del día entró a este pueblo con una brillante columna de 250 infantes y 60 hombres de caballería de armas de fuego. Aquí se desveló lo indecible en disciplinar la tropa con mucho ardor y entusiasmo, que eso era por demás.

El 15 ya entró el enemigo en número de 600 hombres de Oruro a Cavari al mando del coronel don Cayetano Ameller y al del gobernador de Oruro Iraseburo.

El 16 de abril muy al alba bájanse de Cavari los enemigos para el pueblo de Machaca, suben la cuesta. Don Agustín Contreras (que el coronel Lanza lo hizo ya comandante de caballería y a don Mariano Mendizábal de comandante de la infantería) se bajó del pueblo para abajo con 25 hombres de guerrilla, se empezó el tiroteo en la cabeza de la cuesta que salía del río de Hayopaya: iba Contreras perdiendo terreno y el enemigo avanzando, llega al pueblo cruzando la media plaza, pasa con fuego Contreras. Lanza lo esperaba en Condorillo pasando el pueblo de Machaca una media legua en una llanura. Pasando Machaca un cuarto de legua le tocó una bala al caballo de Contreras, cayó muerto; luego releva otro, monta, aún no bien marchó media cuadra [f. 253] en un angosto le tocó una bala al comandante Contreras, cayó (en toda la caja del cuerpo le encajaron), muy pronto un cadete suyo don Juan Bautista Rojas (de Chulumani) lo alzó al brazo encima del caballo, a la una cuadra espiró: ya en breves días lo acompañó al comandante Chinchilla. Pero le tocó la bala en un angosto de una peña que el enemigo no podía tirarle, cuando más de retaguardia acosaba y le atajaba un peñón de tierra de que formaba el angosto, porque las balas del enemigo iban del costado derecho porque daba vuelta el camino o el caracoleado de la subida. Mucho después se dijo que el mismo coronel Lanza lo hizo tirar, al menos el que le tiró, don Mariano Garavito sargento primero de caballería.

El enemigo hizo alto su avance y se regresó para el pueblo de Machaca. Lanza se entró a Palca en retirada (donde lo hizo llevar el cuerpo de Contreras y lo hizo sepultar) perdiendo ocho hombres más y nueve heridos de los nuestros; murieron tres más, 12 hombres de guerrilla solamente.

El 17 los enemigos levantan campo del pueblo de Machaca, entran al pueblo de Palca a las 11 del día, retírase Lanza al alto de Buenavista. El enemigo mansionó seis días.

El 22 levántase el enemigo a las 9 del día disponiendo guerrillas y demás disposiciones. Marcha en pos de Lanza, que éste iba a la vista nomás en retirada a salir a toda la cumbre del Malpaso, empezaron a tirotearse más, reunió la indiada como 800 hombres. Ya uno avanzaba ya se retiraba el otro: así estuvieron correteando en toda la loma todo el día. Casi a las 3 de la tarde los enemigos se posesionaron de la abra de Chacovillque [f. 253^v] donde hicieron noche. De la Patria salieron 11 muertos y 6 heridos; del enemigo uno muerto y cinco heridos. Lanza se retiró al alto de Chullpapampa.

Al día siguiente 22 de abril levántase Lanza, bota a 300 indios y 60 infantes con 40 de caballería, retírase él para el pueblo de Palca. El enemigo también levanta campo muy al alba y la indiada tómale toda su retaguardia al enemigo y todo el día atacaron: así se fue el enemigo bien molestado a hacer noche en Challani cerca de Mohosa. Ese día murieron de la Patria cinco indios y tres soldados, ocho; heridos 10 por todo. Del enemigo 14 heridos (los más de los hondazos) y dos muertos, ganando tres fusiles.

El 23 entra Lanza a este pueblo de Mohosa y síguile al enemigo quien sigue también la marcha y campa en el anexo de Ajamarca, llega casi a la media noche: con la trasnochada y el cansancio no les había quedado ni ganas para comer.

Al día siguiente 24 se encaminan los enemigos para Oruro por las pampas de Sicasica. En esta hacienda de Ajamarca se había quedado un soldado del enemigo llamado Pedro Pablo Torres, natural del pueblo de Chucuito porque se había embriagado desmedidamente (porque los vivanderos de Oruro les alcanzó en el pueblo de Mohosa con bastante aguardiente) y de ebrio se había quedado dormido en un solar de las casas de la hacienda envuelto con una alfombra vieja. Cuando le recordaron estaba ya en poder de los indios bien amarrado; con su fusil todo corriente había estado. Le otorgaron la vida los indios por las órdenes nuevas del coronel Lanza que [f. 254] a ninguno se le condene ni ejecute pena de muerte, aunque sea enemigo, y por esto escapó.

Don Cayetano Ameller había pasado oficio dando parte de ello al gobierno de Oruro. Supondría estos señores que como Lanza estaba recién llegado del lado de Abajo y lo fusilase a Chinchilla pensarían tal vez estuviesen en anarquías y lograr esta proporción de que estén las opiniones divididas y que no tendríamos gente para batirlo al enemigo ni tiempo para reunir a la indiada. Seguramente esto se les puso a la cabeza, cuando antes de un mes reformó Lanza la División poniendo al pie de 300 y tantos hombres armados, bien disciplinados y amunicionados que parecían soldados de un ejército de línea y en tan poco tiempo, de forma que se jugaron con las tropas del rey, como decía Ameller:

No ha sido conforme se suponía del caudillo Lanza. Seguramente vino con gente armada de Abajo porque desde el momento que me interné a estos lugares no ha tenido sosiego cabal la tropa, ha estado bastante estropeada e incómoda. La gente y toda la indiada ha tomado un nuevo entusiasmo porque sin el menor miedo se cargaban tanto que los querían desarmarlos nomás, principalmente a los soldados modernos no obstante que en cada descarga se sembraban muchísimos muertos, de consiguiente se cree de heridos porque se ha registrado mucha sangre derramada en el campo. Y ahora he procurado retirarme por flaquear de pertrechos, que a eso aspiran aquellos insurgentes y pienso volver algo más dispuesto y en combinación por varios puntos. = Dios guarde a vuestra señoría muchos años. = Campamento en Challani, 22 de abril de 1821. = Cayetano Ameller.

[f. 254ᵛ] Este parte había dado Ameller por conducto de un indio del mismo Challani (que el enemigo lo había pillado en el campo que se estaba cuidando una corta sementera y ganados) dándole ocho pesos ofreciendo gratificarle con 25 pesos siempre que vuelva con el contesto de Oruro y le alcance a Ameller, que dijo que estaría en las pampas de Sicasica e inmediaciones del pueblo de Yaco. No hizo otra cosa el indio que irse prontamente ande su comandante don Mateo

Quispe quien se lo mandó en el acto al coronel don José Miguel Lanza, por donde se supo todo lo dicho. Este señor después de pasar de vista y sacar un tanto lo mandó pasar al pueblo de Caracollo a manos del alcalde pedáneo, que yo lo llevé y entregué a un don Antonio Barrera que se hallaba con ese destino. Como yo lo conocía y lo trataba mucho que era de opinión patriota como un antiguo servidor a ella (aunque arrepentido), con grande gusto dijo haría este servicio no digo ahora nomás sino las veces que se ofrezca mandando comunicaciones y noticias efectivas al coronel Lanza, y dijo que Ameller se hallaba en el pueblo de Sicasica con anuncios que de un momento a otro estaría en el pueblo de Caracollo. Me regresé, le di cuenta de mis andanzas al coronel Lanza y pídole licencia para ir a mi habitación Pocusco: me dio. A los tres días de que llegué a mi casa ya me hizo llamar (aunque la licencia era para 20 días) con mucho empeño.

Me fui el 3 de mayo, día en que el enemigo entró a Palca de Cochabamba en número de 400 hombres al mando del comandante Lezama y su segundo Asúa.

El 4 se salieron a ocupar el punto de Chuñavi el mismo alto del pueblo de Palca, y Lanza en su altura.

El 5 a las 6 de la mañana empezó a batirse las guerrillas que de ambas partes bajaron [f. 255]. Mientras los tiroteos el coronel Lanza y el comandante don Mariano Mendizábal se iban por el costado derecho nuestro a tomar el alto de Buenavista, y a retaguardia (costado izquierdo nuestro que es frente al enemigo) quedó atacando el comandante don Marcelino Castro, el bravo capitán don José Benito Bustamante con la indiada de los pueblos de Cavari, Inquisivi y Machaca, que Lanza dispuso así; al otro lado o costado del enemigo puso a los de Mohosa, Charapaya, Morochata y Palca. Así anochecieron en un continuo tiroteo de donde salieron 14 indios muertos y tres soldados, 17 por junto, y 23 heridos por todo; del enemigo nada más que dos heridos. A las 5 de la tarde se retiraron los nuestros quedándose el enemigo en su puesto nomás en la llanura de Chuñavi sin moverse un palmo de terreno.

El 6 bájase una guerrilla del enemigo a su costado derecho de 40 hombres, otra al costado izquierdo de otros 40 hombres y todo el resto forma su centro. Así marchan para el lado de Buenavista atacando como 100 hombres en vanguardia, otros tantos en retaguardia haciendo fuego en retirada ésta, y la vanguardia avanzando. Así caminarían como dos leguas escasas: en este trecho cambian el frente a la derecha un poco nomás; caminando algún corto trecho como cuatro cuadras hacen alto en la misma disposición. El capitán de cívicos de la doctrina de Inquisivi don Buenaventura Palomeque estaba en una abrita disponiendo que 40 indios se posesionasen en la altura misma donde se hallaba el enemigo en aquel rato, para atacar por su izquierda con hondas y galgas al tiempo de que pasasen avanzando a los nuestros, por ser trecho aparente para esta operación aunque terreno corto; le dieron una descarga casi todo el trozo o guerrilla de los 40 hombres de muy poca distancia, cayó del caballo muerto con nueve balazos que le [f. 255^v] dieron y a un indio de a pie, y tres hiridos.

En esto se retira a lo alto toda la gente nuestra. El enemigo retrocede en la misma disposición, al trote pasan Buenavista, ya al salir a Quiñuahara muy cerca de toda la loma, la indiada que tomó toda la altura no podía ir a estorbar. También se esfuerzan el coronel Lanza y el comandante don Mariano Mendizábal a contenerles el paso, en esto acuden los enemigos de la retaguardia, el comandante don Marcelino Castro no puede hacer nada. Iba en retirada el enemigo, se emboscan en una corta montaña. Le advierten los nuestros al capitán don Pedro Graneros (que ese día lo hizo Lanza capitán) en que se retire, que el enemigo estaba emboscado, y él lo advierte muy bien y se pone a pararse a caballo a medio reñir; muy cerca de menos de media cuadra (lo demás de la tropa descansaba así del enemigo como de nosotros) de repente dan la descarga como 25 hombres, le ajustaron en todo el casco que le vaciaron los sesos materialmente. Se retiran tres compañeros que tenía sacando el caballo (que retrocedió) ensillado. Levántanse los emboscados, se reúnen y caminan como a las 12 del día y salen al trote por el camino recto a todo lo descubierto, y ya llegando a la misma quebradita del trecho de Quiñuahara rápidamente revuelve para abajo con fuego de discreción, avanzan con tanta intrepidez que no dio más tiempo que a correr para abajo dando algunos tiros los que podían de nosotros, pero el enemigo ya no daba fuego sino al avance nomás, donde atropellaron a cuatro infantes armaditos, esto es a agarrarlos con la mano, como así fue.

El ayudante mayor don Pedro Arias, cusqueño (no [f. 256] el capitán sino el compañero de Mendizábal con quien se vino éste de Oruro), quiso tomarle al enemigo el costado izquierdo subiendo a una lomadita con 12 o 15 hombres, le dieron una descarga, murió el caballo en que estaba montado, mas como él no podía ir arriba porque tenía que subir una cuestita lo pillaron prisionero. Así se van como media legua abajo avanzando, después hicieron alto y luego descansan un buen rato, reunidos siempre los tres trozos regresan por el camino. Lanza con toda su tropa se fue por el costado izquierdo del enemigo, recto se fue por la loma, alguna parte de la indiada se colocó en el mismo alto del Malpaso. El enemigo salió, como 100 hombres infantes, a toda costa rompieron por la misma cuchilla del Malpaso, tomaron toda la cumbre que ocupaba nuestra indiada, al cabo desalojaron, puestos en la cima caminaron los demás enemigos descansados porque los protegían del alto. A las 3 de la tarde pasaron felizmente y Lanza les seguía por atrás en paso lento. El enemigo acampó en la misma pampa de Aguaycastilla donde hizo noche y el coronel Lanza con toda su División en el Malpaso.

Al siguiente día levanta campo el enemigo, sin almorzar se bajan por Chullpapampa y hacen noche en Colaya marchando para Tapacari durmiendo la mitad en las lomas de Canari. Lanza se regresa para Palca perdiendo día antes ocho muertos, cinco heridos, dejándose tomar seis prisioneros, perdiendo nueve fusiles y por todo tiene 14 muertos y 14 heridos. Del enemigo cuatro muertos y ocho heridos.

El 8 de mayo entran a Tapacari los enemigos.

El 9 a las 11 del día lo fusilan al ayudante mayor don Pedro Arias en el mismo trecho y asiento donde él lo hizo sentar a don Mariano Chihui, hijo del cacique don Nicolás Chihui.

El 11 se retiraron a Cochabamba cargando tres heridos.

El coronel Lanza entró a Palca donde hizo componer todo el armamento con mucho empeño.

[f. 256ᵛ] El 23 de junio levántase Lanza del pueblo de Palca, a marcha redoblada camina para el pueblo de Irupana con 42 hombres de caballería y 40 de cívicos el capitán don Pedro Arias (argentino de Salta, no el otro don Pedro Arias el cusqueño que ya murió en Tapacari fusilado). A la 1 o 2 de la mañana asómase a la puerta de la aduana, le toca la puerta en clase de comerciante pidiendo guías. Contesta con su orgullo acostumbrado el aduanero (que estaba entonces un don Lorenzo Meneses natural de la ciudad de Arequipa y vecino en el pueblo de Irupana) a que se esperasen o volviesen. Vuelven a tocar y le dicen:

—Escape, la Patria está ya aquí.

Abrese la puerta para salir al escape, se encontró con gente armada, lo sacaron, lo arrestaron, entregó 700 pesos. A las 6 de la mañana entró el coronel Lanza con una compañía de cazadores y toda la caballería cívica. Los vecinos se presentan muy prontos algunos, los más se ocultaron pero ya desmayaban de la ciega adhesión que tenían a los españoles todos los vecinos de aquel pueblo.

El teniente de caballería don Lucas Aspiazo (joven valiente y de empresa, como vecino y natural del pueblo de Irupana) se pasó noche antes del 28 de junio por el mismo pueblo de Irupana.

Al día siguiente se ocultó en los montes de Solacama con 22 hombres de caballería.

La misma mañana del 29 y a la misma hora sorprendió en el pueblo de Chulumani la aduana (y a su administrador un don Pedro

Sánchez quien entregó 600 pesos) y a las 3 de la tarde se le reunió el teniente don Lucas Aspiazo a Lanza en Irupana sin traer noticia alguna de enemigo.

Con la llegada de la Patria a aquel pueblo de Chulumani y ser la primera vez que allí había asomado la Patria tuvieron un grande regocijo, porque ha sido [f. 257] el único pueblo de todo el partido de Yungas el que se consagró a la causa de la libertad en los tiempos más críticos y delicados, en los tiempos que aun recién resonaba y eso enigmamente el eco sagrado de la Patria y libertad. Y sucede la gran casualidad de que el enemigo estaba cerca: esa misma tarde había entrado a Chulumani 80 hombres que es una compañía con su capitán don F. Peredo.

Al día siguiente 30 bájase sobre Irupana Peredo confiado en la buena reputación y fama de los irupaneños acerca de su opinión que tenían a favor de los españoles, pero ya habían abierto los ojos, ya con la consideración de que se harían enemigos de sí mismos, de sus hermanos, de sus familias e hijos, ya se hallaban listos a rechazar los descarríos pasados. Como ya no existían esos hombres que los conducían y guiaban a los errores, al oprobio que ellos mismos se labraban, Peredo se había soñado muy mal pues no halló uno quien le ayudase a operar en nada a excepción de uno que otro viejo impotente y sin el más leve influjo para ayudar.

A las 5 de la tarde le dan parte al coronel Lanza muy verdadero de que los enemigos subían ya la cuesta. Este señor en el acto manda que metan todas las bestias. Mientras otros afanes ya las 6 y más, entró ya el enemigo por dos bocacalles a la plaza, ahí nomás estuvieron. Lanza se retiró apenas a Carapata (los estramuros del pueblo); los soldados como pudieron estaban ensillando los caballos. Luego se bajó con 18 hombres de su compañía el capitán don Pedro Arias y el sargento Mariano Garavito, se embocaron por una de las calles que va a la plaza, empezaron a tirotearse en la calle un buen rato pero ni uno ni otro avanzaba un palmo de terreno. Lanza con la gente formada estaba esperando a que salga el enemigo avanzando a Arias pero este bravo americano no se dejaba avanzar mucho. Así estuvieron en [f. 257ᵛ] un puro fuego hasta más de la media noche: ahora que lo sacaban a los nuestros hasta dos cuadras de la plaza murieron de nuestra parte tres hombres y ocho heridos; del enemigo uno muerto y cinco heridos. Por fin sosegó el fuego.

Lanza estaba por partes sospechosísimo porque no metieron la caballada pronto conforme ordenó y faltaba aún como 20 caballos todavía. Antes de las 4 de la mañana sálense los enemigos del cementerio (donde se hallaban como en trinchera formados todo lo demás del resto de la noche) y amanecieron formaditos, su guerrilla de 25 hombres en la plaza. En esto nomás asómase un vecino de Irupana al capitán Peredo y le dice:

—Señor, dispóngase usted para una defensa heroyca porque el coronel Lanza baja ya, tiene mucha fuerza así de caballería como de infantería y le ha llegado auxilio como más de 600 indios esta noche; o retírese usted que será mejor, y no espóngase usted ni esponga a los soldados porque mucha es la fuerza que tiene Lanza.

Sorpréndese Peredo (bien que sólo le llegó auxilio de 60 indios a Lanza, pero ya era auxilio), creyendo fuese cierta la noticia que le daba ordena desfilar a toda su gente en retirada para abajo tomando el camino para el pueblo de Chulumani. Lanza sospechoso de los vecinos de Irupana estaba queriendo retirarse a retaguardia porque estaba cierto que con malicia hicieron tardar la caballada; sólo sí por la mayor fuerza que tenía nomás estaba. Estando así cavilando se le presenta una mujer y le dice:

—Señor coronel, ya han corrido los enemigos, van al paso trote muy cobardes.

Luego dan parte de la plaza así los vecinos como la avanzada que les había ya seguido, al momento ordena Lanza el avance de toda su tropa [f. 258], a las seis cuadras de que se bajó Lanza ya tirotearon. Así con fuego en retirada perdiendo terreno se bajó Peredo, luego se había quedado en retaguardia para proteger a su gente con 20 hombres y a más de las 8 de la mañana lo atropellaron y con tres hombres más murió (que un capitán de cívicos de Chinchiri don Evaristo Meruvia fue el que lo mató), y conforme caminaban los soldados se dispersaron por ambos costados de la montaña. Los nuestros se fueron avanzando como dos leguas del pueblo de Irupana. Cayeron 36 prisioneros, algunos presentados como 20 hombres, se ganó 63 fusiles, 46 bayonetas, 54 cartucheras, 5 muertos y 5 heridos. Se fueron muy pocos escapando por el pueblo de Chulumani, fue avanzando el teniente don Lucas Aspiazo hasta más adelante del río de Solacama de donde se regresó, a las 5 y más de la tarde se llegó al pueblo de Irupana con 30 hombres de su caballería.

Así fue que Lanza salió triunfante, pero se debe más al capitán don Pedro Arias y a su sargento don Mariano Garavito que contuvieron toda la noche el fuego y la carga del enemigo con sola la pérdida de muy pocos soldados (a quienes aun después de muertos los sacaron); así estaba Lanza recibiendo los inciensios.

A los siete días se salía el coronel Lanza de este pueblo muy despacio, el 2 de julio estaba en el pueblo de Suri.

El 8 de julio ya se internó el comandante don Pedro Antonio Asúa con 300 hombres de Cochabamba al pueblo de Palca; vuelan propios al coronel Lanza a Irupana.

El 13 de julio se levanta con toda su fuerza Lanza del pueblo de Suri y a marchas redobladas se pone en los altos de Palca.

El 15 ya se coloca Lanza en el mismo alto de Palca en Chuñavi. La indiada se reunía ya, alcanzaban a 300 hombres y por momentos se reunían y se [f. 258ᵛ] colocaron en el alto de Chuñavi, que Lanza llegó a las 5 de la tarde la gente bien estropeada.

El enemigo el 16 se salió y se situó en las casas de la hacienda de Chullpani.

El 17 asómase el coronel Lanza de frente, la infantería bájase por una cuchilla como por el costado izquierdo del enemigo, la caballería como por el costado derecho con su bravo capitán don Pedro Arias, y conducía el comandante don Mariano Mendizábal la infantería (aunque Asúa tenía una pieza de artillería), la indiada ocupaba el alto como en el centro. A un mismo tiempo rompen fuego así la infantería como la caballería, forman asimismo dos trozos los enemigos. La caballería nuestra se va en retirada muy lentamente y peleaban en un hermoso llano; asimismo nuestra infantería iba con paso en retirada pero no se reparaba. En los primeros fuegos nomás cayó un sargento de cazadores Santiago Murillo, un joven valiente y de mucha aplicación al servicio (a pesar de que no tenía ni alcanzaba a los 17 años de su edad), al mismo tiempo era de sentimientos muy humanos según demostró en el avance a Peredo en Irupana.

A las 10 del día recibió un balazo en el brazo el capitán Arias: cambia éste la brida a la mano izquierda y retírase un poco a su izquierda (porque estaba como previene la ordenanza en el centro de la línea, pero éste estaba no a retaguardia sino más bien a vanguardia) y haciéndose amarrar el brazo toma su puesto y retírase siempre siempre guardando la línea en orden. Entonces acuden más el avance el enemigo reforzándose más de la otra mitad. Viendo esto el comandante don Mariano Mendizábal revestido de todo el ardor del valor que tenía esfuérzase a avanzar con la infantería: entran como unos leones embistiendo con [f. 259] tal valor que se metieron a la cancha. Los del rey dejando el cañón en el medio patio se meten a las viviendas de donde rompen fuego, los nuestros haciendo operaciones de triunfo.

De repente el coronel Lanza hace tocar con la corneta retirada a la caballería nuestra, ésta por supuesto obedece; le sigue una mitad de la caballería enemiga como con 50 infantes; los demás como 120 infantes y una mitad de caballería como más de 40 hombres se regresan a proteger a la cancha donde se hallaban ya en muy mal estado los enemigos y los nuestros progresando. El enemigo al galope retrocede porque más quedrían agarrarlos a los nuestros; los nuestros que salen a impedir a los enemigos que iban a proteger a la cancha ya no pudieron, luego de las casas también salen los enemigos y dan fuego; los tomaron a 18 hombres prisioneros de los nuestros, murieron nueve en el acto, ganaron 21 fusiles, heridos 13. Fueron triunfantes los enemigos por la descabellada disposición de Lanza: ¡pero hacer tocar retirada a la caballería estando la infantería en el patio de la cancha ya sacando el cañón, ya la indiada avanzaban queriendo quemar con fuego las casas donde estaban los enemigos, estando en un estado tan bueno! Después se retiró a Palca Lanza. El enemigo se salió ese momento a hacer noche al alto.

Al día que sigue 18 de julio sin tardar un momento en estos lugares se fueron los enemigos llevando 17 heridos. Después de que el enemigo se fue fueron los nuestros a registrar los muertos del enemigo y encontraron 26 cuerpos enterrados en dos fosos ocultamente. Pero oír hablar a la oficialidad y tropa de la retirada que hizo tocar Lanza era por demás. El coronel Lanza con enojarse y reñir a todos así lo callaba. Así espuso este jefe a unos hombres desgraciados que fueron [f. 259ᵛ] los que cayeron así muertos como prisioneros.

En el pueblo de Sicasica se hallaba el coronel con Manuel Ramírez con su batallón que se intitulaba Primer regimiento, tenía 1,200 plazas.

El 15 de junio llegó 140 hombres más, una compañía del batallón de la Reina, estuvieron 15 días. Ya habían abierto los ojos sus oficiales del error en que estaban, con este motivo quieren desprenderse de la dominación de los españoles. Para este efecto se habían combinado a hacer una revolución todos los oficiales del batallón de la Reina con los del Primer regimiento. Un capitán (don Santiago Segovia) y sus oficiales subalternos que llegaron de Oruro ya habían hecho su contrato: en que logrando el tiro de la revolución, devorarlos a todos los españoles desde el coronel don Manuel Ramírez para abajo, pasarlos a cuchillo a todos los españoles europeos e irse a La Paz, reunir tres compañías de la Reina que se hallaban de guarnición; logrando reunirse, irse ande don José Miguel Lanza coronel y comandante general de los pueblos libres del Interior, o ande el general del ejército de la Patria don José de San Martín que se hallaba en Lima.

Para el caso sálense por el camino al lado de La Paz (el 30 de junio habían marchado), llegaron a la distancia de dos leguas que es un trecho llamado Calacota, allí estuvieron haciendo hora para regresar a Sicasica y efectuar la revolución (y habían combinado tener una seña de un silbido para reunirse con las compañías que salga a las 10 de la noche). Estaba combinado un sargento primero de una de las compañías del batallón. Éste había estado por matrimoniarse, esa tarde tenía de confesarse; fue a confesarse con un religioso fray Juan Villa natural y vecino de la ciudad de Arequipa [f. 260] en el Perú. Este sargento le avisó al confesor en que esta noche tronaba una revolución y que estaba iniciado para tal cosa (el sargento F. Zárate porteño o argentino), le obligó el confesor (que se hallaba por entonces de ayudante el padre fray Juan Villa) a delatarlo, a descubrirlo, y si no que no lo absolvía ni lo casaba. Bien estrechado de esta manera el tal sargento Zárate acto continuo se entró ande su coronel, denunció todo el plan de la revolución, Ramírez supo ya quiénes, cómo tramaban, en qué casa contrataron, las señas, todo todo descubrió.

Ramírez a las 7 de la noche ya los hizo prender silenciosamente a los que estaban iniciados para tal revolución, al dueño de casa, a todos con mucha cautela. Mudó a oficiales de su satisfacción, escogió asimismo soldados y esperó la citada hora. Al llegar la hora salió él mismo con más del medio batallón con la seña combinada. Cabalmente sucedió así, empiezan a romper fuego. Reparando don Faustino Choquecallata que no era conforme la combinación, como eran bastante gente de la parte de Ramírez tuvieron que salir corriendo, pescaron a algunos oficiales.

El 3 de julio el Primer regimiento salió para La Paz y al salir nomás lo fusilaron a un don José Osorio en la plaza de este pueblo, al salir sobre la marcha nomás, y todo el batallón pasó casi pisándolo el cuerpo. Quería fusilarlos a otros comprometidos también, mas viendo que los soldados hacían por sus oficiales algún sentimiento dejaron de fusilar. Hicieron noche en el pueblo de Hayohayo.

El 4 por la mañana Ramírez dejó en retaguardia a una compañía de 13 hombres con el capitán don Federico tal (español europeo) y al teniente don Hipólito Fabre (natural de la ciudad de La Paz) [f.260ᵛ] con orden de fusilarlos siempre a los otros en el pueblo de Hayohayo mientras que el regimiento vaye marchando a Calamarca. Así fue: estaría como en distancia de dos leguas cuando ya los tronaron a unos oficiales que eran un Murillo, un Soria y un Pinedo, escapando don Santiago Segovia. Los que escapando se entraron a los Valles eran Choquecallata, un Haedo (ambos cusqueños), un tal Monroy (natural de La Paz), José Manuel Galdós, José León, con 28 soldados con más un tambor, que éstos se presentaron en el pueblo de Machaca, que si no es el padre fray Juan Villa el que le obligó a descubrir al sargento Zárate tal vez hubiesen logrado. Luego lo hizo Ramírez oficial al sargento Zárate, subteniente de una de las compañías del regimiento.

Se entraron a La Paz el 7 de julio.

Lanza se fue al pueblo de Cavari el 20 donde formó la maestranza haciendo componer el armamento.

El 3 de octubre entró el coronel Manuel Ramírez por Inquisivi a Cavari con su batallón de 1,200 hombres. A las 11 del día subía la cuesta de Chahuarani que es al pueblo de Cavari. Cerca de éste tiroteó el capitán Choquecallata con 28 hombres de su caballería donde salió herido el alférez Granadino, cordobés; pasaron cruzando la media plaza con fuego. Dispuso el coronel Lanza: a la infantería al costado izquierdo arriba del pueblo; a la caballería a lo llano entre el costado derecho y centro. Llegó a la vista del pueblo el enemigo, se dividen en dos mitades: la caballería avanza directamente por el pueblo y avanza [f. 261] con tanta tenacidad que no hubo resistencia la más pequeña. Pasando el pueblo una corta distancia un trozo de 200 hombres salen a cortar a la infantería nuestra que la infantería enemiga entretenía con un fuerte tiroteo. De repente parece otro trozo del costado derecho de nuestra infantería: entonces se suben arriba por Titihuichinca, donde casi lo atropellaron al capitán Haedo y al capitán López que estaban con sus compañías; sólo sostuvo el subteniente Mariano Mendoza al trozo de los 200 hombres de infantería del enemigo. Se esforzaron a querer contener los nuestros pero era incapaz, no era más que esponerse y precipitarse porque 200 infantes contra 600 era imposible; indiada no había porque no hubo tiempo para reunirlos y entró el enemigo como por asalto. Murieron nueve soldados, cuatro heridos, cayeron 13 prisioneros de nosotros, ganándonos 16 fusiles.

Se regresaron los enemigos al pueblo de Cavari. Como en retirada nos cortó de nuestra caballería, que éstos se fueron por el camino y la infantería por el alto divididos enteramente. Lanza hizo alto en Copachullpa a las dos leguas del pueblo de Cavari donde se hallaba el enemigo. La infantería nuestra del alto se bajó esa noche, buscando su reunión lo halló a Lanza en Copachullpa y se retiraron todos al pueblo de Machaca.

El enemigo bien al alba del 4 de octubre avanzó a Copachullpa y no encontró nada, se regresaron quemando todas las casas en su marcha, se entraron al mismo pueblo de Cavari (porque fueron como 600 hombres a las 5 de la tarde) y Lanza se hallaba en el mismo pueblo de Machaca reuniendo [f. 261^v] a la indiada con mucho empeño; así fue, se le iba reuniendo de todos los pueblos. El enemigo estaba siempre en el pueblo de Cavari. Esa noche del 4 de octubre una señora doña Josefa Allende, orureña, mujer de un don Andrés Cusicanqui Topa Inca, muy patriota, bajó del alto de noche a ver su casa en Huecontaya, su propiedad; de regreso a las 10 de la noche se retiraba, como perdiese el camino se rodó en un barranco, despedazada murió lastimosamente.

El 10 de octubre salen partidas del enemigo a juntar ganado mayor y menor, roban más de 600 vacas y más de 6000 ovejas.

El 11 sale todo el trozo enemigo de Cavari a Copachullpa donde campa, de allí también bota partidas. Una partida de 100 y tantos hombres van y pasan al anejo de Tuisonga, llegan a las 8 de la mañana, llegan a una casa de un indio llamado Manuel Mamani. Éste estaba enfermo con tercianas (por eso no emigró), lo agarran al infeliz, lo amarran, lo meten entro de la casa y priende con fuego donde murió quemado el enfermo, y se pasan a campar a una estancia en la alturita llamada Huancarani donde pillaron a una mujer, lo tenían presa, y al tiempo de irse prendieron con fuego a una casa encerrándola a la mujer juntamente con dos becerritos y un burrito más; dejándolo así arder la casa se van a reunirse al trozo de Copachullpa que es una hacienda.

El comandante de la doctrina de Cavari por la Patria don Gregorio Andrade y Moya se hallaba con 400 indios en el alto mismo de la hacienda de Copachullpa (donde se hallaba el enemigo); con más 15 armados con bocas de fuego estaba Moya. Éste tenía sus avanzadas que estaban tiroteándolos a los enemigos ese día 13.

Esa noche al amanecer al 14 por otro punto habían salido por donde nunca se pensaba que hubiesen salido 200 [f. 262] hombres del enemigo con el capitán don Hipólito Fabre a las 4 de la mañana. Reparan los indios casi al estar entrando los enemigos al campamento esto es al centro mismo, entonces nomás se alborotan y salen corriendo. Fabre mandó dar un descargue donde cayeron muertos 11 indios y 15 heridos. Estos heridos no hicieron más que irse de cuatro pies, conforme pudieron se entraron a una quebrada redícula y largarse por río abajo; fue escape milagroso que no los acabaron a todos ellos. Otros indios o la mayor parte salen para arriba hasta el punto de Aquilatara, como un cuarto de legua. Fabre venía por delante en muy poca distancia en la falda ésta de Aquilatara: murieron cinco indios más que atropellaron los enemigos. Lo llamaba al desafío don Hipólito Fabre al comandante don Gregorio Andrade y Moya por su nombre, le decía que él era el bravo Hipólito Fabre, que se parase si es hombre, que sólo teniendo valor y cojones grandes se hubiese puesto a hacerse alzado insurgente contra el rey, contra el poder de su monarca. El otro no hacía más que correr porque no había un trecho como aguardarlo, un camino muy estrecho en una falda, ni se podía reunir gente porque iban conforme podían escapar cada uno.

Al subir el mismo mal paso de Aquilatara que era algo peligroso se reunieron como pudieron veintitantos indios con un don Agustín Cano; como fuese un punto ventajoso para nosotros empezaron los indios a atacarlos, con hondas y galgas que tiraban hicieron caer muertos a seis hombres del enemigo y cinco heridos. Se retiraron los enemigos como pudieron, se encaminaron dejando tres fusiles, y regresa el comandante Andrade y Moya a carrera abierta, entonces también desafíale a Fabre en que se pare como buen servidor del rey, que los vasallos del monarca español [f. 262^v] no corrían:

—No sois soldado del rey, corredor, cobarde, pintor, que no había tenido brizna de cojones, más bien que se atiente tal vez se le han entrado a la barriga.

Ya no parecía Fabre, ¿y qué había sucedido? Le habían tirado un hondazo en toda la espalda y se había retirado ya. Se pararon los enemigos un buen rato, donde cayó muerto un soldado de la escolta de Andrade llamado Melchor Giménez. A las 11 se retiraron todos los enemigos a Copachullpa, se reunieron con el batallón, éntranse a Cavari vuelta. Perdimos nueve caballos más, 18 muertos y como 20 heridos (de los que murieron cuatro ese mismo día), 22 muertos por todo; del enemigo tres muertos y 11 heridos, entre ellos el capitán don Hipólito Fabre con una pedrada buena en la espalda.

Lanza estaba al frente en el pueblo de Machaca reuniendo mucha indiada de todo el partido de Hayopaya, de todo el partido de Sicasica también: se reunían como más de 800 hombres fuera de los 400 de Cavari, mucho más en la banda.

El enemigo el 15 de octubre se salió parte por el pueblo de Ichoca y parte por el de Inquisivi llevando mucho ganado del saqueo. Lanza visto que el enemigo se salía dispersó a toda la indiada dándoles las gracias a nombre de la Patria, y se quedó siempre en Machaca.

En la ciudad de Cochabamba elogiaban, dicen, mucho al comandante Asúa en que era un acérrimo competidor de Lanza, que se entraba a aquellos Valles el día y hora que quería y que salía sin la menor novedad. Entre los oficiales y algunos de mayor graduación dicen que cabalmente estaba en aquella junta el brigadier Aguilera; este señor, como apocando y menospreciando los servicios del comandante Asúa, desaprobando su carácter de valiente (que lo era) y todas las expediciones que había hecho [f. 263], hablaba con desprecio que la indiada no hacía más que darles ejemplo para ser cobardes corredores, que el coronel Lanza no sabía disponer un plan de ataque, una guerrilla, no digo para un ataque campal teniendo como más de 400 hombres armados.

Picado Asúa (que se hallaba presente) le dice a Aguilera que como él se apellidaba el León de Santa Cruz, que en breve él también se apellidará el Águila de Hayopaya o lo intitularán así; que no le parezca a él que el partido de Hayopaya y Sicasica sean como los partidos de Santa Cruz, Vallegrande, Misque y otros lugares; que en Hayopaya peleaban como hombres, como firmes patriotas, presentando el pecho a las balas descubiertamente aunque con fuerzas siempre desiguales en lo que hace a gente armada; que no peleaban como los tembetas de Santa Cruz y toda su provincia (hoy Departamento) ni menos peleaba como los cambas (dice generalmente que es una expresión que no les gusta a los cruceños, menos le gustaría a Aguilera); que no le parezca a él que los jefes de Hayopaya sean como Padilla, Serna o Berdeja, como el bruto del Curito, Escuro, ni peleaban con cohetes, ni menos sean como Vargas, Cabo Gordo y otros caudillos; que los caudillos de estos lugares son hombres que han sabido sostenerse, prueba de ello se sostienen hasta la presente y con mucho aumento de armas, mucho entusiasmo, y entusiasmo heroyco que el más infeliz indio manifiesta viendo a las reales tropas; y si quiere experimentar que haga Aguilera una expedición sobre Hayopaya para probar el patriotismo de aquellos lugares que él, Asúa, los ha batido desde que ha sido un mero alférez desde el año 1814; que sabe y los [f. 263ᵛ] conoce el propio carácter que tienen los hayopayeños y sicasiqueños, esto es todos los pueblos del Valle.

Con este desafío que públicamente se lo hizo Asúa quedó Aguilera enteramente agraviado y dice que no daba satisfacción al público de este insulto mientras no manifestar en la punta de una bayoneta la cabeza del caudillo Lanza y sus satélites. Caloroso expresiona todo esto Aguilera, echan una carcajada algunos oficiales y Asúa medio se sonrió, Aguilera más se encolerizó. Asúa todo le habló con modestia, en buen orden, sin faltarle en un ápice, con aquel respeto que es debido por su graduación cosa que no pudiese agarrarlo por la menor falta de respeto.

Todos los oficiales circunstantes lo amainan al brigadier Aguilera. Entonces sosiégase y se compromete hacer la expedición sobre Hayopaya. Asúa se desentiende de todas sus habladurías y acciones; cortado ya la conversación crítica de todo lo dicho se retiran. Al siguiente día nomás se retira Asúa (con muchos empeños que hizo con el jefe de la provincia que era un coronel Mendizábal Imaz), vase para Tarata con su respetable columna de 260 hombres. Hace extraordinario al virrey Aguilera para expedicionar a Hayopaya, desesperado aguarda la respuesta y orden del excelentísimo señor virrey.

Vuelto el extraordinario expediciona Aguilera sobre Hayopaya. Sale con 800 hombres de Cochabamba el 3 de noviembre, arriba de Lallave hace noche.

Al siguiente día 4 llega al pueblo de Morochata.

El 5 levántase y hace noche en Chinchiri. Un comandante de la doctrina de Morochata don Blas Games ya se [f. 264] presenta en todo el alto de su campo con 300 indios y 15 armados. Esa noche no les dejan dormir, se entran al campo enemigo 15 indios con ojotas de cueros de ovejas pisando por el lado de la lana para no ser sentidos y le roban nueve caballos. Ya dicen paró las orejas Aguilera y los tiroteó. Todo el resto de la noche no les dejó dormir los indios.

Al día siguiente el 6 de noviembre marcha Aguilera para Palca, la indiada en pos suya; otro trozo de 1000 hombres de indiada le aguardaba adelante en su vanguardia. En esto llega un comandante de la Patria don Anselmo Ansaldo con 30 hombres de caballería bien armados (porque este Ansaldo era de oficio armero, del lado de Misque, había seguido siempre a este Aguilera): este señor dispone guerrillas adelante y a retaguardia. Hace noche Aguilera en Santa Rosa molestado por la indiada.

El 7 Aguilera marcha para Palca todito el día atacado de vanguardia y retaguardia como del centro, de la indiada. Lanza a su frente en Aramani esa noche pasa con toda su División a la retaguardia de Aguilera, altos de Buenavista, pasando por muy cerca del pueblo de Palca la caballería.

El 8 regresa Aguilera de Palca en pelotón nomás: ni bota partidas en pos de ganado ni buscan qué comer (muertos de hambre su tropa y de miedo él) como lo hacían otras tropas. Se posesiona de Chullpani donde mansiona tres días sin moverse. Mientras tanto reúnese más indiada (que era mejor para Lanza porque ni él ni su gente no se molestaban ni peleaban sino la indiada hostilizaba día y noche), a la vista del enemigo se bajan los indios de dos doctrinas y se relevaban con mucho orden: como la guardia en una plaza que se releva así se relevaban los pueblos de a dos con sus [f. 264ᵛ] respectivos capitanes como más de 600 o 700 indios con su protección de gente armada, como 100 hombres, fuera de la fuercita que tenía Ansaldo. Los enemigos siempre tiraban a lo seguro, donde salió herido el sargento Garavito que era el más valiente de toda su División (con mucha ejemplaridad, de forma que por estimularse los oficiales salían valientes).

El 12 muy al alba retírase Aguilera para Cochabamba. Ansaldo va en su vanguardia con fuego en retirada, con más de 800 indios, en un puro tiroteo, y por retaguardia el coronel Lanza con toda su División que pasaba no mucho de 300 hombres. Así lo bajaron con muchas molestias. Sólo en esta bajada y subida hasta Pulpera tuvo de muertos 32 fuera de 40 heridos, entre ellos dos oficiales valientes, fuera de los otros días (lo que se pondrá todo por junto). Esa noche no dieron una buena pestañada el León de Santa Cruz ni menos los leoncitos de su tropa.

Levántase muy al alba el 13 de noviembre, camina siempre molestado de los indios, que todo el día caminó un poco más de dos leguas hasta el pueblo de Morochata. Al frente del pueblo ése hay casas con sus corralones de sembrar: allí pasaron a fortificarse como de unas trenchiras, que el ánimo de los indios era siempre perjudicarlos en algo.

Amanecieron así el 14, y aún no bien rompió el día ya se marcharon siempre atacados y molestados de los indios hasta abajo de las Tres Apachetas. Allí tomaron [f. 265] razón de un todo: resulta que fueron 58 muertos, 43 heridos (otras heridas leves no se cuentan), 52 fusiles (fuera de los que ocultarían los indios), 26 caballos, los más ensillados, trapos y otras cosas no se cuentan. De nuestra parte también murieron 55 muertos, más de 70 hiridos de los cuales a pocos días murieron 12, son 67 los muertos. Así castigó el cielo la soberbia del León de Santa Cruz. Pero no se dude, Lanza tenía muchísimo miedo desde el momento que tuvo propios sobre esta expedición, de Cochabamba mismo y de la secretaría del gobernador Ímaz.

Este Ímaz era el terror pánico de todo Cochabamba y su provincia, de forma que cuentan hombres de su séquito que una vez entró al gobierno un hombre decente y acusa a otro paisano suyo en que era de opinión patriota y que comunicaba a éstos lo más por menor todo. Le oyó el gobernador Ímaz; ya que no tuvo que acusarle más le dice el gobernador:

—Hombre, lo que me habéis comunicado de ese hombre que dice usted que es muy enemigo del trono y del rey debes también saber si es hombre perjudicial con ser de opinión tan contraria a nuestro sistema: di claro, porque se le apresará y es mi muy amigo, porque le has de justificar y probar con hechos, nada de fraudes sino justamente, sin entrometer cuentos de viejas ni ridículas porque para castigar es preciso averiguar desde una mínima raíz.

Entonces se asustó el otro y le dice:

—No señor, él es de opinión patriota pero es un buen cristiano, caritativo, muy honrado, sólo sí insurgente a la real corona.

A esto [f. 265^v] replica Ímaz:

—Ya que lo conoce usted que es así yo le pongo presente todo que si no justifica usted plenamente usted ha de pagar todos los gastos de esta acusación que ha hecho.

A esto repone el tal acusante que él no acusa sino únicamente denuncia. Entonces ya incómodo el gobernador Ímaz le dice:

—¿Y usted es de qué opinión?

A esto respondió que él era de opinión al monarca y que era consumado realista.

—¿Realisto ah? ¿Realisto ah? ¿Y consumado ah? Pero mal hecho. Usted deberá ser algún intrigante vil, infame, malvado. ¡Salga usted! A patadas lo baja gradas abajo del alto y manda lo atrinquen en uno de los pilares del gobierno con la vista a la calle cosa que todos lo vean. El infeliz denunciante en ese estado empéñase con algunos señores de la casa del mismo gobierno, se empeñan éstos, lo hacen desatar. Entra de rodillas el tal acusante ande el gobernador Imaz y le dice:

—Señor gobernador, vuestra señoría me hará el grandísimo favor de dispensarme de esta gran falta en que he delinquido; vuestra señoría por la pasión de Jesucristo y por su muerte me hará el grande favor más de no descubrirme esta imprudencia a persona alguna, principalmente al sujeto ése, por Dios, por su santo y porque es vuestra señoría hombre como yo.

Entonces dícele el gobernador:

—Levántese luego, vaye y pida perdón entrando a una iglesia de Dios nuestro criador y que le mude a usted su corazón malvado su opinión al rey, y no sea usted desnaturalizado porque ese sujeto a quien me ha venido a venderme es muy hombre de bien y cumple como debe el deber que tiene de [f. 267] ser patriota, y sepa usted que yo no juzgo ni castigo opiniones sino hechos y por eso averiguo yo si es patriota nomás o tiene algunos hechos más que perjudican. Yo no hablaré a nadies lo sucedido ni tengo que dar satisfacción a ninguno. Yo encargaré a todos los que asisten en este gobierno para que no descubran lo que pasa en el gobierno. Vaya usted con Dios, y cuidado en otra: si vuelve a caer a mis manos lo he de fusilar miserablemente.

Y el tal sujeto a quien este hombre lo había vendido no lo había conocido Imaz bien ni tratado, sólo de vista. Desde ese entonces le buscó su amistad y fueron íntimos amigos, pero nunca descubrió y por eso repetidas veces le hacía encargos a los sujetos que asistían en su casa. Así era el manejo de este hombre.

Vamos a lo que corre: Aguilera entra a Quillacollo y pásase al valle de Clisa sin entrar ya a Cochabamba: se acortó enteramente verse con Asúa aunque éste era su inferior.

[f. 266] El 11 de octubre el capitán don Domingo Segovia escapando de Sicasica el 29 de junio del presente año al lado de la costa que es a Moquegua regresó trayendo uvas pasas, higos secos, sandías y otras frutas como para regalar a una moza doña Juliana Díaz. Había llegado al pueblo de Sicasica o muy cerca de dicho pueblo que es al frente, a una hacienda llamada Santiago, casa de un indio Pablo Leyva. En esta haciendo servía de mayordomo un don Manuel Calderón. Avisó éste a un asistente del coronel don Manuel

Ramírez que a ese tiempo andaba en aquella finca N. Morató, español. Éste como conociese la mula del capitán Segovia agarró y se entró al pueblo a dar parte al coronel. En el acto mandó una corta partida de ocho hombres, lo pescaron al estarse fugando, lo hicieron llegar al pueblo, le siguen una ligera causa, remiten a un consejo de guerra que formó y resultó fuese fusilado: el 18 fue muerto en el pueblo de Sicasica.

[f. 267] El 22 de octubre sale Lanza de Palca al pueblo de Machaca donde formó la maestranza con mucho entusiasmo.

El 26 pide licencia el ayudante mayor don José Manuel Galdós para dos días ir al pueblo de Palca, obtuvo la licencia de su solicitud, fue, tardó dos días más. Manda Lanza comisionado a un capitán de caballería don Pedro Arias (valiente gaucho, compañero del coronel Lanza con quien llegaron de Salta) con ocho hombres de escolta a que lo conduzca preso a Galdós. Va Arias a Palca, llega a las 10 del día, lo apresa y salen a las 4 de la tarde, a las 5 poco menos le tiraron un balazo de atrás del caballo, cae muerto Galdós, y dicho capitán [f. 267ᵛ] Arias como los de su escolta alborótanse en que cómo ha sido el tiro, se apean y acuden a Galdós queriendo dar nueva vida, ya no les fue posible, prontamente espiró en la faldita de Condorillo al lado de Palca que hace cabezada de Ulupicani: así de esas resultas murió. Luego llegado el capitán Arias, a los pocos días nomás ya se dijo que era orden reservada del coronel Lanza y se aprobó ser cierto esto con la misma acción del coronel que se desentendió, de un todo resentido de unos celos mal fundados con su moza doña Remigia Navarro. Así se concluyó la vida de un hombre, de un oficial valiente y patriota por una acción tan inicua, que esto se dijo comúnmente en Machaca como en Palca, que muchas veces se lo dijieron aun al mismo Lanza, principalmente el capellán que trajo de Salta doctor don Vicente Zapata que lo sintió demasiado y ni aun quería verlo a Lanza. Mucho después se supo por palabras del mismo capitán Arias. Vean señores lo que vale una mujer más que un hombre, más que un defensor de la libertad de la Patria.

Año de 1822

El coronel don José Miguel Lanza mansionó en Machaca todo el mes de diciembre del próximo pasado año hasta el 16 de abril.
El 17 se encaminó para el pueblo de Irupana.
El 24 pasa el gran río de La Paz por la noche, el río caudaloso. Tarde antes y toda esa noche les agarró un fuertísimo aguacero,

que ya no hay [f. 268] comparación. Se mojaron enteramente los soldados sin tener cómo ni dónde guarecerse ni poder cómo asegurar los paquetes de munición: tal fue la mojazón que de muchos soldados parecían masas los paquetes. Como son lugares tan húmedos y tanto aguacero se vieron muy incapaces. Por fin pasan el río. Aunque cargó a dos el río no pudieron como librarlos la oficialidad y tropa: éstos considerarían el estado en que estaban sin tener auxilio ni apoyo ninguno viéndose en lugares de sus enemigos. Se le ponía presente a aquel jefe que mandaba que era el señor coronel Lanza entrar a atacar al enemigo en su propia casa, a sus lugares donde estaban con toda comodidad, con toda prevención, bien situados, bien apertrechados, bien cuidadas sus armas, todo corriente, sus caballos en ser como los soldados también. Veamos a los nuestros el estado de su situación: la gente estropeadísima y muertos de hambre; los caballos sin aliento, despeadísimos, mojados los paquetes de los soldados e incapaces, las armas mojoseadas y toda la disposición al contrario, porque el coronel Lanza pensaba asaltar al romper el día o de noche. ¿Y qué sucedió? Ya fue de día. Al mismo tiempo, si sufrían una derrota ¿cómo se libraban, dónde se hubieran retirado, qué destino hubieran tomado? Si se ponen a regresar, ¿cómo pasan el río que no salen persiguiéndoles los enemigos y acaban con todos ellos?

Pero la divina providencia operó y defendió a los hijos de la Patria de los peligros en que estaban y demás trabajos y casos que les pudieran suceder. Llamando al Dios de los ejércitos y clamando al cielo piadoso ordena Lanza la marcha, siguen la cuesta por más arriba de San Roque, llegan a la abra a las 9 y más del día.

El 25 de abril divisan el pueblo de Irupana, casi el sacrificio. Entonces [f. 268ᵛ] el señor coronel Lanza se pone fuera de su semblante, a poco repónese y proclama a su gente, y dice:

—Muchachos: Este es el día feliz por todos modos para nosotros: si Dios nos da valor para alcanzar la victoria somos felices; si al contrario por castigarnos salen los enemigos triunfantes somos felices cumpliendo el deber a que nos hemos comprometido con el sagrado juramento de derramar nuestra sangre por nuestra Patria y libertad. Ganaremos la victoria con nuestra sangre, con nuestras propias vidas sellaremos este sagrado nombre de patriotas defensores de la libertad de América, de héroes en nuestro continente. No tenemos más recurso, no tenemos más disposición ni auxilio ni otro asilo que el favor del cielo piadoso y el morir o vencer, dos destinos que nos ha deparado hoy día la suerte. Vuelvo a decir: victoriosos venciendo, victoriosos muriendo por tan sagrada causa. Así hijos, compatriotas y compañeros, no temáis al enemigo porque no nos superan en fuerzas, más bien nosotros por ahora. No receléis en vuestras armas en que os falten por la humedad de la pólvora, que eso es nada: esforzad con las bayonetas. Anteponiendo el miedo desechad la cobardía. Alentados recorred el honroso título de patriotas y defensores de la libertad que tantos tiempos y en los tiempos más peligrosos y circunstancias las más críticas hemos adquirido, y no es caso compañeros y compatriotas perder afrentosamente por cobardes, será tal vez la última vez que triunfemos muriendo. Y así hijos, cobrad el valor que tenéis y acostumbráis en iguales casos ahora más bien que nunca, encargándoos sobre todo la humanidad acostumbrada a nuestros semejantes como verdaderos patriotas, porque el matar a un [f. 269] rendido, a un vencido, a uno que acude la clemencia es acción inicua, es acción vil, es acción de cobardes. Ante todo os encargo la subordinación, el buen orden, la unión en todos los extremos y circunstancias: unión hijos para superar al enemigo y para ser felices. Moderar el derramiento de sangre americana, no desear el saqueo porque jamás hasta aquí nos hemos manchado con ese horroroso y villano nombre; si no seremos malditos de nuestros compatriotas, seremos de nuestros enemigos la crítica que escandalizarán a todo hombre adicto a la causa nuestra y será un dolor para ellos oir pituperar tan sagrado nombre de patriotas. Respetad a los paisanos y acariciad con el buen modo, invitad a que tomen y abracen nuestro partido, buscad amigos con la política, procurad no dar el menor resentimiento al pueblo: veréis cómo serán nuestros amigos, nuestros hermanos y nuestros compañeros. Tened pues presente todo lo que os he dicho, y así en primer lugar pongámonos en manos del criador del universo, en el último peligro hagamos la cuenta que nos vemos, pero ya salvos, ya triunfantes. Que Dios nos oiga y nos ayude bendiciendo la intención que tenemos. Por último, valor y constancia, unión y entusiasmo.

Marchan ya la bajada con la vista al pueblo. Ya de que se acercaban un poco más entran de dos en dos, de uno, de tres para disimular y no reparen, por los rincones del camino, haciendo la reunión en un trecho de la casa de la aduana (que está en la orilla del pueblo como en todas partes). Reunidos que fueron embócanse por la calle principal de la entrada (porque no hay más que una entrada).

Luego sintieron los enemigos, tocan generala y tropa, corren al cuartel de todas partes. Ya al llegar los nuestros a una de las esquinas de la plaza salen los enemigos como 25 o 30 hombres del cuartel [f. 269ᵛ], con mucha pausa como haciendo mofa el oficial enemigo. Dan descargas de una y otra parte, empiézase el tiroteo, los oficiales de nuestra parte echan la voz:

—¡Avancen, a la carga muchachos!
Contesta el oficial enemigo:
—¡Mentira, no se echarán eso sí a la carga!
Nuestros oficiales echaban la voz:
—¡Aentro muchachos, valor!
Decía el oficial enemigo:
—¡Mentira, no hay tal aentro!
Los nuestros avanzaban con fuego hasta una esquina de la plaza, los volvían a sacar a los nuestros a la media calle; se esforzaban vuelta los nuestros a rechazar hasta la otra esquina de forma que la guerrilla estaba en las esquinas de la plaza nomás. Mientras estábamos en avanzar y retirar, una compañía que era la primera da la vuelta por otra calle detrás de la iglesia y en un momento se pone frente al cuartel enemigo. El bravo oficial enemigo que contenía en la plaza don F. Aguirre (valiente orureño) manda dar media vuelta a su gente y corren a proteger el cuartel; los que atacaban en la plaza avanzan mejor que los que corrían, cuando los enemigos querían hacerse fuertes en la puerta los nuestros a la bayoneta ya los iban a ensartar, así es que forzando entraron al cuartel y fueron triunfantes con la pérdida de un alférez de caballería (cordobés) y cinco soldados con tres heridos de pérdida; del enemigo 28 prisioneros, 13 heridos (los dos oficiales N. Amor y F. Aguirre malamente heridos, al menos el primero con 14 heridas de bayoneta), muertos 17, fusiles 68, mucho más número de bayonetas. No duraría más de media hora. Así fue el triunfo completo en esta vez. El número del enemigo componía toda su fuerza de 120 hombres. Lanza lo hizo curar a todos los heridos del enemigo y con mucho empeño [f. 270] les dio libertad a todos los prisioneros dándoles socorro de a dos pesos a cada uno y dejándolos muy recomendados a todos los vecinos principales. A los ocho días se salió para el pueblo de Machaca, su cuartel general, donde estaba refaccionando todo el armamento.

El 8 de mayo llegó el secretario general del señor virrey don José de la Serna, un doctor don José María Lara, al pueblo de Yaco **adonde también fue el coronel don José Miguel Lanza.**

El 12 tuvo su entrevista y allí tuvieron su conferencia en que se suspendiesen las hostilidades por el espacio de cuarenta días y que pasados éstos se allanarían las estipulaciones que ofrecía el excelentísimo señor virrey la Serna, que era en que jurase a la constitución española y mandase ejecutar lo mismo a todos los pueblos que tenía bajo de sus órdenes y que no permitiese el derramamiento de tanta sangre americana; que la constitución estaba atacando al partido del rey de España; que con el tiempo infaliblemente sería indepen-

AÑO DE 1822

diente de la corona de España toda la América. Aceptado que fue solos los 40 días, con motivo de estos tratados hechos mandó circulares a todos los pueblos del Valle y a toda la gente asistiesen a la jura y fiestas cívicas que se iba a celebrar el día 25 de mayo, aniversario de la instalación de la junta provisoria de Buenos Aires: fueron de todos los pueblos de ambos partidos toda la gente de todas clases con bayles y demás invenciones de toda laya, los señores párrocos con la vecindad decente de sus pueblos y doctrinas. Así se celebró (en el pueblo de Inquisivi) como lo deseaba logrando la suspensión de armas por esos 40 días.

El 25 de junio mandó Lanza inviados a las ciudades de La Paz, Cochabamba y Oruro (a La Paz fue el capitán de caballería don Pedro Arias, a éste mandaron hiciese alto en el pueblo de Caracato y de allí nomás mandaron a la ciudad de La Paz; a Cochabamba fue el [f. 270^v] teniente de caballería don N. Curtiñas; a Oruro fue el comandante de cívicos e indiada de la doctrina de Yaco) en los que decía el coronel comandante general don José Miguel Lanza que se habían cumplido los 40 días de los tratados hechos en el pueblo de Yaco con el señor Lara como enviado del virrey la Serna el 12 de mayo del presente año y que se empezaban las hostilidades. Nada más decía en las comunicaciones que llevaban los señores arriba dichos. Contra todo el torrente de los pueblos y oficiales de la División como de la indiada hizo este nuevo insulto, porque decían ellos que no era bueno provocarlos a los enemigos, que se desentienda de que se hayga concluido el término de los tratados, porque pueden botar tropas por ese nuevo insulto. Pero como todo hombre cobarde es siempre atrevido prevaleció en su capricho mal fundado.

Conforme pronosticaron todos los oficiales vino a suceder. Lanza que sosegadamente pensaba reposar, ya vino marchando el general don Jerónimo Valdés de La Paz con 800 hombres, de Sicasica con 800 hombres el coronel don Manuel Ramírez, de Cochabamba el comandante Lezama, el ídem Antezana, el ídem Asúa con 460 hombres.

Lanza se retiró a Sanipaya de Machaca el 22 de julio donde se le reunió la caballería que mandó a Yungas.

El 23 se avistaron en el mismo Sanipaya, se dieron unos tiros y se retiró Lanza a Machaca. Ya los enemigos que venían de Cochabamba ocupaban el pueblo de Palca.

Luego sálese Lanza de Machaca al lado de Sihisihi con su División de 360 hombres el 25 y el 26.

El 27 el enemigo se divide en tres trozos después de reunirse todos en Machaca, que hacían el número de 2060 hombres contra 400 no completos. El general Valdés bájase por el río de Hayopaya y marcha río arriba con su numerosa columna de 800 hombres como a tomarle su costado izquierdo a Lanza; el coronel don Manuel Ramírez con [f. 271] su batallón no completo sino con el número de 800 hombres súbese del pueblo de Machaca para arriba y toma la loma de Condorillo a bajar como lo hizo por el Rodeo, que es por una cuchilla a la misma abra de Aguaycastilla que viene a ser su costado derecho o el centro; Lezama, Antezana y Asúa por toda la loma marchan a bajar como lo hizo por el mismo Caymani (que es un anexo en la doctrina de Machaca) como al costado derecho de Lanza con 460 hombres: en esa disposición marchan.

Lanza antójase meterse a una quebrada, que es a la de Caymani (que baja de todo Sihisihi y contornos) a lavarse todos los soldados. Un solo indio le grita del alto a Lanza en que el enemigo ya les avanzaba y que saliesen prontito de ese abujero. Oyendo Lanza sale a la 1 del día 27 de julio como pudo los soldados: sale a lo llano, divisa por su costado derecho, ya se aproximaban los enemigos; divisa por su centro o retaguardia (que es la abra de Aguaycastilla, Huancavillque), ve el cordón de la desfilada del batallón de Ramírez, no hace más que cargarse a su izquierda al paso trote, marcha por el anexo de Usungani (que también es de la doctrina de Machaca) y bájase al río de Hayopaya, playa de Curupaya.

El general Valdés venía a salir a la misma playa de Curupaya por el río abajo. Se había adelantado Valdés con dos hombres de su caballería y un asistente y el comandante don Francisco España con su asistente, son cinco hombres los que iban por delante (la demás gente venía muy atrás) y estuvieron en un angosto del río porque erraron el camino. Divisa el general Valdés que una caballería bajaba a la misma playa por delante de él, y el tiroteo atrás de ellos, es decir tras de Lanza; quiere contener Valdés, aburrido espera su trozo, éstos no parecen pronto. Divisa Lanza que [f. 271ᵛ] por su vanguardia parecía gente armada de caballería, apresura la bajada al río; Valdés lo mismo a no dejar bajar a la playa, y rompe fuego, al fin Lanza bajó. La caballería únicamente con su bravo capitán don Pedro Arias (¡ah valiente gaucho!) contiene a Valdés porque ya su tropa iba saliendo poco a poco del angosto del río. Rompe fuego los soldados que lograban reunirse con Valdés, contiene Arias a Valdés a pesar de que éste era tan intrépido como valiente, hasta que acabaron de bajar todos al río. Ya puestos en la playa los nuestros siguen río arriba defendiéndose de emboscadas detrás de los árboles, quebradas y crestones que formaba el terreno. Ya se reunió Valdés con el trozo que avanzaba que era el trozo de Lezama, Antezana y Asúa que le tomaron su costado derecho a Lanza. Al fin sale este señor a Pocusco (anexo de la doctrina de Cavari en la banda del río de Hayopaya), y pasa Pocusco y atrás de él el enemigo avanzando con fuego hasta que les cerró la noche.

Campó Valdés en la capilla de Pocusco, y Lanza pasa el 28 a los altos de Mohosa. El capitán de caballería don Pedro Arias ya no pudo seguirle a Lanza porque atropelló demasiado el enemigo con el avance tan precipitado. La infantería nuestra se dispersó toda entrándose a ambos costados de la montaña. El capitán Arias se fue con la caballería toda reunida río arriba siempre por el cerro de Chicote a salir a Mohosa y esa noche se pasó a Caquena (anexo de la doctrina de Mohosa) y se pasó siempre a salir al pueblo de Inquisivi. Murieron ese día ocho hombres, heridos 12, prisioneros seis; del enemigo heridos dos y muertos nada.

El 29 de julio por la noche pasa Lanza por los altos de Mohosa con 22 de caballería entre oficiales, siempre sigue la carrera, pasa por Leque a los altos de Charapaya [f. 272] entre Charapaya y Tapacari, pasa por los altos de Morochata, se endereza ya.

El 3 de agosto de Cochabamba había marchado una tropa a contener el paso del coronel Lanza a los interiores del valle de Misque, se posicionan los enemigos en todo Cocapata, Choquecamata y Colomi, en todas las travesías las tropas que salían de Cochabamba.

El 7 al tiempo de que pasaban 17 hombres (entre ellos los más eran oficiales incluso el coronel Lanza) fueron sentidos y caen prisioneros cinco hombres (tres oficiales y dos sargentos) en Colomi (el capitán don Manuel Moncada, su subteniente don José Ballivián, otro ídem don José Manuel Alcócer) y los meten a la ciudad de Cochabamba escapando de muy pocas los demás, como el coronel Lanza y su madama doña Remigia Navarro, y pasan por Tiraque a Totora, se entran al partido de Misque donde también habían tropas de la libertad. El enemigo regresó de Leque con el general Valdés, y se dispersaron a todos los pueblos del Valle guarniciones y se presentaron casi todos los habitantes de los pueblos. Los jefes y oficiales de la División de Lanza andaban perseguidos pasando inmensos trabajos.

¡Ah corrida del coronel don José Miguel Lanza tan larga, abandonando toda la tropa, esto es sin parar ni menos dejar algunas órdenes ni dejar siquiera algunas instrucciones! Así la pagó su lisura de desafiar sin ser capaz de contrarrestar, dejando estos miserables pueblos a la desolación, a la carnicería y al pillaje de las tropas españolas, porque se llenaron éstas e hicieron de las suyas sin ningún miedo ni recelo de que les hiciesen algo.

Como fuese esta corrida y todo lo que ocurrió cerca de mi casa en Pocusco donde yo me hallaba por estar yo con licencia en las cosechas, iba yo a reunirme a la División el día que correspondía siempre. Me encontré con el coronel Lanza en los bajíos de Pocusco, que este señor salía sofocadísimo. Me dijo entonces que quedase a retaguardia reuniendo toda la gente [f. 272ᵛ] y condujese por alguna parte segura como más diestro, a lo que le dije marchando en su compañía un buen trecho que procurase dar una guiñada y se pusiese a su retaguardia del enemigo, que le irá mejor, que así hacían sus antecesores en el mando, que yo iba de diestro guiándole por una parte segura y por caminos nada peligrosos. No me aceptó: seguía la corrida para arriba. A lo que le dije que citase punto para la reunión dijo nomás que luego mandaría órdenes para la reunión y lo que se deba hacer. Se fue nomás al trote para arriba; los pocos infantes que salían perseguidos (que no alcanzaban a 30 siquiera) siguieron en pos del coronel (sin oírme nada) con los oficiales que venían sumamente sofocados. Los saqué hasta una abra que llaman Huancaraca (el alto mismo de Pocusco) a las 5 de la tarde.

El enemigo hizo su campo avanzando ese día como cinco leguas desde cerca de Sihisihi; después de descansar los enemigos una mitad fueron siempre en seguimiento al coronel Lanza sobre sus pisadas. Yo me regresé a Pocusco a mi habitación, a más de las 10 de la noche me llegué, me prevengo un poco en el mismo acto, me salgo con toda mi familia como pude. Una mitad del enemigo ese día paró en Pocusco.

El 30 de agosto a las 4 de la mañana ya levantaron su campo los enemigos y se dirigen para el pueblo de Mohosa y hacen noche en Jirupa que es una estancia frente a Mohosa. Esa noche me regresé a la retaguardia del enemigo y el mismo general Valdés pasó en persecución de Lanza.

El 2 de setiembre de repente llega otra partida a Pocusco de 120 hombres y hacen campo en distancia de una legua menos de mi habitación. Esa noche me retiré al monte con toda mi familia.

El 3 se pasó la partida a Mohosa, vuélvome a mi casa, al subsiguiente día que es el 5 de sorpresa casi me pillan otra partida de 200 hombres que venían de Mohosa. Del modo posible escapé con toda mi familia, reuniéndonos muchos en el río y nos fuimos emigrando al cerro del Chicote (porque está al [f. 273] frente de mi casa muy inmediato) y subí a la media falda. El enemigo hizo su campo en mi misma casa.

A las 10 del día 6 empezaron a quemar toditas las casas, maizales, trigales (algunos trigales trillados, algunos parados y los más en eras): una choza en lo más escabroso del monte no escapó; nos arrasaron enteramente dejándonos sin tener casi que abocar, hasta los cerros y los pastos quemaron, en tres días que mansionaron allí no dejó bosque que no entraron.

A los cuatro días como a las 2 de la tarde se fueron para el pueblo de Machaca pero la divina providencia hizo que no pescó a uno ni hombre ni mujer. Yo me hallaba en el cerro de Chicote (como ya dije) sin tener que comer, asimismo mi familia y otras muchas que habían en aquel dicho cerro. La mayor compasión y ternura que causaba eran las familias (siete individuos que estábamos juntos fuera de otras que estaban algo distantes) y no tener absolutamente que darles porque el poco comestible que llevamos en tantos días se acabaron, cómo clamaban al cielo del estado en que se hallaban. Y a este tenor andaban partidas en todas partes y en todas las montañas los españoles, así es que causaba una lástima ver a las criaturas.

El 13 de setiembre a las 5 y más nos bajamos como quiera al río nomás y con una sospecha de que fuésemos pillados, que estuviesen los enemigos emboscados. Ah sospecha bien meditada, cuando antes de que rompa el día ya oímos tiros de fusil como 20 en mi misma casa. El caso había sido esto, que dos soldados de los dispersos de los nuestros habían estado ocultos en otra montaña cerca de la casa pensando que se hubiesen pasado los enemigos al día siguiente, así dicen que esperaban de día en día, y viendo que se fueron la tarde del día 13 se habían salido (cómo estarían de hambre, ¿o tendrían en sus mochilas?), se habían entrado a dormir a un solar de casa. La suerte que les quiso proteger, uno de ellos se había levantado [f. 273ᵛ] y sale a hacer aguas mayores, divisa ya al rayar el día, ve que venía un trozo de gente, éntrase de carrera al solar, recuerda al compañero ligeramente y le dice:

—Arriba, el enemigo está sobre nosotros.

Salen los dos, caminan lentamente y de una distancia como de una cuadra y más dícele el uno:

—En vano me has recordado quitándome el sueño y qué dulce que dormía.

Entonces había estado cerca el enemigo rompe fuego y dicen:

—Ahora dormirán más dulce que jamás recordarán.

No les tocó ni una bala, y de tan cerca cuando oyeron lo que hablaban. Entonces salen corriendo y escaparon, se bajan al río (a las 5 y más de la mañana), llegan al trecho donde estábamos ya andando y esperando a uno que mandamos a ver y esplorar lo que contenían esos tiros. Los dos soldados escapados que nos ven parten a correr monte arriba y nosotros viendo a ellos partimos a correr monte abajo abandonando a las mujeres e hijos, con un miedo unos a otros. Ya como a un cuarto de hora algo menos nos llamaron en que no había nada. Regresamos, a poco se vienen los dos soldados armados, y nos avisó todo lo sucedido. A las 9 o 10 se fueron los soldados españoles como más de 30 hombres para Mohosa. A las 2 de la tarde nos fuimos a nuestras casas, pero de qué nos servía cuando no hallamos un grano de qué comer por de pronto esa noche más que tanto destrozo hecho, tanta lástima de nuestra pobreza, arrasado enteramente sin poder cómo sufragarnos.

Así estuvimos todo el tiempo de la persecución, no sólo nosotros sino todos los pueblos y lugares padecían cual más que otro. A la fuerza se presentaron algunos indios, que los fugitivos nos empeñábamos a que lo hagan a fin de tener algún sosiego por una parte, y más miedo y recelo por otra porque sospechábamos que nos hiciesen alguna intriga los presentados [f. 274]. Otra había que como todos los indios que se presentaban tenían su constancia de un resguardo con la firma del comandante de la guarnición española de sus pueblos, así es que no tenían la franqueza de andar libremente los más. Pero ya de algún modo sosegó la persecución tan rigurosa que nos hacían.

[f. 275] Del pueblo de Inquisivi fue una partida enemiga de 60 hombres al punto de Choquetanga en persecución del comandante de Yaco don Narciso Portilla. No lo pescaron a él porque no estaba en aquel punto sino en otra parte, solamente pescaron a dos indios ambos hermanos que el uno se llamaba Anacleto Lobo y el otro Mariano Lobo. Los sacaron presos, los hicieron llegar al pueblo de Quime donde los fusilaron a los dos, les cortaron las cabezas y pusieron la una a la entrada de Inquisivi y la otra a la entrada del mismo Choquetanga. Se fueron muy alegres al pueblo de Inquisivi de donde habían ido el 25 de agosto. Vea pues el lector que un teniente primero (que hayga sido capitán) tenía la facultad de fusilar al que por desgracia caiya a la vista, un americano. Vean señores si no tenían órdenes reservadas de los jefes de quienes dependían: pero es caso fuerte y fortísimo.

El 27 de setiembre a las 5 de la tarde recala el coronel Lanza improvisamente al anexo de Caychani en la doctrina de Inquisivi con 35 hombres a la sazón de que el coronel don Diego Pacheco, español europeo comandante general de estos Valles, campaba en el lugar Chiji (que es bajando de Capiñata para Inquisivi) con 60 hombres de infantería marchando del pueblo de Cavari. A más de las 6 de la tarde preséntase el alcalde del lugar con sus indios a recibir órdenes; el coronel Pacheco advierte al alcalde en que muy al alba trajesen las mujeres de almorzar, o ellos, para que su piquete se pase pronto, y no tardarán carneando y que sea muy de mañana. Bájase el alcalde comunicando a los demás indios esta orden, llégase

a su casa y lugar, encuéntrase con el coronel Lanza que estaba con sus 35 hombres que los más eran oficiales, dice este señor:
—Es caso de no perder esta proporción, es preciso que nosotros les llevemos de almorzar.

Pone prontamente sus guardias en el tránsito, a los mismos oficiales, mientras cenar y hacer hora tanteando la distancia como dos leguas. A la 1 de la mañana levántase sigilosamente despacio, ya a las 2 de la mañana se asoma poco a poco Lanza. En ese momento empieza a gritar el alcalde a los indios en que traigan de almorzar, que la tropa estaba ya en pie, que para marcharse esperaban nada más que eso. Lanza asomábase con el almuerzo, repara el centinela, echa la voz del

—¡Quién vive!

Los otros no contestaban nada sino apresuran los pasos. Repite el centinela el

—¡Quién vive! —una y otra vez.

A estas voces sale el cabo de guardia y dícele al centinela:

—Calla, no amuele tanto, estarán [f. 276ᵛ] trayendo el almuerzo los indios, no los espante que se amedrentarán.

Calla el centinela. A los cuantos minutos acércase Lanza con su piquete, el centinela pregunta muy afanado el

—¡Quién vive!

El sargento don Mariano Garavito iba delante de todos, da el tiro al centinela que había estado al pie de un árbol, cae del balazo muerto, se echan a la carga con tanto orden y entrepidez que no tuvieron tiempo los enemigos para pararse siquiera, todo fue uno dar el tiro y ponerse en la puerta del cuartel con la bayoneta calada y bala en boca. La casa era de palos (como en todos los valles calientes), los soldados que dormían afuera no tuvieron más tiempo que levantarse y salir corriendo por donde podían escapar mejor, sin gorras ni alzar nada; los que estaban en la casa querían salir rasgando del lado de entro, sacaron la cabeza para salir al lado de afuera, palo con el mismo fusil a la cabeza: o morían así o volvían a meterse aentro.

El coronel Pacheco había estado un poco más abajo en otra casita, levántase y echa la voz, dice:

—Sobre las armas muchachos, ya a la avanzada los han tomado.

Párase y ensillan como pudieron sus asistentes y ayudantes, legeramente habían cargado una mula y los que pudieron salvar se acogieron al coronel Pacheco. Medio tirotearon donde cayó la mula cargada, de un balazo. Como avanzaron los nuestros con fuego no tuvieron los enemigos más que montar como pudieron, se largaron para abajo nueve hombres, 10 con el coronel Pacheco, tiran para el pueblo de Inquisivi donde se hallaba una guarnición de 200 hombres. Se ganó 48 fusiles con sus correspondientes bayonetas y dos sables; murieron del enemigo dos oficiales españoles (un Rodríguez y un Taguas, joven valiente que aun después de muerto apenas le quitaron el sable), siete soldados muertos, 15 heridos [f. 277], 18 prisioneros a los cuales el coronel Lanza les dio soltura en el acto dándole un peso de socorro, y todas las prendas que tenían perdido se los devolvieron (como más eran oficiales los nuestros usaron de esa generosidad), ¿y éstos qué es lo que hicieron? Se reunieron 16 hombres y se fueron derecho al pueblo de Inquisivi a vista de Lanza a reunirse con la guarnición realista que se hallaba allí en dicho pueblo.

Triunfante el coronel Lanza por entonces se retiró a las cuantas horas, como a las 10, que los de la guarnición enemiga a las 3 de la tarde estaban ya en este trecho, duermen allí, al día siguiente pasan en seguimiento a Lanza, que este señor se retiró por el río de Hayopaya, sin entrar al pueblo de Cavari dio la vuelta por las Juntas que llaman y sale por Sihisihi, pasa al lado de Morochata, redóblanse las tropas de Oruro, La Paz y Cochabamba; Lanza tuvo que regresarse vuelta por los lados de Misque custodiando las armas entre Morochata y Chinchiri. Las tropas españolas buscan a Lanza en estos lugares como unos perros de presa, no hallando ni noticias de él se salieron aburridos sin poder hacer nada con la misma furia que entraron.

Un don Manuel Núñez vecino de Inquisivi, viendo que le perseguían con tanta tenacidad los españoles estaba así emigrado correteando en busca de un trecho menos peligroso; y por estar con más libertad en este trajín él solo mandó a su esposa doña Eustaquia Hurtado a su país el pueblo de Sicasica en donde tenía madre, hermano y demás deudos, cosa que pueda estar más segura en el centro de su familia y deudos. Al mes y más viendo tan lleno de tropas españolas estos países se salió al lado de su tierra tanto por deshogarse y descansar de la persecución [f. 277^v] cuanto por verla a su madre, hermanos, esposa y demás deudos. Llegado que fue a una corta estancia muy cerca del pueblo de Sicasica (llamada Uchusauma, casa de un indio Domingo Mamani), esta su mujer doña Eustaquia Hurtado le había ya tenido su amistad ilícita con un sargento primero de nación argentino.

Llegado este Núñez la hizo llamar a la estancia avisándola que venía siempre fugitivo a descansar por estos lugares. Su mujer muy pronto avisó a su amante del caso, éste en el acto dio parte al coronel don Manuel Ramírez que se hallaba con todo su batallón, dispuso una corta partida de ocho hombres, y el mismo sargento se encamina con la comisión de prenderlo, logra pescarlo, lo meten al pueblo, le siguen causa, dan sentencia de muerte. Como del país y tener parientes en Sicasica y el señor cura de Inquisivi doctor don Ángel Mariano Mesa ser un primo hermano, hubo muchos empeños para que no lo fusilase. Le concedieron pero con la condición de que marcharía a Huancayo donde se hallaba el ejército de los españoles, o a Lima. Lo llevaron, lo hicieron llegar al pueblo de Viacha donde lo fusiló el conductor que esa orden había llevado. Así murió el infeliz, que éste le servía de amanuense al mismo coronel Lanza porque tenía muy buena pluma por entonces y no era ni soldado siquiera, nada más que el haberse aprovechado (que sería en la escuela de primeras letras) y sacar buena forma. El 16 de octubre fue el caso.

En el pueblo de Mohosa había una guarnición de una compañía de caballería con su capitán don Pascual Díaz, argentino, por la parte de los españoles [f. 278]. Sale éste a las 4 de la tarde el 20 de octubre improvisamente después de tratar bien con unos dos individuos que el uno era un indio Lorenzo Garavito y el otro un tal Vicente Guzmán, ambos soldados de la Patria que andaban con el comandante don Eusebio Lira y vecinos los dos de la doctrina de Mohosa: proponen éstos entregar a don Mateo Quispe comandante de la misma doctrina de Mohosa, un patriota antiguo. Dispone el capitán Díaz: de la abra de Orurovillque parte su gente en dos mitades, una mitad manda derecho el camino a Challani (estancia de Quispe en donde estaba su habitación), otra mitad por el camino de Queata que es una estancia en el alto de Challani.

Guiados de estos dos intrigantes así se largan ya a las 7 de la noche. Ya cerca de la estancia Challani parte Díaz la mitad que iba el camino a la misma estancia de Quispe y pone el un trozo a una quebrada cerca de la casa con orden de que marchasen con mucho sigilo muy despacio. A las 10 de la noche a un mismo tiempo se asoman a la casa por tres partes instruidos muy bien de los caminos, se embocan ya, siente Quispe, levántase de la cama, sale de fuga agarrando el caminito de la quebrada abajo, corre, atropella a un trozo, escapa y va corriendo con el sable en mano siempre quebrada abajo, y el diestro (que era Lorenzo Garavito) les dice a los del trozo:

—Persigan, ése es Quispe.

Como lo conocían siguen los de la partida, atropellan y lo agarran. Así cayó el infeliz: lo atrincan, lo llevan a su casa, ya las 5 de la mañana marchan río arriba a Oruro.

El 21 en un burro lo cabalgan bien amarrado, al trote pasan por Oputaña Díaz con su presa con sus 80 hombres. En el acto se alborota [f. 278ᵛ] toda la gente de la carrera. La indiada viendo en ese estado a su jefe júntanse de pronto como 60 hombres y van en su persecución queriendo quitar al preso y momentáneamente se les reunía más indios para hostilizar. A la 1 del día llegan a Leque y pasan siempre para Taracachi que es un anexo de Mohosa (lo mismo Leque pero es de bastante gente porque es viceparroquia). Los indios ya pasaban de cerca de 200, ya los iban atropellando en el sitio de Calamarca (que son unos molinos), fuego los otros. Circularon ya la indiada, los enemigos tomaron una mitad el frente y se ponen en un morro a dar fuego a esta banda a los indios. Se acercaban más la indiada a querer quitar siempre, los que escoltaban desampararon al preso porque intrépidamente se encajaban.

Viéndose Quispe solo sin una escolta que lo estorbase corrió así amarrado, brincó un corralón de piedras que allí había, brincó otro y se cayó. Arrastrando la soga con que estaba amarradas las manos cual había tenido una porra en la punta, se entró ésta a un estrecho de dos piedras, lo contuvo y lo sujetó: allí nomás el prisionero Quispe en un trecho claro estaba batallando. El enemigo divisó el estado en que estaba batallando con la soga que la punta nomás lo estaba conteniendo; después de hacer correr a los indios regresan, lo encuentran así, le dan dos tiros y lo matan, le cortan la cabeza, se la llevan a Oruro dejándolo el cuerpo únicamente. Bajaron los indios al trecho éste, lo encontraron sin cabeza el cuerpo, se lo llevaron haciendo mucho sentimiento, muriendo 22 indios y como otros tantos heridos que fueron 19; del enemigo 7 muertos [f. 279] y 11 heridos, esto es de puros hondazos. Así se despareció un americano y muy amante a la libertad de su Patria, en la demanda. Como siempre se pronosticaba en que su cabeza se la cortarían los enemigos, que desde el momento que había abrazado el partido de la libertad ofrecía en su sacrificio, llegó al fin el momento de ser víctima.

Mientras que el coronel Lanza fuese vuelta de corrida para los interiores de Misque, el comandante de Morochata don Blas Games estaba éste con 42 hombres armados (de los dispersos) en el anexo de Chinchiri perteneciente a la doctrina de Morochata. Estaban también allí algunos oficiales como son el capitán Choquecallata, el ídem Haedo, el teniente Ayllón, el ídem Zerda, otro ídem Paredes. Como fuese este Games de poca fibra para manejar gente armada se encolerizaban estos oficiales ver tanto desorden y la ninguna subordinación que observaban. Entonces como no pudiesen ya tolerar más tiempo consultaron entre Choquecallata y Haedo irse a Palca a saber del coronel Lanza:

—Allí seguramente hemos de tener alguna noticia de él y estare-

mos en el pueblo como quiera porque aquí padecemos mucho en compañía de este bruto.
—Vámonos —dice el uno, el otro le contesta:
—Vámonos, yo me voy contento.

Se bajan el 28 de octubre de Chinchiri, llegan al río de Santa Rosa y estando así andando los encuentran ocho hombres armados que había mandado Games, los detienen. Al tiempo de que se bajaban no estaba allí Games sino había ido a Morochata, dos leguas distante. Luego se llegó éste y en el acto interpreta el teniente don Juan Bautista Ayllón y dícele a Games en que se han ido al enemigo, que ha oido él la consulta que han hecho [f. 279^v] entre los dos y que

—Han dicho: "Vámonos, aunque no estén allí las tropas españolas esperaremos algunos días o tendremos alguna noticia fija." Así es que se han ido.

Bájase el mismo Games en persona con 15 hombres más y en el río de Santa Rosa los encuentran y a palos, lanzazos y pedradas los matan a los dos lastimosamente sin la menor compasión, a unos oficiales valientes, a unos patriotas firmes. Zerda, Paredes y dos sargentos hacen fuga porque no les suceda otro tanto a pesar de que eran muy patriotas, el más antiguo mucho más que Games (que éste era comandante de Morochata, mas como era muy vigilante para velar los caminos así como de espías que podía mandar el enemigo, lo hizo comandante don José Manuel Chinchilla). Coadyuvó más para estas lastimosas muertes Ayllón. Dicen que suplicaban estos inocentes Choquecallata y Haedo en que no los devorasen, que los mantengan presos con cadenas, con esposas encerrados en un calabozo mientras la restitución del coronel Lanza; que no tienen tales intenciones de irse al enemigo; que cómo se habían de irse si viniéndose ellos haciendo revolución a favor de la Patria y con soldados habían llegado; que "cómo nos habíamos de irnos solos"; que la consulta que habían hecho era en que irían a Palca a desahogarse un poco, a adquirir alguna noción del coronel Lanza:

—Así no crea usted que nos vayamos al enemigo, que más bien moriremos peleando por la Patria.

A este tenor ruegos, para el caso nada les valió a estos infelices, acabaron con su vida.

El 3 de noviembre, como algunos oficiales estaban emigrados en el lugar Taviña (en la doctrina de Machaca, altos del río de Hayopaya), el 2 salió una partida enemiga de 50 hombres del pueblo de Charapaya guiados por un indio de Charapaya Damián Hinojosa, a las 2 de la mañana asómase a la habitación de un don Guillermo Aguilar. Éste se hallaba emigrado en el monte con toda su familia y sus cortos bienes en un retiro llamado Matarani. Llega la partida enemiga, divisa la fogata que Aguilar se había hecho, y se había retirado a otro lugar distante de la fogata dos cuadras a hacer noche o dormir, se enderezan viendo el fuego y no lo hallan [f. 280]. Un perrito que tenía Aguilar empieza a ladrar, luego se enderezan a los ladridos del perrito. Recuerda Aguilar, oye el ruido o el tropel de la partida, siéntase a escuchar más y reparó que se le iban acercando. Entonces brinca en camisa de la cama, sale al escape, y el enemigo a agarrarlo por el blanco de la camisa iba claro; como le estorbase al correr los chamizos no hizo más que rasgar de la abertura del pecho, sácase la camisa, donde ésta se quedó blanqueando. Entonces dan tiros a la camisa, se levanta el grito de alboroto:

—Ya cayó el caudillo, ya murió este alzado —cuando escapó el caudillo, el alzado sin camisa, y el comandante de la partida dice:

—Córtenle la cabeza —muy alegre. Van a tocar el cuerpo, la camisa se iba quemando.

Le robaron todo lo que tenía y se lo llevaron a una hija que tenía de 8 o 10 años que se llamaba Juana, dejándolo sin camisa verdaderamente.

Al día siguiente mansiona la partida y bájase al río algunos soldados de la partida por robar. Don José Benito Bustamante se hallaba con algunos oficiales (como dije) en Taviña distante una legua larga de Matarani. Oyendo los tiros estaban dispuestos pero no se veía nada ni se oía. Ya a las 11 del día bájase don Santiago Ecle, capitán de artillería de nación inglés, a pie nomás, llega a la playa de Curupaya y empieza a rastrear, ve pisadas de zapatos de munición, rastrea por la arena dentro del monte. Un soldado de los españoles le había estado mirando de una parte. A ese tiempo le llama a Ecle a hacer aguas mayores y se sienta a hacer la necesidad del cuerpo detrás de un pedrón grande. Ve esto el soldado, va despacio y de repente trastuerna de tras de la piedra, le palmea en el culo de Ecle, dícele:

—Ahora te haré cagar el alma —y preséntase con su fusil.

Ecle le habla con mucha humildad [f. 280ᵛ] y le dice:

—¿Hermano, qué quieres hacerme pues? Yo me presentaré nomás a tu jefe. Como no sabía de cierto dónde está no lo he alcanzado. Iremos luego, yo soy oficial, capitán de artillería.

Con cierto disimulo de repente lo agarra al soldado de los pies y lo había estrellado contra el pedrón y a punta de dar golpes lo mata (como era alto y gordo era forzudo) y sálese para arriba que es a Taviña con el fusil a mano. Llegado al campo contó a los compañeros mas no se creyó: algunos van a ver porque no creyeron y ven al soldado muerto hecho pedazos la cabeza. La partida a las 4 de la tarde se fueron a Charapaya.

El 8 de noviembre por la noche lo asalta don Guillermo Aguilar al cacique de Mohosa don Marcos Giménez de Uriarte, natural y vecino de la ciudad de La Paz, muy enemigo de la Patria, hablador como él solo, tarabilla sin cotejo: hablaba contra todos los patriotas, en contra del coronel Lanza le faltaba expresiones para tratarlo. (Sabría este señor Lanza tan bribón que era este nuevo realisto que porque lo pusieron de cacique los del rey abrazó enteramente el partido español, aun andaba él solo con fusil en mano a caballo en pregunta del coronel Lanza y demás compañeros y patriotas.) Llega a la noche, lo saca Aguilar a Giménez amarrado de su casa (la hacienda de su mujer, Taracachi, en la doctrina de Mohosa), lo baja a Leque algunas cuadras a pie, llegado lo sientan a que descanse para ir a Mohosa con él llevándolo preso, no sé cómo se había desatado la soga con que estaba amarrado las manos o brazos, viose suelto y de noche, parte a correr, pasa el río, por la banda sube para arriba, ya viéndose libre empieza a tratarlos, desafiarlos y a tirar con piedras en vez de irse a ocultar adonde podía estar más seguro. Síguele un soldado de la escolta de Aguilar, le pone el punto, da el tiro, cae muerto el valiente bárbaro, y de noche, al amanecer al 9. El que le tiró [f. 282] era Ciprián Huallpa, soldado antiguo de la Patria. Así la pagó con la vida su lisura y atrevimiento el tal Giménez y Uriarte que antes de ser cacique decía que el coronel Lanza era su pariente y muy cercano, pero después llegó a abominarlo tanto que era por demás.

El 4 de diciembre celebran en el anexo de Oputaña la fiesta de este día que es Santa Bárbara, y entre los indios había una crítica en la borrachera, tuvieron una riña un tal Manuel Villca con Ciprián y Julián Huallpas asociados éstos de otros indios. Este Manuel Villca era soldado de la escolta del finado comandante don Mateo Quispe, que le decían Uilachaleco. Había dicho éste que él lo entregó al comandante don Mateo Quispe para que muera y que no les suceda otro tanto a ellos así que entre el enemigo que está cerca, que de Oruro entrarán de un momento a otro esos soldados del rey, hombres invencibles, guapos y bien ejercitados en las armas. Los indios le dicen a este Villca:

—¿Conque vos lo entregastes al comandante Quispe?

Vuelve a decir Uilachaleco que él lo entregó. Ya a esto dicen los indios:

—Que muera entonces un traidor, un alevoso entrigante, un malvado no debe existir entre nosotros.

Los llevan amarrado de la iglesia o cementerio de Oputaña para abajo y en un trecho que llaman Supaycalle (que quiere decir *calle del diablo*) en un angosto de una peña en un árbol lo cuelgan del pescuezo y ahorcado muere. De que supo el coronel Lanza no hizo movimiento alguno, que apenas dijo:

—Mal hecho que lo haygan muerto sin confesión o ebrio.

Año de 1823

El 16 de enero ya se restituyó el coronel Lanza al punto de Machaca como con 60 hombres. En él circula a todos los comandantes [f. 282^v] de los pueblos y que vayan a recibir órdenes y reunir llevando todo el armamento habido, soldados y caballos como todo lo que pertenezca a guerra. En primer lugar reúnese el comandante de Morochata don Blas Games con 45 soldados todos armados y da parte de las muertes ejecutadas en los dos capitanes Choquecallata y Haedo. Dice el coronel Lanza que probase que éstos querían irse al enemigo según la consulta que habían hecho, lo emplaza a Games. Entonces se ratifican, se afirman y persisten Games, Ayllón y algunos sargentos más en que era muy verdad que querían pasarse al enemigo, todos bajo de juramento aun en el careo convencen en que era muy verdad. Tuvo que dejarlo en ese estado Lanza, pero se lo juró a Ayllón el coronel que le había de pagar en lo mismo. Le lloraron todos los compañeros la desastrada muerte de sus compatriotas y camaradas. Lanza lo sintió demasiado, varias veces echó lágrimas acordándose de estos mártires, que así decía él mismo.

Los comandantes de los otros pueblos se presentaron también con soldados armados, caballos y todo lo que correspondía a la nación.

[f. 281] El general Lanza restituido que fue al pueblo de Palca mandó una corta partida de 12 hombres con un oficial al punto de Punacachi donde lo sorprendieron en su propia casa a un capitán de indios de aquel anexo Anselmo Mamani, que éste (arrepentido por seducción de su patrón don Agapito Achá) andaba conquistando a la parte del rey de España a todos sus soldados en que no creyesen que triunfará la Patria nunca, que el brazo del monarca era invencible, que no andasen ya porfiando y perdiendo todo lo que tenían, que su patrón le ha dicho así y le ha ordenado para que lo mismo diga él a todos. Esto supo el general Lanza porque le acusaron los mismos indios de aquella finca de Punacachi. Llegado que fue lo fusiló nomás al indio capitán Anselmo Mamani en el pueblo de Palca.

[f. 283] También lo hizo traer preso el coronel Lanza (con una partida que mandó) a un indio llamado Felipe Gutiérrez, de la hacienda de Yani, imputándole fuese adicto a la causa del rey de España. Llegado que fue el tal Felipe Gutiérrez se defendió presentando testigos sabedores de todas sus operaciones y conducta como asimismo de su opinión y patriotismo. No hubo caso para que lo fusilase, lo tenía preso; se retiraba Lanza con toda su tropa para el pueblo de Cavari, lo hacía llevar en la prevención siempre al indio.

Después de hacer noche en el pueblo de Machaca al día siguiente se bajó para Cavari, y al pasar al río de Hayopaya cayó el tal indio en medio río; como estaba cargado se lo llevó, y que expresionó el indio rato antes en el camino:

—Por no sufrir una injusticia como voy sufriendo más bien quisiera que este río me llevara al pasar; con eso dejara ya de padecer porque la carrera de la vida es un trabajo insuperable.

Lloraba este infeliz, así decían los mismos soldados de la guardia que expresaba así, y así que cayó a la [f. 283ᵛ] agua todavía dijo:

—Gracias a Dios que se acabarán mis trabajos, penas y cuantos trabajos tenía.

Vea el lector cómo aburrían a los hombres haciéndoles una injusticia, tratándolos tan mal, suscitándoles mil calumnias, y aburridos buscaban más bien el desaparecer en esta vida.

[f. 282ᵛ] El 2 de febrero pasó Lanza su revista en el pueblo de Machaca a más de 300 hombres armados, y tenía muchas armas sueltas como 50 fusiles para que ocupen. Recluta gente en todos los Valles, y cuanto más días pasaban se reforzaba más la División, los indios traiyan fusiles a presentarlos.

El 6 tuvo una falta Ayllón: aquí le cargó la mano en tanto extremo que Lanza lo degradó, por muchos empeños de la oficialidad lo hizo de una de las compañías sargento primero.

El 21 el desgraciado Ayllón a las 10 del día le da una puñalada a una mujer llamada Manuela Navarro (alias la Gordita) en la pierna, originada de unos celos (como había sido su moza la tal muchacha). La herida no había sido de mucha consideración en carne muerta pero a la una hora expiró. Dan parte de lo ocurrido al coronel Lanza, que este señor por ese tiempo pasaba por esa calle y se aproxima oyendo la bulla. Después de que dio orden a un ayudante a que lo pillen a Ayllón —ah suerte la de este hombre— algunos compañeros le dicen a éste:

—Escápate, mira, sabe ya el coronel.

Entonces sale de carrera para el campo, agarra una [f. 284] bestia y regresa a sacar su montura. Algunos amigos oficiales le dicen:

—Mira Ayllón, escóndete siquiera entrando entro de los matorrales, mira que te busca ya gente armada.

Regresa del campo y en una de las calles se encuentra con el mismo coronel. Este señor le dice:

—¿Dónde va usted? Venga conmigo.

Lo llama, a la sazón parecen dos soldados al coronel, ordena que lo lleven delante de él, lo presenta personalmente a la prevención. Acto continuo lo levanta el sumario militarmente, sucediendo todo como a las 11 de la mañana algo menos. A las 10 de la noche lo pasan a capilla.

Al día siguiente a las 10 del día lo pasa por las armas sin dar audiencia alguna ni oir los empeños de la oficialidad, y se enterró primero que la difunta, y era un hombre muy valiente. Cuando la pasaban a la difunta divisa Ayllón de la capilla donde estaba (que era en una tienda de la plaza), dice:

—Ayer tu alma me llevó la delantera, ahora tu cuerpo me lleva también entrando a la iglesia, pero yo te ganaré en entrar bajo de tierra a la sepultura. Anda, infeliz por mí, y yo por vos.

Expresiones que causó la mayor ternura. Empezaron a llorar todos los circunstantes. El capellán era el doctor don Manuel María Miranda, no atinaba a exhortarle ni ayudarle a bien morir, y don Juan Bautista Ayllón estaba muy sereno paseando largo de rincón a rincón en la vivienda de la capilla, en su mismo semblante sin mudar colores siquiera. A las 10 lo sacan y camina serenamente al patíbulo; a tiempo de sentarse pide un vaso de agua, le dan y da media vuelta al público con un garbo y dice:

—Patriota muero por una impensada y desgraciada acción casual. Perdónenme señores compañeros de cualquier agravio que les hubiese dado. Adiós compañeros, adiós amigos. Quedaos sirviendo a nuestra Patria amada que conmigo ya no nos veremos más.

Siéntase y pídele la absolución al capellán, éste le da casi sin poder articular, y lo tiraron nomás, muere, y en el acto lo manda enterrar Lanza. Acto muy funesto que yo [f. 284ᵛ] me hallé presente en este entonces. El coronel Lanza cumplió lo que deseaba por vengar la sangre de los capitanes Choquecallata y Haedo, como una vez dijo que no era por la muerte ésa de la muchacha el castigo a Ayllón sino por la de los dos capitanes que arriba se mencionan.

El castigo de la providencia yo creo firmemente de que el cielo jamás pasará las acciones hechas contra nuestros semejantes. El comandante don Blas Games si no fue su muerte el mismo día de la muerte de Ayllón al menos fue a pocos días antes o después pero fue muy inmediato a este suceso de Ayllón, pues en Anjueluni comió humintas crudas, agarró un dolor cólico y murió desesperado sin auxilio ninguno ni espiritual ni temporal.

El 5 de abril de sorpresa entra el enemigo por el pueblo de Morochata al pueblo de Palca en número de 260 hombres al mando del comandante Lezama y Asúa de Cochabamba. Al día que sigue 6 el enemigo campea nomás en esos altos, Lanza ya se pone a la salida del mismo Malpaso. El 7 encamínase Lanza reuniendo indiada y le espera en el alto del Malpaso. Ese mismo día sale el enemigo de Palca y más adelante de Chullpani tirotean los nuestros, hasta Quiñuahara hace regresar con fuego al enemigo; éste se coloca en la misma cima del cerro de Acutani (prueba evidente de que el enemigo estaba cobarde), la indiada era la única la que hostilizaba en número de 400 hombres protegidos por 45 hombres armados de caballería y 60 hombres de infantería al mando de su capitán don José María López y la caballería al mando de su bravo capitán don Pedro Arias, no causando ninguna novedad notable ese día más que dos levemente heridos de los indios.

El 7 el coronel Lanza formó a la indiada (que reunió bastante, como 500 o más) a tres en fondo, la primera fila de a lanzas, la segunda de lo mismo y de palo los más, y la tercera fila de a hondas; a la caballería a la izquierda; a la infantería a la derecha; 30 cazadores de guerrilla peleaban al mando del teniente don Felipe Monroy a la vanguardia. Rato antes dice el [f. 285] coronel Lanza:

—Dos oficiales del enemigo se nos pasan: uno de ellos vendrá en caballo bayo, poncho blanco, el otro en un caballo oscuro, que será el uno de ellos Toranzos. Estos han de venir de guerrilla avanzándonos por delante, cuidado con hacerles algo. Al momento que acercados digan "¡Viva la Patria!" no tienen más que abrazarlos a los soldados. Ellos han de asomarse como de guerrilla avanzándonos, los tiros han de dar por el aire nomás.

Por repetidas veces aun a la indiada les hizo entender en su propia idioma que después serán nuestros compañeros, nuestros amigos y compatriotas. Con esta orden que se comunicó a todos estuvieron muy creídos, y lo habían engañado al coronel Lanza como a una criatura y este señor a todos los que se hallaban en aquel acto reunidos. Los indios eran los que sufrían las descargas que daba el enemigo. Acaban de pasar el Malpaso, despléganse como 60 hombres de guerrilla y vienen lo mismo que decía Lanza los dos oficiales con los mismo ponchos y demás señales que les dio el coronel Lanza: tirotéanse ambas guerrillas, venían retirándose los de nosotros y el enemigo avanzándonos, y los indios formados (como dije) en tres a fondo sufriendo las descargas que de veras era el fuego y no conforme decía el coronel Lanza. Se sentaron los indios esperando que Toranzos dijese "¡Viva la Patria!" y se pase, que ni por imaginación tendría el pasarse. Ya de que cayeron 22 indios muertos y como 20 heridos se levantaron los indios. Los enemigos conforme pasaban el Malpaso se iban reuniendo, asimismo los que se bajaron del alto. La guerrilla solamente (con su bravo joven el teniente don Felipe Monroy que se portó con mucho entusiasmo y ardor) con pérdida de 10 hombres: cinco heridos y cinco muertos.

Reunido el enemigo todo el trozo [f. 285^v] se forman, nos embisten con una furia, a la carga y venirse avanzando todo era uno. Fue luego una función: se entreveró la infantería y caballería de nuestra parte, y el enemigo avanza intrépidamente en un solo trozo toda la tropa. El capitán don Pedro Arias, su teniente don Luis Lara, su alférez don Vicente Villarroel (oficial valiente del piquete del comandante don Anselmo Ansaldo) y el teniente de cazadores don Felipe Monroy con su compañía fueron los que contuvieron el avance tan precipitado del enemigo mientras salve la indiada y demás tropa.

Lanza se retiró como pudo caminando la tropa con fuego en retirada hasta la abra de Chacovillque más de media legua, donde parapetados por unos zanjones del camino se defendieron sin dejarse avanzar más, por lo que hizo alto el enemigo su avance. Se entró por el costado izquierdo del enemigo el coronel Lanza con la mitad de la tropa solamente, la otra mitad se fue por delante dispersándose la indiada por todas direcciones. Murieron de nosotros 13 soldados y 28 indios, por todo 41, y 23 heridos los más de la indiada; del enemigo siete muertos y 11 heridos y se fueron a hacer noche a la pampa de Aguaycastilla arreando como 100 cabezas de ganado vacuno.

Lanza mandó órdenes a toda la indiada que hostilicen esa noche y él se puso en retaguardia del enemigo, así fue que la indiada toda la noche hostilizó y les incomodó bastante, esto es a tenerlos formados con las armas en la mano, de cuando en cuando dando sus descargas al viento, hasta el extremo de botar los indios yeguas chúcaras amarrando a las colas cueros secos de vaca a que espanten su caballada y hagan siquiera una disparada, que un capitán de indios del lugar, Luciano [f. 286] Mamani, fue de esta invención que causó buen efecto: se dispersaron 11 caballos y siete mulas las que se apropiaron los indios.

El 10 de abril a las 2 de la mañana ya se levantó el campo enemigo y agarró el camino para el pueblo de Tapacari bajándose por Challapampa y sube la cuesta de Canari donde a las 9 del día estaban ya almorzando botando todo el ganado en el mismo campo de

Aguaycastilla. Fueron hasta Cochabamba y Lanza se entró a Machaca, su cuartel general, donde disciplinó la gente, hizo componer todo el armamento, y todo todo reformó.

El 8 de mayo me hallaba yo en el pueblo de mi vecindad Mohosa con licencia que obtuve del señor coronel Lanza desde días antes. Llega el comandante en jefe del partido de Sicasica (hoy comandante general de la provincia) don José Benito Bustamante y me nombra comandante del partido de Mohosa. Al principio me resistí alegando que yo pertenecía a la División, mas llegó el coronel Lanza el 13 y como comandante general de todos los pueblos libres el 14 me expidió el título de comandante con las instrucciones. Así me hallaba en servicio más peligroso y más escaso de recursos, porque en la División percibía de cuando en cuando un corto socorro siquiera y la ración de carne y lo que proporcionaba el país, y asimismo estaba más seguro un hombre entro de gente armada: pero un comandante en un pueblo vacío e inmediato al enemigo, ¿qué tal ascenso tan peligroso en recompensa de mis leales servicios?

Así estaba de mal en peor para mi persona sin más sueldo ni rancho ni ración que las continuas zozobras y cuidados del peligro en que me hallaba, esto es en la puerta misma por donde debían de pasar a estos pueblos del Valle en saliendo tropas de Oruro que no dista más que 18 a 20 leguas y aun de Sicasica con [f. 286ᵛ] poca diferencia, de Paria y Caracollo mucho más cerca, caminos muy llanos y planos sin quebrados absolutamente, nada más que con una bajada al mismo pueblo de Mohosa en donde me hallaba.

Así estuve, padecía mi alma mil conflictos algún tiempo, sin poder conseguir relevo ni una corta seguridad para mi persona ni otra escolta que me garantizaba la seguridad. Por mi desgracia ordenó el coronel Lanza de que la primera compañía se acantonase en mi mismo pueblo con su valiente capitán don José María López, 74 hombres y sus dos oficiales; y en vez de tener yo algún sosiego y seguridad, doblados cuidados tenía. Me afligí tanto que no podía hacer nada: por una parte la responsabilidad que me ligó el coronel Lanza de cualquier acontecimiento que pudiese ocurrir con la compañía, como era que el enemigo sorprendiese o hubiese algún caso funesto; por otra parte esperaba por horas y momentos el que yo fuese víctima por un asalto que pudiera hacerme el enemigo, y yo con orden expresa del coronel y comandante general de no moverme del pueblo de Mohosa con ningún pretexto. Tuve pues que suplicarle al capitán de la compañía en que mansionase en otra parte fuera del pueblo, le puse presente el riesgo que corría estando en el mismo pueblo, salió a una estancia de una legua del dicho pueblo primero; con consulta del coronel (quien dejó a mi advitrio la disposición) lo trasladé después a Arcuni, que después se situaron a las tres leguas a Queroma.

Yo me quedé de centinela o como una avanzada en la misma puerta, pero (Dios que vela sobre la buena intención de sus criaturas) no tuve ninguna novedad porque también mi mediana vigilancia y el poco conocimiento que contraje de [f. 287] los caminos como de sus habitantes de todo el tránsito así a Oruro como a Sicasica me lisonjeaba y reposaba tranquilo ya mi corazón por veces, en una palabra mi conciencia se hallaba sin aquellos remordimientos que me hacía la memoria cavilosa y de todos mis sentidos, en un equilibrio de pensamientos melancólicos que sobresaltase mi espíritu; ni jamás pensaba aun viéndome en los mayores peligros y persecuciones en arrepentirme ni en retrogadar un punto de la opinión que había abrazado desde los años de mi juventud, ni las urgencias necesarias y forzosas que el tiempo y mi suerte me deparaba (con el enlace matrimonial que había tomado aun a destiempo, con cuyo motivo me cargué con hijos y fui cargado de familia) fueron capaces de hacerme consentir una corta repugnancia siquiera al servicio de la libertad de mi Patria. Así es que cumplí en la más pequeña parte siquiera el deber a que estaba ya comprometido con el nuevo destino con que me distinguía la Patria.

[f. 274] El 22 de junio Lanza mandó con 800 pesos a un don Pío Hermosa (un vecino honrado del pueblo de Palca) a La Paz a comprar paños, galones, piedras de chispa y papel. Ejecutado que fue todo, a tiempo de salirse lo sorprendió una partida de 12 hombres armados con el comandante don Francisco España y un oficial don N. Cabezas. Por orden del señor gobernador intendente de La Paz don Juan Bautista Sánchez Lima, por una intriga que hizo un don José María Ñeto en el tambo de San Francisco, lo llevan preso a la cárcel pública. De las declaraciones, careos y demás diligencias de derecho resultó plenamente confeso y fue destinado (después de estar como tres meses en la cárcel con un par de platinas) en clase de recluta para Huancayo. Lo despacharon interpolado con 60 hombres de esta clase siendo el conductor el capitán don N. Bohórquez y un alférez don Nicolás Cañamero, con orden expresa del comandante general de aquella provincia al que por desgracia se cansase fusilarlo en el sitio: por esta orden fusilaron a dos.

El 1º de setiembre y por vía de compasión por verlo un joven bien formado y otras cualidades que le asistían a don Pío Hermosa, le dio su ensillado el alférez Cañamero yendo éste a pie.

El 2 en el mismo campo de Azafranal a las 12 del día partió a correr Hermosa del centro de 40 hombres que los escoltaban, le descargaron los 40, no permitió el cielo [f. 274ᵛ] que le tocase una bala, la Providencia lo libró. Por cerca del pueblo de Humala se entró a los Valles por los altos de Lejri. La madre y toda la familia se desesperaban afligidos por la ausiencia de este joven sin poder cómo saber el destino de éste. En tanto estremo estaban que estaban ya arrastrando luto porque suponían ya muerto: qué gloria podía haber causado de verlo presente al que lo tenían ya muerto y no pensaban jamás verlo en carne mortal.

Pues el caso para la alevosa intriga de don José María Ñeto a este Hermosa fue que este Ñeto vino de la ciudad de La Paz; como era cuñado del coronel Lanza (por haber estado casado con la hermana de este dicho coronel Lanza) se comprometió al gobernador español en que él le quitaría la vida a Lanza. Vino pues así trayendo tósigo para el caso en chocolate preparado, y antes de que llegase su cuñado Ñeto ya se lo comunicaron a Lanza de la secretaría del mismo gobierno el caso dispuesto y la alevosía de su malvado cuñado, tal que le esperó ya dispuesto a recibirlo al cuñado, que lo hizo con mucho cariño, y en el acto Lanza se lo advirtió en que venía él no por verlo sino por quitarle la vida con veneno que para el caso traiya preparado. Negó Ñeto en que le habían informado mal, que no era tal. Lanza le leyó la hora en que se comprometió, cómo y de qué manera iba a ser tal asesinato. Ñeto no tuvo más que callar y empezar a llorar. Por estos principios lo despachó luego Lanza al anexo de Pocanchi confinado; no quiso fusilarlo por la relación que le unía (según se expresionaba varias veces así); y este don Pío Hermosa se empeñó bastante y aun siéndole su garante, hasta que consiguió sacarlo libre de su confinación [f. 276], y el agradecimiento fue lo que Ñeto le hizo en La Paz (porque se fue fugado a los pocos días de que se libertó). Así somos los hombres protegidos.

[f. 287] El 3 de agosto salió Lanza del pueblo de Machaca al punto de Luribay y el 8 salió la primera compañía que se hallaba en la doctrina de Mohosa y me ordenó a mí que entre caballería cívica e indiada fuese cubriendo la retaguardia de esta compañía.

El 10 me reuní con el coronel Lanza en el mismo pueblo de Luribay y se hizo una brillante columna de más de 400 o cerca de 500 hombres armados.

El 17 por la noche llegó el teniente don Pedro Zerda del ejército patriota del Perú (que se hallaba ya en el campo de Viacha al mando del señor general de brigada don Agustín Gamarra que componía su división de 2,500 hombres, fuerza respetable); al mismo [f. 287^v] tiempo le trajo despachos de general de brigada para el coronel don José Miguel Lanza expedidos por el señor presidente del Perú don José de la Riva Agüero.

Ya era Lanza general, quien me ordenó me fuese yo a reunir más gente a mi partido y que le diese alcance en Oruro con toda la gente. Así fue, reuní y me entré a Oruro el 23 de agosto.

Del pueblo de Luribay días antes había mandado una partida al pueblo de Sicasica para que lo hiciesen preso y lo condujesen a un tal don Nicolás Palma. Éste compraba de las tropas del rey muy barato todas las veces que metían a aquella plaza ganado vacuno y lanar saqueado, a dos y tres reales ovejas madres y a tres y cuatro por ganado vacuno; como bien parado, o era él más ambicioso que otros vecinos o era más escrupuloso en comprar cosa robada (por eso eran tan baratos). Esto llegó a saber el general Lanza por reclamos de la indiada y presentaciones, mandó la partida de 25 hombres armados y 100 cívicos del punto de Yaco a que lo sorprendan; así lo hicieron, lo hicieron llegar preso al pueblo de Luribay donde se hallaba ya Lanza con toda su División. Entonces pues le hacía cargo los dueños y el general Lanza haciéndole saber la causa de su prisión. Conociendo don Nicolás Palma en lo que había delinquido ofreció dar 1000 pesos por vía de multa para los precisos gastos de la tropa con el fin de que quede libre de la prisión y de todo lo que le puedan sindicar. El general Lanza dijo que no podía asegurarle la libertad del delito que le puedan traslucir; sin saber las causas que pudieran acusarle quedó libre.

El 23 de agosto entré a Oruro y me presenté al general de la Patria Agustín Gamarra con 700 hombres con armas de toda clase que más eran lanceros de a pie.

El 24 ordena el general Lanza que todos los [f. 288] del Valle fuésemos al pueblo de Paria donde daría órdenes. Fuimos todos los comandantes de todos los pueblos.

El 25 a las 11 del día llegó el general Lanza y ordena que todita la gente se retirasen a sus pueblos y casas y que estén listos para la primera llamada que pudiese ocurrir, que todos los comandantes y capitanes de cívicos fuésemos con él para Cochabamba. Ese día pasamos con dos escuadrones de caballería e hicimos noche en el tambo de Huayllas.

El 26 pasamos adelante e hicimos noche en el pueblo de Tapacari.

El 27 pasamos a hacer noche en el pueblo de Sipesipe.

Al día siguiente 28 a las 11 del día entramos a la ciudad de Cochabamba.

El 29 lo prendieron en Cochabamba a don Mariano Mendizábal y se decía que el general Lanza lo fusilaba por traidor a la Patria por varios repasos que hizo a la parte de los españoles.

El día 30 iba en procesión la patrona de América Santa Rosa:

al pasar las calles paró en la puerta de la casa del general Lanza que estaba en la plaza principal, y pidió gracia por la salud de Mendizábal y que lo indultase a su nombre, que no derramase sangre americana entre ellos; al momento le fue concedida su interesada petición, fue libre.

El 3 de setiembre el general Lanza se pasó para el pueblo de Tarata y ordenó que nos retirásemos de aquella ciudad.

El 4 nos salimos como pudimos porque desde el momento que salimos de nuestras casas no se había acordado el general Lanza con un centavo (¡ah indolencia tirana!). Desajenándonos de las prendas que teníamos y padeciendo mil necesidades nos restituimos a nuestros pueblos y casas. El general Lanza lo dejó de [f. 288ᵛ] presidente de la provincia de Cochabamba (hoy prefecto del departamento) al coronel don José Miguel de Velasco.

El 7 regresó de Tarata el general Lanza.

El 8 había salido para Oruro porque el virrey don José de la Serna asomaba que venía detrás del general de la Patria don Andrés Santa Cruz. Este último señor venía a reunirse con el general don Agustín Gamarra que dije se hallaba en Oruro para dar el combate en las pampas de Oruro (campos de Sepolturas) adonde salieron ya de Oruro los generales don Andrés Santa Cruz y don Agustín Gamarra, tomando el general don José Miguel Lanza su vanguardia del ejército del virrey la Serna que pasaba para el pueblo de Sorasora con la fuerza de 3500 hombres por un lado del ejército de la Patria, que reunidos los tres generales Santa Cruz, Gamarra y Lanza hizo el número de 4800 y estuvieron mirándose ambos ejércitos.

El día 12 y estando para empezarse ya los fuegos, la Patria no hizo más movimiento que estarse mirando y dejarlo pasar al ejército del señor virrey, como que se pasó; la Patria dio media vuelta y se entran a Oruro. Pero a pesar de que la gente del virrey estaba enteramente estropeada, cansada la caballada, la gente esperaba siquiera un corto principio de tiroteo para pasarse pronunciando a la Patria, que si no es la impericia o cobardía del general en jefe don Andrés Santa Cruz entonces hubiese ya triunfado enteramente la causa de la libertad americana. Sobre la retirada de la Patria hay mil opiniones que no pueden sacarse una consecuencia, una poca de verdad.

[f. 289] El 15 de setiembre por la noche empezó a desfilar de Oruro la Patria con mucho orden hasta Calacaja y de allí sin orden la más pequeña dispersos enteramente por varias direcciones conforme pudieron.

El 16 estaba escueto Oruro.

A la 1 del día entró el señor virrey a Oruro con 5800 hombres vencedores sin un tiro de fusil y pasan en pos de los corredores. Desde la distancia de tres leguas (el punto de Calacaja muy cerca de Oruro) principiaron a tomar prisioneros en toda la retirada de la Patria y el avance de las tropas españolas; hasta el punto de Sicasica tomaron casi la mitad del ejército de la Patria que componía en ese momento todos reunidos 5000 hombres. Así siguen la retirada, o dispersión o derrota de la Patria, que no sé qué decir de tal corrida; unos por el Desaguadero, otros por la Joya, algunos por Huancaroma, otros por Chilahuala y Nasacara y por todos los puntos que podían pasar.

El general Lanza viendo todo el desastre ocurrido (o sería por orden del general en jefe) tomó la dirección del pueblo de Calamarca para el pueblo de Luribay el día 21 de setiembre con 600 hombres no todos reunidos sino por compañías, por mitades de compañía, a este tenor con los cansados y enfermos se segregó del ejército.

El 23 mansionó en Luribay esperando a los demás rezagados y dispersos.

El 24 marcha de Luribay con dirección para el pueblo de Inquisivi.

El 29 entra a este pueblo y mansiona allí esperando a los que se atrasaron en el camino y a otros que se separaron hasta el 6 de octubre.

Este mismo día sale de aquel pueblo donde también llegó el coronel don José Miguel de Velasco de Cochabamba (donde ya dije estaba de presidente en aquella provincia), y dícele al general Lanza que tenía refuerzo allí así de infantería como de caballería y en la gente mucho entusiasmo: de tal suerte le comunicó al general Lanza que este señor se animó pasar a Cochabamba. Con este consuelo marcha rápidamente deseando cuanto más antes verse en los hermosos campos de allí.

Los españoles toman la ciudad de La Paz y toda su provincia y el general Olañeta divídese de su gran ejército y toma la marcha por el Río Abajo de La Paz con dirección [f. 289ᵛ] como para los pueblos de Yungas, pensando fuese el general Lanza a fortificarse en estos pueblos; y del punto de la Vega se endereza el general Olañeta por el pueblo de Sircuata y marcha para los Valles en seguimiento del general Lanza, esto es a marchas redobladas.

El 9 de octubre llega al pueblo de Inquisivi el general Olañeta.

El 10 pasa para el pueblo de Capiñata.

Todos emigraron de los pueblos donde pisaba las tropas españolas. Bajo de lo dicho emigró el presbítero doctor don Juan Crisóstomo

Montalvo a los altos de la misma hacienda de Yamora. Estaba este señor en una hoyada que hacía un barranco allí oculto, y por divisar a las tropas españolas que no estaban muy lejos del camino que pasaban salió a ver, y uno de los de su familia le dice a Montalvo:

—No saque el cuerpo tan a la luz, no sea que lo vean a usted, está usted muy claro, y viéndolo salgan y nos persigan, al menos nos tomen nuestras bestias y todos los trastes con que estamos consigo, o nos pillen.

Oyendo todo esto iba a dar la media vuelta. Como era el paso estrecho, húmedo y resbaladizo dio un tropezón en un tronco o raíz en donde cayó (más por susto de ver tan cerca al enemigo por quien huiya); se maltrató feroz y mortalmente porque había rodado un trecho considerable, y el 11 murió lastimosamente.

El 10 el general Lanza salió del pueblo de Palca para Santa Rosa donde hizo noche.

Al día siguiente 11 pasó para Chinchiri y el 12 entró al pueblo de Morochata.

Día antes quedó el capitán de Chinchiri don Evaristo Meruvia como de avanzada en retaguardia porque venía muy cerca las tropas de Olañeta, al menos estaban ya en Santa Rosa. Meruvia mandó cortar los caminos haciendo cavar zanjones en toda la falda de Chinchiri a bajar al río de Parangani: enteramente se cortó el camino y Meruvia se había ido a hacer noche al alto de Umamarca dejando una avanzada de 50 hombres de su indiada con 4 fusileros que tenía.

El enemigo el 13 de octubre por la mañana o noche antes se había encaminado a asaltarlos al mando del comandante Lezama 180 hombres, y como estuviese cortados los caminos e incapaces para la marcha [f. 290] de noche se entretuvieron hasta que aclare, y a las 5 y media o a las 6 llegaron al pueblo de Morochata, que a esa hora estuvieron en disposiciones para la marcha la tropa del general Lanza. Viendo esto los asaltadores no hicieron más que mirarlos dando unos cuantos tiros de una y otra parte, no causando novedad alguna de ninguna de las partes, y marchando llegaron los de la Patria a hacer noche a la Chimba ya reunido con el coronel don José Miguel de Velasco. En la marcha rápida que hacía el general Lanza se quedaron muchísimos soldados en todo el camino, que los indios los iban recogiendo y llevándolos a retaguardia (que son los pueblos de Morochata, Yani, Palca, Machaca hasta Tapacari) dándoles cabalgaduras ensilladas.

El 14 mansionó con su tropa el general Lanza allí mismo.

El 15 a las 7 de la mañana, levantó su campo e hicieron noche en Colcapiura.

El 16 a las 7 de la mañana levantaron el campo la Patria hacia el enemigo, que éste se hallaba ya con el general Olañeta en las llanuras de Falsuri, campos del pueblo de Quillacollo, y había estado ya con su línea estendida: su caballería a su retaguardia a pie porque con las marchas tan rápidas y andando distancias se consumía enteramente. Rato antes de que se empiece los fuegos mandaron a un emisario de la tropa de los españoles: éste entretenía todavía al general Lanza. Marchaban los de la Patria en columnas cerradas, la caballería en retaguardia, y a tiro de fusil empezaron a desplegarse en batalla toda la infantería: el batallón 4 al mando del teniente coronel Castro, 300 hombres; el batallón 3 con otros 300 hombres al mando del teniente coronel Soler, limeño; 100 hombres del regimiento Aguerridos al mando del teniente coronel don José Miguel Sagárnaga, paceño; la caballería a las órdenes del comandante Olavarría, un escuadrón completo y una mitad más. El 4 formaba la línea con cabeza a la izquierda, el 3 en el centro y Aguerridos a la cola; éstos fueron los que se desplegaron en guerrilla con los cazadores del 4.

Aún no bien acabaron de formar la línia, que entonces todavía se retiraba el emisario del enemigo, a poco ya dio un descargue el enemigo [f. 290ᵛ] oblicuo a su izquierda, a la segunda descarga ya los envolvió a la guerrilla y se embarullaron replegándose a la línia; descargan otra oblicua a su derecha a nuestra caballería en cuya descarga cayeron el capitán Vaca, natural de Cinti, y el teniente Soler, limeño. Entonces cargó los nuestros a la caballería (por la derecha de la línia del enemigo) que estaba a su retaguardia: esta caballería en el acto fue protegida por la retaguardia, y salió nuestra caballería por retaguardia del enemigo a caer al pueblo de Sipesipe, e impieza el enemigo a romper fuego graneado y avanza. El batallón 4 fue el que sostuvo hasta el fin con fuego así también graneado sin moverse, sin jefe ninguno porque el que tenía abandonó. Así el enemigo dio un avance tan precipitado y con tal valor que todo fue una confusión y derrota completa a la Patria; el batallón 3 se dispersó por todas direcciones, como los Aguerridos en dos descargas cerradas que dieron no pararon más; más bien el 4 se sostuvo así es que cayó íntegro, siendo por todo muertos 73, heridos 38.

Lanza se fue por El Paso, Tiquipaya, Sacaba y Colomi a salir a Palca con los pocos que pudo reunirse; nuestra caballería muy íntegra del pueblo de Sipesipe salió a recalar a Calchani (que es un pueblo en los Valles ya).

Así sucedió en la batalla de Falsuri. Lo más notable fue que habiendo jefes de mayor graduación (como son el general Lanza, el coronel Velasco, el teniente coronel Soler y otros jefes que no me he acordado bien de sus nombres) el director de la batalla fue el teniente coronel don Pedro Blanco. Pudo haber sido valiente don Pedro Blanco para cargar con un escuadrón pero no como para dirigir una batalla ni dar un plan de ataque, así es que paricía un juego de niños dicha acción de Falsuri porque ya a las 11 del día fue enteramente concluida toda.

El 24 de octubre el general Lanza entró a Palca en donde se le reunieron muchos jefes y oficiales del ejército, y marchó para el pueblo de Cavari de donde se fueron para Lima 17 entre jefes y oficiales, yéndose entonces el coronel don José Miguel de Velasco, el teniente coronel don Pedro Blanco, el teniente coronel Soler y otros muchos, quedándose el general Lanza perseguido nuevamente [f. 291] en los países que tenía a su mando como siempre.

De Cochabamba entraron a Palca como más de 300 hombres en pos de los derrotados: pasan a Machaca las tropas del rey, de este pueblo empiezan a botar partidas por todas direcciones y por todos los puntos. Llega Lanza de retirada a los bajíos de Pocusco y pasa a la parte de Lirimani y va a salir dando vuelta a los altos de Ichoca por confundirlos y que no tengan noticia fija de él para que se dirijan. Una partida como de 40 hombres de la Patria iban huyendo, pasan Pocusco, se quedan en una abra de montaña llamada Huarimarca; otra partida de enemigos de 60 hombres sobre sus pisadas van tomando prisioneros a hombres y mujeres hijos del país con los que se hacen guiar. Al romper el día asaltan y los pillan a 30, muy pocos escapan corriendo.

Tres hombres de éstos que corrían se habían metido por un barranco y estuvieron 23 días allí sin poder como salir, que entraron como pudieron agarrándose de las ramas y raíces, saltando algunos pasos que eran necesarios, pero salir ya no les había sido posible; que estaban, según dicen ellos, comiendo yerbas y raíces que les venía al paladar; que chupaban el rocío por la mañana que formaban las yerbas y árboles; en fin padecieron lo indecible tantos días que no tenían a quién llamarlos para que se les auxiliasen, si gritaban no había quién les oigan, ya casi pereciendo de pura necesidad.

Un día ya a los 2 2 que estaban en ese barranco montuoso, divisan al frente en el cerro de Chicote a uno estar andando que buscaba ganado: oyó los gritos, como estuviese en alguna distancia encargó nomás a Pocusco ese mismo día a que viesen precisamente lo que contenía aquellos gritos, que alguno podía haberse caído al barranco o se ha quebrado el pie y no puede andar. Con este aviso se encamina un peón del arrendero de aquellos terrenos: el peón se asoma a la cumbre, no ve a nadie, pasea por la altura donde se hallaban estos infelices, al cabo divisan los del barranco, empiezan a gritar a que los favorezca y que no pueden salir del precipicio. Entonces amarró en un gorro Simón Lapaca (que así se llamaba el peón) un poco de tostado de maíz y botó prometiendo [f. 291ᵛ] volver al día siguiente bien al alba y con gente. Al día siguiente fueron varios indios y echaron lazos aentro, así pudieron sacarlos a tirones del barranco ya a casi semimuertos. De otros veintitantos días lo llevaron ande el general Lanza que este señor lo pidió.

A fines del mes de noviembre ya el general Lanza espidió sus órdenes llamando a la reunión a todos los pueblos porque las tropas españolas desocuparon todos los Valles de uno y otro partido, así es que los pueblos tomaron como siempre nuevo entusiasmo sin tener presente la retirada tan impensada de Oruro, la acción de Falsuri perdida, única esperanza en que se apoyaban. Pero qué remedio, con el consuelo de que la gran Lima ocupaban las tropas de la libertad al mando del señor general don José de San Martín nos esforzamos y tomamos nuevo aliento en servir a la grande obra que habíamos comenzado de la libertad de la Patria del gobierno peninsular, a que nos habíamos comprometido y bajo de muchos juramentos, no por algún interés ni por ambicionar algún otro destino ni por los sueldos (que tampoco teníamos).

A veces también nos reuníamos con el general Lanza y tratábamos de nuestro futuro y la suerte que podíamos tener de aquí en adelante, con las persecuciones momentáneas del enemigo feroz y con los recursos casi agotados; tratábamos de la conducta que tomarían los indios habiendo visto un ejército tan lucido del Perú, los batallones tan crecidos y tan diestros en el manejo de las armas (por entonces nos parecía que no habían otros militares más sobresalientes en valor, en disciplina, en moralidad y en todo al fin) volverse como el humo en nada; si se cambiarían la opinión de estos indios que nos servían en mucho. Así la pasábamos con el general Lanza los compañeros más fieles y más adictos al sistema de la libertad de la Patria (que éramos pocos) en una crítica lastimosa, y más cuando desconfiaba el general en los demás compañeros y mucho más en la indiada; considerábamos el ser entregados por éstos a los enemigos, el ser víctimas tal vez a manos de estos mismos, el ser prisioneros (que no nos hubiesen tomado en esta clase sino, logrando pillarnos sin que nos valga resistencia alguna, desaparecernos en el acto como hacían con otros). Y por último decía el general:

—Si sucediese [f. 292] algún trastorno o quisiesen hacer alguna ocurrencia o fatalidad contraria a nuestra opinión o nuestras personas los indios, no tenemos más apoyo ni esperanza (ni menos auxilio alguno más que el cielo y el ser supremo) que entrarnos por Mosetenes a los infieles que están cerca. Si lográramos este plan quizá estuviéramos con salud, y es preciso compañeros que venciendo los más horrosos peligros, necesidades y trabajos procuremos reunirnos en un punto análogo para tal empresa, y el mejor es, no siendo por las juntas de los ríos de La Paz con el de Miguilla, siquiera por Cotacajes, que a cualquier peligro buscaríamos siempre y a cualquiera sacrificio la reunión. O tal vez no llegará tal caso: puede la misericordia divina mantenernos sin que podamos cumplir esto que hemos pensado, porque la causa que defendemos es justa, es santa y necesaria, ya aunque no tengamos la dicha de ver triunfantes nuestra opinión porque será tarde y costará todavía mucho el ver la libertad de toda la América. Y así guardaos mucho sigilo.

Esto se hablaba todas las veces que lográbamos así reunirnos en todos los tiempos del resto del año.

Año de 1824

Reunía el general Lanza con mucho entusiasmo la División. Mandó a don Antonio Saturnino Sánchez (teniente coronel del ejército peruano patriota) de primer jefe a los interiores del Vallegrande y Misque con algunos compañeros limeños oficiales del ejército peruano.

El 15 de enero llegan don Faustino Acuña, otro N. Egoaguirre. El primero había sido un buen táctico: como la División estaba reformada (que constaba de más de 300 plazas) luego lo hizo el general Lanza sargento mayor a Acuña, y era tercer jefe de la División.

Dejándolo al segundo jefe teniente coronel don José Miguel Sagárnaga, se fue el general Lanza al pueblo de Inquisivi. Mientras esta ausencia del general, un sargento y un cabo (ambos limeños) habían querido hacer una revolución, matar a todos los jefes y oficiales e irse al río de Hayopaya a hacer [f. 292ᵛ] de las suyas. Un soldado fue el que denunció (limeño o chileno).

A las 12 del día los apresaron el 20 de enero. Acto continuo les formaron el correspondiente sumario, luego pasaron al careo después de las demás diligencias para el caso, al instante formaron un consejo de guerra y emiten para que los juzgue: resultó fuesen fusilados los dos por haber sido confesos de planes sin ninguna duda.

Al día siguiente 21 fueron fusilados lastimosamente. El sargento decía en voz alta que no pensaban en tal cosa, que dijo sí por un rasgo de desesperación viéndose en el estado en que se hallaba, desnudo y con una necesidad desmedida:

—Hablé de renegado: "Soy capaz de hacer un atentado y bajarme al río de Hayopaya a trabajar. Si no me iba bien robaría alguna cosa tanteando como para llegarme a mi país que es Lima, mi mismo nacimiento." Esto es lo que le dije al cabo, y este mi paisano me oyó y me ha delatado aglomerando, y es causa de mi total ruina.

Esta conversación le daba más bien queriéndolo callar al sacerdote que le ayudaba, y no quería sentarse. El cabo iba muy contrito, muy conformado decía sí, que por la Patria moría en manos de sus mismos compañeros; que con gusto abrazará la muerte y tomará este amargo trago; que el camino de la vida era muy pésima que todo era padecer, todo era penalidades, todo necesidades y trabajos; que el mayor sentimiento que tenía era no ver triunfante su opinión:

—No ver la libertad de mi Patria, no ver libre, no ver libre.

Pidió un vaso de chicha y quería cantar unas boleras patrióticas, le estorbaron, no le permitieron; se sentó, dijo al sacerdote le rezara una oración, y concluida ésta lo tiraron sin la más leve compasión y él mismo se tapó los ojos. Murieron contritos. Caso algo tierno, que todas estas expresiones consternaban un corazón algo sencillo. Por fin murieron ansiando ver el último triunfo de la Patria.

El 25 de enero llegó el general Lanza. Con más entusiasmo hacía componer el armamento y aumentando gente y armas del modo posible. Yo me hallaba en mi pueblo Mohosa siempre con cuidados por la mucha inmediación al enemigo, mandando bomberos unos tras otros sobre mi país Oruro, Sicasica, Caracollo y Paria, tanto por la seguridad de mi persona cuanto [f. 293] el servicio de la Patria.

El 3 de marzo llegó un espreso de Oruro donde mandé a un amigo de toda confianza por cuyo resorte sabía yo todo y con muchísima verdad, don José Manuel Menacho. Éste me da noticia asegurándome ser muy cierta de que un coronel don Diego Pacheco venía de parlamento (o en su lugar alguna otra persona) donde el general Lanza. Prontamente di el parte al cuartel general a mi jefe a que me mande un oficial con una escolta algo más decente que otros soldados para recibirlo al parlamentario, o que me ordenase lo que deba yo hacer en cierto caso. Me contestó que lo conduzca al parlamento siempre que sea verdad, y que le esté dando a él partes continuos de todo lo ocurrido y que redoble las guardias y demás seguridades que exija el caso.

El 18 a las 3 de la tarde me dan aviso los de la guardia de que ya distante de tres leguas venían dos montados con una bandera blanca y consigo la guardia. Ensillo mi caballo y con una escolta de seis montados lanceros me fui en alcance, en distancia de una legua lo encontré, que había sido un eclesiástico oruruño doctor don José Hilarión Rodríguez Camargo y un mozo acompañado. Entramos al pueblo, lo alojé en mi misma casa.

El 19 de marzo pasamos e hicimos noche en el anexo de Pocusco.
El 20 pasamos al anexo de Sihuas e hicimos noche allí.

El 21 marchamos para el pueblo de Machaca, y en el camino, (anexo de Calahaliri) nos encontró el teniente de caballería don Luis Lara con cuatro hombres de escolta. Yo le daba a Lanza partes momentáneos de todo lo ocurrido, y el aguacero era el que no nos dejaba caminar ligero por ser su propia estación. Así llegamos al pueblo de Machaca, lo presenté al parlamentario. Allí tuvieron su entrevista con el general don José Miguel Lanza, y conferencia:

El general don Jerónimo Valdés, del ejército español, solicitaba a Lanza que jurase la constitución española y le ayudase a hostilizar en lo posible al general Olañeta quien apoyaba y defendía la corona real de don Fernando VII monarca de España. Contestó el general Lanza que le diese treguas de tres meses mientras haga componer su armamento y aumente su División, que lo hará como le propone, y que [f. 293ᵛ] mientras tanto cesasen las hostilidades.

El 22 me ordenó el general Lanza que en el acto me marchase a mi pueblo Mohosa, que reforzase las guardias, que reuniese toda mi gente y que esté listo observando sus movimientos del enemigo, si entrase las tropas españolas que hostilizase, dando partes continuos con mucha precaución. Así me salí del cuartel general.

El 24 entré a mi pueblo Mohosa, practiqué todas las órdenes que me comunicó mi general.

El 25 a la 1 del día entró el enemigo al mando del mismo general Valdés con 800 hombres de tropa.

El 26 pasó a hacer noche al anexo de Pocusco.

El 27 pasaba para Machaca y en el camino de subida de Tujuta el mismo Valdés personalmente va a juntar ganado mayor que a la vista se le presenta, y empieza a llover en tanto estremo que parecía un diluvio o que echaron agua de unos cántaros todo ese día. Aseguran que se mudó dos veces la ropa el general Valdés porque se había mojado enteramente, de cuyas resultas a las 5 de la tarde se vio atacado de un insulto feroz de una fiebre. Al fin enteramente ya incapaz (una fiebre seguramente debía haberle picado) del medio camino se regresa a Pocusco y llega a las 7 de la tarde. Tal sería el resfrío y la fuerza del mal que se había dejado caer dos veces del caballo un hombre tan fuerte y fuertísimo para las marchas (lo que es constante del general Valdés), y no hicieron llegar a su campo más de 11 cabezas de ganado perdiéndose lo demás en el monte, de 80 y tantas que habían. Continuaba siempre lloviendo y amanecía así.

El 28 de marzo levantaron campo el enemigo, apenas pudo llegar al punto de Queroma donde hizo noche. Ese día apenas pudieron caminar tres leguas cortas, siempre continuaba lloviendo.

El 29 se entraron al pueblo de Mohosa como en retirada, en donde estaba el general Valdés en cama enfermo hasta el 25 de mayo, que ese día salió para Cochabamba dejando únicamente guarniciones en todos los pueblos.

El 24 de marzo ya había estado el general Lanza fuera del pueblo de Machaca.

El 27 ya estaba Lanza en el punto de Cocapata, y el enemigo en pos de él porque el 23 ya ocupó su cuartel general Machaca.

El 28 a las 7 de la mañana el coronel la Hera con [f. 294] 800 hombres perseguía a Lanza saliendo de Cochabamba y tras de sus pisadas andaba. En Cocapata a las 7 de la mañana ya atropelló el enemigo; aunque Lanza botó una guerrilla de 40 hombres de caballería muy en breve rato vino el enemigo venciendo con un avance tan precipitado y el fuego tan activo, no le dio más tiempo que correr perdiendo terreno. Como la infantería enemiga avanzaba intrépidamente sin que le valga resistencia la más pequeña, todo el empeño del enemigo era cortar lo que podían, así es que querían ganar un pasaje de un río por donde tenían precisamente que pasar los de la Patria que era por una junta que hacían dos ríos, de suerte que los soldados que pasaban se formaban ocultos en el frente entro de la montaña y daban fuego protegiendo a los demás como pasaban: así es que se burlaron porque no les dejó pasar ni les dio lugar absolutamente a acercarse siquiera al río aunque de la misma población avanzaron hasta el río como una legua escasa. Nos tomaron 11 prisioneros, matando ocho, y cinco heridos se volvieron a salir; los demás heridos, nueve, escaparon entrándose al monte: murió de ellos cuatro, y quedaron cinco heridos. Lanza seguía su retirada como tres leguas ese día. Allí hizo la reunión en un punto ventajosísimo para la Patria donde lo aguardaba al enemigo.

El enemigo al subsiguiente día 30 de marzo se salió para Palca, en donde se hallaban el comandante don Francisco España que entró con 300 hombres, el coronel don Manuel Ramírez con un batallón de 800 hombres, el comandante don Pedro Antonio Asúa con 300 hombres, y con la tropa que mandaba el general Valdés componía el número de 2200 hombres persiguiendo a 500 hombres muy escasos y mal armados. Lanza con más de la mitad de su tropa dispersa salió en pos de la Hera por ver si lograba asaltar algunas partidas, como en Chiji al coronel don Diego Pacheco.

De Palca salen partidas del enemigo por todas direcciones. El 10 de abril sale un teniente Mesa con una mitad de 40 hombres. Éste se encamina por el lado de Tapaca (que es una hacienda con este nombre y anexo de la doctrina de Palca) en donde pesca seis hombres que son don Santiago Nájera, don Manuel Madrid, don José Espinoza, don Eugenio García, don Pablo Limachi y a un anciano español europeo (don Baltasar Ruiz) que [f. 294^v] andaba enseñando las primeras letras con el nombre común de Blanquillo, y a los seis los fusiló lastimosamente sin más delitos que haber sido pillados en sus casas porque por parteynoche los asaltaron. El día de Jueves Santo fueron víctimas, que ni el español europeo don Baltasar Ruiz fue libre, a pesar de que decía en que era soldado veterano del rey que vino de expedición el año de 1780 y que viéndolo en esta edad lo habían botado dándole su baja final, y aun manifestó otros credenciales más que constaba sus servicios prestados a la corona real: el premio de esto fue que le quitaron la vida; el pobre anciano dicen que no creiya que verdaderamente le fusilasen, pues lo ejecutó. Vea ahora el lector la impiedad y el pésimo manejo de las tropas apaciguadoras (que así se intitulaban).

Acto continuo pasan los de la partida del teniente Mora (chileno), lo asaltan en su propia casa por parte de noche a una señora hacendada de Murmuntani doña Bárbara Vázquez, la dejan como muerta con 100 azotes y más, y todos estos hechos aprobó su jefe don José Santos la Hera que se hallaba reunido con varios en Palca.

El 20 de abril el ayudante del general Lanza se hallaba en la doctrina de Mohosa emigrado correteando (que varias veces había estado conmigo), don Pedro Zerda. De un momento a otro se dispuso marchar a los pueblos de Yungas, llevando dos caballos que tenía se encamina con un indio Diego Rojas que llevó de compañero.

El 23 llega a las juntas de los ríos de Hayopaya y Colquiri. En un trecho encontró con tres soldados estarse asando carne, y le dice:

—¿Amigos, a quién buscáis, dónde van, quiénes son ustedes?

Dicen los soldados:

—Nosotros somos soldados del general Lanza.

Entonces dice:

—¿Y cómo no me conocen a mí? Yo soy el ayudante del general Lanza. ¿De qué compañía son ustedes?

Dijeron entonces que de la segunda compañía eran. A esto replica don Pedro Zerda muy contento:

—Pues vámonos caminando que yo vengo sin almorzar.

Se apea, descarga uno de los caballos, saca carne, papas, cebollas y otras cosas para aderezar un almuerzo, así es que cocinan. A poco llegan como 40 hombres, luego otros 40 hombres, ya lo circulan, lo agarran y lo amarran. Entonces nomás reparó que eran los [f. 295] soldados de los españoles, lo llevan preso a Palca de donde lo hicieron pasar a Cochabamba prontamente, y a los pocos días lo fusilaron allí al ayudante don Pedro Zerda. Acabó con su vida, al cabo derramó su sangre por la causa de la libertad de su Patria conforme siempre se pronosticaba, y un patriota antiguo.

El general Lanza recaló por entonces por los altos de Pucarani del lado de Cocapata. Sabe con certeza el enemigo mediante bomberos que botaban, éstos se encaminan. El hacendado de Santa Rosa don Manuel Diego de Araníbar sabe por una casualidad de que el bombero era conocido, le descubre éste que el general Lanza estaba en los altos ésos de Pucarani. Después de que regresó dicho bombero (asegurándole de que lo ha encontrado al mismo general Lanza, que está allí de firme con la satisfacción de que está cargadísimo el río), de que se cercioró bien de la estada del general Lanza en Lagunillas (que así se llamaba la estancia ésa de su estada) mandó dicho Araníbar a un indio suyo a avisar al general Lanza a que se retire y que salían los enemigos a perseguirlo sabiendo su estada en ese lugar, que no pierda un momento en mudar de campo (que a este don Manuel Diego de Araníbar lo dejó el mismo general Lanza a que se presente a los españoles y le dé continuos avisos de todo lo ocurrido, de la más pequeña novedad: por eso era que Araníbar se presentaba y se introducía a los jefes más bravos del ejército español; como su hacienda Santa Rosa está en el tránsito general de Cochabamba y que es de necesidad aportar siempre a su casa tenía mucho conocimiento con todos los jefes y oficiales).

Marchan, pues, de Palca los enemigos en persecución del general Lanza por tres puntos: por el centro fue don Manuel Ramírez, coronel, con su batallón pensando llegar más primero que todos y lograr la pesquisa al general Lanza; el comandante Asúa iba por la derecha; y por la izquierda iba el comandante don Francisco España. Llega primero el coronel Ramírez a la estancia Lagunillas, pasa en persecución del general Lanza llevando a ocho indios del lugar prisioneros, llega a otra estancia llamada Calacalani; no logrando sus pésimos intentos de pillarlo a Lanza péscalos sí a 14 indios y a los 22 [f 295ᵛ] los afusila en la misma estancia de Calacalani, doctrina de Choquecamata. Al propio de Araníbar que hizo a Lanza lo pescan en el camino, a este más lo quería fusilar, mas uno de los jefes (que era Asúa) lo defendió (el que más lo conocía a Araníbar y en su casa al indio de sirviente); pero otro capitán dijo que podía haberlo mandado al indio a avisar al general Lanza su patrón Araníbar para que se retire, y así el indio que quede preso mientras el careo con su patrón, o que diga la verdad; aceptaron todos los jefes y aprobaron esta determinación, lo tuvieron así arrestado, le ofrecían mil ventajas a que diga que su patrón lo mandó ande el general Lanza, que en el acto que declare así se libertará de la prisión y se irá a su casa tal vez ganando algunos pesos. El indio negaba todo, no decía más que le habían robado una junta de bueyes aradores de su estancia y que andaba buscando esto; se ratificó desde el principio hasta el fin y desde el momento que fue pillado hasta lo último.

Llegado que fue Ramírez a Palca lo hace comparecer con una partida a don Manuel Diego de Araníbar, le hacen encarar al indio. Éste tenaz en que iba a buscar unos aradores que se le había perdido de su estancia: guardó el secreto Juan Machaca (que así se llamaba el indio), con mucha tenacidad se ratificaba por salirle fino a su patrón, de suerte que lo llevaron siempre preso, lo hicieron llegar a la ciudad de La Paz donde murió en los calabozos de pura necesidad lastimosamente porque se olvidaron de él enteramente, y como no era preso de alguna consideración y cobarde, el indio se dejó, más porque le habían dicho que con 500 azotes saldría de la prisión libre, esto es en burla los soldados: creyó el infeliz hasta que murió en el estado en que se dice que de pura necesidad pereció.

Entonces pues botan partidas por todas partes las guarniciones enemigas que se hallaban en todos los pueblos, a sus comprensiones, a juntar ganado de toda especie, y mandan a Oruro, a la ciudad de Cochabamba, a Sicasica, a Caracollo y a Yungas la mayor parte, sin perdonar la más pequeña tropita que encontraban por casualidad de ovejas. Buen modo de apaciguar tenían la "expedición apaciguadora de los Valles", que así se intitulaban y así exterminaban. Lo que jamás destrozaron, el ganado, lo hicieron en esta vez.

Yo en mi partido he visto cosas que ni aun había oido nunca contar siquiera [f. 296] de la inhumanidad con que procedieron con el ganado. Mas como me viese perseguido con tanto rigor que lo hacían, en particular por un paisano mío orureño don Guillermo Lira, tuve a bien de salirme emigrado a las pampas de mi país Oruro donde tenía más seguridad de mi persona, más descanso y sosiego; con menos cuidados, menos expuesto y con más franqueza andaba. Algunas veces me entraba al pueblo de Caracollo a la casa del señor cura doctor don Miguel Vargas con quien nos relacionábamos de parentesco, abandonando a una tierna esposa, con hijos y con mucha familia menuda. En el camino por donde transitaban las tropas españolas veiya el ganado botado del enemigo que el contar parece que peligra la verdad. ¿Habrá hombres y entrañas para que tenga el valor de ver y ejecutar en un animal como es en una cría de vaca cortar la punta de la lengua y dejarlo así padecer sin que pueda ni aun bramar? ¿Habrá corazón de sacar a unas vacas los ojos estando vivas y dejarlo así? Y el pobre animal en un puesto estaba lamiendo tierra que en el suelo hacía un abujero. ¿Habrá entrañas de hombre que corte los dos nervios de las piernas, esto es desgarrotarlos y aun cortar las cuatro patas del ganado y dejarlo así padecer? ¿Sacar del orificio del ombligo las tripas de los terneritos, vaquillas y aun de las ovejas y amarrarlos las tripas contra las pajas, piedras y chamizos, y con los brincos que daban ya con el dolor se sacaban ellos mismos estando vivos casi todas las tripas y morían padeciendo? ¿Ahora de las crías de ovejas, aun de las madres, partirles la lengua en dos, quitarles un pie o los dos, quebrarles la espaldilla y dejarlos así padecer? Yo no sé qué se les entró a los soldados de esa expedición del ejército real o constitucional para proceder semejantes atrocidades, lo que en tantas que habían entrado nunca habían hecho lo que en esta vez: ya estarían seguramente delirantes y en las últimas agonías: como dicen que un moribundo delira y hace o quiere hacer lo que nunca había ni pensado siquiera, así estaría el ejército español. A este tenor hacían mil iniquidades en los Valles.

El general Lanza levantándose (por el aviso del patrón de la hacienda de Santa Rosa don Manuel Diego de Araníbar) de Lagunillas se dirigió por el río a Tapacari bajando por las lomas de Chijmuri porque quiso irse por los lugares de Chayanta. Con ese destino se había [f. 296ᵛ] enderezado por los altos de Morochata, y luego se determinó otra cosa: bájase por las Tres Cruces por el mismo pueblo de Calliri de noche, lárgase río abajo en clase de comerciante, entre seis entran por las pampas de Clisa, pasa por el pueblo de Arani al lado de los interiores del valle de Misque, donde habían tropas de la Patria y bajo de sus órdenes (dejando la tropa y oficiales dispersos en pelotones en todos los Valles en poder de los más adictos al sistema de la libertad de la Patria, parte en el partido de Sicasica, parte en el de Hayopaya) con dicir que él iba a conducir aquellas tropas para estos Valles.

Hallándose tan perseguidos, tan destrozados de todas maneras, los habitantes de todos los pueblos combinados con los oficiales averiguaron del modo posible el paradero del general Lanza y mandaron propios allí ande el mismo general que había estado en el pueblo de Totora nomás, de suerte que lo hallaron allí en dicho Totora. Se vio obligado a hacer espreso por conducto del coronel Zomocurcio (que estaba de gobernador en Cochabamba) al general don Jerónimo Valdés, en que le decía que cesasen las hostilidades y no destrozasen de tal manera los pueblos del Valle ni a sus infelices habitantes; y que le diesen tiempo para reformar su División y que cuente con él y a sus tropas que se hallaban en este interior de Misque; y que restituido a sus Valles cumplirá las estipulaciones hechas con el señor comisionado doctor don José Hilarión Rodríguez Camargo a fines del mes de marzo, y que por el rigor de los aguaceros (por cuyo motivo se cargaron los ríos) debía tardar el tal comisionado y no llegar a tiempo; "mas con las marchas tan redobladas que hacía el señor coronel la Hera en persecución de mis tropas y la conducta feroz que han observado por esta vez las guarniciones acantonadas en todos los pueblos, han motivado la total destrucción de la División de mi mando como la ciega obediencia que prestaban todos los habitantes de ese Interior. Por todo esto me he visto obligado a hacerlo este expreso. Bajo de todo lo dicho aseguro a vuestra señoría que cumpliré los tratados indicados; bajo de mi palabra de honor, tan luego que me restituya a los Valles procuraré reformar mi gente con la brevedad posible; aunque sea a costa de cualquier peligro veré modos de reunir mi gente que se halla enteramente dispersa, para un negocio tan importante".

Aunque no en estos términos como acabo de referir, sino que le decía en este sentido. El coronel [f. 297] Zomocurcio dirigió la nota con un volante al señor general Valdés. Este señor en el acto que recibió dicha comunicación dio orden general a todos los jefes y subalternos, a todas las guarniciones en que cesasen las hostilidades y procurasen atraerlos del modo más suave; a toda clase de gentes (indiada, gente blanca, aun a los militares) invitaban y los halagaban del modo más benigno a ver si así procuraban tener partido. Así fue: de un momento a otro se vio templado el aspecto de éstos que nos perseguían con tanta temeridad, ferocidad y ásperamente. Los más de los pueblos se hallaban desocupados de las guarniciones españolas, muy pocas partidas andaban ya, aun éstos con nueva política se manejaban.

Por el mes de junio el general Lanza volvía para sus Valles a reunir la División, que así se oiya ya. Sólo en el pueblo de Palca había una partida de españoles al mando de un don Santiago Villalaín, que había sido capitán; con 100 hombres andaba.

El 26 de junio se salió Villalaín de Palca para el lado de Cochabamba. En el pueblo de Morochata le dieron soplo que en Pocanchi y toda la falda hasta Palca tenía caballada dejada el general Lanza, y hácenle expreso al general de que la única guarnición que había en Palca se salía para Cochabamba y que estaban desocupados todos los pueblos del Valle.

Recibió Lanza, se venía con esa confianza de que ya no habían tropas españolas en ningún pueblo del Valle, se venía a Palca. Villalaín regresa por recoger aquellos caballos de Chinchiri o de Morochata por los chismes que le metieron, entra a Palca y pasa directamente a hacer su campo a una hacienda de Queraya tres leguas distante pasando el pueblo de Palca el 29 de junio. El mismo día iba a llegar el general Lanza a Palca. Este señor baja de todo el alto de Tunari al río de Lambaya, despachó a la compañía de la caballería de 70 hombres río arriba (que va a salir a Sacambaya, Hayopaya río arriba, a Cuti, Cavari y adonde uno quiera sale). Villalaín haciendo su campo en la hacienda de Queraya manda ocho hombres con un cabo a sacar ganado para carnear. Bájanse estos nueve hombres a buscar al río ganado, ya al llegar a la misma playa divisan de lejos a cinco hombres de a caballo decentes. Se ocultaron entro del monte y así que pasaron síguenles por detrás en una distancia corta. Sale el general Lanza cuesta [f. 297ᵛ] arriba, el asistente salía primero tirando un caballo del general. Ya al salir a todo lo descubierto, como iba el asistente más adelante de todos, regresa y dice:

—El enemigo está campado aquí —viéndolos a los españoles.

Un soldado de la División del general Lanza había estado entre los españoles. Éste dice:

—Caballo del general Lanza.

Estos dan la media vuelta, corren cuesta abajo. Los soldados del español bájanse a ver, algunos armados y algunos sin armas, y los que le seguían de retaguardia los nueve hombres empiezan a dar fuego. Ahí tiene usted que el general Lanza se vio acosado de vanguardia y retaguardia. Se desmontaron a correr a pie, atropellaron los enemigos y cayeron prisioneros dos de los seis (el general Lanza y el capitán don Luis Lara) escapando el capitán don José Manuel Antezana, el capitán don Melchor Ureña, el teniente don Mariano Espinosa y el asistente del general: escapando estos cuatro y solamente cayeron dos (el capitán Lara cayó por serle fino al general). Los asomaron al campamento y esa misma tarde entran a Palca. ¡Ah pueblo! En aquel día se vieron en una confusión desesperada, todos atónitos, sin poder casi articular se miraban unos a otros, se enmudecían al ver entrar por segunda vez prisionero a Lanza, se suponían ser este pueblo el más desgraciado, un llanto de toda la gente de ambos sexos, a pesar de las bravatas de los soldados ya no tenían miedo alguno. Dejemos en la prisión al general.

Andaba otra partida enemiga de 60 hombres al mando de un teniente don Guillermo Lira entre las doctrinas de Mohosa y Cavari. El 28 de junio levantó su campo del pueblo de Mohosa por Caquena donde me hallaba yo; hice un lado, me entré a mi pueblo Mohosa a hacer noche. La partida ese mismo día pasó a Sihuas por la loma en persecución del comandante en jefe del partido de Sicasica don José Benito Bustamante: como al día que sigue 29 era fiesta en este anexo de Sihuas, de San Pedro, iba pues a ver si pudiera sorprender. Caminó Lira toda la noche a pie, disfrazado, encontró con un indio esa noche en la loma y porque dijo el indio venía de Sihuas mandó lo azotasen: le tiraron 50 azotes a un infeliz. Encontró Lira con otro paisano suyo orureño, le dice éste que por qué iba a pie y a esa hora, contéstale Lira que él iba a pie y a esa hora por pillarlo al caudillo Bustamante y salir montado en él. Pero Bustamante [f. 298] a las 7 de la noche se regresó del mismo Sihuas porque se le dio parte pronto como a jefe del partido. Se vio frustrado los planes de este comandante de la partida enemiga.

Al otro día se retiró la partida para Oruro por ser milicianos de aquel país.

El día 30 de junio le obligó el comandante don Santiago Villalaín al general prisionero Lanza mandase órdenes a los pueblos a que no se alborotasen ni hiciesen el más leve movimiento porque pendía su salud ya, y así que por ningún modo comprometiesen más su vida. Por circulares se hizo así y nos quedamos huérfanos sin el jefe principal que nos gobernase.

El 2 de julio salió Villalaín de Palca con la presa de un general Lanza para Cochabamba. De allí lo llevaron para Oruro a la Fortaleza en donde lo trató muy mal el coronel y gobernador de la Fortaleza don Manuel Ramírez; como tan cobarde era tan sanguinario. Lo tenía con una cadena larga en un solo pie como a un gallo: así en calabozo encerrado, con su centinela de vista cuando se le abría la puerta. Por sí solo lo hubiera fusilado cuanto ha Ramírez. Dejemos en su prisión temeraria a la clase de general y vamos viendo el estado de los pueblos del Valle, ambos partidos de Sicasica y Hayopaya.

En los Valles solamente los oficiales reunían gente y armas. Todas las tropas españolas se salieron de los pueblos, solamente a Palca entró don Blas Sevilla, capitán, con 80 hombres (que era gobernador subdelegado del partido de Hayopaya); también don Santiago Villalaín regresó de Oruro con 120 hombres, entró a Inquisivi y se estuvo allí. El comandante en jefe del partido de Sicasica por la Patria don José Benito Bustamante reunía gente y armas; el comandante en jefe del partido de Hayopaya don Andrés Rodríguez reunía gente y armas; don [f. 298ᵛ] Narciso Portilla comandante de la doctrina de Yaco reunía gente y armas; el capitán don José Martínez Párraga reunía también gente y armas, y cada uno querían hacer méritos con la gente que tenían (excepto el comandante don Andrés Rodríguez) y colocarse en lugar del señor general Lanza.

El 13 de julio revoloteaba el comandante don Santiago Villalaín que ya era por ver si vuelta le tocaba otra casualidad de pillarlo a algún otro; después de dar su vuelta se volvió a entrar al pueblo de Inquisivi.

El comandante de Yaco don Narciso Portilla y un capitán de cazadores (que era ya capitán el teniente porque los ascensos se dieron entre ellos) don Felipe Monroy, con 37 hombres infantes o cazadores querían hostilizar estando Villalaín posesionado del pueblo de Inquisivi.

El 14 por la noche a las 10 se embocaron al pueblo, toda la noche molestaban y no causó novedad alguna a ninguna de las partes.

Al día siguiente 15 por la mañana se retiraron los de la Patria, avanzaba un poco Villalaín; y como se reunían más gente de indiada, viendo Portilla que los españoles se entraban retirándose al pueblo de Inquisivi, Portilla avanzaba a la orilla del pueblo, vuelta se retiraba. A las 11 de la mañana sale Villalaín avanzando; como se le reunía más gente de cholada e indiada como también de caballería a Portilla éste se hizo fuerte en las lomas de la Tejería que llaman, a las orillas del pueblo, donde murieron cinco de la parte de la Patria, siendo uno de ellos el sargento de infantería Buenaventura Gutiérrez, y seis heridos. Regresa Villalaín un poco como entrándose al pueblo dejando una emboscada de 20 hombres de su infantería entro de unos matorrales que habían. El capitán don Felipe Monroy que incautamente avanzaba sin maliciar de la tal emboscada, a 15 pasos cuando menos sería dan una descarga cerrada los españoles de la emboscada: cayó con siete balazos muerto el capitán don Felipe Monroy, pedazos. Portilla y todos los demás que avanzaban parten a correr a no molestarlos más, saliendo de la parte de Villalaín tres heridos muy leves. Quedó sosegado Villalaín.

Oyendo esto los otros jefes de la Patria querían hacer lo mismo de atacar a las pocas guarniciones que había en los Valles de las tropas españolas. El gobernador subdelegado del partido de Hayopaya (por el enemigo) don Blas Sevilla se hallaba en Palca de guarnición: hace una partida él mismo a la viceparroquia de Leque como a cobrar los tributos, el 16 de julio llega, mansiona cobrando algunos días.

El 20 de julio se dirigen los comandantes don José Benito Bustamante y don Andrés Rodríguez reunidos ambos con 45 hombres bien armados a Leque a atacarlos a don Blas Sevilla.

A las 4 de la mañana del día 21 se embocan, felizmente ganan primero el alojamiento del subdelegado Sevilla (que estaba este señor en la casa parroquial), sigilosamente fuerzan las puertas del aposento, lo ven al subdelegado en cama, no hizo más que decir [f. 300] que era él el cura teniente: como era anciano y de cabeza calva y no lo conocían los soldados lo dejaron creyendo fuese verdaderamente el teniente de cura.

Al frente en la banda del río había estado la gente de Sevilla. Oyendo toda la bulla rompen fuego de la puertaycalle y de un corralito que se divisaba la casa parroquial (porque está en una alturita por elevación distante una sola cuadra ni cabal). Se levanta Sevilla, entra al cementerio con un capotón puesto y que no podía trepar una cortísima pared que tenía de atravesar del cementerio al campo, y un soldado de la Patria lo empujó y lo hizo subir y trastornar; luego se entró Sevilla a la casa de un vecino don Isidoro Alborta y hermanos, donde le habían ocultado sigilosamente del fuego en su mayor vigor de una y otra parte ya aclarando el día. El enemigo no podía ni salir avanzando ni salir al escape, no había pasaje alguno por donde salir, las paredes altas de la cancha de la hacienda; mas con la claridad del día que venía vieron un pasaje tapiado, luego desataron, salen por tras de la casa, suben una alturita bien empinada que estaba algo menos de media cuadra, dan vuelta por detrás de un corralón que había contiguo a la cancha de la hacienda. Los otros salen por el otro extremo de la casa por una huerta de paredes altas al lado de afuera de forma que les servía de trinchera al enemigo. Estos dieron fuego graneado a la plaza donde se hallaban los de la Patria.

Viendo Bustamante esto va de prisa a caballo con ocho montados a tomar la altura por detrás de las casas a dar fuego y a desalojarlos a los que estaban en la huerta y estaban dando fuego a la plaza y que hacían costado izquierdo (formaba el centro los que estuvieron en la cancha). Vuelta regresa Bustamante y va por el costado derecho del enemigo, y al trastornar la misma esquina del corral encuéntrase cara a cara Bustamante con los españoles que bajaban a desembocar a la plaza; ambos echaron pie atrás. Bustamante que quería subir y los enemigos que querían bajar así se toparon. Bustamante pensando que le persiguiesen pica su caballo, brinca la cequia del molino bien ancha de suerte que cayó el caballo al lado derecho y el jinete que era Bustamante [f. 300ᵛ] al lado izquierdo junto a un matorral ridículo que había. Más cerca del río grande y tras de la cequia fue su caída: no hizo más que meterse a debajo de un arbolito del modo que pudo y estarse allí quieto sacándose el sombrero (porque era blanco) y con su sable desnudo, esto es en el matorral ridículo y muy cerca de dos caminos de forma que el uno va arribita del Chume y el otro un poco más abajo; tan inmediato era el de abajo que las ramas tocaban a los que pasaban.

Viendo la ausencia del jefe principal se retiraron los de la Patria por un camino que va por una cuesta por la estancia que va a Chihuimarca, y otros con el comandante Rodríguez por el río principal, y algunos por el frente por Taracachi, Cancha y Marquisivi arreando 18 mulas entre caballos ganados al enemigo y un moreno prisionero, muriendo de la Patria tres y seis heridos; de los españoles cinco muertos y cuatro heridos.

Al comandante Bustamante lo hacían muerto o prisionero. Pues ambos jefes escaparon (de uno y otro partido) milagrosamente. Después de que se retiraron los de la Patria a las 9 de la mañana se salió el subdelegado Sevilla de su asilo la casa de los Albortas, ya bravo para sus benefactores, porque habiendo querido llevar algunos aperos de esa casa suplicaron por uno que era de más valor y más decente: enojadísimo les ofreció Sevilla hacerles tirar cuatro balazos o azotes; así es que se dispuso en breve rato, se salió para Oruro a las 11 del día poco menos. Y Bustamante entro del matorral lo estaba mirando todo de ay, que no distaba más que una cuadra y algunas varas más del trecho de la casa parroquial, mucho menos de la cancha que era el cuartel. Así que se acabó de salir la tropa enemiga después de un corto rato se salió Bustamante río abajo hasta alguna distancia; un indio muy patriota (Buenaventura Ríos) le dio un caballo ensillado; así se fue en alcance de su tropa que lo hizo en Oputaña a las dos leguas del trecho del sustazo (que es imposible que no lo hubiese tenido) y todos reunidos hicieron noche en Coriri, y Sevilla en Lequepalca no con menos sustazo que Bustamante.

El 22 de julio el comandante Bustamante se fue por Pocusco al lado del pueblo de Cavari. Yo me quedé en la comprensión de mi partido. Un capitán de indios muy valientes como intrépido (Agustín Zárate) se fue con dos infantes; en la cuesta que sube a Tamañani yendo al pueblo de Charapaya lo había muerto al prisionero moreno [f. 301] lastimosamente a palos, lanzazos y a pedradas sin que le valga lamentos ni ruegos del infeliz que decía era buen cocinero, que no era soldado sino contratado, que seguirá sirviéndole a él o que lo venda a algún caballero porque era de la clase de esclavo, que más bien aprovechase del valor de su persona y que no le quitase la vida: nada oiya el indio cruel e inhumano, lo devoró a pesar de todo esto. Al fin acabó con su vida el pobre.

[f. 299] Estando el comandante Villalaín buscando tener otra casualidad como la caída del general Lanza prisionero a manos de su partida, que así también cayese algún otro patriota (que ellos decían caudillos insurgentes, a quienes buscaban para el último exterminio y destrozar la causa de la libertad de América, asociado de varios americanos que bajo de sus órdenes servían al rey de España), así buscando otra aventura el 25 de julio llega con su partida al pueblo de Quime en donde o sus cercanías habían dispersos de la Patria a pesar de que hasta los cielos les perseguían como sucedió esa noche: les agarró una nevada cruel en todo el alto del pueblo de Inquisivi que muy apenas pudieron recalar a aquel pueblo de Quime. Hacen los de España su cuartel y fogatas calentándose oficiales y soldados tanto en la plaza, cuartel y prevención. Se asoman los dispersos de la Patria hacia el dicho pueblo y dan sus descargas. Un soldado de éstos de la Patria, al menos el teniente de caballería don Mariano Garavito, agarra una tercerola de un soldado suyo, carga, pone el punto [f. 299^v]: tan bien le ajustó que le había tocado la bala a un tenicnte de aquella tropa, le rompió un brazo (don Mariano Roncesvalles y Casaus). Se retiraron los de España y salió una pequeña partida de 15 hombres de la Patria a la orilla de aquel pueblo a espantarlos (como ellos decían) pero no avanzaron una cuadra, y toda la noche la bulla de indios que les molestaban bastante a los del rey. Al siguiente día muy pronto se salieron los enemigos para el pueblo de Ichoca, y se salieron al otro día para el pueblo de Sicasica. Perdió el rey aquel oficial porque aunque sanaría quedó mutilado don Mariano Roncesvalles y Casaus.

En Inquisivi se reunieron 160 soldados y mucha oficialidad de todas clases y se hizo proclamar el capitán don José Martínez Párraga de comandante general de todos los pueblos del Valle mientras la prisión del señor general Lanza. El comandante don José Benito Bustamante no quería estar bajo de las órdenes de Párraga con decir en que era él el capitán más antiguo y comandante en jefe del partido de Sicasica, y que Párraga no era más antiguo que él ni tenía compañía sino que servía en la mayoría nomás, así es que no debe ser superior ni él era capaz de obedecer. Se hizo separado partido o quería hacerse sin tener un oficial, solamente lo acompañaba el comandante general del partido de Hayopaya don Andrés Rodríguez; éste decía lo mismo que Bustamante, así es que se declararon enemigos. Ya la anarquía entraba en estos Valles. Aunque con partido inferior Bustamante quería hacerle piernas a Párraga: no tenía a su obediencia más que dos curatos, Mohosa y Cavari; Rodríguez lo mismo en su partido, el curato de Charapaya y la viceparroquia de Leque; de gente armada 82 infantes. A muchas instancias que se le hizo a Bustamante se le sacó el sí tuviese su entrevista con el comandante Párraga, que ambos procurasen poner término a estas calamidades que nos amenazaban, que vean el mejor modo cómo cortar estas cortas diferencias, que no permitiesen anarquizar los pueblos ni a la tropa que es una acción demasiadamente horrenda, desoladora y funesta. Por repetidas veces dio el sí, pero quería Bustamante (y decía claro) que cuando no quiera Párraga acceder a sus propuestas que es el de colocarse él como jefe del partido y antiguo capitán en lugar del general Lanza, lo haría con la fuerza.

Me mandó para esta operación a la fiesta de San Bartolomé al anexo de Oputaña a reunir [f. 301ᵛ] indiada. El 24 de agosto fui y me regresé solos con 200 indios, que él se hallaba en Queata. Más crecía la bárbara ambición de ocupar el puesto del general Lanza, y Párraga tenía de partido los curatos Yaco con su viceparroquia Quime, Suri, Inquisivi con su viceparroquia de Capiñata, Haraca, Ichoca, Cavari, menos un anexo que era Pocusco donde era su estada de Bustamante; por entonces éstos eran en el partido de Sicasica. Veamos en el de Hayopaya: su capital Palca, Machaca, Morochata con sus viceparroquias de Yani y Calchani (todos estos son pueblos) y Choquecamata: conque contrapese el lector la desigualdad de partido; ahora todita la oficialidad de la División, infantería, caballería y la indiada de tantos curatos. Pensaba y quería Bustamante dar contra estas fuerzas: ¿no era un delirio pensar siquiera en hacerlo este desatino?

Así es que pasamos todo el mes de agosto, más y más engrosaba la División al comandante Párraga. Fue éste personalmente a Irupana, tuvo allí algún auxilio de dinero, pero Bustamante (sujeto únicamente al poco y repugnante rancho que proporcionaban los indios en ambos curatos) ya cuando se vio desengañado de ver que no tenía partido en ninguno de los partidos, mucho menos Rodríguez, quiso pasarse ande el general Olañeta, defensor único al monarca de España don Fernando VII, porque un día me declaró y dijo que nos entraríamos al pueblo de Tapacari, encontrándolo al cacique gobernador de aquella comunidad don Matías Quispe le pediría 1000 o 2000 pesos para vestir a la tropa, que aprobará el general Olañeta:

—Así nos entraremos a Cochabamba a estar bajo de las órdenes de dicho señor, porque el comandante Párraga ha tomado mucha fuerza y a todos los pueblos tiene consigo, porque si nos pesca a uno de nosotros no nos deja hueso sano como ha hecho con Rafael Copitas.

Lo que había sucedido es que después de que fue nombrado el capitán Párraga jefe de todo el Interior, recibido y reconocido por tal de todos los oficiales de la División, no quiso obedecer Copitas alterándose escandalosamente, contradiciendo todo lo que ordenaba dicho Párraga, esto es con mucha insolencia e insubordinación. Viendo estas cosas fuera del orden, a pesar de que le toleró demasiadamente por una consideración de que era un patriota antiguo en su [f. 302] pueblo, ordenó que pasase al arresto por vía de una corrección ligera, de una represión momentánea; Copitas se asiló en la iglesia y esa noche fugó y se vino ande el comandante Bustamante. Este hecho era muy decantado, que de momento de querer afusilarlo escapó Copitas. Poniendo este suceso presente quería Bustamante influir, seducir y comprometer el honor de los verdaderos patriotas y que pierdan sus méritos y adhesión a la causa de la libertad.

Entonces paré las orejas y creí verdaderamente que este hombre quería mudar de opinión pasándose vilmente a la causa opresora. Me vi sin poder cómo remediar aunque no tenía Bustamante más oficiales que dos sargentos: Pablo Rojas, un indio incapaz sin el más corto influjo con ninguna clase de gentes, el otro un Bernardino Pinto, y un español que lo hizo días antes subteniente. No tenía más ni yo otro sujeto con quien conversar ni tratar de nuestra suerte futura y de nuestra opinión que era la libertad de la Patria.

Así es que estuve en una desesperación de mil cavilaciones y vivía aquellos días sumamente abatido todos mis sentidos, se me hacía una memoria melancólica al recordar el cambio de mi opinión que pensaba por veces hacer el comandante Bustamante por solamente un capricho mal fundado o ambicionado al perseguido puesto del general Lanza; y así estaba aquellos cortos días hasta que pensando cómo salirme de estos enredos deseaba seducir a algunos soldados, como 15 o 20 o lo que pudiese.

Al mismo tiempo tampoco podía hacerlo, motivo de que no tenía lo principal que era dinero, un artículo tan útil y necesario para estos casos; tal que logrando por cualquier resorte seducir alguna gente quería irme a presentarme al comandante general nombrado don José Martínez Párraga, porque si me presentaba yo solo temía sufrir algún desaire o me hacía algún cargo. Por otra parte la indiada de mi mando había estado en la misma situación y pensamientos que yo sin poder hallar un apoyo que pueda guiarlos y protegerlos en un asalto para desarmar a los soldados de Bustamante: porque observaban todo lo que hacía y decía Bustamante, tanto recelo tenían los indios de mí el comunicarme sus pensamientos y disposiciones como yo de ellos mis determinaciones.

Un día que es [f. 302ᵛ] el 4 de setiembre me ordenó Bustamante que me fuese para el pueblo de Mohosa a reunir más soldados dispersos y desertores que se venían armados de la tropa del comandante general Párraga como naturales y vecinos de la doctrina de Mohosa. Fui con este destino de Pocusco para el pueblo de Mohosa. El 6 se levanta el comandante Bustamante de Pocusco y quédase en la estancia Sallcabamba dos leguas del pueblo.

El mismo día 6 me reuní.

El 7 por la mañana vuelta me fui para el pueblo y me dice Bustamante:

—Mañana es el 8, día de la Natividad de Nuestra Señora y que vendría él solo a oir misa dejando la tropa ay mismo, que después de oir misa se iría.

A esto le dije yo que de ninguna manera permitiese que soldado alguno entre al pueblo porque se desertarían y se embriagarían y nos darían mil incomodidades, y últimamente quedrían o pedirían seguramente algún corto socorro; que de ninguna manera permitiese que entre soldado alguno porque era una fiesta muy solemne y de mucha concurrencia de gente y no había un solo medio que dar a la gente socorro ni había de dónde sacar. Yo deseaba que fuese así todo lo que habíamos tratado con Bustamante, por ver si yo hacía algo con los soldados mientras la estada del jefe en el pueblo por parte de noche, mientras duerma, logrando la cercanía de sólo dos leguas que me proporcionaba, y veiya que me ofrecía una ventaja análoga y a propósito toda esta disposición, cuando impensadamente pareció Bustamante en la orilla del pueblo con toda la tropa. Preguntado cómo se había venido sin pensar en tal cosa con la gente, me dijo que era preciso que oigan misa los soldados y que se desahoguen: así es que hicieron noche en el pueblo. Esa noche casi lo matan los soldados a un hilacata de semana que nos servía, a un Manuel Palomeque. Mansionaron en el pueblo, yo andaba toda la noche con una escolta de ocho hombres botando a los soldados de las casas de la embriaguez (que habían muchas porque como digo era una feria solemne) al cuartel por evitar peleas y otras disensiones que pudieran ocurrir. En estas andanzas entraba al cuarto del comandante Bustamante. Él estaba con algunos amigos tertuliando, y en una de mis entradas véolo con los dos sargentos Rojas y Pinto haciendo muchos juramentos, espresándose que:

—Como sepa que hayga tenido [f. 303] alguna comunicación con Párraga, bien puede ser mi padre lo he de fusilar sin remedio. Lanza llegó y lo fusiló al comandante don José Manuel Chinchilla: le han templado, le han prestado la ciega obediencia y el profundo respeto. Así me han de hacer a mí.

Oí, me volví a salir. Viendo esta acción me oprimía más la desesperación, la zozobra y la aflicción. A las 4 de la mañana del día 9 de setiembre por una sinrazón, por una cosa la más leve se incomodó conmigo malamente. Yo que aguardaba y buscaba algún pretesto y achaque para separarme de la compañía del comandante Bustamante por los antecedentes que ya tengo relacionados, y acordándome de los juramentos que esa noche vi hacer como asimismo de las espresiones que oí, me determiné salirme del pueblo, que para el caso tenía el caballo ensillado, cuando véolo al comandante que se enderezaba al lado de mi casa de la suya que estaba en una corta distancia de menos de una cuadra. Me monté al caballo y salí de carrera, cuando del cuartel llama Bustamante a cuatro soldados y ordena que me alcancen a mí y me conduzcan, y cuando siga corriendo o no quiera obedecer me diesen cuatro tiros, me dejasen tendido: esto era públicamente, que lo oí y todos lo oyeron tal orden. Más emprendí la carrera, los cuatro soldados me seguían: iba yo, claro, al lado de arriba. De repente en la media calle seis alcaldes bien emponchados vienen y me dicen:

—¿Por qué te siguen soldados y armados, y vos vas con tanta prisa a caballo?

Les dije a esto ya:

—Yo no sé por qué me quiera matar aquel hombre.

Entonces los alcaldes llaman a otros compañeros más (porque hay más de 25 embastonados o alcaldes), vienen como 20 alcaldes,

luego se retroceden los cuatro hombres armados que me seguían, y los indios se van en pos de estos cuatro armados (como 12 o 15) y lo regresan y lo desarman. Más me dicen entonces todos los alcaldes a una voz:
—Vos tienes la culpa de consentir a este hombre ande así separado queriendo formar partido contra el comandante general nombrado en estos Valles don José Martínez Párraga quien es el jefe nombrado por todos los pueblos y la oficialidad; y este hombre nos quiere anarquizar y enredar entre hermanos a una destrucción total entre nosotros mismos; y como estaba apoyado en vos y vos en nosotros, lo que no creas es que nosotros nos entropemos a tal carnicería que eso es infalible. El fin es, [f. 303^v] mi comandante, ya ha escarmentado usted con lo que le ha pasado y pensaba hacer Bustamante con vos. Ahora en este momento tenemos 300 indios y lo desarmaremos, que se vaya a su casa y cuidar a su familia ya que Dios lo ha conservado con salud hasta la presente fecha. Nosotros pensábamos hacerlo anoche y antenoche pero como no hemos tenido apoyo el más pequeño ni quien nos guíe no lo hemos hecho, más viéndolo a usted que andaba con tanta vigilancia, y como estás tan cerca de él nos hemos recelado aun comunicarle lo que justamente hemos pensado. A pesar de que hemos hecho llamar y mandado alcaldes ande el comandante Párraga, no ha venido ni mandado a un oficial siquiera con una corta escolta. Ahora es tiempo de no dejar salir a este hombre del pueblo y anímese usted de una vez a desarmarlo. De nosotros no tenga la menor desconfianza ni el más leve recelo ni menos sospecha alguna: a costa de nuestra sangre lo haremos y verá lo dispuesto que estamos.

Tocan sus cornetas (que casi todos habían tenido), se reunieron en un momento más de 300 hombres con sus lanzas, hondas y garrotes; como también había caballería con sus bolas y lazos esto fue el colmo de mis deseos. Entonces les avisé lo que pensaba hacer Bustamante, el pase a las órdenes del general Olañeta y todo lo que prevenía, cuándo y cómo lo haría. Más se embravecieron y tomaron nuevo entusiasmo y porfiaban entrar al cuartel.

En esto nomás echó menos el comandante Bustamante yo no sé qué traste de su servicio que se le había perdido, echa la culpa del robo a los soldados, en castigo manda formar a toda la tropa y empieza a hacerlos azotar desde el primer soldado (a unos de la ciudad de Lima, otros decían que eran de Piura y otros decían que eran de Huánuco) a seis hombres ya: ay tiene nuevos enemigos; ya se embravecieron todos los soldados de ver castigar a sus compañeros y tal vez injustamente. A este tiempo entro yo a la plaza con la indiada, se formaron a su frente mismo (que también su gente se hallaba en

línea formada) y dejó recién de castigar. La tercera fila de los indios se marcharon y le tomaron la retaguardia, de forma que los indios formaban la segunda fila y cubrían pecho con espalda a los soldados, que éstos estaban formados en ala. Entonces Bustamante se bajó de la línea un poco y me dice:
—Vargas, ¿qué alboroto ha ido usted a hacer?
Le contesto que nada. [f. 304] Me dice vuelta:
—¿Y qué quiere esta gente y con aparato de guerra?
Le contesté entonces ya que:
—Esta gente dice que no salen de este pueblo ni armados ni desarmados sino que han de esperar al comandante general nombrado don José Martínez Párraga. Si no, que vean lo que hacen ustedes, que todas las armas les cuesta a ellos sus vidas, su sangre y cuanto sacrificio han tenido en todos los Valles.
Con ceño colérico dice:
—Pues veamos cómo no salimos de aquí, y tal vez sembrando cadáveres.
Revuelve a su tropa y dice:
—Muchachos, ceben y carguen.
Los soldados ejecutan prontamente el cebar y cargar. Entonces salgo adelante un poco y les digo a los soldados:
—Muchachos, no escuchéis esa voz que os manda. Vosotros sois soldados de la Patria; habéis jurado defender la causa justa de nuestra libertad hasta derramar la última gota de vuestra sangre pero no por los caprichos de los hombres ni la ambición. Estos hombres que veis formados a vuestro frente son como vosotros hijos de la Patria, vuestros mismos hermanos, vuestros mismos compañeros. El jefe que está a la cabeza de vosotros quiere que pierdan ustedes vuestras opiniones, vuestro trabajo, y por fin todo todo pasándose a las órdenes del señor general Olañeta. A mí me lo ha dicho por repetidas veces. ¿Ustedes no han oído decir que entraremos a Cochabamba, que el general Olañeta es nuestro general ya y de la Patria? Todo es mentira muchachos, no se dejen engañar, no se dejen seducir. Don José Martínez Párraga es el comandante nombrado por todos los pueblos y por vuestros compañeros, ya está aquí cerca con vuestros camaradas y compañeros de armas; a la indiada de Charapaya y Leque ya divisarán en pocos momentos; toda la indiada de este partido ya entrará si no quieren ustedes entender y se mantienen oyendo el pérfido capricho de este hombre, toda la gente se echará sobre vosotros y no les dejará hueso sano ni escaparán para contar siquiera este caso.
Me retiré y Bustamante sale al frente, dice:
—¡Al hombro! ¡Por el flanco derecho, a desfilar en paso redoblado contramarchando a la derecha! —y ejecutan los indios.

Cuando los veo los mismos soldados le enseñaban y los agarraban de las manos. Ya en la media plaza donde hay una cequia de agua que cruza dice un indio, el más atrevido, un tal Mariano Alavi:
—¡Rendir las armas!
Todos lo agarran al primer sargento, éste y los demás hacen alto. Bustamante iba a la cabeza como seis pasos adelante, sale [f. 304ᵛ] medio al trote, dice revolviendo:
—Muchachos, paso de camino, al trote.
No oyen. Revuelve la cara, dice:
—¡Vengan breve, muchachos!
Le responde uno, dice:
—No quiero.
Sale de la formación y corre a retaguardia.
Otro sale, dice:
—No quiero, traidor.
Lo mismo corre, subcesivamente se desparpajan yendo para atrás.
Se colocaron en la esquina de la plaza y rompen fuego a discreción a él. Entonces se pone Bustamante a las costillas del caballo y corre como pudo, los soldados avanzaban tras él con fuego graneado ya, y otros avanzaban a quererlo devorar enteramente. Me vi obligado de ir tras él protegiéndolo, mi esposa salió entonces y decía a los soldados que no diesen fuego a Bustamante, que hiciesen alto:
—Por Dios, y dirán que mi marido lo ha hecho asesinar y no dirán que los soldados de picados lo han hecho.
Al fin logro detener un poco. La indiada avanzaba con mucho empeño de forma que le ganaron ya la vanguardia y le estaban ya hondeando a no dejar pasar una quebrada que había y de necesidad tenía que pasar por ay, los más esperando que se acercase Bustamante otro poco más. Él solo iba, hasta que lo alcancé y ordené a la gente que le dieran paso franco, que los indios bajaban a darle en la cabeza ya con las lanzas enristradas yendo tras de él. Como dije, le abrí el camino, escapó él solo pero de muy pocas no le destrozaron. Viéndose libre se corre amenazándonos en que luego volverá con el comandante don Andrés Rodríguez y toda la indiada de Charapaya a volver ceniza Mohosa, confiado en Rodríguez según decantaba, cuando a Rodríguez le había sucedido igual caso aunque no tan de peligro, y encuéntranse ambos en medio camino (que en el pueblo de Charapaya le había sucedido a Rodríguez asimismo la desarmada). Rodríguez dice venía confiado en Bustamante, éste iba lo mismo confiado en Rodríguez; encontrados que fueron dice que se contaban cada uno cómo le pasó. Sigue la marcha Bustamante y lo regresa a Rodríguez, con él van hasta el punto de Punacachi con intención de entrarse a Cochabamba y presentarse a las órdenes del

señor general Olañeta: se acobardaron y regresan andando por Charapaya medio ocultos.

De este suceso luego di el parte al comandante general Párraga, me contestó y se puso en marcha.

El 14 de setiembre entró al pueblo de Mohosa únicamente con la caballería y oficiales. Entonces le di parte más circunstanciado de todo según el estado general que formé el mismo día 9. Aprobó todo lo que había hecho [f. 305].

El 16 nos fuimos a Charapaya de donde yo me vine con órdenes para mi pueblo Mohosa y él se pasó para el pueblo de Morochata. En el pueblo de Charapaya a tiempo de mi salida lo veo que lo metían preso a Bustamante y a Rodríguez: los había mandado siempre presos al pueblo de Machaca. Yo siempre me vine. La infantería había ido en derechura por Palca a Morochata.

Vamos acordándonos del estado del general Lanza que estaba en la Fortaleza de Oruro y el coronel don Manuel Ramírez en la misma de gobernador de ella, quien lo trató muy mal a su persona (como arriba dije), con una cadena bien larga en un solo pie, que le sostenía un cepo en el suelo del medio del calabozo o cuarto donde se hallaba: era tan larga la cadena que alcanzaba a la cama y a la puerta de la vivienda para tomar el sol sólo un cuarto de hora al día. Después se cerraba la puerta, con su centinela: así estaba todo el resto del mes de julio, todo el mes de agosto y alguna corta parte del mes de setiembre.

El general don Jerónimo Valdés después de que lo derrotó a otro Valdés (alias el Barbarucho) de la parte de Olañeta, verdadero realisto único, regresó triunfante a Chuquisaca, y se salía con dirección a Oruro porque ya tuvo partes de la prisión del general Lanza, la estada en Oruro y el trato que le daba don Manuel Ramírez, coronel y comandante general de la Fortaleza. Mandó el general Valdés al coronel don Francisco España a que se adelante con orden espresa de ponerlo en libertad al prisionero general Lanza.

De la posta de Ucuri se adelantó España el día 30 de setiembre, llegó a la Fortaleza, entró, preguntó por el prisionero general Lanza, lo vio, lo encontró, le dio la mano saludándolo en nombre del general Valdés, lo trató de compañero felicitándolo. En tal encuentro vio el estado en que estaba tratado, se admiró mucho y muy pronto le hizo sacar la cadena que tenía (pues con el mayor cuidado mandó sacar del pie), y trataron allí secretamente con el coronel don Francisco España. Estaba el general Lanza con una barba bien larga, no quiso que le hagan la rasura en el acto, al día siguiente se hizo.

El 6 de octubre entró el general Valdés. España con capa, Lanza lo mismo, fueron entre los dos a ver, porque el general Valdés entraba con tropa. Así estuvieron parados mirando de una de las esquinas. Se le asomó el general Valdés, lo conoció a España, éste le hace la seña en que era el general Lanza, se acerca [f. 305ᵛ] y se saludan ambos quitándose los sombreros. Valdés se apea de su caballo, le da la mano y conversan allí un corto rato. Se montó luego el general Valdés, se va a apearse al alojamiento que le destinaron. España se va con el general Lanza acompañándole ande Valdés, lo deja allí España y se va a su casa. Conversa Valdés con Lanza todo el resto del día hasta las 7 de la noche, secretamente los dos nomás, cerrándose el gabinete se hace negar a toda la oficialidad que éstos iban a verlo y visitarlo al general Valdés (el ordenanza decía que no estaba el general allí).

Al día siguiente lo mismo desde las 6 de la mañana hasta después de comer, que es a las 2 de la tarde. Allí habían tratado en que el general Lanza se vaya a reunir a toda su División y hostilice al general Olañeta y a sus tropas, único jefe realisto porque los demás iban a una con la Serna que según decían intentaba coronarse en las Américas, que a la fuerza se declaraba independiente del gobierno de la España, que era lo mismo que la libertad de la Patria. Por todos estos principios aceptó Lanza ser general y comandante general de aquellos Valles: cambiándose la División y oficiales, todos del general Lanza y su División nomás, marchar para el ejército.

Con estos tratados hechos ordena el general Valdés al general Lanza que del punto de Caracollo se entre a sus Valles. Este señor Lanza dice:

—No de Caracollo sino de la ciudad de La Paz —por ver a su señora madre y familia.

Valdés se adelantó ande el señor virrey excelentísimo señor don José de la Serna.

Sale de Oruro el general Lanza juntos con el coronel Ramírez el 8 de octubre.

El 12 entran Ramírez y Lanza a La Paz.

El 18 se sale Lanza de La Paz y toma el Río Abajo como al escape por Haraca, Quime e Inquisivi, en la cordillera de las Tres Cruces.

Veamos el último fin de los Valles.

Lanza caminaba con un solo compañero con quien encontró en La Paz o en el camino, don José María Deheza (el Uchicho por apodo que le decían), vecino de la misma ciudad de La Paz o del pueblo de Coroyco.

De la isla de Capachica habían fugado varios confinados entre los que había sido un don José Calorio y Velasco natural de la ciudad de Lima. Llega éste al pueblo de Quime, sabiendo que en estos Valles habían tropas de la Patria se había venido. El comandante don Narciso Portilla como no sabía qué grado tenía no le había dado el tratamiento de vuestra señoría (porque había sido coronel), y reputándose agraviado se salía de los Valles como desairado (qué simpleza de hombre, en ese estado todavía con resentimiento de que no le habían dicho vuestra señoría), y encuéntrase con [f. 307] el general Lanza en todo el alto de la cordillera de Tres Cruces, se saludan el feliz encuentro, Lanza se deja conocer, pregunta el estado de sus tropas, de sus oficiales y de todo todo.

A esto le dice don José Calorio Velasco que sus oficiales estaban en una anarquía inentendible, queriéndose matar unos a otros, que sus tropas se hallaban en diferentes lugares y al mando de unos y otros, que él se salía por eso por no ver tanto desorden, y que se volvía sin destino a pesar de ser coronel de las tropas de la Patria y que se venía fugando de su confinación en la isla de Puno. Entonces le ofreció toda protección Lanza y que lo hará su jefe de estado mayor, segundo jefe suyo. Juntos regresan al pueblo de Quime.

El 23 de octubre entra a este pueblo.

El 24 pasa al pueblo de Inquisivi.

El 25 manda proclamar a todos los pueblos * y lárgase para el pueblo de Machaca su cuartel general. Llegan el mismo día 25 de octubre toda la infantería de muy cerca de 300 hombres a Machaca y encuéntrase la oficialidad con el general Lanza. Este señor los abraza, los agasaja, les muestra mucho cariño, principalmente a los soldados, les gratifica a peso a cada soldado por la feliz vista.

El 26 llega la caballería con el comandante Párraga (que éste no había sabido siquiera) y de repente se encuentra con el general Lanza. No hace más que dar cuenta de todos los sucesos acaecidos mientras su ausencia en la prisión.

El 27 sale orden general haciendo reconocer Lanza por segundo jefe suyo al coronel don José Calorio y Velasco y al comandante general Párraga de comandante de la infantería únicamente. En el acto manda a todos los pueblos sus circulares saludándolos a todos los habitantes de las doctrinas y avisándoles su feliz escape y arribo a estos lugares. El comandante Párraga del pueblo de Morochata había mandado toda la gente para Machaca quedándose sola la caballería para venir con ella: no creiya ni pensaba verlo a Lanza en estos Valles, principalmente de jefe, porque decía siempre y por repetidas veces, y a mí mismo varias veces:

* Véase adelante, en la sección de "Documentos intercalados en el texto del *Diario*", el núm. 11.

—Si por alguna casualidad llegara el general Lanza, en el acto lo arrestaría y le seguiría una sumaria para saber cómo viene, de dónde, con qué destino, cuándo escapó; seguramente se le negaría toda obediencia.

Pero no tuvo efecto sus planes, que [f. 307ᵛ] después le pesó a Párraga el haberse desprendido él de la tropa y mandado adelante a Machaca.

Mientras la prisión del general Lanza en la Fortaleza de Oruro, se presentaron en Cochabamba a los jefes españoles partidarios del rey don Fernando VII (que el general Olañeta defendía esta causa) y a los subalternos de este general: el teniente coronel don Antonio Saturnino Sánchez, el capitán con grado de mayor don Pedro Arias, el capitán don José Manuel Antezana, el sargento mayor don Faustino Acuña, el teniente don Martín Urquieta: así se mantuvieron en Cochabamba.

El general don José Miguel Lanza arreglando y reformando su División con mucho entusiasmo, como más de 400 hombres, se fue con la caballería y la compañía de cazadores al pueblo de Inquisivi dejándolo en su lugar al coronel Calorio y Velasco. El 18 de octubre se fue.

Mientras esta ausencia del general, el comandante Párraga el 23 de octubre se asoma a la habitación de la madama del general Lanza, a cuya sazón había estado ay el coronel Calorio recostado sobre un asiento (en esta acción se presentó el comandante Párraga). Alguna cosa que tomaría, medio ebrio Calorio, luego cerró los ojos como durmiendo; y pensando Párraga que verdaderamente estaba durmiendo le dice a la madama:

—¿Qué hace este judío aquí? Soy capaz de amolarlo a este ajo.

Un rato se paró en la puerta medio conversando con la madama, luego se bajó y se fue; a poco se levanta Calorio, despídese de la madama, se fue a la comandancia. Esto sucedió a las 4 y media de la tarde. A las 7 de la noche manda juntar a todos los oficiales después de apresarlo al comandante Párraga con centinela de vista, le sigue una sumaria ligera entre unos cuantos oficiales, da sentencia de muerte, a las 12 de la noche lo pasa a capilla, pone centinelas a las puertas de los demás oficiales que no sabían tal caso, a las 4 de la mañana del 24 de octubre día de San Rafael ya lo mandó atrincar a un árbol que había en una de las esquinas de la plaza, y lo mandó tirar él mismo, que personalmente asistió a aquel acto. Lo fusiló de ese modo y pretextando que quería Párraga hacer una revolución y quitar la vida tanto al general Lanza cuanto a él: con esta mentira se indemnizó con los demás oficiales y aun con el general cuando éste se llegó de Inquisivi.

El 8 de noviembre [f. 308] mandó el general Lanza al coronel Calorio a Cochabamba donde se hallaba el general Olañeta, a hacer unos tratados para no ser perseguido por sus tropas, y que él abrazará el partido del rey, que le dé treguas sí de unos meses, a entretenerlo (tanto al general Olañeta como al general Valdés a ambos los entretenía a fin de que le den tiempo para reforzar más su División en todo). Así pues mandó al coronel Calorio, dándole otras instrucciones para que cuando tengan su entrevista con el general Olañeta observase y se guiase de tales instrucciones; infringió todas Calorio, ni un artículo había observado, los tratados muy diferentes a todas los instrucciones dadas por el general Lanza.

Regrésase Calorio el 21 a Machaca.

El 23 vuelve el general Lanza (que aún no llegó las compañías que llevó al pueblo de Inquisivi) y dice marchará hasta el pueblo de Irupana, quedándose siempre el coronel don José Calorio y Velasco como jefe segundo.

El 29 a las 5 de la mañana llegó parte en que el enemigo estaba muy cerca del pueblo, que venían sin entrar a la capital Palca, directamente a Machaca. Luego hicieron su corto alboroto, no como otras veces ni como cuando venían enemigos muy cerca que todo era una confusión, sino que estaba muy sereno Calorio, mandó meter la caballada. Estando así a las 9 del día ya se dejó ver el enemigo: bajaban para el pueblo 180 hombres al mando del comandante Asúa. Entonces con mucha frescura el coronel Calorio mandó ensillar la caballada, muy despacio sálese con la gente de dicho pueblo Machaca a una abra muy cerca (que llaman Cruzkasa, quiere decir abra de la cruz); sería del pueblo ocho cuadras de la última casa cuando muy lejos.

Allí formó la guerrilla disponiendo de la demás tropa que había, 200 hombres. Ya baja Asúa como a embestir y hace alto su línea, despréndese Asúa como con 30 hombres, forma como a los cazadores en dispersión, saca un pañuelo blanco, hácele una seña a Calorio, éste hace lo mismo, se bajan ambos, encuéntranse en una quebrada que media a ambas tropas en Misquimayu (que quiere decir río dulce), allí se dan la mano, trataron más de media hora, después de esto se dispidieron ambos, se separaron unos a otros con mucha política. En el momento de incorporarse el comandante Asúa a su tropa mandó dar la media vuelta del mismo sitio de la formación [f. 308ᵛ], se dirigió para el pueblo de Palca pasando directamente el pueblo de Machaca, y Calorio mandó marchar en pos de Asúa su tropa del mismo sitio de la formación, se posesionaron los nuestros del mismo pueblo de Machaca, se quedaron sin hacer el más leve movimiento, y ninguno de los oficiales podía sacar una sola expresión de lo que habían tratado con el comandante Asúa. A muchas instancias de los oficiales dijo:

—Lo he engañado al comandante Asúa perfectamente y estamos ahora mejor que antes —y nada más decía.

Ese día se pasó a la Patria un teniente don Buenaventura Zárate, joven vecino de Cochabamba, con su compañero fulano de tal.

Al día siguiente mandó Calorio ensillar su caballo y juntos con un cadete don Juan Rojas (de Chulumani, de la compañía de dragones de caballería) se encaminan para el pueblo de Palca donde estaba el comandante enemigo Asúa, ordenando Calorio a los capitanes y oficiales se estuviesen allí mismo en el pueblo. Entonces les entró mayor sospecha a éstos, mandan propios consecutivos a Irupana donde estaba el general Lanza avisándole el último paso dado por el coronel Calorio y Velasco desde el momento que hubo novedad del enemigo. Ese día 30 de noviembre no pareció Calorio, el 1º de diciembre menos. Entonces hacen su junta todos los oficiales y dicen:

—¿Cómo el coronel Calorio se ha ido ande el enemigo sin avisarnos, cómo y de qué manera va a hacer qué tratados, en qué términos, y no nos ordena nada? Tal vez este hombre nos quiere hacernos alguna intriga. Mejor será irnos en alcance al general Lanza o en su alcance de Calorio.

Ese día mismo se retiraron fuera del pueblo.

El 2 se animaron enteramente irse, se levantaron a las 5 de la mañana del punto de Huallipaya un poco más adelante. A las 2 y media de la tarde llegaron a un lugar que llaman Mollini a las siete leguas de pueblo de Machaca donde iban descansando. A esto llega el sargento mayor don Juan Gómez que éste iba a Machaca, y como viese el rastro de caballería y de mucha gente caminada se enderezó nomás al campo, llegó, en el acto mandó fusilar en el mismo descanso a un sargento limeño, que Gómez se había adelantado con la orden del general Lanza. Ejecutado esto se levantó el campo con toda la tropa para el pueblo de Capiñata donde había estado ya el general [f. 309] Lanza; entró la tropa a las 4 poco menos de la tarde.

El coronel Calorio sale a las 5 de la mañana de Palca, a las 7 llega a Machaca, pregunta por la tropa, le dan parte de que se han ido en alcance al general: muy incómodo se baja, se larga a Capiñata a media rienda, llega allí a más de las 4 casi junto con la tropa, va a presentarse al general. Este señor Calorio Velasco desde lejos le dice:

—Mi general, estamos en grande.

Luego se apea del caballo, le saludó a Lanza, le contesta no de muy buen semblante, allí entraron todos los capitanes y demás oficiales. Entonces Calorio reconviene a estos señores que por qué se vinieron sin orden suya; que por qué sembraron palabras muy indecorosas a su honor acerca de su opinión muy mal habladas; que si sospechaban algo de él le dijiesen claro; que él ha estado aquí por ser adicto a la causa de la libertad; que por la causa había perdido su país, su familia y sus comodidades; que por amador a la Patria se ha visto prisionero, padecido tanto, ha estado confinado a la isla de Puno y ha venido a padecer a estos lugares, no por pícaro que tal vez lo suponen así; que ahorita pedirá pasaporte para retirarse del servicio y de estos lugares; que él había estado muy creído que entre hermanos y compañeros de una misma causa y opinión estaría con algún desahogo, seguro y con alguna distinción, pero que nunca pensó que le sucediese tales casos ni menos le tratasen como a un traidor a la causa de la libertad sin traer a consideración los grandes méritos que había contraído como un fiel patriota; que él ha tenido mucho tiempo y ha sido invitado por los jefes realistas en que abrace la causa real; que a pesar de todo esto no ha tenido ni por imaginación abrazar tal partido; que muy gustoso ha padecido y derramará su sangre antes que traicionar a su Patria: al fin, habló con mucha energía y valor en un estilo fino. Oyendo todo esto medio incómodo le dice el general Lanza:

—Coronel Calorio, calle usted y váyase a su alojamiento, guarde allí su arresto.

El otro quería hablarle al general Lanza. A esto varios oficiales le amainaron a Calorio a que callase, que causaba escándalo, que obedeciese nomás, que después se remediará todo despacio. Luego [f. 309v] se retiró Calorio a su cuarto y ordena el general que le ponga guardia con un oficial que era el teniente de caballería don Mariano Garavito. Al poco rato dice Calorio al oficial de guardia que le haga el grande favor de llamarlo al general Lanza, que tiene de comunicarle un asunto muy interesante al servicio de la Patria, con muchas instancias e insinuación por repetidas veces. Viéndose así el oficial de guardia manda al sargento con el encargo de Calorio. Entonces bajaba de su alojamiento el general Lanza, mas como el cabo de la guardia reparó que Calorio manejaba un par de moqueteros prontamente dio parte a su oficial. Entonces sale el oficial Garavito, alcánzalo al general en la media plaza a tiempo de estarse bajando a verse con Calorio, entonces le estorbó el paso en que no convenía lo viese a Calorio, que luego le dará el parte por escrito y que se retire a su alojamiento, con expresiones de mucha atención y respeto. Medio se sonrió Lanza y se regresó sorprendido, ya después ordenando sí en que le pongan centinela de vista. Muy pronto ordena que toda la gente marche para el pueblo de Inquisivi, al momento marcharon quedándose una mitad de dragones que hacía guardia a Calorio. Este señor lo estaba mirando todo: entonces saca de los bolsillos de la casaca un par de moqueteritos, preparó y se aplica bajo de las quijadas y da tres rastrillazos, de ninguno salió el tiro, se prendió el uno y se descebó. Entonces rabioso tiró al suelo los dos, luego llama al oficial de guardia, le dice que si podrá recostarse un poco, que le dé un cigarro, le da encendido el oficial y le mete dos pellones para que se recostase, tampoco pita el cigarro menos se recuesta, luego se retira el oficial de guardia Garavito. A tiempo de que desfilaba la tropa habla fuertemente y dice Calorio:

—Sepan muchachos que la muerte del comandante Párraga ha sido por orden espresa del general Lanza. No sólo a él dijo que lo fusilen sino también que a Garavito, al mayor Gómez, al capitán don Juan Aldón y a otros más.

Entonces lo hace callar el oficial Garavito hablándole políticamente, se sonríe Calorio, siéntase entonces y le dice al centinela:

—Anda dile a tu general que nada le debo yo, [f. 310] que no tenga el gusto de decir que "lo he fusilado a Calorio". Hiciera con vos un atentado, pero no, porque sois un infeliz soldado, y os encargo el amor a la Patria, el valor, la buena subordinación sobre todo, para que sean felices vosotros y vuestros hijos, que ahorita en este momento desaparecerá mi existencia después de padecer tantos años.

Dice el centinela de vista y el oficial que escuchaba de medio oculto que Calorio quiso echar lágrimas al espresar todo esto, mas no podía así sofocado, ya se paraba ya se sentaba mirando por afuera por ratos como un desesperado. Se paró de la puerta aentrito un rato, puesto el dedo de la mano derecha a la boca; entra, da sus paseos, por último siéntase, saca un cuchillo que había tenido en las botas entro del pantalón y se encaja al pecho sentando el codo izquierdo sobre la rodilla del mismo lado. Poniendo la planta de la mano o apoyándola junta a la cara del mismo lado, crujiendo los dientes empezó a menearse el cuchillo y pujando. Viendo esta acción tan fuerte el centinela empieza a gritar fuerte una y otra vez al cabo y sargento de la guardia en voz alta:

—Calorio se mata, Calorio se mata.

Corren a ver el oficial y varios oficiales, ve el estado en que estaba Calorio, corre ande el general, le da el parte verbal porque no había tiempo para escrebir, dice el general:

—Vayan a verlo al coronel Calorio; si está en tal estado como da el parte el oficial de guardia acábenlo de una vez.

Entran a querer estorbarle esta acción, ya no hubo remedio: estaba en los últimos hipos siempre con el cuchillo en la mano, y a las 5 y media de la tarde espiró. En el acto ordenó el general Lanza que regresase toda la tropa; de más abajo de Chiji de media legua volvió, se entraron al pueblo de Capiñata donde hicieron noche y pararon allí ocho días. Luego pasó órdenes el general Lanza en los términos siguientes:

> Un enemigo osado con varias inteligencias secretas se ha internado en estos Valles durante mi ausencia. En su mérito reúna usted toda la gente de su mando con el término de cuatro días y sitúese usted en el punto de Cavari donde recibirá usted mis [f. 310ᵛ] órdenes bajo de responsabilidad. = Dios guarde a usted muchos años. = Cuartel general en Capiñata, 2 de diciembre de 1824. = Lanza = Señor comandante de Mohosa.

[f. 311] El teniente don Luis Lara se había agregado en el ejército del Perú, y se retiraban, y en los campos de Viacha tuvieron su encuentro con la caballería enemiga donde lo dejaron por muerto al teniente Lara, esto es tendido. A más de la media noche resucitó, tomó algún aliento, se va de cuatro pies así mal herido, conforme caminaba más aliento tenía. Al fin a los cuantos días llegó al pueblo de Caracato, casa de doña Casimira Tellería, allí le auxilió con todo lo necesario, le hizo curar la señora. Al fin después de un tiempo largo sanó, se restituyó ande el general Lanza, éste lo hizo capitán de caballería. En toda la temporada que se halló enfermo Lara lo perseguía demasiadamente un español europeo (vecino del pueblo de Caracato) don Ramón Rivert. Esto le informaron a Lanza todos los vecinos de aquel pueblo de Caracato lo muy perjudicial que era a todo hombre adicto a la libertad americana, y sabiendo de que era tan malo este europeo, caminando para Irupana lo hizo llamar al comandante don Narciso Portilla y le dio orden para que fuese al pueblo de Caracato, por asalto lo pescase al español europeo don Ramón Rivert y lo fusilase, que tenía muy malos informes de todo el vecindario del pueblo de Caracato que como español se manejaba muy mal. Se encaminó don Narciso Portilla, lo asaltó y lo pilló el 9 de diciembre al amanecer [f. 311ᵛ] al 10. Después hubo muchísimos empeños de toda la vecindad del pueblo de Caracato, y les prometió llevarlo preso ande el general Lanza, y en la orilla del pueblo lo fusiló Portilla, se fue a dar parte de la comisión que tenía porque no hacía más que cumplir con la orden del jefe.

[f. 310ᵛ] El 9 de diciembre se levantó el general Lanza de Capiñata con toda la tropa (que hacía el número de 600 hombres) para el pueblo de Cavari.

El 11 llegó un inviado del general Olañeta a hacer tratados con el general Lanza, que fue el doctor don Casimiro Olañeta. Tuvie-

AÑO DE 1824 379

ron allí sus conferencias en su entrevista: siempre Lanza engañaba y entretenía con decir que reformará su División, que las persecuciones que le hacen tanto los constitucionales cuanto las tropas realistas no le da tiempo para de una vez salir de estos Valles y hostilizar a los constitucionales, y que cuente con él, que él lo mismo contará con su protección del general Olañeta y lo reconoce por su general; lo despidió al comisionado parlamentario.

A los cinco días mandó al hacendado de Santa Rosa don Manuel Diego de Araníbar ande el general Olañeta a pedir algún auxilio de ropa, plata, municiones, lo que era necesario para la tropa. El general Olañeta mandó solamente ropa como para 200 hombres (pantalones, chaquetas y zapatos, seis cargas) quedando a mandar después algún auxilio de dinero.

El armamento se hacía componer con mucho empeño en el pueblo de Machaca.

El 23 ya hubo una noticia volante del triunfo de las armas de la Patria en el Perú: que en Huamanga se decía, que en las inmediaciones de la ciudad del Cusco, que en las inmediaciones de la ciudad de Lima; así estuvimos sin poder saber de fijo si era verdad del triunfo total conforme nos anunciaban. Esté donde esté la acción, decíamos, el fin era saber del triunfo.

Estando así cavilando llega un propio mandado por una paisana (doña Melchorita Moscoso) el 28 de diciembre con un detalle de la acción de Ayacucho; se recibió y se dudaba todavía.

[f. 312] A fines del mes de diciembre se hallaba en la ciudad de La Paz el señor coronel don Francisco España atildando a los verdaderos realistos, puesto para el caso por el excelentísimo señor virrey don José de la Serna, y estaba también un coronel F. Macías de comandante general puesto por el general Olañeta (nombrado éste virrey de Buenos Aires), verdadero defensor del rey de España. Como estuviese este señor Macías en la inteligencia de que el coronel España fuese realisto lo consentía. El coronel España se hizo su muy amigo e hizo muchísimos empeños para que salga de expedición Macías contra el general Lanza, que andaba (le dice) perturbando los pueblos de Yungas; y con tantas mentiras que le llenó se había animado salir de expedición el comandante general Macías a los pueblos de Yungas [f. 312ᵛ] y tranquilizarlos.

Salió pues como con 300 hombres de infantería, con poca gente de caballería, quedándose en La Paz la caballería de un escuadrón. Mientras la ausencia del comandante general y coronel Macías repentinamente España asalta el cuartel y lo tomó; así el coronel España (que se hallaba de jefe suelto en La Paz) ya era jefe de esa caballería gritando a la constitución española. Le volaron avisos de lo sucedido al comandante general Macías, regresó este señor, entró a la ciudad de La Paz, España se salió con su caballería y algunos vecinos más, tuvieron un corto tiroteo y se retiró España hasta la ciudad de Puno en donde se hallaba de gobernador intendente de esta plaza el señor brigadier Maroto con un batallón de tropa de infantería.

Ya se supo allí con mucha certidumbre de la victoria de la Patria en Ayacucho y se habían estado comunicándose todos los prisioneros de la isla de Capachica y otras islas de Puno, entre los que fueron don Rudecindo Alvarado (general de la independencia), un comandante Castro y varios oficiales; había estado metido en esa revolución que tramaban el comandante don Francisco Anglada de la misma tropa de los españoles. Entonces pues le había invitado el general Alvarado al coronel España a que coadyuvase en la revolución que iban a hacer, que ya no había remedio para las tropas españolas, que la derrota en Huamanga (que así se decía) era muy completa, que ya las armas de la libertad americana eran triunfantes en su totalidad. Contestó don Francisco España que él no era capaz de traicionar a sus jefes ni su opinión, que él tenía hecho juramento que no le es posible quebrantar, que ellos lo hiciesen la revolución como puedan, que él se retirará, que no era él capaz de descubrir, que tengan mucha precaución y firmeza en hacerla. Se dispidió y se marchó por Tipuani entre tres sujetos a salir al Brasil dejando su caballería al brigadier Maroto.

Fue descubierta la revolución que se tramaba en las islas ante el brigadier y gobernador intendente Maroto, y sabiendo él más que ninguno de la pérdida de las armas por los españoles en Ayacucho quiso desentenderse, fusilándolo sí al comandante don Francisco Anglada como a su subalterno. Lo apresó, le sigue un sumario ligero, le fulmina la sentencia de [f. 313] muerte, para el caso de la ejecución lo manda al preso con un teniente de su mayor confianza y con una mitad de 50 hombres armados a la isla para que a la vista de los prisioneros lo fusilase. En esto nomás se entran a las balsas en derechura a la isla, a cuyo tiempo metían unos cuatro cañones a dicha isla muchísima indiada (por el otro extremo, pero divisable el camino), como más de 300 indios negreando. Entonces Anglada le dice al oficial comisionado que iba a ejecutar con él la orden de Maroto:

—¿Ve usted aquella gente que entran a la isla? Van a sacar a todos los prisioneros libres, y aquí tras del cerro tiene usted más de 3000 indios patriotas que en breves momentos aparecerán e irán a atacar a Puno, fuera de dos batallones de la Patria que han venido a asaltar a Maroto. Si usted cumple con la orden ¿qué le quedará a usted y a su escolta? Más bien grite usted a la Patria con su mitad y saldrá usted mejor, que yo lo protegeré, que en lo demás no hay remedio para los españoles porque enteramente han destruido su ejército, el señor virrey se halla prisionero y herido, la poca fuerza que quedaba con el general Canterac han tenido que capitular. Como todo esto lo sabía muy bien el oficial comisionado, y que era muy verdad todo lo que le dijo el comandante Anglada, lo libertó y se regresan a Puno con el oficial la mitad de la compañía. A éstos los amonestan entre el comandante Anglada y el oficial, gritan:

—¡Viva la Patria! —más bien los sacan a todos los prisioneros de las islas, entran a Puno esa misma noche.

Al día siguiente se forman en la plaza el batallón y el escuadrón de caballería que le dejó el coronel don Francisco España, sale el general Alvarado en su clase vestido de gran parada, toda la tropa y oficiales mirando. Va el comandante Anglada al gobierno, encuéntrale a Maroto, este señor al momento que lo vio al comandante Anglada de gran parada, ceñida su espada, dice que no se ha cumplido la orden que dio. Entonces le contesta Anglada:

—No señor porque ya no es tiempo de que se cumpla tales órdenes: vea usted el estado en que estamos, suplico a vuestra señoría se desengañe.

Lo saca de su casa, van juntos para la plaza, ve toda la gente formada allí, el general Alvarado en la cabeza y todos los prisioneros [f. 313ᵛ] enrolados según sus clases en el puesto que les correspondía. Adelantándose Anglada un poco de Maroto arranca su espada, echa la voz Alvarado de

—¡Firmes!

Luego dice el comandante Anglada:

—¿Muchachos, qué se dice?

La tropa:

—¡Viva la Patria, viva el general Alvarado, viva el comandante Anglada!

Entonces da el flanco a la izquierda, con un garbo le dice al brigadier Maroto:

—Ya usted ha visto y oído, desengáñese usted del estado en que estamos.

Maroto regresa a su casa solito, entra, dice al ordenanza:

—Sácame el caballo —ensilla él mismo, sin sacar una paja de la vivienda montó y se larga para Arequipa en el acto, dejándolo la cama tendida, en tanto extremo que no levantó la cosa más necesaria más que los papeles de encima de la mesa y los que tenía a mano.

Anglada se retiró a su puesto y sale al frente el general Alvarado con todas sus insignias y echa la voz:
—Batallón y escuadrón, a sus respectivos cuarteles.

Manda tocar fajina, se retiran las tropas de la plaza: ahí tiene usted la tropa de españoles se cambiaron en tropas de americanos patriotas. Cambio muy bien premeditado se hizo con mucho orden que no causó la menor novedad.

A los seis días se bajó el coronel Castro con el comandante Anglada sobre la Paz con 800 hombres de tropa.

[f. 310ᵛ] El 31 de diciembre llega a Cavari el hermano del teniente don Felipe Farfán, vecinos del pueblo de Irupana. Éste fue el que verdaderamente trajo la noticia del triunfo total de las armas de la libertad en el lugar de Ayacucho, con dos detalles de la batalla. Ya no había que trepidar sobre el caso.

Año de 1825

El 1º de enero se publicó por bando nacional con mucho aparato —¡ah rato de gloria, ah pasmo, ah noticia tan impensada!— pero no se creiya todavía aunque hubo un alegrón general. Todavía se indagaba si [f. 312] verdaderamente era cierta la noticia de tal triunfo, así que empezaban a temblar y saltaban las lágrimas de puro gozo y sollozando se comunicaban entre ellos haciendo estos sentimientos de pura alegría, de pura gloria. Se empezaba a traer a la vista y a la memoria tanto padecer, tantas persecuciones, tantas hambres, desnudeces y necesidades como los trabajos que uno pasaba por la causa de la libertad. Estando así llegó un parte de la ciudad de La Paz con el detalle de la batalla.

Al día siguiente 2 llega de Oruro un propio asegurando ser efectiva la noticia, con dos detalles, a este tenor llegan de Cochabamba las mismas noticias, ya no había que dudar. Quedamos contentísimos y satisfechos de que el Todopoderoso se había mostrado ya compasivo hacia nosotros, que el piadoso cielo nos había mirado con ojos de misericordia y dado fin con todo, y que habíamos de empezar a vivir triunfantes, tranquilos, gozando una perpetua paz y quietud.

Concluyó el año 1824, se concluyó tantas fatigas, tantas penalidades, se concluyó el sistema real, se concluyó el partido de la constitución española, se concluyó todos los trabajos que tanto padecíamos los infelices patriotas que nos hallábamos en el centro mismo de nuestros enemigos, que teníamos dos partidos: el rey y sus tropas, las tropas de la constitución española; en fin todo, todo se concluyó, etc. etc.

AÑO DE 1828

[f. 314ᵛ] El 23 de enero se bajó de su cuartel general don José Miguel Lanza ya para La Paz. Se encaminó por los Yungas, por Suri, Cajuata, Sircuata, por Irupana, Chulumani, por Yanacachi a la Palca. Entonces venían a reunirse con el general Lanza enjambres de gente, de La Paz, de todo Yungas y de toda clase de gentes.

El 5 de febrero ya estaba mirando de sus altos la ciudad de La Paz en donde estaba todavía las tropas de Olañeta.

El 6 se salían por el otro extremo estas tropas y Lanza les iba mirando. Esa noche se retiró Lanza con toda su tropa a dormir en el campo.

Al día siguiente 7 volvió a venir Lanza y entró a la ciudad con su tropa, estuvo allí todo el día con mucho recelo del comandante Valdés (alias el Barbarucho), jefe valiente del partido del general Olañeta, y por la noche se volvió a salir vuelta.

Al día siguiente 8 vuelve a entrar. Esa noche entra como a las 7 el coronel Castro [f. 314] con el comandante don Francisco Anglada a la misma ciudad de La Paz. El general Lanza ya no volvió a salir, ya se colocó de presidente, que es ya del departamento (antes de esa época provincia).

El 9 de febrero del año primero de la independencia 1825 pasaron las tropas de la Patria a la ciudad de Oruro bajo las órdenes del coronel Castro y no se han visto más tropas españolas en estas Américas.

Paz de Ayacucho, 28 de enero de 1853

José Santos Vargas [autógrafo]

[f. 321] Año de 1828

Habiendo estado todos los Valles de ambas provincias Sicasica y Hayopaya muy sosegados y tranquilos gozando de una perpetua paz desde el día que desocupó las tropas del general don José Miguel Lanza, aquel día fue del mayor rigocijo para los habitantes de una y otra provincia por haber salido de todos los lugares del Valle marchando con su División al departamento de La Paz y entrado en él.

Estaba aquellos territorios y sus habitantes con una alegría por haber triunfado su opinión, descansados ya sin aquellas zozobrás que continuamente les afligía y los tenía aniquilados. Ya teníamos un sosiego incomparable sin que hayga cosa que nos pueda molestar ni menos tener la menor incomodidad. Todos pensábamos en trabajar y de algún modo en adelantar en nuestros ejercicios no obstante de hallarnos desnudos enteramente y sin recurso alguno los más de los habitantes infelices de aquellos territorios por la revolución desoladora de tantos años, algunos no tenían cómo soportar ni aliviar sus estremas necisidades, en fin se hallaban envueltos en su desesperación.

Esta paz tan deseada, tan esperada y tan amada duró hasta mediados del mes de febrero del presente año, en cuyo mes andaban ya noticias de que el Perú invadía a Bolivia bajo las órdenes del señor general don Agustín Gamarra. Yo creiya (y todos los del Valle) que este general Gamarra se hubiese acordado de sus antiguos dominadores españoles, por no decir sus antiguos amos, o la opinión de los principios de su carrera militar.

La noche del 20 de febrero llegó al pueblo de Mohosa un don Juan Lira acompañado de un mozo vecino de Chuquisaca F. Coronado. Vociferaba éste en que Lira era coronel (éste era hermano menor del bravo comandante de los Valles don Eusebio Lira) contando tener partido en aquella indiada. Todo fue al contrario, no halló un solo individuo que le dijiese siquiera que cuente con él y que abrazará su partido, a pesar de la cisma que sembraba.

Viéndose desengañado el 26 pásanse con otro mozo más que se le agregó Nicolás Montealegre (natural de Oruro, vecino en el cantón de [f. 321ᵛ] Mohosa), llegan éstos a la estancia de Parutani (de mucha indiada, en la doctrina de Cavari, comunidad sí que pertenecía al cantón de Mohosa), allí empezó a invitar a favor de la república peruana y del ejército invasor; mas como lo conocían su ineptitud, la ninguna disposición que tenía, menos el valor para una empresa, nadie le admitía de ninguna clase de gentes. Así se estuvo sin poder cómo acrecentar sus intentos y planes.

El 1º de marzo consiguió seducirlo a un paisano suyo solamente para que vayan al pueblo de Inquisivi, se dirigen allí con Gregorio Andrade y Moya, oficial antiguo en clase de teniente.

Se regresan el 5 sin fruto alguno conforme fueron.

El 6 (que es al día siguiente) vuelta marcha Lira con otro paisano don Francisco Lasarte, que a éste le había invitado a que vaye con él como de aconsejante y que iba a tratar con don Rafael Copitas, oficial inepto que no sabía leer ni escribir: tampoco tuvo efecto los planes del consabido Lira.

El 8 (mientras que yo estaba en unos molinos de Chacoma distante de mi pueblo Mohosa dos leguas) había llegado el señor gobernador de la provincia de Sicasica donde pertenece Mohosa, don José Miguel Calderón y Sanjinés. Yo me entré a mi pueblo y casa con unas cargas. A poco me hace llamar, lo vi como a jefe de la provincia y me da una comisión para que vaya en persecución de Lira y los compañeros que pueda tener.

El 9 me bajé.

El 10 llegué al pueblo de Cavari a las 5 de la tarde, le manifesté al corregidor tal orden cual lo trasunto aquí.* Me proporcionó 15 hombres montados y 25 indios, 40. A las 10 de la noche salgo para el anejo de Sihuas donde se decía estar Lira. Allí unos me anoticiaron estar en la banda del río (partido de Hayopaya) otros que estaba en Parutani, así es que no pude tener noticia fija. Lo que más verdad era que se había pasado a la provincia de Hayopaya. A los mozos e indios que me acompañaron ordené que se retirasen a sus casas y paséme a mi pueblo Mohosa a dar cuenta de mi comisión al señor gobernador de mi provincia.

El 14, cuando ya había estado allí don Francisco Lasarte presentado ante dicho señor, yo le di los partes diarios de toda la estación de mi andanza, y muy sereno y sosegado se retiró el [f. 323] gobernador Sanjinés a su provincia Sicasica.

Estos movimientos y andanzas se sabrían en algunos departamentos, y por la cercanía en Oruro de donde salió una partida de 30 hombres de caballería al mando de un teniente don Blas Puertas. Éste se encaminó por el pueblo de Ichoca para el de Inquisivi, y en el camino de Quime se encontraron con don Rafael Copitas. Lo hace regresar Puertas la partida a Mohosa.

El 22 de marzo entraron a este pueblo.

El 23 llega a este pueblo don Francisco Lasarte, lo apresó Puertas y lo lleva a Oruro a los dos con Copitas. Ya las noticias calmaron y se desapareció Lira.

El comandante que era del pueblo de Yaco don Narciso Portilla por principios de enero se había ido al Perú a ofrecer sus servicios, haciéndose muy antiguo patriota, de mucho mérito, muy conocido, muy diestro en los caminos, muy capaz y de mucho influjo en los Valles. El general Gamarra, que cabalmente amenazaba invadir a Bolivia, creyendo fuese cierto lo que decía en dicho compromiso que le hizo Portilla lo elevó, sin hacer tropezar, al grado de coronel de ejército con más los cencerros de comandante general de la "División volante del Perú" (pegó completamente, y siendo oficial indemnizado tal cual, en clase de sargento mayor) a un hombre que no sabía pasar los umbrales de un cuartel.

Bájase Portilla de Puno y recala al pueblo de Calacoto, pasa por Chilahuala trayendo cuatro tercerolas y tres sables, acompañado sólo de un mozo vecino de La Paz Antonio Dávila (quien lo había acompañado desde el pueblo de Hulloma de ida a Puno y de vuelta a Sicasica), vociferando que era oficial del ejército boliviano pero sin

* Véase adelante, en la sección de "Documentos intercalados en el texto del *Diario*", el núm. 12.

entrar a ningún poblado y sólo al que encontraba por una casualidad le mentían. Llegan tarde de la noche a Sicasica, casa de don Pedro Valdés; éste en el acto junta a algunos que querían tomar partido contra su Patria, siendo don Martín Bocanegra único peruano, después algunos del pueblo de Sicasica bolivianos: Valentín Rodríguez, Miguel Guzmán, Manuel Rodríguez, Gaspar Rodríguez, Ciprián Villanueva y Eustaquio Cusicanqui; no había cómo montarlos a éstos, dio sus [f. 323ᵛ] propias mulas a algunos don Pedro Valdés y esa misma noche salen.

Al amanecer del día 3 de mayo llegan a Puchuni, anexo del cantón de Yaco.

El 4 se encaminan para el pueblo de Inquisivi, llegaron al pueblo de Quime a las 2 de la tarde. En este pueblo se aumentan Manuel Pérez, Pedro Gallegos y Lucas Mansilla.

Luego pasan adelante a las 2 de la mañana del día 5, asómanse a las orillas del pueblo de Inquisivi donde había estado un teniente del ejército boliviano don Rafael Lévano (peruano, pero era servidor a las órdenes del señor general Lanza en el regimiento de Aguerridos de sargento), que este teniente conducía 40 hombres de recluta con 8 soldados, su sargento y su cabo primero. Sorpréndelos a éstos los de Portilla: siete soldados escaparon; el sargento, cabo y el soldado centinela cayeron; los reclutas todos salvaron, y solos ocho se agregaron con los tres prisioneros. Lévano se fue para el pueblo de Sicasica solo (después de muchos días porque lo tenían preso en el pueblo de Quime).

El 6 pasa el coronelado Portilla para el pueblo de Suri.

El 7 pasa para el pueblo de Cajuata.

El 8 regresa (con ocho hombres más que pudo reunir) para el pueblo de Inquisivi.

Entra el 9.

El 10 sale al pueblo de Quime.

El 11 sale para el pueblo de Yaco.

El 14 entra al pueblo de Caracato.

El 16 se alborotaron echando voces ellos mismos en que venían bolivianos del pueblo de Irupana. Por esta noticia que ellos mismos hacían correr salieron del pueblo río abajo, a distancia de una media legua se formaron en un recodo, empezaron a dar fuego y se iban en retirada perdiendo terreno; se entraron al mismo pueblo de Caracato.

El 19 se salieron de allí para las pampas de Sicasica con 27 hombres, no todos armados con armas de fuego sino con sables y lanzas algunos soldados.

El comandante que fue de la doctrina de Suri don Antonio Pacheco también salió de Yungas o su partido con 22 hombres y se reúnen en Inquisivi.

El 22 de mayo todos se encaminaron al pueblo de Ichoca y de allí pasó al anexo de Sirarani de donde fueron con 15 hombres de partida a los trapiches de Rearrea, una hacienda que estaba a cargo del ciudadano Agustín Balaguer dicha hacienda [f. 324] (y el trabajo corría por él y sólo a sus dependientes hacía trabajar). Llegada la partida recogieron (por no decir que robaron) 40 y tantas mulas entre caballos (de las que se hicieron una partición todos los oficiales y tropa), las casas las saquearon sin que quede estaca en pared, las armas que manejaban los dependientes todas se las llevaron: así hizo la partida ésta con decir que Balaguer era enemigo de nuestra Patria.

El 24 se reunieron con el coronel Portilla en el anexo de Puchuni en la doctrina de Yaco.

El 25 marcharon para el lado de Oruro.

El 26 ocuparon el anexo de Querarani, doctrina de Caracollo, el general don Agustín Gamarra. Allí en el pueblo fue Portilla, Pacheco y varios oficiales (que decían eran) ande el general Gamarra a hacerle más sus compromisos con una mentirita más de que tenían mucha gente aguerrida, valiente y con mucho entusiasmo. Entonces le yapó más cascabeles a todos ellos, al coronel Portilla de coronel de ejército y comandante general de la "División volante de operaciones del Perú" y comandante general del departamento de Cochabamba.

El 28, 29 y 30 ya ocuparon el punto de Tapacari con 60 hombres.

De este pueblo de Tapacari mandó todavía Portilla una partida de 25 hombres al pueblo de Calliri donde destrozaron la casa de don José Manuel Antezana (alias el Ronco), saquearon la casa limpio, lo llevaron sus caballos (y qué buenos que había tenido). Se le reunieron la partida a Portilla en el mismo pueblo de Tapacari.

Dejemos en éste a la "División volante de operaciones del Perú", que lo que sucedieron en los Valles y a mí es preciso poner.

Yo me hallaba por entonces en Pocusco, en mi corta sayaña. La noche del 14 de marzo llegaron dos soldados a la misma estancia en donde me hallaba, el uno con tercerola y el otro con sable. Sería a las 11 de la noche, estando ya yo durmiendo en cama entró una mujer a mi habitación sorprendida, me dice:

—Levántate hombre y salva, mira que soldados han llegado.

Le contesté:

—Anda entretenle conversando mientras que yo me visto.

Luego salí al encuentro. Les pregunté disfrazándome y fingiendo mi voz quiénes eran, con qué jefe venían y por quién, me dicen:

—Somos soldados del coronel Juan Lira —que han [f. 324ᵛ] venido

por orden de él a sacar gente y a unos soldados antiguos que vivían allí llamados Lorenzo Cedillo y Feliciano Domínguez, soldados retirados, quienes habían corrido ya. Más me dicen:
—Ahora mismo pasamos al pueblo de Mohosa a pescarlo a José Santos.

Oyendo esta novedad que a mí me lo dijieron ¿cómo me vería aquel rato? Me acordé del carácter orureño y como tal me dejé conocer. ¿Por fin en este trance qué podía haber hecho y en semejante caso? Me resolví desarmarlos yo solo: al primero le quité la tercerola, de asalto: como no tenía a quien darle lo boté atrás de la casa; al otro que estaba arrancando el sable, antes de que lo hiciera lo agarré del pecho y de un sacudón de repente lo hice caer. Entonces me declaré más quién era yo: al caído le puse la rodilla al pecho y lo agarré del pescuezo, lo apreté que con dificultad me parece resollaba, le dije:
—Afloja —que ya le gané el puño del sable.

Entonces con mucha prisa se sacó o deshebilló y me alcanza el sable. Agarré, me levanté; el soldado se paró y me dice:
—Por Dios no me mates ni me hagas nada porque yo soy un mero mandado. Lira no sabe de que estás aquí.
—¿Dónde está Lira? —le dije.

Me contesta:
—Me estará esperando a mí y a esos otros dos soldados que viven aquí, para pasar pronto a Mohosa.

El de la tercerola corrió callado; al momento el otro partió a correr gritando a su coronel Lira y avisando de que yo estaba allí y no en Mohosa (que el coronel y su tropita había estado en distancia como de siete a ocho cuadras). Tenía yo el caballo amarrado cerca, en el acto ensillé muy pronto, me monté y me largué monte aentro al río, y aguas abajo me fui a Palca. Entra Lira con sus 40 hombres rodeando la casa, me buscan pensando hallarme cerca de la casa: ¿no es barbaridad el buscarme como si yo los hubiese esperado allí mismo sin moverme?

Al romper el día 15 de marzo (día de la Ascensión del Señor) estaba yo tocando la puerta del alcalde o juez de paz don Mariano Zárate en el pueblo de Machaca. A las 11 del día pasé y a la 1 llegué a Palca, capital de la provincia de Hayopaya. Di parte de todo lo que me había sucedido en esos pocos días al señor gobernador don José González de Quiroga: me dijo sentía mucho de todos mis [f. 325] trabajos:
—Y por no suceder esto en mi partido así es que nada puedo hacer.

Entonces le contesté en que la causa era una y antes de que tomen mayor cuerpo o antes de que infeste a su provincia se debía cortar este cáncer, y que yo venía a dar este parte que con sólo ese fin me

AÑO DE 1828

había largado hasta esta capital, que para asilarme y estar libre no faltaban trechos donde estar seguro. A esto ya me dice que me daría 15 hombres muy bien montados a que yo vaya en persecución del tal Lira y sus secuaces. Siendo así le contesté que muy luego le avisaría mi determinación. Me fui a descansar a mi alojamiento. Ya tras de mí llega el alcalde Zárate de Machaca: de que supo que iba yo a ir con esta escolta que me ofreció el gobernador Quiroga me dijo que no fuese a comprometerme:

—¿Quién tendrá que padecer? Porque no sabemos lo que será de nosotros. Ve esto y enterate de un todo, enterate del estado en que estamos.

Me alcanzó unos papeles impresos en Viacha del general Gamarra. Entonces me desanimé y me estuve cuatro días más en este pueblo.

El 20 de marzo me fui. El gobernador me dio una orden para que en consorcio del alcalde y corregidor de Leque don Gregorio Cortés mantengamos la paz y tranquilidad en aquellos países y defender el buen orden, dando partes continuos de lo que pueda ocurrir. ¿Pero con qué armas, con qué gente, con qué fuerza podíamos cumplir la orden ésta? Ya se ve que los superiores y jefes no hacen más que hablar y ordenar lo más conveniente. Me llegué a Oputaña, donde corría la voz corrupta de que Lira me había muerto asesinado, muchos indios y amigos sintiendo de tal caso.

El 22 sabiendo que yo estaba por esos lugares me había hecho llamar de Mohosa un don José Esteban Grondona, titulado coronel del ejército peruano, exigiéndome con mucha instancia a que me reúna con ellos.

El 24 estando ya en Oputaña de repente hubo noticia en que venía una partida de caballería del lado de Mohosa, que eran pocos sí; otros decían que no eran soldados y que venía uno del lugar conocido: se falsificó la noticia. Esto fue a las 11 del día; a las 3 de la tarde vuelta las mismas noticias. Entonces dígole al dueño de la casa don Hilario Velasco mi paisano, oruneño:

—Vamos a divisar el camino.

Pero yo me dispuse bien: ensillé mi caballo [f. 325ᵛ], mandé a un trecho señalado con la satisfacción de decir (cuando sea cierta la noticia de que venían soldados) me ocultaría como pueda mientras pasen, luego salirme a pie al trecho donde estaba mi ensillado para escaparme. Y lo que sucedió fue lo siguiente: Que estando caminando a ver la tal partida que anunciaban desde por la mañana si era verdad, nos topamos de repente cara a cara con un don Fernando Riego que decía era comandante de la partida ésa que era de ocho hombres y un cabo, nueve. Acompañado venía éste con un tal don Juan Crisóstomo Osiñaga y ocho soldados de caballería, con el cabo nueve. No tuvimos más tiempo que saludarlo. Lueguito se apeó Riego y nos fuimos para la casa, así ya me comunicó que yo me hallaba preso y vaya nomás en su compañía porque Portilla y Lira ordenaban a que siempre me persigan, así es que él no puede desentenderse ya porque los compañeros que estaban consigo comunicarían a Portilla, que él dará parte sí asegurando a que yo me había presentado. Como era compañero, amigo y paisano le dije que le dé el parte verdadero, que yo por una casualidad de equívoco había caído prisionero a sus manos, y que para qué era disfrazarme ni mentir. Al fin dio parte en que yo me había presentado en Oputaña.

Caminamos al día siguiente 25 de marzo, llegamos al punto de Charapaya que es un pueblo.

El 26 juntó Riego como 40 hombres entre montados e hicimos noche en Chullpapampa; allí reunió 20 hombres más, por todo como 70 hombres.

El 27 levantó su campo de allí, se encaminó para el pueblo de Palca. Yo estaba encargado a un don Toribio Oropesa, subteniente de las tropas del general Lanza en los Valles. A las 8 de la noche íbamos a entrar, y faltando una legua a Palca en la hacienda de Buenavista se encontraron repentinamente con el gobernador Quiroga, que este señor se retiraba con escolta de ocho hombres, que por una casualidad se encontraron en una quebrada. El comandante don Fernando Riego iba adelante. Sólo él llevaba una tercerola cargada aunque habían algunas otras pero no tenían un cartucho, bien que la gente era buena, aguerrida, pero iban como con las manos cruzadas; del gobernador venían cuatro montados por delante de [f. 326] descubierta. Dice Riego:

—¿Quién vive?

Contesta la partida del gobernador:

—¡La Patria!

Vuelve a decir Riego:

—¿Qué gente?

Contestan:

—¡Defensores de ella!

Riego da el tiro y avanza con los que iba adelante que eran seis hombres: como con la luna parecían muchos y gente montada, al momento fueron rechazados los del gobernador un corto trecho, rompen por entro de un maizal donde cayó del caballo uno de los de la escolta, Nicolás tal, un sillero vecino del mismo pueblo de Palca, mas no sé si por cobarde (o estaría embriagado) se ganó la tercerola y tres paquetes de cartuchos. Luego vino el gobernador Quiroga, amistuosamente lo llamó a Riego, se apearon los dos, se dieron las manos ambos, la gente de uno y otro estaban quietos, trataron allí a claras:

El gobernador decía que siempre que le manifieste alguna orden del superior (más que sea del general Gamarra) en el acto de ver le entregará la provincia y que no alborotase la gente sin orden; de lo contrario Riego le ha de convencer con razones ventajosas el bien que trae el general Gamarra para Bolivia, y que él, Riego, ¿por qué daba contra su Patria, que de qué servía el haber padecido tanto, que cómo echaba ese borrón que para toda su vida quedaba sin poderlo limpiar ni se indemnizaba, y además perdía el mérito de tantos años con traicionar a su Patria?

Lo avergonzó en tal manera que no tenía qué contestarle Riego. Como eran compañeros de armas en los lugares del Tucumán y Salta y en esos lugares de Abajo, con satisfacción le hablaba.

A esto Riego le dijo que mañana lo harían por papel en el lugar que le señalase, y que se sosegase.

A esto repuso el gobernador en que no entrase al pueblo de Palca capital de la provincia; que todos los cantones de su provincia estaban quietos y pacíficos; que vayan a tomar la capital del departamento que es Cochabamba; que de allí ordenasen lo que se deba hacer; que si no sabía que el general Gamarra era un invasor, que cómo se había hecho su partidario.

Más se acortó Riego, procuraba desprenderse nomás. Se despidieron hasta mañana horas 10, que entonces manifestaría todo, y se retiró el comandante don Fernando Riego, asimismo el gobernador. Yo quería desprenderme siquiera un momento, buscaba mil achaques, pero don Toribio Oropesa [f. 326ᵛ] no me daba tiempo para nada.

El 12 de mayo el sargento mayor don Pedro Arias (argentino, servidor a la Patria en los Valles a las órdenes del general José Miguel Lanza) se había hallado en La Paz porque había venido de su país en comercio, y sabiendo el general Gamarra (o se encontró con éste) le había dado orden de que fuese al Vallegrande a levantar tropas acompañado con otro oficial. Salió de La Paz llevando 25 tercerolas y 6 sables. Con este destino pasaba por los Valles y en el punto de Pocusco se encontraron con don Juan Lira: éste le engañó perfectamente hasta que se hizo entregar todo el armamento que llevaba. Lira con esas armas alarmó gente, se vino marchando para Machaca con 30 hombres armados. Don Rafael Copitas, que se restituyó de su prisión la ciudad de Oruro, se le reunió a Lira.

El 27 de mayo llegaron a Machaca, pasaron directamente al pueblo de Palca tiroteándolos a los que se venían de allí de la feria que había en aquel pueblo, donde había hecho cabeza don Julián Páez

Ramallo, que éste había estado acompañado de varios vecinos y mujeres del pueblo de Palca. Copitas y Lira avanzaban con tanto aparato como si estuviesen ganando una acción gloriosa a unos paisanos desarmados y mujeres. Así avanzando entraron a Palca a las 6 de la tarde y Riego se entró a las 10 de la noche. Lo encontramos a Lira y a Copitas ya en el pueblo de Palca. La partida que conducía Riego estaba en la plaza al pie de sus caballos, sin que hayga un solo soldado que se desviaba a pesar de que todos eran vecinos y muy conocidos en su capital; así es que Riego mantenía su partida con mucho orden y con mucho julepe del gobernador Quiroga sospechando que viniese a asaltar el pueblo.

El 28 se mantuvieron allí mismo. Lira y Copitas se hacían muy meritorios a cual mejor cada uno. Copitas se hacía jefe muy meritorio al Perú por haber sido conducido preso a Oruro, no hacía aprecio a Lira: éste lo mismo a Copitas, y decía que él era el más meritorio al Perú y al general Gamarra por haber sido perseguido por el gobernador de [f. 327] Sicasica Sanjinés Calderón y por Vargas, y que andaba en pos mía. Así se articulaban y se injuriaban ferozmente. A este tenor también los soldados hablaban a cual mejor.

El 29 salieron a las 3 de la tarde a hacer noche en la hacienda de Buenavista sola la partida de Riego, los otros se quedaron allí.

El 30 entró Riego a Charapaya y allí mansionaron.

El 31 de mayo a las 8 de la mañana se alborotaron en que venía el gobernador Quiroga a batirlos con 50 hombres de caballería de tercerolas y lanzas que había sacado de Cochabamba. Corrieron todos ese día. Como fuese falsa la noticia, porque vieron que Lira y Copitas venían de Palca al pueblo de Charapaya, se equivocaron. Con este motivo se regresaron algunos oficiales y muchos soldados. Riego con los pocos que quedaron, como 20 hombres, siguió la marcha al pueblo de Tapacari, llegan a eso de las 10 de la noche poco menos, donde había estado Portilla. Al romper el día se alborotaron en que venían bolivianos, salen todos al campo y a mí me aseguraron mucho más.

A las 3 de la mañana del día 1º de junio habían estado entrando una tropa de burros con cargas para el pueblo. El capitán don Lucas Aspiazu había estado de avanzada con una mitad de su compañía de caballería. Él conocía muy bien de que eran cargas pero manda dar fuego graneado diciendo que son enemigos, a pesar de que los soldados le decían:

—Mi capitán, son cargas, cesemos el fuego.

Muy apenas cesó: había muerto un burro y otro muy mal herido. Después qué gloria para todos ellos de la acción tan heroica de matar burros, qué alegres todos en general. El coronel don José Esteban

Grondona se había estado en su alojamiento sin hacer aprecio el alboroto ni levantarse de la cama.

El 2 a las 10 del día se formaron en la plaza, allí empezaron a reñir el comandante don Rafael Copitas con el sargento mayor don Pedro Arias con un escándalo el más grande. Arias procuraba (viendo tanto desorden, tanta insubordinación) que el coronel don José Esteban Grondona se hiciese cargo de la tropa como un hombre de peso, capacidad, instrucción, de talento, de política, de honor y últimamente [f. 327ᵛ] de valor; pero Arias erró en hacer esta propuesta a unos hombres que estaban ciegos apoyando al coronel Portilla con decir que era conocido, paisano y compañero: no tenía más voz que eso, que otras cualidades no tenía, ni Copitas tampoco alegaba más. Al fin se acabó la crítica a las 3 de la tarde. A las 4 aparecen cuatro montados con 11 cabalgaduras entre mulas y buenos caballos, los cuatro soldados del ejército peruano (que éstos se habían venido de esa corrida que un escuadrón o regimiento de caballería boliviana les asaltó con el general don Felipe Braun en los campos de Jurenco, en el cantón de Paria, y los puso en una confusión de desparpajo por todas direcciones: esto decían los soldados). Los agarraron, los desarmaron, los patearon bien diciendo que habían mentido, que no son soldados del ejército peruano ni ha habido tal asalto, y que los fusilará; últimamente fueron desnudados, fueron arrestados con centinelas de vista. A las 10 de la noche se salen Lira y demás al campo a dormir, que es a la cumbre de la cuesta de Linco, con más miedo que vista, y si no fue por miedo que me diga cualquiera por qué era. Amaneció sin novedad, se volvieron a entrar.

El 3 de junio a las 10 del día se hizo una reunión de todos los oficiales en el cuartel donde yo me hallaba, que era de infantería. Pensé entonces que me siguiesen algún sumario o consejo de guerra. Había sido tal reunión con el objeto de que a pluralidad absoluta de votos se eligiese un jefe que se haga cargo de toda la tropa. Don Pedro Arias dijo que eligiesen un hombre capaz, apto para ello y buen militar. Fueron de parecer todos de elegir al paisano, al conocido, al coronel Portilla: firmaron todos los oficiales en una acta que suscribieron, cual dijeron que se había remitido al general Gamarra para aprobar que Portilla tenía mucho partido en la gente.

A las 2 de la tarde sale una orden del coronel Portilla que toda la gente se forme en la plaza como para la marcha. Salió toda la tropa, la guardia donde yo estaba también, me sacaron a mí en la guardia, donde estábamos formados [f. 328] así un buen rato. Viene a caballo Portilla y ordena que me separen a mí con 16 hombres de guardia y un oficial que era don Esteban Murillo, teniente. De que me separaron a un solar de una capilla de Nuestra Señora de Dolores que se estaba fabricando en la plaza de aquel pueblo Tapacari, a poco redoblan la guardia, era ya de 25 hombres. Me dice el mismo Portilla que estaba ya yo en capilla, que entro de cinco horas sería víctima, así es que me disponga para confesarme: me hace traer una silla, una mesa con un Santo Cristo y dos candeleros más su acetre.

Entra fray Ángel Escalera con su estola y me dice que es orden del señor coronel Portilla que yo muera fusilado por ser adicto a Bolivia y no haber abrazado el partido peruano y otros delitos en que soy cómplice, e impieza a exhortarme como tal sacerdote. Entonces dije:

—¿Por qué sin ninguna formalidad ha de hacer lo que quiera guiado únicamente de sus caprichos? Me confesaré sí pero que se me haga saber el delito por que iba a castigarme con pena de muerte que quiere ejecutar dando pábulo a sus antojos.

Al poco rato venía Portilla como congraciándose a preguntarle al sacerdote si me había confesado ya. Le dije entonces al mismo Portilla:

—Me confesaré sí como se me haga saber el delito que merezca semejante castigo, que yo conociendo tal delito pagaré con lo que merezco.

No me oyó y vuelve a preguntarle si me había ya confesado. El padre le dijo:

—No quiere, que no halla en su conciencia delito que merezca pena de muerte.

Entonces responde Portilla:

—Que rece un credo y que le tiren allí mismo.

Entonces salgo y le digo que no sabía rezar el credo. Me dice:

—¿Por qué no ha de saber usted?

Le dije:

—Por haber sido patriota tantos años y haber servido a la Patria.

Solamente le contesté por darle un colerón (que yo estaba acalorado), y otras cosas más le repliqué pues ya vi que hacían cerrar todas las puertas y ventanas, ponían guardias a las esquinas de la plaza y correteaban muy afanados. Vi que Portilla se formalizaba, le dije ya entonces que me siguiese una sumaria siquiera para dar cuenta a sus jefes. Me dijo que no había tiempo. Volví a decirle que me siguiese un consejo verbal siquiera [f. 328ᵛ] porque había sido oficial aunque en la actualidad no pertenecía a esta tropa, y con empeños de algunos compañeros me admitió. Se reunieron todos los oficiales en una junta que hicieron en la plaza donde asistieron hasta cadetes: se pusieron en círculo y Portilla en medio, todos se quitaron los sombreros y gorras los que tuvieron. Luego viene un oficial don Mariano Chaves, me dice que a quién elegía por mi defensor, le dije:

—Al señor coronel Grondona.
Lo buscan y no lo hallan porque se había ya corrido ande el general Gamarra. Vuelve Chaves y me dice que yo elija a otro porque Grondona no parecía; elegí al mayor Arias. Va y vuelta viene, me dice que no puede porque era jefe de estado mayor. Entonces elegí al mismo coronel Portilla y que él nombrase a un presidente en esa junta (haciéndome el muy inocente). Se finaron de risa y me tenían por muy ignorante. Al fin no sé qué fue pero dice el mayor don Pedro Arias:

—¿Por qué está en capilla el oficial de la Patria Vargas? Es preciso señores que se haga presente en esta junta que hemos formado todos los delitos en que él ha incurrido, para según eso aplicar la pena que merezca el hecho.

Dice el coronel Portilla:

—El haberlos perseguido al teniente coronel don Rafael Copitas, al comandante don Juan Manuel Lira y a sus compañeros, que por esta persecución que se les había hecho no se había creado con más tiempo esta división.

Viene corriendo don Pedro Arias y me dice:

—¿José Santos, cómo perseguistes pues a éstos y que por tu causa no habían formado la división ésta, y que vos has interrumpido y Lira se ha quejado amargamente?

Le contesté que yo no había perseguido tal, que me dio orden el gobernador de mi provincia sí para buscarlos a todos éstos que alborotaban la tranquilidad de los bolivianos:

—Y en vez de perseguirlos les mandé avisar, en principal a don Francisco Lasarte para que él les avisase a todos ellos, aun dándoles el propio de diestro, aun señalándoles por qué caminos habían de ir y estar seguros, y que tuviesen mucho cuidado y que no procurasen verse conmigo, cuya verdad acreditará el [f. 329] cadete que está presente don Luis Lasarte hijo de don Francisco.

Se bajó y dice Arias:

—José Santos había trabajado más bien por que se conservasen y es testigo el cadete don Luis Lasarte, más bien se debe castigar el no haber cumplido con las órdenes del jefe de quien dependía que era el gobernador de su provincia.

Entonces dijeron todos que esa acción no se podía reputar por delito ni tal conducta se debe castigar porque parece más servicio que persecución a los nuestros: se borró ese delito imputado.

Siguió acusándome mi defensor Portilla: segundo, que los había desarmado a dos soldados de la división estando en principio de su formación, por donde se dilató su creación porque decayeron los ánimos y entusiasmo, y por lo mismo se debe considerar como el mayor delito, y el no haber obedecido al general Gamarra a la invitación que se le hizo ni querido recibir el oficio dirigido por dicho señor, y es prueba ser enemigo de nuestra causa. Viene vuelta corriendo el mayor Arias y me dice:

—¿Vargas, cómo fue esa desarmada, a qué soldados, por qué no recibiste el oficio del señor general Gamarra que te había dirigido sino que habías rehusado prestar tus servicios?

Le dije que dos soldados llegaron a juntar gente vociferando que iban con el coronel Lira al pueblo de Mohosa a apresarlo a José Santos:

—Como la defensa es permitida y forzosa los desarmé para que tuviesen más precaución y mandase Lira personas capaces para un servicio. Es mucha verdad tal desarmada mas nadie se me ha presentado con el tal oficio del general Gamarra ni he sabido de tal cosa. Lo que sé es que me habían interceptado entre Lira y Copitas el oficio, no me mandaron con decir era yo enemigo del general Gamarra como de ellos, porque se suponían perseguidos por mí lo que no había tal, porque si yo hubiera querido pescarlos como ellos se quejaban, en dos días y sus noches estoy cabalgado sobre ellos porque no hay camino por más derecho que sea que no hayga andado en tantos años de soldado de la libertad.

Volvió don Pedro Arias y dijo:

—José Santos cumplió con su deber de desarmarlos a los tales soldados porque cualquiera hubiese hecho lo mismo, principalmente yo los hubiera carneado nomás para que anden con más vigilancia, cuidado [f. 330] y cautela. Lira y Copitas deben ser más bien causados por haber interceptado un oficio de un general: más que sea a un enemigo declarado se debe entregar a su rótulo. Dice más bien José Santos que nadie nadie se le ha presentado con el oficio del general Gamarra, que para más prueba le hiciesen sustentar a qué hora, qué día, dónde, a quién fue el que rehusó recibir tal oficio.

Todos callaron y dijeron en que no era punto de delito para acusarle por tal, y absolvieron.

En seguida repuso vuelta mi defensor Portilla otro semejante delito, y espresaba casi llorando en que yo había dado partes continuos a su excelencia el señor presidente de la República gran mariscal de Ayacucho Sucre de todo el movimiento de ellos, y que por mi causa estaban perdidos y no van a tomar la plaza de Cochabamba donde debían estar descansados allí, que ahora estaban expuestos o tal vez estará marchando una partida gruesa o un batallón contra ellos. Muy asustado vino vuelta Arias y me dice que cómo me había portado de esa suerte dando partes contra todos los compañeros exponiéndoles a una total ruina tal vez a todos con los partes dados de todo lo ocurrido en los Valles y de cómo se formaba la división ésta. Le respondí:

—Ahora sí que me han dado un honor grande suscitándome esta especie, porque ¿quién merece tener comunicación con un hombre de esta clase como el mariscal de Ayacucho? Pregúntele usted cómo, de qué manera y por qué conducto había yo hecho esto. ¿Han interceptado acaso? O que me careen.

Va corriendo el mayor don Pedro Arias con todo lo dicho. Le dice Portilla que por conducto del cura de este cantón fray Manuel Ramírez. Entonces viene y me comunica. Dígole entonces que me sustentase ser verdad lo que me suscita (ya yo pensé de que tal vez me hubiesen falseado mi firma y que por eso aseguraba tanto Portilla). Acto continuo algunos compañeros y muchos paisanos fueron donde el señor cura Ramírez, lo sacaron casi en su propia cama (porque estaba enfermo) al tal careo. Presentado en la junta, *tacto pectore in verbo sacerdotis* dijo que no me había conocido siquiera de vista y que todo era falso y nada de verdad. Se retiró el doctor Ramírez a su casa. Entonces ya aburrido con tanta andanza el mayor [f. 330ᵛ] don Pedro Arias dice ya bravo:

—Señores oficiales y compañeros de armas, mi parecer es esto: Siempre que se le justifique el delito que se le imputa a José Santos Vargas y que el delito merezca pena capital, que muera.

Pide la palabra el capitán Bocanegra, dice:

—Siempre que se le justifique el delito imputado a Vargas y que el delito merezca pena capital, que muera.

En seguida toma la palabra el teniente don Miguel Gutiérrez, éste dice en los mismos términos las mismas expresiones arriba dichas. En el acto se levanta el alboroto o gritería que:

—Siempre que sea justificado Vargas del delito que se le imputa y que el delito merezca pena de muerte, que muera, que muera y que muera —siendo conformes así toditos.

Yo oí estas voces de "que muera, que muera": entonces me asusté pensando que siguiendo el capricho del coronelado Portilla aprobasen la sentencia con el grito que se levantó, no que antes había sido a mi favor y muy al contrario de que yo pensaba. Viene de prisa el mayor Arias y el capitán Bocanegra, me dicen:

—Ya estás libre, ya la junta te ha libertado, ya estás absuelto y indemnizado de todo lo que te sindicaban.

A poco ya vino el teniente Chaves con el boleto de libertad, me sacaron del arresto o de la capilla en que me hallaba muchos compañeros a quienes les di las gracias, me bajé de la prisión a la formación donde me destinaron, allí vino el comandante don Antonio Pacheco y dice a la tropa formada que quedaba yo libre por no ha-

bérseme justificado de pronto todo lo que me habían sindicado; por una gracia y por haber yo sido un servidor antiguo a la Patria me consideraban y me había indultado el señor coronel y comandante general de la "División volante del Perú" a nombre de la nación peruana, y que iba a servir de último soldado. Echaron un
—¡Viva la Patria!
—¡Viva el Perú!
—¡Viva el coronel don Narciso Portilla!

Se concluyó todas estas cosas a más de las 5 de la tarde, anochecimos sin más novedad. Mientras tanto se habían ido el coronel don José Esteban Grondona, el comandante don Fernando Riego y varios oficiales de aquella tropa como son el comandante Reyes, el capitán don Fernando Terceros, el alférez don Pío Garavito, como de fuga todos ellos y así anochecieron.

El 4 de junio no hubo [f. 331] novedad ninguna. Ese día a las 7 de la noche salen a la orilla del pueblo, todos al pie de sus caballos amanecieron.

El 5 a las 4 de la mañana marcharon río abajo del pueblo de Tapacarí. En el lugar Combuyo a las dos leguas de este pueblo hubo noticia de que estaba una partida de bolivianos en esas inmediaciones; entonces se regresó la tropa hasta muy cerca del pueblo de Tapacari. Luego hubo otra noticia de que no eran muchos y que eran nacionales de Cochabamba; con esta nueva regresó vuelta la tropa.

A las 9 de la mañana del día de Corpus ya estaba la tropa en Amaru donde se reunieron todos, siguieron marchando adelante. A las 11 ya la descubierta avisó de que andaba muy cerca una partida de bolivianos, como 20 hombres de caballería, porque ya' se habían dejado ver estando marchando por los molinos de la hacienda de Cochimarca. Se mandó a una guerrilla de 25 hombres con dos capitanes don Lucas Aspiazu y don Juan Belmonte; pasando los molinos de Quincuntaya divisaron a la partida de bolivianos que se retiraba por el pueblito de Itapaya. Avanzaron al trote, pasando por dicha viceparroquia ésta de Itapaya empezaron los tiroteos y se fueron avanzando como media legua.

Ya al entrar a una quebrada los de Bolivia se pararon esperando que acabasen de descargar, luego atropellaron, los corrieron y a uno de los soldados de guerrilla al mando del capitán don Lucas Aspiazu y al ídem don Juan Belmonte lo mataron a fuerza de sablazos, que ya se había dado por prisionero de guerra el soldado peruano (un cusqueño vecino de Inquisivi); el oficial boliviano se apeó de su caballo, le estaba hacheando y aun después de muerto ya; otro soldado del Perú Fermín Luna viendo la funesta suerte de su compañero se metió por una quebrada, dejando su caballo ensillado se largó quebrada abajo hasta el Río Grande dispuesto a entrarse a la agua siempre que le hubiesen perseguido, por donde se salvó; de que se retiraron los de Bolivia salió, lo encontró su ensillado, montó y se vino a reunirse a su tropa, y rato antes los capitanes ya dieron parte de un muerto y un prisionero. Esto sucedió mientras estén comiendo en Itapaya donde el señor cura, y don José Manuel Antezana en ese rato antes de que [f. 331ᵛ] llegue la partida de la tropa de Portilla escapó de pocas, dejando el sable que tenía.

A las 2 de la tarde se bajaron y siguieron la marcha para adelante. La partida boliviana iban de retirada dando algunos tiros, para el pueblo de Carasa. Pasando el rancho de Calera por el camino que va al pueblo, un mozo N. Oropesa vecino de aquel lugar, que salió de su casa y le había alcanzado un poco de chicha en un vaso grande o cantarito a los que pasaba sofocados (a los soldados de Bolivia), luego se desprendió y partió a correr, a poca distancia se ocultó entrándose entro de un matorral; los de Portilla como estuviesen mirando todo (como se separase Oropesa de los que corrían) pensando fuese soldado le dio un tiro de cuyas resultas a la hora y media había muerto; el soldado que le dio el tiro iba sofocado, principalmente viendo a un compañero peruano muerto y hacheado en tan lastimoso espectáculo; por vengarse del agravio le daría el tiro al fin como soldado, que si el paisano Oropesa se queda quieto o corre para su casa nada de eso hubiera habido, cuando más lo apresan y justificando que no era soldado sino un mero paisano sale bien.

A las 5 de la tarde entra el coronel don Narciso Portilla con su tropa, ésta ya de regreso de haberlos corrido a la partida de bolivianos. Unos pocos bolivianos iban por el camino conduciendo un par de petacas cargadas en una mula, y tres mujeres más que se iban a Cochabamba, bien que había sido de los oficiales la carga pero no de los que corrían sino del ejército. En el pueblo de Carasa paró la partida hasta las 8 de la noche, a esa hora salen a dormir al punto de Poquera donde amanecieron. Yo deseaba separarme o hacer fuga de allí, agarré el mejor caballo que tenía Portilla, ensillé pero no podía salir de una huerta donde se hizo el campo, y en la puerta dormían todos los jefes y oficiales; yo pensaba irme donde el gobernador de Arque don José Benito Bustamante que estaba ya cerca; lo volví a desensillar y soltar el caballo.

El 6 de junio a las 7 de la mañana se levantó el campo, a las 11 llegó la tropa al pueblo de Capinota.

Había estado una partida de bolivianos en el pueblo de Sicaya entre jefes y algunos oficiales: estaba allí el coronel Vera, [f. 332] el coronel Chavarría, un cirujano doctor Luna, cinco o seis oficiales, todos del ejército de Bolivia conduciendo 12000 pesos, cien caballos, una carga de herrajes, una carga de pantalones y otra de chafráes con una escolta de 25 hombres, y la noche anterior (que es el 4 de junio al amanecer al 5) asaltaron las cargas éstas, rompieron dos zurrones de plata los mismos soldados. En esto fueron sofocados por su bravo coronel y oficiales pero llevaron lo que pudieron y se dispersaron los 25 hombres agarrando los mejores caballos; sólo sí cayó el sargento, a quien lo habían fusilado esa mañana. Muy prontamente dieron parte a Arque al gobernador don José Benito Bustamante quien en el acto con toda la gente de su capital se encaminó con 30 hombres de toda la vecindad decentes; luego había pasado circulares a los pueblos de su provincia ordenando a los alcaldes de campo de todos los caminos atravesados y caminos reales salgan toda la indiada a perseguirles a ver si caiyan los amotinados.

Dos o tres propios de éstos que caminaban con estas órdenes cayeron por una casualidad a manos de Portilla. Entonces éste se dirige a marchas redobladas para el pueblo de Sicaya, a distancia de una legua ya cayó el cirujano doctor Luna (que venía éste con la plata) y dos soldados, lo tomaron, lo metieron al pueblo de Capinota. Este fue el que le avisó a Portilla todo lo sucedido. Con esta declaración manda sobreseguro una guerrilla de 25 hombres escogidos Portilla, se adelanta ésta al pueblo de Sicaya, a las 5 de la tarde llegan a la orilla y se embocan nomás en asalto.

La situación de los bolivianos había estado en una tienda esquina de la plaza, con la puerta principal a la plaza, tenía su pasaje a una sala y su patio. Rato antes se hallaban reunidos todos, pasaron lista, se habían dispuesto para seguir la marcha sobre el pueblo de Capinota; con este motivo habían sacado todos sus aperos afuera en formación (conforme se apearon sería), y el mismo coronel Vera había ordenado a que fuesen a comer, que luego ensillarían. Así estaba el cuartel silencio, y cuando menos pensaron se vieron con la guerrilla de Portilla al mando de don Rafael Copitas en la puerta, que de repente trastornaron de una esquina, y dice Copitas:

—¡Muchachos, ríndanse que no habrá novedad!

Allí [f. 332ᵛ] habían estado todos los jefes y oficiales en la tienda unos, entro la sala otros. Dieron los de Portilla tres tiros. A la voz del "Ríndanse" no contestaron los otros nada, agarraron las armas pensando que los revolucionados o amotinados volviesen. Entonces quisieron los de Portilla prender con fuego la casa y echaron:

—¡Viva el ejército peruano, viva el general Gamarra!

Oyendo esto empezaron los de Vera a correr conforme pudieron, por las paredes los que estuvieron en la sala. Acto continuo ven los de Portilla la puertaycalle, se embocan al patio, se contuvieron los otros, ya no pudieron escapar, se quedaron en la tienda nomás muchos. El teniente don Martín Urquieta, de la tropa de Portilla, ve la puerta y a un hermano suyo don Mariano Urquieta aentro. Lo conoció bien y muy bien y dícele:

—Hermano, ríndete que no habrá novedad ninguna.

Contesta el hermano don Mariano:

—¿Rendirme yo, pícaro, desnaturalizado, traidor a su Patria? ¡Helaquí, me rindo!

Da el tiro a su hermano don Martín, le erró: a no haberle jugado éste el cuerpo lo mata; de una ventana abierta le tiró. Después se dieron por prisioneros todos ellos. Llega Portilla y toda la tropa, escogen al coronel Vera, al comandante Chavarría, al gobernador Bustamante, al doctor Melchor Camacho (que como vecino principal del pueblo de Arque fue con Bustamante), y a Urquieta por haber dado fuego: les intima la sentencia de muerte y que se confiesen. Entra el teniente de cura a confesarlos a todos éstos. Don Mariano Urquieta, tan realisto que era, dice:

—¡Muero por mi rey y señor!

A poco los libertaron a todos excepto a Bustamante y al coronel Vera. A las 7 de la noche sálense del pueblo de Sicaya, se dirigen al de Arque y pasaron al de Colcha llevando a dos presos más (al comandante Chavarría y al doctor Camacho).

Al día siguiente de este pueblo de Colcha se les dio libertad a todos. Perdieron todos los vecinos que se hallaban con el gobernador Bustamante los aperos, sus animales, camas y cuantos trastes tenían (que era lo más decente y lo que tuvieron a mano todos los vecinos, solamente por obedientes) con el pretexto de decir los de Portilla que eran expolios de guerra. De los 8000 pesos mandó al general Gamarra 4000 pesos con los caballos, [f. 333] herrajes, y lo restante de la plata se partieron como sueldos.

De todo lo que se tomó mandó solamente una mitad a Oruro donde se hallaba el general Gamarra con su ejército. Era la fuerza total de esta "División volante de operaciones del Perú": 22 oficiales entre jefes, cinco sargentos, cinco cadetes, seis cabos, y 38 soldados era la fuerza total, y para que no se diga que es falta de la verdad inserto la lista de los jefes y oficiales para su constancia, sus clases y vecindad de todos ellos.*

El 19 de junio se levantó la tropa de Portilla del pueblo de Colcha para el de Sacaca y en Chayanta se reunió al ejército peruano y siguieron la marcha para Chuquisaca. Don Antonio Pacheco se quedó de gobernador en la provincia de Arque. A mí me hizo quedar y yo me quedé por agradecido pensando que él me protegió también en la junta de guerra el 3 del mes corriente (pero me había engañado,

* No consta esta lista en el manuscrito.

cuando él había sido el que le servía por entonces de auditor de guerra a Portilla y me había sentenciado, que mucho después supe con mucha evidencia). Así quedé a su servicio en la pluma.

Estando así fuimos con el gobernador al pueblo de Sicaya porque estaba en la provincia en actual revisita de indígenas. Estando en este punto llegó el 30 de junio un oficio del general Braun dirigido de Paria al gobernador en el cual dice así:

Comandancia general de la Primera División del Ejército de Bolivia = Cuartel general en Paria a 27 de junio de 1828 = Al gobernador de la provincia de Arque = Sírvase usted disponer que en el punto de la Ventilla se preparen raciones para 400 hombres de caballería como igual número de raciones y cebada el día siguiente en Arque, quedando a su cargo el avisar al señor prefecto de Cochabamba para que prepare todos los auxilios necesarios en la capital para la mantención de la División de mi mando. = Dios guarde a usted. = El general comandante general Felipe Braun.

En el acto de que Pacheco vio el oficio ese mismo instante salió de Sicaya con dirección al pueblo de Sacaca. Llegamos el 1º de julio a las 8 de la mañana andando toda la noche porque nos levantamos bien tarde de aquel pueblo Sicaya. A las 12 ese mismo día pasamos al vicecantón de Quirquiavi entre cuatro con el gobernador Pacheco. Allí lo encontramos al capitán [f.333ᵛ] don Mariano Guzmán con cinco hombres que se había venido desertándose de las tropas peruanas.

El 2 nos encaminamos al pueblo de Tacopaya y en el camino encontramos con otro capitán don Pedro Rocabado (alias el Karasúpay), lo mismo se había venido desertándose.

El 4 llegó el capitán don Juan Belmonte con dos soldados.

El 7 llegó el teniente don Esteban Murillo con el alférez Urbano Segurola con cuatro hombres y un sargento, todos ellos desertándose. Éstos se reunieron y entre otros agregados hicieron el número de 26 hombres en la capital de provincia el pueblo de Arque.

La "División volante de operaciones del Perú" conforme se armó de nada, en nada volvió a parar en tan poco tiempo que no duró ni tan poco cuatro meses, y las capitulaciones de Piquisa concluyó todo gracias a los señores generales José María Pérez de Urdininea y don Agustín Gamarra quienes aprobaron las estipulaciones hechas. Con este motivo se restituyó a su gobierno don José Benito Bustamante a Arque quedándose en el aire don Antonio Pacheco. Me restituí al seno de mi familia a fines del mes de agosto.

José Santos Vargas [autógrafo]

[f. 315] LISTA DE LOS SEÑORES JEFES Y OFICIALES QUE HAN SERVIDO A LA PATRIA POR SU LIBERTAD E INDEPENDENCIA PRIMORDIAL DEL GOBIERNO ESPAÑOL BAJO DE LAS ÓRDENES DE DIFERENTES JEFES EN LOS VALLES DE SICASICA Y HAYOPAYA

Se ha puesto esta lista de todos los jefes y oficiales que han servido a la libertad, porque varias personas han sabido hacerse servidores a la Patria, oficiales muy beneméritos, y se ven engañados el público, los jefes y el Estado; y para quitar esto se ha tenido a bien estampar el tiempo de servicio, en qué clase y fines que han tenido. Algunos oficiales (principalmente del ejército) no se ha puesto más que sus clases y nombres y su naturaleza nomás y porque no he podido averiguar los díceres de ellos mismos no se ha puesto porque se puede errar en alguna manera; lo mismo de los jefes y oficiales que han abrazado a un ejército estraño (en una palabra invasor), el del Perú; entonces muy religiosamente se ha puesto sin que se pueda notar en un ápice con justicia.

Índice alfabético de los nombres comprendidos en la lista *

Nombres	Núm.	Nombres	Núm.
Abasto, Francisco	50	Calderón, José	32
Acuña, Faustino	94	Calorio Velasco, José	102
Aldón, Juan	95	Carpio, Francisco del	29
Álvarez, Pedro	8	Castillo, Juan de Dios	4
Antezana, José Manuel	51	Castro, José Manuel	54
Arana, José Manuel	14	Castro, Marcelino	34
Araníbar, Silverio	84	Ceballos, Manuel	56
Arias, Pedro	58	Céspedes, Melchor	36
Arias, Pedro (otro)	59	Céspedes, Ramón	40
Aspiazu, Lucas	77	Contreras, Agustín	10
Ayllón, Juan Bautista	38	Copitas, Rafael	46
Ballivián, José	75	Curtinas, José	101
Bedregal, Pedro	76	Chaves, N.	87
Bernal, Pedro	80	Chinchilla, José Manuel	28
Bolaños, Carlos	31	Choquecallata, Faustino	63
Borda, Ignacio	16	Dehesa, Feliciano	108
Bustamante, José Benito	41	Dehesa, Pedro	82
Bustos, Pedro	79	Dehesa, Prudencio	78

* Para facilitar la consulta se ha hecho este índice alfabético. Los números hacen referencia a los que lleva cada nombre en el texto.

Delgadillo, Manuel	86	Montalvo, Pablo	6
Eccles, Santiago	53	Montealegre, Marcos	60
Egoaguirre, José Manuel	100	Morales, Santiago	20
Espinosa, Mariano	71	Moreno, Eugenio	33
Espinosa, Ramón	72	Mosquera, Diego	70
Fajardo, Santiago	26	Moya y Andrade Gregorio	5
Fernández, Juan	90	Navarrete, Bartolomé	98
Fernández, Manuel	39	Niño de Guzmán, Toribio	106
Fonseca, Manuel	93	Orihuela, Matías	18
Funes, Norberto	85	Pacheco, Antonio	45
Galdós, José Manuel	65	Pacheco, Melchor	23
Games, Bonifacio	83	Páez Ramallo, Julián	25
Gandarillas, José Domingo	30	Paiva, Manuel	96
Garavito, Mariano	68	Paredes, Manuel	61
García, Pascual	13	Patiño, Manuel	15
García Luna, Luis	35	Revilla, Andrés	104
Gómez, Juan	99	Rivero, Ramón	37
González, Juan Bautista	42	Rodríguez, Ángel Andrés	11
Graneros, Pedro	7	Rojas, Juan	107
Guevara, José Félix	91	Romero, Marcelo	92
Guzmán, Manuel	105	Romero, Pedro José	55
Haedo	64	Saavedra, Manuel	49
Helguero, Vicente	44	Santa Cruz, Pedro	97
Herboso, José Antolín	21	Santiesteban, Mariano	9
Hermosa, Pío	22	Saravia, Calisto	47
Hernández, Silvestre	19	Suárez, N.	88
Lanza, José Miguel	27	Tapia, Manuel	24
Lara, Luis	74	Torrelio, Mariano	81
León, José	67	Ugarte, Manuel	89
Lévano, Rafael	103	Valdivia, Matías	12
Lira, Eusebio	1	Vargas, José Santos	17
López, José María	43	Videla, Hipólito	52
Marquina, Pedro	48	Villaroel, Vicente	69
Martínez Párraga, José	62	Viscarra, Casimiro	109
Mendizábal, Mariano	57	Zafra, José María	3
Moncada, Manuel	73	Zerda, Pedro	2
Monroy, Felipe	66		

Época del comandante Lira

Todos los que siguen son de la época del señor comandante general don Eusebio Lira, nombrados por él y confirmados por el señor general don Martín Güemes de quien llegaban los despachos en forma.

[1] *Don Eusebio Lira.* Natural y vecino del pueblo de Mohosa. Sentó plaza por la Patria en 1811 de soldado raso. Fue dicho año

hasta el pueblo de Sicasica caminando para el Desaguadero. Les alcanzó la derrota en el Azafranal. Emigró con el ejército argentino a Salta. Allí fue nombrado de cabo segundo. Tuvo parte en las acciones del Tucumán y Salta. Se dispersó en un asalto que hizo el enemigo y recaló a los Valles. Mientras su ausiencia a su padre don Dionisio Lira lo fusilaron en Oruro los españoles. En venganza de su sangre levantó tropas sin orden de ninguno de los jefes; mas viendo don José Buenaventura Zárate (que era comandante del partido de Hayopaya por la Patria) lo hizo capitán comandante de su pueblo Mohosa. Defendió con mucho heroísmo molestándolo demasiado a los españoles porque era muy bárbaro valiente. Por traición sus mismos subalternos le dieron un balazo por intereses del mando el 16 de diciembre de 1817. De esas resultas murió en el pueblo de Palca (hoy Villa de la Independencia).

[2] *Don Pedro Zerda*. Natural de Oruro. Sentó plaza en 1810 de soldado. Cuando la derrota en el Desaguadero fue emigrado al lado de Abajo. Tuvo parte en las acciones del Tucumán y Salta. Fue cabo primero en una de las compañías del ejército. Cayó prisionero en un punto cerca de Salta. Estaba preso en la cárcel de Potosí, entró la Patria allí y lo libertó. De la acción de Macha fue disperso y vino a los Valles al servicio. Segunda vez cayó prisionero en Charapaya por setiembre de 1819, escapó casi ya de la capilla (en la hacienda de Tiquiripaya de Palca) de poder del comandante Asúa. Tercera vez cayó prisionero en el río de Hayopaya estando disperso y en clase de teniente primero. Fue fusilado en Cochabamba por mayo de 1824.

[3] *Don José María Zafra*. Natural de la ciudad de La Paz. Capitán de infantería. Fue tambor de los antiguos veteranos en La Paz. Tuvo parte en el levantamiento de La Paz el año de 1809 cuando la fundación de la junta tuitiva. El año de 1815 se dispersó saliendo de Irupana. Por la pérdida de la acción en Sipesipe andaba fugitivo, y el año de 1822 remaneció en la tropa del coronel José Miguel Lanza y bajo de sus órdenes concluyó la guerra.

[4] *Don Juan de Dios Castillo*. Natural de Mohosa. El año de 1811 sentó plaza de cabo segundo. Estando de guarnición en Oruro fue la derrota en el Desaguadero, se entró al Valle. De capitán se presentó el año 1819 a los españoles. El año de 1822 regresó arrepentido. El coronel Lanza lo hizo comandante del vicecantón de Leque y concluyó la guerra.

[5] *Don Gregorio Moya y Andrade*. Natural del pueblo de Mohosa. Fue soldado el año de 1810. Por la derrota de Macha emigró con las tropas del señor comandante general don Juan Antonio Álvarez de Arenales hasta más adelante de la ciudad de Santa Cruz. Cayó prisionero en la acción de Samaypata en 1814 a manos del

comandante don Francisco Javier Velasco que ganó dicha acción. Fugó y siguió en el servicio en clase de teniente, y el coronel José Miguel Lanza lo hizo comandante de la doctrina de Cavari. Así concluyó la guerra.

[6] *Don Pablo Montalvo.* Natural de Mohosa. Fue nombrado capitán el año de 1811 para marchar al Desaguadero y estando en Sicasica sucedió la derrota en el Azafranal y se regresó a su país. Siguió sirviendo peligrosamente porque era bárbaro valiente y el año de 1817 por diciembre cayó prisionero mal herido a manos del señor gobernador intendente don Juan Sánchez Lima quien lo fusiló, le mandó cortar la cabeza y puso en una de las entradas de la ciudad de La Paz.

[7] *Don Pedro Graneros.* Natural del pueblo de Inquisivi. Sentó Plaza de tambor el año de 1811. Se presentó a los españoles el año de 1817. El mismo año regresó arrepentido, siguió sirviendo. Al año de 1820 se fue al ejército a Salta. Regresó el año de 1821 con el señor coronel don José Miguel Lanza de capitán de caballería. Murió por abril de 1821 en los altos de Palca, en Buenavista, en una guerrilla.

[8] *Don Pedro Álvarez.* Natural del pueblo de Morochata. Fue sargento segundo en 1810. Fue emigrado al ejército, tuvo parte en las acciones del Tucumán y Salta. El año de 1813 de la acción de Macha se dispersó, se vino a su país. Levantó tropas, defendió con mucho heroísmo. De comandante de caballería murió en acción, en Parangani, cantón de [f. 315ᵛ] Morochata, por noviembre de 1818.

[9] *Don Mariano Santiesteban.* Natural del pueblo de Irupana. Sentó plaza de sargento segundo el año de 1809. Fue emigrado al ejército en Salta el año de 1813. De la acción de Villcapuyo se dispersó y cayó prisionero en su país Irupana a poder del comandante don Protasio Armentia. Escapó de la prisión fugando. Siguió en el sirvicio. Segunda vez cayó prisionero estando disperso en Leque el año de 1819 por el mes de junio y por agosto del mismo año fue fusilado en Cochabamba en clase de sargento mayor.

[10] *Don Agustín Contreras.* Natural del pueblo de Inquisivi. Fue soldado de los españoles, persiguió demasiado a sus paisanos bajo las órdenes del comandante don Esteban Cárdenas saliendo de Irupana. Se pasó a las tropas de la Patria por el mes de noviembre de 1815, y el comandante don José Miguel Lanza lo hizo alférez de caballería. Sirvió a la Patria fielmente en clase de comandante de caballería. Murió en acción en el pueblo de Machaca por el mes de marzo de 1821.

[11] *Don Ángel Andrés Rodríguez.* Natural del pueblo de Cavari. Sentó plaza de soldado el año de 1813. En 1814 lo hizo el comandante general don Eusebio Lira alférez de caballería. A principios

del año 1818 se presentó a Sánchez Lima, de los españoles: sirvió con mucha actividad y empeño (ambos hermanos, con un don Antonio Rodríguez) hasta conseguir ser amedallado del rey de España; persiguió a los patriotas y mató. El año de 1820 se arripintió, vino a presentarse al comandante general don José Manuel Chinchilla quien por una consideración patriótica lo indultó en nombre de la Patria. El año de 1821 el coronel don José Miguel Lanza lo hizo capitán de caballería por haber coadyuvado en la muerte de su bienhechor Chinchilla; lo hizo después comandante general de nacionales en la provincia de Hayopaya y concluyó la guerra hasta el último triunfo.

[12] *Don Matías Valdivia*. Natural de la ciudad de La Paz. Sentó plaza de soldado el año de 1809. En 1811 emigró al ejército a Salta, tuvo parte en las acciones del Tucumán y Salta. En 1815 vino de subteniente con el comandante don José Miguel Lanza. Se quedó disperso por la pérdida de las armas de la Patria en la acción de Sipesipe el mismo año de 1815. En un corto tiroteo que hubo el año de 1816 en el pueblo de Ichoca murió por el mes de marzo, le cortaron la cabeza y lo mandaron a Sicasica donde se plantó en la plaza.

[13] *Don Pascual García*. Natural del pueblo de Caracato. Sentó plaza de soldado el año de 1811. Emigró al ejército al Tucumán y Salta, tuvo parte en las acciones del Tucumán y Salta. El año de 1815 regresó con el comandante don José Miguel Lanza. Se quedó disperso saliendo de Irupana. El año de 1816 el comandante don José Buenaventura Zárate lo hizo subteniente. Estuvo en la tropa de Lira y era bárbaro valiente. Dos veces salió herido, en el brazo las dos veces. Ascendió hasta ser segundo jefe de la División de los Valles. En esta clase murió naturalmente en el pueblo de Suri por el mes de mayo de 1819.

[14] *Don José Manuel Arana*. Natural del pueblo de Chulumani en los Yungas de La Paz. Sentó plaza de sargento el año de 1809. Fue muy perseguido en su país por los comandantes del rey don Protasio Armentia y don Esteban Cárdenas. Salió fugitivo de su tierra y andaba oculto pasando inmensos trabajos cuando regresaba a su país, hasta que se vino a los Valles a vivir más seguro con menos peligro. El año de 1816 fue sargento mayor y gobernador subdelegado de la provincia de Sicasica por la Patria, que don José Buenaventura Zárate, teniente coronel de la Patria, lo hizo en su lugar. Con accidente murió por el mes de abril de 1819 en el pueblo de Inquisivi.

[15] *Don Manuel Patiño*. Natural de la ciudad de La Paz. Sentó plaza en 1809 de soldado. En 1811 emigró al ejército a Salta; tuvo parte en las batallas del Tucumán y Salta; en una de ellas salió herido en la pierna, sanó y fue sargento segundo allí. En 1815 vino con el comandante don José Miguel Lanza. Se quedó disperso en los

Valles, siguió sirviendo. El año de 1819 por el mes de mayo salió de un asalto que hizo el enemigo en el alto de Palca mal herido y en clase de capitán murió.

[16] *Don Ignacio Borda*. Natural del pueblo de Macha. Sentó plaza con los españoles en 1815 de sargento segundo. En 1820 era ya teniente de granaderos. En esta clase se pasó al piquete del señor comandante de partidas ligeras de la Patria don José Domingo Gandarillas que se hallaba [f. 316] en Cocapata, doctrina de Choquecamata. Lo fusiló Gandarillas por el mes de setiembre de 1820.

[17] *Don José Santos Vargas*. Natural de la ciudad de Oruro. Sentó plaza en 1814 de soldado distinguido. De ay pasó a ser tambor por ser muy aficionado a tocar la caja. El año de 1815 fue tambor mayor. El año de 1816 por agosto fue subteniente de granaderos por el comandante general don Eusebio Lira. El año de 1819 por el mes de agosto, el 6, lo hizo el comandante general don José Manuel Chinchilla teniente de caballería. Seguió sirviendo. El año de 1821 el señor coronel y comandante general don José Miguel Lanza lo hizo capitán por el mes de marzo de dicho año. El año de 1823 por el mes de mayo lo hizo comandante Lanza y lo puso al pueblo de Mohosa donde concluyó la guerra. Cayó prisionero en Quillacollo a manos del coronel don Agustín Antezana en 1822 por el mes de abril yendo de bombero mandado por el señor coronel y comandante general don José Miguel Lanza a Cochabamba; a los 19 días regresó escapando felizmente. En 1828 fue puesto en capilla por un traidor faccioso el 3 de junio en el pueblo de Tapacari por don Narciso Portilla (que se intitulaba entonces coronel de ejército y comandante general de la "División volante de operaciones del Perú") por parte del invasor don Agustín Gamarra que vino con su ejército, y este Vargas como fiel boliviano no quiso mezclarse con ellos. Salvó la vida porque los mismos oficiales de su misma tropa de Portilla como compañeros hablaron en su favor, y actualmente vive. Es el que escribió el presente *Diario* histórico.

[18] *Don Matías Orihuela*. Natural de la ciudad de Oruro. Nunca ha sido soldado en ninguna sistema. El año de 1809, 1810 y 1811 era protector de naturales de la ciudad de Oruro. Cuando la derrota del Desaguadero salió de su país emigrado a los Valles: así se estaba en el pueblo de Inquisivi. El año de 1819 por muerte de don José Manuel Arana, gobernador subdelegado por entonces de la provincia de Sicasica por la Patria, fue nombrado gobernador por el señor comandante general don José Manuel Chinchilla por el mes de mayo. En una entrada que hizo los españoles al mando del coronel don Baldomero Espartero que tenía 800 hombres de tropa, en el mismo pueblo de Inquisivi fue prisionero; al día siguiente lo llevaron para

Capiñata y en media cuesta que sube hay un trecho que se llama Chiji: allí lo fusilaron porque no podía andar a pie, le cortaron la mano y plantaron allí mismo y la cabeza a Sicasica mandaron.

[19] *Don Silvestre Hernández.* Natural del pueblo de Taca en los Yungas de La Paz. Fue nombrado capitán comandante de su pueblo el año 1809. A varias guerrillas del pueblo de Irupana concurrió, por donde fue muy perseguido de las tropas españolas, por eso se vino a asilarse a los Valles. Allí servía de proveedor, muchas veces en comisiones. El año de 1819 fue pillado en el lugar de Totava; lo llevaron preso al pueblo de Cavari y el señor coronel don Antonio Siguani [Seoane] lo mandó fusilar; le cortaron la cabeza y mandaron a la ciudad de La Paz donde lo pusieron a una de sus entradas.

[20] *Don Santiago Morales.* Natural de la ciudad de Oruro. Sentó plaza de soldado cadete el año de 1814. Joven valiente, fue hecho alférez de caballería por el señor comandante general don Eusebio Lira. En una guerrilla en el alto del pueblo de Inquisivi salió herido en el brazo; después lo hizo teniente. Coadyuvó en la muerte del comandante general don Eusebio Lira y por marzo de 1819 fue fusilado en el pueblo de Mohosa en clase de capitán de caballería.

[21] *Don José Antolín Herboso.* Natural de la ciudad de La Paz. Sentó plaza de soldado el año de 1809 en la compañía de artillería. Andaba fugitivo por la pérdida de las armas de la Patria en el Desaguadero, padeció lo indecible. El año de 1814 por diciembre se presentó a Lira y andaba en su compañía. Por julio de 1816 Lira lo hizo subteniente. En esta clase siguió y en clase de teniente de artillería fue fusilado en el pueblo de Yani por el mes de noviembre de 1819.

[f. 316ᵛ] [22] *Don Pío Hermosa.* Natural del pueblo de Palca. Sentó plaza de soldado cadete de caballería el año de 1817 a principios. El año de 1818 el comandante general don José Manuel Chinchilla lo hizo alférez. Siguió sirviendo. El año de 1819 por el mes de julio fue su padre en pos de su hijo por averiguar y verlo, llega al pueblo de Tapacari, a la siguiente noche asaltan los enemigos a una partida pequeña, escapan todos corriendo y lo pescan a don Alejo Hermosa (que así se llamaba el padre, caballero de mucha atención y respeto en aquel pueblo de Palca, vecino muy honrado en él, natural de una de las ciudades de la república de Chile, y como esos años triunfó el general en jefe don José de San Martín en aquella república lo mandó a Arque, pueblo capital de la provincia del mismo nombre), y lo fusilaron al caballero don Alejo Hermosa, un paisano pacífico. El año de 1822 el coronel Lanza lo mandó a este su hijo don Pío Hermosa a la ciudad de La Paz con dinero a comprar galones para todos los oficiales, piedras de chispa, bayonetas, algunos pares de pistolas y paños. Fue entregado por don José María Ñeto [Nieto]. Lo confinaban preso de expreso a Lima, y en el camino corrió y escapó, se entró a los Valles y casa a los cinco o seis meses de que se perdió.

[23] *Don Melchor Pacheco.* Natural del pueblo de Carasa. Sentó plaza en 26 de octubre de 1817. El comandante general don Eusebio Lira lo hizo alférez de caballería por ser un joven decente, rollizo, bien formado y de buena familia en su pueblo. En un corto tiroteo que hubo en el río de Tapacari en un lugar que llaman Calavinto murió el 3 de noviembre de dicho año a los ocho días de que entró al servicio. Joven valiente que por dar a conocer su patriotismo y valor se precipitó y pereció lastimosamente.

[24] *Don Manuel Tapia.* Natural de la ciudad de Lima. Soldado de los españoles el año de 1815, se pasó de aquellas tropas, siguió sirviendo. El año de 1817 por febrero el comandante general don Eusebio Lira lo hizo ayudante mayor. Por diciembre del mismo año se volvió a repasar a las tropas españolas. Como ayudante que se hallaba muy cerca del jefe cuando estaba con la Patria sabía sus comunicaciones, delató esto al enemigo por cuyo motivo fueron confinados por todas partes hombres y mujeres. Luego se venía desertando a la Patria por abril de 1818, lo encontró el comandante general don Eusebio Lira en un camino atravesado, lo llevó preso a Corosa (que es un anexo de la doctrina de Charapaya), allí lo fusiló.

[25] *Don Julián Páez Ramallo.* Natural de la ciudad de Chuquisaca. Vecino de muchos años en el pueblo de Palca. Sentó plaza el año de 1810 de teniente. Tuvo parte en las acciones de Irupana, Villcapujyo, Macha al mando del señor general don Manuel Belgrano. Por la derrota ésta de la última fue emigrado en la división del señor comandante general don Juan Antonio Álvarez de Arenales. Tuvo parte en las guerrillas de San Pedrillo, Florida, Postrervalle y Samaypata. Se halló en la batalla de Sipesipe en el ejército del señor general en jefe don José Rondeau. Recaló a su pueblo Palca. Siguió sirviendo al mando del señor general don José Miguel Lanza de sargento mayor. En esta clase concluyó la guerra fielmente.

[f. 317] [26] *Don Santiago Fajardo.* Natural de Chile y vecino de la ciudad de Cochabamba. Primer comandante nombrado de la provincia de Hayopaya por el general de la Patria don Francisco Rivero. Murió con accidente el año de 1823 de segundo jefe siendo el primero el coronel y comandante general don José Miguel Lanza.

[27] *Don José Miguel Lanza.* Natural de la ciudad de La Paz. Fue teniente de granaderos el año 1809. El año de 1812 fue prisionero en la doctrina de Palca, en Pocanchi, de capitán. De Potosí escapó de la cárcel, se fue a Salta al ejército de la Patria. Volvió segunda vez de comandante el año de 1815 a los Valles, ganó la acción de Irupana, entró al pueblo. Regresó al ejército a Salta. Tercera vez

volvió de coronel el año de 1821. Fue general por el Perú y el año de 1828 murió en Chuquisaca.

[28] *Don José Manuel Chinchilla.* Natural del pueblo de Tapacari. Fue capitán el año 1811 por el general don Francisco Rivero en Cochabamba. Fue comandante general de dichos Valles y teniente coronel de ejército por el señor general en jefe don Martín Güemes. Fue fusilado el 21 de marzo de 1821 en el pueblo de Cavari por el señor coronel y comandante general don José Miguel Lanza.

[29] *Don Francisco del Carpio.* Natural de Pica. Comandante de partidas ligeras, estaba en los lugares del Vallegrande: en asalto tomó la ciudad de Santa Cruz. Recaló a los Valles el año de 1817. Murió en Jahuara, anexo de Cavari, en el lugar Corocoro: lo mataron los indios realistos y mandaron su cabeza a La Paz donde se puso en una de sus entradas.

[30] *Don José Domingo Gandarillas.* Natural de la ciudad de Cochabamba. Fue comandante de partidas ligeras por don Juan Antonio Álvarez de Arenales, coronel y comandante general del departamento de Cochamba el año de 1813. Fue prisionero y fusilado en Cochabamba por las tropas españolas el año de 1820.

[31] *Don Carlos Bolaños.* Natural de Sicasica. Fue teniente el año de 1810. De capitán se presentó a los españoles en su pueblo Sicasica: sin acabar la campaña mudó de opinión y mucho después del triunfo de la libertad murió.

[32] *Don José Calderón.* Natural de la ciudad de La Paz. Fue sargento segundo en 1809, y de capitán fue prisionero en Arque y fusilado en Cochabamba en 1819.

[33] *Don Eugenio Moreno.* Natural de la ciudad del Cusco. Fue oficial en la tropa del señor comandante doctor Muñecas. Recaló a los ya mencionados Valles. El comandante don Eusebio Lira lo hizo capitán. Coadyuvó en la muerte del comandante general ya dicho Lira y por abril de 1818 fue fusilado en el pueblo de Mohosa.

[34] *Don Marcelino Castro.* Natural del pueblo de Cavari y vecino del anexo de Cajuata en el cantón de Suri en los Yungas de La Paz. Fue teniente el año de 1810, y de comandante fue prisionero y despachado a la isla de Puno donde murió el año de 1824.

[35] *Don Luis García Luna.* Natural de la villa de Tarata. Fue capitán por el comandante general don Eusebio Lira y confirmado por el señor general en jefe don Martín Güemes que existía en Salta.

[36] *Don Melchor Céspedes.* Natural de la ciudad de La Paz. Fue nombrado alférez de caballería por el comandante general don Eusebio Lira. A los cinco meses se retiró del servicio por noviembre de 1817.

[37] *Don Ramón Rivero.* Natural de la ciudad de Santa Cruz.

Fue pasado de las tropas de los españoles el año de 1817, porque había sido prisionero que cayó en el campo del Pari cerca de la ciudad de Santa Cruz. En las tropas del comandante general Warnes había sido sargento primero y Lira lo hizo teniente de granaderos. De capitán murió en 1819: por un iquívoco lo mataron los indios pensando fuese español europeo.

[38] *Don Juan Baustista Ayllón*. Natural de la ciudad de Santa Cruz, prisionero de la Patria a manos del coronel y comandante general don Francisco Javier de Aguilera de los españoles y se pasó en 1817. Fue ayudante mayor por el comandante general don Eusebio Lira y murió fusilado por el coronel don José Miguel Lanza por haber causado la muerte de dos capitanes indios en el pueblo de Machaca. Por marzo de 1822 murió.

[f. 317ᵛ] [39] *Don Manuel Fernández*. Natural de la ciudad de Santa Cruz. Soldado prisionero de las tropas de la Patria a manos del coronel y comandante general don Francisco Javier de Aguilera y pasado en 1817. El comandante general don Eusebio Lira lo hizo subteniente, y de teniente concluyó la guerra bajo las órdenes del general don José Miguel Lanza.

[40] *Don Ramón Céspedes*. Natural de la ciudad de Santa Cruz. Soldado prisionero de las tropas de la Patria cayó a manos del coronel comandante general don Francisco Javier de Aguilera y se pasó en 1817. El comandante general Lira lo hizo alférez abanderado. Cayó prisionero en un asalto que hicieron los españoles en el pueblo de Mohosa el 3 de noviembre de 1819.

[41] *Don José Benito Bustamante*. Natural de la ciudad de Cochabamba. Capitán en la tropa del comandante de partidas ligeras don José Manuel Chinchilla, se pasó a la tropa del comandante general don Eusebio Lira quien lo colocó de capitán de dragones de caballería. El general don José Miguel Lanza lo hizo comandante general de la provincia de Sicasica y actualmente vive en clase de coronel de inválidos en Cochabamba.

[42] *Don Juan Bautista González*. Natural de la ciudad de Buenos Aires. Vino con el ejército al mando del señor general en jefe don Manuel Belgrano. Se vino a los Valles disperso de la acción de Villcapujyo. Estaba en compañía del comandante de partidas ligeras don Francisco Carpio de sargento primero y Lira lo hizo ayudante mayor. El año de 1820 se dispersó y anda perdido.

[43] *Don José María López*. Natural de la república de Chile. Estaba de capitán en la tropa de don Pedro Álvarez. Disperso de la acción de Sipesipe bajo el mando del señor general en jefe don José Rondeau. El comandante general don Eusebio Lira lo mantuvo de

capitán y con grado de sargento mayor concluyó la guerra fielmente bajo las órdenes del señor general don José Miguel Lanza.

[44] *Don Vicente Helguero.* Natural del pueblo de Sicasica y vecino en el de Inquisivi. El comandante general don Eusebio Lira lo hizo subteniente de cazadores y se volvió enfermizo. Se retiró del servicio el año de 1818 y ahora es muerto.

[45] *Don Antonio Pacheco.* Natural del pueblo de Arque y vecino del de Inquisivi. El comandante general don Eusebio Lira lo hizo subteniente de cazadores el año de 1816. El subcesor de Lira don José Manuel Chinchilla lo hizo teniente, y el señor general don José Miguel Lanza lo hizo comandante de Cajuata. Así concluyó la guerra fielmente.

[46] *Don Rafael Copitas.* Natural del pueblo de Carasa y vecino en el de Inquisivi. El comandante general don Eusebio Lira lo hizo subteniente de cazadores; el comandante general don José Manuel Chinchilla lo hizo teniente; el señor general Lanza lo hizo comandante de Inquisivi. Así concluyó la guerra fielmente y vive.

[47] *Don Calisto Saravia.* Natural del pueblo de Chulumani. El comandante general don Eusebio Lira lo hizo cadete. El comandante general don José Manuel Chinchilla lo hizo abanderado el 3 de noviembre de 1819. Cayó prisionero en el pueblo de Mohosa y lo llevaron al lado de Salta donde se perdió joven, y en la actualidad se halla de coronel y gobernador en una de las provincias de La Paz.

[48] *Don Pedro Marquina.* Natural de la ciudad del Cusco. Ayudante mayor en las tropas de los españoles, se pasó el año de 1815 y el comandante general Lira lo hizo en su tropa sargento mayor. Fue cómplice en la muerte del comandante general don Eusebio Lira, y su subcesor don José Manuel Chinchilla lo fusiló en el pueblo de Mohosa el 7 de marzo de 1818.

Época del comandante Chinchilla

[f. 318] El comandante general don José Manuel Chinchilla, subcesor de don Eusebio Lira, aumentó los que siguen a continuación, nombrados por él y aprobados por el señor general en jefe don Martín Güemes de quien llegaba los despachos en forma:

[49] *Don Manuel Saavedra.* Natural del pueblo de Carasa. Capitán de granaderos. El año de 1820 en el alto del pueblo de Palca por el mes de junio se dispersó y anda perdido.

[50] *Don Francisco Abasto.* Natural del pueblo de Calliri a quien el comandante Chinchilla lo nombró capitán de cazadores. El año de 1820 en el asalto del alto del pueblo de Palca por el mes de junio

se dispersó y se presentó a las autoridades españolas en la ciudad de Cochabamba.

[51] *Don José Manuel Antezana*, alias el *Locoto*. Natural de la ciudad de Cochabamba. Fue nombrado capitán de caballería. El general don José Miguel Lanza lo hizo comandante de la doctrina de Morochata. Así concluyó la guerra. Fue a Lima con el general presidente de la República Andrés Santa Cruz y allí murió con accidente en clase de teniente coronel.

[52] *Don Hipólito Videla*. Natural de la ciudad de Córdoba en la República Argentina, a quien el comandante Chinchilla lo hizo sargento mayor el año de 1819, y en 1820 en una dispersión que asaltó el enemigo en el lugar de Naranjani (cantón de Inquisivi) se fue hasta Salta y a su país.

[53] *Don Santiago Eccles*. De nación inglés, de Escocia. El comandante general don José Manuel Chinchilla lo hizo capitán de artillería (éste se pasó de las tropas españolas) y concluyó la guerra en esta clase.

[54] *Don José Manuel Castro*. Natural del pueblo de Tarata. El comandante general don José Manuel Chinchilla lo hizo alférez de caballería. En un asalto que hizo el enemigo el 3 de noviembre de 1819 cayó prisionero en Mohosa y se ha perdido.

[55] *Don Pedro José Romero*. Natural del pueblo de Taca en los Yungas de La Paz. Se pasó de las tropas españolas y el comandante general Chinchilla lo hizo alférez de caballería. Cayó prisionero en los Yungas, cantón Suri, en el lugar Sivingani y fue fusilado en el pueblo de Inquisivi por el coronel don Antonio Siguani [Seoane].

[56] *Don Manual Ceballos*. Natural de la ciudad de Salta en la República Argentina. Vino de Sargento segundo en el ejército al mando del señor general en jefe don José Rondeau. Derrotado, se dispersó y recaló a la tropa del comandante general don José Manuel Chinchilla quien lo nombró teniente de cazadores. Cayó prisionero en el alto de Palca y fue despachado a Yungay.

[57] *Don Mariano Mendizábal*. Natural de la ciudad de Misque y vecino del pueblo de Palca. Fue capitán en las tropas de los españoles, se pasó a las tropas de la Patria el año de 1820. El año de 1822 se volvió a pasar a las tropas de los españoles por cuyo hecho el año de 1823 por el mes de agosto el general Lanza quería fusilarlo en Cochabamba, y Santa Rosa por su día intercedió por este Mendizábal: fue indultado y más no se averiguó.

[58] *Don Pedro Arias*. Natural de la ciudad del Cusco. Soldado de las tropas españolas, de sargento segundo fue pasado en 1820 a la Patria: de Oruro vino en compañía de su capitán don Mariano Men-

dizábal. Este don Pedro Arias cayó el 6 de mayo de 1821 prisionero y el 9 lo fusilaron en el pueblo de Tapacarí.

Época del coronel Lanza

Los que han servido a la libertad primordial del gobierno español bajo el mando del señor coronel (después general de brigada) don José Miguel Lanza:

[59] Don Pedro Arias. Natural de la ciudad de Salta. Capitán de caballería. El año de 1824 se presentó en la ciudad de Cochabamba a las autoridades del general Olañeta, jefe realisto y de ese modo no concluyó la guerra.

[60] Don Marcos Montealegre. Natural de la ciudad de La Paz. Capitán de infantería. El año de 1809 fue cabo primero. Luego después de la derrota del Desaguadero fue emigrado a las ciudades del Tucumán y Salta. Volvió de subteniente a la acción de Villcapujyo. Regresó derrotado [f. 318^v] a las mismas ciudades. El año de 1821 regresó en compañía del señor coronel don José Miguel Lanza en clase de capitán. Concluyó la guerra fielmente y en clase de sargento mayor. Fue fusilado en el pueblo de Paria el año 1828.

[61] Don Manuel Paredes. Natural del pueblo de Punata en la provincia de Clisa. Teniente. Fue emigrado a las ciudades de Salta y Tucumán por las derrotas de Villcapujyo y Macha. Regresó en compañía del señor coronel don José Miguel Lanza.

[62] Don José Martínez Párraga. Natural de la ciudad de Chuquisaca. Capitán. Fue emigrado a las ciudades del Tucumán y Salta en clase de cadete en las tropas argentinas, y vino en compañía del señor coronel don José Miguel Lanza en 1821. Cuando la segunda vez cayó prisionero el general Lanza en 1824 fue proclamado Martínez Párraga de comandante general en lugar del prisionero general Lanza. Éste se restituyó de la prisión, llegó a los Valles y lo hizo a Martínez Párraga comandante de infantería, y mientras su ausencia de Lanza el coronel don José Calorio Velasco que quedó de jefe lo fusiló a Martínez Párraga el 24 de octubre de 1824.

[63] Don Faustino Choquecallata. Natural de la ciudad del Cusco. Capitán de caballería. Soldado de las tropas españolas, el año de 1821 iba a hacer revolución en el pueblo de Sicasica al batallón del Centro siendo él del de la Reina; fue descubierto, algunos fueron pillados y algunos escaparon, como el presente, y se vino a los Valles el año de 1821. El 28 de octubre de 1822 lo mata en el río de Santa Rosa el comandante de Morochata don Blas Games acusándole de querer pasarse al enemigo.

[64] Don [En blanco] Haedo. Natural de la ciudad del Cusco. Capitán. Soldado de los españoles que el año de 1821 en el pueblo de Sicasica se tramaba hacer una revolución los del batallón de la Reina, de cuyo cuerpo era este Haedo, y fueron sentidos y fusilados algunos oficiales del batallón Centro cuyo coronel era don Manuel Ramírez; algunos fugando escaparon a las tropas de la Patria que habían en los Valles al mando del señor coronel don José Miguel Lanza quien lo hizo capitán a Haedo porque había sido teniente.

[65] Don José Manuel Galdós. Subteniente de las tropas de los españoles. Natural de la ciudad de La Paz. Uno de los que tramaban la revolución en Sicasica al batallón del Centro cuyo coronel era don Manuel Ramírez; se dejaron sentir y fueron fusilados algunos, los más se entraron a los Valles a las tropas de la Patria que habían en los Valles ande el coronel Lanza. Este señor lo hizo ayudante mayor y murió en el alto de Palca asesinado de un balazo que por traición le tiraron por orden de Lanza el 22 de octubre de 1821.

[66] Don Felipe Monroy. Natural de la ciudad de La Paz. Fue sargento primero graduado a subteniente en las tropas de los españoles del batallón de la Reina, y en el pueblo de Sicasica fue descubierto junto con los anteriores: algunos fueron fusilados por orden del coronel don Manuel Ramírez del batallón Centro, llegaron muchos a los Valles ande el señor coronel Lanza. Este señor lo hizo teniente de cazadores. De capitán murió en el pueblo de Inquisivi en una guerrilla el 15 de julio de 1824. Joven valiente.

[67] Don José León. Natural de la ciudad de Cochabamba. Soldado de las tropas españolas del batallón de la Reina, sargento primero, que querían hacer una sublevación en el pueblo de Sicasica a favor de la libertad contra el batallón Centro, que el coronel Ramírez era de ese cuerpo, y se descubrió. Fueron fusilados muchos así de la Reina como del Centro; algunos escaparon a los Valles donde habían tropas de la independencia, allí se guarecieron. Entró al servicio don José León y ascendió por sus aptitudes. Cuando el triunfo de la libertad americana en la batalla de Ayacucho el año de 1824 era capitán de caballería y no se ha oído más de él.

[68] Don Mariano Garavito. Natural del pueblo de Tapacari. Desde sus tiernos años fue soldado de la libertad. Era tambor, después de órdenes. El coronel Lanza lo hizo sargento de caballería (porque era un joven valiente), después alférez, y teniente, y de capitán murió en Cochabamba con accidente el año de 1827.

[69] Don Vicente Villarroel. Natural del pueblo de Punata en los valles de Clisa. Llegó en el piquete del comandante de partidas ligeras don Anselmo Ansaldo, de alférez de caballería. Se quedó en la tropa del coronel Lanza. Joven valiente. De una dispersión que tuvo

Lanza se fue para sus lugares y de capitán murió en la [f. 319] misma ciudad de Misque de un balazo que le tiraron los soldados de las tropas españolas el año de 1823.

[70] *Don Diego Mosquera.* Natural del pueblo de Ichoca en aquellos Valles. Fue soldado de los españoles. El año de 1822 se pasó a los de la libertad en clase de subteniente y Lanza lo hizo teniente y de capitán concluyó la guerra. El año de 1833 murió en su país con muerte natural.

[71] *Don Mariano Espinosa.* Natural de la ciudad de La Paz. El año de 1822 se vino a los Valles: en el pueblo de Machaca se presentó al coronel Lanza quien lo hizo subteniente. Estaba de teniente primero cuando el último triunfo de la libertad americana en Ayacucho. Siguió en el servicio. Fue comandante y edecán de su excelencia el señor general vicepresidente don Mariano Enrique Calvo el año de 1839, y se retiró.

[72] *Don Ramón Espinosa.* Natural de la ciudad de La Paz. El año de 1822 se presentó al señor coronel don José Miguel Lanza quien lo hizo subteniente, y de teniente primero concluyó, y después del triunfo total en Ayacucho se retiró a su país y murió allí con muerte natural.

[73] *Don Manuel Moncada.* Natural de la ciudad de La Paz. El año de 1809 fue cabo segundo en la acción de Chacaltaya. El año de 1822 se presentó al coronel Lanza quien lo hizo teniente. El mismo año de 1822 cae prisionero el 7 de agosto en el paso a los interiores del valle de Misque, que es en Colomi, en clase de capitán. El año de 1824 el general Olañeta lo hace gobernador subdelegado del partido de Misque. Triunfó las armas de la libertad, fue ecónomo en la hacienda de Clisa por el señor general presidente Andrés Santa Cruz, fue intendente de policía en Cochabamba por el general presidente José Ballivián, y actualmente vive en Cochabamba.

[74] *Don Luis Lara.* Natural de la ciudad de Chuquisaca. Fue soldado de los españoles, sargento primero en la guarnición de los pueblos de San Pedro de Buenavista y Toracari bajo las órdenes del capitán comandante de dicha guarnición don Ildifonso Sierra quien estaba por hacer una intriga de su tropa (86 hombres de su compañía) y estaban haciendo tratados con el coronel Lanza: fueron sentidos, salió al escape el comandante Sierra, el sargento don Luis Lara vino a recalar a los Valles; se presentó a Lanza en Machaca quien lo hizo alférez de caballería. De teniente entró a Oruro. El año de 1823 cuando la retirada del ejército de la Patria por el mes de setiembre bajo las órdenes de los señores generales don Andrés Santa Cruz y don Agustín Gamarra se incorporó a uno de los escuadrones del ejército: en los campos de Viacha tuvieron su encuentro de noche

con el enemigo y ambas caballerías pelearon donde lo dejaron por muerto al teniente Lara tendido en el campo. ¿Y qué sucedió? Que a la media noche resucitó, tomando algún aliento se esforzó encaminarse del modo que pudo, se entró al pueblo de Caracato, casa de la señora doña Casimira Tellería quien lo curó, sanó y se restituyó ande el general Lanza quien lo hizo capitán. Siguió en el servicio. En el día se halla de general de división.

[75] *Don José Ballivián.* Natural de la ciudad de La Paz. Vino de allí, se presentó el año de 1822 al coronel don José Miguel Lanza por el mes de marzo en la estancia de Yayipaya, cantón de Mohosa. Fue soldado cadete de una de las compañías de infantería. El mismo año 1822 fue hecho subteniente. El mismo año fue prisionero el 7 de agosto en Colomi juntos con el capitán don Manuel Moncada. Fue remitido a la Fortaleza de Oruro, lo pasaron a su país la ciudad de La Paz, fugó y se ocultó por Tipuani y cuando el triunfo total de la libertad en Ayacucho se restituyó a su país y tropa, se presentó al general don José Miguel Lanza que se hallaba en la ciudad de La Paz de presidente del departamento. Este señor lo hizo teniente, lo mandó con pliegos al señor general y gran mariscal Antonio José de Sucre a la ciudad de Puno donde lo encontró, mas el mariscal Sucre viéndolo a un joven brillante, bien formado y de buena familia en la ciudad de La Paz, lo hizo capitán: en esa clase regresó. El general José María Pérez de Urdininea lo [f. 319ᵛ] graduó de sargento mayor en Chuquisaca. Después ascendió hasta ser general, vicepresidente y por último presidente de la República Boliviana.

[76] *Don Pedro Bedregal.* Natural de la ciudad de Puno. Sirvió el año de 1811 de soldado en el ejército argentino 'en la compañía de granaderos, y Lanza que estaba de teniente lo conocía mucho. Se presentó en Machaca el año de 1822, Lanza lo hizo teniente de caballería. Muy luego ascendió: el año de 1823 ya fue capitán de la tercera compañía de infantería: en esta clase triunfó las armas de la libertad. Fue nombrado gobernador de la provincia de Poopó. El año de 1836 fue fusilado en la ciudad de Oruro porque fue cómplice en una revolución que hubo en la Fortaleza de Oruro contra el gobierno supremo de la República que de presidente se hallaba el general Santa Cruz.

[77] *Don Lucas Aspiazu.* Natural del pueblo de Irupana en los Yungas de La Paz. El año de 1820 se vino de su país, se presentó al señor comandante general de los Valles, entonces don José Manuel Chinchilla, quien lo hizo cadete de la compañía de dragones de caballería. Cuando llegó el coronel don José Miguel Lanza lo alcanzó ya de alférez, lo hizo este señor Lanza teniente, luego lo hizo capitán de caballería, y al tiempo que salía para estos lugares el general

don José Miguel Lanza se desertó y quedó en su país el pueblo de Irupana.

[78] *Don Prudencio Dehesa.* Natural del pueblo de Coroico. Fue soldado distinguido de caballería. Fue alférez y en esta clase lo halló el triunfo de las armas de la libertad. Ascendió en el servicio y de coronel murió en la batalla de Yungay en el Perú.

[79] *Don Pedro Bustos.* Natural de Pica en los territorios del Perú. El año de 1823 por el mes de setiembre el general don José Miguel Lanza lo hizo de sopetón sargento mayor, luego jefe de estado mayor. Tuvo parte en la acción de Falsuri: después de la derrota se fue a la hacienda del Totoral en el cantón de Caracato donde estuvo escondido. Por el mes de diciembre fue a Machaca, su cuartel general del general don José Miguel Lanza. El año de 1824 lo hizo gobernador de Sicasica aprobando este nombramiento el presidente de la República Antonio José de Sucre. Siguió en esta clase algunos años más, después se retiró.

[80] *Don Pedro Bernal.* Natural del pueblo de Sicasica. El año de 1823 el general don José Miguel Lanza lo hizo abanderado. Ese mismo año tuvo parte en la acción de Falsuri, pampas de Quillacollo; después se fue con don Pedro Bustos por ser de su casa y familia.

[81] *Don Mariano Torrelio.* Natural de la ciudad de La Paz. Fue soldado cadete en una de las compañías de infantería. El año de 1824 el general Lanza lo hizo subteniente y en esta clase lo alcanzó el triunfo total en la acción de Ayacucho. Siguió sirviendo, ascendió. En el día es general de brigada.

[82] *Don Pedro Dehesa.* Natural del pueblo de Coroico en los Yungas de La Paz. Fue soldado cadete, después lo hizo el señor Lanza subteniente. En esta clase lo halló el triunfo total de las armas de la libertad en Ayacucho.

[83] *Don Bonifacio Games.* Natural de la ciudad de Santiago del Estero. Soldado de la escolta del señor general don José de San Martín. Se dispersó por la derrota al ejército de la Patria en Sipesipe el año de 1815, que se hallaba bajo las órdenes del señor general en jefe excelentísimo señor don José Rondeau ganando el excelentísimo señor general don José Joaquín de la Pezuela. Recaló a los Valles y el comandante general don Eusebio Lira lo hizo sargento de caballería. El año de 1824 el general don José Miguel Lanza lo hizo alférez de caballería.

[84] *Don Silverio Araníbar.* Natural del pueblo de Carasa. El año de 1824 se presentó al general Lanza. Ese mismo año fue nombrado subteniente y estando en dicha clase fue el triunfo de las armas en Ayacucho y se retiró del servicio.

[f. 320] [85] *Don Norberto Funes.* Natural de Tarija. Teniente. Más no se averiguó de sus servicios por ser del ejército.

[86] *Don Manuel Delgadillo.* Natural del pueblo de Morochata. Muy joven lo llevaron las tropas españolas prisionero de su pueblo. Fue soldado después. El año de 1824 se pasó de aquellas tropas. Sirvió en las de la libertad con mucho entusiasmo. El general Lanza lo hizo alférez de caballería y así que triunfó la Patria se retiró del servicio el año de 1825.

[87] *Don N. Chaves.* Oficial del ejército de la Patria, que no se averiguó más del tal oficial. De clase era subteniente.

[88] *Don N. Suárez.* Subteniente. Oficial del ejército de la Patria, que no se supo más para ponerle en este libro.

[89] *Don Manuel Ugarte.* Natural de la ciudad de Lima. Teniente primero. Oficial del ejército de la Patria.

[90] *Don Juan Fernández.* Natural de una de las ciudades del estado de Colombia. Subteniente.

[91] *Don José Félix Guevara.* Natural del estado de Colombia. Subteniente.

[92] *Don Marcelo Romero.* Chilote. Teniente primero.

[93] *Don Manuel Fonseca.* Natural de la ciudad de Chuquisaca. Nada más se averiguó, como era del ejército.

[94] *Don Faustino Acuña.* Natural de Lambayeque. El general Lanza lo hizo sargento mayor, que en el ejército de la Patria había sido teniente primero.

[95] *Don Juan Aldón.* Natural de la ciudad de Lima. En el ejército de la Patria era alférez y ascendió a capitán.

[96] *Don Panuel Paiva.* Natural de la ciudad del Cusco. Teniente primero.

[97] *Don Pedro Santa Cruz.* Natural de la ciudad del Cusco. Teniente segundo.

[98] *Don Bartolomé Navarrete.* Natural de una de las ciudades de la república de Chile. De clase capitán. El general Lanza lo hizo comandante.

[99] *Don Juan Gómez.* Natural de Ica. En el ejército de la Patria dicen era capitán, mas el general Lanza lo hizo en su tropa sargento mayor.

[100] *Don José Manuel Egoaguirre.* Natural de la ciudad de Tarapacá. Fue fusilado en la ciudad de Cochabamba.

[101] *Don José Curtinas.* Natural del pueblo de Taca en los Yungas de La Paz. Teniente primero.

[102] *Don José Calorio Velasco.* Natural de la ciudad de Lima. Coronel del ejército de la Patria. Estuvo prisionero confinado en la isla de Puno. Hizo fuga de allí, se entró a los Valles sabiendo que

en los Valles habían tropas de la libertad. Llegó al pueblo de Quime. El comandante de aquel pueblo don Narciso Portilla como no lo conocía ni menos qué clase tenía ni de dónde venía, no le dio el tratamiento que tenía; se molestó don José Calorio Velasco y se regresaba. En la cordillera de las Tres Cruces se encontró con el general Lanza: este señor le ofreció toda protección, lo volvió (con quien entró), y le cumplió la promesa que le hizo, lo hizo su segundo jefe y jefe de estado mayor. Lanza lo mandó por el mes de noviembre de 1824 a Cochabamba ande el general Olañeta a ajustar un tratado y no cumplió ninguno de sus artículos que le había dado el general Lanza en su instrucción, quebrantó todos ellos, se regresó de Cochabamba; el 21 llega a Machaca y mientras vaya el general Lanza al pueblo de Irupana lo dejó Lanza en su lugar a Calorio Velasco, y el 23 de octubre lo hace preso al comandante de infantería don José Martínez Párraga, el 24 lo fusiló. El 2 de diciembre en Capiñata se mató Calorio Velasco él mismo con una daga que había tenido, lo que es constante a todos los pueblos.

[103] *Don Rafael Lévano*. Natural de la ciudad de Lima. Vino con el ejército de la Patria de sargento y el general Lanza lo hizo subteniente. En esta clase lo encontró el triunfo total de la libertad. Siguió en el servicio y se desapareció: seguramente se iría a su país.

[104] *Don Andrés Revilla*. Natural de Majes en el Perú. Vino de sargento segundo en el ejército de la Patria el año de 1823. Se quedó en los Valles bajo las órdenes del señor general Lanza. Este señor lo hizo alférez.

[105] *Don Manuel Guzmán*. Natural de la ciudad de Lima. Moreno. Físico de uno de los cuerpos del ejército de la Patria.

[106] *Fray Toribio Niño de Guzmán*. Natural de la ciudad del Cusco. Padre prior del convento de la ciudad de Oruro de Nuestro Padre San Juan de Dios. Muy adicto a la causa de la libertad. Muy perseguido de los españoles vivía hasta que se vino a los Valles estando mandando el comandante general don José Manuel Chinchilla por noviembre de 1820 a padecer de necesidad, pero muy gustoso padecía y alegre sin arrepentirse un momento hasta que triunfó la causa de la libertad en Ayacucho.

[f. 320ᵛ] [107] *Don Juan Rojas*. Natural del pueblo de la Libertad (Chulumani). Fue soldado cadete en una de las compañías de caballería y el general Lanza lo hizo alférez.

[108] *Don Feliciano Dehesa*. Natural del pueblo de Coroico en los Yungas de La Paz. Sirvió de soldado cadete y el general don José Miguel Lanza lo hizo alférez. Siguió en el servicio hasta ascender a coronel. Después se retiró.

[109] *Don Casimiro Viscarra*. Natural de la ciudad de La Paz.

Se incorporó en la tropa del señor general don José Miguel Lanza muy cerca de la ciudad de La Paz y el general Lanza lo hizo subteniente y no se averiguó más si siguió sirviendo o no ya.

Ninguno se reputará agraviado, porque la presente lista se ha hecho religiosamente con mucha escrupulosidad. Si alguna cosa le falta no será por malicia sino por un equívoco y suplico le disimulen la falta involuntaria.

José Santos Vargas [autógrafo]

DOCUMENTOS INTERCALADOS EN EL TEXTO DEL DIARIO *

Núm. 1

[f. 22] *Proclama del rey don Fernando VII. Bayona, mayo 8, 1808* **

Nobles americanos: Estoy rodeado por todas partes. Soy víctima de la tiranía. Vosotros salvasteis la España en peores circunstancias y hoy, aprisionado, no os pido la corona pero sí que vindiquéis, arreglando al plan con las provincias inmediatas vuestra libertad, de no admitir yugo extranjero, y sujetéis a este pérfido enemigo que despoja de sus derechos a vuestro desgraciado príncipe. = Fernando = Bayona, 8 de mayo de 1808.

Núm. 2

[f. 22] *Proclama de la Junta de Regencia. Gaceta de Cádiz, febrero 14, 1810* **

Desde este momento, españoles americanos, os veis elevados a la dignidad de hombres libres: no sois ya los mismos que antes, encorvados bajo un yugo mucho más duro mientras más distantes estabais del centro del poder, mirados con indiferencia, vejados por la codicia y destruidos por la ignorancia. Tened presente que al pronunciar o al escribir el nombre del que ha de venir a representaros en el congreso nacional, vuestros destinos ya no dependen ni de los ministros, ni de los virreyes, ni de los gobernadores; están en vuestras manos.

Núm. 3

[f. 23ᵛ] *Proclama trazada por el plenipotenciario representante de la junta de Buenos Aires don Juan José Castelli y pronunciada por el primer general del ejército de la Patria don Antonio González Balcarce*

* Todos los documentos que siguen se encuentran intercalados en el texto del *Diario* en las fojas correspondientes. Se ha encontrado más conveniente reunirlos en orden cronológico en una sola sección especial por las razones que se explican en la Introducción, donde también se hace una discusión sobre ellos.
** Estos dos documentos van en copias autógrafas y fragmentarias de Vargas, sin ninguna referencia ni a la fuente del núm. 1 ni al propósito que el autor tuvo para intercalarlos.

[423]

el 25 de mayo de 1811 en el campamento de Tiahuanacu a los batallones de su mando *

Soldados:

Hoy se cumple el primer aniversario de la instalación del gobierno que felizmente ha restituido a los habitantes de todas las provincias del Río de la Plata el goce de la libertad, propiedad y seguridad, que por más de tres siglos les había usurpado la tiranía. Vosotros sois los que habéis sostenido con brazos de bronce la obra más difícil y gloriosa que ha podido emprender el pueblo americano; y la Patria ha depositado justamente su confianza en vuestro valor, intrepidez y virtuosa firmeza. Todas las penurias y trabajos que experimentáis en la actual campaña se dirigen a cimentar esta grande obra y son otros tantos testimonios de vuestro heroísmo. Resignaos a terminar esta empresa atropellando todos los peligros que se presenten y sufriendo con presencia de ánimo cuantas penalidades os ocurran. Estoy seguro de que el interés general es para vosotros un estímulo demasiado urgente; mas aun cuando no lo fuese, bastaría para conmover vuestra sensibilidad [f. 24] el triste espectáculo de estos antiguos monumentos aniquilados por la ambición y arruinados por la política de un gobierno ingenioso para destruirlo todo e incapaz de edificar cosa alguna. Escuchad los clamores de esos últimos residuos de la magnificencia de nuestros antepasados y vengad su memoria ultrajada en los mismos monumentos de su grandeza. En fin, nada os desmaye: en vuestras manos está la libertad de la Patria y la suerte de las generaciones venideras; ellas serán felices y su felicidad será el más justo elogio de vuestra virtud. Yo no me separaré de vosotros hasta volveros triunfantes a los brazos de vuestras caras esposas y de vuestros tiernos hijos que os saldrán a recibir publicando la libertad que os deben. Entonces descansaréis de vuestras fatigas, y vuestra mayor satisfacción será poder decir a la faz del mundo entero: La América del Sur debe su libertad a los heroicos esfuerzos de los habitantes de las provincias del Río de la Plata.

Núm. 4

[*Conjuración de Martín de Alzaga contra la Patria en Buenos Aires*].

* Impresa. Corresponde a las páginas 31-32 de un opúsculo coetáneo no identificado. El texto del *Diario* se refiere a ella en el "Prefacio al prudente lector" (f. 4ᵛ).

[f. 25] *Gazeta ministerial del gobierno de Buenos-Ayres.*
Viernes 10 de julio de 1812 *

Aunque la causa santa de la libertad, que con tanta gloria sostiene el pueblo americano, no tuviera en su favor tantos títulos de justicia, bastaba una ligera observación sobre la providencia especial con que la protege el Altísimo para que los hombres prosternados venerasen los decretos eternos con silencio religioso desistiendo del empeño vano de destruir el orden admirable de los sucesos.

Las victorias memorables del 12 de agosto de 1806 y 6 de julio de 1807 contra los ingleses; la instalación de la libertad en el glorioso día 25 de mayo de 1810; la uniformidad de todas las provincias al voto de la capital; el éxito feliz de las primeras empresas: el triunfo de nuestras pequeñas divisiones en Córdoba, Suipacha, San José y las Piedras; el empeño heroico de todos los pueblos en sostener sus derechos paralizando con esfuerzos admirables las miras ambiciosas del vencedor de Huaqui mientras que la capital reparaba los quebrantos que había causado aquella vergonzosa derrota; el oportuno restablecimiento de nuestras relaciones amistosas con la corte del Brasil; y el paso majestuoso con que caminan a la independencia las provincias del Río de la Plata destruyendo con energía los obstáculos que le han opuesto la ambición y el despotismo en el curso de 26 meses: ¿quién no ve en la naturaleza y en las circunstancias de estos acontecimientos el brazo fuerte del Eterno? Solamente una orgullosa obstinación podía desconocer la realidad de tantos prodigios. Abandonados los enemigos del pueblo americano al impulso de las pasiones más furiosas y desconociendo la fuerza superior que había trastornado sus anteriores empresas, meditan en silencio dar un golpe mortal a la vida de la Patria, forman sus combinaciones, delinean sus planes, y cuando se gloriaban ya del triunfo se descubre el proyecto, se desploma el edificio y quedan todos sepultados bajo de sus ruinas.

Una considerable parte de los españoles europeos de esta capital se preparaba con un sigilo [f. 25ᵛ] inviolable a una conspiración sobre un plan el más horroroso y que no podrá leer la posteridad sin estremecerse. Habían ya tomado sus medidas para una sublevación en una de aquellas noches en que el descuido o la confianza de los destacamentos militares consultase mejor un resultado feliz. Estaba confiada la dirección del proyecto al español Martín Alzaga de cuyo carácter turbulento y emprendedor tenían repetidas pruebas.

A este fin habían formado sus compañías y tercios con los corres-

* Copia autógrafa de Vargas. Obviamente dirigida a ilustrar sobre la actitud de los españoles para con la independencia de sus colonias americanas. Intercalada (f. 25-29) sin explicación.

pondientes oficiales. El padre bethlemita fray José de las Ánimas tenía el mando en jefe de la caballería. El Hospicio de la Convalecencia debía ser el punto de reunión de todos los conjurados. Su primera diligencia era tomar el santo de la guardia de Barracas, que tenían ya comprada, y como contaban con el auxilio de todos los retirados españoles debían ocupar todos los puntos encargados a su custodia poniendo sus armas en los conjurados más conocidos por su valor y pericia. Inmediatamente se destacarían patrullas numerosas para sorprender a las nuestras que encontrasen por las calles y aumentar de este modo su armamento.

La caballería estaba destinada a sorprender el parque de artillería y custodiar los estramuros para que nadie pudiera escaparse. La infantería debía dirigirse a sorprender el cuartel de artillería, el de los tercios cívicos y el del regimiento Número 2. Desde allí marcharía reunida a tomar el fuerte, para cuyo intento tenían meditado sacar de su casa al sargento mayor de la plaza y obligarlo a que llamase y pidiese que se le abriera la puerta principal de la fortaleza, en cuyos momentos debían cargar sobre ella un cuerpo de 300 hombres, y otro de 400 atacaría por la puerta del socorro de cuya cerradura habían tirado los diseños en cera y tenían la correspondiente llave. Si esta tentativa no surtía el efecto deseado pensaban fortificarse en la recoba y rendir por hambre a la guarnición.

La empresa debía realizarse a las 2 de la mañana con el fin de aprovechar todas las ventajas de la confusión. Luego que amaneciese harían sus señales para que los marinos bajasen [f. 26] los auxilios convenidos, y a efecto de evitar todo movimiento por parte de los americanos y hacer más respetable su fuerza y el triunfo más seguro, se publicaría a aquella hora un bando imponiendo la pena de muerte al hijo del país que saliese de su casa y al español europeo que no se les reuniese con todas sus armas.

Estos eran los medios acordados para realizar la sublevación. Pasemos ahora al objeto.

Conseguida la victoria serían arrebatados, fusilados y colgados inmediatamente todos los individuos del gobierno, los primeros magistrados, los ciudadanos americanos de crédito y patriotismo y los españoles más adictos al sistema. Posteriormente serían enviados a Montevideo y a otros puntos todos los hijos del país, los indios, las castas y los negros, porque el proyecto era que no hubiese en esta capital un solo individuo que no fuese español europeo exceptuadas las familias de los conjurados, haciendo venir a los europeos de los pueblos interiores para llenar el vacío que resultaría necesariamente de esta medida. Como ellos no dudaban de la victoria tenían ya formado el manifiesto político-moral para jurar la regencia, tranquilizar al pueblo y consolar a las afligidas madres, hijas y esposas que debían perder a sus hijos, padres y maridos en esta empresa sanguinaria y diabólica. La capital sería mandada en jefe por el autor de la conspiración Martín Alzaga, sin reconocer dependencia del gobernador de Montevideo hasta la decisión de las cortes, porque el fin era restablecer el ascendiente de los españoles y volver a los americanos a una situación mil veces más servil que la pasada. [Nota al pie:] Así consta del proceso formado con motivo de la conjuración. La proclama se publicaría sin pérdida de instantes luego que no sea necesaria para la continuación de las diligencias judiciales. [Hasta aquí la nota.] Este era el proyecto meditado y el plan con que debía ejecutarse. Pero Dios que siempre vela sobre la vida del inocente proporcionó el descubrimiento de la conjuración en los momentos en que debía realizarse. Uno de los conjurados [f. 26^v] se produjo incautamente delante de un esclavo. Este infeliz, sensible a los gritos de la razón y de la humanidad, presintiendo las consecuencias funestas de este horrible atentado, comunica a una persona de su confianza lo que acababa de oir, y por este conducto llegó a noticia del gobierno. Descubierta la conspiración, a las primeras indagaciones tres de los principales conjurados fueron aprehendidos, fusilados y puestos a la expectación pública. El traidor Martín de Alzaga luego que sintió la novedad escapó de su casa con el objeto de fugarse pero fueron vanas sus tentativas, no le valió su dinero ni sus intrigas: incorruptible la lealtad del pueblo americano proporcionó su arresto, cayó en manos de la justicia y pagó condignamente sus horrendos crímenes contra la Patria.

Nada hay que pueda compararse a la iniquidad de estos hombres perversos sino la virtud, la grandeza, la noble generosidad, el heroico entusiasmo del pueblo ilustre de Buenos Aires. Apenas se divulgó la noticia cuando todos los ciudadanos desatendiendo sus talleres y abandonando sus familias y su sosiego toman sus armas y vuelan a los cuarteles para salvar la Patria y morir gloriosamente en su defensa. Antes de dos horas se hallaron reunidos más de 6000 hombres: agitados del contento y la alegría se daban los parabienes por la ocasión que se les había presentado de acreditar su verdadero patriotismo; mezclados con nuestros valientes veteranos custodian la ciudad, reconocen todos los puntos de peligro, arrestan a varios delincuentes y con una moderación de que no hay ejemplo en la historia de las revoluciones los presentan a la autoridad sin ultrajarlos ciñiendo su entusiasmo a las reglas justas del orden y de la subordinación.

Asistió el pueblo a presenciar las ejecuciones de los reos con aquella majestad que le distingue. En el acto de verificarse la justicia se oía un grito unísono y concertado que decía: "Viva la Patria; mueran los traidores; [f. 27] viva la libertad; perezcan los tiranos". Las músicas tocaban las marchas patrióticas y el pueblo entonaba sus himnos al triunfo de la libertad de la Patria contra los esfuerzos de la traición y de la tiranía. Era el concurso de los más numerosos: ancianos, jóvenes, niños y mujeres, todos asistieron a complacerse en la destrucción de estas fieras, monstruos de la humanidad que intentaban bañar sus manos sacrílegas en la sangre preciosa de sus esposos, de sus hijos, de sus padres y de sus amigos. Los patriotas y los ciudadanos de facultades todos se abrazaban tiernamente y llorando de placer tiraban crecidas sumas de dinero a la multitud haciendo esta especie de elevación a las glorias de su digna Patria. En medio de este entusiasmo resplandecía la virtud de un modo capaz de conmover las almas más insensibles. No se cometió un solo exceso contra las personas y propiedades de los españoles europeos, aun de aquellos cuya oposición al sistema es notoria a todas las clases del Estado.

¡Pueblo ilustre, pueblo heroico de la capital, tú eres sobre todos los pueblos de la tierra el más digno de la libertad y de la dicha! ¡Militares de los cuerpos veteranos, vuestra lealtad y valor son el asunto de los elogios de vuestro gobierno! ¡Individuos honrados y beneméritos de la guardia cívica, vuestro generoso patriotismo es el objeto de la gratitud universal y el asombro de los enemigos del Estado! ¡Magistrados respetables, dignos sacerdotes del Señor, vuestro celo por el sosiego y la seguridad pública es el garante mejor de nuestra felicidad! ¡Mujeres heroicas de la América del Sur, vuestro entusiasmo por la libertad ocupará muchas páginas en la historia de nuestra gloriosa revolución: superiores a vuestro sexo, anunciáis al pueblo americano una posteridad venturosa! [f. 27^v] ¡Ciudadanos de todas las clases, vuestras virtudes os hacen dignos del respeto y de la admiración de las naciones! ¡Españoles, uníos a nuestra causa, desistid ya del temerario empeño de dominar unos pueblos en que hasta las mujeres han jurado morir defendiendo la libertad al lado de sus padres, de sus hijos y de sus esposos: venid a nosotros y haremos dichosa nuestra descendencia!

El asunto de la presente conjuración ofrece a primera vista varias reflexiones que llaman la atención del hombre filósofo. Martín Alzaga, en una edad sexagenaria, con un caudal ingente, en un predicamento respetable en la sociedad, con una mujer y catorce hijos, enlazado con muchas familias de esta capital, ¿qué objeto pudo inducirlo a un proyecto tan horroroso? Si triunfaban los conjurados, ¿podía acaso ignorar que la desolación de tantas familias huérfanas debía causar la desgracia eterna de estos preciosos países? Las esposas que vieran sus lechos salpicados en la sangre de sus maridos, los padres que con la muerte de sus tiernos hijos perdían el apoyo de su vejez, las madres que habían presenciado el horrendo asesinato del objeto de su amor y de sus delicias, el amigo a quien se le despojaba del consuelo de su vida, ¿podían dejar de aborrecer eternamente a los autores de su desgracia? ¿Perderían la menor ocasión de vengar en la sangre de sus tiranos la afrentosa mancha con que se habían marcado sus familias? Si sucumbían los conjurados en la empresa, ¿quién hubiera podido contener el furor de un pueblo justamente indignado? ¿Cuál habría sido la suerte de tantos españoles sensatos y beneméritos que hacen hoy la felicidad de tantas familias americanas? Ah, desgraciada capital de las Provincias Unidas: los malvados te habían condenado a todos los horrores de la muerte y de la desolación por satisfacer su orgullo delincuente y sus miras ambiciosas. Los mismos españoles celebrarán el triunfo de la Patria sobre sus pérfidos paisanos porque el resultado feliz de la conjuración no podía librarlos de la amargura y del llanto [f. 28] de tantas familias a que están ligados con los vínculos más estrechos de la sociedad.

¿Y qué motivo han podido tener estos españoles desnaturalizados para haber decretado nuestro exterminio? ¿Por qué razón los americanos naturalmente hospitalarios, francos y compasivos no recogen otro fruto de estas apreciables virtudes que la ingratitud de los mismos a quienes reciben en su seno, a quienes alargan una mano socorredora y a quienes dan sus hijas, su confianza y su corazón? ¿Por qué fatalidad desprecian la justicia de nuestra causa, la humanidad de nuestro carácter y los bienes que deben prometerse de nuestra transformación política? Cuando los españoles hubieran recibido algún agravio en nuestra mudanza, ¿acaso sería disculpable el odio fiero que profesan a sus mismos hijos? Pero sucediendo lo contrario parece increíble que pudieran abrigar en sus pechos un encono capaz de precipitarnos en todas las desventuras.

Ellos gozan mayores ventajas que en el antiguo sistema. Mientras que el infeliz americano arrastra todas las fatigas y los peligros de la guerra, ellos mantienen su comercio libre con todas las naciones, tienen expedito el ejercicio de las artes, franco el uso de sus bienes, se respetan sus propiedades, conservan sus relaciones, disfrutan de todas las ventajas de los nuevos establecimientos, y viven seguros en el seno de sus familias bajo la protección del gobierno y de las leyes. Ellos gozan del derecho de ciudadanos, obtienen la posesión de sus antiguos empleos y son llamados a todas las dignidades del Estado. Aquellos españoles generosos que convencidos de la justicia eterna de nuestra causa se han unido al pueblo americano para sostener sus derechos indisputables ocupan cargos honoríficos en la milicia, en la magistratura, en la diplomacia y en todos los ramos de la administración pública, y ganando con su patriotismo la confianza del gobierno y la estimación de los pueblos participan como los americanos de las distinciones del honor, y gozan tranquilos las dulzuras de la fraternidad.

¿Y qué no ha hecho que haya podido hacer [f. 28ᵛ] el pueblo americano en favor de los españoles sus hermanos y compatriotas? ¿No les ha convidado mil veces con la más sincera amistad? ¿No les ha llamado y permitido otras tantas volver a su madre patria si el nuevo sistema de nuestro gobierno discordaba de sus principios? ¿No les ha dejado en la posesión de sus erradas opiniones? "Sí, pero esto no basta", dicen los ingratos en su corazón. "Los americanos han establecido una perfecta igualdad con los europeos y este atentado cometido contra nuestro orgullo se mirará como un crimen imperdonable. Es necesario recobrar el antiguo esplendor de los conquistadores nuestros antepasados y lavar con la sangre americana la injuria que se ha hecho al nombre español. Nosotros los hemos educado en la servidumbre y en el abatimiento, hemos conseguido que el nombre de criollo se confunda con el de un esclavo, les hemos persuadido que los españoles forman una raza privilegiada de la naturaleza, y que en diciendo español todas las naciones tiemblan. ¿Qué se dirá, pues, de nosotros si consentimos en la degradación de suscribir a esa perfecta igualdad política poniéndonos al parangón de los criollos? No, más vale perecer que rebajar nuestro elevado carácter".

He aquí el origen del fanatismo que los devora y del odio inextinguible que nos profesan. Faltos de recursos para trastornar el sistema, manifiestan en los semblantes su desagrado. Se niegan a franquear el más pequeño socorro a las urgencias de la Patria, celebran en sus tertulias los triunfos de los enemigos, huyen de nuestras sociedades, inventan mil calumnias contra nuestras costumbres, invocan el auxilio de una fuerza extranjera, prodigan sus bienes para engrosar el poder de los tiranos, y viendo la nulidad de estos arbitrios, sordos a la voz de la razón, de la justicia, de la humanidad y de la naturaleza, traman una conspiración para derramar la sangre de sus propios hijos. ¡Barbarie inaudita! Acaso no presenta ejemplar de esta especie la historia de las fragilidades del hombre. Decretar la destrucción de su sangre por obtener un ascendiente quimérico en la sociedad, [f. 29] intentar la muerte o esclavitud de sus hijos para que no sean iguales a sus padres, arrancarles cruelmente una vida preciosa sólo porque desean ser libres, ¡qué asombro, qué escándalo para las mismas fieras!

Era preciso que hubiera sucedido la revolución de la América española para ver de todo lo que es capaz el hombre entregado a la fuerza de las preocupaciones y a la exaltación del fanatismo. Estos hombres que no se atrevieron a sublevarse en otros tiempos contra

1500 extranjeros que conquistaron la capital para perpetuarla en la clase de colonias, intentan ahora aniquilar a sus propios hijos sin embargo de reconocer un mismo soberano, unas mismas leyes y una misma religión, y proporcionar a sus padres las ventajas de la igualdad política y de la libertad civil. ¡Desgracia lamentable! Pero no hay remedio, españoles: la libertad de la América está decretada, los pueblos quieren ser libres y lo serán porque los americanos todos se han unido para sostener sus derechos y la providencia protege visiblemente su causa. Deponed ese encono injusto e impotente. El que de vosotros demuestre con actos positivos e indudables su adhesión al sistema de la libertad tiene un derecho de justicia al premio de su mérito y de sus virtudes; el que se declare enemigo toma sobre sí las consecuencias de su imprudente obstinación. Americanos, volved a la quietud de vuestras casas, que el peligro desapareció ya de vuestros hogares y el gobierno vela sobre la seguridad interior.

Núm. 5

[f. 30] *Contesto del señor general en jefe del real ejército don Joaquín de la Pezuela al cabildo constitucional de la ciudad de Cochabamba.* Chuquisaca, diciembre 12, 1813 *

He leído el papel que por medio de sus diputados me ha dirigido vuestra señoría, fecha de 29 de noviembre último, manifestando a nombre del vecindario de esa desgraciada ciudad su obediencia al rey y a todas las autoridades legítimas, exponiendo que la fuerza y el engaño motivaron sus pasados extravíos y delitos, implorando el perdón en favor de su actual sumisión y arrepentimiento y protestando mantener el orden en la ciudad hasta la llegada del jefe de ese gobierno. Antes de sentar mi contestación quiero dar una rápida ojeada sobre la conducta que han observado la ciudad de Cochabamba y su provincia desde los principios de la infeliz revolución en estas partes de la América meridional.

Sujetada la rebelión de La Paz por mi antecesor el señor Goyeneche con el ejemplar castigo que hizo en varios de sus agentes principales, fue Cochabamba la primera que incurrió en el propio crimen: en cuanto regresó aquel jefe a su presidencia del Cusco, presentándose sus habitantes en Aroma con las armas en la mano atacaron a un batallón de 700 hombres que marchaba bajo las órdenes del señor comandante general Piérola, destrozaron enteramente derrotándolos

* Copia autógrafa de Vargas sin indicación de procedencia. El texto del *Diario* se refiere a ella en el curso del año 1813 (f. 34^v).

muy completamente, haciendo mucha carnicería en las tropas del rey, uniéndose luego a las tropas del caudillo Castelli al que auxilió por todos los medios posibles y reforzó con gran número de gente armada, principalmente de caballería.

La derrota que los cochabambinos sufrieron con las demás tropas rebeldes en los campos de Huaqui y Jesús de Machaca, en vez de reducirlos al deber fue su provincia el principal asilo de los prófugos y criminales, y amonestada por el [f. 30^v] general Goyeneche desde Oruro a que sometiesen a las autoridades legítimas, recibió por respuesta que 60,000 cochabambinos se hallaban dispuestos a recibirlos siempre que tratase de ir a ella. En efecto, bajo las disposiciones del caudillo Díaz Vélez organizó muy considerable número de tropas obligando al ejército real a dirigirse contra ellas desde Oruro, lo que motivó la sangrienta acción de Sipesipe. Estaba en el orden que experimentase Cochabamba un castigo proporcionado a sus crímenes pero no fue así: mi piadoso antecesor dio libertad a todos los prisioneros de aquella jornada, perdonó absolutamente a aquellos rebeldes.

¿Cuál fue la correspondencia de Cochabamba a la generosidad de aquel jefe? Apenas pasó a Potosí reincidió en su crimen, hizo nuevos aprestos hostiles con más aparatos que antes y fueron a atacar a Oruro donde se hallaban una corta guarnición de las tropas del rey, pero a pesar de otras ventajas que tenía el caudillo de las tropas insurgentes Esteban Arze, por todo esto fue necesario volviese el ejército del rey y se dio la acción en los altos de Pocona.

Castigados en ella duramente los cochabambinos y siguiendo el ejército vencedor sus marchas contra la capital recibió aquel general en la hacienda de Clisa una diputación implorando el perdón con promesa de entregarla: fuéles concedida la gracia, mas al día siguiente al aproximarse las tropas del rey bajo la confianza y seguridad que debían prometerse fueron recibidas de esos ingratos rebeldes con un fuego horroroso de artillería, de cuyo monstruoso hecho justamente indignado aquel benigno jefe ordenó el saqueo de la ciudad y castigó con pena de [f. 31] la vida a un cortísimo número de sus principales revolucionarios.

Estos hechos convencieron al general del rey que sólo la fuerza podía contener el furor de los insurgentes de Cochabamba y a su retirada dejó establecida una guarnición muy respetable a que se debió el tal cual sosiego y orden que conservaron hasta el suceso de Salta, que precisa a replegarla a Oruro.

Al momento mismo de esta retirada volaron sus diputados a Belgrano llamándole con la mayor instancia y ofreciéndole todos los recursos de la provincia, lo que cumplieron religiosamente abasteciendo con profusión al ejército porteño con víveres, caballería y soldados hasta la batalla de Villcapujyo a que concurrieron muchos de ellos, y otros llegaron un día más tarde.

La dispersión que tuvo el ejército enemigo después de esta batalla, extenuado con la pérdida de toda su artillería, de gran número de fusiles y de mucha parte de sus oficiales y tropa, presentaba una ocasión muy fácil y oportuna a los cochabambinos para impedir la reunión de aquellos derrotados, apoderarse de los pocos y débiles caudillos que quedaron en su provincia y comprobar que efectivamente habían estado oprimidos por la fuerza; pero fue diametralmente opuesta su conducta: concurrió con el mayor empeño a la reorganización del ejército desbaratado y le franqueó más auxilios que nunca de víveres, caballerías y gente hasta la batalla [f. 31ᵛ] última de Ayohuma.

Fue tan decisiva ya ésta y tan absoluta su destrucción del ejército insurgente que no podía quedar a los cochabambinos el más leve temor de sus caudillos ni la esperanza más remota de que pudieran sus amigos y patrones reponerse de su ruina. En tales circunstancias poco mérito hubiera sido para granjearse la indulgencia del gobierno legítimo el que hubiesen aprehendido a Arenales y sus principales secuaces que existían inermes en su capital y provincia embarazados para la fuga con multitud de cargas fruto de sus enormes robos: mas muy distantes de semejante pensamiento les han auxiliado para ponerse expeditos con los transportes necesarios, y después de darles estas últimas pruebas de su amor y consecuencia es que se determinan a dirigir al general del rey dos diputados con una carta mezquina suscrita de solos tres individuos que se dan la atribución de cabildo constitucional, protestando sumisión e implorando el perdón.

En toda la serie de estos públicos hechos no advierto uno que pueda inspirar una confianza racional, nada que indique sinceridad en los ofrecimientos de ese vecindario: todo representa su temor servil de un castigo bien merecido y que no puede eludirse.

No obstante, mi corazón es compasivo, es poderosa la intercesión del prelado dignísimo y me decido a la clemencia hasta donde pueda extenderla. Bien comprenderá vuestra señoría que ella no es aplicable a los caudillos y agentes [f. 32] principales del desorden, ni puede apetecerlo ese vecindario si es cierto que detesta sinceramente los yerros cometidos y de no reincidir cuarta vez en ellos. Preciso es, pues, que vuestra señoría y esos habitantes en concurrencia de las autoridades legítimas propendan con incesante empeño a la captura de los subvertores que existan en esa ciudad y sus contornos y a la persecución de los prófugos, a consolidar inalterablemente el orden político y civil, a reorganizar todos los ramos de contribuciones públicas y auxiliar al ejército real con algunas subvenciones extraordinarias: que coadyuven, en fin, con todo su influjo a que se llenen los importantes objetos que bajo las correspondientes mis instrucciones debe consultar el comandante de la partida que he destinado a esa capital y su provincia. La docilidad de esos moradores a mis equitativas determinaciones será la piedra de toque que fije mi vacilante concepto en orden a la ingenuidad de los sentimientos que expresan, y arreglará mi conducta subcesiva respecto de ellos. = Dios guarde a vuestra señoría muchos años. = Cuartel general en La Plata, diciembre 12 de 1813. = Joaquín de la Pezuela. = Señores del cabildo constitucional de la ciudad de Cochabamba.

Núm. 6

[*Bando publicado por orden del director interino del Estado en Buenos Aires don Ignacio Álvarez dando a conocer noticias llegadas de España y de Brasil sobre nuevos aprestos bélicos de la corona de España y las disposiciones adoptadas para hacerles frente. Buenos Aires, setiembre 24, 1815*] *

[f. 46] El Director interino del Estado en Buenos Aires:
Por cuanto he tenido a bien dirigir con esta misma fecha a los habitantes de todas las provincias de mi dirección una proclama del tenor siguiente:

Ciudadanos: Han llegado a mis manos por conductos fidedignos un decreto del rey de España y las noticias que copio a continuación:
"*Gazeta de Madrid* de 23 de mayo de 1815.
"*Artículo de oficio* = Circular del ministerio universal de Indias = El rey nuestro señor se ha servido expedir el decreto siguiente = Desde que tuve la dicha de volverme a ver libre entre mis amados vasallos, una de mis primeras atenciones fue el procurar poner término a las calamidades que afligen a varias provincias de América auxiliando eficazmente los esfuerzos de los buenos americanos que trabajaban para conservar en aquellos hermosos países la tranquilidad de que tanto necesitan, al mismo tiempo que me hallaba dispuesto a recibir como verdadero padre a los que conociendo los males que acarreaban a su patria con su conducta temeraria y criminal quisieran reconciliarse cordialmente. Con este fin se dispuso desde luego la expedición al mando del teniente general don

---

* Copia autógrafa de Vargas sin indicación de fuente. Se publicó en Buenos Aires en la forma ordinaria de los bandos como cartel mural de 37 × 60 cm. (Biblioteca Nacional de Bolivia, Manuscritos). El texto del *Diario* señala el lugar de su intercalación con manecillas en el mes de junio de 1815 (f. 45ᵛ) sin más explicaciones.

Pablo Morillo, la cual a pesar del estado a que había quedado reducida la nación después de la desastrosa guerra que tan gloriosamente acababa de terminar, en breve se compuso de 10000 hombres efectivos habilitados superabundantemente de la artillería y demás efectos correspondientes a cuantas operaciones militares tenga que emprender. El primer destino que se pensó dar a esta expedición fue socorrer la plaza de Montevideo cuya benemérita guarnición y vecindario se habían hecho tan acreedores a ello, y contribuir [f. 46^v] a la pacificación de las provincias del Río de la Plata; pero las circunstancias que sobrevinieron durante su habilitación, lo adelantado de la estación, la lastimosa situación en que se hallaban las provincias de Venezuela y la importancia de poner en el respetable pie de defensa que conviene el istmo de Panamá, llave de ambas Américas, decidieron mi ánimo a dirigir la expedición a la Costa Firme donde probablemente habrá llegado según los avisos oficiales que se tienen de que el 28 de febrero último se hallaba reunida a la altura de Canarias con la mayor felicidad, y son de esperar los más ventajosos resultados de la prudencia y talentos de los jefes que la mandan y de la disciplina y buena disposición de sus tropas. Para operar en combinación con ellas han salido últimamente de Cádiz 2500 hombres más en otras dos expediciones del mando del mariscal de campo don Alejandro de Hone y del brigadier don Francisco Miares, con dirección al istmo de Panamá, llevando los cuerpos que las componen el armamento y correaje necesario para aumentar su fuerza además del correspondiente a 2000 hombres de infantería y 800 de caballería que con el menaje de compañías que pueden necesitar cuatro batallones se dirigen al Perú. No obstante esto, deseando proporcionar iguales auxilios a las demás provincias de ultramar cuya situación lo exija, y que se hallen prontas a tiempo oportuno las tropas destinadas tanto a la América del Sud como a Nueva España, he determinado que se reúna un cuerpo de 20000 hombres de infantería, 1500 de caballería y su artillería correspondiente con el objeto de acudir al punto donde convenga sofocar al germen revolucionario y hacer respetar las autoridades legítimas cuando no basten [f. 47] los medios de dulzura que me dicta mi corazón y a que me hallarán dispuesto siempre que los procuren de buena fe. Con este objeto se prevendrá lo conveniente a la comisión de reemplazo establecida en Cádiz a fin de que reúna los medios de toda especie que sean necesarios en proporción a 25000 toneladas que deberán estar prontas desde principio de setiembre próximo hasta mediados de octubre. Tendréislo entendido y dispondréis lo conveniente a su cumplimiento. = Rubricado de la real mano en palacio, 9 de mayo de 1815. = A don Miguel de Lardizábal y Uribe.

"Río de Janeiro, 18 de agosto de 1815. = La expedición española desembarcó felizmente en las costas de Caracas. La ferocidad no perdonó mujeres ni niños: hacen ascender a un número increíble los habitantes de aquellas provincias que fueron pasados a cuchillo. Se armaron en masa, volvieron sobre los españoles, destrozaron completamente la primera división de su ejército tomándoles 2000 prisioneros. El resto se encerró en Santa Marta en cuya plaza se hallan sitiados por los insurgentes. Estas noticias son contestes en tres cartas de comerciantes ingleses residentes en el Janeiro.

"Id. 21 P. a O. El navío San Pablo voló poco después de haber desembarcado la expedición. Se perdió toda la tripulación y todos los caudales destinados al pago de las tropas. Luego que la expedición entró en la capital pasó a cuchillo para escarmiento un tercio de la población, cuya bárbara conducta indignó de tal modo a sus habitantes que levantados en masa volvieron sobre sus agresores escarmentándolos terriblemente".

Uno y otro documento prueban que el rey Fenando [f. 47ᵛ] y los españoles han apovechado bien poco en la escuela de las desgracias, que se debe morir por no pertenecer a una nación incapaz de civilizarse, ni obedecer a un rey que manda verdugos y asesinos para tranquilizarnos, y que este solo título si otros mil faltasen justificaría delante del cielo nuestra causa. Estos son, ciudadanos, los sentimientos del gobierno, sin que haya consideraciones de política que le prohíba publicarlos. Para los españoles uno es el destino del inocente y del culpable. El león está herido de muerte, desesperado no busca sino víctimas. España va a ser sumergida en el caos de su antigua barbarie: una larga cadena de injusticias y de crímenes horrendos la llevan, sin que lo conozca, a su término. Quiere en vano hacer a los americanos partícipes de un castigo que ella sola merece. Si algún delito hemos cometido es haber tratado con piedad en nuestros triunfos a unos hombres que no pertenecen a la naturaleza sino como monstruos, haber creído alguna vez que los que derraman a nombre de Dios ríos de sangre podrían jamás reconciliarse y esperar, como en Caracas, a ver por nuestros ojos los ejemplos atroces de su furor para consagrar a la venganza la resolución y los esfuerzos que nos inspira el deseo de la libertad y de la gloria. Por fortuna estamos aún en tiempo de reparar estos yerros: la lucha empieza ahora y reservamos para lo subcesivo el dar pruebas de cuanto nos corrige un desengaño.

No temáis, oh pueblos, esas fuerzas que se dicen destinadas a sofocar el germen revolucionario ni el influjo que pueden tener en nuestros negocios los trastornos de la Europa: conocido el espíritu del rey Fernando y de los españoles, nosotros [f. 48] no corremos sino un solo riesgo: cuando se creyó menor expusimos la vida por amor de la Patria, y la perdieron con honor en sus aras los que hoy viven en nuestra memoria con reconocimiento, pues no es otro el sacrificio que se nos exige en medio de los más grandes peligros ni está en nuestra elección el rehusarlo. Ved lo que aprovechó a los infelices caraqueños el haberse rendido: si no se hubiesen dejado alucinar de vanas esperanzas serían en este momento el objeto de nuestra admiración como ahora lo son de nuestras lágrimas. Nuestros recursos no se han agotado aún ni podrán faltarnos mientras que el odio a los españoles reine en nuestros pechos. La libertad nos cuesta hasta aquí muy pocos sacrificios y es preciso ser todavía más pobres para que merezcamos gozarla tranquilos.

Por ahora bastan las medidas ordinarias de defensa a que consagro todos mis cuidados. Para aumentar nuestra fuerza de línea se han pedido reclutas al Perú y al Paraguay hasta el número de 8000 que deberán disciplinarse en esta capital y podrán estarlo antes que las fuerzas españolas pisen nuestras playas. A más de ellas cuento con 1000 hombres de caballería reglada sin salir del territorio de esta ciudad y su campaña. Las provincias bajas proporcionarán cuando menos igual número. Las milicias cívicas mejoran cada día su disciplina y los peligros no hacen más que reanimar su coraje. Nuestro armamento jamás se ha visto en un pie tan brillante, y espero nuevas remesas de este artículo. Un parque soberbio de artillería, trofeo de nuestro valor, comprado con sangre y con trabajos, no servirá ya a los enemigos sino de escarmiento. Los pueblos me han ofrecido todo género [f. 48ᵛ] de auxilios para cuando llegue el caso de necesitarlos, y nunca podrá enviar el rey la mitad de las fuerzas que nosotros podamos oponerle. En suma, la Patria puede ser salvada, ciudadanos, sin que sea preciso llegar a los extremos. Pero si la eminencia de los riesgos lo reclama, el mundo admirará nuestra constancia. La UNIÓN y el ORDEN harán bajo los auspicios del cielo invencible nuestro poder. Abandonados de todas las naciones (de aquellas mismas para quienes no puede ser indiferente nuestra amistad, de las que extendiendo a las regiones incultas de la África el influjo de sus luces toleran que en América se ahoguen en sangre los derechos sacrosantos de la naturaleza), entregados a nosotros mismos, sin otro amparo que el del vengador eterno de la inocencia, cuando nada pueda el valor lo conseguirá todo nuestro despecho. Si vive en nuestro seno quien mire con pena nuestras glorias, si hay quien no aspire a hacerse digno de ellas, correrá la misma suerte de los que han provocado nuestra cólera. La indiferencia es un crimen, y todo ciudadano que no lleve la escarapela nacional como una expresión muda de sus sentimientos patrióticos será reputado delincuente. El gobierno abre desde hoy sus puertas a todos los amigos de la libertad para que a toda hora puedan proponerle los proyectos y planes de cualquier género que juzguen conducentes a la defensa del Estado, su seguridad interior y exterior, y su mayor engrandecimiento. Confúndase el ingrato y el cobarde que rehuse tomar parte en una causa tan santa: si ellos prefieren el sobrevivir a su infamnia, ¡pluguiese al cielo que probasen el sumo dolor de besar la mano de sus verdugos y de los desoladores de su Patria!

Por tanto, ordeno y mando que se publique por bando en todos los pueblos de mi dirección con la mayor solemnidad que sea posible, y en esta capital con la que está acordada, fijándose los ejemplares [f. 49] de estilo en los lugares de su publicación. Buenos Aires, setiembre 24 de 1815 y 6º de la Libertad del Sud.

Marcos Balcarce, secretario   Ignacio Álvarez

Núm. 7

[*Proclama e instrucción del coronel don Domingo French a los pueblos de los Valles. Jujuy, 4 de enero de 1816*] *

[f. 64ᵛ] *Proclama*

Don José Domingo Frenches [French], coronel mayor de los ejércitos del Río de la Plata, que viene en auxilio a las provincias del interior, por el señor general en jefe de las Provincias Unidas en Sud América, etc. etc.

Compatriotas:

La constancia, el valor y amor a la Patria sabrán vencer por una vez porque vela la divina providencia después de muchas y grandes caídas.

A vista de los dos contrastes de Villcapujyo y Sipesipe, no desmayéis, mas con un nuevo aliento esforzado, vivificante, preciso es acabar la obra santa que se había comenzado.

Recorred de vista las dos completas victorias de Tucumán y Salta, que un resto de hombres constantes de la Patria supo hacer sucumbir a un ejército soberbio del rey, a más de 4000 hombres.

La rindición de las armas de un ejército todo del enemigo en Salta sea vuestro norte. Fueron juramentados desde su mayor general don Pío Tristán hasta el último soldado, y estos mismos [f. 65] pérfidos quebrantando el juramento que prestaron, como sacrílegos y perjuros han tomado las armas contra su Patria y que abusando de la generosidad del general Belgrano pudieron conseguir como inicuos sus posteriores triunfos.

Han faltado al pacto militar, al derecho de la sociedad y al de la naturaleza. Conoced, pues, qué jefes fementidos tiene el ejército del rey de España supuesto que defienden sólo la ambición para esclavizarnos más y más, quebrantando los sagrados derechos de la buena fe. Como satélites de la tiranía se burlan de la inocencia y proceder de los americanos que les acompañan. Tratan de no dejar un solo americano viviente que pase de los siete años.

Todo es cierto: públicamente han blasonado embriagados en los cafés, plazas y calles de Lima.

Paisanos: A vista de estos pensamientos horrorosos, ¿os subyugaréis a las manos de vuestros propios enemigos? No, por cierto, compatriotas. Corred a las armas, morid por la Patria, defendeos del modo

* Copia autógrafa de Vargas intercalada en el texto del *Diario* (f. 64ᵛ-66ᵛ). En ése y otros pasajes Vargas explica que la proclama y la instrucción eran apócrifas, y cómo, por qué y por quiénes fueron escritas en los Valles (f. 64ᵛ, 88ᵛ, 98ᵛ):

que podáis, castigad a los malos como a rebeldes y traidores honrando a los buenos patriotas con justicia. La justicia y la política moral sea vuestro estandarte, y la instrucción que acompaño os sea la perfecta guía. Yo os prometo, bajo mi palabra de honor, morir a vuestro lado con los valerosos soldados que me acompañan.

Marcho presuroso a protegeros con la ayuda del Ser Supremo y nuestra generala María Santísima de las Mercedes.

Cuartel general de Jujuy, 4 de enero de 1816.

José Domingo Frenches [French]

[f. 65ᵛ] *Instrucción que el señor coronel mayor de los ejércitos del Río de la Plata en Sud América, que va en auxilio de su libertad e independencia a las provincias del interior, comunica por orden general a todos los comandantes de las divisiones patrióticas, capitanes, caciques, gobernadores, alcaldes y demás subalternos.*

Artículo 1º Será de primera atención el buen orden, subordinación y disciplina militar.

Artículo 2º Se guardará entre todos la debida unión, buena armonía, respeto y pronta obediencia a los jefes.

Artículo 3º Si por algún acontecimiento cualquiera de los jefes apareciere digno de castigo por crimen de traición u otro de igual clase, podrán los demás jefes en consulta formarles sumaria, aprehenderlos, castigarlos y dar cuenta.

Artículo 4º Se tendrá por entendido que la guerra que deban hacer al enemigo ha de ser de hostilidad en combinación, a menos que un ataque forzoso por parte de ellos les obligue a la defensa común, que lo harán en reunión y en los puntos que ofrezcan mayor ventaja.

Artículo 5º Siempre estarán a la defensiva, velando sobre los movimientos del enemigo para evitar las sorpresas.

Artículo 6º Cuando el enemigo se introduzca a sus hogares, para hacerle la guerra en defensiva deberán tratar de acuerdo entre todos los pueblos en combinación.

[f. 66] Artículo 7º Combinados bajo de un sigilo el más prolijo, estarán los jefes advertidos de dar a sus subalternos una seña del toque de una corneta como los postillones que andan con los correos, para que sepan los pueblos de adelante que el enemigo ha acampado en aquel lugar.

Artículo 8º Luego los del tránsito y los pueblos transportarán irrimisiblemente sus ganados y víveres a lugares remotos, dejando el pueblo todo, como Esparta, so pena de no verificarlo así servirá para el sostén de los soldados de la Patria.

Artículo 9º Inmediatamente de que levante el campo el enemigo y tome su marcha con dirección de hostilizar sus pueblos, vendrán cubriendo su retaguardia los primeros sin ser sentidos, y los segundos del mismo modo los llevarán sin hacer el más leve movimiento, hasta ver un punto ventajoso de un camino estrecho y peligroso.

Artículo 10º Queda privado para todo individuo el toque de la corneta, bajo la pena de que será tenido por insubordinado y traidor a la causa.

Artículo 11º Con la prevención hecha en el artículo 9º, entonces acudirán en masa, cayéndoles los primeros y segundos de sorpresa con galgas de piedra y armas de toda clase que tengan, para que de este modo puedan terminar en esta vez y demás que se ofrezcan, hasta inter que yo llegue con mis tropas auxiliares.

Artículo 12º Ninguno rehusará salir a campaña, oida la seña y toque de la corneta, a la hora y momento que se les designen sus jefes o sus comisionados competentes para la reunión en sirvicio tan importante, so pena de que como a traidores se les castigará [f. 66ᵛ] infaliblemente con el secuestro de sus bienes para la manutención de las tropas, y, a más, se les hará consejo de guerra y sufrirán lo que de él resulte.

Cuartel general en Jujuy, a 4 de enero de 1816.

José Domingo Frenches [French]

Núm. 8

[f. 91]*Acta de independencia de las Provincias Unidas en Sud América. Tucumán, julio 9, 1816* *

En la benemérita y muy digna ciudad de San Miguel del Tucumán, a 9 días del mes de julio de 1816, terminada la sesión ordinaria, el Congreso de las Provincias Unidas continuó sus anteriores discusiones sobre el grande, augusto y sagrado objeto de la independencia de los pueblos que lo forman. Era universal, constante y decidido el clamor del territorio entero por su emancipación solemne del poder despótico de los reyes de España. Los representantes, sin embargo, consagraron a tan arduo asunto toda la profundidad de sus talentos, la rectitud de sus intenciones e interés que demanda la sanción de la suerte suya. Pueblos representados y posteridad a su término fueron preguntados si querían que las [f. 91ᵛ] provincias de la unión fuesen

---

* Impresión coetánea en IV páginas de 13 × 20 cm. El texto del *Diario* se refiere a esta acta en el "Prefacio al prudente lector" (f. 6ᵛ-7).

una nación libre e independiente de los reyes de España y su metrópoli. Aclamaron primero llenos del santo ardor de la justicia y uno a uno reiteraron sucesivamente su unánime y espontáneo decidido voto por la independencia del país fijando en su virtud la determinación siguiente:

Nos los representantes de las Provincias Unidas en Sud América, reunidos en congreso general, invocando al Eterno que preside al universo, en el nombre y por la autoridad de los pueblos que representamos, protestando al cielo, a las naciones y hombres todos del globo la justicia que regla nuestros votos, declaramos solemnemente a la faz de la tierra que es voluntad unánime e indubitable de estas provincias romper los violentos vínculos que las ligaban a los reyes de España, recuperar los derechos de que fueron despojadas, e investirse del alto carácter de una nación libre e independiente del rey Fernando VII, sus sucesores y metrópoli. Quedan en consecuencia de hecho y de derecho con amplio y pleno poder para darse las formas que exija la justicia e impere el cúmulo de sus actuales [f. 92] circunstancias. Todas y cada una de ellas así lo publican, declaran y ratifican, comprometiéndose por nuestro medio al cumplimiento y sostén de esta su voluntad bajo del seguro y garantía de sus vidas, haberes y fama. Comuníquese a quienes corresponda para su publicación; y en obsequio del respeto que se debe a las naciones, detállense en un manifiesto los gravísimos fundamentos impulsivos de esta solemne declaración. Dada en la sala de sesiones, firmada de nuestra mano, sellada con el sello del congreso y refrendada por nuestros diputados secretarios. = Francisco Narciso de Laprida, diputado por San Juan, presidente = Mariano Boedo, diputado por Salta, vicepresidente = Doctor Antonio Sáenz, diputado por Buenos Aires = Doctor José Darregueira, diputado por Buenos Aires = Fray Cayetano José Rodríguez, diputado por Buenos Aires = Doctor Pedro Medrano, diputado por Buenos Aires = Doctor Manuel Antonio Acevedo, diputado por Catamarca = Doctor José Ignacio de Gorriti, diputado por Salta = Doctor José Andrés Pacheco de Melo, diputado por Chichas = Doctor Teodoro Sánchez de Bustamante, diputado por la ciudad de Jujuy [f. 92^v] y su territorio = Eduardo Pérez Bulnes, diputado por Córdoba = Tomás Godoy Cruz, diputado por Mendoza = Doctor Pedro Miguel Aráoz, diputado por la capital del Tucumán = Doctor Esteban Agustín Gascón, diputado por la provincia de Buenos Aires = Pedro Francisco de Uriarte, diputado por Santiago del Estero = Pedro León Gallo, diputado de Santiago del Estero = Pedro Ignacio Rivera, diputado de Misque = Doctor Mariano Sánchez de Loría, diputado por Charcas = Doctor José Severo Malavia, diputado por Charcas = Doctor Pedro Ignacio de Castro

Barros, diputado por la Rioja = Licenciado Gerónimo Salguero de Cabrera y Cabrera, diputado por Córdoba = Doctor José Colombres, diputado por Catamarca = Doctor José Ignacio Thames, diputado por Tucumán = Fray Justo de Santa María de Oro, diputado por San Juan = José Antonio Cabrera, diputado por Córdoba = Doctor Juan Agustín Maza, diputado por Mendoza = Tomás Manuel de Anchorena, diputado por Buenos Aires = José Mariano Serrano, diputado por Charcas, secretario = Juan José Paso, diputado por Buenos Aires, secretario.

Núm. 9

[f. 153] *Manifiesto que hace a las naciones el Congreso General Constituyente de las Provincias Unidas en Sud América sobre el tratamiento y crueldades que han sufrido de los españoles y motivado la declaración de su independencia. Buenos Aires, octubre 25, 1817* *

El honor es la prenda que aprecian los mortales más que su propia existencia y que deben defender sobre todos los bienes que se conocen en el mundo por más grandes y sublimes que ellos sean. Las Provincias Unidas del Río de la Plata han sido acusadas por el gobierno español de rebelión y de perfidia ante las demás naciones y denunciado como tal el famoso acto de emancipación que expidió el Congreso nacional en Tucumán a 9 de julio de 1816, imputándoles ideas de anarquía y miras de introducir en otros países principios sediciosos, al tiempo mismo de solicitar la amistad de esas mismas naciones y el reconocimiento de este memorable acto para entrar en su rol. El primer deber entre los más sagrados del Congreso Nacional es apartar de sí tan feas notas y defender la causa de su país publicando las crueldades y motivos que impulsaron la declaración de independencia. No es éste ciertamente un sometimiento que atribuya a otra potestad de la tierra el poder de disponer de una suerte que le ha costado a la América torrentes de sangre y toda especie de sacrificios y amarguras. Es una consideración importante que debe a su honor ultrajado y al decoro de las demás naciones.

Prescindimos de investigaciones acerca del derecho de conquista, de concesiones pontificias y de otros títulos en que los españoles han apoyado su dominación: [f. 153ʳ] no necesitamos acudir a unos principios que pudieran suscitar contestaciones problemáticas y hacer

---

* Impresión coetánea en un opúsculo de 19 páginas de 14 × 20 cm. El texto del *Diario* marca mediante manecillas la intercalación del documento en fecha 22 de octubre (f. 163) sin más explicaciones.

revivir cuestiones que han tenido defensores por una y otra parte. Nosotros apelamos a hechos que forman un contraste lastimoso de nuestro sufrimiento con la opresión y sevicia de los españoles. Nosotros mostraremos un abismo espantoso que España abría a nuestros pies y en que iban a precipitarse estas provincias si no se hubiera interpuesto el muro de su emancipación. Nosotros, en fin, daremos razones que ningún racional podrá desconocer a no ser que las encuentre para persuadir a un país que renuncie para siempre a toda idea de su felicidad y adopte por sistema la ruina, el oprobio y la paciencia. Pongamos a la faz del mundo este cuadro que nadie puede mirar sin penetrarse profundamente de nuestros mismos sentimientos.

Desde que los españoles se apoderaron de estos países prefirieron el sistema de asegurar su dominación exterminando, destruyendo y degradando. Los planes de esta devastación se pusieron luego en planta y se han continuado sin intermisión por espacio de trescientos años. Ellos empezaron por asesinar a los monarcas del Perú y después hicieron lo mismo con los demás régulos y primados que encontraron. Los habitantes del país queriendo contener tan feroces irrupciones entre la gran desventaja de sus armas fueron víctimas del fuego y del fierro y dejaron sus poblaciones a las llamas que fueron aplicadas sin piedad ni distinción por todas partes.

Los españoles pusieron entonces una barrera a la población del país: prohibieron con leyes rigurosas la entrada de extranjeros, limitaron en lo posible la de los mismos españoles, y la facilitaron en estos últimos tiempos a los hombres criminosos, a los presidiarios y a los inmorales que convenía [f. 154] arrojar de su península. Ni los vastos pero hermosos desiertos que aquí se habían formado con el exterminio de los naturales; ni el interés de lo que debía rendir a España el cultivo de unos campos tan feraces como inmensos; ni la perspectiva de los minerales más ricos y abundantes del orbe; ni el aliciente de innumerables producciones desconocidas hasta entonces las unas, preciosas por su valor inestimable las otras y capaces todas de animar la industria y el comercio llevando aquélla a su colmo y éste al más alto grado de opulencia; ni por fin el tortor de conservar sumergidas en desdicha las regiones más deliciosas del globo tuvieron poder para cambiar los principios sombríos y ominosos de la corte de Madrid. Centenares de leguas hay despobladas e incultas de una ciudad a otra, pueblos enteros se han acabado quedando sepultados entre las ruinas de las minas o pereciendo con el antimonio bajo el diabólico invento de las mitas sin que hayan bastado a reformar este sistema exterminador ni los lamentos de todo el Perú ni las muy enérgicas representaciones de los más celosos ministros.

El arte de explotar los minerales, mirado con abandono y apatía, ha quedado entre nosotros sin los progresos que han tenido los demás en los siglos de la ilustración entre las naciones cultas: así las minas más opulentas trabajadas casi a la brusca han venido a sepultarse por haberse desplomado los cerros sobre sus bases o por haberse inundado de agua las labores y quedado abandonadas. Otras producciones raras y estimables del país se hallan todavía confundidas en la naturaleza sin haber interesado nunca el celo del gobierno, y si algún sabio observador ha intentado publicar sus ventajas ha sido reprendido de la corte y obligado [f. 154v] a callar por la decadencia que podían sufrir algunos artefactos comunes de España.

La enseñanza de las ciencias era prohibida para nosotros y sólo se nos concedieron la gramática latina, la filosofía antigua, la teología y la jurisprudencia civil y canónica. Al virrey don Joaquín del Pino se le llevó muy a mal que hubiese permitido en Buenos Aires al consulado costear una cátedra de náutica, y en cumplimiento de las órdenes que vinieron de la corte se mandó cerrar la aula y se prohibió enviar a París jóvenes que se formasen buenos profesores de química para que aquí la enseñasen.

El comercio fue siempre un monopolio exclusivo entre las manos de los comerciantes de la península y las de los consignatarios que mandaban a América. Los empleos eran para los españoles, y aunque los americanos eran llamados a ellos por las leyes sólo llegaban a conseguirlos raras veces y a costa de saciar con inmensos caudales la codicia de la corte. Entre 160 virreyes que han gobernado las Américas sólo se cuentan cuatro americanos, y de 602 capitanes generales y gobernadores, a excepción de 14 los demás han sido todos españoles. Proporcionalmente sucedía lo mismo con el resto de empleos de importancia, y apenas se encontraba alguna alternativa de americanos y españoles entre los escribientes de las oficinas.

Todo lo disponía así la España para que prevaleciese en América la degradación de sus naturales. No le convenía que se formasen sabios, temerosa de que se desarrollasen genios y talentos capaces de promover los intereses de su Patria y hacer progresar rápidamente la civilización, las costumbres y las disposiciones excelentes de que están dotados sus hijos. Disminuía incesantemente la población [f. 155] recelando que algún día fuese capaz de emprender contra su dominación sostenida por un número pequeñísimo de brazos para guardar tan varias y dilatadas regiones. Hacía el comercio exclusivo porque sospechaba que la opulencia nos haría orgullosos y capaces de aspirar a libertarnos de sus vejaciones. Nos negaba el fomento de la industria para que nos faltasen los medios de salir de la miseria y pobreza, y nos excluía de los empleos para que todo el influjo del país lo tuviesen los peninsulares y formasen las inclinaciones y habitudes necesarias a fin de tenernos en una dependencia que no nos dejase pensar ni proceder sino según las formas españolas. Era sostenido con tesón este sistema por los virreyes. Cada uno de ellos tenía la investidura de un visir: su poder era bastante para aniquilar a todo el que osase disgustarlos; por grandes que fuesen sus vejaciones debían sufrirse con resignación y se comparaban supersticiosamente por sus satélites y aduladores con los efectos de la ira de Dios. Las quejas que se dirigían al trono o se perdían en el dilatado camino de millares de leguas que tenían que atravesar, o eran sepultadas en las covachuelas de Madrid por los deudos y protectores de estos procónsules. No solamente no se suavizó jamás este sistema pero ni había esperanza de poderlo moderar con el tiempo. Nosotros no teníamos influencia alguna directa ni indirecta en nuestra legislación: ella se formaba en España sin que se nos concediese el derecho de enviar procuradores para asistir a su formación y representar lo conveniente como los tenían las ciudades de España. Nosotros no la teníamos tampoco en los gobiernos que podían templar mucho el rigor de la ejecución. Nosotros sabíamos que no se nos dejaba más recurso que el [f. 155ᵛ] de la paciencia, y que para el que no se resignase a todo trance no era castigo suficiente el último suplicio porque ya se habían inventado en tales casos tormentos de nueva y nunca vista crueldad que ponían en espanto a la misma naturaleza.

No fueron tan repetidas ni tan grandes las sinrazones que conmovieron a las provincias de Holanda cuando tomaron las armas para desprenderse de la España, ni las que tuvieron las de Portugal para sacudir el mismo yugo, ni las que pusieron a los suizos bajo la dirección de Guillermo Tell para oponerse al emperador de Alemania, ni las de los Estados Unidos de Norte América cuando tomaron el partido de resistir los impuestos que les quiso introducir la Gran Bretaña, ni las de otros muchos países que sin haberlos separado la naturaleza de su metrópoli lo han hecho ellos para sacudir un yugo de fierro y labrarse su felicidad. Nosotros, sin embargo, separados de España por un mar inmenso, dotados de diferente clima, de distintas necesidades y habitudes y tratados como rebaños de animales hemos dado el ejemplo singular de haber sido pacientes entre tanta degradación permaneciendo obedientes cuando se nos presentaban las más lisonjeras coyunturas de quebrantar su yugo y arrojarlo a la otra parte del océano.

Hablamos a las naciones del mundo y no podemos ser tan imprudentes que nos propongamos engañarlas en lo mismo que ellas han visto y palpado. La América permaneció tranquila todo el período de la guerra de sucesión y esperó a que se decidiese la cuestión por que combatían las casas de Austria y Borbón para correr la misma suerte de España. Fue aquella una ocasión [f. 156] oportuna para redimirse de tantas vejaciones, pero no lo hizo y antes bien tomó el empeño de defenderse y armarse por sí sola para conservarse unida a ella. Nosotros, sin tener parte en sus desavenencias con otras potencias de Europa, hemos tomado el mismo interés en sus guerras, hemos sufrido los mismos estragos, hemos sobrellevado sin murmurar todas las privaciones y escaseces que nos inducía su nulidad en el mar y la incomunicación en que nos ponían con ella.

Fuimos atacados en el año de 1806: una expedición inglesa sorprendió y ocupó la capital de Buenos Aires por la imbecilidad e impericia del virrey que aunque no tenía tropas españolas no supo valerse de los recursos numerosos que se le brindaban para defenderla. A los 45 días recuperamos la capital quedando prisioneros los ingleses con su general sin haber tenido en ello la menor parte el virrey. Clamamos a la corte por auxilios para librarnos de otra nueva invasión que nos amenazaba, y el consuelo que se nos mandó fue una escandalosa real orden en que se nos previno que nos defendiésemos como pudiésemos. El año siguiente fue ocupada la Banda Oriental del Río de la Plata por una expedición nueva y más fuerte. Sitiada y rendida por asalto la plaza de Montevideo, allí se reunieron mayores fuerzas británicas y se formó un armamento para volver a invadir la capital, que efectivamente fue asaltada a pocos meses, mas con la fortuna de que su esforzado valor venciese al enemigo en el asalto obligándolo con tan brillante victoria a la evacuación de Montevideo y de toda la Banda Oriental.

No podía presentarse ocasión más halagüeña para habernos [f. 156ᵛ] hecho independientes si el espíritu de rebelión o de perfidia hubieran sido capaces de afectarnos o si fuéramos susceptibles de los principios sediciosos y anárquicos que se nos han imputado. Pero ¿a qué acudir a estos pretextos? Razones muy plausibles tuvimos entonces para hacerlo. Nosotros no debíamos ser indiferentes a la degradación en que vivíamos. Si la victoria autoriza alguna vez al vencedor para ser árbitro de los destinos, nosotros podíamos fijar el nuestro hallándonos con las armas en la mano, triunfantes y sin un regimiento español que pudiese resistirnos; y si ni la victoria ni la fuerza dan derecho, era mayor el que teníamos para no sufrir más tiempo la dominación de España. Las fuerzas de la península no nos eran temibles estando sus puertos bloqueados y los mares dominados por las escuadras británicas, pero a pesar de brindarnos tan placenteramente la fortuna no quisimos separarnos de España creyendo que esta distinguida prueba de lealtad mudaría los principios de la corte y le haría conocer sus verdaderos intereses.

¡Nos engañábamos miserablemente y nos lisonjeábamos con esperanzas vanas! España no recibió tan generosa demostración como una señal de benevolencia sino como obligación debida y rigorosa. La América continuó regida con la misma tirantez y nuestros heroicos sacrificios sirvieron solamente para añadir algunas páginas a la historia de las injusticias que sufrimos.

Este es el estado en que nos halló la revolución de España. Nosotros, acostumbrados a obedecer ciegamente cuanto allá se disponía, prestamos obediencia al rey Fernando de Borbón no obstante que se había coronado derribando a su padre del trono por medio de un tumulto suscitado [f. 157] en Aranjuez. Vimos que seguidamente pasó a Francia, que allí fue detenido con sus padres y hermanos y privado de la corona que acababa de usurpar; que la nación ocupada por todas partes de tropas francesas se convulsionaba y entre sus fuertes sacudimientos y agitaciones civiles eran asesinados por la plebe amotinada varones ilustres que gobernaban las provincias con acierto o servían con honor en los ejércitos; que entre estas oscilaciones se levantaban en ellas gobiernos y titulándose supremo cada uno se consideraba con derecho para mandar soberanamente a las Américas. Una junta de esta clase formada en Sevilla tuvo la presunción de ser la primera que aspiró a nuestra obediencia, y los virreyes nos obligaron a prestarle reconocimiento y sumisión. En menos de dos meses pretendió lo mismo otra junta titulada suprema de Galicia y nos envió un virrey con la grosera amenaza de que vendrían también 30000 hombres si era necesario. Erigióse luego la junta central sin haber tenido parte nosotros en su formación, y al punto la obedecimos cumpliendo con celo y eficacia sus decretos. Enviamos socorro de dinero, donativos voluntarios y auxilios de toda especie para acreditar que nuestra fidelidad no corría riesgo en cualquiera prueba a que se quisiese sujetarla.

Nosotros habíamos sido tentados por los agentes del rey José Napoleón y halagados con grandes promesas de mejorar nuestra suerte si adheríamos a su partido. Sabíamos que los españoles de la primera importancia se habían declarado ya por él, que la nación estaba sin ejércitos y sin una dirección vigorosa tan necesaria en los momentos de apuro. Estábamos informados que las tropas del Río de la [f. 157ᵛ] Plata que fueron prisioneras a Londres después de la primera expedición de los ingleses habían sido conducidas a Cádiz y tratadas allí con la mayor inhumanidad, que se habían visto precisadas a pedir limosna por las calles para no morir de hambre, y que desnudas y sin auxilio alguno habían sido enviadas a combatir con los franceses. Pero en medio de tantos desengaños permanecimos en la misma posición hasta que ocupando los franceses las Andalucías se dispersó la junta central.

En estas circunstancias se publicó un papel sin fecha y firmado solamente por el arzobispo de Laodicea que había sido presidente de la extinguida junta central. Por él se ordenaba la formación de una regencia y se designaban tres miembros que debían componerla. Nosotros no pudimos dejar de sobrecogernos con tan repentina como inesperada nueva. Entramos en cuidados y temimos ser envueltos en las mismas desgracias de la metrópoli. Reflexionamos sobre su situación incierta y vacilante, habiéndose ya presentado los franceses a las puertas de Cádiz y de la isla de León. Recelábamos de los nuevos regentes, desconocidos para nosotros, habiéndose pasado a los franceses los españoles de más crédito, disuelta la central, perseguidos y acusados de traición sus individuos en papeles públicos. Conocíamos la ineficacia del decreto publicado por el arzobispo de Laodicea y sus ningunas facultades para establecer la regencia. Ignorábamos si los franceses se habrían apoderado de Cádiz y consumado la conquista de España entretanto que el papel había venido a nuestras manos y dudábamos que un gobierno nacido de los dispersos fragmentos de la central no corriese pronto la misma suerte que ella. Atentos a los riesgos en que nos hallábamos [f. 158] resolvimos tomar a nuestro cargo el cuidado de nuestra seguridad mientras adquiríamos mejores conocimientos del estado de España y se conciliaba alguna consistencia su gobierno [sic]. En vez de lograrla vimos caer luego la regencia y sucederse las mudanzas de gobierno las unas a las otras en los tiempos de mayor apuro.

Entre tanto nosotros establecimos nuestra junta de gobierno a semejanza de las de España. Su institución fue puramente provisoria y a nombre del cautivo rey Fernando. El virrey don Baltasar Hidalgo de Cisneros expidió circulares a los gobernadores para que se preparasen a la guerra civil y armasen unas provincias contra otras. El Río de la Plata fue bloqueado al instante por una escuadra, el gobernador de Córdoba empezó a organizar un ejército, el de Potosí y el presidente de Charcas hicieron marchar otro a los confines de Salta, y el presidente del Cusco presentándose con otro tercer ejército sobre las márgenes del Desaguadero hizo un armisticio de 40 días para descuidarnos y antes de terminar éste rompió las hostilidades, atacó nuestras tropas y hubo un combate sangriento en que perdimos más de 1500 hombres. La memoria se horroriza de recordar los desafueros que cometió entonces Goyeneche en Cochabamba: ¡ojalá fuera posible olvidarse de este americano ingrato y sanguinario que mandó fusilar el día de su entrada al honorable gobernador intendente Antezana, que presenciando desde los balcones de su casa este inicuo asesinato gritaba con ferocidad a la tropa que no le tirase a la cabeza porque la necesitaba para ponerla en una pica, que después de habérsela cortado mandó arrastrar por las calles el yerto tronco de su cadáver, y que autorizó a sus soldados con el bárbaro decreto de hacerlos [f. 158ᵛ] *dueños de vidas y haciendas* dejándolos correr en esta brutal posesión muchos días!

La posteridad se asombrará de la ferocidad con que se han encarnizado contra nosotros unos hombres interesados en la conservación de las Américas y nunca podrá admirar bastantemente el aturdimiento con que han pretendido castigar un paso que estaba marcado con sellos indelebles de fidelidad y amor. El nombre de Fernando de Borbón precedía en todos los decretos del gobierno y encabezaba sus despachos. El pabellón español tremolaba en nuestros buques y servía para inflamar a nuestros soldados. Las provincias viéndose en una especie de orfandad por la dispersión del gobierno nacional; por la falta de otro legítimo y capaz de respetabilidad y por la conquista de casi toda la metrópoli se habían levantado un Argos que velase sobre su seguridad y las conservase intactas para presentarse al cautivo rey si recuperaba su libertad. Era esta medida imitación de la España, incitada por la declaración que hizo a la América parte integrante de la monarquía e igual en los derechos con aquélla y había sido antes practicada en Montevideo por consejo de los mismos españoles. Nosotros ofrecimos continuar los socorros pecuniarios y donativos voluntarios para proseguir la guerra y publicamos mil veces la sanidad de nuestras intenciones y la sinceridad de nuestros votos. La Gran Bretaña, entonces tan benemérita de la España, interponía su mediación y sus respetos para que no se nos diese un tratamiento tan duro y tan acerbo. Pero estos hombres obcecados en sus caprichos sanguinarios desecharon la mediación y expidieron rigurosas órdenes a todos los generales para que apretasen más la guerra y los [f. 159] castigos, se elevaron por todas partes los cadalsos y se apuraron los inventos para afligir y consternar.

Ellos procuraron desde entonces dividirnos por cuantos medios han estado a sus alcances para hacernos exterminar mutuamente. Nos han suscitado calumnias atroces atribuyéndonos designios de destruir nuestra sagrada religión, abolir toda moralidad y establecer la licenciosidad de costumbres. Nos hacen una guerra religiosa maquinando de mil modos la turbación y alarma de conciencias, haciendo dar decretos de censuras eclesiásticas a los obispos españoles, publicar excomuniones y sembrar por medio de algunos confesores ignorantes doctrinas fanáticas en el tribunal de la penitencia. Con estas discordias religiosas han dividido las familias entre sí, han hecho desafectos a los padres con los hijos, han roto los dulces vínculos que unen al marido con la esposa, han sembrado rencores y odios implacables entre los hermanos más queridos y han pretendido poner toda la naturaleza en discordia.

Ellos han adoptado el sistema de matar hombres indistintamente para disminuirnos, y a su entrada en los pueblos han arrebatado hasta a los infelices vivanderos, los han llevado en grupos a las plazas y los han ido fusilando uno a uno. Las ciudades de Chuquisaca y Cochabamba han sido algunas veces los teatros de estos furores.

Ellos han interpolado entre sus tropas a nuestros soldados prisioneros llevándose a los oficiales aherrojados a presidios donde es imposible conservar un año la salud; han dejado morir de hambre y de miseria a otros en las cárceles y han obligado a muchos a trabajar en las obras públicas. Ellos han fusilado con jactancia a nuestros parlamentarios y han cometido los últimos horrores con jefes ya rendidos y otras [f. 159ᵛ] personas principales sin embargo de la humanidad que nosotros usamos con los prisioneros, de lo cual son buena prueba el diputado Matos de Potosí, el capitán general Pumacahua, el general Angulo y su hermano, el comandante Muñecas y otros jefes de partidas fusilados a sangre fría después de muchos días de prisioneros.

Ellos en el pueblo del Vallegrande tuvieron el placer brutal de cortar las orejas a sus naturales y remitir un canasto lleno de estos presentes al cuartel general; quemaron después la población, incendiaron más de 30 pueblos numerosos del Perú y se deleitaron en encerrar a los hombres en las casas antes de ponerles fuego para que allí muriesen abrasados.

Ellos no sólo han sido crueles e implacables en matar: se han despojado también de toda moralidad y decencia pública haciendo azotar en las plazas a religiosos ancianos y mujeres amarradas a un cañón habiéndolas primero desnudado con furor escandaloso y puesto a la vergüenza sus carnes.

Ellos establecieron un sistema inquisitorial para todos estos castigos: han arrebatado vecinos sosegados llevándolos a la otra parte de los mares para ser juzgados por delitos supuestos, y han conducido al suplicio sin proceso a una gran multitud de ciudadanos.

Ellos han perseguido nuestros buques, saqueado nuestras costas, hecho matanzas en sus indefensos habitantes sin perdonar a sacerdotes septuagenarios, y por orden del general Pezuela quemaron la iglesia del pueblo de Puna y pasaron a cuchillo a viejos, mujeres y niños que fue lo único que encontraron. Ellos han excitado conspiraciones atroces entre los españoles avecindados en nuestras ciudades y [f. 160] nos han puesto en el conflicto de castigar con el último suplicio a padres de familias numerosas.

Ellos han compelido a nuestros hermanos e hijos a tomar armas contra nosotros y formando ejércitos de los habitantes del país al mando de sus oficiales los han obligado a combatir con nuestras tropas. Ellos han excitado insurrecciones domésticas corrompiendo con dinero y toda clase de tramas a los moradores pacíficos del campo para envolvernos en una espantosa anarquía y atacarnos divididos y debilitados.

Ellos han faltado con infamia y vergüenza indecible a cuantas capitulaciones les hemos concedido en repetidas veces que los hemos tenido debajo de la espada; hicieron que volviesen a tomar las armas 4000 hombres que se rindieron con su general Tristán en el combate de Salta, a quienes generosamente concedió capitulación el general Belgrano en el campo de batalla y más generosamente se las cumplió fiando en la fe de su palabra.

Ellos nos han dado a luz un nuevo invento de horror envenenando las aguas y los alimentos cuando fueron vencidos en La Paz por el general Pinelo, y a la benignidad con que los trató éste después de haberlos rendido a discreción le correspondieron con la barbarie de volar los cuarteles que tenían minados de antemano.

Ellos han tenido la bajeza de incitar a nuestros generales y gobernadores abusando del derecho sagrado de parlamentar para que nos traicionasen escribiéndoles cartas con publicidad y descaro a este intento. Han declarado que las leyes de la guerra observadas entre naciones cultas no debían emplearse con nosotros, y su general Pezuela después de la batalla de Ayohuma para descartarse de compromisos [f. 160ᵛ] tuvo la serenidad de responder al general Belgrano que con insurgentes no se podían celebrar tratados.

Tal era la conducta de los españoles con nosotros cuando Fernando de Borbón fue restituido al trono. Nosotros creímos entonces que había llegado el término de tantos desastres: nos pareció que un rey que se había formado en la adversidad no sería indiferente a la desolación de sus pueblos, y despachamos un diputado para que lo hiciese sabedor de nuestro estado. No podía dudarse que nos daría la acogida de un benigno príncipe y que nuestras súplicas lo interesarían a medida de su gratitud y de esa bondad que habían exaltado hasta los cielos los cortesanos españoles. Pero estaba reservada para los países de América una nueva y desconocida ingratitud superior a todos los ejemplos que se hallan en las historias de los mayores tiranos.

Él nos declaró amotinados en los primeros momentos de su restitución a Madrid. Él no ha querido oir nuestras quejas ni admitir nuestras súplicas y nos ha ofrecido por última gracia un perdón. Él confirmó a los virreyes, gobernadores y generales que había encontrado en actual carnicería. Declaró crimen de estado la pretensión de formarnos una constitución para que nos gobernase fuera de los alcances de un poder divinizado, arbitrario y tiránico bajo el cual habíamos yacido tres siglos: medida que sólo podía irritar a un príncipe enemigo de la justicia y de la beneficencia y por consiguiente indigno de gobernar.

Él se aplicó luego a levantar grandes armamentos con ayuda de sus ministros para emplearlos contra nosotros. Él ha hecho transportar a estos países ejércitos numerosos para consumar las devastaciones, los incendios y los robos. Él ha hecho servir los primeros cumplimientos de las potencias [f. 161] de Europa a su vuelta de Francia para comprometerlas a que nos negasen toda ayuda y socorro y nos viesen despedazar indiferentes. Él ha dado un reglamento particular de corso contra los buques de América que contiene disposiciones bárbaras y manda ahorcar la tripulación; ha prohibido que se observen con nosotros las leyes de sus ordenanzas navales formadas según derecho de gentes y nos ha negado todo cuanto nosotros concedemos a sus vasallos apresados por nuestros corsarios. Él ha enviado a sus generales con ciertos decretos de perdón que hacen publicar para alucinar a las gentes sencillas e ignorantes a fin de que les faciliten la entrada en las ciudades pero al mismo tiempo les ha dado otras instrucciones reservadas, y autorizados con ellas, después que las ocupan, ahorcan, queman, saquean, confiscan, disimulan los asesinatos particulares y todo cuanto daño cabe hacerse a los supuestos perdonados. En el nombre de Fernando de Borbón es que se hacen poner en los caminos cabezas de oficiales patriotas prisioneros; es que nos han muerto a palos y a pedradas a un comandante de partidas ligeras; y es que al coronel Camargo (después de muerto también a palos por mano del indecente Centeno) le cortaron la cabeza y se envió por presente al general Pezuela participándole que *aquello era un milagro de la Virgen del Carmen.*

Un torrente de males y angustias semejante es el que nos ha dado impulso para tomar el único partido que quedaba. Nosotros hemos meditado muy detenidamente sobre nuestra suerte y volviendo la atención a todas partes sólo hemos visto vestigios de los tres elementos que debían necesariamente formarla: oprobio, ruina y paciencia. ¿Qué debía esperar la América de un rey que viene al trono [f. 161ᵛ] animado de sentimientos tan crueles e inhumanos, de un rey que antes de principiar los estragos se apresura a impedir que ningún príncipe se interponga para contener su furia; de un rey que paga con cadalsos y cadenas los inmensos sacrificios que han hecho para sacarlo del cautiverio en que estaba sus vasallos de España, unos vasallos que a precio de su sangre y de toda especie de daños han combatido por redimirlo de la prisión y no han descansado hasta volver a ceñirle la corona? Si unos hombres a quienes debe tanto, por sólo haberse formado una constitución han recibido la muerte y la cárcel por galardón de sus servicios, ¿qué debería estar reservado para nosotros? Esperar de él y de sus carniceros ministros un tratamiento benigno habría sido ir a buscar entre los tigres la magnanimidad del águila.

En nosotros se habrían repetido entonces las escenas cruentas de Caracas, Cartagena, Quito y Santa Fe; habríamos dejado conculcar las cenizas de 80000 personas que han sido víctimas del furor enemigo, cuyos ilustres manes convertirían contra nosotros con justicia el clamor de la venganza; y nos habríamos atraído la execración de tantas generaciones venideras condenadas a servir a un amo siempre dispuesto a maltratarlas y que por su nulidad en el mar ha caído en absoluta impotencia de protegerlas contra las invasiones extranjeras.

Nosotros, pues, impelidos por los españoles y su rey nos hemos constituido independientes y nos hemos aparejado a nuestra defensa natural contra los estragos de la tiranía con nuestro honor, con nuestras vidas y haciendas. Nosotros le hemos jurado al rey y supremo juez del mundo que no abandonaremos la causa de la justicia, que [f. 162] no dejaremos sepultar en escombros y sumergir en sangre derramada por mano de verdugos la Patria que él nos ha dado; que nunca olvidaremos la obligación de salvarla de los riesgos que la amenazan y el derecho sacrosanto que ella tiene a reclamar de nosotros todos los sacrificios necesarios para que no sea deturpada, escarnecida y hollada por las plantas inmundas de hombres usurpadores y tiranos. Nosotros hemos grabado esta declaración en nuestros pechos para no desistir jamás de combatir por ella.

Y al tiempo de manifestar a las naciones del mundo las razones que nos ha movido a tomar este partido, tenemos el honor de publicar nuestra intención de vivir en paz con todas y aun con la misma España desde el momento que quiera aceptarla.

Dado en la sala del Congreso de Buenos Aires, a 25 de octubre de 1817.

Doctor Pedro Ignacio de Castro y Barros
Presidente

Doctor José Eugenio de Elías
Secretario

Núm. 10

[*Carta de Fernando VII al virrey de México don Juan Ruiz de Apo-*

daca. Madrid, diciembre 24, 1820] * [f. 247] En una obra intitulada *Juicio imparcial sobre las principales causas de la revolución de la América española y acerca de las poderosas razones que tiene la metrópoli para reconocer su absoluta independencia* por don José Presas, Burdeos, Imprenta de don Pedro Beaume, 1828, en la página 83 de dicho tomo se halla escrita una carta cual la copio para inteligencia de los lectores, que es como sigue:

Madrid, 24 de diciembre de 1820

Mi querido Apodaca:

Tengo noticias positivas de que vos y mis queridos vasallos los americanos, detestando el nombre de constitución sólo apreciáis y estimáis mi real nombre: éste se ha hecho odioso en la mayor parte de los españoles que ingratos, desagradecidos y traidores sólo quieren y aprecian el gobierno constitucional y que su rey apoye providencias y leyes opuestas a nuestra sagrada religión.

Como mi corazón está poseído de unos sentimientos católicos de que di evidentes pruebas a mi llegada de Francia en el establecimiento de la Compañía de Jesús y otros hechos bien públicos, no puedo menos de manifestaros que siento en mi corazón un dolor inexplicable: éste no calmará ni los sobresaltos que padezco, mientras mis adictos y fieles vasallos no me saquen de la dura prisión en que me veo sumergido sucumbiendo a picardías que no toleraría si no temiese un fin semejante al de Luis XVI y su familia.

Por tanto y para que yo pueda lograr de la grande complacencia de verme libre de tales peligros, de la de estar entre mis verdaderos y amantes vasallos los americanos, y de la de poder usar libremente de la autoridad real que Dios [f. 247ᵛ] tiene depositada en mí, os encargo que si es cierto que vos me sois tan adicto como se me ha informado por personas veraces pongáis de vuestra parte todo el empeño posible y dictéis las más activas y eficaces providencias para que ese reino quede independiente de éste; pero como para lograrlo sea necesario valerse de todas las inventivas que pueda sugerir la astucia (porque considero yo que ahí no faltarán liberales que puedan oponerse a estos designios), a vuestro cargo queda el hacerlo todo con la perspicacia y sagacidad de que es susceptible vuestro talento, y al efecto pondréis vuestras miras en un sujeto que merezca toda vuestra confianza para la feliz consecución de la empresa, que en el entretanto yo meditaré el modo de escaparme incógnito y presentarme cuando convenga en esas

---

* Copia autógrafa de Vargas. El texto del *Diario* marca el lugar de la intercalación en fecha diciembre 18, 1820 por una simple relación de fechas y sin mayor explicación (f. 247-247ᵛ).

posesiones, y si esto no pudiere verificarlo (porque se me opongan obstáculos insuperables) os daré aviso para que vos dispongáis el modo de hacerlo, cuidando, sí, como os lo encargo muy particularmente, de que todo se ejecute con el mayor sigilo y bajo de un sistema que pueda lograrse sin derramamiento de sangre, con unión de voluntades, con aprobación general y poniendo por base de la causa la religión que se halla en esta desgraciada época tan ultrajada, y me daréis de todo oportunos avisos para mi gobierno por el conducto que os diga en lo verbal (por convenir así) el sujeto que os entregue esta carta. Dios os guarde: Vuestro rey que os ama.

Fernando

Núm. 11

[*Proclama del general José Miguel Lanza, comandante general de la División de los Valles, a los pueblos de su comprensión. Campamento en Inquisivi, setiembre 25, 1824* *]

[f. 306] Don José Miguel García de la Lanza, general de brigada de los ejércitos del Perú y comandante en jefe de estos territorios.

A *los pueblos libres*

Compatriotas:

Las vicisitudes de la fortuna y los acaecimientos dispuestos por el Altísimo me separaron de vuestra compañía el 29 de junio del presente año poniéndome en manos de los tiranos, que no se os ocultan la inhumanidad con que ha sido tratada mi persona. Os aseguro que si el héroe libertador del Perú no se hallase en marcha a estas provincias con la espada desenvainada de Marte a la cabeza de sus tropas temibles y numerosas a establecer nuestra libertad, acaso hubiesen sofocado mi existencia con la mayor celeridad e impiedad; pero el temor de sus consecuencias funestas hizo que los jefes de la tiranía me conservasen por un caso extraordinario, hasta que la suerte me ha proporcionado una coyuntura análoga de venirme a unir con vosotros.

La época es favorable y exige todo esfuerzo, constancia y entusiasmo para enarbolar las banderas de nuestra libertad con la reunión más pronta a que os invito para la gloriosa operación que conduzca a la defensa de nuestros derechos sagrados.

Convencido de vuestra constancia, la misma que en circunstancias

---

* Original manuscrita con firma autógrafa de Lanza. El texto del *Diario* hace referencia a ella y explica sus circunstancias en la misma fecha de la proclama (f. 307).

las más críticas habéis manifestado, me dan esperanzas que en la actualidad esforcéis hasta lograr los frutos del árbol de la libertad que se hallan próximos a disfrutarlos.

Para colmar mis deseos en obsequio de nuestra sagrada causa no resta sino que os reunáis precipitados a mi campamento, deponiendo los resentimientos y [f. 306^v] principios anárquicos que entre hermanos han querido adoptar en mi ausencia, entendiéndose mi voz con los dispersos y desertores de los enemigos que tengan armas y útiles correspondientes a guerra que existan entre vosotros, que tendrán como siempre mi suave acogida.

Campamento en Inquisivi, 25 de setiembre de 1824.

Lanza [autógrafo]

Núm. 12

[*Orden del gobernador de la provincia de Sicasica Miguel Calderón y Sanjinés al ciudadano José Santos Vargas para apresar a algunos alborotadores. Mohosa, marzo 7, 1828* *]

[f. 322] República Boliviana

Gobierno   Mohosa, a 7 de
de la Provincia   marzo de 1828

Al ciudadano José Santos Vargas, comisionado por el Gobierno.

Incontinentemente pase usted a los pueblos Cavari, Inquisivi e Ichoca y auxiliándose con los vecinos e indiada haga preso a Juan Manuel Lira, Nicolás Montealegre, N. Coronado y Rafael Copitas y a los que crea usted comprendidos con todos éstos, en el bien entendido que por esta operación interesante al Estado, a la paz y tranquilidad estarán todos los vecinos y indios a sus órdenes y cuanto usted determine, pues va usted autorizado con todas mis facultades, que al individuo que se denegase lo remitirá usted en buena guardia y custodia.

Dios guarde a usted,

Miguel Calderón y Sanjinés [autógrafo]

---

* Original manuscrita. El texto del *Diario* se refiere a ella en la misma fecha (f. 321^v).

GLOSARIO

Este glosario tiene dos propósitos: 1) Facilitar la lectura del *Diario* explicando los términos en cualquier sentido esotérico que se encuentran en el texto, y 2) ilustrar el valor del *Diario* como documento filológico y literario.

Los criterios adoptados para insertar una entrada cubren los casos siguientes, debiendo advertirse ante todo que las acepciones dadas en el glosario son las que resultan exclusivamente del texto mismo:

a) Vocablos y locuciones de los idiomas indígenas aymara, quechua y guaraní de Bolivia, estén o no oficialmente incorporados en el diccionario de la Academia Española, porque sus definiciones correspondientes a esos idiomas suelen ser insuficientes cuando no erróneas.

b) Vocablos y locuciones del idioma castellano que no figuran en el diccionario de la Academia Española.

c) Vocablos y locuciones del idioma castellano que figuran en el diccionario de la Academia Española pero están usados en el *Diario* con acepciones en todo o en parte diferentes.

d) Vocablos y locuciones del idioma castellano que figuran en el diccionario de la Academia Española con las mismas acepciones que en el *Diario* pero que por la rareza de su uso o su arcaísmo son prácticamente desconocidos en el habla corriente.

e) Palabras y locuciones que cobran por su uso una significación especialmente militar dentro del contexto del *Diario* y de la guerra popular que él relata y tal como él la relata.

Para mayor información sobre los aspectos lingüísticos del *Diario* véase la introducción general en la parte relativa al valor literario de esta obra.

Para la clasificación gramatical de las palabras aquí incluidas se tendrá en cuenta la siguiente

Clave de abreviaturas gramaticales del Glosario

adj. = adjetivo.
adj mil. = adjetivo militar.
adj. y s. = adjetivo y sustantivo.
adj. y s. mil. = adjetivo y sustantivo militar.
adv. = adverbio.
adv. l. = adverbio de lugar.
adv. m. = adverbio de modo.
adv. t. = adverbio de tiempo.
com. = común de dos.
conj. advers. = conjunción adversativa.
conj. cop. = conjunción copulativa.

f. = sustantivo femenino.
f. l. = sustantivo femenino de lugar.
f. med. = sustantivo femenino, medicina.
f. mil. = sustantivo femenino, militar.
f. y m. = sustantivo femenino y masculino.
intr. = verbo intransitivo.
intr. mil. = verbo intransitivo, militar.
m. = sustantivo masculino.
m. conj. = modo conjuntivo.

m. l. = sustantivo masculino de lugar.
m. med. = sustantivo masculino, medicina.
m. mil. = sustantivo masculino, militar.
m. y f. = sustantivo masculino y femenino.
m. y f. mil. = sustantivo masculino y femenino, militar.
mod. = modismo.
mod. mil. = modismo militar.
p. p. = participio pasado.

pr. de subj. = presente de subjuntivo.
prep. = preposición.
pron. indet. = pronombre indeterminado.
r. = verbo reflexivo.
r. mil. = verbo reflexivo, militar.
s. mil. = sustantivo, militar.
sb. pr. i. = subjuntivo pretérito imperfecto.
tr. = verbo transitivo.
tr. mil. = verbo transitivo, militar.

A BOCA DE CAÑÓN. mod. mil. A quemarropa.
ABOCAR. tr. Comer, alimentarse.
ABRIGAR. tr. Guarecer.
A BUEN LIBRAR. mod. Con buena suerte.
ABUJERO. m. Agujero.
ACALORADO, DA. adj. Enojado.
ACASO. adv. Por casualidad.
ACLAMAR. tr. Encarecer.
ACONTECÉRSELE. r. Ocurrírsele.
ACUDIR. tr. Proporcionar.
ACHAQUE. m. Pretexto.
AENTRO. adv. l. Adentro.
AFANADO, DA. adj. Sobresaltado.
AFIJAR. tr. Poner en práctica medidas de seguridad.
AFUSILAR. tr. mil. Fusilar.
AGARRAR. tr. mil. Sorprender.
AGLOMERAR. tr. Exagerar.
AGOLPARSE. r. mil. Lanzarse en tropel.
AGREGADA. f. mil. Acción y efecto de agregar o agregarse.
AGREGADO, DA. adj. mil. Reunido a una unidad militar.
AGREGAR. tr. mil. Incorporar a alguien a una unidad militar.
AGREGARSE. r. mil. Unirse alguien a una unidad militar.
AGUAYCASTILLA. f. l. Agua de Castilla.
AHORITA. adv. m. Al instante, ahora mismo.
A LA CUENTA. mod. De hecho.
A LA PASADA NOMÁS. mod. Pasando de largo.
A LOS PULSOS DE UN GARROTE. mod. mil. A golpes de garrote.
ALTARERO, RA. adj. Encargado de turno para alzar y adornar los altares en la festividad de Corpus Christi.
ALTERCA. m. Altercado.
ALTOS. m. Planta alta de una casa o de un lugar.
ALZADO, DA. adj. Patriota.

GLOSARIO 459

ALZAR EL BRAZO. mod. mil. Levantar algo en vilo el jinete a la carrera sin apearse.
ALLEGARSE. tr. Llegarse.
AMAGAR. tr. Amenazar.
AMASIZADO, DA. p. p. de amasizar.
AMASIZAR. tr. Arreglar, aderezar, amasar.
AMEDALLADO, DA. adj. y s. mil. Indio realista condecorado por sus servicios con una medalla con el busto del rey de España.
AMEDALLARSE. r. m. Hacerse amedallado un indio.
AMENAZO. m. Amenaza.
AMOLAR. tr. Molestar mucho una persona a otra.
ANÁLOGO, GA. adj. Adecuado.
ANASARCA. f. med. Edema generalizado.
ANDAR. intr. Frecuentar.
ANDE. adv. l. Donde.
A OJO ABIERTO. mod. mil. Fusilar sin vendar los ojos a la víctima.
APACHETA. f. Del quechua y aymara APACHITA. Sitio ritual en las abras y las cumbres de las cuestas, donde los caminantes dejan una piedra u otra ofrenda para que la marcha les sea propicia.
APACHETERO. adj. De APACHETA. Ladrón de ofrendas de las apachetas, y por extensión logrero, aprovechador.
APELTRECHADO, DA. adj. Apertrechado.
APERADO. p. p. de aperar.
APERAR. tr. Reunir.
APERO. m. Montura.
A PIQUE DE. mod. A punto de.
A PRECAUCIÓN. mod. Por precaución.
ARCAMIENTO. m. Acción y efecto de arcar.
ARCAR. tr. Del aymara JARK'AT'A y del quechua JAK'ANI. Embargar, requisar, atajar.
ARMADO. m. mil. Soldado de infantería con fusil.
ARTICULACIÓN. f. Argumentación.
ARTICULAR. tr. Acusar.
ARRANCAR. tr. Halar.
ARRAYAR. tr. Rayar el día.
ARREADA. f. mil. Acción y efecto de arrear,
ARREAR. tr. mil. Hacer retroceder y perseguir con violencia al enemigo.
ARRIBITA. adv. l. Inmediatamente arriba.
ASALTAR. tr. mil. Sorprender.
ASALTO. m. mil. Ataque sorpresivo.
ASÍ A. prep. Hacia.
ASÍ NOMÁS. mod. Exactamente así.
ASÍ QUE. mod. Tan pronto como.
ASISTIR. intr. Tocar un músico o unos músicos en un lugar por contrato.
ASOMARSE. intr. Presentarse, acercarse.
ÁSPERO. m. Harina gruesa.

ATENDER. tr. Conocer, reconocer.
ATIENTARSE. tr. Atentarse, palparse.
ATILDAR. tr. Tachar, acusar.
ATOCAR. tr. tocar.
ATRANCAR. tr. Trancar.
ATRINCAR. tr. mil. Trincar, inmovilizar una o varias personas a otra sujetándola por la fuerza.
ATROPELLAR. tr. mil. Alcanzar y embestir al enemigo que está en retirada o a la defensiva.
AUJEREAR. tr. Agujerear.
AUJERO, RA. adj. y s. Agujereado, agujero.
A UÑA DE CABALLO. mod. A toda carrera.
AUSIENCIA. f. Ausencia.
AVANZAR. tr. mil. Hacer retroceder, empujar.
AY. adv. l. Ahí.
AYJADERO, RA. adj. Ahijadero, ahijador.
AYLLO. m. Unidad básica económica-administrativa-familiar entre los indios aymaras y quechuas. Del aymara y quechua AYLLU
AZOTERA. f. Azotaina.

BADULAQUE. f. Persona dada al ocio y la diversión.
BAJOS. m. Planta baja de una casa o de un lugar.
BALANCEAR. tr. Medir, sopesar.
BANDA. f. La orilla opuesta de un río.
BATÁN. m. Piedra de moler ingredientes culinarios domésticos.
BATIR LOS CORTES. mod. mil. Amagar a sablazos.
BAYLES. m. Bailarines, danzantes en las fiestas populares.
BOLAS. f. mil. Boleadoras. Arma arrojadiza.
BOMBERO. m. Espía.
BOQUERÓN. m. mil. Arma de fuego, no identificada. No figura en el léxico ni en las enciclopedias.
BOTADO, DA. adj. y s. Expósito.
BOTAR PARTIDAS. mod. mil. Enviar partidas.
BRAVO, VA. adj. Enojado.
BREVE. adv. t. Pronto.
BRIVAR. tr. Privar.
BROMA. f. Jolgorio.

CABEZADA. f. Parte superior de un derrumbadero.
CAER REDONDO. mod. mil. Caer muerto instantáneamente.
CAJA DEL CUERPO. mod. Tórax.
CALOROSO, SA. adj. y s. Acalorado, vehemente.
CAMBA. m. y f. Denominación genérica aplicada a los indios del área tropical de Bolivia, y, por extensión, a todos los habitantes de ella.
CAMINO DE LA COSTA. mod. Camino de los Valles a Arica.
CAMINO DERECHO. mod. Camino directo y poco conocido, desecho.

GLOSARIO

CAMPAR. intr. mil. Acampar.
CAMPEAR. intr. mil. Acampar.
CANCHA. f. Del quechua. Espacio plano y despejado en una casa.
CANDELADA. f. Hoguera, fogata.
CAPOTÓN. s. mil. Capote largo.
CARABLANCA. m. y f. Persona de tez blanca, por contraposición a los indios.
CARDA. f. Ralea.
CARIÑO. m. Atención, agasajo.
CARNEAR. tr. Matar a cuchillo.
CARNERO CARGADOR. mod. Llama.
CASCAR. tr. mil. Dar en el blanco un disparo.
CASERO, RA. m. y f. Dueño de casa.
CASERO, RA. adj. Dentro de la casa.
CAUSA OPRESORA. mod. El bando realista.
CAUSADO, DA. adj. Encausado.
CELEBRIDAD. f. Fiesta.
CEQUIA. f. Acequia.
CERRARSE. tr. Empecinarse.
CIÉNEGO. m. Ciénega.
CIRCULAR. tr. mil. Cercar al enemigo.
CÍRCULO. m. mil. Cerco.
CÍVICO. m. mil. Miembro sin arma de fuego y ocasional de la guerrilla.
COLADITO, TA. adj. Muy pegado, muy junto.
COLERÓN. m. Cólera fuerte.
COMPROMETER. tr. mil. Exponer a un riesgo muy serio a alguien.
COMPROMETERSE. r. mil. Exponerse a un riesgo muy serio.
CONFORMADO. p. p. de conformar. Resignado, conforme.
CON FRANQUEZA. mod. Públicamente.
CONMEMORAR. tr. Recordar.
CONTENER. tr. Significar, tener algún sentido.
CONTESTO. m. Respuesta.
CONTRATO. m. Combinación.
CORTADO. m. mil. Soldado que en una acción no pudo reincorporarse en su unidad por haber cortado el enemigo las líneas de comunicación de ella.
CORTAR (A ALGUIEN). tr. mil. Liquidar, matar.
CORRER. intr. Actuar en un cargo.
CORRETEADA. f. mil. Acción y efecto de corretear.
CORRETEADURA. f. mil. Correría.
CORRETEAR. intr. mil. Correr precipitadamente ante el avance del enemigo.
CORRIDA. f. mil. Huida a la carrera.
COSTADO. m. méd. Pulmonía.
COSTEÑO. m. Tratante venido a los Valles desde la costa del Pacífico con efectos comerciales.
CRÍTICA. f. Discusión, debate.

CUÁNTO HA. mod. Hacía mucho rato o tiempo.
CUARESMERO. m. Cura de turno en una doctrina para confesar durante la cuaresma.
CUARTO. m. mil. Fracción de una compañía militar.
CUBUJÓN. m. mil. Parte del apero de montar.
CUETE. m. Cohete.
CULPANTE. com. Culpable.
CHICOTE. m. mil. Garrote.
CHOLADA. f. Muchedumbre de cholos.
CHOLO, LA. m. y f. Persona de posición económico-social situada entre el criollo y el indio.
CHUÑO. m. Del aymara y quechua CH'UÑU. Papa desecada por medio de la congelación y la exposición al sol alternativamente.
CHUQUIZUELA. m. Choquezuela.

DAR A SENTIR. mod. Inquietar.
DAR UNA GUIÑADA. mod. mil. Cambiar el rumbo de una carrera.
DEBAJO DE CERCO. mod. Propiedad cercada.
DECENTE. com. Persona acomodada, de buen pasar.
DECLARARSE. r. Echarse en cara los defectos.
DEJARSE SENTIR. r. Hacerse escuchar o ver.
DELATAR. tr. Acusar.
DENDE. prep. Desde.
DENTRAR. tr. Entrar.
DE REPENTE. mod. de improviso.
DE REPENTE NOMÁS. mod. Instantáneamente.
DERRUMBADO. m. Derrumbadero, despeñadero.
DESAGRADECIDO, DA. adj. Ingrato.
DESAJERAR. tr. Infamar, difamar.
DESANCHAR. tr. Ensanchar.
DESAPARECER. tr. Matar.
DESARMADA. f. mil. Desarme.
DESATAR UNA CASA. mod. Deshacerla sacándole los adobes.
DESBARRANCARSE. r. Embarrancarse.
DESCARGUE. m. mil. Descarga de arma de fuego.
DESEMBOCARSE. r. mil. Ingresar, meterse.
DESFILADA. f. mil. Marcha en columna.
DESFILAR. intr. mil. Marchar en columna.
DESGARROTAR. tr. Desjarretar.
DESNUDADO, DA. p. p. de desnudar. Quedar uno despojado del dinero y otros efectos valiosos que llevaba consigo.
DESPARPAJARSE. r. mil. Dispersarse una unidad militar en todas direcciones.
DESPEADO, DA. p. p. de despear. Estar con las patas maltratadas los caballos.

GLOSARIO 463

DESPUÉS. mod. A pesar.
DESTROZAR CON. tr. mil. Arremeter.
DEVORAR. tr. mil. Matar.
DÍCERES. m. Dichos, referencias.
DIESTRO. m. mil. Baqueano, guía.
DISOLVER. tr. Resolver.
DISPERSARSE. r. mil. No restituirse un soldado a su unidad después de una dispersión, e irse por otro rumbo.
DISPERSO. m. Soldado que no se restituyó a su unidad después de una dispersión y se fue por otro rumbo.
DISPERTAR. intr. Despertar.
DISPONER. tr. mil. Hacer el ordenamiento táctico de las partes de una unidad militar para una acción bélica.
DISPOSICIÓN. f. mil. Ordenamiento táctico de las partes de una unidad militar para una acción bélica.
DIVISAR. tr. mil. Percibir desde lejos.

EMBARAZADA. f. Encinta.
EMBASTONADO. m. Alcalde indio, por usar como insignia un bastón.
EMBOCARSE. r. mil. Introducirse violentamente en una plaza u otro recinto del enemigo en el curso de un ataque.
EMBROMAR. intr. Hacer jolgorio.
EMIGRACIÓN. f. mil. Estado de emigrado.
EMIGRADO. m. mil. Soldado, oficial o jefe patriota refugiado en los Valles.
EMPOCADO. m. mil. Emboscado.
ENCAJARSE. r. mil. Arrojarse, introducirse violentamente entre los enemigos.
ENCAMINARSE. intr. Avanzar.
ENCAPILLAR. tr. mil. Poner en capilla a un condenado a muerte.
ENCARGAR. tr. Responder.
ENDEREZAR. tr. mil. Atajar o cortar la ruta en una marcha.
ENIGMAMENTE. adv. m. Enigmáticamente.
EN PELOTA. mod. Desnudo.
EN PELOTÓN. mod. mil. En tropel.
EN PREGUNTA DE. mod. En averiguación o en busca.
EN PÚBLICO DE. mod. En presencia.
EN QUE. conj. cop. Que.
ENSALZAR. tr. Recomendar.
ENSANCHAR EL CORAZÓN. mod. Sosegarse.
EN SER. mod. En buen estado.
ENSILLADO. m. Cabalgadura.
EN TOREADA. mod. Véase TOREADA y TOREAR.
ENTRIGA. f. mil. Véase INTRIGA.
ENTRIGANTE. m. mil. Véase INTRIGANTE.
ENTRO. adv. l. Dentro.
ENTROPARSE. r. mil. Reunirse en tropa. Juntarse alguien a una tropa.

ESCOLERO. m. Bedel tiránico.
ESPALDILLA. f. Omóplato.
ESPAÑOL EUROPEO. m. Español ultramarino, a diferencia del español americano o criollo.
ESTACADO. p. p. de estacar. Estacionado.
ESTAR EN GRANDE. mod. Estar en una situación excelente.
ESTAR UNO FUERA DE SU SEMBLANTE. mod. Demudarse presa del pánico.
ESTRECHO. m. Paso difícil de un camino.
EXPERIMENTADO, DA. adj. Escarmentado.
EXPLORADOR. m. Espía, bombero.
EXPRESIONARSE. r. Expresarse.

FALSEADO, DA. adj. Falsificado.
FALSEADURA. f. Falsificación.
FALTA. f. mil. Defecto de un fusil.
FINARSE DE RISA. mod. Morirse de risa.
FRONTINO, NA. adj. Ganado con una señal de color en la frente.
FUNCIÓN. f. Espectáculo.

GALGAZO. m. mil. Golpe de galga.
GORMAR. intr. Forcejear luchando.
GRANEAR. tr. mil. Menudear los disparos, disparar nutridamente.
GUAPO. m. Valeroso.
GURUPA. f. mil. Accesorios de la montura.

HABITACIÓN. f. Residencia habitual.
HABLADURÍA. f. Discusión.
HABLAR DE FUERTE. mod. Hablar alto.
HABLILLAS. f. Verbosidad.
HACER AGUAS MAYORES. mod. Defecar.
HACER ALTO. mod. Recapacitar.
HACER BLANQUEAR LOS OJOS. mod. mil. Fusilar.
HACER CABEZA. mod. Encabezar una fiesta.
HACER PIERNAS. mod. Desplazar una persona a otra en un puesto.
HACERSE. r. Fingirse.
HUMADERA. f. Humareda.
HAYGA. pr. de subj. de haber, 3a. persona. Haya.
HECHA. f. Contraste, desgracia.
HELAQUÍ. mod. Helo aquí.
HILACATA. m. Del aymara JILACATA. Cacique.
HILACATA DE SEMANA. mod. Cacique de turno semanal.
HINCARSE. f. Arrodillarse.
HOGAR. m. Territorio muy retirado.
HUANTO. Del aymara y quechua HUANTU. Andas. f. Llevar en huanto: llevar a alguien en andas, o en vilo sostenido de pies y brazos, o tendido en una manta.

GLOSARIO

IMPROVISADAMENTE. adv. m. De improviso.
IMPUGNE. m. Impune.
INCENDARIO. m. Incendiario.
INCORDIO. m. Tumor muy rebelde y doloroso. Persona muy molesta.
INDIADA. f. Muchedumbre de indios. f. mil. El cuerpo militar de los indios que apoya a la guerrilla.
INERRABLE. m. Cierto, que no puede errar.
INSURGENTE. m. Patriota.
INTERESA. m. Interés.
INTERIOR. m. mil. Territorio de los Valles.
INTERPOLARSE. r. mil. Confundirse los soldados de uno de los bandos con los del enemigo en el curso de una acción cuerpo a cuerpo.
INTERPRETAR. tr. Atribuir un propósito falso a alguien.
INTRIGA. f. mil. Entriga. Delación. Entrega de un guerrillero, a traición, a los realistas.
INTRIGANTE. m. mil. Entrigante, entregador.
IR EN LAS COSTILLAS DEL CABALLO. mod. mil. Ir pegado a las costillas del caballo a la carrera.

JUGAR CON LAS LANZAS. mod. mil. Amagar con ellas.
JULEPE. m. Miedo.

LASTIMARSE. r. Compadecerse.
LELO. m. Idiota.
LEVANTARSE. mod. mil. Salir las tropas de un lugar.
LICENCIO. adj. Licencioso.
LIGERAMENTE. adv. t. Pronto.
LÍNEA. f. mil. Área precisa de un combate.
LISURA. f. Travesura.
LOGRAR. r. Aprovecharse.
LOMA. f. mil. Cuchilla de un cerro.
LO QUE. adv. m. Contrariamente.
LUGAR. m. Modo.
LUGARES. m. Tierra natal.

LLEVAR UN CABALLO EN LA CINCHA. mod. mil. Llevar un caballo de remuda atado en la cincha.

MACHUCAR. tr. mil. Ajusticiar a alguien a garrotazos y pedradas.
MADAMA. f. Amante de jerarquía superior.
MAL GÁLICO. mod. Bubas.
MANDARSE MUDAR. mod. Irse, fugarse.
MANDÓN. m. Jefe indio.
MANSIONAR. tr. mil. Permanecer, estacionarse.
MARGEN CONTRARIA. mod. Ocasión contraria.
MAS ANTES. m. conj. Antes bien.

MÁS QUE. conj. adv. Aunque.
MÁS QUE SEA. m. conj. Aunque sea.
MASTICADO, DA. p. p. de masticar. Plan o acto preparado con todo detalle.
MÁXIMA. f. mil. Ardid táctico de guerra.
MEDIO. m. Moneda metálica de 17 maravedís; mitad del real (de ahí su nombre abreviado de medio real).
MEDIR LA ESPADA. mod. mil. Batirse a duelo.
MENDIGUEZ. f. Mendicidad.
MESMO. adj. Mismo.
MITA. f. Turno, lapso. Del aymara y quechua MIT'A.
MITAD. f. Parte de algo, no necesariamente la media.
MOHOSO. m. 1. Natural de Mohosa.
MOJOSEADO. adj. Deteriorado por la mojazón.
MOLLETE. m. Pan de harina áspera.
MOMENTÁNEAMENTE. adv. m. Momento a momento.
MONTADO EN EMPELO. mod. mil. Montado en pelo.
MOQUETERO. m. mil. Arma de fuego de bolsillo, no identificada.
MORENO, NA. m. y f. Persona de raza negra.
MOZA. f. Amante de jerarquía común.
MOZO. m. Indio acholado. Véase CHOLO.
MUCHACHO, CHA. m. y f. Sirviente.

NACIONAL. m. Véase CÍVICO.
NADIES. pron. indet. Nadie.
NI COSA QUE VALGA. mod. Ni más averiguación.
NO HABER CUENTA. mod. No tener comparación.
NOMÁS TAMBIÉN. mod. Igualmente.
NOMÁS TODAVÍA. mod. Por el momento.
NUESTRO AMO. m. Cristo.
NUNCA POR NUNCA. mod. Nunca jamás.

OFICIAL INDEMNIZADO. mod. mil. Oficial patriota absuelto de cargos de infidencia.
OFICIALADA. f. mil. Oficialidad.
OLADA. f. Oleada.

PÁJARO. m. Bribón.
PAJERA. f. Parte de la silla de montar retobada con paja.
PALAZO. m. mil. Garrotazo.
PARADA DE ROPA. mod. Juego completo de ropa.
PARAR. intr. Recurrir.
PARAR LAS OREJAS. mod. Recelar, ponerse en guardia.
PARLAMENTO. m. Deliberación.
PARTEYNOCHE. mod. De parte de noche, de noche.

GLOSARIO 467

PASADA. f. mil. Acción y efecto de pasarse al enemigo.
PASAJE. m. Zaguán.
PASADO. m. mil. Ido voluntariamente al enemigo.
PASAR. tr. Prescindir, omitir.
PASAR DE VISTA. mod. Leer, examinar.
PASAR LA MANO. mod. Entretener a alguien para dar tiempo a algo contra él.
PASARSE. r. mil. Irse voluntariamente al enemigo.
PASIONISTA. m. Apasionado.
PASO. m. mil. Pasada.
PECAR. tr. Persuadir para hacerse dar un puesto.
PELTRECHOS. m. Pertrechos.
PELLÓN. m. Pellejo curtido de llama o de oveja que puede servir como colchón.
PENETRABLE. adj. Penetrante.
PEÑA VIVA. mod. Roca pura sin tierra.
PERDER. tr. Cubrir, ocultar.
PESCAR. tr. mil. Pillar a un fugitivo.
PICADO, DA. adj. Molestado.
PICAR. tr. Molestar.
PITAR. tr. Fumar tabaco sin hacer pasar el humo a los pulmones.
PITUPERAR. tr. Vituperar.
PLATINAS. f. Grilletes.
POCA FIBRA. mod. Flaqueza de ánimo.
POLVADERA. f. Polvareda.
POR PRIMERA. mod. mil. A la vanguardia.
PORTARSE. r. Mantenerse.
POR ÚLTIMAS. mod. mil. A la retaguardia.
PRECIPITARSE. r. Exponerse.
PRENDER. tr. Incendiar.
PRESENTADO, DA. m. y f. mil. Presentado por voluntad propia ante el enemigo.
PRESENTARSE. r. mil. Presentarse por voluntad propia ante el enemigo.
PRESENTARSE A LUZ. mod. Levantarse de cama.
PRICIPICIO. m. mil. Precipicio, riesgo mortal.
PROPIO. m. Mensajero.
PROPORCIONAR. tr. Convenir.
PROTEGERSE. r. Asilarse.
PUERTAYCALLE. f. Puerta de calle.
PUES. mod. Sin embargo.
PUNA. f. Del quechua PUNA. Territorio muy alto y frío.
PUNTO EN BOCA. mod. Callado, sin habla.

QUEBRADOS. m. Quiebras del terreno.
QUEDAR MÁS FRESCO QUE UN TAMARINDO. mod. Quedar muy tranquilo.

El fruto del tamarindo es muy usado para hacer refrescos en el Oriente de Bolivia.
¿QUÉ ES LO QUE HAY? mod. ¿Qué sucede?
QUEPASE. sb. pr. i. de caber: cupiese.

RANCHO. m. Caserío, ranchería.
RASGAR. tr. Romper la urdimbre del muro de un bohío.
RASPETÓN. m. mil. Rozadura de la bala.
REALISTO. m. Realista.
RECALAR. intr. mil. Llegar, aportar.
RECORDAR. intr. Despertar.
REENCARGAR. tr. Instruir, recomendar.
REFINAR. tr. mil. Ajustar la cincha de la cabalgadura.
REMIRAR. tr. Espiar.
RENEGADO, DA. adj. Rabioso.
REPARAR. tr. Advertir, caer en cuenta.
REPARARSE. r. Detenerse.
REPARO. m. Dique fluvial.
REPASADO, DA. m. y f. mil. Pasado una vez al bando enemigo y vuelto a pasar de éste a aquél.
REPASOS. m. Pasadas repetidas. Véase PASADA.
REPECHÓN. m. Repecho muy pendiente.
REPLEGARSE. r. mil. Reunirse
RESGUARDO. m. mil. Salvoconducto.
RETEJADO. m. Techo de tejas.
REVOLOTEAR. intr. mil. Hacer una correría la guerrilla en marchas sinuosas por razones tácticas.
REVOLVERSE. intr. Dar media vuelta.
REVUELTA. f. Vuelta.
ROMPER. tr. mil. Atravesar las líneas enemigas.
RUGIR. intr. Hacer correr una voz.

SABLE RICO. mod. Sable con adornos e incrustaciones.
SALIR A LUZ. mod. mil. Hacerse ver por el enemigo.
SALIR ATESTANDO. mod. Salir en tropel apretado.
SAQUEAR UNA CASA LIMPIO. mod. mil. Saquear sin dejar nada.
SAQUEAR SIN QUE QUEDE ESTACA EN PARED. mod. mil. Saquear sin dejar nada.
SARRACENO. m. Español, realista.
SAYAÑA. f. Voz aymara. Terreno de sembradío, amojonado y con vivienda.
SECO. m. Estupefacto, mudo.
SEGREGACIÓN. f. mil. Acción y efecto de segregarse.
SEGREGADO, DA. p. p. de segregarse.
SEGREGARSE. r. mil. Separarse del enemigo un patriota que se había visto obligado a andar con él.

SEGUIDA. f. mil. Persecución.
SEGUNDA. m. Alcalde, vicecacique, segunda persona de los caciques.
SENTIDO, DA. adj. Descubierto.
SENTIR. tr. Darse cuenta, descubrir.
SER VÍCTIMA. mod. mil. Perecer.
SI CASO. mod. En caso de que.
SIEMPRE. adv. m. De todas maneras.
SILENCIO, A. adj. Silencioso, quieto, desierto.
SOLAZO. m. Calor intenso.
SOLDADO MODERNO. mod. mil. Soldado novato.
SOLITO, A. adj. Solo del todo.
SOPLARSE. r. Llevarse.
SOPORTAR. tr. Mantener, subvenir los gastos de una familia.
SORPRESO, SA. adj. Sorprendido.
SOSPECHOSO, SA. adj. Suspicaz.
SUELTO. m. mil. Soldado sin arma.
SUERO, A. m. y f. Suegro.
SUFRAGARSE. r. Mantenerse, sostenerse para vivir.
SUSCITAR. tr. Imputar.
SUSTAZO. m. Susto muy fuerte.

TABLA. m. Soldado español realista, llamado así por la pechera rígida del uniforme que usaban.
TAMBO. m. Del quechua TAMPU, posada.
TANTITO, TA. mod. Ni el/la más mínimo/ma.
TARDAR. intr. Estacionarse.
TATA. m. Del quechua y aymara TATA. Padre, señor, amo.
TEJENDERO, RA. m. y f. Tejedor.
TEMBETA. f. Del guaraní TEMBETÁ: agujero del labio. Cuenta de piedra engastada debajo del labio inferior, según uso de los indios del área tropical en Bolivia y otros países latinoamericanos.
TEMPLAR. tr. Templar el ánimo.
TENER EN BOCA. mod. Denostar, infamar.
TIRAR. tr. Matar a balazos.
TIRAR. tr. Trazar un plan.
TIRARSE LA TRANCA. mod. Embriagarse.
TODITOS, TAS. adj. Todos absolutamente.
TOMADITO, A. adj. Ligeramente borracho.
TOMADO, DA. adj. Borracho.
TOMAR. tr. Emborracharse.
TOPO. m. Del quechua TUPU. Prendedor.
TOREADA. f. mil. Acción y efecto de torear.
TOREAR. tr. mil. Hostigar provocando al enemigo.
TOSTADO. m. Maíz tostado.
TRANCA. f. Borrachera.
TRANQUILLA. m. Clavícula.

TRASCUNDIR. tr. Cundir, propagarse.
TRASTEAR. tr. Acomodar.
TRATAR. tr. Denigrar, insultar.
TRECHO. m. Sitio, lugar.
TRENCHIRA. f. Trinchera.
TROMPEAR. tr. Dar de trompadas.
TRONAR. tr. mil. Fusilar.
TUNA. f. Parranda.
TUNAR. intr. Parrandear.

UNA SED DE AGUA. mod. Un vaso de agua.

VÉANTE MIS OJOS, BLANCA PALOMA. mod. Hasta la vista.
VEGA. f. Entrada.
VERGONZOSO, SA. adv. Sin vergüenza, vergonzosamente.
VERSE EN LAS ÚLTIMAS FATIGAS. mod. Verse sin recurso alguno.
VESTIRSE. r. Revestirse.
VIRIÓN. m. mil. Arma, no identificada. Podría equivaler a virón (vira, viratón, virote): variedad de saeta.
VISO. m. Apariencia.
VISTA. f. Encuentro de una persona con otra.
VOCEARSE. r. Reñir a voces.
VOLAR. intr. Vagabundear.
VOLATEAR. intr. Revolotear.
VUEBO. m. Huevo.

YA TAMBIÉN. adv. m. Yo, tú, él, etc., por mi, tu, su parte, etc., respectivamente.
YAPAR. tr. Del quechua y aymara YAPA. Dar de más por obsequio sobre lo que ya se había dado o vendido.
YERROYCUENTA. mod. Error de cuenta.

ZAPATOS DE MUNICIÓN. mod. mil. Zapatos de soldado realista.
ZONCEARSE. r. Atontarse.
ZUMBÁTICO, CA. adj. De burla.

ÍNDICE GENERAL: ONOMÁSTICO, TOPONÍMICO, TEMÁTICO

Advertencias

Para el manejo adecuado de este Índice, será conveniente tomar en cuenta las advertencias siguientes:

1. Siendo el *Diario* de José Santos Vargas una pieza realmente única —dentro de la literatura guerrillera, y dentro de la producción literaria en general— por sus características de lugar, tiempo, sociedad, autor y realización, puede anticiparse ya que va a ser tanto un libro de interés general para el lector corriente, como una fuente de consulta, de análisis, y de estudio histórico, ideológico, político, académico, y aun estratégico y táctico para investigadores y especialistas.

2. En este entendido, la estructura de nuestro Índice general, rebasando el carácter más o menos rutinario de esta clase de agregados editoriales, debe más bien asumir los requisitos de un dispositivo específicamente organizado para satisfacer tanto el interés y la curiosidad del lector en general, como las necesidades del especialista que en cualquier nivel del conocimiento o la actividad relacionada con el tema guerrillero tenga que compulsar el texto para los indicados fines de consulta, análisis y estudio.

3. Según esto, la estructura del Índice general está dispuesta de manera que sirva específica e idóneamente a los fines arriba indicados y con referencia a las características del libro concreto para el cual va a servir, para hacer más fácil y productivo su manejo y aprovechamiento.

4. Esto explica por qué dentro de la serie alfabética general se han incluido, con toda la amplitud necesaria, secciones mayores sobre los temas asimismo mayores del *Diario*, a saber:

a) División de los Valles, o sea la unidad guerrillera a que perteneció el autor José Santos Vargas, unidad guerrillera cuya personalidad y cuyas peripecias constituyen la razón misma de ser del libro. En esta sección del Índice se buscarán todos los aspectos organizativos y funcionales de dicha unidad guerrillera (bajo División de los Valles: Estructura y función), tanto como la información relativa al autor y su libro —los cuales de hecho formaron parte de la División— (véanse las entradas correspondientes a División de los Valles: Vargas, José Santos, autor del *Diario*), y también la información relativa al contorno social de los Valles dentro del cual se desarrolló el drama guerrillero y cuya composición y características quedan automáticamente reflejadas en el libro (por ejemplo, véanse las entradas del índice relativas a Hacendados, Iglesia, Indios, etc., en División de los Valles), y desde luego la información relativa al enemigo contra el cual combatió la División (véase División de los Valles: Realistas: Ejército en los Valles).

b) Guerra popular, o sea la lucha bélica continental contra España por la independencia, con los aspectos que se reflejan en las páginas

[471]

del *Diario*; guerra popular de la cual fue parte la que llevó a cabo la División de los Valles a lo largo de once años (1815-1825).

c) Valles, los: o sea los aspectos característicos del territorio (provincias de Sicasica y Hayopaya) que sirvió de escenario a la dinámica de la División de los Valles, tal como se reflejan en el *Diario*: accidentes geográficos, división política, división de la tierra, etc.

d) Invasión peruana a Bolivia en 1828: Personas, lugares, hechos y cosas de este episodio complementario del *Diario*.

Todas las anteriores advertencias son, en suma, para justificar la organización que se ha dado al Índice general, así como esta recomendación importante: los lectores con interés mayor que el corriente por el texto, y con mayor razón los estudiosos, deben familiarizarse estrechamente con la estructura del Índice para obtener de su manejo todo el rendimiento deseable.

Índice

A

ABAJO, PROVINCIAS DE (ARGENTINA), 55, 301, 405.
AREQUIPA (PERÚ), 8, 74, 259, 304, 309, 381.
ARGENTINA, 414.
AROMA: véase Haruuma.

B

BOLIVIA, 3, 5, 384-385, 391, 394, 399, 402.
BUENOS AIRES (ARGENTINA), 6, 8-9, 23, 25, 33, 65, 94, 148, 185, 193, 200, 203, 215, 253, 286, 296, 379, 412, 423, 425, 427, 434, 437, 441-442, 444, 446, 453.

C

CALACOTO, PUEBLO (PACAJES, BOLIVIA), 250, 385.
CALAMARCA, PUEBLO (SICASICA, BOLIVIA), 309, 344.
CALVO, MARIANO ENRIQUE, VICEPRESIDENTE DE BOLIVIA, 417.
CAPACHICA, ISLA (PERÚ), 371, 380.
CARACAS (VENEZUELA), 435-436, 453.
CARACOLLO, DOCTRINA, PUEBLO, POSTA (ORURO, BOLIVIA), 35, 108-109, 125, 154, 229, 243-244, 272, 285, 302, 339, 350, 355, 371, 387.
CARANGAS, PROVINCIA (BOLIVIA), 197.
CARTAGENA (COLOMBIA), 453.
CERRO GORDO, PARIA (ORURO, BOLIVIA), 71.

CINTI, PUEBLO (CHUQUISACA, BOLIVIA), 92, 346.
CISNEROS, BALTASAR HIDALGO DE: véase Hidalgo de Cisneros, Baltasar.
COANI, LUGAR (PARIA, BOLIVIA), 240.
COLOMBIA, 242, 420.
CONDORCHINOCA, POSTA (PARIA, BOLIVIA), 18.
CÓRDOBA (ARGENTINA), 414, 425, 441, 448.
CURAHUARA, PUEBLO (PACAJES, BOLIVIA), 39.
CUSCO (PERÚ), 8, 17, 24, 35, 39, 41, 107, 257, 292, 379, 411, 413, 420, 431, 448.

CH

CHAYANTA, PARTIDO Y PUEBLO (POTOSÍ, BOLIVIA), 26, 57, 356, 401.
CHICHAS, PROVINCIA (POTOSÍ, BOLIVIA), 441.
CHILAHUALA, LUGAR (ORURO, BOLIVIA), 344, 385.
CHILE, 42, 242, 249, 409-410, 412, 420.
CHUCUITO (PERÚ), 301.
CHUMBIVILLCAS (PERÚ), 27.
CHUQUISACA: véase Sucre.

D

DIVISIÓN DE LOS VALLES: *Alcabalas*, 184, 197.
DIVISIÓN DE LOS VALLES: *Ancianos*, 28, 71, 84, 110, 112, 128, 130-131, 138, 185, 205-206, 213, 217, 237, 254, 258, 352-353, 360, 450.
DIVISIÓN DE LOS VALLES: *Apodos*,

Águila de Hayopaya, 312; Ajalla, 156, 168, 181; Auquia, 236; Barbarucho, 370; Bayloncito, 240; Bedoya, 290; Blanquillo, 353; Cabo Gordo, 313; Cabo Perote, 272; Calahaliri, 103, 255; Callado, 278; Cambas (apodo de los habitantes del área Oriental de Bolivia), 313; Caraconcor, 242; Condeña, 35; Condo Goya, 16; Chajmi, 133; Chui Manuno, 153; Chuño, 171; Gordita, 335; Guadalupe, 275; Hachalaco, 181; Jacha Pedro, 112; Karasúpay, 402; Kjomer Uchu, 73; León de Santa Cruz, 312-315; Locoto, 256, 260, 299, 414; Lupico, 141; Manamicusca, 132; Muerte Cajón, 34; Niñacha, 188; Quemarrancho, 35; Quitón, 24; Ronco, 175-176, 387; Tablas, 18, 296; Taburete, 45; Tancayco, 61; Tata Rivelora, 55; Tembetas (apodo de los indios de Santa Cruz), 313; Uchicho, 371; Uilachaleco, 333.

DIVISIÓN DE LOS VALLES: *Cementerios*, 70-71, 90, 167, 235-236, 258, 281, 305, 334, 360.

DIVISIÓN DE LOS VALLES: *Coca*, 165, 198, 251.

DIVISIÓN DE LOS VALLES: *Comercio*, 58, 82, 93, 233, 240-241, 244, 304, 356.

DIVISIÓN DE LOS VALLES: *Cholos*: Arenas, Marcelo, 157; Durán, Lázaro, 157; Quispe, Ildifonso, 157; otras referencias, 154, 289, 360.

DIVISIÓN DE LOS VALLES: *Emigrados a los Valles*: Calderón, Bernardo, 32-33; Cano y Cortés, Juan Agustín, 130; Castro, Tomás, 39-40; Linares Castro, Paulo, 39; Pradel, Mariano, 39-40; Quirós, Gregorio, 142; Sota, 26;

Valencia, Diego, 142; Zúñiga, Pedro, 129, 202-203; otras referencias, 42, 64, 69, 91, 141, 153, 180, 252, 291, 294-295, 324-325, 328, 331, 344, 353, 355, 407-409, 411-412, 414-416.

DIVISIÓN DE LOS VALLES: *Enfermedades*: fiebres, 247, 351; mal gálico, 290; tercianas, 311.

DIVISIÓN DE LOS VALLES: ESTRUCTURA Y FUNCIÓN: *Acciones bélicas defensivas*: Anucariri, 172-174; Añuchiri, 134-135; Aramani, 137-141; Calavinto, 105, 410; Carasa, 48; Cavari, 70-71, 142-143, 310-311; Cocapata, 352; Cochabamba, 51; Condorillo, 161-163; Copachullpa, 311-312; Curupaya, 122-124, 322-323; Chacovillque, 273-275; Charapaya, 98-101, 164-165; Chicote, cerro, 85-87, 95, 113-116; Chuchuata, 158; Chullpani, 158-161, 307-308, 337; Chuñavi, 302-304; Falsuri, 345-347; Ichoca, 69; Inquisivi, 146-152, 165-166, 359-360; Irupana, 60-61, 164-165, 305-306; Lallave, 42-43; Lequelequeni, 45-46; Machaca, 299-300; Malpaso, 283-284, 300, 337-338; Mohosa, 89-91, 229-233; Orurovillque, 226-228; Ovejasuyo, 247-248; Palca, 41-42, 246-247; Parco, 237-238; Sallcabamba, 83-84; Sihisihi, 158; Sihuas, 58; Sipesipe, 48-49; Tapacari, 72, 105-107, 273-275; Tirco, 27-28.

DIVISIÓN DE LOS VALLES: ESTRUCTURA Y FUNCIÓN: *Acciones bélicas ofensivas (asaltos, sorpresas)*, 81-82, 128-129, 157, 292, 304, 352, 365; Altiplanicie, 241-242; Amachuma, 252-253; Arque, 102; Caracato, 378; Caracollo, 108-109; Cavari, 135; Cejal, 167-

168; Charapajsi, 164-165; Chiji, 326-328; Inquisivi, 146-152; Irupana, 317-320; Leque, 360-361; Palca, 41, 44-45; Quillacollo, 169-172; Rodeo, 243; Sicasica, 242; Sihuas, 135; Tapacari, 234-236; Ventilla, la, 57; Yani, 134. DIVISIÓN DE LOS VALLES: ESTRUCTURA Y FUNCIÓN: *Agregados (guerrilleros, a la División)*, 143, 177, 179, 201, 236, 251.
DIVISIÓN DE LOS VALLES: ESTRUCTURA Y FUNCIÓN: *Animales*: bestias de carga, 140, 238, 255, 284; buitres, 87, 117-118, 267; burros, 22, 28, 117, 158, 311, 329; cabalgaduras, 73, 85, 90, 109, 117, 125, 127, 129, 139-140, 160-161, 168, 170, 203, 228, 233, 238, 248, 255, 257, 261, 264, 269-270, 275, 284, 305, 335, 345; caballos, 21-22, 27-28, 45-46, 48-49, 53, 57, 67, 69, 71, 75, 81-82, 89-92, 100-102, 105-107, 112-116, 119-120, 122, 125, 127, 131-132, 135, 136, 139, 142-145, 147, 151-152, 155, 159, 162, 166, 169-173, 176, 186, 196, 202-204, 212, 216-218, 220-222, 224, 227, 231-232, 235-236, 238, 241-242, 253, 256-257, 259-261, 273-276, 279, 282-283, 286-289, 292, 300, 303, 305-306, 312, 314-315, 317-318, 333-334, 337-338, 343, 350-351, 353, 357-358, 361-362, 366, 369, 371, 374-375; mulas, 22, 28, 40, 52-53, 61, 77, 81, 100, 106, 110, 115, 117, 122, 125-127, 129, 135, 140-141, 159, 167, 170, 196, 238, 251, 253, 256, 264, 276, 293-295, 317, 327, 338, 361; perros, 124, 177, 258, 276, 330; perros de presa en las acciones militares, 71, 328.
DIVISIÓN DE LOS VALLES: ESTRUCTURA Y FUNCIÓN: *Aprovisionamiento*, 69-70, 75, 89, 112, 119, 122, 197, 233, 340.
DIVISIÓN DE LOS VALLES: ESTRUCTURA Y FUNCIÓN: *Arengas*, 96, 103-104, 189, 205, 318-319.
DIVISIÓN DE LOS VALLES: ESTRUCTURA Y FUNCIÓN: *Armas y pertrechos*: bayonetas, 75, 82, 90, 97, 112, 125, 135, 140, 159, 162, 166, 168, 235, 242, 253, 255, 258-259, 276, 306, 313, 319-320, 328, 409; boquerones, 81, 155; cañones, 42, 49, 96, 103, 106, 143, 145, 173, 196, 199, 226-227, 250, 307; carabinas, 21, 102, 155, 196, 198, 254, 299; fusiles, 21, 41-42, 46, 48, 53, 56-58, 68, 71-73, 80, 82-83, 86-87, 89, 91, 93, 97, 99, 101-102, 107, 114, 117-118, 134-135, 139-140, 147, 155, 158, 161, 167-168, 170-171, 196-198, 229, 233, 236, 242-243, 250-253, 255, 259, 272-274, 278, 281-282, 286, 299-300, 304, 307-308, 310, 312, 315, 319, 327, 332-333, 335, 344, 346, 368; mochilas, 167, 178, 325; moqueteros, 376-377; municiones, 100, 122, 135, 168, 213, 222, 250, 318, 379; parque, 75, 81-82, 122-123, 126, 128; piedras de chispa, 82, 196, 259, 273, 340, 409; pistolas, 81, 94, 132, 215, 409; pólvora, 86, 167, 197, 203, 259, 273, 319; sables, 46, 48, 57, 75, 91-92, 96-97, 99, 103, 111, 113-114, 122, 127, 132, 139, 145, 147, 159, 169, 171, 192, 194, 196, 207, 219, 221, 228, 233, 248-249, 274, 279, 328-329, 361; tercerolas,

42, 57, 103, 106, 113, 128, 159, 164, 167, 171, 199, 211, 221, 245, 257, 269, 362; tiendas de campaña, 113; viriones, 135; otras referencias, 44, 60, 64-65, 78, 104, 120, 136, 141, 144, 152, 154, 174, 187, 190, 201, 224, 247, 252, 256, 266, 270, 291-292, 296, 301, 303, 309, 311, 334, 336, 338-339, 342, 348, 350-352, 358-359, 390, 407, 418, 456.

DIVISIÓN DE LOS VALLES: ESTRUCTURA Y FUNCIÓN: *Ayunos*, 98, 125, 128, 133, 264-265, 269, 281, 318.

DIVISIÓN DE LOS VALLES: ESTRUCTURA Y FUNCIÓN: *Bajas (heridos, muertos, prisioneros)*, 42-44, 46, 48, 50, 52-53, 57-58, 60-62, 67, 69-71, 80, 83, 86-87, 89, 91, 98-101, 105-107, 111, 116, 124, 128, 130, 134, 136, 140, 142, 144, 147, 149-151, 154-155, 158-159, 161-166, 168, 171, 173, 176, 201, 210, 226-232, 235-236, 238, 242, 247-251, 253, 256, 258, 271, 273-276, 278, 283-286, 288, 290-291, 296, 300, 302-308, 310-312, 314-315, 317, 320, 323, 329-330, 337-338, 340, 346, 348, 352-354, 358-362, 370, 378, 405-412, 414-417, 420.

DIVISIÓN DE LOS VALLES: ESTRUCTURA Y FUNCIÓN: *Campamentos*, 51, 81, 122, 172, 246, 311, 455-456.

DIVISIÓN DE LOS VALLES: ESTRUCTURA Y FUNCIÓN: *Canchas*, 41, 44, 70, 217, 220, 235-236, 248, 252, 307, 361-362.

DIVISIÓN DE LOS VALLES: ESTRUCTURA Y FUNCIÓN: *Capitulaciones y tratados*: véase División de los Valles: Estructura y función: Relaciones externas.

DIVISIÓN DE LOS VALLES: ESTRUCTURA Y FUNCIÓN: *Composición humana: Jefes y oficiales:* Abasto, Francisco, 246, 256, 403, 413-414; Acuña, Faustino, 349, 373, 403, 420; Aguilar, Guillermo (oficial de cívicos), 248, 331-333; Aguilar, José (oficial de cívicos), 42, 137, 271-272; Alcócer, José Manuel, 323; Aldón, Juan, 377, 403, 420; Álvarez, Lucas (hijo del siguiente), 286-287; Álvarez, Pedro (padre del anterior), 42-44, 47, 49-51, 88-91, 94, 97-100, 105-107, 109, 113, 117, 124, 133-134, 175-176, 198, 278, 286, 403, 406, 412; Andrade y Mova, Gregorio, 114, 155, 170, 194, 196, 209, 240, 311-312, 384, 404-406; Antezana, José Manuel (alias el Locoto), 256, 260, 263-264, 268, 299, 358, 373, 403, 414; Araníbar, Manuel Diego de (hacendado, oficial de cívicos), 61, 73-75, 354-356, 379; Araníbar, Silverio, 403, 419; Arias, Pedro (argentino), 293, 304-307, 317, 321-323, 337-338, 373, 391, 393, 395-397, 403, 415; Arias, Pedro (peruano), 292, 303-304, 403, 414-415; Aspiazu, Lucas, 304-306, 392, 398, 403, 418-419; Ayllón, Juan Bautista, 210-211, 222, 330-331, 334-336, 403, 412; Ballivián, José, 13, 323, 403, 418; Barahona, Calisto, 39, 49-50, 248; Bascopé, Manuel (oficial de cívicos), 49; Bedregal, Pedro, 403, 418; Bernal, Pedro (abanderado), 403, 419; Bolaños, Carlos, 185, 194, 196, 209, 284-285, 403, 411; Borda, Ignacio, 129, 161, 170, 179, 186, 235, 403, 408; Bustamante, José Benito, 163-164, 172, 177-178, 226, 230-232, 241-242, 252-253, 256, 260, 263, 268-269, 293, 299, 302, 332, 339, 358-370, 399-403, 412; Bustos, Pedro (jefe de estado mayor), 403, 419; Calderón, José, 94, 124, 177-178, 194, 196, 202, 204, 206, 209, 403, 411; Calorio Velasco, José (segundo jefe de estado mayor), 371-378, 403, 415, 420-421; Cano, Eduardo, 147, 240; Cárdenas, Francisco, 283; Carpio, Francisco del, 102, 104-107, 111-112, 120-121, 131-132, 403, 411-412; Castillo, Juan de Dios, 82, 160-161, 403, 405; Castro, José Manuel, 216-217, 257, 403, 414; Castro, Marcelino, 84, 179-184, 186, 252-253, 256, 274, 276, 283, 302-303, 380, 403, 411; Ceballos, Manuel, 403, 414; Centeno, Juan de Dios (oficial de cívicos), 18; Céspedes, Melchor, 178, 403, 411; Céspedes, Ramón, 403, 412; Contreras, Agustín, 59, 61, 143, 166, 169, 172, 177, 188, 191, 193, 196, 198-199, 201-203, 206, 210-211, 221, 223, 227-228, 256, 262, 265, 274, 290, 295-297, 299-300, 403, 406; Copitas, Rafael, 165, 168, 202, 204, 248, 262, 265, 269, 295, 364, 384-385, 391-393, 395-396, 400, 403, 413; Cortés, Martín (oficial de cívicos), 48; Costarica, José Manuel (oficial de cívicos), 18; Cuenca, Domingo (oficial de cívicos), 248; Cuenca, Nicolás (oficial de cívicos), 248; Curtinas |Cortinas|, José, 321 403, 420; Chaves, 60, 403, 420; Chinchilla, José Manuel (co-

mandante, jefe de la División de los Valles), 10, 102, 105-106, 161, 163-164, 172, 177, 190, 198, 202, 204, 206, 209, 211-226, 230-232, 234, 236-237, 239-246, 250, 252, 256-257, 259-261, 265-271, 273-277, 279, 282-286, 290-301, 331, 366, 403, 407-409, 411-414, 418, 421; Choquecallata, Faustino, 309-310, 330-331, 334, 336, 403, 415; Dehesa, Feliciano, 403, 421; Dehesa, Pedro, 403, 419; Dehesa, Prudencio, 403, 419; Delgadillo, Manuel, 404, 420; Díaz de Bolaños, Damián, 39-42, 47-51, 129; Eccles, Santiago, 256, 332, 404, 414; Egoaguirre, José Manuel, 349, 404, 420; Espinosa, Mariano, 358, 404, 417; Espinosa, Ramón, 404, 417; Fajardo, Santiago (comandante, jefe de la División de los Valles), 10, 25, 42-43, 47, 49-51, 193-194, 196, 199-206, 208-209, 211-217, 219, 221, 223-226, 404, 410; Fernández, Juan, 404, 420; Fernández, Manuel, 404, 412; Fonseca, Manuel, 404, 420; Franco, Pedro, 41; Fuentes, Damián, 277; Funes, Norberto, 404, 420; Galdós, José Manuel, 309, 317, 404, 416; Games, Blas, 313, 330-331, 334, 336, 415; Games, Bonifacio, 215-216, 404, 419; Garavito, Mariano, 35, 169, 274, 300, 305-306, 314, 327, 362, 376, 404, 416; Garavito, Pío (oficial de cívicos), 20, 155, 398; García, Pascual, 10, 71, 81-82, 84, 87-91, 99, 101-102, 107, 114, 117, 123, 126, 134-135, 146, 152, 155, 157-158, 161, 163, 165-166, 226, 229, 237-238, 262, 290, 404, 407; García de la Lanza, José Miguel (comandante, jefe de la División de los Valles), 28-29, 57-62, 71, 293-310, 312-315, 317-318, 320-324, 326-331, 333-354, 356-359, 363, 365, 370-379, 383, 386, 390-391, 404-422, 455; García Luna, Luis, 166, 169, 177, 179, 186, 221, 235, 251, 404, 411; Gómez, Juan, 375, 377, 404, 420; González, Juan Bautista, 194, 196, 209, 404, 412; Granadino, 310; Graneros, Pedro, 21, 39, 61, 88, 191, 194, 196, 199, 203, 210-211, 223, 273-274, 293, 295-296, 303, 404, 406; Guevara, José Félix, 404, 420; Guzmán, Manuel (médico), 404, 421; Haedo, 309. 310, 330-331, 334, 336, 404, 416; Helguero, Vicente, 80, 165, 171, 404, 413; Herboso, José Antolín, 222, 257, 404, 409; Hermosa, Pío, 249, 340-341, 404, 409-410; Hinojosa, Mariano (oficial de cívicos), 284; Lanza, José Miguel: véase García de la Lanza, José Miguel; Lara, Luis 338, 351, 358, 378, 40ª, 417-418; León, José, 309, 404, 416; Lévano, Rafael, 386, 404, 421; Lira, Eusebio (comandante, jefe de la División de los Valles), 10, 21, 33, 39-54, 57-72, 74-100, 103-110, 112-115, 117, 119-126, 128-129, 133-138, 140, 143-148, 150-202, 207-208, 213, 218, 220-223, 226, 228, 248, 252, 257, 271, 290, 294-295, 297, 329, 384, 404-413, 419; Loaiza, Francisco (oficial de cívicos), 257; López, José María, 310, 337, 339, 404, 412-413; Marquina, Pedro, 169-170, 177-178, 183, 188-194, 196, 199, 201-203, 206-213, 215-223, 225, 404, 413; Martínez Párraga, José (comandante, jefe de la División de los Valles), 298, 359, 363-368, 370, 372-373, 404, 415, 421; Mejía, Juan, 242; Mendizábal, Mariano (pasado del bando realista), 40-42, 44, 121, 246, 292-293, 299, 302-303, 307, 342, 404, 414; Mendoza, Mariano, 310; Meruvia, Evaristo (oficial de cívicos), 306, 345; Miranda, Mariano (oficial de caballería cívica), 71; Moncada, Manuel, 323, 404, 417; Monroy, Felipe, 309, 337-338, 359, 404, 416; Montalvo, Pablo, 27-28, 58, 67, 77, 93, 111, 404, 406; Montealegre, Marcos, 404, 415; Montenegro, Marcos, 293; Morales, Laureano, 154, 295, 297; Morales, Santiago, 54, 57, 147, 188, 189, 196, 199, 203, 212, 214-215, 218, 220-223, 225, 404, 409; Moreno, Eugenio, 107, 109, 115-116, 169, 176, 184-188, 191-193, 196, 199-204, 207-213, 215, 222-223, 404, 411; Mosquera, Diego, 111, 404, 417; Moya, Pedro (oficial de cívicos), 106; Navarrete, Bartolomé, 404, 420; Oropeza, Toribio, 390-391; Pacheco, Antonio, 188, 191, 194, 196, 199-200, 203, 223, 386-387, 397, 401-402, 404, 413; Pacheco, Melchor, 105, 404, 410; Páez Ramallo, Julián, 196, 391-392, 404, 410; Paiva, Manuel, 404, 420; Palomeque, Buenaventura (oficial de cívicos), 291, 302; Paredes, Manuel, 293, 330-331, 404, 415; Patiño, Manuel, 94, 100, 103, 105, 114, 120, 123, 137-138, 147-149, 166, 169, 181, 183, 194, 196, 203, 209, 240-

ÍNDICE ONOMÁSTICO, TOPONÍMICO, TEMÁTICO 479

241, 246-247, 404, 407-408; Pineda, Dionisio (oficial de cívicos), 31-32; Porras, Silvestre, 130, 135, 145; Portilla, Narciso, 178, 265-266, 326, 359-360, 372, 378, 385-387, 390, 392-397, 399-402, 408, 421; Ramírez, Mariano, 130; Revilla, Andrés, 404, 421; Riva, Diego de la, 18; Rivero, Ramón, 179, 182-183, 191, 194, 204, 206, 219-220, 231, 233-234, 404, 411-412; Rodríguez, Ángel Andrés (alias el Hachalaco), 60, 129, 134, 139, 143, 146, 161, 181, 238, 295-296, 359-361, 363-364, 369-370, 406; Rojas, Juan Bautista, 300, 375, 404, 421; Romero, Marcelo, 404, 420; Romero, Pedro José, 259-260, 404, 414; Saavedra, Manuel, 246, 404, 413; Santa Cruz, Pedro, 404, 420; Santiesteban, Mariano, 39, 60, 72, 82, 94, 162, 166, 230-232, 235, 248, 404, 406; Saravia, Calisto, 116, 257, 404, 413; Segovia, Domingo, 316-317; Suárez, N., 404, 420; Tapia, Manuel, 99, 128, 135, 404, 410; Tapia, Marcelino (oficial de caballería cívica), 142, 145; Terán, Pedro, 41, 69, 73; Terceros, Fernando, 147-148, 232, 398; Toledo, Pedro (hacendado, oficial de cívicos), 28; Torrelio, Mariano, 404, 419; Ugarte, Manuel, 404, 420; Urbizu, Ramón, 25, 72; Ureña, Melchor, 358; Vaca, 346; Valdivia, Matías, 64-66, 69, 404, 407; Vargas, José Santos: véase División de los Valles, Vargas, José Santos, autor del *Diario*; Vargas, Pedro Nolasco, 286; Videla, Hipólito, 404, 414; Villarroel, Vicente, 338, 404, 416-417; Viscarra, Casimiro, 404, 421-422; Zafra, José María, 57, 404-405; Zamudio, 107; Zárate, Buenaventura, 375; Zárate, José Buenaventura: véase Zárate, José Buenaventura, en División de los Valles: Hacendados; Zerda, Pedro, 21, 34-35, 39-40, 42, 48, 71, 79, 93, 170, 178, 251, 276, 282, 330-331, 341, 353, 404-405.

DIVISIÓN DE LOS VALLES: ESTRUCTURA Y FUNCIÓN: *Composición humana: Clases:* Antezana, Clemente, 97, 147, 178; Aramayo, José, 171; Berbete, José Manuel, 91-92; Brañes, Manuel, 126, 186, 190-191, 217-220; Cabañero, Andrés, 284; Contreras, Francisco, 258; Córdova, Martín, 218; Chanvi, Manuel, 149, 171; Choque, Pedro (alias el Cabo Perote), 271-272; Diana, Pascual, 148-149; Garavito, Igidio, 171; García, Carlos, 147-151, 173; Gutiérrez, Buenaventura, 242, 360; Inofuentes, Pedro, 219, 227-228; León, Manuel, 107; Medeiros, Laureano, 286; Michel, Francisco, 207; Millares, Jacinto, 41, 43-44; Miranda, Manuel, 107, 191, 199-200, 220, 223, 225, 248; Montaño, Francisco, 165; Murillo, Santiago, 195, 307; Peña, Manuel, 84; Pinto, Bernardino, 364, 366; Reinaga, Julián, 86-87, 142, 284; Requelme, José Manuel, 290; Reyes, Ramón (tambor mayor), 253; Rivadeneyra, Manuel de, 258; Rojas, Pablo, 364, 366; Salinas, Elías, 242; Solís, Santos (tambor), 169, 191; Tapia, Francisco (alias el Taburete), 156-157; Torres, Manuel, 46, 94;

Vázquez, Andrés, 108-109; Vázquez, Manuel, 92.

DIVISIÓN DE LOS VALLES: ESTRUCTURA Y FUNCIÓN: *Composición humana: Soldados:* Alvarado, Juan, 107; Álvarez, Gregorio, 90; Álvarez, Mariano, 238, 257; Álvarez, 218; Amauri, Melchor, 92-93; Antezana, Mariano, 71; Arequipa, Santos, 116-117; Argüello, Feliciano, 83-84; Arias, Manuel, 98; Aricoma, Pedro, 116; Brañes, Mariano, 138; Cano, Agustín, 295, 297, 311; Castro, Manuel, 121, 132; Ceballos Arocha, Hilario, 171; Coronel, Mariano, 232; Cortés, Juan, 46, 165; Crespo, Mariano, 201; Chipana, Diego, 84, 257; Dávila, 177; Díaz, 257; Domínguez, Feliciano, 388; Escobar, José Manuel (alias el Tancayco), 61, 150; Flores, José Manuel, 124; Giménez, Melchor, 312; Huallpa, Ciprián, 44, 150, 333; Infante, 107; Lira, Miguel (hermano del comandante Eusebio Lira), 248; Loaiza, Pedro, 86-87; Mamani, Manuel, 57, 138; Marzana, Bernardino, 236; Mauri, Felipe, 150; Mendoza, Manuel, 286; Mesa, Clemente, 57, 66, 138; Morayle, Bartolomé, 228-229; Pacheco, Gregorio, 99; Palomeque, Manuel, 274, 366; Pérez Mariano (alias el Chuño), 171; Pérez, Toribio, 275-276; Ramírez, 286; Saavedra, Mariano, 243; Salazar, Manuel, 257-258; Santa Cruz, José Manuel, 166; Sotelo, 257; Tejeda, Antonio, 57; Terrazas, Isidro, 151; Torres, José María (alias el Niñacha), 188, 190, 199, 222; Vargas, Rudecindo, 53-54, 94, 162; Vergara, Justo (caballería cívica), 71; Yapura, Antonio, 138; Zeballos, José, 284; Zorita, José Manuel, 286-287.

DIVISIÓN DE LOS VALLES: ESTRUCTURA Y FUNCIÓN: *Comunicaciones:* emisarios o parlamentarios, 60; extraordinarios, 252, 350, 356; propios, 64, 75, 80, 137, 154, 184, 276, 279, 282-283, 306, 315, 356, 375, 379; véase también División de los Valles: Estructura y función: Documentos e Inteligencia.

DIVISIÓN DE LOS VALLES: ESTRUCTURA Y FUNCIÓN: *Consejos de guerra,* 234, 278, 317, 349, 440.

DIVISIÓN DE LOS VALLES: ESTRUCTURA Y FUNCIÓN: *Conspiraciones,* 94-95, 189-196, 275, 292-293, 308-309, 331, 415-416.

DIVISIÓN DE LOS VALLES: ESTRUCTURA Y FUNCIÓN: *Cuantía numérica de la División,* 41, 43, 69, 81, 85, 98, 113, 121, 144, 149, 169, 226-227, 256, 270, 273, 285, 291, 299, 310, 312-314, 318-319, 321, 334, 341, 349, 352, 372-373.

DIVISIÓN DE LOS VALLES: ESTRUCTURA Y FUNCIÓN: *Cuarteles:* Cuartel general (Machaca), 74, 293, 320, 339, 350, 352, 372, 383, 419; cuarteles, 41, 75, 89, 93, 103, 120, 124, 183, 188, 191, 194, 210, 217-220, 225, 239, 256, 366-367, 378.

DIVISIÓN DE LOS VALLES: ESTRUCTURA Y FUNCIÓN: *Democracia popular:* Elecciones de jefes por proclamación, 194, 363-364, 367-368, 415; elecciones de jefes por voto secreto, 104, 120, 205-207; plebiscitos, 120-121, 205-207; sentencias por consenso, 278.

DIVISIÓN DE LOS VALLES: ESTRUCTURA Y FUNCIÓN: *Denominacio-*

ÍNDICE ONOMÁSTICO, TOPONÍMICO, TEMÁTICO 481

nes de la División: División de Aguerridos, 197, 346; División de los Valles, 142, 155-156, 165, 177-178, 184-185, 188-190, 193, 196, 200, 203-204, 208-212, 214-215, 217, 224, 226, 240, 242, 244, 248, 250, 286, 292, 294-295, 299, 301, 304, 314, 321, 324, 335, 339, 342, 349, 351, 356, 358, 363, 371, 373-374, 379, 383, 407, 455; facción, 95; guerrilla, 95; montoneros, 11, 14.

DIVISIÓN DE LOS VALLES: ESTRUCTURA Y FUNCIÓN: Denominaciones de los guerrilleros, por los realistas: alzados, 52, 63, 73, 88, 100, 110, 112-113, 115, 118, 128, 141, 147, 163, 249, 255, 271, 289, 311, 332; insurgentes, 88, 282, 301, 311, 315, 362.

DIVISIÓN DE LOS VALLES: ESTRUCTURA Y FUNCIÓN: Desafíos, insultos, diálogos en combate, 100, 143, 147-148, 250, 303, 311-313, 321, 323, 333.

DIVISIÓN DE LOS VALLES: ESTRUCTURA Y FUNCIÓN: Desarmadas, 53-54, 56, 95, 103, 120-121, 164, 205, 215-216, 235, 285-286, 298, 301, 365, 367-369.

DIVISIÓN DE LOS VALLES: ESTRUCTURA Y FUNCIÓN: Deserciones, 108, 165, 177-179, 198, 275-278, 284, 290, 365, 410, 419.

DIVISIÓN DE LOS VALLES: ESTRUCTURA Y FUNCIÓN: Diezmados, 212-213.

DIVISIÓN DE LOS VALLES: ESTRUCTURA Y FUNCIÓN: Disciplina: castigos, 46, 88-89, 93, 119, 136, 179, 234, 243, 276-277, 367; indisciplina, 184-188.

DIVISIÓN DE LOS VALLES: ESTRUCTURA Y FUNCIÓN: Dispersos (guerrilleros), 39-41, 405-407, 412, 416, 419; escapados de los realistas, 309.

DIVISIÓN DE LOS VALLES: ESTRUCTURA Y FUNCIÓN: Documentos de la División: boletos de pase, 183, 195, 297; boletos de resguardo, 126, 128, 133; circulares, oficios, 189-191, 222, 294, 321, 334, 359, 372; comunicaciones epistolares, 82, 108, 112, 242, 252, 273, 341, 356; declaraciones, 222-223; indultos, 183, 187-188; nombramientos, 252; órdenes, 110, 112, 252, 359, 370, 378; partes, 47, 51, 54, 56, 136-137, 155, 176, 198, 226, 290, 350-351, 370, 376-377, 382.

DIVISIÓN DE LOS VALLES: ESTRUCTURA Y FUNCIÓN: Dominio militar y político del territorio, 77-78, 109, 133, 176-177, 197-198, 238-239, 242-243, 246, 253-254, 279, 294-295, 339-340, 363-364, 405, 409.

DIVISIÓN DE LOS VALLES: ESTRUCTURA Y FUNCIÓN: Edades en la División: guerrilleros ancianos, 71, 84, 138; guerrilleros adolescentes, 307.

DIVISIÓN DE LOS VALLES: ESTRUCTURA Y FUNCIÓN: Ejecuciones: decapitaciones y degüellos, 67, 84, 145-146, 158, 168, 173, 208, 211, 213, 243, 263, 285; descuartizamientos, 32, 145; fusilamientos, 44, 109, 118, 135-136, 152, 168, 184-185, 210-212, 223, 234, 239-240, 243, 275-278, 285, 290, 292, 298-299, 301, 334-335, 342, 349-350, 364, 366, 373, 375, 377-378, 408-415; otras referencias, 46, 53, 72, 74, 76-77, 79, 83, 91-92, 102, 117, 119, 129, 137, 141, 143, 154-157, 165,

210, 215, 241, 245, 255, 279, 284, 287, 291, 297, 331, 333, 362.

DIVISIÓN DE LOS VALLES: ESTRUCTURA Y FUNCIÓN: *Ejercicios militares*, 183.

DIVISIÓN DE LOS VALLES: ESTRUCTURA Y FUNCIÓN: *Embarrancamientos*, 50, 58, 83, 86-87, 95, 99, 124, 132, 138, 144, 172, 174, 241, 261, 266, 272, 310, 345, 347-348.

DIVISIÓN DE LOS VALLES: ESTRUCTURA Y FUNCIÓN: *Formación de la División*: *Antecedentes inmediatos*: Atuquira (guerrilla de, Sicasica), 22, 37; Cárdenas, Baltasar (La Paz), 22, 27, 37; Hinojosa, José (Palca), 25; Hinojosa, Victoriano (Palca), 25; Lira, Dionisio (padre del comandante Eusebio Lira), 22, 33, 37, 39, 109, 157, 185, 405; Pampajasi (guerrilla de, Yaco, Sicasica), 22, 37; Rocabado, fray Agustín (comandante, Morochata), 278; Rocabado, Pedro (comandante, Morochata), 278. *Primera formación de la División de los Valles por el comandante Eusebio Lira*, 404-405. *Reformación de la División*, 56, 299, 301, 339, 350, 372; otras referencias, 21, 41, 45, 47, 64, 88, 103-105, 120-121, 183-184, 410.

DIVISIÓN DE LOS VALLES: ESTRUCTURA Y FUNCIÓN: *Fugados (guerrilleros)*, 40, 71, 250, 283, 406, 410, 417.

DIVISIÓN DE LOS VALLES: ESTRUCTURA Y FUNCIÓN: *Guarniciones*, 177, 184.

DIVISIÓN DE LOS VALLES: ESTRUCTURA Y FUNCIÓN: *Guerrilleros-pobladores*, 9-10, 20, 22, 33-34, 42-43, 58, 66-70, 76, 91, 129, 154, 156-157, 168, 174, 180, 182, 232, 248-249, 259, 263, 280, 287, 294, 324-325, 332, 340, 355, 365, 367, 382, 419.

DIVISIÓN DE LOS VALLES: ESTRUCTURA Y FUNCIÓN: *Ideología*: Américas, 6, 8-12, 16, 23, 27, 30, 37, 63, 103, 108, 113, 176, 198, 200, 249, 282, 318, 321, 342, 349, 362, 371, 383, 430-431, 435, 437, 442, 444-445, 447, 449, 452; catequización de los indios, 175, 305; consignas, 56; documentos ideológicos, 423-431, 434-437, 440-453, 455-456; España, 5, 9, 22-23, 29, 249, 280-281, 289, 321, 351, 362, 364, 371, 423, 434, 436, 443-449, 453; gobierno español, 5-6, 9, 11, 56, 63, 88, 175-176, 197, 277, 348, 371, 379, 403, 414, 423-425, 428, 438, 442, 448, 451-453, 455; guerra ideológica, 29-30, 44, 60, 88; independencia, 3, 5-6, 11-12, 14, 16, 26, 56, 175, 189, 197-198, 320-321, 380, 383, 403, 416, 425, 439-442, 454; libertad, 5, 6, 8-12, 14, 16, 26-27, 29-30, 33, 37, 44-45, 56, 95, 103, 140, 176, 179, 189, 193, 197-198, 205, 212, 217, 243, 245, 248, 259, 263, 272, 287-289, 294, 296-298, 305, 317-319, 330, 340, 343, 348-350, 353, 356, 362, 364, 368, 371, 376, 378 380, 403, 411, 415-421, 455 456; odio a los realistas, 5-6, 8, 29-30, 253, 277, 280, 289-290, 354-355; patria. 3, 5-6, 8-12, 14, 16-17, 22, 26-27, 29-30, 35, 37, 39, 42-52, 54, 56-62, 64-66, 68, 70, 72, 75, 84, 86-90, 93-98, 103-104, 109, 111-113, 118-122, 126, 128-130, 132-133,

ÍNDICE ONOMÁSTICO, TOPONÍMICO, TEMÁTICO 483

139-141, 143, 145, 148-150, 153-156, 158, 165-168, 172-178, 180-181, 183-189, 191, 193-197, 201, 203-205, 212-213, 217-218, 224-225, 228, 233-234, 240, 242-245, 247-249, 252-253, 257-259, 262-263, 266, 269, 271-272, 276-279, 284, 286-298, 300, 304-305, 311-312, 314, 317-318, 329-331, 333-334, 336, 340, 342-348, 350, 352-353, 356, 359-362, 364, 368, 371-372, 375-377, 379-381, 403-404, 406-410, 412, 414, 416-417, 419-421, 423-425, 427-430, 436-439, 444, 453; sentido continental, 3, 5-6, 9-12, 16; otras referencias, 308.

DIVISIÓN DE LOS VALLES: ESTRUCTURA Y FUNCIÓN: Indultos, 59, 179, 183, 186-188, 225, 240, 244-245, 275, 277-278, 295, 343, 407, 414.

DIVISIÓN DE LOS VALLES: ESTRUCTURA Y FUNCIÓN: Instrucciones y ordenanzas militares, 104, 307.

DIVISIÓN DE LOS VALLES: ESTRUCTURA Y FUNCIÓN: Inteligencia: agentes dobles, 73-74, 354, 379; bomberos, 79, 98, 172, 208, 233, 237, 350, 408; diestros, 127, 260, 263-269, 324. 385; enlaces urbanos, 47, 176, 226, 341, 350, 379, 382; otras referencias, 103, 117.

DIVISIÓN DE LOS VALLES: ESTRUCTURA Y FUNCIÓN: Juntas: de comandantes, 102-105; de oficiales, 120, 180-182, 205-207, 209, 216, 224, 297, 375; de los pueblos, 202-203, 205-207.

DIVISIÓN DE LOS VALLES: ESTRUCTURA Y FUNCIÓN: Juramentos, 65-66, 95-96, 120, 154, 188-189, 194, 206, 213, 268-269, 318, 334, 348, 366, 368.

DIVISIÓN DE LOS VALLES: ESTRUCTURA Y FUNCIÓN: Negros, 170-171, 173, 248; esclavos, 57, 170, 362; morenos, 21, 39-40, 57, 109, 116, 148-149, 170, 248, 362, 421; mulatos, 207; pardos, 57, 124, 138, 253.

DIVISIÓN DE LOS VALLES: ESTRUCTURA Y FUNCIÓN: Pasados de los realistas a la División, 98, 173, 218-219, 227, 275, 277, 292, 337, 375, 406, 408, 410, 412, 414-417, 420.

DIVISIÓN DE LOS VALLES: ESTRUCTURA Y FUNCIÓN: Perseguidos (guerrilleros), 39-40, 107, 207.

DIVISIÓN DE LOS VALLES: ESTRUCTURA Y FUNCIÓN: Presentados (guerrilleros, a los realistas), 59, 178, 214, 220, 222, 234, 250, 277, 295, 306, 406, 417-419.

DIVISIÓN DE LOS VALLES: ESTRUCTURA Y FUNCIÓN: Problemas internos en la División, 33, 39, 53-54, 62-64, 69-70, 74, 94-95, 103-105, 107-108, 120-121, 128, 130-133, 145, 164, 179-183, 185, 212, 226, 268, 272, 286-287, 295-300, 315-316, 326, 329-331, 333-336, 340-342, 349-350, 363-370, 372, 374-376, 378, 405, 408, 456.

DIVISIÓN DE LOS VALLES: ESTRUCTURA Y FUNCIÓN: Procedencia de los guerrilleros: América, 175, 277, 288-289, 305, 330; Argentina, 46, 94, 148-149, 215, 253, 286, 304, 310, 317, 320, 322, 391, 412, 414-415, 419; Arque (Bolivia), 413; Calliri (Bolivia), 413; Caracato (Bolivia), 407; Carasa (Bolivia), 410, 413, 419; Cavari (Bolivia), 406, 411; Cinti (Bolivia), 92; Cochabamba (Bolivia), 411-412, 414, 416; Colombia, 420; Coroico (Bolivia), 419, 421; Chile, 349, 410, 412, 420; Chulumani (Bolivia), 407, 413, 421; Chuquisaca (Bolivia), 410, 415, 417, 420; Ichoca (Bolivia), 417; Inglaterra, 147-151, 173, 256, 332, 414; Inquisivi (Bolivia), 406; Irupana (Bolivia), 406, 418; La Paz (Bolivia), 277, 283, 405, 407, 409-411, 415-419, 421; Macha (Bolivia), 408; Misque (Bolivia), 414; Mohosa (Bolivia), 84, 181, 404-406; Morochata (Bolivia), 406, 420; Oruro (Bolivia), 84, 108, 149, 171, 290, 310, 388, 405, 408-409; Palca (Bolivia), 409; Paraguay, 107, 171; Perú, 39, 99, 128, 188, 191-192, 200, 202, 208, 219, 227, 292, 303-304, 309, 349, 367, 371-372, 375, 386, 410, 413-416, 418-421; Punata (Bolivia), 415-416; Santa Cruz (Bolivia), 182, 233, 411-412; Sicasica (Bolivia), 411, 413, 419; Taca (Bolivia), 409, 414, 420; Tapacari (Bolivia), 411, 416; Tarata (Bolivia), 411, 414; Tarija (Bolivia), 420.

DIVISIÓN DE LOS VALLES: ESTRUCTURA Y FUNCIÓN: *Psicología*: alcoholismo, 58, 64, 76, 80-81, 96, 109, 130, 152, 169, 192, 196, 207-208, 210-211, 219, 227, 253-254, 286-287, 289, 290, 301, 333, 350, 365-366, 373; arrojo, 106, 124, 274; emotividad, 184; emulación, 54, 314; fatalismo, 86, 92, 212, 232, 288, 358; lealtad, 94, 212-213, 354-355; llanto, 95-96, 119, 124, 126, 186-188, 191-193, 195, 202, 207, 209-211, 219, 243, 253, 261, 263-264, 266, 268-270, 281, 284, 289, 297, 299, 331, 334-336, 358, 377, 382; novedades, 130, 132-133; pesimismo, 350; presagios, 108, 189, 218-219; suicidios, 86-87, 95, 174, 256, 377-378.

DIVISIÓN DE LOS VALLES: ESTRUCTURA Y FUNCIÓN: *Reclutamiento*, 84, 251, 335.

DIVISIÓN DE LOS VALLES: ESTRUCTURA Y FUNCIÓN: *Régimen administrativo (subdelegados y alcaldes pedáneos)*: Arana, José Manuel, subdelegado, Sicasica, 39, 77, 94-96, 130, 143, 147, 153, 168, 179, 194-196, 206-207, 209-210, 229, 242, 247, 403, 407-408; Arzadum, Tomás, subdelegado, Sicasica, 32-33; Barrera, Antonio, alcalde, Caracollo, 302; Bascopé, Pedro, subdelegado, Hayopaya, 137-138, 143, 147-148, 157, 162, 246, 256, 262, 279, 283; Condori, Nicolás, alcalde, Machaca, 59; Murillo, José Teodoro, subdelegado, Sicasica, 291, 295-297; Orihuela, Matías, subdelegado, Sicasica, 242, 247, 404,. 408-409; Saavedra, Julián, subdelegado, Hayopaya, 130, 186, 295; Valdés, Andrés (alias el Bedoya), alcalde, Inquisivi, 290-291; Zárate, Mariano, alcalde, Machaca, 41, 80-82, 295, 297, 388-389.

DIVISIÓN DE LOS VALLES: ESTRUCTURA Y FUNCIÓN: *Régimen diario*: ceremonias y cumplimientos, 371-372; fiestas, 253, 288, 365-366; inactividad bélica, 317; rancho, 183, 197; vida consuetudinaria, 80-81, 210, 217-218, 334.

DIVISIÓN DE LOS VALLES: ESTRUCTURA Y FUNCIÓN: *Régimen económico*: alcabalas, 197; aprovi-

ÍNDICE ONOMÁSTICO, TOPONÍMICO, TEMÁTICO

sionamiento (por hacendados), 197; aprovisionamiento (por indios), 197; aprovisionamiento (por los pueblos y doctrinas), 197-198; donativos y empréstitos de curas, 12, 177, 196-197, 278; entradas por productos de cocales, 165, 197-198; entradas por productos de haciendas ocupadas por la División, 197-198; gratificaciones, raciones y socorros, 12, 126, 179, 202, 278, 320, 328, 339, 365.

DIVISIÓN DE LOS VALLES: ESTRUCTURA Y FUNCIÓN: *Régimen legal*, 95-96, 104-105, 187-188, 207, 277-278, 336.

DIVISIÓN DE LOS VALLES: ESTRUCTURA Y FUNCIÓN: *Relaciones externas*: Buenos Aires, 203; ejército patriota de Salta, 40, 252, 293, 405-406; ejército peruano, 341, 343-344, 347; ejército realista absolutista, 374, 378-379; ejército realista constitucional, 320-321, 350-351, 356-357, 374; ejércitos auxiliares argentinos, 51-54, 56, 62, 103.

DIVISIÓN DE LOS VALLES: ESTRUCTURA Y FUNCIÓN: *Ropa*: camisas, 81, 97, 178, 332; casacas, 143; chaquetas, 97, 241, 379; gorras, morriones, 99; pantalones, 81, 97, 379; polleras, 182; ponchos, 81, 160, 192, 215; sombreros, 122, 143, 152, 161, 221, 270, 274, 361; zapatos, 379; otras referencias, 106, 123, 126, 197, 278.

DIVISIÓN DE LOS VALLES: ESTRUCTURA Y FUNCIÓN: *Saqueos*, 62, 170, 177-178, 184-185, 188, 198, 243.

DIVISIÓN DE LOS VALLES: ESTRUCTURA Y FUNCIÓN: *Seducciones*, 44, 260, 266, 364.

DIVISIÓN DE LOS VALLES: ESTRUCTURA Y FUNCIÓN: *Símbolos exteriores*: bandera, 205; divisas, 143; sable del comandante, 194.

DIVISIÓN DE LOS VALLES: ESTRUCTURA Y FUNCIÓN: *Sueltos (guerrilleros)*, 69.

DIVISIÓN DE LOS VALLES: ESTRUCTURA Y FUNCIÓN: *Táctica*: autocrítica, 348-349; candeladas, 119; capacidad táctica, 144, 146; cercos, 45, 73, 90, 140, 155, 221, 287, 289, 291, 330; coordinación con la indiada, 158, 237-238; correrías, 73-75, 97-98, 101-103, 109, 117, 119-121, 133-137, 144-146, 152-158, 169, 175, 178, 207-208, 214-215, 236-237, 240, 242, 252-253, 273-275, 293; dispersiones, 43-44, 47, 51, 53, 62, 82, 91, 116, 125-126, 144, 148, 155, 160, 167, 201, 236, 238, 247-250, 256-257, 259-260, 284-286, 294, 323, 325, 330, 343, 346, 356, 362, 365, 413-414, 416, 419; documentos tácticos, 438-440; emboscadas, 81, 83, 136, 231-232, 279; errores, 90, 148, 167, 246, 257; fogatas, 140, 258, 332; guerra de desgaste, 101; hostilización, 56, 71, 167, 175, 228, 257, 273-275, 279, 283, 287-288, 292, 314-315, 320-321, 330, 337-338, 351, 356-357, 359, 371, 379, 439; humaredas, 79, 87, 101, 237; incendios, 48, 54, 58, 69, 135-136, 155, 167, 252; levantamiento general de indios, 41; marchas y ataques nocturnos, 51, 71, 98, 107-108, 117, 124, 150, 153, 158, 169, 177, 234, 237, 242-243, 323, 327; máximas (estratagemas), 63, 65, 80-81, 86, 89, 115, 150; movimientos tácticos, 79-80, 120,

230-231, 300, 324, 334, 345; ocultación de los guerrilleros, 125-132; persecuciones, 40, 42, 44, 120-125, 128, 155, 162, 237, 248-249, 257-260, 265, 287, 291, 294, 314-315, 323-326, 328, 340, 347-348, 352, 354-356, 358, 362, 379, 409, 421; presentaciones de indios al enemigo, 326; quemazones, hogueras, 79, 86-87, 90, 119, 155; retiradas, 43, 50-53, 58-59, 84, 98, 100-101, 106, 114, 123, 125, 148-151, 153, 167, 209, 227, 231, 238, 283, 292, 300, 307, 338, 347; retiradas al monte, 325; reuniones, 47, 51, 82, 348-349, 357; revoloteos, 43, 56, 88, 133-134, 252; táctica de asalto, 169; táctica de defensa, 279; toreadas, 51, 58, 89, 136-137; vigilias, 56, 98, 128, 137, 158, 234, 300.

DIVISIÓN DE LOS VALLES: ESTRUCTURA Y FUNCIÓN: *Unidades estructurales:* Artillería, 173, 177, 196, 199, 226.

DIVISIÓN DE LOS VALLES: ESTRUCTURA Y FUNCIÓN: *Unidades estructurales:* Banda de música, 192, 200, 207, 217, 220; caja (tambor, instrumento), 44, 83, 99-100, 106, 113, 115-116, 125, 138, 149-151, 160-161, 169-170, 188, 196, 218, 231, 235, 273; cornetas, 307; pitos, 200, 207, 211, 217, 220; tambores (personas), 10, 100, 107, 115-116, 139, 149, 151, 160, 164, 169-170, 191, 193, 195-196, 200, 207, 211, 217-220, 253, 271, 273, 405-406, 408, 416.

DIVISIÓN DE LOS VALLES: ESTRUCTURA Y FUNCIÓN: *Unidades estructurales:* Caballería, 41-43, 49-52, 60-61, 71, 80, 91, 98-100, 102, 105-107, 111, 113, 115, 134, 136, 142-143, 145-147, 150-151, 158-163, 165-166, 171-173, 178, 189, 198-200, 203-204, 212, 214-215, 217-218, 220-223, 226-228, 230-231, 234, 236, 240-241, 246-247, 249, 252, 256-259, 270, 273-276, 278, 283-284, 286, 290, 292, 295-296, 299-300, 304, 306-308, 310, 314, 317, 320-323, 337-338, 342, 344, 346, 351-352, 357, 360, 362-363, 367, 370, 372-373, 375-376, 406, 408-412, 414-421.

DIVISIÓN DE LOS VALLES: ESTRUCTURA Y FUNCIÓN: *Unidades estructurales:* Cazadores, 60-61, 122, 150, 159, 169-171, 173, 176, 184-185, 191, 194, 196, 199-200, 203, 207-210, 212, 221, 223, 246-247, 304, 307, 337-338, 346, 359, 373-374, 413, 416.

DIVISIÓN DE LOS VALLES: ESTRUCTURA Y FUNCIÓN: *Unidades estructurales:* Cívicos, 47-48, 60-61, 74-75, 102-103, 106, 113, 145, 147, 149, 151, 155, 159, 161, 164, 217, 227, 236, 248, 257, 271, 284, 302, 304, 306, 321, 342, 407; cívicos, caballería, 49, 60, 71, 92, 142-143, 151, 217, 226, 232, 248, 283, 291, 304, 341. ,

DIVISIÓN DE LOS VALLES: ESTRUCTURA Y FUNCIÓN: *Unidades estructurales:* Compañías, primera, 169-170, 177, 181, 194, 196, 203, 209, 221, 235-236, 246, 320, 339, 341; Compañías, segunda, 160, 177, 353.

DIVISIÓN DE LOS VALLES: ESTRUCTURA Y FUNCIÓN: *Unidades estructurales:* Dragones, 159, 169, 172, 177-179, 188, 210-211,

ÍNDICE ONOMÁSTICO, TOPONÍMICO, TEMÁTICO 487

241, 252, 293, 375, 377, 412, 418.
DIVISIÓN DE LOS VALLES: ESTRUCTURA Y FUNCIÓN: *Unidades estructurales:* Funciones administrativas de la División: amanuense, 329; habilitado, 94, 177; secretario, 180.
DIVISIÓN DE LOS VALLES: ESTRUCTURA Y FUNCIÓN: *Unidades estructurales:* Fusileros, 43, 102, 148, 161, 253, 345.
DIVISIÓN DE LOS VALLES: ESTRUCTURA Y FUNCIÓN: *Unidades estructurales:* Granaderos, 169-170, 173, 177, 179, 182, 186, 190-191, 193-194, 199-200, 203, 205-206, 208, 212-213, 217-218, 221, 231, 233-236, 248, 251, 277, 283, 408, 410, 412, 418.
DIVISIÓN DE LOS VALLES: ESTRUCTURA Y FUNCIÓN: *Unidades estructurales:* Infantería, 50-52, 60, 71, 98, 105, 107-108, 114, 134, 138, 143-144, 147, 151, 155, 158-159, 163, 165-166, 169, 173, 220-221, 226-227, 230-231, 273-274, 283, 290-291, 299-300, 303, 306-308, 310, 323-324, 337-338, 344, 359, 362-363, 370, 372, 405, 415, 418-419, 421.
DIVISIÓN DE LOS VALLES: ESTRUCTURA Y FUNCIÓN: *Unidades estructurales:* Lanceros, 71, 89, 99, 131, 147, 149, 350.
DIVISIÓN DE LOS VALLES: ESTRUCTURA Y FUNCIÓN: *Unidades estructurales:* Maestranza, 100, 136, 144, 229, 304, 309, 317, 320, 339, 379.
DIVISIÓN DE LOS VALLES: ESTRUCTURA Y FUNCIÓN: *Unidades estructurales:* Médicos, 292, 320, 421; Niño de Guzmán, Toribio (Fraile, médico), 292, 404, 421.
DIVISIÓN DE LOS VALLES: ESTRUCTURA Y FUNCIÓN: *Unidades estructurales:* Prevención, cuarto de banderas, 182, 335.
DIVISIÓN DE LOS VALLES: ESTRUCTURA Y FUNCIÓN: *Vivas a la Patria,* 42, 57, 61, 96-97, 183-184, 188, 194, 243, 264, 276, 286.
DIVISIÓN DE LOS VALLES: *Fiestas:* carnaval, 65; fiestas cívicas, 321; véase también División de los Valles: Iglesia: Festividades.
DIVISIÓN DE LOS VALLES: *Guitarras,* 169, 221.
DIVISIÓN DE LOS VALLES: *Hacendados de los Valles:* Achá, Agapito, 198, 334; Álvarez, Diego, 293; Encalada y Cevallos, Juan (hijo del marqués de Santiago, Félix Encalada), 197; Guzmán, Domingo, 58-59; Miranda, Anselmo (Charapaya), 34; Miranda, Francisco (Hullumani, Suri), 259; Miranda, Manuel (Charapaya), 34; Pando, Silverio, 27; Plata (doctor), 165, 198; Quintanilla, Manuel, 243; Ruiz, Lorenzo, 240; Saavedra, María Inés, 243; Santiago, marqués de: véase Encalada y Cevallos, Juan; Vázquez, Bárbara (Mormuntani, Palca), 353; Zárate, José Buenaventura (jefe guerrillero, hijo del marqués de Montemira), 25, 39-40, 42-44, 47, 51, 56, 64-65, 76, 93-94, 186-187, 205-206, 208, 405, 407.
DIVISIÓN DE LOS VALLES: *Idiomas,* 206; aymara, 141, 201, 233.
DIVISIÓN DE LOS VALLES: IGLESIA: *Casa parroquial,* 48, 54, 69, 178, 185, 191, 217, 360, 362.
DIVISIÓN DE LOS VALLES: IGLESIA: *Confesiones,* 44, 72-73, 79, 135,

145, 175, 182, 192, 195-196, 210-211, 222, 239, 270, 280-281, 308-309, 334.
DIVISIÓN DE LOS VALLES: IGLESIA: *Conventos*, 421.
DIVISIÓN DE LOS VALLES: IGLESIA: *Cristo*, 48, 61, 195.
DIVISIÓN DE LOS VALLES: IGLESIA: *Curas*: Ampuero, José Manuel (párroco, Machaca), 186-188, 244, 270; Ánimas, José de las (fraile), 426; Antezana, Anselmo (párroco, Yaco), 244; Arteaga, N. (párroco, Haraca), 177; Borda, Manuel de la (párroco, Palca), 196; Calvimontes, Matías (párroco, Cavari), 167, 244, 258; Campoverde, Mariano (párroco, Mohosa), 239, 280-281; Ceballos (párroco, Machaca), 86; Claderas, Manuel Carlos (fraile), 33, 36; Delgado, F. (párroco, Caracollo), 293; Escalera, Ángel (párroco, Tapacari), 236, 394; Flores, Manuel (párroco, Sicasica), 276; Gutiérrez, Antonio (fraile, Oruro), 17; Gutiérrez, Juan, 179, 182-184; Gutiérrez, Juan Pablo, 179, 182-184; Guzmán, Marcos, 29; Lobatón, Dionisio (párroco, Quime), 110-111; Mercado, Mariano Gregorio (párroco, Charapaya), 251; Mesa, Ángel Mariano (párroco, Inquisivi), 31, 57, 179, 183-184, 212, 244, 269, 291, 329; Millares, Tomás (párroco, Inquisivi), 78-79, 135, 179, 184, 212; Miranda, Manuel María (párroco, Machaca), 336; Montalvo, Juan Crisóstomo (párroco, Inquisivi), 179, 212, 344-345; Montaño, Vicente (fraile), 63, Montesinos (párroco, Hayohayo), 31; Moxó y Francolí, José María Benito de (arzobispo de La Plata), 55; Muñecas, Ildefonso (párroco guerrillero, Larecaja), 108, 168, 202, 411, 450; Muñoz (párroco, Hayohayo), 31; Muriel, Carlos (párroco, Punata), 17; Oquendo (alias el Tata Rivelora), 55-56; Palomino, José Prudencio (párroco, Calchani), 145; Paredes, Mariano (fraile), 118; Pereira, Manuel (párroco, Ichoca), 259; Pérez, José Manuel (párroco, Ichoca), 69; Postigo, Agustín (fraile), 74; Quesada, Pablo (párroco, Charapaya), 135; Quisada, Pablo (párroco, Charapaya): véase Quesada, Pablo; Ramírez, Manuel (fraile, Tapacari), 397; Rodríguez Camargo, José Hilarión (cura parlamentario), 350, 356; Treviño (párroco, Carasa), 54; Valencia, Juan Antonio (párroco, Palca), 195; Vargas, Andrés (hermano de José Santos Vargas): véase División de los Valles: Vargas, José Santos, autor del *Diario*; Vargas, Miguel (párroco, Caracollo), 272, 355; Villa, Juan (fraile, Sicasica), 309; Zabalaga, Tomás (párroco, Mohosa), 29; Zapata, Vicente (párroco, Cochabamba), 298, 317; otras referencias, 9-10, 20, 22, 28, 48, 59, 61, 71, 73, 127, 129, 175, 178, 198, 205, 210, 213, 222, 278, 321, 360.
DIVISIÓN DE LOS VALLES: IGLESIA: *Fiestas religiosas*: Corpus Christi, 80-81, 280-282; Cuaresma, 70; Jueves Santo, 353; Natividad de Nuestra Señora, 365; Natividad del Señor, 270, 293; Ramos, 217; San Bartolomé, 363; San Fernando, 280; San Matías, 65; San Miguel, 253; San Pedro, 358; San Rafael, 373; San-

ÍNDICE ONOMÁSTICO, TOPONÍMICO, TEMÁTICO 489

ta Bárbara, 333; Santa Cruz, 157; Santa Rosa, 288, 342-343, 414; Santiago, 29.
DIVISIÓN DE LOS VALLES: IGLESIA: *Máximas cristianas*, 187, 250, 263.
DIVISIÓN DE LOS VALLES: IGLESIA: *Misas*, 81, 110, 156-157, 282, 365-366.
DIVISIÓN DE LOS VALLES: IGLESIA: *Órdenes religiosas*: San Agustín, 63, 74, 278; San Juan de Dios, 118, 292.
DIVISIÓN DE LOS VALLES: IGLESIA: *Procesiones*, 48, 59, 61, 342.
DIVISIÓN DE LOS VALLES: IGLESIA: *Religiosidad, creencias religiosas*, 86, 97, 195-196, 261.
DIVISIÓN DE LOS VALLES: IGLESIA: *Templos*, 68, 72-73, 90, 97, 101, 137, 157, 170, 201, 217, 223, 234-235, 253-254, 316, 320, 333, 336, 364.
DIVISIÓN DE LOS VALLES: IGLESIA: *Virgen María*: de Guadalupe, 259, 365; de Icoya, 97; de las Mercedes, 29, 66, 439.
DIVISIÓN DE LOS VALLES: INDIOS: *Actitudes*: de la División hacia los indios, 118, 199-200, 297-298; de los indios hacia la División ante la guerra (motivaciones), 262; en los problemas internos de la División, 201-202, 204, 213, 217-218; indecisión entre patriotas y realistas, 87-88, 119, 126, 129, 131-133, 143, 333, 348; indios aprovechadores, 198; indios patriotas: véase División de los Valles: Indios: Indiada (toda la sección); indios realistas, 30-31, 33, 39, 44, 57, 67, 70, 91-93, 101-102, 109-110, 114, 117-118, 127-135, 137, 141-142, 144-145, 154-155, 157, 161, 168, 181, 185, 215, 238, 240-241, 244-245, 250, 255, 260, 267, 278, 285, 288, 326, 329, 331, 333-335, 364, 411; indios realistas amedallados, 114, 127-133, 135-137, 139, 142-146, 154, 156, 168, 181, 185, 214-215, 240-241, 253-255, 288-290, 294-295, 407.
DIVISIÓN DE LOS VALLES: INDIOS: INDIADA (FUERZA COMBATIVA DE LOS INDIOS JUNTO A LA DIVISIÓN DE LOS VALLES): ESTRUCTURA Y FUNCIÓN: *Acciones bélicas*: véase División de los Valles: Estructura y función: Acciones bélicas.
DIVISIÓN DE LOS VALLES: INDIOS: INDIADA: ESTRUCTURA Y FUNCIÓN: *Armas y pertrechos*: bolas (boleadoras), 367; fusiles, 253, 335; galgas, 43, 50, 52-53, 98, 101, 114, 152, 164, 231, 238, 273, 277, 283, 291, 303, 312, 440; garrotes, 30, 41, 44-45, 53, 58, 67-68, 70-72, 75-77, 79, 83-84, 89, 92, 101, 117-119, 129, 136-137, 140, 143, 145, 149, 152, 155-157, 168, 173, 175-176, 185, 199, 201, 215, 217, 229, 233-234, 240-241, 245, 255, 276, 284, 289-290, 331, 337, 362, 367; hondas, 43, 50, 58, 68, 70, 89, 98, 136, 147-149, 152, 155, 164, 173, 176, 199, 201, 217, 231, 273, 283, 290-291, 300, 303, 312, 330, 337, 367; lanzas, 30, 41, 45, 58, 68, 70, 75-76, 84, 89, 112, 117-119, 129, 136-137, 143, 145, 148, 152, 155-156, 164, 168, 173, 176, 199, 201, 215, 217, 221, 233-234, 241, 245, 276, 284, 289, 331, 337, 362, 367, 369; lazos, 367; ojotas de cuero de oveja, 46, 53, 125, 134, 228, 314; pututus (cornetas in-

dígenas), 70, 89, 136, 151, 199, 202, 307, 312, 367, 440.
DIVISIÓN DE LOS VALLES: INDIOS: INDIADA: ESTRUCTURA Y FUNCIÓN: *Bajas:* véase División de los Valles: Estructura y función: Bajas.
DIVISIÓN DE LOS VALLES: INDIOS: INDIADA: ESTRUCTURA Y FUNCIÓN: *Composición humana: Jefes y oficiales (capitanes, comandantes):* Aguilar, Eugenio, 137, 157, 255; Aguilar, José, 63; Andrade y Moya, José, 154, 255, 280, 282; Apasa, Tomás, 284; Argüello, Benito, 202-203, 285; Becerra, Gaspar, 133; Calcina, Marcelo, 202-203; Calli, Espinos, 164; Canua, Vicente, 110; Cartajena, Pascual, 39, 66-67, 72, 76-79, 84-85; Condo, Ignacio, 47; Copa, Francisco, 53; Cusicanqui, Andrés, cacique (Topa Inca), 58, 310; Chipa, Pedro, 39, 66, 92; Choque, Manuel, 234; Diego, 285; Flores, Juan, 289; Gallegos, Julián, 130-131; Giménez, Mariano (alias el Guadalupe), 167-168, 275; Hernández, Silvestre, 64-66, 93, 153, 258, 404, 409; Ignacio, Mariano, 289; Lezcano, Mariano, 202-203; Mamani, Anselmo, 334; Mamani, Fermín (alias el Caraconcor), 156, 233, 242-245, 285; Mamani, Luciano, 338; Mamani, Miguel (capitán de indios de a caballo), 21, 39, 42, 48, 60-61, 63, 69, 89, 92-93, 101-102, 111, 122, 125, 135, 214, 240, 248, 250, 286; Manuel, Pablo, 118, 128; Potosí, Mariano, 138; Quispe, Mateo, 72, 117, 135-136, 203, 226, 233, 253, 256, 296-298, 301-302, 329-330, 333; Ruiz, Bonifacio, 289; Santa María, Mariano, 201, 234; Simón, Andrés (comandante general de indios), 21, 39, 129, 132; Tangara, Julián, 21, 39-40, 66, 119; Ubina, Juan, 289; Vázquez, Felipe, 144-146, 154, 284; Vergara, Rafael (cacique, Mohosa), 280-281; Viñaya, Rudecindo, 155; Yujra, Nicolás, 289; Zárate, Agustín, 362.
DIVISIÓN DE LOS VALLES: INDIOS: INDIADA: ESTRUCTURA Y FUNCIÓN: *Composición humana: Clases:* García, Nicolás, 66, 255; Mayta, Manuel, 89; Zereso, Mariano, 45.
DIVISIÓN DE LOS VALLES: INDIOS: INDIADA: ESTRUCTURA Y FUNCIÓN: *Composición humana: Soldados:* Aguilar, José María, 65-67; Alavi, Mariano, 369; Alegre, Francisco, 154; Apasa, Nicolás, 140; Arocha, Pedro, 234; Condori, Mariano, 112; Cusi, Hilario, 31; Chipana, Asencio, 289; Choque, Andrés, 128; Choque, Pedro (alias el Jacha Pedro), 112, 117; Garavito, Lorenzo, 329; García, Pascual, 61; Gutiérrez, Felipe, 335; Guzmán, Vicente, 329; Huallpa, Julián, 333; Ledesma, Manuel, 128-129; López Quispe, Mariano (alias el Lupico), 141; Machaca, Juan, 355; Mamani, Faustino, 294-295; Mamani, Francisco, 228; Mamani, Mariano, 175; Manuel, Isidro (anciano, Pocusco), 258; Manuel, Lucas, 272; Mejía, Feliciano, 264-269; Puma, Pablo, 138; Quispe, María, 128; Ríos, Buenaventura, 362; Rojas, Diego, 353; Silguero, Mariano, 164; Solís, Pablo, 272; Toledo, Francisco, 118; Velarde, Mariano, 157; Villca, Manuel (alias el

Uilachaleco), 333; otras referencias, 46, 103, 113, 134, 139, 143, 161, 181, 198, 204, 220, 238, 241, 314, 361, 412.

DIVISIÓN DE LOS VALLES: INDIOS: INDIADA: ESTRUCTURA Y FUNCIÓN: *Comunicaciones*: extraordinarios, 252; propios, 282-283.

DIVISIÓN DE LOS VALLES: INDIOS: INDIADA: ESTRUCTURA Y FUNCIÓN: *Cuantía numérica*: véase División de los Valles: Estructura y función: Acciones bélicas ofensivas y defensivas.

DIVISIÓN DE LOS VALLES: INDIOS: INDIADA: ESTRUCTURA Y FUNCIÓN: *Democracia popular*, 202, 206.

DIVISIÓN DE LOS VALLES: INDIOS: INDIADA: ESTRUCTURA Y FUNCIÓN: *Disciplina*: véase División de los Valles: Estructura y función: Disciplina.

DIVISIÓN DE LOS VALLES: INDIOS: INDIADA: ESTRUCTURA Y FUNCIÓN: *Ejecuciones* (hechas por los indios), 30-31, 44, 46, 53, 75, 83, 91-92, 117-118, 137, 143, 152, 154-157, 179, 184-185, 208, 233-234, 290, 412; ejecuciones contra los indios: véase División de los Valles: Estructura y función: Ejecuciones. y Realistas: Ejército en los Valles: Ejecuciones.

DIVISIÓN DE LOS VALLES: INDIOS: INDIADA: ESTRUCTURA Y FUNCIÓN: *Ejercicios militares*, 299.

DIVISIÓN DE LOS VALLES: INDIOS: INDIADA: ESTRUCTURA Y FUNCIÓN: *Función bélica*: cuerpo bélico diferente de la División, 57, 85, 88-89, 98-99, 101, 113, 224.

DIVISIÓN DE LOS VALLES: INDIOS: INDIADA: ESTRUCTURA Y FUNCIÓN: *Función económica*, 130, 197, 239.

DIVISIÓN DE LOS VALLES: INDIOS: INDIADA:, ESTRUCTURA Y FUNCIÓN: *Indios oficiales de la División*, 204.

DIVISIÓN DE LOS VALLES: INDIOS: INDIADA: ESTRUCTURA Y FUNCIÓN: *Indios soldados de la División*, 65; véase también División de los Valles: Estructura y función: Reclutamiento.

DIVISIÓN DE LOS VALLES: INDIOS: INDIADA: ESTRUCTURA Y FUNCIÓN: *Inteligencia*: bomberos, 208, 233; diestros, 128, 161, 168, 181, 238, 250, 255, 260, 267, 278, 329; otras referencias, 117.

DIVISIÓN DE LOS VALLES: INDIOS: INDIADA: ESTRUCTURA Y FUNCIÓN: *Problemas internos en la indiada*, 33, 39, 102, 131-133, 145, 183, 199-206, 216-225, 284-287, 296-298, 326, 329, 331, 333-334, 363-364, 366-369.

DIVISIÓN DE LOS VALLES: INDIOS: INDIADA: ESTRUCTURA Y FUNCIÓN: *Psicología*: alcoholismo, 76, 253, 286-287, 289-290, 333; conciencia de sí, 201-202; odio a los amedallados, 253-254; odio a los realistas, 253-254, 277; suicidios, 174, 256.

DIVISIÓN DE LOS VALLES: INDIOS: INDIADA: ESTRUCTURA Y FUNCIÓN: *Represalias realistas contra los indios*, 85, 244, 261-262.

DIVISIÓN DE LOS VALLES: INDIOS: INDIADA: ESTRUCTURA Y FUNCIÓN: *Táctica*: dispersiones, 47, 91, 100, 167, 204, 238, 284, 286, 312, 338; hostilización, 56, 71, 167, 175, 228, 257, 273-275, 279, 283, 287-288, 292,

314-315, 320-321, 330, 337-338, 351, 356-357, 359, 371, 379, 439; levantamiento general, 40-41; reuniones, 42, 47, 89, 101, 136, 138, 146, 151, 161, 164, 167, 172, 199, 214, 225, 257, 276, 283, 286, 300-301, 310-312, 330, 337, 359, 363, 367; toreadas, 58, 89, 136-137; otras referencias, 21, 50, 54, 147, 152, 278, 291, 302-303.

DIVISIÓN DE LOS VALLES: INDIOS: INDIADA: ESTRUCTURA Y FUNCIÓN: *Unidades estructurales*: Indios a caballo: lanceros a caballo, 45, 47, 63, 89, 111-112, 136, 145, 253; organización por ayllos, 44, 88, 133; organización por pueblos, doctrinas y haciendas, 44, 49-50, 89, 102-104, 109, 157, 164, 202, 242, 244-245, 276, 278, 283-284; para grados militares: véase Indiada: Estructura y función: Composición humana; otras referencias, 57, 62, 67-69, 84-85, 87, 98, 101, 113, 118-120, 121-122, 126, 129, 131-135, 152, 178, 183-184, 188, 197-199, 216, 256, 261-270, 277, 282, 286, 289, 292, 297, 306, 310, 312, 321-322, 342, 345, 348, 353-354, 357.

DIVISIÓN DE LOS VALLES: INDIOS· *Infieles, Mosetenes,* 348.

DIVISIÓN DE LOS VALLES: INDIOS: *Nobles,* 58, 310.

DIVISIÓN DE LOS VALLES: *Intemperie:* frío, 153; lluvia, 119, 124, 167, 228, 269, 317-318, 351, 356; neblinas, 70, 150, 283; nevadas, 56, 133, 362.

DIVISIÓN DE LOS VALLES: *Lara, José María de, comisionado del ejército realista constitucional a los Valles,* 320-321.

DIVISIÓN DE LOS VALLES: *Mozos (calificación económico-social),* 112, 271, 350.

DIVISIÓN DE LOS VALLES: *Mujeres:* Martínez, María, madama del comandante Eusebio Lira, 186; Navarro, Manuela (alias la Gordita), 335; Navarro, Remigia, madama del general José Miguel Lanza, 317, 323; Villanueva, Manuelita, madama del comandante Eusebio Lira, 63, 68; otras referencias, 41, 57, 59, 66, 70, 76-77, 80, 91, 127-131, 137, 156-157, 165, 175, 182, 200, 219, 226, 233, 238, 241, 243, 249-250, 254-256, 258, 266-267, 269, 272, 280, 288, 290, 293, 306, 310, 316, 325-326, 328, 335, 347, 353, 369, 373, 410.

DIVISIÓN DE LOS VALLES: *Niños y adolescentes,* 28-29, 118, 130, 137, 200, 293, 307, 325, 332.

DIVISIÓN DE LOS VALLES: *Olañeta, Casimiro, comisionado parlamentario del general Olañeta a los Valles,* 378.

DIVISIÓN DE LOS VALLES: *Pan,* 75, 127, 201, 245, 281.

DIVISIÓN DE LOS VALLES: *Parientes en ambos bandos,* 171, 176, 256, 278, 284.

DIVISIÓN DE LOS VALLES: *Partidas ligeras:* Ansaldo, Anselmo, comandante, 314, 338, 416; Escudero, Hermenegildo, protector de naturales, comandante, Sicasica, 27, 31-33; Gandarillas, José Domingo, comandante, 45-47, 53-54, 102, 105-106, 109, 175-176, 190, 198, 202, 214, 265, 287-288, 404, 408, 411; otras referencias, 412.

DIVISIÓN DE LOS VALLES: *Profesiones, artes, oficios:* armeros, 314;

ÍNDICE ONOMÁSTICO, TOPONÍMICO, TEMÁTICO

cantores, 29, 289; carpinteros, 29, 73; fundidores, 154-156; plateros, 29; sastres, 156, 255.

DIVISIÓN DE LOS VALLES: *Quijote, don,* 282.

DIVISIÓN DE LOS VALLES: REALISTAS: EJÉRCITO EN LOS VALLES: *Acciones bélicas:* véase División de los Valles: Estructura y función: Acciones bélicas.

DIVISIÓN DE LOS VALLES: REALISTAS: EJÉRCITO EN LOS VALLES: *Bajas (heridos, muertos, prisioneros),* 42-43, 46, 48, 50, 52-53, 55, 57-58, 61, 68, 71, 73-75, 79, 83, 87, 89, 98-99, 105-107, 124, 134, 136, 140, 144, 147, 149, 151, 155, 158, 162, 165-167, 171, 173, 176-177, 184-185, 228-229, 233, 236, 238, 242, 250, 253, 255, 257, 276-277, 292, 300, 302, 304-306, 308, 312, 314-315, 320, 323, 328, 330, 332-333, 338, 352, 360-361, 381.

DIVISIÓN DE LOS VALLES: REALISTAS: EJÉRCITO EN LOS VALLES: *Campamentos,* 46, 49, 141, 227, 229, 255, 301, 358.

DIVISIÓN DE LOS VALLES: REALISTAS: EJÉRCITO EN LOS VALLES: *Capitulaciones,* 381.

DIVISIÓN DE LOS VALLES: REALISTAS: EJÉRCITO EN LOS VALLES: *Composición humana: Jefes y oficiales:* Aguilera, Francisco Javier de (alias el León de Santa Cruz), 312-316, 412; Ameller, Cayetano, 299, 301; Amor, N. 320; Antezana, José Manuel (alias el Ronco): véase Fernández Antezana, José Manuel; Arauco, Tomás, 72, 241; Armentia, Protasio (comandante), 406; Astete, Luis, 37; Asúa, Pedro Antonio (alias el Águila de Ha-

yopaya), 54, 246, 248, 251, 286, 302, 306-307, 312-313, 316, 321-323, 337, 352, 354, 374-375, 405; Belaunde, F., 163; Benavente, Pedro, 276, 291; Blanco, José Joaquín, 37, 110; Bohórquez, Francisco, 340; Calvete, 168; Canterac, José, 381; Cañamero, Nicolás, 340; Cárdenas, Esteban, 59-61, 202, 406-407; Carlier, 237; Centeno, Buena Ventura, 452; Díaz, Pascual, 329; Espartero, Baldomero, 247, 260-263, 265, 275, 408; Fabre, Hipólito, 271-272, 309, 311-312; Fernández Antezana, José Manuel (alias el Ronco), 175-176, 321-323, 387, 399; Goyeneche, José Manuel, 8, 24-25, 27, 29-30, 128, 241, 287, 431-432, 448; Guerra, Francisco, 102, 237; Hera, José Santos, 352-353, 356; Imaz, José de Mendizábal e: véase Mendizábal e Imaz, José de; Lecaros, 87, 121, 171; Lezama, Tadeo, 246, 269, 286, 302, 321-322, 337, 345; Lira, Guillermo, 355, 358; Lombera, Jerónimo, 27, 110; López, Francisco, 146, 158, 163, 165, 229, 234, 237; Macías, Benito, 379-380; Maldonado, Carlos, 252; Maroto, Rafael, 380-381; Mora, 353; Navajas, José Casto, 121, 130-133, 135, 137, 139, 141-144, 146, 153-154, 179, 181; Olañeta, Pedro Antonio de, 344-346, 351, 364, 367-368, 370-371, 373-374, 378-379, 415, 417, 421; Osorio, José, 309; Pacheco, Diego, 326-327, 350, 352; Pacheco, Nicolás, 61; Peredo, Manuel, 305-307; Pezuela, José Joaquín de la, 33, 35, 62-64, 419, 431, 434, 450-452; Picado, 47; Picoaga, Francisco de,

35; Pinedo, 309; Poau Santa Cruz, Juan, 245; Ponferrada, Anselmo, 34; Quimper, Manuel, 141; Ramírez, Juan, 35; Ramírez, Manuel, 257, 280-282, 308-310, 316-317, 321-322, 328, 352, 354-355, 359, 370-371, 416; Ricafort, Mariano, 226, 228-229; Rivera, Manuel (dependiente minas), 31; Rolando, José Manuel, 189, 222, 226-228, 234, 237; Roncesvalles y Casaus, Mariano, 362-363; Segovia, Santiago, 308-309; Seoane, Antonio, 258, 409, 414; Serna, José de la (virrey del Perú), 246, 249-250, 320, 343-344, 371, 379; Sevilla, Blas, 283, 359-362; Sierra, Ildefonso, 417; Siguani, Antonio: véase Seoane, Antonio; Taguas, 328; Tapia, Francisco (alias el Taburete), 45-46; Terrazas, 35, 42, 44, 54, 201; Toranzos, 337-338; Valdés, Jerónimo, 254, 321-324, 351-352, 356-357, 370-371, 374; Valdés, José María (alias el Barbarucho), 370, 383; Velasco, Francisco Javier, 19, 49, 54, 406; Villalaín, Santiago, 357, 359-360; Zárate, F., 309.

DIVISIÓN DE LOS VALLES: REALISTAS: EJÉRCITO EN LOS VALLES: *Composición humana: Clases*: Pabón, Pedro, 164.

DIVISIÓN DE LOS VALLES: REALISTAS: EJÉRCITO EN LOS VALLES: *Composición humana: Soldados*: Apasa, Carlos, 128; Garavito, Pedro, 171; García, Ildifonso, 168; González, Manuel (alias el Kjomer Uchu), 73-74, 76; Oropeza, Pascual (alias el Bayloncito), 240; Plantarosa, Andrés, 80; Saavedra, Felipe, 243; Yarvipara, Bartolomé, 214.

DIVISIÓN DE LOS VALLES: REALISTAS: EJÉRCITO EN LOS VALLES: *Comunicaciones*: emisarios (parlamentarios), 78-79, 346, 350; extraordinarios, 313, 356.

DIVISIÓN DE LOS VALLES: REALISTAS: EJÉRCITO EN LOS VALLES: *Crueldades y sevicias*, 35, 112, 117, 128, 136-137, 152, 162, 238, 249-250, 255-256, 258-259, 280, 282, 311, 340, 353-356, 358, 361, 448-449, 452-453.

DIVISIÓN DE LOS VALLES: REALISTAS: EJÉRCITO EN LOS VALLES: *Cuarteles*, 41, 68, 70-71, 134, 169, 170, 234-235, 237, 249, 251, 319-320, 327, 362, 379, 382.

DIVISIÓN DE LOS VALLES: REALISTAS: EJÉRCITO EN LOS VALLES: *Deserciones*, 135, 214, 240, 275, 278.

DIVISIÓN DE LOS VALLES: REALISTAS: EJÉRCITO EN LOS VALLES: *Documentos*: boletos de resguardo, 271, 326; certificados, cartas, notas, 110, 176, 357; partes, 63, 72-73, 102, 241, 282-283, 301-302, 358, 370; proclamas y comunicaciones, 423, 431-434, 453-455.

DIVISIÓN DE LOS VALLES: REALISTAS: EJÉRCITO EN LOS VALLES: *Ejecuciones*: decapitaciones y degüellos, 28, 36, 57, 69-70, 73, 111-112, 130, 132-133, 227, 241, 257-258, 262-263, 271, 277-279, 282-286, 326, 330, 332, 406-407, 409, 411, 448-449, 452; descuartizamientos, 112; fusilamientos, 44-45, 57, 69, 73-74, 85, 110-113, 117, 125-126, 128, 130-133, 141, 154, 163-164, 175, 229, 236-237, 241, 247-249, 251, 257-260,

ÍNDICE ONOMÁSTICO, TOPONÍMICO, TEMÁTICO 495

271-272, 278, 281-282, 286-288, 293, 304, 309, 317, 326, 329, 340, 353-354, 380, 405-406; otras referencias, 75, 118, 185, 255.
DIVISIÓN DE LOS VALLES: REALISTAS: EJÉRCITO EN LOS VALLES: *Embarrancamientos*, 50, 52, 83, 114, 138, 142, 277.
DIVISIÓN DE LOS VALLES: REALISTAS: EJÉRCITO EN LOS VALLES: *Emigrados (realistas)*, 52, 55, 109, 152, 237.
DIVISIÓN DE LOS VALLES: REALISTAS: EJÉRCITO EN LOS VALLES: *Fugados*, 341, 416.
DIVISIÓN DE LOS VALLES: REALISTAS: EJÉRCITO EN LOS VALLES: *Guarniciones*, 122, 130, 133, 137, 142, 172, 179, 181, 308, 323, 326, 328-329, 352, 355-357, 360, 417, 432, 435.
DIVISIÓN DE LOS VALLES: REALISTAS: EJÉRCITO EN LOS VALLES: *Hacendados*: véase División de los Valles: Hacendados.
DIVISIÓN DE LOS VALLES: REALISTAS: EJÉRCITO EN LOS VALLES: *Iglesia*: véase División de los Valles: Iglesia.
DIVISIÓN DE LOS VALLES: REALISTAS: EJÉRCITO EN LOS VALLES: *Indultos*, 64, 72, 86, 131, 271, 280, 285, 289.
DIVISIÓN DE LOS VALLES: REALISTAS: EJÉRCITO EN LOS VALLES: *Inteligencia*: agentes dobles, 73-74, 354, 379; bomberos, 73, 164, 354; diestros, 35, 46, 73, 128, 161, 168, 181, 187, 238, 246, 250, 255, 260, 278, 284, 329; espionaje, 128, 244.
DIVISIÓN DE LOS VALLES: REALISTAS: EJÉRCITO EN LOS VALLES: *Juramentos*, 44, 190, 320, 380, 438.
DIVISIÓN DE LOS VALLES: REALISTAS: EJÉRCITO EN LOS VALLES: *Mujeres*, 162, 168.
DIVISIÓN DE LOS VALLES: REALISTAS: EJÉRCITO EN LOS VALLES: *Pasados*, 128, 179-184, 208, 225, 275, 296, 334, 342, 364, 367-368, 410, 414.
DIVISIÓN DE LOS VALLES: REALISTAS: EJÉRCITO EN LOS VALLES: *Presentaciones*, 131, 153, 179-180, 215, .251, 258, 260, 271, 284, 291, 373, 405, 407, 411, 414-415.
DIVISIÓN DE LOS VALLES: REALISTAS: EJÉRCITO EN LOS VALLES: *Problemas intestinos*: delaciones y traiciones, 309.
DIVISIÓN DE LOS VALLES: REALISTAS: EJÉRCITO EN LOS VALLES: *Procedencias*: americanos, 60, 111, 158, 176, 245, 319, 326, 330, 362; argentinos, 137, 309, 328; chilenos, 353; españoles, 39, 62, 145, 158, 162, 168; españoles europeos, 158, 168, 176, 250, 260, 280, 308-309, 326, 353, 378; irupaneños, 305; mohoseños (de Mohosa), 181; orureños, 46, 320, 350, 355, 358; paceños, 277, 309; peruanos, 128, 292, 301, 304, 309; otras referencias, 179, 185, 233, 251, 282, 284-285, 291, 295; 317, 325, 332, 341-342, 344, 357, 360-361, 405-417, 421.
DIVISIÓN DE LOS VALLES: REALISTAS: EJÉRCITO EN LOS VALLES: *Reclutamiento*, 154, 340.
DIVISIÓN DE LOS VALLES: REALISTAS: EJÉRCITO EN LOS VALLES: *Régimen administrativo (gobernadores, subdelegados, alcaldes)*, Abeleira (gobernador, Oruro), 44, 46; Anglada, Francisco (subdelegado, Chulumani), 78, 80,

83, 163, 380-382; Antezana, Agustín (subdelegado, Quillacollo), 82-83, 85, 87, 97-98, 100-101, 107, 121, 164, 170-171, 173, 175-176, 241, 247, 278, 296, 408; Bohórquez, Francisco (subdelegado, Hayopaya), 121, 172; Choque, Laureano (alcalde, Paria), 184-185; España, Francisco (subdelegado, Sicasica), 57, 59, 67, 69-70, 78-79, 81, 83-85, 94, 110, 112, 121, 127, 154, 179, 190, 208, 215, 226, 229, 234, 237, 244, 269, 285, 322, 340, 352, 354, 370-371, 379-381; González de Socasa, Indalecio (gobernador, Oruro), 16, 26; Goyburo (gobernador, Cochabamba), 42, 54-55; Iraseburo (gobernador, Oruro), 299; Losada, Rafael (subdelegado, Hayopaya), 26, 30; Mendizábal e Imaz, José de (gobernador, Cochabamba), 22, 28-29, 313, 315-316; Morales, Fermín (alcalde, Oputaña), 20-21; Oblitas, Julián (subdelegado, Hayopaya), 63, 67-70, 72-74, 78, 80, 131, 190; Palacios, N. (gobernador, Oruro), 34, 36; Palma, Melchor (alcalde pedáneo, Haru-Uma), 24; Rodríguez, F. (alcalde, Sacaba), 288; Sánchez Lima, Juan Bautista (gobernador, La Paz), 110, 112-113, 115, 117-118, 121-122, 125-129, 133, 179-182, 293, 340, 406-407; Sanz, Francisco de Paula (gobernador, Potosí), 8; Somocurcio (gobernador, Cochabamba), 356-357; Terrazas, F. (subdelegado, Sacaba), 288.

DIVISIÓN DE LOS VALLES: REALISTAS: EJÉRCITO EN LOS VALLES: *Ropa:* chaquetas, 379, gorras, morriones, 256, 327; pantalones, 171, 379; ponchos, 337; sombreros, 143; zapatos, 379; zapatos de munición, 332; otras referencias, 106, 123, 170, 251, 278.

DIVISIÓN DE LOS VALLES: REALISTAS: EJÉRCITO EN LOS VALLES: *Saqueos,* 22, 28, 117, 120, 133, 202, 312, 338, 342.

DIVISIÓN DE LOS VALLES: REALISTAS: EJÉRCITO EN LOS VALLES: *Seducciones,* 87, 133, 245, 261-262, 364, 368.

DIVISIÓN DE LOS VALLES: REALISTAS: EJÉRCITO EN LOS VALLES: *Símbolos exteriores:* santo y seña, 41, 48, 51, 75, 169, 246, 327.

DIVISIÓN DE LOS VALLES: REALISTAS: EJÉRCITO EN LOS VALLES: *Táctica:* cercos, 43, 105-106, 260-261, 353; dispersiones, 48, 55, 61, 120, 231, 306; emboscadas, 81, 90-91, 159, 162, 176, 274, 283, 285, 303, 322, 325, 360; fogatas, 153, 362; fortificaciones, 133, 135; incendios, 59, 80, 83, 89, 91, 101, 111, 119, 137, 140, 160, 185, 229, 239, 255, 277, 310-311, 324-325; incursiones, 27-28, 34, 39-40, 42-53, 57-59, 70, 72-75, 77-78, 82-83, 87, 97-98, 109-113, 122, 125-126, 131-134, 145-146, 157-158, 163-167, 172, 175-176, 184-185, 214, 226, 229, 234, 236-239, 245-248, 254, 256-260, 276, 278-281, 285-286, 290-292, 299, 301-302, 306, 309, 313-315, 321-322, 336-337, 344-347, 351-353, 355-356, 358-360, 374, 378: véase también División de los Valles: Estructura y función: acciones bélicas; máximas (estratagemas), 48, 84, 111-112, 159, 163, 230, 248, 337-338; re-

ÍNDICE ONOMÁSTICO, TOPONÍMICO, TEMÁTICO 497

tiradas, 44-45, 50, 52, 58-59, 83, 98, 106, 117, 146, 148, 151, 163, 168, 209, 230, 237, 283, 306; trincheras, 60-61, 89, 252, 305, 315, 361.

DIVISIÓN DE LOS VALLES: REALISTAS: EJÉRCITO EN LOS VALLES: *Unidades estructurales*: Artillería, 42-43, 49-50, 226-228, 307.

DIVISIÓN DE LOS VALLES: REALISTAS: EJÉRCITO EN LOS VALLES: *Unidades estructurales: Banda de música:* tambor (instrumento), 83, 85, 168, 240, 256-257, 309.

DIVISIÓN DE LOS VALLES: REALISTAS: EJÉRCITO EN LOS VALLES: *Unidades estructurales: Batallones:* de Extremadura, 158; de la Reina, 292, 308, 415-416; del Centro, 260, 275, 415; Gerona, 250; Primer regimiento, 308-309.

DIVISIÓN DE LOS VALLES: REALISTAS: EJÉRCITO EN LOS VALLES: *Unidades estructurales:* Caballería, 27, 42-43, 49-50, 52, 100, 105-107, 110, 113, 116, 123, 127, 149, 151, 159, 162-163, 172, 227, 230-231, 241, 307, 310, 321-323, 329, 346, 378-379, 381, 426, 435.

DIVISIÓN DE LOS VALLES: REALISTAS: EJÉRCITO EN LOS VALLES: *Unidades estructurales:* Cazadores, 113, 146, 172, 374.

DIVISIÓN DE LOS VALLES: REALISTAS: EJÉRCITO EN LOS VALLES: *Unidades estructurales:* Infantería, 42-43, 49-50, 52-53, 57, 85, 101, 105, 110, 113, 115-116, 118, 123, 159, 172, 227, 230-232, 236, 238, 242, 274-275, 283, 285, 303, 307, 310, 326, 352, 360, 379.

DIVISIÓN DE LOS VALLES: REALISTAS: EJÉRCITO EN LOS VALLES:

Unidades estructurales: Lanceros, 141.

DIVISIÓN DE LOS VALLES: REALISTAS: EJÉRCITO EN LOS VALLES: *Unidades estructurales:* Médicos, 118, 125.

DIVISIÓN DE LOS VALLES: REALISTAS: EJÉRCITO EN LOS VALLES: Vivanderos, 233, 301.

DIVISIÓN DE LOS VALLES: REALISTAS: EJÉRCITO EN LOS VALLES: Vivas al rey,. 60, 90, 111-112, 163, 337-338.

DIVISIÓN DE LOS VALLES: VARGAS, JOSÉ SANTOS, AUTOR DEL DIARIO: *Datos preliminares:* Nacimiento, 16; familia: Díaz de Alda, Gregoria (alias la Condo Goya), tía abuela, 16; Medrano, María Guadalupe, madre, 16; Vargas, Andrés, cura guerrillero, hermano de José Santos, 9-10, 22, 28-29, 62-63, 68, 70-71, 129, 259; Vargas, Blas Mariano (escribano, Oruro), padre, 16; otras referencias de familia, 4, 6, 20, 272, 340, 369; infancia y adolescencia, 3, 6-11, 16-23; educación, 3, 6-8; José Jacinto Quevedo, maestro y tutor, 9, 16-17; bienes y situación económica, 4, 14, 16, 272, 326, 339; carácter, sensibilidad, 3, 11-12, 14, 16-17, 19, 21-22, 37, 56, 127, 147, 218-219, 240, 290, 295, 298-299, 301, 313, 350, 364, 371, 387, 392.

DIVISIÓN DE LOS VALLES: VARGAS, JOSÉ SANTOS, AUTOR DEL DIARIO: *Diario:* autoevaluación, 1; comienzo de su formación, 8, 39; dedicatoria al general Manuel Isidoro Belzu, presidente de Bolivia, 3, 5, 13; relación con el *Diario* de su hermano el cura Andrés Vargas, 9-10, 22; propósito, 3, 5, 10, 12, 37, 94; difusión oral, 12; peripecias del manuscrito, 12, 14; publicación (esfuerzos para hacerla), 3-7, 12-15; personas relacionadas con estos esfuerzos: Allende, Pedro, paisano y condiscípulo del autor, 12; Calvimonte, doctor José María (Sucre), 14; Dalence, doctor José María (Sucre), 14; Hernández, Atanasio, Ministro de Hacienda, 1853, Bolivia, 4; Méndez, Manuel de la Cruz, prefecto (La Paz), 13; Monroy de Portugal, doctor José Miguel, Ministro, Corte Suprema (La Paz), 13; Quintela, Andrés, abogado (La Paz), 13; Urcullo, Manuel María, doctor (Sucre), 14.

DIVISIÓN DE LOS VALLES: VARGAS, JOSÉ SANTOS, AUTOR DEL DIARIO: *Guerrillero*: actuación militar, 350-351, 358, 364-365, 370, 408; carrera militar, 3, 22, 41, 272-273, 302, 318, 324, 342, 346, 348; acciones bélicas en que participó, 41-43, 45-46, 48-49, 56-57, 59, 68-69, 72-73, 78-81, 85-87, 89-91, 113-117, 121-126, 134-135, 137-140, 148-153, 158-162, 169-173, 226-232, 234-238, 270-275; peligros de muerte, 83, 100, 106-107, 114-115, 149-150, 170, 259, 270-271, 273-274, 324-326; dispersiones, 43, 62, 82, 127; problemas intestinos de la División, 93-109, 119-120, 179-226, 294-296, 334-336, 363-370; grados militares, 44, 271, 332, 408; diestro, 127, 323, 396; otras referencias, 10, 75-76.

DIVISIÓN DE LOS VALLES: VARGAS, JOSÉ SANTOS, AUTOR DEL DIARIO: *Vida ulterior*: agricultor, contribuyente, 11, 13, 22, 270, 324, 387; invasión peruana de 1828 a Bolivia, 383-402; enfermedades, 15.

DIVISIÓN DE LOS VALLES: *Vecinos de los Valles*: Alcócer, Francisco (alias el Calahaliri), (Tapacari), 103, 235; Aróstegui, Hilario (cantor), (Mohosa), 29; Azerro, Eusebio (carpintero), (Mohosa), 29; Bustos, Ignacio (minero), (Sicasica), 30-31; Carpio, Anselmo (Oruro), 184-185; Carvajal, Andrés (comerciante), (Sihuas), 58; Cortés, Gregorio (tirador), 51; Deheza, José María (alias el Uchicho), (La Paz), 371; Durán, Manuela (madre del comandante Eusebio Lira), (Queroma), 58, 66, 76, 91-92, 156-157, 186; Escobar, Justo (sastre), (Huancaraca, Pocusco), 255; Gutiérrez, Manuel (alias Chui Manuno), (Cavari), 127, 153-154; Lira, Hermenegilda (hermana del comandante Eusebio Lira), (Queroma), 91-92, 156-157; Mariano (alias el Callado), (Yani), 278-279; Mariño, Josefa (alias la Condeña), (Charapaya), 35; Monterrey (fundidor), 154-156; Paniagua, Mateo (alias el Chajmi), (Sanipaya), 133, 141; Paredes, Antonio (alias el Muerte Cajón), (Oruro), 34-35; Ruiz, Baltasar (maestro de primeras letras), (Palca), 353; Sánchez, Pascual (platero), (Mohosa), 29; Vargas, Melchora (Pocusco), 76-77.

G

GUERRA POPULAR: *Acciones bélicas*: Aroma (Bolivia): véase Haruuma; Ayacucho (Perú), 8, 14,

379-380, 416, 419, 421; Ayohuma (Bolivia), 33, 433, 451; Azafranal (Bolivia): véase Huaqui; Belén (Bolivia), 27; Buenos Aires (Argentina), 23; Calacalani (Bolivia), 34; Cochabamba (Bolivia), 23-24, 26, 33; Cusco (Perú), 35; Chacaltaya (Bolivia), 417; Desaguadero (Bolivia), 25, 405-406, 448; 16 de julio 1809, La Paz (Bolivia), 23; Florida (Bolivia), 37, 410; Haruuma (Bolivia), 24, 290, 431; Huaqui (Bolivia), 8, 25, 129, 405-406, 425, 432; Jamiraya (Bolivia), 9, 25; Jesús de Machaca (Bolivia), 432; La Paz (Bolivia), 23, 27, 35; Macha (Bolivia), 405-406, 410; Oruro (Bolivia), 16-17, 24, 26; Pari (Bolivia), 412; Pocona (Bolivia), 432; Postrervalle (Bolivia), 410; Salta (Argentina), 405-407; Samaypata (Bolivia), 19, 410; San Pedrillo (Bolivia), 410; Sepulturas (Bolivia), 343; Sipesipe (Bolivia), 65, 97, 405, 407, 410, 412, 438; Suipacha (Bolivia), 8, 24-25, 425; Tucumán (Argentina), 405-407; 25 de mayo de 1809, Chuquisaca hoy Sucre (Bolivia), 23; Viloma (Bolivia), 62, 71; Villcapujyo (Bolivia), 243, 406, 410, 412, 415, 438.

GUERRA POPULAR: *Armas*: cañones, 17, 29, 35, 380; fusiles, 433; garrotes, 18, 24, 30, 452; lanzas, 30; sables, 28; otras referencias, 26, 426-427, 431, 438, 440, 443, 446, 451.

GUERRA POPULAR: *Cívicos*, 16, 18-19, 24, 28, 31, 426, 428, 437.

GUERRA POPULAR: *Cochabambinos*, 16, 24, 33, 432-433.

GUERRA POPULAR: *Congreso General constituyente de las Provincias Unidas del Río de la Plata (Tucumán, 1817)*, 11, 440, 442.

GUERRA POPULAR: *Congreso Nacional (Tucumán, 1816)*, 442.

GUERRA POPULAR: *Conspiraciones*, 35-36, 424, 431, 450.

GUERRA POPULAR: *Cholos*, 23-24, 30.

GUERRA POPULAR: *Delaciones y traiciones*, 8, 31, 36-37, 39, 380, 427.

GUERRA POPULAR: *Ejércitos*: argentino, 25, 28-29, 33, 37, 39, 42, 54-57, 59, 62, 65, 93, 137, 243, 293, 308, 404-410, 412-415, 419, 423-424, 432, 439-440, 447, 451; Ejército Unido Libertador, 455; patriota, 346; peruano, 35, 39, 341, 343-344, 349, 378, 417, 420, 455.

GUERRA POPULAR: *Gazeta de Buenos Aires*, 425.

GUERRA POPULAR: *Guerrillas y guerrilleros (fuera de los Valles)*: Alba, 202; Álvarez de Arenales, Juan Antonio, 19, 37, 50-56, 405, 410-411, 433; Arenales, Juan Antonio Álvarez de: véase Álvarez de Arenales, Juan Antonio; Arze, Esteban (Cochabamba), 9, 16, 18, 26, 33, 432; Berdeja, José Mateo, 313; Cáceres, F. (escribano), 27, 37; Camargo, Vicente (Potosí), 452; Castilla, N. (comandante, Oruro), 27, 37; Centeno (Arque), 248; Condeauqui (guerrilla, Paria), 22, 37; Curito (Vallegrande, hermano del siguiente), 142, 203, 313; Curito, Mariano (capitán, hermano del anterior), 142; Chiquelo (Cochabamba), 202; Escuro (comandante, Cochabamba), 202, 313; Francisco (Calliri, Bolivia), 278-279; González, Bernardo (capitán de milicias, Punata), 112-113; Mariano (alias el Callado), (Calliri, Bolivia), 278; Padilla, Manuel Asencio (Tomina, La Plata), 313; Sarsuri, Ramón, 130, 135, 145; Serna, 313; Vargas, 313; Warnes, Ignacio (Santa Cruz, Vallegrande), 412; otras referencias, 107.

GUERRA POPULAR: *Ideología*, 424-432, 436-438, 442-453.

GUERRA POPULAR: *Iglesia*: Cristo, 425; curas, 17-18, 29, 31, 35-37, 55, 107-108, 168, 426, 428, 449-450; misas, 30, 55; órdenes religiosas, 17, 36; sermones, 29, 55; templos, 17, 24, 29, 31, 450; Virgen María, 24, 31, 452; otras referencias, 431, 454.

GUERRA POPULAR: *Incendios*, 18, 22, 27-29, 35, 443, 450, 452.

GUERRA POPULAR: *Indios*, 16-18, 21, 26-27, 29-35, 39, 54, 380, 426.

GUERRA POPULAR: *Jefes y oficiales patriotas*: Alvarado, Rudecindo, 380-382; Antezana, Mariano, gobernador (Cochabamba), 26, 37, 287, 448; Balcarce, Antonio González: véase González Balcarce, Antonio; Balcarce, Máximo, 8, 11, 25; Belgrano, Manuel, 410, 412, 432, 438, 451; Blanco, Pedro, 346-347; Bolívar, Simón, 242; Camacho, Mariano, 25; Castelli, Juan José, representante de la junta de Buenos Aires en el Alto Perú, 1810-1811, 8, 25, 423, 432; Castro, 346, 382-383; Díaz Vélez, Eustaquio, general, ejército argentino, 432; Farfán, Felipe, teniente, 382; Fernández, Gregorio, general, presidente del departamento de La Paz, 14; Fierrofrío, enviado del general San Martín (Tapacari), 198; French, José Domingo, jefe, ejército argentino, 93, 104, 438-440; Gamarra, Agustín, general, presidente de la República del Perú, 341-343, 384-385, 387, 389-393, 395-396, 400-402, 408, 417; González Balcarce, Antonio, general, ejército argentino, 423; Güemes, Martín Miguel, general, ejército argentino, 252, 293, 404, 411, 413; Guzmán, Melchor (alias el Quitón), (Cochabamba), 24, 26; Lanza, Victoriano (La Paz, hermano del general José Miguel Lanza), 29; Olavarría, 346; Paredes, Juan Antonio, alcalde (Cusco), 35-37; Pérez de Urdininea, José María, 137, 402, 418; Pinelo, Mariano, 35, 37, 39, 174, 451; Pintado, José, 27-28; Pumacahua, Mateo, 35, 450; Quiroga, Marcos, 25; Revollo, José Manuel, 104; Rivero, Francisco, gobernador (Cochabamba), 23-25, 410; Rondeau, José, 54, 56-57, 62, 64, 410, 412, 414, 419; Sagárnaga, José Miguel, 346, 349; San Martín, José de, 198, 215, 308, 348, 409; Sánchez, Antonio Saturnino, 349, 373; Santa Cruz, Andrés, 14, 343, 414, 417-418; Soler, 346-347; Sucre, Antonio José de, 396-397, 418-419; Velasco, José Miguel, gobernador (Cochabamba), 343-347.

GUERRA POPULAR: *Juntas*: Junta tuitiva (La Paz, 1809), 405; Junta provisoria de Buenos Aires, 8, 25, 29, 321, 423, 448.

GUERRA POPULAR: *Mujeres*, 428, 435, 450.

ÍNDICE ONOMÁSTICO, TOPONÍMICO, TEMÁTICO 501

GUERRA POPULAR: *Negros*, 35-36, 426-427, 430.
GUERRA POPULAR: *Niños*, 8, 11, 428, 435, 450.
GUERRA POPULAR: *Partidas ligeras*, 27, 37, 452.
GUERRA POPULAR: *25 de mayo de 1810, Buenos Aires*, 23, 321, 425.

H

HARUUMA (AROMA), POSTA (SICASICA, BOLIVIA), 24, 242, 290, 431.
HAYCHUYO, LUGAR (SICASICA, BOLIVIA), 61.
HAYOHAYO, DOCTRINA (SICASICA, BOLIVIA), 30-31, 309.
HIDALGO DE CISNEROS, BALTASAR, VIRREY DEL RÍO DE LA PLATA, 448.
HUAMANGA (PERÚ) 379-380.
HUANCAYO (PERÚ), 329, 340.
HUÁNUCO (PERÚ), 367.
HULLOMA, PUEBLO (PACAJES, BOLIVIA), 385.

I

ICA (PERÚ), 420.
INCAS (PERÚ), 58.
INVASIÓN PERUANA A BOLIVIA EN LOS VALLES, AÑO 1828, 383-402.
INVASIÓN PERUANA: *Acciones bélicas:* Jurenco, campos, Paria, 393.
INVASIÓN PERUANA: *Animales:* burros, 392; cabalgaduras, 393; caballos, 387-390, 392-393, 398-401; mulas, 386-387, 393, 399.
INVASIÓN PERUANA: *Armas:* lanzas, 386, 392; sables, 385-388, 391, 398-399; tercerolas, 385, 387-388, 390-392; otras referencias, 389, 397, 400.
INVASIÓN PERUANA: *Caballería*, 385, 389-390.
INVASIÓN PERUANA: *Consejo de guerra*, 393-398, 401-402.
INVASIÓN PERUANA: *División volante de operaciones del Perú*, 385, 387, 395, 397-398, 401-402, 408.
INVASIÓN PERUANA: *Ejército boliviano, año 1828*, 285, 386, 392, 393, 398-402.
INVASIÓN PERUANA: *Ejército peruano*, 384, 389, 393-395, 397-403, 408.
INVASIÓN PERUANA: *Indios*, 385, 389, 456.
INVASIÓN PERUANA: *Jefes y oficiales:* Belmonte, Juan, 398, 402; Bocanegra, Martín, 386, 397; Braun, Felipe, general del ejército boliviano, 393, 402; Calderón y Sanjinés, José Miguel, gobernador subdelegado, Sicasica, 384-385, 392, 456; Chavarría, coronel, ejército boliviano, 1828, 399, 401; Chaves, Mariano, 394-395, 397; González de Quiroga, José, gobernador, Hayopaya, 388-390, 392; Grondona, José Esteban, 389, 392-393, 395, 398; Gutiérrez, Miguel, 397; Guzmán, Mariano, 402; Lasarte, Luis, 395; Lira, Juan Manuel, hermano del comandante Eusebio Lira, 384-385, 387-393, 395-396, 456; Luna, cirujano, 399-400; Murillo, Esteban, 393, 402; Puertas, Blas, 385; Rocabado, Pedro (alias el Karasúpay), 402.
INVASIÓN PERUANA: *Juntas de oficiales*, 393-397, 401.
INVASIÓN PERUANA: *Médicos*, 399-400.

J

JESÚS DE MACHACA, PUEBLO (PACAJES, BOLIVIA), 432.

jujuy (argentina), 438-441.
juntas: Central (España), 447;
de Regencia, 423; Sevilla, 447;
Suprema de Galicia, 447.

L

la joya, pueblo (oruro, bolivia), 344.
lambayeque (perú), 420.
la paz, ciudad y departamento (bolivia), 13-15, 20, 23, 25, 27-28, 30, 35, 37, 39, 56-57, 64-65, 74, 78, 109, 114-115, 118, 123-125, 132-133, 156, 165, 168, 174, 177, 179-181, 197, 202, 207, 242, 244, 257, 259, 275, 277, 282-283, 285, 293, 295, 308-309, 317, 321, 328, 333, 341, 344, 349, 355, 371, 379, 382-383, 385, 405-407, 409-411, 413-422, 451.
la plata: véase Sucre.
lima (perú), 23-25, 39, 59, 62, 128, 197-198, 242, 250, 329, 347-349, 367, 372, 379, 410, 420, 438.

M

macha, doctrina y pueblo (potosí, bolivia), 405-406, 408, 415.
machaca, jesús de: véase Jesús de Machaca.
madrid (españa), 443, 445, 451, 454.
marquesado de mohosa, 13.
marqueses, 39-40, 62, 197.
mendoza (argentina), 441-442.
ministerio de hacienda (bolivia), 4.
ministerio de instrucción pública (bolivia), 4.
montemira, marqués de: véase Zárate, Pedro José de.

montevideo (uruguay), 426, 435, 446, 449.
moquegua (perú), 275, 316.

N

nasacara, pacajes (bolivia), 344.

O

oruro, ciudad y provincia (bolivia), 3, 8-9, 11-12, 15-18, 20, 23-24, 26-29, 33-37, 39, 44, 46-47, 51-53, 56, 58, 68, 70-72, 78, 90-91, 108-110, 117, 121, 132-133, 135, 141, 154, 184-185, 197, 226, 229, 233, 240, 242-243, 252, 256, 258-259, 272, 280-285, 290, 292-293, 299-301, 303, 308, 321, 328-330, 333, 339-340, 342-344, 348, 350, 355, 359, 361, 370, 373, 382-385, 387, 391-392, 401, 405, 408-409, 414, 417-418, 421, 432.

P

pacajes, provincia (la paz, bolivia), 8, 11, 39, 250, 344, 385, 424.
pacoani, asiento minero (sicasica), 30.
palca, la (la paz, bolivia), 383.
panamá, 435.
paraguay, 107, 171, 436.
paria, provincia y pueblo (oruro, bolivia), 16, 18, 20, 27, 56-57, 135, 184, 186, 188, 199, 244, 254, 257, 339, 342, 350, 393, 402, 415.
perú, 8-9, 17, 25, 58, 259, 309, 341, 384-385, 387, 392, 398, 401-403, 408, 411, 419, 435-436, 443, 450, 455.
pica (perú), 411, 419.

ÍNDICE ONOMÁSTICO, TOPONÍMICO, TEMÁTICO 503

PIQUISA, LUGAR (POTOSÍ, BOLIVIA), 402.
PIURA (PERÚ), 367.
PLATA, 24, 152, 159, 244-245, 258, 266, 295, 379, 400.
POOPÓ, PROVINCIA (ORURO, BOLIVIA), 418.
POSTAS, 24, 36, 370.
POTOSÍ, CIUDAD Y DEPARTAMENTO (BOLIVIA), 8-9, 23, 26-27, 29, 52, 56, 65, 242, 298, 405, 410, 432, 448, 450.
PROVINCIAS UNIDAS DE SUD AMÉRICA (ARGENTINA): véase también Argentina y Río de La Plata.
PUNA, PUEBLO (POTOSÍ, BOLIVIA), 450.
PUNO (PERÚ), 372, 376, 380-381, 385, 411, 418, 420.

Q

QUITO (ECUADOR), 17, 453.

R

REY DE ESPAÑA, 8-9, 22-23, 29-30, 33, 35, 40, 44-46, 51, 53, 57, 60, 62-65, 69, 72, 74, 80, 85-88, 94-95, 110, 117-118, 122, 124-125, 128, 133, 147, 152, 154-155, 165, 181-182, 185, 197, 201-202, 208-209, 212, 214, 222-223, 225, 229-230, 234-237, 241, 244, 246, 248-250, 252-253, 255-256, 259, 261-262, 266, 270, 272, 277, 280, 281-282, 285-286, 288-289, 291, 295, 307, 312, 315-316, 320, 333-335, 351, 353, 364, 373-374, 378-379, 401.
RÍO DE JANEIRO (BRASIL), 436.
RÍO DE LA PLATA, 54, 56-57, 62, 414, 424-425, 435, 438-439, 442, 446-448; véase también Argentina y Provincias Unidas de Sud América.

S

SACACA, DOCTRINA Y PUEBLO (POTOSÍ, BOLIVIA), 29, 37, 401.
SALTA (ARGENTINA), 8-9, 23, 29, 33, 36, 39-40, 42, 58, 71, 112, 137, 185, 200, 243, 252, 290, 293, 295, 298-299, 304, 317, 405-407, 410-411, 415, 432, 438, 441, 448, 451.
SAN FRANCISCO, TAMBO (LA PAZ, BOLIVIA), 340.
SAN PEDRO DE BUENAVISTA, PUEBLO (POTOSÍ, BOLIVIA), 417.
SANTA CRUZ, CIUDAD Y DEPARTAMENTO (BOLIVIA), 37, 54, 182, 210, 233, 312, 405, 411-412.
SANTIAGO DEL ESTERO (ARGENTINA), 215, 419, 441.
SAPAHAQUI, DOCTRINA Y PUEBLO (SICASICA, BOLIVIA), 61, 130, 240.
SASARI, INGENIOS DE MINAS (SICASICA, BOLIVIA), 30-31.
SIVINGANI (CARACOLLO, BOLIVIA), 243.
SORASORA, PUEBLO (ORURO, BOLIVIA), 343.
SUCRE (LA PLATA, CHUQUISACA), CAPITAL DE BOLIVIA, 14-15, 23, 27, 33, 37, 54, 285, 370, 401, 410-411, 415, 418, 420, 431, 434, 450.

T

TAMBOS, 16, 36, 340, 342.
TARAPACÁ (PERÚ), 197, 420.
TARIJA, CIUDAD Y DEPARTAMENTO (BOLIVIA), 420.
TEMBETAS DE SANTA CRUZ, 313.
TIAHUANACO, DOCTRINA (PACAJES, BOLIVIA), 8, 11, 424.

TOLEDO, PUEBLO (PARIA, BOLIVIA), 234, 271.
TORACARI, PUEBLO (POTOSÍ, BOLIVIA), 417.
TUCUMÁN (ARGENTINA), 11, 29, 33, 39, 58, 252, 258, 290, 391, 405-407, 415, 438, 440-442.
TUPIZA, PUEBLO (POTOSÍ, BOLIVIA), 252.

U

UCURI, POSTA (POTOSÍ, BOLIVIA), 370.
UMAHALA, DOCTRINA Y PUEBLO (SICASICA, BOLIVIA), 244-245, 341.

V

VALLEGRANDE, PARTIDO Y PUEBLO (SANTA CRUZ, BOLIVIA), 102, 142, 312, 349, 391, 411, 450.
VALLES, LOS: ACCIDENTES GEOGRÁFICOS: *Abras*: Aguaycastilla (Agua de Castilla, Machaca), 274-275, 304, 322, 338-339; Collpa (Palca), 137; Condorillo (Machaca), 162, 246, 299, 317, 322; Corocoro (Paria), 184; Crucero (Cavari), 87, 122; Cruzcasa (Machaca), 374; Charahuayto (Hayopaya-Sicasica), 80, 98, 152, 273, 275, 283; Chuaraca (Pocusco), 28, 113, 258; Hancocahua (Cavari), 144; Huarimarca (Pocusco), 347; Jumayo (Mohosa), 136; Ocooconi (Sihuas), 82, 94, 185; Orurovillque (Mohosa), 85, 135, 185, 226-227, 232-233, 329; Punaya (Sicasica), 285-292; Salancachini (Lirimani), 283; Simanuma (Tapacari), 236, 240; Tres Apachetas (Morochata), 315; Tujuta (Cavari), 112, 122, 351; otras referencias, 53, 63, 67, 151, 158, 166, 169, 214, 234, 300, 302, 318, 324.

VALLES, LOS: ACCIDENTES GEOGRÁFICOS: *Altos*: Buenavista (Palca, Hayopaya), 75, 107, 158, 161, 275, 300, 302-303, 314, 390, 392, 406; Calacruz (Mohosa), 85, 88, 231; Calapilani (Machaca), 68, 130, 134, 166; Calasaya (Mohosa), 83, 85, 113, 118; Chuñavi (Palca), 75, 160, 162, 199, 214, 246, 302, 307; Huancaraca (Pocusco), 63, 112, 254, 324; Huañacota (Cordillera de Tres Cruces), 153; Huarahuarani (Cavari), 88-89; Kjeuñacasa (Tapacari), 245; Lejri (Humala), 341; Malpaso (Palca), 214, 283, 300, 303-304, 337-338; Parco (Capiñata), 237-238; Pucarani (Palca), 102, 353; Pusca (Ichoca), 152; Santa Bárbara (Tapacari), 100, 105-106, 234; Sojaraca (Tapacari), 234, 236; Titipacha (Inquisivi), 79-80; Umamarca (Morochata), 345; Urahuari (Inquisivi), 147, 151, 166; Vilomilla (Quillacollo), 49-50; otras referencias, 28, 30, 33, 45, 82, 91, 93, 98, 119, 121-123, 125, 129, 136-137, 141-142, 146, 154, 156, 185, 202, 226, 229, 232, 248-249, 256-257, 260, 270, 273-274, 276-278, 288, 322, 329, 331, 340, 345, 347, 356-357, 372, 408-409, 413, 416.
VALLES, LOS: ACCIDENTES GEOGRÁFICOS: *Bajadas*: Nasacara (Tapacari), 198.
VALLES, LOS: ACCIDENTES GEOGRÁFICOS: *Barrancos*: Collpana (Calliri), 241; Huilacaca (Machaca), 142; Potrero (Machaca), 142.
VALLES, LOS: ACCIDENTES GEOGRÁFICOS: *Cerros*: Acutani (Palca), 337; Atuquira (Sicasica), 22,

37; Conchopata (Oruro), 17;
Chicote (Sicasica), 21, 83, 85,
87, 95, 97, 113, 117, 121, 164,
323-325, 347; Chojñacota (Mohosa), 87-88; San Pedro (Oruro), 17; Tarhuani (Sipesipe),
49-50; Tunari (Palca), 102, 260,
287, 357; otras referencias, 28,
40, 45, 74, 79, 82, 98, 101, 106,
118, 123, 125, 131, 141, 144,
159-160, 166, 172, 199-200,
236, 246, 254, 256, 259, 264,
267-268, 271, 292, 303, 306,
352, 380.

VALLES, LOS: ACCIDENTES GEOGRÁFICOS: *Colinas:* Santa Ana (Sipesipe), 49.

VALLES, LOS: ACCIDENTES GEOGRÁFICOS: *Cordilleras:* Amutara (Cavari), 30, 120; Mosetenes (Cochabamba), 348; Toco (Ajamarca), 33, 155-156; Tres Cruces (Inquisivi), 153, 371-372, 421; otras referencias, 134.

VALLES, LOS: ACCIDENTES GEOGRÁFICOS: *Cuestas:* Chahuarani (Cavari), 78-79, 310; Linco (Tapacari), 72, 98, 105-106, 235, 393; Salsipuedes (Inquisivi), 265; Tamañani (Charapaya), 362; Titihuichinca (Cavari), 310; otras referencias, 30, 91, 107, 125, 134-135, 141, 150, 172, 207, 217, 228, 238, 258, 269, 271, 282, 299, 303, 305, 318, 338, 358, 361, 409.

VALLES, LOS: ACCIDENTES GEOGRÁFICOS: *Cuevas,* 132.

VALLES, LOS: ACCIDENTES GEOGRÁFICOS: *Faldas:* Corachapi (Capiñata), 79-80, 146, 152; Pajnoco (Suri), 164; Tomaycuri (cerro Chicote), 113, 117.

VALLES, LOS: ACCIDENTES GEOGRÁFICOS: *Lomas:* Callistia (Leque), 46; Chorco (Santa Bárbara), 106; Huayrayaña (Charapaya), 101, 121, 215, 237; Lipiche (Oputaña), 46, 284; Rodeo (Machaca), 322; Taricahua (Charapajsi), 145, 164; Tejería (Inquisivi), 146, 360; otras referencias, 43, 52-53, 58, 71, 74, 85, 87, 98, 107, 120, 129, 133, 151-152, 158-159, 162-163, 167, 214, 241, 274-275, 300, 303-304, 356, 358.

VALLES, LOS: ACCIDENTES GEOGRÁFICOS: *Montañas:* Alisuni (Tapacari), 200.

VALLES, LOS: ACCIDENTES GEOGRÁFICOS: *Montes:* Cejal (Inquisivi), 167, 177, 179, 188, 238, 257; Choquecamata (Hayopaya), 42; Solacama (Chulumani), 304; Tapasa (Palca), 43, 69, 238; otras referencias, 11, 30, 60-61, 63, 65-67, 71, 74, 79, 81, 91, 108, 110, 116-117, 121-125, 127-129, 145, 153, 159-160, 163, 236, 246-255, 263-264, 266, 269, 272, 324-325, 331-332, 352, 358, 387.

VALLES, LOS: ACCIDENTES GEOGRÁFICOS: *Morros:* Calapucara (Machaca), 162; Churiri (Tapacari), 201.

VALLES, LOS: ACCIDENTES GEOGRÁFICOS: *Pampas (llanuras):* Aramani (Palca), 137, 314; Arumptaya (Mohosa), 226; Caracollo (Oruro), 56, 240; Clisa (Cochabamba), 26, 356; Falsuri (Quillacollo), 346-348, 419; Hampaturi (Mohosa), 83; Mojsuuma (Paria), 197; Pacomiri (Mohosa), 89; Pampajasi (Yaco), 22, 37, 156, 242; Pampasuyo (Inquisivi), 165-166; Paria (Oruro), 56, 240; Sicasica (La Paz), 56, 241, 252, 301, 386; Viacha (La Paz), 341, 378, 417; Villcapujyo (Paria), 243, 290, 406, 410, 412, 415, 433, 438; otras referencias, 17-18, 53, 121, 123, 151, 159-160, 173, 227, 236, 270, 274-275, 281-282, 293, 304, 338, 343, 355.

VALLES, LOS: ACCIDENTES GEOGRÁFICOS: *Playas (de río)*, Curupaya, río de Hayopaya, 122, 125, 143, 181, 257, 281, 294, 322, 332; Yacanco (Yani), 73, 257; otras referencias, 101, 105, 116, 118, 135, 167, 207, 234, 357.

VALLES, LOS: ACCIDENTES GEOGRÁFICOS: *Quebradas*: Aguacco (Machaca), 137; Caymani (Machaca), 322; Hancohaqui (Mohosa), 90; Leque (Hayopaya), 248; Llachipaya (Tomaycuri, cerro Chicote), 113; Misquimayu (Machaca), 81, 374; Tapacari (Cochabamba), 176, 240-241, 278, 410; Vallca (Arque), 102; otras referencias, 28, 83-84, 87, 107, 115, 123, 125, 157, 159, 161, 164, 177, 222, 226, 236, 250, 270, 275, 292-293, 303, 329, 368, 390, 398.

VALLES, LOS: ACCIDENTES GEOGRÁFICOS: *Ríos*: Añuchiri (Cavari), 134-135, 207; Catu (La Paz), 269; Colquiri (Ichoca), 167, 353; Coriri (Mohosa), 117-118, 228; Cotacajes (Hayopaya), 349; Chillamani (Hayopaya), 284; Desaguadero (La Paz-Oruro), 8, 25, 27, 344, 405-406, 448; Espía (Miguillas-La Paz), 60; Hayopaya, 30, 79, 81, 85, 87, 105, 122-123, 129, 137, 167, 204, 218, 270, 281, 284, 299, 322, 328, 331, 335, 349, 353, 399, 405; Huallipaya (Machaca), 75; Ichoca, 167; Incachaca (Miguillas), 60; Lambaya (Hayopaya), 199, 357; Miguilla, 60, 163, 349; Parangani (Morochata), 345; Pocusco (Hayopaya), 87; Queroma (Cavari), 117, 122; Río Abajo (La Paz), 371; Río Grande de Hayopaya: véase Hayopaya, río; Sacambaya, 80, 141-142, 167, 269, 357; Sallcabamba (Mohosa), 83; Santa Rosa (Morochata), 331, 415; Solacama (Chulumani), 306; Villinchayani (Ichoca), 132; otras referencias, 58, 63, 67, 74, 77, 103, 113, 115, 140, 166, 176, 220, 236, 245, 257, 275, 288, 293, 311, 317-318, 324, 329, 332, 345, 352, 355-356, 360-361, 374, 385-386, 388, 394, 410.

VALLES, LOS: ACCIDENTES GEOGRÁFICOS: *Vados*: Cocona (Machaca-Cavari), 126, 129.

VALLES, LOS: *Doctrinas (parroquias), anexos (viceparroquias), pueblos, lugares*: Ajamarca, anexo (Mohosa), 240, 257, 300-301; Alanta, lugar (Ichoca), 276; Alpachuni, lugar (camino de Oruro a Mohosa), 233; Amiraya: véase Jamiraya; Ancocota: véase Hancocota; Anjueluni, lugar (Palca), 102, 336; Aquilatara, lugar (Cavari, Sicasica), 311; Arani, pueblo (Cliza), 19, 202, 356; Arque, partido (Cochabamba), 42, 47, 172, 248, 399, 401-402, 409; Arque, pueblo (Cochabamba), 47, 102, 199, 249, 401-402, 409, 411, 413; Asati, lugar (Ichoca), 277; Auelayhuata, lugar (Inquisivi), 79; Cacachara, rancho (Ajamarca), 154; Caichani, anexo (Capiñata), 145; Cajuata, anexo (Suri), 164, 411, 413; Cajuata, pueblo (Suri), 164, 168, 179, 383, 386; Calahaliri, anexo (Cavari), 351;

Calchani, viceparroquia y pueblo (Morochata), 45, 100, 102, 133, 158, 164, 197, 236-237, 270, 273, 346, 363; Calera, lugar (Carasa), 18, 47, 399; Calvario, lugar (Machaca), 204; Callapaya, lugar (Machaca), 157; Calliri, pueblo (Tapacari), 39, 41, 164, 176, 190, 241, 278, 387, 413; Canari, anexo (Charapaya), 25, 304; Capinota, doctrina (Arque), 47; Capinota, pueblo (Arque), 399-400; Capiñata, pueblo (Inquisivi), 70, 77-78, 110, 130-131, 133, 137, 141, 144-146, 153, 166, 181, 185, 197, 202, 208, 237-238, 247, 252, 326, 344, 375, 378, 409; Capiñata, viceparroquia (Inquisivi), 363; Caracato, doctrina y pueblo (Sicasica), 31, 244, 321, 378, 386, 407, 418-419; Caracato, valle (Sicasica), 104, 130, 285; Carasa, pueblo (Arque), 18, 47, 54, 105, 190, 399, 410, 413; Catamarca, provincia (Argentina), 441-442; Catanchaque, lugar (Mohosa), 202; Cavari, cacicazgo (Sicasica), 145-146; Cavari, doctrina y pueblo (Sicasica), 9, 22, 28, 30, 39, 59, 63, 66-67, 69-70, 78-79, 84, 92, 110-111, 120, 127-135, 139-146, 153-154, 161, 166, 181, 185, 197, 202, 207-208, 213, 238, 240, 242, 244, 247, 250, 252-254, 256-259, 265, 271, 273, 293-294, 296, 298-299, 302, 309-312, 323, 326, 328, 335, 347, 357-358, 362-363, 378, 384-385, 406, 409, 411, 456; Cavicaviri, lugar (Charapaya), 214, 238; Caychani, anexo (Inquisivi), 326; Caymani, anexo y pueblo (Machaca), 121, 137, 322; Cayroma, anexo y pueblo (Haraca), 177-178; Clisa, partido y pueblo (Cochabamba), 19, 26, 42, 64, 112, 288, 316, 415-416; Coachaca, lugar (Quillacollo, Tapacari), 49, 172; Cocapata, lugar (Choquecamata), 286, 323, 352, 354, 408; Cochabamba, ciudad y provincia, 9, 15, 18-19, 23, 25-27, 31, 34-35, 37, 42, 44, 47-49, 51-55, 59, 62-63, 73-74, 83, 87, 101-102, 105, 123-125, 158, 164, 166, 170-172, 175-176, 190, 197-198, 214, 226, 234, 238-239, 241, 245-246, 248-251, 260, 275, 278-279, 286-288, 298, 302, 304, 306, 312-316, 321, 323, 328, 337, 339, 342-344, 347, 352-357, 359, 368-369, 373-375, 382, 387, 391-392, 396, 398-399, 402, 405-406, 408, 410-412, 414-417, 420-421, 431-432, 434; Colcapiura, doctrina (Tapacari), 345; Colcha, pueblo (Arque), 102, 401; Colchani, ayllo (Sicasica), 31; Colome, lugar (Sacaba), 323, 417-418; Colquiri, viceparroquia y pueblo (Ichoca), 33, 109, 197; Collana, ayllo (Mohosa), 88, 133; Combuyo, lugar (Tapacari), 105, 398; Convento, el, lugar (Carasa), 45; Coota, ayllo (Mohosa), 44; Corocoro, lugar (Cavari), 131, 411; Coroico, pueblo (Yungas), 371, 419, 421; Corosa, anexo (Charapaya), 135, 238, 275; Culpapampa, lugar (Palca), 214; Cuti, anexo (Machaca), 130; Cuypaya, lugar (Machaca), 237; Challa, pueblo (Tapacari), 18, 51; Challapaya, lugar (Mohosa), 90; Chapipampa, lugar (Machaca), 234; Charapajsi, anexo (Yaco), 164; Charapajsi, lugar (Yaco), 145,

164; Charapaya, doctrina y pueblo (Hayopaya, llamado también Palcachico), 25, 34-35, 43, 45-46, 51, 53-54, 87, 91, 98, 100-101, 122, 133, 135, 138, 158, 165, 197, 201, 232, 234, 239-240, 251, 273, 275, 283-284, 290, 302, 323, 331, 333, 362-363, 368-370, 390, 392, 405, 410; Charasani, lugar (Machaca), 137; Chequechequeni, lugar (Mohosa), 72; Chiarota, anexo (Cavari), 66, 120; Chihuimarca, lugar (Leque), 361; Chiji, lugar (Capiñata), 247, 326, 352, 378, 409; Chilihua, lugar (Cavari), 30; Chimba, lugar (Morochata), 345; Chinchiri, anexo y pueblo (Morochata), 43, 59, 73-74, 102, 106, 175, 260, 279, 306, 313, 328, 330-331, 345; Chiquimarca, lugar (Lipiche, Oputaña), 284; Chojopaya, lugar (Lirimani), 133; Choquecamata, doctrina y pueblo (Hayopaya), 43, 102, 197, 323, 354, 363, 408; Choquetanga, lugar (Sicasica), 326; Choro, lugar (Ichoca), 276; Chuchuata, lugar (Charapaya), 158, 283; Chulumani, doctrina y pueblo (Sicasica, posteriormente La Libertad), 39, 78, 116, 197, 300, 304-306, 375, 383, 407, 413, 421; Chulla, lugar (Quillacollo), 172; Chume, lugar (Leque), 361; El Paso, pueblo (Tapacari), 172, 346; Esquicani, lugar (Irupana), 60; Fortaleza, la (Oruro, Bolivia), 359, 370, 418; Hancocota, anexo (Mohosa), 91, 253-254, 288; Haraca, doctrina y pueblo (Sicasica), 27, 31, 177-178, 197, 363, 371; Hayopaya, partido, posteriormente provincia (Cochabamba), 3, 5, 11, 21, 25-26, 28, 30, 37, 39, 43, 59, 63-64, 67, 80, 121, 129, 133, 146, 175, 177, 189, 197-198, 248, 251, 279, 312-313, 356, 359-360, 383-385, 388, 403, 405, 407, 410; Huancari, lugar (Machaca), 260; Huancavillque, lugar (Machaca), 322; Huanuara, lugar (Tapacari), 51; Huayllas, tambo (Tapacari), 18, 342; Huecontaya, lugar (Cavari), 310; Ichoca, doctrina y pueblo (Sicasica), 32-33, 39, 66, 69-70, 93, 111, 132, 134, 152, 156-157, 166-167, 185, 197, 214, 228, 233, 237, 242-245, 254, 259, 270, 276-277, 285, 291, 295, 347, 363, 385, 407, 417, 456; Inquisivi, doctrina y pueblo (Sicasica), 5, 9, 30-31, 39, 57, 59, 71, 74, 78-80, 110, 133, 142, 144-146, 149, 151-152, 154, 156, 163-168, 175-180, 184-185, 202, 204, 208-212, 240-242, 244, 247, 258, 260, 262, 264-265, 269, 275, 277, 290, 293, 295, 298, 302, 310, 312, 321, 323, 326, 328-329, 344, 349, 359-360, 362-363, 371-374, 376, 384-387, 398, 406-409, 413-414, 416; Irupana, doctrina y pueblo (Chulumani, Yungas), 30, 39, 59-62, 64, 71, 78, 80, 82-83, 163-165, 168, 197, 202, 304-307, 317-318. 364, 374-375, 378, 383, 386, 405-406, 409-410, 418, 421; Isquircani, lugar (Irupana), 61; Itapaya, viceparroquia y pueblo (Tapacari), 15, 241, 398-399; Jamiraya, lugar (Tapacari), 9, 25; Jequere, lugar (Cavari), 118; Lallave, lugar (Morochata), 42-43, 47, 49-51, 169, 172, 313; Leque, pueblo y viceparroquia

ÍNDICE ONOMÁSTICO, TOPONÍMICO, TEMÁTICO

(Hayopaya), 47, 51, 57, 72, 97-98, 105, 107, 130, 134, 136-137, 158, 185, 197, 202, 215-216, 235, 248, 284, 292-293, 323, 330, 333, 360, 363, 368, 405-406; Libertad, La: véase Chulumani; Lirimani, lugar (Charapaya), 58, 87, 91-92, 101, 117, 121, 133, 137, 180-181, 215, 229, 237, 257, 272, 283, 347; Luribay (Calliri), 278; Luribay, doctrina y pueblo (Sicasica), 244-245, 342, 344; Llantapallana, lugar (Sacaba), 288; Llavecita, lugar (Palca), 135, 260; Machaca, doctrina y pueblo (Hayopaya), 22, 25, 28, 30, 39-41, 43, 47, 49, 51, 54, 59, 63, 74-75, 80, 82, 86, 93, 102, 108, 125-127, 129-130, 133-134, 137, 144, 146, 151, 154, 162, 166, 185-186, 188, 197-198, 203, 208, 213, 219, 224, 234, 239, 244, 257, 260, 269-271, 281, 284, 292-296, 299-300, 302, 309-310, 312, 317, 320-322, 325, 331, 334-335, 339, 345, 347, 351-352, 363, 370, 372-375, 379, 388-389, 391, 406, 412, 417, 419, 421; Malpaso, lugar (Ichoca), 277; Maycamonte, lugar (Cocapata), 102, 286; Misque, partido y ciudad (Cochabamba), 54-55, 172, 312, 314, 323, 328, 330, 349, 356, 414, 417, 441; Mohosa, doctrina y pueblo (hoy Lanza, Sicasica), 3, 12, 20, 22, 28-29, 33, 39, 43-44, 47, 51, 53, 56-58, 66, 68, 72-73, 75-76, 78, 82, 84-85, 87-91, 93, 97, 100-102, 107-109, 112-114, 117-119, 121-122, 125-126, 133, 135-137, 140-141, 145, 154-158, 166-168, 177, 184, 186, 197, 202, 217, 223, 226, 229, 231-232, 234, 237, 239-240, 253-258, 265, 272, 280, 282, 288-289, 295-296, 300, 302, 323-324, 326, 329-330, 333, 339, 341, 350-351, 353, 358, 363, 365, 369-370, 384-385, 388-389, 396, 404-406, 408-409, 411-414, 418; Mohosa, Santiago de, marquesado (Sicasica), 13, 316; Mollini, lugar (Machaca), 375; Morochata, doctrina y pueblo (Hayopaya), 25, 39, 42-44, 47, 50, 54, 72-74, 89, 91, 97, 102, 116, 121, 133, 137, 169, 171, 175-176, 197-198, 250, 278-279, 286-287, 302, 313, 315, 323, 328, 330-331, 334, 337, 345, 356-357, 363, 370, 372, 406, 414-415, 420; Naranjani, lugar (Inquisivi), 152, 414; Negromayo, lugar (Tapacari), 48; Ñequehela, lugar (Matarani, Machaca), 77-78; Ojo del agua, lugar (Inquisivi), 163; Oputaña, anexo y pueblo (Leque), 20, 45-46, 53, 105, 185, 229, 239, 329, 333, 362-363, 389-390; Palca, doctrina y pueblo (hoy Independencia, Hayopaya), 25, 28, 30, 39, 41, 43-44, 47, 49, 51, 54, 59, 61, 63, 67, 69-70, 72-75, 80, 86, 102, 107, 109, 127, 130-131, 133-135, 137, 140, 144, 146, 154, 157, 161, 163, 166-168, 174-177, 185-186, 188-189, 197-199, 201-202, 207, 213-214, 216, 219, 224, 226, 229, 234, 237-239, 242-243, 245-252, 257, 260, 265, 269-270, 273-275, 279, 282, 284, 292, 296, 300, 302, 304, 306, 308, 314, 317, 321, 330-331, 334, 337, 340, 345-347, 352, 354-355, 357-359, 363, 370, 374-375, 388, 390-392, 405-

406, 408-410, 413-414, 416; Palcachico: véase Charapaya, pueblo (Hayopaya); Palcauyo, lugar (Mohosa), 156; Pocanchi, anexo (Palca), 28, 248, 260, 341, 357, 410; Pocona, pueblo (Misque), 202, 432; Pulpera, lugar (Morochata), 314; Punata, doctrina y pueblo (Clisa), 17, 19, 64, 112-113, 202, 293, 415-416; Punata, valles (Clisa), 9; Pusiripunco, lugar (Ichoca), 276; Queroma, lugar (Cavari), 68, 84, 113, 122, 156-157, 258, 340, 351; Quillacollo, pueblo (Tapacari), 42, 48, 169, 171-173, 175, 241, 278, 316, 346, 408, 419; Quime, viceparroquia y pueblo (Yaco), 28, 32, 110, 144, 153-154, 166-168, 177-179, 197, 208-211, 214, 223, 242, 276, 326, 362-363, 371-372, 385-386, 421; Quiñuahara, lugar (Palca), 275, 303, 337; Quirquiavi, vicecantón (Arque), 402; Sacaba, partido (Cochabamba), 42, 288, 346; Saquispaya, lugar (Mohosa), 113; Saucini, lugar (Carasa, Arque), 48; Sicasica, partido, provincia y pueblo (La Paz), 3, 5, 9, 11-13, 21-22, 24-27, 30-33, 37, 39, 56-57, 63, 70-71, 78, 109, 121, 133, 144, 146, 152, 154, 179, 190, 194, 196-197, 208-209, 215, 226, 229, 237, 239, 241, 244, 247, 252, 254, 256-257, 260, 263, 276, 285, 290-291, 295, 301, 308, 312, 316, 321, 328, 339-340, 342, 344, 350, 355-356, 358-359, 363, 383-386, 405, 407, 409, 411-413, 415-416, 419; Sicasica, valles (La Paz), 5, 64, 383, 403, 405; Sicaya, pueblo (Arque), 399-402; Sihuas, anexo (Cavari), 111, 350, 358, 385; Sinispaya, lugar (Mohosa), 141; Sipesipe, doctrina y pueblo (Tapacari), 48-49, 62, 65, 71, 97, 171, 287, 342, 346, 405, 407, 410, 412, 419, 432, 438; Sirarani, anexo (Ichoca), 69, 132, 387; Sircuata, pueblo (Chulumani), 163, 165, 197, 344, 383; Sucasucani, lugar (Sihuas), 58; Sullca, lugar (Cavari), 157; Supaycalle, lugar (Oputaña), 334; Suri, doctrina y pueblo (Chulumani), 145, 164, 166-168, 197-198, 234, 259, 276, 290, 306-307, 363, 383, 386, 407, 411, 414; Taca, pueblo (Yungas), 64, 259, 409, 414, 420; Tacapaya, anexo (Suri), 168, 259; Tacocumo, lugar (Palca), 246; Tacopaya, pueblo (Arque), 402; Tapacari, partido y pueblo (Cochabamba), 18, 20, 34, 39, 41-42, 44, 47, 51, 53-54, 68, 72, 75, 82-83, 97-103, 105, 107, 121, 134, 158, 164-165, 175, 190-191, 198-199, 214, 226, 234, 236, 238, 240-241, 245, 247-248, 251, 258, 273, 275, 278, 292, 297, 304, 323, 338, 342, 345, 356, 364, 387, 392, 394, 398, 408, 410-411, 415-416; Taracachi, anexo (Mohosa), 56, 330; Tarata, pueblo (Clisa), 19, 26, 54, 202, 288, 313, 343, 411, 414; Taviña, lugar (Machaca), 123-124, 331-332; Tejería, lugar (Tapacari), 98, 105; Tipuani, doctrina (Yungas), 380, 418; Tiquipaya, pueblo (Tapacari), 172, 346; Tiraque, pueblo (Totora), 323; Tirco, pueblo (Haraca), 27, 177; Toco, doctrina y pueblo (Clisa), 19, 26, 288; Tojooma, lugar (Cavari), 111; Tooquiña, lugar (Machaca), 283; Toriri, comunidad (Suri), 164; Totora, pueblo (Misque), 202, 323, 356; Tranca, lugar (Charapaya), 92; Tres Cruces, anexo (Calliri, Tapacari), 278, 356; Tuysonga, anexo (Machaca), 133, 311; Umani, lugar (Sihuas, Cavari), 111, 125; Upuña, lugar (Cavari), 78; Usungani, anexo (Machaca), 137, 322; Ventilla, lugar (Arque), 402; Villa de la Independencia: véase Palca; Villa Lanza: véase Mohosa; Yaco, cacicazgo (Sicasica), 244; Yaco, doctrina y pueblo (Sicasica), 27, 37, 109, 144-145, 152, 165-166, 197, 202, 208, 242, 244-245, 260, 265, 269-270, 284-285, 301, 320-321, 326, 342, 359, 363, 385-387; Yani, viceparroquia y pueblo (Morochata), 25, 73-74, 102, 121, 124, 134, 164, 197, 241, 257, 278, 286, 345, 363, 409.

VALLES, LOS: *Estancias*: Ancouyo (Paria, Oruro), 57; Arcani (Mohosa), 88; Arcopongo (Inquisivi), 209, 241, 260-262, 264, 270, 273; Arcuni (Mohosa), 340; Calacaja (Sepolturas), 343; Calacalani (Charapaya), 34; Calacalani (Choquecamata), 354; Calamarca (Mohosa), 330; Cavari (Sicasica), 238; Cayara (Cavari), 122; Coato (Mohosa), 68, 88; Cochiraya (Charapaya), 45, 117, 214, 226-227; Copachullpa (Cavari), 58, 134, 310-312; Cotapampa (Ichoca), 285; Chacoma (Mohosa), 31, 87, 197, 384; Challani (Mohosa), 135-136, 300-301, 329; Chapimarca (Sihuas, Cavari), 66, 129; Chiaraque (Tapacari), 175; Choro (Machaca), 130; Chorocoma (Inquisivi), 145, 165; Chuachapi (Mohosa), 87; Chualla (Mohosa), 44; Chullpapampa (Charapaya), 273, 275, 300, 304, 390; Chuseca (Sihuas, Cavari), 256; Huallata (Yani), 134, 287; Huancarani (Machaca), 126, 129, 135, 240, 273, 311; Huancaroma (Pacajes), 344; Huarahuarani (Cavari), 64, 71, 82, 93, 111; Huayruuta (Tapacari), 164; Ivira (Mohosa), 87, 229, 257; Jahuara, anexo (Cavari), 84, 128, 131, 259, 411; Jirupa (Mohosa), 255; Lagunillas (Choquecamata), 354, 356; Laurani (Yaco), 242, 285; Lorochuta (Ichoca), 156; Lupchapi (Cavari), 128; Llocotansa (Colquiri, Ichoca), 33, 39, 157; Maquito (Sicasica), 21, 164, 233; Mecaña (Yaco), 285; Ñuñumayani (Calchani, Yani), 164; Ovejasuyu (Leque), 248; Pacopampa (Cavari), 128; Pallata (Charapaya), 101, 122, 124, 137, 237; Paracaya (Punata), 113; Parutani (Cavari), 92-93, 111-112, 121, 137, 384-385; Puytucuni (Mohosa), 233; Queata (Mohosa), 227, 232, 329, 363; Rodeo (Sivingani, Caracollo), 178, 242-243; Sacasaca (Ichoca), 132; Sallca (Sihuas, Cavari), 39, 82; Sallcabamba (Mohosa), 84, 117, 365; Sanipaya (Machaca), 40, 127, 133, 185, 260, 321; Sivingani (Mohosa), 87-88; Sopo (Mohosa), 88; Tahacachi (Mohosa), 87; Tangachapi (Mohosa), 257; Turuturuni (Leque), 229; Uchusauma (Sicasica), 31, 328; Ulupicani (Palca), 161, 246, 317; Uyuni (Mohosa), 217, 229; Vilacota (Hayopaya), 129; Yacamuyo

(Punata), 113; Yayipaya (Mohosa), 83, 113, 117, 217, 226, 233, 418.
VALLES, LOS: *Haciendas*: Ajamarca (Mohosa), 120, 154-155, 253, 300-301; Alcani (Charapaya, Hayopaya), 101, 165; Amachuma (Caracollo), 252, 259, 293; Amaru (Tapacari), 398; Angosturas (Clisa), 19; Anucariri (Quillacollo, Tapacari), 171-172; Azafranal (Pacajes), 26, 129, 340, 406; Belén (Sicasica), 31, 257; Berenguela (Arque), 102-103; Calacota (Sicasica), 308; Calahaliri (Cavari), 30, 62-63, 65, 68, 82-83, 240; Calderón Manuel, mayordomo, hacienda del marquesado de Santiago de Mohosa, 316; Cancha (Mohosa), 361; Canqui (Inquisivi), 184, 244; Cañamina (Suri), 59, 163, 165, 198; Capinota (Machaca), 22, 125, 129, 133, 270; Caquena (Mohosa), 119-120, 145, 197; Carapata (Irupana), 257; Carhuani (Palca), 135, 260; Clisa (Cochabamba), 432; Cochimarca (Tapacari), 15, 47, 398; Colaya (Charapaya), 34, 45, 234, 304; Colquiri (Ichoca), 33, 39, 157; Coriri (Mohosa), 91, 118, 136, 214, 226, 362; Cotacotani (Morochata), 137; Cullcupampa (Paria), 18; Cuti (Machaca), 141, 163, 260, 269, 357; Chacapaya (Sipesipe), 287; Chacari (Pocusco), 28; Chacovillque (Machaca), 134, 157, 273, 300, 338; Challapampa (Arque), 338; Chay (Ichoca), 197; Chiarota (Cavari), 120-121, 127; Chijmuri (Tapacari), 51-52, 164, 356; Chipipampa (Machaca), 75; Choro Chico (Machaca), 59; Chullpani (Palca), 158, 246, 307, 314, 337; Escola (Inquisivi), 260, 278; Hachicala (Cavari), 63, 76; Huacaplaza (Yani), 175; Huallipaya (Machaca), 39-41, 125, 204, 375; Huañacota (Arque), 51; Hullumani (Suri), 259; Icoya (Charapaya), 58, 89, 117, 214, 284; Lacayani (Leque), 138, 228; Lequelequeni (Charapaya), 34, 45; Lequepalca (Paria), 57, 184, 229, 240, 253-254, 284, 362; Locotani (Inquisivi), 260; Machacamarca (Inquisivi), 80, 145, 260; Mamuhuta (Ichoca), 185; Marquisivi (Mohosa), 361; Matarani (Machaca), 77, 124, 332; Mohosa, Santiago de (marquesado), 13, 197, 316; Murmuntani (Palca), 44, 353; Oputaña (Leque), 28; Pacasaca (Ichoca), 197; Panduro (Sicasica), 109, 242; Parangani (Morochata), 176, 278, 406; Patapatani (Tapacari), 298; Pinomayo (Palca), 260; Piñani (río Hayopaya), 58, 74, 76, 81, 284; Piucilla (Morochata), 42; Pocusco (Cavari), 9, 11-12, 22, 28, 58, 62-66, 68, 76, 82, 87, 93, 97, 102, 104, 112-113, 118, 128-129, 135-136, 140-141, 157, 197, 214, 237, 239, 253-254, 258-259, 270, 273, 281, 302, 323-324, 347, 350-351, 362-363, 365, 387, 391; Pongo (Yaco), 178; Poquera (Arque), 399; Pucara (Cavari), 112; Puchuni (Yaco), 109, 242, 270, 386-387; Punacachi (Yani), 198, 249, 334, 369; Quererani (Caracollo), 282, 387; Queraya (Palca), 199, 248, 357; Quincosuyu (Inquisivi), 79; Quincuntaya, molinos (Itapaya), 398; Quiñuani (Ichoca), 197; Quiri, molinos (Cavari), 112; Ramada (Calli-

ri), 51, 53-54, 105, 214, 241; Rearrea (Ichoca), 120, 129, 198, 387; Sacambaya (Ichoca), 260; Sacayani (Mohosa), 214; San Juan (Paria), 16-17; San Roque (Irupana), 61, 163, 318; Santa Rosa (Morochata), 43, 72-75, 169, 238, 246, 257, 314, 345, 354, 356, 379; Santiago de Mohosa, marquesado: véase Mohosa, Santiago de; Sihisihi (Machaca), 63, 123, 133, 158, 214, 229, 233-234, 247, 272-273, 321-322, 324, 328; Sihuas (Cavari), 30, 39, 57-58, 62, 64-66, 70, 77, 82-83, 93-94, 97, 111, 121-122, 125, 129-130, 135-136, 145, 197, 256, 270, 281, 358; Sipinpilla (Sircuata), 165; Sivingani (Charapaya), 165; Sivingani (Suri), 414; Sunchumarca (Palca), 69; Tablahuasi (Palca), 161, 246; Tapaca (Palca), 352; Taracachi (Mohosa), 333, 361; Tiquirpaya (Palca), 73, 86, 251, 405; Torarani (Palca), 279; Totava (Capiñata), 79, 127, 133, 409; Totoral (Caracato), 419; Totorani (Charapaya), 137; Totorani (Palca), 246; Usungani (Machaca), 121, 214; Vega (Irupana), 60-61, 344; Viloma (Sipesipe), 51, 62, 71; Vinto (Quillacollo, Tapacari), 49-50, 172; Yamora (Inquisivi), 152, 345; Yani (Morochata), 134, 175, 287, 335; Yarvicoya (Caracollo), 154-156.

VALLES, LOS: *Otras referencias*, 5, 10-14, 20, 22, 27-29, 56, 64, 66, 88, 95, 111, 120, 168, 178, 194, 224-225, 234, 237, 244, 246, 248, 250, 253, 262, 285, 292-294, 298, 308-309, 312-313, 321, 323, 326, 335, 339, 341-342, 344, 346, 348, 355-357, 359-360, 363-364, 367-368, 371-372, 378-379, 383-385, 387, 390-391, 397, 403, 405, 407-412, 415-421, 438.

VENEZUELA, 435.
VIACHA, PUEBLO (LA PAZ, BOLIVIA), 329, 389.
VILLA DE SAN FELIPE DE AUSTRIA: véase Oruro.
VILLA IMPERIAL: véase Potosí.
VIRREYES, 24, 76, 78-79, 93, 95, 103, 190, 246, 249-250, 259, 320, 343-344, 371, 381, 444, 446, 451, 453.

Y

YANACACHI, DOCTRINA (YUNGAS, BOLIVIA), 383.
YOJTA, LUGAR (COCHABAMBA, BOLIVIA), 55.
YUNGAS, PROVINCIA (LA PAZ, BOLIVIA), 30, 39, 56, 64-65, 78, 93, 116, 133, 163, 166-167, 197, 202, 234, 241, 259, 276, 305, 321, 344, 353, 355, 379, 383, 387, 407, 409, 411, 414, 418-421.

Z

ZÁRATE, PEDRO JOSÉ DE (MARQUÉS DE MONTEMIRA), 39.

papel ediciones crema de fábrica de papel san juan, s. a.
impresión: imprenta técnica, s. a.
azafrán 45 - granjas san antonio
delegación iztacalco - 04800 méxico, d. f.
tres mil ejemplares y sobrantes
22 de junio de 1982

AMÉRICA NUESTRA

América antigua

Astronomía en la América antigua
Compilación de Anthony F. Aveni
Traducción de L. F. Rodríguez Jorge
328 pp. [13.5 × 21 cm]. Ilustrado.

Las letras precolombinas
Compilación, introducción y notas por Georges Baudot
Traducción de Xavier Massimi, revisada por Martí Soler
Prefacio de Jacques Soustelle
296 pp. [17 × 13 cm]. Mapas.

Códice borbónico
Edición facsimilar con 36 láminas a todo color [40 × 41 cm].
Cartera en tela.
Incluye
Descripción, historia y exposición del Códice borbónico
Francisco del Paso y Troncoso
Con un comentario explicativo por E.-T. Hamy
XLVIII + 430 pp. [14.5 × 21 cm]. Empastado en tela.

Nueva corónica y buen gobierno
Felipe Guaman Poma de Ayala
Edición crítica de John V. Murra y Rolena Adorno
Traducciones y análisis textual del quechua por Jorge L. Urioste
XLVI + 1 174 pp. divididas en tres volúmenes [16.5 × 24 cm].
Con las ilustraciones del manuscrito original. Cartoné.

La organización económica del estado inca
John V. Murra
Traducción de Daniel R. Wagner
272 pp. [13.5 × 21 cm].

Relación acerca de las antigüedades de los indios
Fray Ramón Pané
Nueva versión con notas, mapa y apéndices por José Juan Arrom
VIII + 128 pp. [10.5 × 18 cm].

El pensamiento náhuatl cifrado por los calendarios
Laurette Séjourné
Traducción de Josefina Oliva de Coll.
408 pp. [24.5 × 24.5 cm]. Ilustrado. Cartoné.

Diccionario de la lengua náhuatl o mexicana
Rémi Siméon
Traducción de Josefina Oliva de Coll
xvcvi + 784 pp. [17 × 24 cm]. Empastado en tela. Acetato.

Historia y religión de los mayas
J. Eric S. Thompson
Traducción de Félix Blanco, revisada por Arturo Gómez
488 pp. + 17 láminas fuera de texto [13.5 × 21 cm]. 10 figuras de línea y 3 mapas.

Caminos de liberación

Así se derrotó al imperialismo. I. Preparando la defensa
Fidel Castro, Osvaldo Dorticós y Raúl Roa
x + 486 pp. + 8 láminas fuera de texto [13.5 × 21 cm].

Así se derrotó al imperialismo. II. El combate y la victoria
Fidel Castro y Álvaro Prendes
484 pp. + 8 láminas fuera de texto [13.5 × 21 cm].

Madero y la revolución mexicana
Charles C. Cumberland
Traducción de Stella Mastrangelo, revisada por Arturo Gómez
320 pp. + 8 láminas fuera de texto [13.5 × 21 cm].

El anarquismo y el movimiento obrero en Argentina
Iaácov Oved
460 pp. [13.5 × 21 cm].

Estudiantes y política en América Latina (1918-1938)
Juan Carlos Portantiero
464 pp. [13.5 × 21 cm].

Las rebeliones campesinas en México (1819-1906)
Leticia Reina
440 pp. + 2 láminas fuera de texto [13.5 × 21 cm]. Mapas.

La mujer cubana en el quehacer de la historia
Laurette Séjourné, con la colaboración de Tatiana Coll
xii + 416 pp. [16.5 × 23 cm].

Artigas y su revolución agraria
Lucía Sala de Touron, Nelson de la Torre y Julio C. Rodríguez
324 pp. [13.5 × 21 cm].

Zapata y la revolución mexicana
John Womack, jr.
Traducción de Francisco González Aramburo
xii + 452 pp. + 20 láminas fuera de texto [13.5 × 21 cm].

América colonizada

La hacienda azucarera de los Marqueses del Valle (1535-1910)
Ward Barrett
Traducción de Stella Mastrangelo
288 pp. [13.5 × 21 cm]. Ilustrado.

El esclavo africano en el Perú colonial (1524-1650)
Frederick P. Bowser
Traducción de Stella Mastrangelo
432 pp. [13.5 × 21 cm]. Ilustrado.

Ensayos sobre historia de la población. I. México y el Caribe
Sherburne F. Cook y Woodrow Borah
Traducción de Clementina Zamora
422 pp. [13.5 × 21 cm]. Gráficas y mapas.

Ensayos sobre historia de la población. II. México y el Caribe
Sherburne F. Cook y Woodrow Borah
Traducción de Clementina Zamora
472 pp. [13.5 × 21 cm]. Gráficas y mapas.

Ensayos sobre historia de la población. III. México y California
Sherburne F. Cook y Woodrow Borah
Traducción de Clementina Zamora
288 pp. [13.5 × 21 cm]. Gráficas y mapas.

Los aztecas bajo el dominio español (1519-1810)
Charles Gibson
Traducción de Julieta Campos
viii + 536 pp. + 16 láminas fuera de texto [16 × 23 cm]. Gráficas.

Revolución y guerra. Formación de una élite dirigente en la Argentina criolla
Tulio Halperín Donghi
408 pp. [13.5 × 21 cm].

Sociedades cimarronas
Compilado por Richard Price
Traducción de L. F. Oliver Costilla, revisada por el compilador
336 pp. + 8 láminas fuera de texto [13.5 × 21 cm].

Las culturas condenadas
Compilación e introducción por Augusto Roa Bastos
352 pp. + 20 láminas fuera de texto [13.5 × 21 cm]. Mapas y gráficas.

Los hombres y las ideas

El socialismo y el hombre nuevo
Ernesto "Che" Guevara
Edición preparada por José Aricó
xviii + 430 pp. + 8 láminas fuera de texto [13.5 × 21 cm].

América: la lucha por la libertad
Eugenio María de Hostos
Edición preparada y prologada por Manuel Maldonado-Denis
Dibujo de Lorenzo Homar
344 pp. [16 × 23 cm].

Antimperialismo y nación
José Ingenieros
Introducción, compilación y notas de Oscar Terán
536 pp. [13.5 × 21 cm].

Política de nuestra América
José Martí
Prólogo de Roberto Fernández Retamar
328 pp. [13.5 × 21 cm].

Nuevas cartas de Nueva York
José Martí
Investigación, introducción e índice de Ernesto Mejía Sánchez
272 pp. [13.5 × 21 cm].

Escritos revolucionarios
Julio Antonio Mella
Prólogo de Fabio Grobart
272 pp. [13.5 × 21 cm].

Idea y cuestión nacional latinoamericanas: de la independencia a la emergencia del imperialismo
Ricaurte Soler
296 pp. [13.5 × 21 cm].

www.ingramcontent.com/pod-product-compliance
Lightning Source LLC
Chambersburg PA
CBHW021131230426
43667CB00005B/78